WERNER MASER

Nürnberg

Werner Maser

Nürnberg

Tribunal der Sieger

EDITION ANTAIOS

Buchgestaltung und Satz: Oktavo, Syrgenstein
Druck: DTP & Druck Matthias Kopp, Heidenheim
Bindung: Oldenbourg Buchmanufaktur, Monheim

Meinen Enkeln
Ezra und Emin Hummel
gewidmet

Die Deutsche Bibliothek – CIP-Einheitsaufnahme

Maser, Werner
Nürnberg
Tribunal der Sieger
476 Seiten, kartoniert, Abbildungen,
Schnellroda: Edition Antaios, 2005

ISBN 3-935063-37-7

Inhalt

Teil I – Die Vorbereitungen der Sieger 7

Teil II – Der Prozess 41
Auf dem Weg nach Nürnberg 67
Der Prozeß beginnt 83
Rache oder Gerechtigkeit 101
Das Beweismaterial 113
Militärs im Kreuzverhör 157
Karl Dönitz 183
Verbrechen aus Gehorsam 197
Grenzen der Verantwortung – Speer, Ribbentrop, Streicher, Frick,
Kaltenbrunner, Sauckel, Frank, Rosenberg, Seyß-Inquart 261
Plädoyers und Schlußworte 313
Das Urteil 335

Teil III – Nürnberg als historisches Ereignis 359

Anhang 419
Anmerkungen 431
Bibliographie 455
Register 469

Erklärung der am häufigsten gebrauchten Abkürzungen

IMT	=	Internationales Militärtribunal
OKW	=	Oberkommando der Wehrmacht
OKH	=	Oberkommando des Heeres
Abw. U.:	=	Abweichendes Urteil
Zust. U.:	=	Zustimmendes Urteil
I, II, III bis XII:	=	»Fall I«, »Fall II«, »Fall III« usw. im Rahmen der 12 Nürnberger US-Nachfolge-Prozesse
HLO	=	Haager Landkriegsordnung

Teil I
Die Vorbereitungen der Sieger

Am Mittwoch, dem 16. Oktober 1946, schütteten amerikanische Soldaten in Anwesenheit des Chefbestatters der US-Armee, Major Rex S. Morgan, 75 Meter unterhalb des Hauses Nr. 25 der Heilmannstraße in München-Solln, Leichenasche in den kaum drei Meter breiten Conwentzbach. Da sie im Dienste des dort installierten US-Mortuariums standen und die Tätigkeit routinemäßig verrichteten, mußten sie annehmen, daß es sich – wie gewöhnlich – um die Asche tödlich verunglückter amerikanischer Soldaten handelte.

Die Namen der Toten konnten ihnen wenig sagen. Einer war als »Georg Munger«, einer unter dem jüdischen Namen »Abraham Goldberg« registriert, wie Spieler der *Football*mannschaft der Universität von Pennsylvania hießen, an der Major Morgan studiert hatte. Daß es sich bei der Asche um die sterblichen Überreste der erst kurz nach Mitternacht in der Turnhalle des Nürnberger Gefängnisses gehenkten deutschen Hauptkriegsverbrecher handelte, ahnten sie nicht.

So wußten sie denn auch nicht, daß »Georg Munger« der durch Selbstmord aus dem Leben geschiedene Reichsmarschall Hermann Göring und die als »Abraham Goldberg« eingeäscherte Leiche der einstige Gauleiter, fanatische Antisemit und *Stürmer*-Herausgeber Julius Streicher waren. Auch der Generalfeldmarschall Wilhelm Keitel, der Generaloberst Jodl, die Reichsminister Alfred Rosenberg, Hans Frank, Wilhelm Frick und Joachim von Ribbentrop, der SS-Obergruppenführer und Chef des Reichssicherheitshauptamtes Ernst Kaltenbrunner, Fritz Sauckel – Hitlers Generalbevollmächtigter für den Arbeitseinsatz – und der Reichskommissar für die besetzten Niederlande, Arthur Seyß-Inquart, waren unter anderen Namen registriert.

Die Öffentlichkeit erfuhr aus Zeitungs- und Rundfunkmeldungen, daß die Asche der als Hauptkriegsverbrecher zum Tode durch den Strang verurteilten und hingerichteten maßgeblichen Militärs und Politiker des Hitler-Reiches am 16. Oktober »in einen Fluß irgendwo in Deutschland«[1] gestreut worden sei. Weder den Angehörigen der Hingerichteten noch den überlebenden Angeklagten der Nürnberger Prozesse wurde jemals mitgeteilt, wo dies geschehen ist. Auch der deutsche Arzt Dr. Ludwig Pflücker, der die Hauptangeklagten auf Weisung der amerikanischen Besatzungsmacht bis zu ihrer Hinrichtung ärztlich betreute und über gute Beziehungen zu den maßgeblichen amerikanischen Offizieren und Beamten verfügte, erfuhr nichts. »Wahrscheinlich«, schrieb er sechs Jahre nach der Vollstreckung des Urteils, »fand eine Verbrennung der Leichen statt, und die Asche wurde verstreut. Jede Spur sollte verloren sein.«[2]

Die Befürchtung der alliierten Siegermächte, daß »irgendwann einmal ein Schrein an dieser Stelle errichtet werden könnte«,[3] basierte 1946 durchaus nicht auf einer falschen Einschätzung der Vorstellungen der Deutschen, wie vielfach voreilig behauptet worden ist.[4] Zwar sind in Deutschland weder die Hinrichtungsstätte noch der Beisetzungsort Gedenkstätten geworden, wie es in Japan nach der Exekution der als Kriegsverbrecher zum Tode verurteilten sieben Militärs und Politiker geschehen ist; aber es existieren seit Jahren auch hier Gedenktafeln und Grabsteine beispielsweise für Wilhelm Keitel und Alfred Jodl – allerdings weder an der Hinrichtungsstätte noch dort, wo ihre Asche 1946 ins Wasser geschüttet wurde.

Anders als nach dem Urteil von Nürnberg, waren in Japan Freunde der nach dem Kriegsverbrecherprozeß in Tokio in Sugamo als Kriegsverbrecher gehenkten und in Yokohama eingeäscherten Männer in den Besitz der Asche gelangt, die sie zwar zunächst verbargen, später jedoch auf dem Gipfel des Berges Sangana unter einem gewaltigen Gedenkstein beisetzten. In Sugamo richteten sie 1952, nachdem die Amerikaner den Japanern die Kontrolle über das Gefängnis mit der Hinrichtungsstätte übergeben hatten, einen mit Eichen (dem deutschen »Symbolbaum«) und Teebüschen bepflanzten Gedenkgarten ein, in dem selbst die Löcher für die fünf Galgen noch »Denkmalscharakter« bekommen haben. Die denkmalhaften »Gräber der sieben Märtyrer«, wie der japanische Text auf der Sangana-Grabstätte lautet, sollen Männer ehren, die während des Prozesses alle Verantwortung für die ihnen zur Last gelegten Verbrechen in stillschweigender Übereinkunft auf sich nahmen und ihren Kaiser Hirohito in jeder Hinsicht ausklammerten.[5] Der Tenno, so hatten sie bis zum Galgen beharrlich versichert, habe die Politik nicht beeinflußt und sei daher im Zusammenhang mit den Kriegsverbrechen im wesentlichen schuldlos gewesen. Daß dieser Aspekt die Sieger – zwei Jahre nach Nürnberg – bewogen habe, in Japan Kult- und Gedenkstätten zu dulden, bleibt eine Vermutung.

In Nürnberg war von Göring zwar auch schon die inhaltlich mit der Auffassung der japanischen Hauptangeklagten übereinstimmende Parole »kein Wort gegen den Führer« ausgegeben worden; aber sie hatte sich aus der Sicht der deutschen Hauptangeklagten bald als eine so negative Richtlinie erwiesen, daß sich im Laufe der Zeit nicht einmal mehr Göring selbst an sie hielt. In Deutschland, zwei Jahre vor den Hinrichtungen in Sugamo, sollte alles ausgelöscht werden, ein für allemal verschwinden, was an die Gehenkten erinnern könnte. Selbst die Kapuzen und die Stricke, mit denen die Delinquenten zu Tode gebracht wurden, mußten verbrannt werden. Daß amerikanische Souvenir-Sammler ihrem Landsmann, dem Henker John C. Woods, »rechtzeitig« bis zu 2500 US-Dollar je Galgenstrick geboten hatten, mag bei dieser Entscheidung auch nicht ohne Einfluß gewesen sein.

»Die Asche der Schuldlosen und die Asche unaussprechlicher Verbrecher«, schrieb die *New York Times* kurz nach der Hinrichtung der Deutschen, »besteht aus den gleichen Elementen, verweht von den gleichen Winden, vermengt in den gleichen Wassern. Und inmitten unseres dunklen Tages müssen wir jetzt hoffen und beten für das Gedeihen einer neuen Welt.«[6] Die Asche der als Hauptkriegsverbrecher zum Tode durch den Strang verurteilten Deutschen und die Hoffnungen auf das Gedeihen einer neuen Welt blieben nach dem Ende des Nürnberger Prozesses zurück, der in der Geschichte beispiellos ist. Die Erwartung einiger Hauptangeklagter, nach 1945 ebenso mit einem blauen Auge davonzukommen wie die nach dem Ersten Weltkrieg als Kriegsverbrecher beschuldigten und angeklagten Deutschen, war bereits im Hochsommer 1945 geschwunden, nachdem sie erfahren hatten, daß die Anklagebehörde der Siegermächte sie pauschal als »Hermann Göring und andere«[7] titulierte und sie auch im Zeugenstand oft nur mit dem Nachnamen – ohne Rang und Titel – anredete. Daß die siegreichen Feinde sie nach der katastrophalen Niederlage des Reiches mit der gleichen Hochachtung behandeln würden, wie rund dreihundert Jahre zuvor die einstigen Kontrahenten des Dreißigjährigen Krieges einander in Form und Anrede begegnet waren, hatten sie, Göring vielleicht ausgenommen, sicher nicht erwartet; aber das, was auf sie seit der Kapitulation zukam, noch weniger.[8] Von der Bezeichnung und Anrede »*serenissimum et potentissimum principum ac dominum*«[9] im Frieden von Osnabrück war in Nürnberg nicht einmal mehr die Anrede »Herr« übriggeblieben.

Der Zeit der »ritterlichen« Kämpfe und Friedensschlüsse, die »immerwährendes Vergessen und Amnestie alles dessen, was seit Anbeginn« von Kriegen »an irgendeinem Ort und auf irgendeine Weise vom einen oder anderen Teil, hüben und drüben, feindlich begangen worden ist«,[10] war inzwischen sowohl von hüben als auch von drüben ein endgültiges Ende gesetzt. Während 1648 im Frieden von Osnabrück und Münster ausdrücklich darauf verzichtet worden war, die im Kriege verübten Untaten und Verbrechen aufzurechnen, Reparationen festzulegen, Kriegsschuldfragen aufzuwerfen und Kriegsverbrecher namhaft zu machen und anzuklagen, hatten schon die nach 1918 von den Siegermächten als Kriegsverbrecher namhaft gemachten Deutschen nicht mehr mit einer solchen Auffassung rechnen können. Letztmals galt 1648, daß allen »Offizieren und Soldaten, wie auch zivilen Räten und Beamten ... die der einen oder anderen

Partei ..., zivile oder militärische Dienste geleistet haben, vom höchsten bis zum niedrigsten ... ohne allen Unterschied oder Ausnahme ... kein Nachteil entstehen und kein Rechtshandel gegen sie angestrengt werden«[11] solle und daß gegen diesen Personenkreis keine Anklage erhoben werden »und noch viel weniger eine Strafe oder Buße unter irgendeinem Vorwand über sie verhängt werden«[12] dürfe. Schon der Westfälische Friede enthielt deutliche Warnungen an künftige Friedensbrecher – aus völkerrechtlicher Sicht. Bereits im 1. Artikel wurde darauf hingewiesen, daß der Friede »ein christlicher, allgemeiner und ewiger« sein müsse und daß jeder, der ihn störe, künftig der Strafe verfallen solle.[13]

Die 1945 als Hauptkriegsverbrecher angeklagten Deutschen erfuhren nicht erst nach dem Ende des Krieges von der Absicht der Alliierten, bestimmte Deutsche als Kriegsverbrecher zu bestrafen. Dennoch waren einige von ihnen sehr überrascht, daß gerade sie angeklagt worden waren. Die Anklage, die die meisten von ihnen mit einer ihnen völlig fremden Rechtsauffassung konfrontierte, sah sich einstigen Ministern, Militärs und Funktionären gegenübergestellt, die sich – zunächst jedenfalls – schuldlos fühlten. So schrieb Wilhelm Keitel beispielsweise kurz vor seiner Hinrichtung unmittelbar nach seiner Gefangennahme: ich »hätte meinem Leben – völlig unbewacht – ein Ende machen können. Ich dachte (nach dem Ende der Kampfhandlungen) nicht daran, weil ich einen solchen Leidensweg bis zum tragischen Ende in Nürnberg nicht für möglich gehalten habe«.[14]

Hitlers Führungsstil, der die Angeklagten jahrelang geformt hatte, zeigte noch in Nürnberg eine frappante Wirkung. Er hatte nicht nur dazu beigetragen, Unsicherheit, sondern auch ein gewisses Maß von »Unbefangenheit« zu erzeugen und zu nähren. Vieles konnte den Hauptangeklagten – außer Hermann Göring – während ihrer Tätigkeit unter Hitler, für die sie sich in Nürnberg zu verantworten hatten, trotz des seit 1920 existierenden Parteiprogramms der NSDAP, des 1925 erschienenen, in zahlreiche Sprachen übersetzten und von Hitler trotz vieler Widersprüche aus dem Ausland immer erneut autorisierten Buches *Mein Kampf* und bündelweiser unmißverständlicher späterer Führer-Äußerungen, in bestimmten Fällen durchaus undurchsichtig vorkommen. Hitler, der stets bestrebt war, die von ihm nicht nur als *Ultima ratio*, sondern prinzipiell als grundsätzlich »richtig« aufzufassende Politik des Stärkeren um jeden Preis durchzusetzen, und dafür zwangsläufig einen gut funktionierenden Apparat benötigte, hatte 1933 nicht von heute auf morgen das übernommene Instrumentarium der Außenpolitik mit ihrer Bindung an die Weimarer Verfassung, an die internationalen Verpflichtungen und an die innenpolitische Praxis ausschalten können. Er, der bei der Durchsetzung seines alleinbestimmenden Willens in der Innen- und Außenpolitik nach Hindenburgs Tod zunächst noch sowohl den

Einfluß bestimmter Kreise der alten Führungsschicht als auch sozialer Gruppen respektieren mußte, war gezwungen, rundum zumindest taktische Zugeständnisse zu machen und selbst seinen Ministern, Militärs und Funktionären zeitweilig sogar das Gegenteil von dem vorzutäuschen, was er in Wirklichkeit beabsichtigte oder tat. So hatte denn zuletzt auch jeder Angeklagte seinen Part in dem ausschließlich von Hitler als Führer dirigierten »Konzert« mitgespielt. Daß dabei kaum einer genau wußte, was der andere im einzelnen tat und mit Hitlers Erlaubnis tun durfte, geschah in der von Hitler verfolgten Absicht, niemanden mehr wissen zu lassen, als er es aus Führungserwägungen für angebracht hielt. Daß es nach 1933 in zunehmendem Maße zu den Gepflogenheiten einzelner Minister gehört hatte, mißtrauisch um die Gunst des Führers zu buhlen, Intrigen zu spinnen oder abzuwehren und sich Informationen über die konkrete Tätigkeit ihrer Kollegen und deren Rangordnung in Hitlers Gunst zu beschaffen, brachte erstmals Nürnberg an den Tag. Spitzel, so bewiesen Dokumente und Zeugen, hatten die Zusammenkünfte der Widersacher ihrer Auftraggeber belauert und protokollarisch festgehalten.

Ohne Hitler waren alle Angeklagten, was das Internationale Militärtribunal in Nürnberg trotz allem nicht akzeptieren wollte, blind, stumm und gelähmt gewesen, Puppen an Schnüren, die ausschließlich Hitler in der Hand hielt und bewegte – oder durchschnitt, wann immer er es für angebracht hielt. Er nutzte sie aus, wie zum Beispiel Alfred Rosenberg, der ihm zwei Jahrzehnte hindurch treue Dienste in seinem Sinne leistete und doch immer nur von ihm belächelt worden war – oder Hans Frank, den er jahrelang als persönlichen Rechtsberater in Anspruch nahm[15] und in der Vorstellung bestärkte, so etwas wie seine »rechte Hand« zu sein und ihn am Ende eiskalt und unpersönlich ausspielte und bedenkenlos täuschte.

Seit die einstigen Rivalen im Kampf um Hitlers Gunst und Vertrauen[16] auf ihre Anklage warteten, konnte eine Berufung auf Befehle und Weisungen des Führers, die ihre Aktivitäten geweckt und gedeckt hatten, bestenfalls nur noch ihre jeweiligen eigenen Schuldgefühle verdrängen oder beruhigen, soweit sie zunächst überhaupt vorhanden waren. Die Bestimmungen des IMT-Statuts vom 8. August 1945 nahmen ihnen allerdings die Möglichkeit, sich als gehorsame, Befehle ausführende Exponenten des Hitler-Regimes darzustellen und sich selbst als schuldlos aus der Verantwortung auszuklammern.

Zur »Verwunderung« der Angeklagten über das Verfahren gegen sie trug schließlich auch bei, daß sie sich und das Reich nicht allein schuldig wähnten. Jeder von ihnen hätte Fakten anführen können, die die Alliierten nach ihren Vorstellungen ebenso – wie sie und das Reich – belasten mußten. So konnten alle beispielsweise darauf verweisen, daß im September 1939 zugleich mit der

Deutschen Wehrmacht auch die Rote Armee – infolge eines geheimen Zusatzprotokolls vom 28. August 1939 zum Nichtangriffspakt zwischen der Reichsregierung und der Regierung der Sowjetunion – in Polen eingefallen war. Und ihnen war ebenso bekannt, daß die Ermordung der polnischen Offiziere im Wald von Katyn nicht auf das Konto der Deutschen, sondern der Russen kam. Daß die Alliierten ihnen relativ früh schon ein schlimmes Ende für den Fall der Niederlage des Reiches vorausgesagt hatten, ignorierten oder verdrängten sie. Jeder von ihnen muß registriert haben, daß die seit Hitlers Kriegserklärung vom 11. Dezember 1941 an die USA jeweils auch an seine Adresse gerichteten Warnungen der Alliierten nicht so »harmlos« blieben wie beispielsweise die an Bord des Schlachtschiffes »Prince of Wales« von Roosevelt und Winston Churchill vorher formulierten und am 14. August 1941 verkündeten »Hoffnungen« der Atlantik-Charta es noch gewesen waren. Da hatte es infolge der für Hitler sehr hoffnungsvollen Frontlage beispielsweise noch geheißen: »Nach der endgültigen Vernichtung der nationalsozialistischen Tyrannei hoffen sie (die USA und Großbritannien), einen Frieden aufgerichtet zu sehen, der allen Nationen die Möglichkeit geben wird, in Sicherheit innerhalb ihrer Grenzen zu leben ...«[17]

Die bald darauf folgenden Proteste der alliierten Staatsmänner und Politiker gegen die von Deutschen schon in Polen und in der Tschechoslowakei begangenen Verbrechen stießen bei den Adressaten auf taube Ohren. Roosevelt hatte schon im Oktober 1941, vor dem Kriegseintritt der USA, deutsche Geiselerschießungen verdammt, Winston Churchill ihm im Namen der britischen Regierung im Dezember 1941 beigepflichtet, die Sowjetunion sich mit entsprechenden Noten an verschiedene Mächte gewandt. Im Dezember 1941, rund sechs Monate nach dem deutschen Überfall auf die Sowjetunion, hatten Churchill und Roosevelt in Washington den vier Wochen später in Kraft getretenen Washington-Pakt vorbereitet, eine Art Große Koalition der Alliierten, die durch den Beitritt zahlreicher Nationen schließlich zur Keimzelle der UNO wurde.*

Diesem schon damals als »historisch« zu bezeichnenden Pakt der Vereinten Nationen war bereits am 13. Januar 1942 die Erklärung von St. James gefolgt, den

* Partner und Signatare des in Washington ausgefertigten Vertrages (gelegentlich auch als 26-Nationen-Erklärung bezeichnet) waren: die USA, Großbritannien und Nordirland, die Sowjetunion, China, Australien, Belgien, Kanada, Kostarika, Kuba, Tschechoslowakei, die Dominikanische Republik, El Salvador, Griechenland, Guatemala, Haiti, Honduras, Indien, Luxemburg, die Niederlande, Neuseeland, Nicaragua, Norwegen, Panama, Polen, Südafrika und Jugoslawien. Zwischen Juni 1942 und März 1945 schlossen sich ferner an: Mexiko (5.6.1942), Philippinen (10.6.1942), Äthiopien (28.7.1942), Irak (16.1.1943), Brasilien (8.2.1943), Bolivien (27.4.1943), Iran (10.9.1943), Kolumbien (22.12.1943), Liberia (26.3.1944), Frankreich (26.12.1944), Ekuador (7.2.1945), Peru (11.2.1945), Chile (12.2.1945), Paraguay (12.2.1945), Venezuela (16.2.1945), Uruguay (23.2.1945), Türkei (24.2.1945), Ägypten (27.2.1945), Saudi-Arabien (1.3.1945), Libanon (1.3.1945) und Syrien (1.3.1945). Vgl. dazu u. a.: Europa-Archiv (Hrsg.: Wilhelm Cornides). Oberursel 1946, S. 343 und Kriegsdokumente, S. 47f.

die Repräsentanten der von Hitler besetzten neun europäischen Länder (Belgien, Tschechoslowakei, Frankreich, Griechenland, Holland, Jugoslawien, Luxemburg, Norwegen und Polen) formuliert hatten. Diese Erklärung, die zur internationalen Solidarität aufforderte, »um Racheakte der Bevölkerung als Reaktion gegen die Gewaltakte zu vermeiden und um den Gerechtigkeitssinn der zivilisierten Welt zu befriedigen«, bezeichnete als eines der wichtigsten Kriegsziele der Alliierten, »die Bestrafung der für die Verbrechen Verantwortlichen (durchzusetzen), und zwar im Wege der Rechtsprechung, gleichgültig, ob die Betreffenden alleinschuldig oder mitverantwortlich für diese Verbrechen waren, ob sie sie befohlen oder ausgeführt haben oder ob sie daran beteiligt waren«.[18] Im »Geiste internationaler Solidarität«, wie es dort ausdrücklich hieß, sollten die Schuldigen oder Verantwortlichen »ohne Ansehen der Nationalität« (!) gesucht, vor Gericht gestellt, abgeurteilt »und die verkündeten Urteile vollstreckt« werden.[19]

In dem Sowjetisch-Britischen Bündnisvertrag, der am 26. Mai 1942 folgte, verpflichteten sich die Parteien, sich gegenseitig jede militärische »und sonstige« Hilfe im Krieg gegen Deutschland und seine Verbündeten »zu gewähren«, weder auf Verhandlungen »mit der Hitler-Regierung« noch »mit irgendeiner anderen deutschen Regierung, die nicht ... auf alle Angriffsabsichten verzichtet«, einzugehen und auch weder einen Waffenstillstand noch einen Friedensvertrag mit Deutschland oder seinen Verbündeten – ohne Einverständnis des Vertragspartners – zu schließen.[20]

Nach dem zwischen den USA und der Sowjetunion am 11. Juni 1942 geschlossenen Abkommen über Prinzipien der gegenseitigen Hilfeleistung in der Kriegführung* hatten Roosevelt und der britische Lordkanzler Viscount Simon am 7. Oktober 1942 vereinbart, zusammen mit anderen alliierten Regierungen eine Kommission der Vereinten Nationen zur »Nachprüfung von Kriegsverbrechen« zu konstituieren, was jedoch erst nach gravierenden Erfolgen der Alliierten in Nordwestafrika und an der deutschen Ostfront realisiert wurde.

Erst im Oktober 1943, elf Monate nach der Landung der Alliierten in Nordwestafrika und dem sich seitdem immer deutlicher abzeichnenden militärischen Übergewicht der späteren Sieger über die Achsenmächte, tagten die Vertreter der siebzehn Nationen, die die Kriegsverbrechenskommission der Vereinten Nationen (UNWCC) bildeten: Australien, Belgien, China, Frankreich,

* Nachdem Roosevelt die Sowjetunion bereits im Juli 1941 in den Kreis der Staaten eingeordnet hatte, denen die USA Hilfe leisteten, gewährten die USA nach der Unterzeichnung des englisch-amerikanisch-sowjetischen Protokolls vom 1. 10. 1942 den Russen 1 Milliarde US-Dollar nach dem Leih- und Pachtgesetz. Im Mai 1942, rund ein halbes Jahr nach Hitlers Kriegserklärung an die USA, versprachen die USA der im Juni 1941 von Hitler angegriffenen Sowjetunion, eine zweite Front zu errichten und ihre Materiallieferungen zu intensivieren. Vgl. *Europa-Archiv* 1947, S. 1045 f.

Griechenland, Holland, Indien, Jugoslawien, Kanada, Luxemburg, Neuseeland, Norwegen, Polen, Südafrika, Tschechoslowakei, das Vereinigte Königreich von Großbritannien und Nordirland und die Vereinigten Staaten von Amerika. Stalin, dem die Androhung der Bestrafung der deutschen Kriegsverbrecher, seiner einstigen Kumpane, trotz aller öffentlichen Bekundungen nicht recht behagte, hatte auf geschickte Weise dafür gesorgt, daß Russen dieser Kommission nicht angehörten. Er ließ für jede der sechzehn Sowjetrepubliken jeweils eine Vertretung in dem Gremium fordern, was die siebzehn Nationen einfach nicht akzeptieren konnten. Über die Ergebnisse der von ihm – trotz mehrfacher Einladungen – nicht besuchten Roosevelt-Churchill-Konferenz vom 14. und 15. Januar 1943 in Casablanca ließ er sich informieren. Die gemeinsamen strategischen Planungen Roosevelts und Churchills, die mit ihren Generalstabschefs und einigen von ihnen als wichtig ausgewählten Militärs (wie zum Beispiel Dwight D. Eisenhower auf Roosevelts Seite) in Casablanca Vereinbarungen über die synchron zu veranlassenden Schritte gegen das Reich, gegen Italien und Japan und über die geplante Invasion getroffen hatten, waren ohne seine unmittelbare Mitwirkung fixiert worden. Auch der Casablanca-Beschluß, daß als Kriegsende nur eine bedingungslose Kapitulation Deutschlands (*Unconditional surrender*) akzeptiert werden sollte, hatte ihn nicht einmal als Mitautor. Jene Forderung, deren Konzessionslosigkeit mit Sicherheit viele Menschen das Leben kostete, war das Ergebnis einer Initiative des kranken, bedenklich vergreisten und starrsinnig machtdürstigen US-Präsidenten Roosevelt.

Die späteren deutschen Hauptangeklagten, die das Ergebnis von Casablanca – trotz der dort formulierten Forderung nach einer bedingungslosen Kapitulation – infolge des Fernbleibens Stalins unterschätzten, sahen sich jedoch nach deutschen Mißerfolgen an der Ostfront bald getäuscht. In der nach der Viermächtekonferenz vom 30. Oktober 1943 in Moskau von Roosevelt, Churchill und Stalin unterzeichneten Viermächte-Erklärung der Regierungen der USA, Großbritanniens, der Sowjetunion und Chinas wurde deutschen Militärs und Exponenten der politischen Führung unzweideutig angekündigt: »Sobald irgendeiner in Deutschland gebildeten Regierung ein Waffenstillstand gewährt werden wird, werden jene deutschen Offiziere, Soldaten und Mitglieder der Nazipartei, die für ... Grausamkeiten, Massaker und Exekutionen verantwortlich gewesen sind oder an ihnen zustimmend teilgehabt haben, nach den Ländern zurückgeschickt werden, in denen ihre abscheulichen Taten ausgeführt wurden, um gemäß den Gesetzen dieser befreiten Länder und der freien Regierungen, welche in ihnen errichtet werden, vor Gericht gestellt und bestraft zu werden. Von allen diesen Ländern werden Listen mit allen möglichen Einzelheiten aufgestellt werden. Dabei werden besonders die besetzten Gebiete der Sowjetunion, Polen und

Tschechoslowakei, Jugoslawien und Griechenland, einschließlich Kretas und anderer Inseln, Norwegen, Dänemark, die Niederlande, Belgien, Luxemburg, Frankreich und Italien berücksichtigt werden«.*

Ebensowenig konnten Zweifel nach der Roosevelt-Churchill-Stalin-Konferenz vom 28. November bis zum 1. Dezember 1943 aufkommen, die auf Stalins Wunsch in Teheran stattfand. In der von Stalin, Roosevelt und Churchill am l. Dezember 1943 unterzeichneten offiziellen Verlautbarung, an deren Konzeption auch die von den jeweiligen Stabschefs beauftragten Militärs** mitgewirkt hatten, hieß es: »Wir bringen unsere Entschlossenheit zum Ausdruck, daß unsere Länder sowohl im Kriege als auch in dem ihm folgenden Frieden zusammenarbeiten werden. Was den Krieg betrifft, so haben Vertreter unserer militärischen Stäbe an unseren Besprechungen ... teilgenommen, und wir haben unsere Pläne zur Vernichtung der deutschen Truppen miteinander abgestimmt. Wir erreichten völlige Übereinstimmung über Umfang und Termin der Operationen, die von Osten, Westen und Süden unternommen werden. Das allgemeine Einvernehmen ... garantiert uns den Sieg ... Keine Macht der Erde kann uns daran hindern, die deutschen Armeen zu Lande, ihre U-Boote auf See und ihre Kriegsindustrie aus der Luft zu zerstören. Unsere Angriffe werden rücksichtslos sein und immer stärker werden ...«[21]

Zwar wurde die Androhung der Bestrafung von Kriegsverbrechern hier nicht erneut wiederholt; aber die Deutschen erfuhren, welche Konsequenzen die Alliierten dem Reich nach ihrem Siege zudachten. Roosevelt wollte Deutschland in fünf Staaten aufgeteilt sehen. Einer sollte Preußen, einer Hannover mit Nordwestdeutschland, einer Sachsen mit dem Gebiet um Leipzig, einer Hessen-Darmstadt und Hessen-Kassel mit dem Gebiet südlich des Rheins und einer Bayern, Baden und Württemberg umfassen. Das Ruhrgebiet mit seiner Industrie, das Saargebiet, Hamburg und der Kaiser-Wilhelm-Kanal sollten unter die Kontrolle der Vereinten Nationen gestellt werden. Churchill dagegen wünschte eine Trennung Preußens vom Reich und die Bildung einer Donaukonföderation durch die süddeutschen Staaten.

Stalin strebte die Verschiebung der polnischen Westgrenze bis zur Oder und eine strenge Kontrolle der Deutschen nach dem Kriege an.

Daß in Teheran eine Einigung infolge dieser divergierenden Vorstellungen

* Im Kommuniqué ist nicht von vier Mächten, sondern von »drei Außenministern« die Rede: Cordell Hull für die USA, Anthony Eden für Großbritannien und W. M. Molotow für die UdSSR. In der Präambel heißt es jedoch: »Die Regierungen der Vereinigten Staaten von Amerika, des Vereinigten Königreiches, der Sowjetunion und Chinas ...« Vgl. u. a. Kriegsdokumente, Dok. 5, S. 29, und *Times* vom 2. 12. 1943.

** Für die USA: Admiral Leahy, General Marshall, Colonel McFarland, Captain Ware; für Großbritannien: General Brooke, Air Chief Marshal Portal, Brigadier Redman, Captain Lunghi; für die Sowjetunion: Marschall Woroschilow und Pawlow.

nicht zustande kam, nützte den Deutschen nichts. Die von deutscher Seite propagandistisch hochgespielten Differenzen wurden der kurz vor Teheran ins Leben gerufenen Beratenden Europakommission in London zur Bearbeitung übertragen.[22]

Die den Deutschen von den Alliierten angedrohte Bestrafung der Kriegsverbrecher und die Zerstückelung des unter Hitler entstandenen Reiches erwiesen sich – neben der bereits vorausgesetzten bedingungslosen Kapitulation – als Bumerang. Die Kriegsverbrechen nahmen in erschreckendem Maße zu. Die Alliierten zogen ihre Konsequenzen. In dem am 12. September 1944 in Moskau zwischen der Sowjetunion, den USA und Großbritannien mit dem unter Antonescus Führung – gegen die Opposition König Michaels – bis Sommer 1944 mit Deutschland verbündeten Königreich Rumänien geschlossenen Waffenstillstand, der für Hitler den Verlust eines Verbündeten zur Folge hatte, ließen sie die deutschen Militärs und Minister wissen, daß sie unter bestimmten Voraussetzungen bereit wären, »rechtzeitige« Kapitulationen zu honorieren. Einige Artikel des Waffenstillstandsvertrages, den die Deutschen ganz offensichtlich nicht überhören sollten, ließen hinsichtlich der Behandlung der Kriegsverbrecher durchaus Vergleiche mit dem Versailler Vertrag zu. So hieß es beispielsweise im Artikel 14: »Zusammenarbeit zwischen Rumänien und dem Oberkommando zwecks Verhaftung und gerichtlicher Untersuchung von Personen, die wegen Kriegsverbrechen angeklagt werden.«* Daß Göring, von Ribbentrop, Kaltenbrunner, Frank und Sauckel, um hier nur sie zu nennen, nach der längst sicheren, totalen Niederlage des Reiches mit so glimpflichen Maßnahmen der Sieger – wie nach 1918 – jedoch nicht würden rechnen können, solange Hitler oder ein von ihm bestimmter Nachfolger an der Spitze des Reiches stünden, lag spätestens seit 1944 auch für sie auf der Hand.

Nicht nur die Erinnerung an die von der deutschen Justiz nach dem Ersten Weltkrieg vor dem Reichsgericht in Leipzig geführten Kriegsverbrecherprozesse mit ihren – nach Ansicht der Sieger viel zu wenig gravierenden Folgen – hatte die Alliierten »rechtzeitig« darauf bestehen lassen, nach diesem Krieg die Bestrafung der von ihnen als Kriegsverbrecher namhaft gemachten Personen selbst in die Hand zu nehmen. Auch die Tatsache, daß es nach dem Zweiten Weltkrieg (wie von den Alliierten vereinbart) zunächst gar keine deutschen Regierungen – und schon gar nicht eine gesamtdeutsche Regierung – geben sollte, mußte hierbei eine wesentliche Rolle spielen. Anders als nach dem Ersten Weltkrieg, nach dem

* Im Art. 15 verpflichtete sich die rumänische Regierung, sofort alle »Pro-Hitler-Organisationen ..., die sich auf rumänischem Gebiet befinden, aufzulösen« und nicht zu gestatten, daß sich künftig ähnliche Organisationen bildeten. Vgl. AFP Basic Doc. 79,8, S. 487ff. Vgl. auch: Konferenzen und Verträge, Vertrags-Ploetz, Teil II, Bd. 4 A, Würzburg 1959, S. 226ff.

die Siegermächte sich trotz ihres Kriegserfolges nicht so sicher gefühlt hatten, daß sie die deutsche Regierung zur Auslieferung der Kriegsverbrecher zwingen zu können meinten, sollten die Voraussetzungen nach dem Zweiten Weltkrieg liegen. Kein Deutscher sollte sich noch einmal – wie nach 1918 – weigern dürfen, die von alliierter Seite namhaft gemachten Kriegsverbrecher auszuliefern – oder zu bestrafen. Am 2. Februar 1920, fünfzehn Monate nach dem Ende des Krieges, hatten die seinerzeitigen Sieger dem Vorsitzenden der deutschen Friedenskommission in Paris, Freiherr von Lersner, eine Note und Listen mit Namen von als Kriegsverbrechern bezeichneten Deutschen überreicht, was spektakuläre Folgen nach sich zog. Lersner sandte die Unterlagen mit der Erklärung zurück, daß er sich weigerte, sie an die Reichsregierung weiterzuleiten.* Nach der seit Januar 1943 angestrebten bedingungslosen Kapitulation der Achsenmächte sollte es derartige diplomatische Akte in dieser Sache nicht mehr geben.

Parallel mit den Kriegserfolgen der Alliierten entstanden Pläne, die nicht nur die Bestrafung einer begrenzten Zahl von Kriegsverbrechern, sondern auch großer Teile der deutschen Bevölkerung vorsahen. Nahezu zehn Millionen sollten »Sklavenarbeit« in der Sowjetunion und in Frankreich leisten. Aufsehen, Bestürzung und Unverständnis erregte nicht nur auf deutscher Seite der im Herbst 1944 von Roosevelt und Churchill (nach anfänglicher Ablehnung) in Quebec paraphierte sogenannte Morgenthau-Plan. Der dem amerikanischen Präsidenten Anfang September von seinem Staatssekretär Henry Morgenthau jr. vorgelegte Plan zur Entindustrialisierung Deutschlands, der als Direktive für General Eisenhower – den Oberbefehlshaber der alliierten Streitkräfte in Europa

* Bis Ende Februar 1920 hatten (nach der von französischer Seite in Berlin überreichten Auslieferungsliste) die Briten 100, die Franzosen 334, die Belgier 334, die Italiener 29, die Polen 53 und die Rumänen 41 als anzuliefernde Kriegsverbrecher namhaft gemacht. Die deutsche Reichsregierung sah sich, wie sie bereits am 25. 1. 1920 erklärt hatte, nicht in der Lage, dem alliierten Auslieferungsbegehren zu entsprechen. In dieser Situation erklärte sich der deutsche Kronprinz (im Gegensatz zu allen anderen Beschuldigten) trotz des ausdrücklichen Verbotes seines 1918 nach Holland geflüchteten, als Kriegsverbrecher bezeichneten (und von den Niederlanden in Übereinstimmung mit dem Völkerrecht nicht ausgelieferten) Vaters Wilhelm II. bereit, sich den Siegermächten zur Aburteilung zur Verfügung zu stellen, was die Alliierten weder akzeptierten noch beantworteten. Noch im Februar 1920 erklärten die Siegermächte sich infolge der Haltung der deutschen Regierung und Bevölkerung (selbst die deutschen Kommunisten lehnten eine Auslieferung der »Kriegsverbrecher« ab) bereit, zunächst 46 Kriegsverbrecher von deutschen Gerichten probeweise aburteilen zu lassen und dann entscheiden zu wollen, wer von den rund 800 von ihnen namhaft gemachten Kriegsverbrechern (wozu neben dem Kaiser und General Ludendorff Fürsten, Politiker, Heerführer, Wissenschaftler, Offiziere und Beamte und selbst Unteroffiziersdienstgrade und sogar Soldaten aus dem Mannschaftsstand gehörten) noch vor Gericht gestellt werden solle. Die ersten (im Januar 1921 verhandelten) Verfahren endeten mit Zuchthausstrafen wegen Plünderung im Felde. Nachdem der deutsche Reichskanzler Joseph Wirth bereits Ende Januar 1921 öffentlich abgelehnt hatte, die Beklagten zwangsweise den Siegern auszuliefern, forderte der englische Premierminister Lloyd George die deutsche Regierung am 5. 5. 1921 über den deutschen Botschafter auf, die Kriegsverbrecher unverzüglich abzuurteilen. Ende 1922 wurden die (teilweise mit Freisprüchen und Verfahrenseinstellungen abgeschlossenen) Prozesse eingestellt.

– für die Zeit unmittelbar nach dem Sieg der Alliierten gedacht war, sah nicht nur die Aufteilung des Reiches in zwei autonome, unabhängige Staaten und die Internationalisierung des total zu demontierenden Ruhrgebietes,* sondern neben der Aufstellung eines Programms für die Bestrafung von Kriegsverbrechen auch eine entsprechende Behandlung nationalsozialistischer Organisationen vor.[23] Die nationalsozialistische Propaganda schmückte ihn mit zusätzlichem Dekor, verwies darauf, daß Roosevelt mit dem Gedanken spiele, deutsche Männer und Frauen nach der Kapitulation des Reiches sterilisieren zu lassen, und funktionierte ihn geschickt zum Vehikel für ihre Durchhalteparolen um. Daß Roosevelt und Churchill sich bereits im September vom Morgenthau-Plan wieder distanzierten, ignorierte sie – aus ihrer Sicht nicht ohne »guten« Grund; denn von der (auch im Morgenthau-Plan) angedrohten Bestrafung der Kriegsverbrecher hatten sie sich nicht distanziert. Hitler selbst erklärte am 1. Januar 1945 in einem Aufruf an die Deutsche Wehrmacht: »Die weltentscheidende Bedeutung des Krieges, in dem wir uns befinden, ist dem deutschen Volke heute klar: ein unbarmherziges Ringen um Sein oder Nichtsein ... Denn das Ziel der uns gegenüberstehenden jüdisch-internationalen Weltverschwörung ist die Ausrottung unseres Volkes. Wenn ich im Jahre 1939 eine solche Erkenntnis aussprach, dann hat sie der eine oder andere vielleicht doch für übertrieben gehalten. Im Laufe der sich anschließenden Jahre mochte sie – weil immer und immer wiederholt – als ›Propaganda-Mache‹ erscheinen. Heute kann an der Absicht unserer Gegner niemand mehr zweifeln. Sie wird belegt ... durch die uns gegenüberstehenden feindlichen Staatsmänner. Sie ist weiter erwiesen durch die Art der Kriegführung sowohl als durch die politischen Vorarbeiten unserer Feinde für die Nachkriegszeit. Der jüdisch-östliche Bolschewismus entspricht in seiner Ausrottungstendenz den Zielen des jüdisch-westlichen Kapitalismus ... Herr Churchill erklärt, daß ganz Ostdeutschland zumindest an Polen – also in Wahrheit an Sowjetrußland – abgetreten werden soll, und zwar nicht nur Ostpreußen und Danzig, sondern sogar noch Pommern und Schlesien ... Sein Schützling de Gaulle wieder fordert, daß Westdeutschland unter französische

* In Abwandlung der älteren Pläne der »drei Großen« sah der Morgenthau-Plan vor: Abtrennung Ostpreußens, Südschlesiens und des Saarlandes bis zur Rhein-Mosel-Grenze, Bildung eines süddeutschen Staates, der Bayern, Württemberg, Baden und einige kleinere Gebiete einschließen sollte, Schaffung eines norddeutschen Staatengebildes, dem der größte Teil des alten preußischen Staates, Sachsen, Thüringen und einzelne kleine Staaten angehören sollten. Zwischen dem Südstaat und Österreich (mit den Grenzen von 1938) war eine Zollunion geplant. Die Ruhr und das gesamte Industriegebiet des Rheinlandes, des Kieler Kanals und alle nördlich liegenden deutschen Gebiete sollten möglichst innerhalb von 6 Monaten nach der Einstellung der Feindseligkeiten von deutscher Industrie (als Restitution für die Alliierten) entblößt und so geschwächt und kontrolliert werden, daß eine absehbare Restauration der Industrie nicht möglich erscheine. Alle Kohlengrubenausrüstungen sollten entfernt und die Gruben geschlossen werden.

Oberhoheit kommen und das übrige Deutschland aufgelöst werden soll. Dies entspricht ... genau den programmatischen Erklärungen des Stalinschen Hausjuden (Ilja) Ehrenburg, der darüber hinaus ankündigt, daß das deutsche Volk zerschlagen und ausgerottet werden muß. Und dies wieder ist das gleiche Ziel, das in der Zukunftsplanung des amerikanischen Ministers und Juden Morgenthau aufgestellt wird.«[24]

Roosevelt und Churchill hatten den Morgenthau-Plan als solchen zwar rasch wieder zu den Akten gelegt; aber 1945, nach dem Ende der Feindseligkeiten, standen einzelne Punkte doch wieder zur Debatte. So enthielt beispielsweise die am 14. Mai 1945 erlassene und bis zum 17. Juli 1947 gültige Direktive J(oint) C(hief of) S(taff) 1067 für den Militärgouverneur der US-Besatzungszone in Deutschland Weisungen, die mit den Punkten 8 und 16 des Morgenthau-Planes zumindest eine große Ähnlichkeit hatten.

Der Würgegriff der Anfang 1945 unmittelbar vor ihrem endgültigen Triumph stehenden Siegermächte wurde zusehends enger. Im Februar 1945 trafen Roosevelt, Stalin und Churchill in Jalta zusammen, wo sie in Anlehnung an vorausgegangene Vereinbarungen übereinkamen, Deutschland in Besatzungszonen aufzuteilen, einen alliierten Kontrollrat einzurichten, alle Kriegsverbrecher vor Gericht zu stellen, sie umgehend zu bestrafen, das Reich total zu entwaffnen und den »deutschen Militarismus und Nationalsozialismus zu zerstören und dafür Sorge zu tragen, daß Deutschland nie wieder imstande« sein solle, »den Weltfrieden zu stören«. Daß die während der Konferenz getroffenen Vereinbarungen, die von den Alliierten als Ergänzung zu den von ihnen in Teheran vorbereiteten Beschlüssen gedacht waren, erst nach der endgültigen Niederlage des Reiches bekanntgegeben werden sollten,[25] konnte in Deutschland keineswegs diejenigen beruhigen, die nach dem Ende ihrer Herrschaft vor Gericht gestellt werden sollten.

Hitler, der schon zuvor mehr als nur ahnte, welche Ergebnisse diese Zusammenkunft haben würde, reagierte augenblicklich. Albert Speer erinnerte sich am 20. Juni 1946 im Zeugenstand in Nürnberg: »Hitler ließ in den ersten Tagen des Februar, einige Tage vor Beginn der Jalta-Konferenz, seinen Pressereferenten kommen und gab ihm in meiner Gegenwart Weisung, in schärfster Form in der gesamten deutschen Presse den Willen Deutschlands, niemals zu kapitulieren, zum Ausdruck zu bringen. Er stellte dabei fest, daß er dies tue, damit dem deutschen Volke auf keinen Fall von den Gegnern irgendein Angebot gemacht werden könnte. Die Sprache müsse so scharf sein, daß den gegnerischen Staatsmännern die Lust verginge, einen Keil zwischen das Volk und ihn zu treiben. Gleichzeitig proklamierte Hitler erneut dem deutschen Volk gegenüber die Parole: ›Sieg oder Untergang‹. Das alles war zu einem Zeitpunkt, in dem es ihm und jedem intelligenten Mann seiner Umgebung klar sein mußte, daß es nur noch einen Untergang geben konnte.«[26]

Auf einen separaten Waffenstillstand oder Sonderfrieden mit einzelnen Kriegsgegnern des Reiches, was beispielsweise Heinrich Himmler gegen Ende des Krieges heimlich und hinter Hitlers Rücken zu erreichen versuchte, hatte Hitler spätestens seit dem Washington-Pakt von Januar 1942 nicht mehr hoffen können. Die Übereinkunft der alliierten Vertragspartner, gemeinsam die europäischen Achsenmächte vollständig niederzuringen und keinerlei abweichende Entscheidungen zu treffen,[27] war unmißverständlich – und auch für Hitler eine maßgebliche Richtlinie. Zornig reagierte er am 30. Januar 1942 in einer Rede auf die Vereinbarungen der Vertrags-Signatare, auch wenn er die Dinge nicht beim Namen nannte. Sarkastisch beschimpfte er Churchill als »verlogenes Subjekt«, als »Faulpelz ersten Ranges« und als eine der »erbärmlichsten Herostratennaturen der Weltgeschichte«. Roosevelt, der am 22. Dezember 1941 mit Churchill in Washington zu einer Besprechung zusammengetroffen war, titulierte er als »armseligen Irren« und »Spießgesellen (Churchills) im Weißen Haus«. »Dieser Schwätzer und Trunkenbold Churchill«, fragte er, »was hat er wirklich an dauernden Werten geschaffen, dieses verlogene Subjekt, dieser Faulpelz ersten Ranges? Wenn dieser Krieg nicht gekommen wäre, dann hätten Jahrhunderte von unserem Zeitalter und auch von meiner Person geredet als Schöpfer großer Werke des Friedens. Wenn aber Mister Churchill dieser Krieg nicht gelang, wer würde von ihm reden? So aber wird er allerdings weiterleben als der Zerstörer eines Imperiums, das er und nicht wir vernichteten. Eine der erbärmlichsten Herostratennaturen der Weltgeschichte, unfähig, irgend etwas Positives zu schaffen oder zu leisten, nur fähig, zu vernichten. Und von seinem Spießgesellen im Weißen Haus möchte ich dabei gar nicht reden, denn dieser ist nur ein armseliger Irrer.«[28]

Daß von Stalins Seite dennoch (bis 1944) teilweise mehr als nur vorsichtige Versuche unternommen wurden, sich wieder mit Hitler zu arrangieren und zu beider Nutzen noch einmal die Mächte-Konstellation von 1939–1941 herzustellen, nahm Hitler trotz der in Rußland bereits erlittenen schwerwiegenden Verluste nicht wahr. Zwar sondierte er Stalins Bereitschaft und ließ sogar Gespräche zwischen Molotow und Joachim von Ribbentrop zu; aber zu Zugeständnissen war er nicht bereit. Als Molotow sich im Juni 1943 beispielsweise heimlich in das von den Deutschen besetzte Kirowograd begeben hatte, um mit dem deutschen Außenminister über die Möglichkeiten zur Beendigung des Krieges gegeneinander zu verhandeln, mußte Molotow schließlich erfolglos zu Stalin zurückkehren. Der Forderung der Sowjets, die ursprüngliche russische Westgrenze wieder zugestanden zu bekommen, hatte Ribbentrop mit der

Gegenforderung, den Dnjepr die künftige Ostgrenze des Reiches bilden zu lassen, begegnen müssen, was Stalin nur als nicht diskutabel ansehen konnte.[29]

Stalin sah sich schließlich von Hitler so mißverstanden wie Hitler von Churchill, den er seit Januar 1942 in öffentlichen Reden sarkastisch und unflätig beschimpfte und lächerlich zu machen versuchte.

Im November 1941, einige Wochen vor Hitlers Kriegserklärung an die USA vom 11. Dezember 1941 und dem unmittelbar darauf folgenden Abschluß des Washington-Paktes, hatte Hitler Churchill noch sehr viel anders gesehen. Zu der Zeit war er ihm – beispielsweise im Gespräch mit Graf Ciano, dem italienischen Außenminister und Schwiegersohn Mussolinis – noch als ein Gegner erschienen, den er nur durch außergewöhnlich große militärische Erfolge ratlos machen zu können meinte.* Die St.-James-Erklärung und die Vereinbarungen zwischen Churchill und Roosevelt von Januar 1942 hatten seine öffentlich bekundete Geringschätzung gegenüber dem insgeheim von ihm jedoch noch hochgeschätzten Churchill** augenblicklich in wütenden Haß umschlagen lassen, zumal der Krieg seit Ende 1941 durch seine Kriegserklärung an die USA zum Zweiten Weltkrieg geworden war und auch infolge der Lage an der Ostfront nicht mehr in den Rahmen paßte, den er, seit Dezember 1941 auch noch Oberbefehlshaber des Heeres, immer gewollt hatte.[30] Die von Hitler schon vor Beginn des Unternehmens »Barbarossa« festgelegte und über Hermann Göring am 31. Juli 1941 Reinhard Heydrich anvertraute »Endlösung der Judenfrage«,[31] in Nürnberg ein sehr wesentlicher Punkt, wurde nun auf dem Wege über die Wannsee-Konferenz in die Praxis umgesetzt.[32]

Acht Tage nach der Moskauer Dreimächte-Erklärung vom 30. Oktober 1943, die die Anklage und Bestrafung der »deutschen Offiziere, Soldaten und Mitglieder der Nazipartei, die für ... Grausamkeiten, Massaker und Exekutionen verantwortlich gewesen sind«* unmittelbar nach dem Waffenstillstand androhte, hatte Hitler in einer Rede anläßlich des 20. Jahrestages seines Münchener Putsches von 1923 unter Mißachtung der Tatsachen unter anderem erklärt: » ... unsere Gegner glauben ... in erster Linie durch Bluff und Propaganda das deutsche Volk zermürben zu können, indem sie ... tun, als wäre ihr Sieg bereits errungen ... In demselben Augenblick, in dem sie von einer Konferenz in die andere jagen, um die verschiedenen Zwiste zu überbrücken und Möglichkeiten zu irgendeinem gemeinsamen Ansatz zu finden, tun sie so, als ob sie schon die

* Ciano, der Hitler am 25. 10. und 28. 11. 1941 aufsuchte, hörte von Hitler, daß »Churchill keinen Rat mehr wissen« werde, wenn er, Hitler, den Persischen Golf erobert habe. Vgl. Heeresadjutant bei Hitler 1938–1943. Aufzeichnungen des Majors Engel. Hrsg. Kotze, Hildegard, Stuttgart 1974, S. 116f.

** Öffentlich hatte Hitler Churchill auch zuvor nicht respektvoll behandelt. So beschimpfte er ihn, Eden, Chamberlain und Duff Cooper am 4. 9. 1940 im Vollgefühl seiner bis dahin errungenen Siege in einer Rede geringschätzig beispielsweise als »Schwätzer« und »Krampfhennen«. DNB-Text vom 4. 9. 1940.

Sieger wären. Sie rufen Kommissionen zusammen für die ›Gestaltung der Welt nach dem Sieg‹ ... sie versuchen ... durch eine Flut von Papier im deutschen Volk und noch mehr innerhalb der Völker unserer Verbündeten den Eindruck zu erwecken, als ob nicht nur der Krieg von ihnen bereits gewonnen und die Zukunft an sich bereits entschieden sei, sondern als ob auch innerhalb der Völker große Massen eine solche Entwicklung ersehnen würden ... Ich weiß nicht, ob es im deutschen Volk Menschen gibt, die sich wirklich von einem Sieg der Alliierten irgend etwas erhoffen. Es könnten das nur Menschen sein, die ausschließlich an sich selbst denken. Verbrecher, die bereit wären, Henkersdienste an ihrem eigenen Volke zu leisten. Jeder andere aber, der mit seinem Volk verbunden ist, weiß ganz genau, was der Sieg unserer Gegner bedeuten würde. Es gibt daher in Deutschland auch keine Schichten, die diesen Sieg erhofften. Es gibt höchstens einzelne Verbrecher, die vielleicht glauben, damit ihr eigenes Schicksal besser gestalten zu können. Aber darüber soll man sich keinem Zweifel und keiner Täuschung hingeben: Mit diesen Verbrechern werden wir fertig ... Die Amerikaner und Engländer planen zur Zeit den Wiederaufbau der Welt. Ich plane zur Zeit den Wiederaufbau Deutschlands! Ein Unterschied aber wird sein: Während der Wiederaufbau der Welt durch die Amerikaner und Engländer nicht stattfindet, wird der Wiederaufbau Deutschlands durch den Nationalsozialismus präzis und planmäßig durchgeführt werden! Da werden unsere Massenorganisationen ... einschließlich der gesamten deutschen Wirtschaft eingespannt plus den Kriegsverbrechern. Sie werden dort zum erstenmal in ihrem Leben eine nützliche Tätigkeit vollbringen. Das ist das erste, was ich dazu sagen muß, und das zweite: die Herren mögen es glauben oder nicht, aber die Stunde der Vergeltung wird kommen ... Die Meinung unserer Gegner, daß sie durch ihren Luftterror die Intensität des deutschen Kriegswillens vermindern können, beruht auf einem Trugschluß. Derjenige nämlich, der einmal seine Sachen eingebüßt hat, kann nur einen Wunsch haben: daß der Krieg niemals verlorengeht, denn nur der siegreiche Krieg kann ihm einst wieder zu seinen Sachen verhelfen. So sind Hunderttausende von Ausgebombten die Avantgarde der Rache ... Es mag dieser Krieg dauern, so lange er will, niemals wird Deutschland kapitulieren. Niemals werden wir den Fehler des Jahres 1918 wiederholen, nämlich eine Viertelstunde vor zwölf die Waffen niederzulegen ...«[33]

Hitlers öffentliche Drohung, alliierte Kriegsverbrecher nach dem Kriege beim »Wiederaufbau Deutschlands ... eine nützliche Tätigkeit vollbringen« zu lassen, beantwortete der zu der Zeit insgeheim immer noch auf ein Einlenken Hitlers hoffende Stalin rund zwanzig Tage später in Teheran mit dem unerbittlich rach-

* Vgl. S. 14.

süchtigen und schockierend drastischen Gegenvorschlag, nach dem Sieg der Alliierten etliche fünfzigtausend deutsche Offiziere und Sachverständige kurzerhand zu erschießen. Infolge seiner Überzeugung, daß die »ganze Schlagkraft der mächtigsten Armeen Hitlers« von »etlichen fünfzigtausend Offizieren und Sachverständigen« abhinge, forderte er am 29. November 1943 während eines Essens (*Tripartite Dinner Meeting*) bestürzend rigoros: »Fünfzigtausend müssen erschossen werden.« Die in der Debatte vorausgegangene und als grundsätzliche Replik auf Stalins Racheversion zielende Feststellung Churchills, daß das britische Parlament Massenerschießungen niemals zustimmen würde, und seine, der unmißverständlichen Stalin-Forderung folgende Bemerkung, daß er sich selbst »lieber ... hier an Ort und Stelle in den Garten hinausführen und erschießen« als seine und seines »Volkes Ehre durch eine solche Niedertracht ... beschmutzen« lassen würde,[34] machten weder auf Roosevelt noch auf Stalin einen besonderen Eindruck. Roosevelts makabre Bemerkung, daß »nur neunundvierzigtausend« füsiliert werden sollten,[35] verhinderte zwar den Eklat; aber sie stellte die Ernsthaftigkeit des Stalin-Versuches nicht in Frage, den Boden für die Lösung des Problems auf eine solche Weise zu sondieren. Bereits am 6. November 1943, zwei Tage vor der vergleichsweise humanen Hitler-Drohung an die Adresse alliierter Kriegsverbrecher, hatte Stalin vor dem Moskauer Sowjet erklärt, daß auf der Konferenz vom 30. Oktober 1943 vereinbart worden sei, die »faschistischen Verbrecher« streng zu bestrafen und an ihnen »Rache für alle die ungeheueren Untaten« zu üben.[36] Auch in London gab es seitdem prominente und maßgebliche Stimmen, die eine standrechtliche Erschießung einiger namhaft gemachter deutscher Kriegsverbrecher ohne Justiz für die beste Lösung hielten.

Die Konfrontation war in jeder Hinsicht so unerbittlich, die Chance für die von den Alliierten zu der Zeit zwar gerade erst umrißhaft als Hauptkriegsverbrecher vorgesehenen Deutschen, nach der Niederlage des Reiches womöglich mit »Aufbauarbeiten« davonzukommen, so aussichtslos, daß bei den »designierten« deutschen Kriegsverbrechern Illusionen schon seit der Moskauer Dreimächte-Erklärung vom 30. Oktober 1943 eigentlich nicht mehr hätten aufkommen dürfen.

Der kranke,[37] früh vergreiste und sichtlich zunehmend starrsinniger werdende Hitler, der die deutsche Niederlage früher als seine Minister, Funktionäre und Militärs erkannte* und mehr als nur ahnte, was ihn nach der Kapitulation erwartete, machte sich in dieser Hinsicht nichts vor. Er wußte: jeder Tag, den der Krieg länger dauerte, bedeutete für ihn eine Verlängerung des eigenen Lebens, mit dessen frühem Ende er aus gesundheitlichen Gründen allerdings seit 1936 rechne-

* So wies Hitler seine Militärs beispielsweise schon am 12. 12. 1942 darauf hin, daß Stalingrad nicht mehr wiedergewonnen werden könne, wenn es erst einmal verlorengegangen sei. Vgl. dazu Maser, *Adolf Hitler* ..., S. 386. Zu Stalingrad vgl. auch Kehrig, Manfred, *Stalingrad*. Stuttgart 1976.

te.[38] Er wies eine deutsche Kapitulation als irreal von sich, drohte den Alliierten »mit der Stunde der Vergeltung« und mit den Ausgebombten als »Avantgarde der Rache« und zwang das ganze deutsche Volk nicht zuletzt um seinetwillen zum »Durchhalten« um jeden Preis. Als jedermann klar war, daß der Krieg nicht mehr gewonnen werden konnte, beschuldigte er das deutsche Volk, in der Stunde der »Bewährung« versagt zu haben. Seiner nächsten Umgebung erklärte er in Anwesenheit der in Nürnberg als Hauptkriegsverbrecher angeklagten Albert Speer und Baldur von Schirach im Sommer 1944 zum Beispiel, daß das deutsche Volk »zu schwach« gewesen sei, seine Probe vor der Geschichte nicht bestanden habe und damit zu Recht zum Untergang bestimmt sei, wenn es diesen Krieg verliere.[39]

Rund siebzig Tage nach der Jalta-Konferenz nahm Hitler sich das Leben. Eine Woche später kapitulierte die – nach Hitlers Vermächtnis – von Großadmiral Karl Dönitz geführte letzte Deutsche Reichsregierung. Die von der Europäischen Beratenden Kommission (USA, Sowjetunion und Großbritannien) im November 1944 festgelegten und in Jalta bestätigten Maßnahmen (Übernahme der obersten Gewalt, Kontrollorganisation und Besatzungszonen) der Alliierten nach der deutschen Kapitulation wurden (unter zusätzlicher Einbeziehung Frankreichs als Siegermacht) realisiert. Bereits am 10. Mai 1945 hatte der neue US-Präsident Truman die Direktive ICS 1067/6 vom 26. April 1945 gebilligt, was am 23. Mai unter anderem die Auflösung und Verhaftung der Regierung Dönitz zur Folge hatte. Am 5. Juni übernahmen die Alliierten die oberste Regierungsgewalt über das geschlagene Deutschland. Die Vorbereitung der Kriegsverbrecherprozesse hatte – zumindest in den USA – bereits kurz nach der Erklärung von St. James begonnen. Zwar existierten unter den Siegern zu der Zeit weder über den Ort für das Verfahren noch über dessen Dauer und die Anzahl der anzuklagenden Hauptkriegsverbrecher konkrete Pläne, doch stand für die Westalliierten fest, daß es einen Prozeß – und nicht die von Stalin in Teheran geforderten Massenerschießungen geben werde. Robert M. W. Kempner, der infolge seiner Tätigkeit im Rahmen des Vorbereitungsteams des US-Hauptanklägers Robert H. Jackson in den USA, in London, Paris, Frankfurt und Oberursel tätig war und später als Hauptankläger im (US-)Wilhelmstraßen-Prozeß fungierte, erklärte zwanzig Jahre später, daß die Amerikaner nach dem Ende des Krieges zunächst mit einer Prozeßdauer von etwa sechs Monaten rechneten. »Die Vorstellung«, schrieb er, »wie viele Personen angeklagt werden sollten, war bei den einzelnen Alliierten sehr verschieden. Außer der gemeinsamen Anklage ... kamen ... Strafverfahren in den einzelnen (von den Deutschen) besetzt gewesenen Staaten in Betracht. Von der einmal geäußerten Meinung, fünftausend Verbrecher sollten im Morgengrauen vor Peletons gestellt werden, bis zu der ... von Justice Robert H. Jackson in London 1945 angenommenen ... Erstreckung der Anklage ... von 20 bis 25 Hauptkriegsverbrechern (vor dem IMT) war ein langer Verhandlungsweg.«[40]

Dieser »lange Weg« – mit der Justiz im Hintergrund – war seit Churchills Entschiedenheit in Teheran vor allem Robert H. Jackson und dessen diesbezüglichem Einfluß in den USA zu verdanken. Daß der Protest des britischen Premierministers gegen Stalin und Roosevelt in London sowohl auf offene Ohren als auch auf Zustimmung gestoßen war, hatte ihm Lord Simon bereits im Dezember 1943 im britischen Oberhaus bestätigt, wo er erklärte: »Von unserem ... Standpunkt aus gesehen dürfen wir trotz aller Versuchungen und Erschütterungen durch die Leiden anderer niemals versäumen, der Gerechtigkeit um ihrer selbst willen Genüge zu tun. Es dürfen keine Massenhinrichtungen von Namenlosen stattfinden, bloß weil Hinrichtungen von Massen auf der andern Seite stattgefunden haben. Wir würden unsern eigenen Ruf gefährden und nicht zum Fortschritt der Menschheit beitragen, wenn das, was wir tun, nicht mit dem Begriff Gerechtigkeit im Einklang stünde ... Was immer auch geschehen mag, lassen Sie uns niemals von dem Grundsatz abweichen, daß Kriegsverbrecher als solche behandelt werden müssen, weil sie bewiesen haben, daß sie Verbrecher sind, und nicht weil sie einer Rasse angehören, die von einem Wahnsinnigen und Mörder geführt wurde, der dieses furchtbare Unglück über die Welt gebracht hat.«[41]

In den Vereinigten Staaten fanden im Weißen Haus, im Außenministerium, im Kriegsministerium, im Justizministerium und im Parlament Beratungen und Debatten über die Frage der Bestrafung der deutschen Kriegsverbrecher statt. Während der Konferenz von San Francisco, Anfang Mai 1945, berieten diplomatische Vertreter Frankreichs, Großbritanniens, der Sowjetunion und der Vereinigten Staaten die Pläne für die Errichtung eines Internationalen Militärgerichtshofes zur Aburteilung der Hauptkriegsverbrecher der europäischen Achsenmächte vorlegten.[42] Robert H. Jackson, der am 2. Mai vom Präsidenten der USA mit der Wahrnehmung der Interessen der Vereinigten Staaten beauftragte Richter am Obersten Bundesgericht der USA, wurde zum Chef der Anklagebehörde bestellt und damit zugleich betraut, als Repräsentant der Vereinigten Staaten mit den anderen Nationen über die Errichtung eines internationalen Militärtribunals zur Aburteilung der Hauptkriegsverbrecher zu verhandeln.[43] Er wählte einen Stab von Mitarbeitern aus und vereinbarte eine Zusammenarbeit sowohl mit dem Generalanwalt der Armee als auch mit dem *Office of Strategic Services*. Am 6. Juni 1945, einen Tag nach der offiziellen Übernahme der obersten Gewalt durch die Alliierten in Deutschland, überreichte er dem US-Präsidenten Truman nach zahlreichen Besprechungen, die er im besetzten Deutschland, in Frankreich und in England geführt hatte, einen vorläufigen Bericht, der die grundsätzlichen Rechtsbegriffe und den Plan für die angestrebten Prozesse entwickelte, Nürnberg als Gerichtsort jedoch noch nicht nannte.[44] Jackson schlug dem erst seit ein paar Wochen im Amt befindlichen Präsidenten vor, daß das Internationale Militärgericht sich nicht mit Quisling, Laval und Lord Haw-Haw befassen sollte, die in den Augen der Sieger als »Verräter« gelten mußten, sondern nur mit den Hauptkriegsverbrechern, für deren Verbrechen ein geographisch bestimmter Ort im Sinne der Moskauer Vereinbarungen nicht gegeben war. Die kleinen Leute, die beispielsweise abgesprungene oder notgelandete alliierte Flugzeugbesatzungen gelyncht hatten, als Wachmannschaften in Konzentrationslagern eingesetzt worden waren oder in untergeordneten Positionen Mord-Funktionen ausgeübt hatten, sollten auf dem Wege über die bestehende Militärgerichtsbarkeit abgeurteilt werden. »Wir werden«, schlug Jackson vor, »eine große Anzahl von Einzelpersonen anklagen sowie Angehörige der Regierung und Verwaltung des Militärs einschließlich des Generalstabes, des Finanz- und Wirtschaftslebens und der Industrie ... die ... sich als gemeine Verbrecher erwiesen haben ... Unser Fall gegen die Hauptangeschuldigten betrifft den richtungweisenden Plan der Nazis und nicht einzelne Roheiten und barbarische Handlungen, die unabhängig von diesem zentralen Plan begangen wurden.«[45]

Daß Jackson es mit der »großen Anzahl« von Einzelpersonen als Angeklagten jedoch nicht genug sein lassen wollte, bestätigte sein gleichzeitig unterbreiteter Vorschlag, auch den Charakter freiwilliger nationalsozialistischer Organisationen unter dem Gesichtspunkt der IMT-Zielsetzungen prüfen zu lassen. Daß die Berichte über die »Gestapo und die aktivistischen Einheiten der SS«, wie Jacksons Report es beweist, 1945 derartige Entscheidungen beeinflussen mußten, war und ist selbstverständlich. Jacksons Vorschläge wurden so schließlich zu Richtlinien auch für die rein amerikanischen Nürnberger Nachfolgeverfahren und somit schicksalsbestimmend für diejenigen, die dort unter der US-Flagge ihr Urteil empfingen oder ihren Freispruch hörten. »Wenn in der Hauptverhandlung eine Organisation als verbrecherisch erklärt wird«, schrieb er richtungweisend, als die Betroffenen bereits in Gefängnissen und in Gefangenenlagern saßen, »wird die zweite Phase die Anklage solcher in der Hauptverhandlung noch nicht abgeurteilter einzelner Mitglieder sein. Die Ergebnisse der Hauptverhandlung, nach denen eine Organisation als verbrecherisch zu betrachten ist, würden für alle späteren Verhandlungen bindend sein, sich auf rein persönliche Verteidigungsgründe zu berufen oder mildernde Umstände anzuführen, wie zum Beispiel, daß sie der Organisation unter Zwang beigetreten seien, ist unzulässig.«[46]

Zwanzig Tage, nachdem Jackson den Präsidenten der Vereinigten Staaten über seine Vorstellungen informiert hatte, veröffentlichten 51 Nationen, die infolge der zwischen Roosevelt, Stalin und Churchill in Jalta getroffenen Vereinbarungen entweder die Deklaration der Vereinten Nationen unterzeichnet oder aber den europäischen Achsenmächten spätestens am 1. März 1945 den Krieg erklärt haben sollten, auf der seit dem 25. April 1945 in San Francisco tagenden Konferenz ihren Beschluß über die Satzung der Vereinten Nationen.* Am 17. Juli begann in Potsdam die Konferenz der sogenannten »Großen Drei«, Truman, Stalin und Churchill, die die inzwischen untereinander herrschenden Differenzen aus der Welt schaffen sollte. Während die als Hauptkriegsverbrecher Beschuldigten bereits verhört wurden und Hermann Göring in Bad Mondorf noch daran dachte, bald als strahlender Reichsmarschall vor Gericht erscheinen und die Sieger für ihre Kriegsverbrechen anklagen zu können, stritten diese sich in Potsdam über Deutschland, das für Stalin bestenfalls nur noch ein geographischer Begriff war. Das sowjetische Sitzungsprotokoll vom 18. Juli 1945 ist so beredt, daß sich jeder Kommentar dazu erübrigt:

»*Churchill*: Ich möchte nur eine Frage stellen. Ich bemerke, daß hier das Wort ›Deutschland‹ gebraucht wird. Was bedeutet ›Deutschland‹ jetzt? Kann man es in dem Sinne verstehen wie vor dem Kriege?[47]

Truman: Wie faßt die sowjetische Delegation diese Frage auf?

Stalin: Deutschland ist das, was es nach dem Krieg wurde. Ein anderes Deutschland gibt es jetzt nicht. So verstehe ich diese Frage.[48]

Truman: Kann man von Deutschland sprechen, wie es 1937, vor dem Krieg, war?

Stalin: So wie es 1945 ist.[49]

Truman: Es hat 1945 alles eingebüßt. Deutschland existiert jetzt faktisch nicht.

Stalin: Deutschland ist, wie man bei uns sagt, ein geographischer Begriff. Wollen wir es vorläufig so auffassen! Man darf nicht von den Ergebnissen des Krieges abstrahieren.

Truman: Ja, aber es muß doch irgendeine Definition des Begriffes ›Deutschland‹ erfolgen. Ich meine, das Deutschland von 1886 oder 1937 ist nicht dasselbe wie das Deutschland von heute, 1945.

Stalin: Es hat sich infolge des Krieges verändert, und so fassen wir es auf.

Truman: Ich bin damit völlig einverstanden, aber es muß trotzdem eine gewisse Definition des Begriffes ›Deutschland‹ erfolgen.

Stalin: Denkt man beispielsweise daran, im Sudetengebiet der Tschechoslowakei die deutsche Verwaltung wiedereinzusetzen? Das ist das Gebiet, aus dem die Deutschen die Tschechen vertrieben haben.

Truman: Vielleicht werden wir trotzdem von Deutschland, wie es vor dem

* Satzung der Vereinten Nationen, bearbeitet von K. L. Schmidt, Schriftenreihe: *Welt- und Friedensprobleme*. Offenbach am Main 1947. Vgl. auch Europa-Archiv 1947, S. 345ff. In Jalta hatten Roosevelt, Churchill und Stalin sich u. a. über die Funktion des Sicherheitsrates, über die Beteiligung zweier Sowjetrepubliken (außer der UdSSR) als Mitglieder der Vereinten Nationen und über die Eröffnung der ersten Konferenz der Vereinten Nationen in San Francisco geeinigt.

Kriege, im Jahre 1937, war, sprechen?
Stalin: Formal kann man es so verstehen, in Wirklichkeit ist es nicht so. Wenn in Königsberg eine deutsche Verwaltung auftauchen wird, werden wir sie fortjagen, ganz gewiß fortjagen.
Truman: Auf der Krim-Konferenz wurde vereinbart, daß die Territorialfragen auf der Friedenskonferenz entschieden werden müssen. Wie definieren wir nun den Begriff ›Deutschland‹?
Stalin: Lassen Sie uns die Westgrenze Polens festlegen, und dann wird die deutsche Frage klarer werden. Es ist für mich sehr schwierig auszudrücken, was jetzt unter Deutschland zu verstehen ist. Das ist ein Land, das keine Regierung, das keine fixierten Grenzen hat, weil die Grenzen nicht von unseren Truppen festgelegt werden. Deutschland hat überhaupt keine Truppen, Grenztruppen eingeschlossen, es ist in Besatzungszonen zerteilt. Und nun definieren Sie, was Deutschland ist! Es ist ein zerschlagenes Land.
Truman: Vielleicht nehmen wir die Grenzen Deutschlands von 1937* zum Ausgangspunkt?
Stalin: Ausgehen kann man von überall. Von irgend etwas muß man ausgehen. In diesem Sinne kann man auch das Jahr 1937 nehmen.
Truman: Das war Deutschland nach dem Versailler Vertrag.
Stalin: Ja, man kann das Deutschland des Jahres 1937 nehmen, aber nur als Ausgangspunkt. Das ist einfach eine Arbeitshypothese zur Erleichterung unserer Arbeit.
Churchill: Nur als Ausgangspunkt. Das heißt nicht, daß wir uns darauf beschränken.
Truman: Wir sind einverstanden, das Deutschland des Jahres 1937 als Ausgangspunkt zu nehmen. Wir haben die zweite Frage noch nicht abgeschlossen, doch wir werden uns darüber noch einigen.«[50]

Einhelligkeit herrschte unter den Alliierten jedoch bezüglich der Bestrafung der Kriegsverbrecher** und der Absicht, das deutsche Volk für begangene Verbrechen büßen zu lassen. »Alliierte Armeen«, so hieß es im Kommuniqué, »führen die Besetzung von ganz Deutschland durch, und das deutsche Volk fängt an, die furchtbaren Verbrechen zu büßen, die unter der Leitung derer, welche es zur Zeit ihrer Erfolge offen gebilligt hat und denen es bald gehorcht hat, began-

* Die Grenzen Deutschlands, wie sie am 31. 12. 1937 bestanden, hatten bereits Anfang Juni 1945 die Grundlage bei der Aufteilung des Reiches in 4 Besatzungszonen gebildet.

** Mit der Frage der Bestrafung der Hauptkriegsverbrecher befaßte sich der Punkt VII: »Die drei Regierungen haben von dem Meinungsaustausch Kenntnis genommen, der in den letzten Wochen in London zwischen britischen, amerikanischen, sowjetischen und französischen Vertretern mit dem Ziel stattgefunden hat, eine Vereinbarung über die Methoden des Verfahrens gegen die Hauptkriegsverbrecher zu erzielen, deren Verbrechen nach der Moskauer Erklärung vom Oktober 1943 nicht an einen bestimm-

gen wurden. Auf der Konferenz wurde eine Übereinkunft erzielt über die politischen und wirtschaftlichen Grundsätze in Bezug auf das besiegte Deutschland in der Periode der alliierten Kontrolle. Das Ziel dieser Übereinkunft bildet die Durchführung der Krim-Deklaration (12. Februar 1945 in Jalta) über Deutschland. Der deutsche Militarismus und Nazismus werden ausgerottet, und die Alliierten treffen nach gegenseitiger Vereinbarung in der Gegenwart und in der Zukunft auch andere Maßnahmen, die notwendig sind, damit Deutschland niemals mehr seine Nachbarn oder die Erhaltung des Friedens in der ganzen Welt bedrohen kann.«[51]

Milde oder Entgegenkommen bei der Behandlung der deutschen Probleme konnten die Deutschen weder von den Amerikanern und Engländern noch von den Sowjets erwarten. Die »Großen Drei« waren nach Berlin gekommen, um den Herd der Aggression ein für allemal zu zerstören. Der »Karthagische Frieden«, den die Sieger dem geschlagenen Deutschland als Strafe zugedacht hatten, stand nach wie vor auch bei den Westalliierten auf dem Programm, obwohl die Differenzen mit den Russen zunahmen und Befürchtungen laut wurden, daß die Sowjets möglicherweise noch schlimmer als die »Nazis« seien. Die Tatsache, daß die Westalliierten selbst das niedergerungene Deutschland immer noch für gefährlicher als die Sowjetunion ansahen und Stalin wiederum die geschlagenen Deutschen als baldige Partner der Westalliierten zu sehen glaubte, trug in Potsdam ihre Früchte. Nicht einmal Winston Churchill widersprach dem von Stalin in Rußland bereits praktizierten und während der Konferenz von ihm als nachahmenswert empfohlenen Verfahren, deutsche Kriegsgefangene völkerrechtswidrig als Zwangsarbeiter einzusetzen.[52]

Die Deutschen allerdings namentlich zu nennen, die das IMT als Hauptkriegsverbrecher aburteilen sollte, scheuten sich – außer Stalin – die maßgeblichen Staatsmänner und Politiker zu dieser Zeit. So diskutierten sie, Truman, Stalin und Churchills Nachfolger Clement R. Attlee und ihre Außenminister und Staatssekretäre, noch am 1. August 1945 im Potsdamer Schloß Cecilienhof die Frage, ob denn vorweg überhaupt Namen genannt werden sollten.

Das diesbezügliche sowjetische Protokoll von der 12. Potsdamer Vollsitzung hat folgenden Wortlaut:

»*Byrnes*: Die nächste Frage betrifft die Kriegsverbrecher. Die einzige Frage, die offenbleibt, ist, ob man die Namen einiger der größten deutschen Kriegs-

ten geographischen Ort gebunden sind. Die drei Regierungen bekräftigen ihre Absicht, diese Verbrecher einer schnellen und gerechten Aburteilung zuzuführen. Sie hoffen, daß die Verhandlungen in London zu einer schnellen Vereinbarung führen, die diesem Zwecke dient, und sie betrachten es als eine Angelegenheit von größter Wichtigkeit, daß der Prozeß gegen diese Hauptverbrecher zum frühestmöglichen Zeitpunkt beginnt. Die erste Liste (mit den Namen) der Angeklagten wird vor dem 1. September dieses Jahres veröffentlicht werden.« Zit. nach *Teheran, Jalta, Potsdam* ..., S. 399.

verbrecher nennen soll. Die Vertreter der USA und Englands hielten es auf der heutigen Sitzung der Außenminister für richtig, diese Namen nicht zu nennen, sondern dieses Recht dem Staatsanwalt zu überlassen. Desgleichen haben sie sich darauf geeinigt, daß der englische Wortlaut angenommen werden sollte. Die sowjetischen Vertreter haben erklärt, sie seien mit dem englischen Entwurf einverstanden, jedoch nur unter der Bedingung, daß einige Namen hinzugefügt werden.

Stalin: Es sind meiner Meinung nach Namen erforderlich. Das muß man für die öffentliche Meinung tun ... Werden wir irgendwelche deutschen Industriellen vor Gericht stellen? Ich denke, wir werden es tun. Wir nennen Krupp. Wenn Krupp sich dafür nicht eignet ... lassen Sie uns andere nennen.

Truman: Sie gefallen mir alle nicht (*Gelächter*). Ich denke, wenn wir einige Namen nennen und andere beiseite lassen, wird man denken, daß wir nicht die Absicht haben, diese anderen zu belangen.

Stalin: Diese Namen werden aber hier als Beispiel angeführt. Es erregt zum Beispiel Erstaunen, warum Heß bis jetzt in England gut versorgt und nicht zur Verantwortung gezogen wird. Man muß diese Namen nennen, das wird für die öffentliche Meinung ... wichtig sein.

Bevin: Sie brauchen sich über Heß nicht zu beunruhigen.[53]

Stalin: Es geht nicht um meine Meinung, sondern um die öffentliche Meinung, um die Meinung der Völker aller der Länder, die von den Deutschen besetzt waren.

Bevin: Sollten Sie irgendwelche Zweifel hinsichtlich Heß hegen, dann kann ich die Verpflichtung abgeben, daß er dem Gericht übergeben werden wird.

Stalin: Ich bitte um keinerlei Verpflichtungen von Herrn Bevin, allein seine Erklärung genügt, damit ich nicht daran zweifle, daß das geschieht. Doch geht es hier nicht um mich, es geht um die Völker, um die öffentliche Meinung.

Truman: Wie Sie wissen, haben wir Richter Jackson als unseren Vertreter für die Londoner Kommission benannt. Er ist ein ausgezeichneter Richter und ein sehr erfahrener Jurist. Er ist mit der juristischen Verfahrensweise gut vertraut. Jackson spricht sich gegen die Nennung der Namen von Kriegsverbrechern aus und erklärt, das behindere ihre Tätigkeit. Er versichert, daß das Gerichtsverfahren innerhalb von 30 Tagen vorbereitet sein wird und daß es überflüssig ist, an unserer Meinung über diese Leute zu zweifeln.

Stalin: Vielleicht sollte man eine geringere Anzahl von Personen nennen, sagen wir drei?

Bevin: Unsere Juristen sind der gleichen Ansicht wie die amerikanischen.

Stalin: Unsere sind aber gegenteiliger Meinung. Aber vielleicht vereinbaren wir, daß spätestens in einem Monat die erste Liste mit deutschen Kriegsverbrechern, die vor Gericht gestellt werden, veröffentlicht wird?«[54]

Adolf Hitler erschien erstaunlicherweise nur am Rande der Diskussionen über die Namen der Hauptkriegsverbrecher, obwohl die Konferenzteilnehmer Zweifel an seinem Tode hegten. Und als Attlee, der neue Premierminister von Großbritannien, ihn schließlich doch genannt sehen wollte, wich Stalin aus. »Wir haben ihn nicht«,[55] sagte er und fragte mißtrauisch und vorwurfsvoll,* wieso Rudolf Heß in England so »gut versorgt und nicht zur Verantwortung gezogen« werde. Als Hauptkriegsverbrecher wurde Hitler erst genannt, als feststand, daß er nicht mehr lebte.** Truman, der Nachfolger des kurz vor Hitlers Selbstmord gestorbenen US-Präsidenten Roosevelt, dem es wie Hitler auch ausschließlich um die Macht selbst gegangen war,[56] allein um die Vereinigten Staaten von Amerika, für die er – wie Hitler für Deutschland – den ganzen Zynismus der Macht ausgespielt und um seiner Zielvorstellungen willen beispielsweise in Englands finsterster Stunde die von seinem Außenminister Sumner Welles eingeleiteten Friedensinitiativen hintertrieben und auch die amerikanischen Hilfsmaßnahmen für die Sowjetunion erst eingeleitet hatte, als sicher war, daß die Russen Hitlers Wehrmacht ohne US-Hilfe nicht würden widerstehen können, verwaltete zunächst nur ein deutlich fixiertes Erbe. Stalin andererseits, der 1939 mit Hitler in Polen gemeinsame Sache gemacht, ihm später das sowjetische Verbrechen von Katyn in die Schuhe geschoben*** und bis 1944 auf eine Renaissance seiner einstigen Beziehungen zu Hitler gehofft hatte, hatte andere Gründe, Hitler vorerst als Hauptkriegsverbrecher auszuklammern. So war es denn kein Zufall gewesen, daß in Potsdam weder Truman noch Stalin, sondern Attlee, der britische Major des Ersten Weltkrieges, Hitler auf die Liste mit den Namen der Hauptkriegsverbrecher hatte gesetzt sehen wollen.

Am 8. August, eine Woche nach der Veröffentlichung des Kommuniqués über die Potsdamer Konferenz, war auf der Londoner Konferenz bereits das Statut für

* Stalins Mißtrauen richtet sich nicht zuletzt gegen die in Norwegen stehenden und nach seinen Behauptungen (im August 1945) von den Briten immer noch nicht entwaffneten deutschen Truppen (vgl. Josef Ackermann, Die Konferenz von Potsdam, *FAZ* vom 9. 8. 1975), die er ernsthaft als ein zu befürchtendes Feind-Reservoir in einem zu der Zeit von der Flüsterpropaganda ganz besonders intensiv prophezeiten baldigen Krieg zwischen den westlichen Alliierten und den Deutschen gegen die Sowjetunion ansah.

** 23 Jahre später trat der sowjetische Journalist Lew Besymenski mit der Publikation *Der Tod des Adolf Hitler* (Hamburg 1968) an die Öffentlichkeit, in der er im Gegensatz zu Stalins Äußerung in Potsdam behauptete, daß sowjetische Soldaten Hitlers Leiche Anfang Mai 1945 in einem Granattrichter am Hitler-Bunker gefunden und eine Fachkommission der Roten Armee sie als den Leichnam Adolf Hitlers identifiziert habe. Besymenskis politisch artikulierte Behauptung, daß die Sowjets so lange mit der Veröffentlichung ihrer Ergebnisse über die Untersuchung des Toten von 1945 gewartet hätten, weil sie fürchteten, »daß irgend jemand in die Rolle des ›durch ein Wunder geretteten Führers‹ schlüpfen« (Besymenski, S. 86) könnte, ist barer Unsinn und richtet sich selbst. Der von den Sowjets als »vermutlich« Hitlers Leiche ausgegebene Tote unterschied sich in seinen anatomischen Details so erheblich von Hitler, daß es sich nicht um Adolf Hitler gehandelt haben kann. Vgl. dazu Maser, *Adolf Hitler ...*, S. 522ff.

*** Roosevelt verbot wider besseres Wissen noch kurz vor seinem Tod, Stalin dieser Verbrechen zu beschuldigen.

den Internationalen Militärgerichtshof zur Aburteilung der deutschen Kriegsverbrecher formuliert.

Um eine einheitliche Rechtsgrundlage für das seit Juni 1945 zwar in vier Besatzungszonen, jedoch entgegen früherer Absichten (noch) nicht in selbständige Staaten aufgeteilte Deutschland[57] zu schaffen,* erließ der von den obersten alliierten militärischen Befehlshabern** als Bevollmächtigte ihrer Regierungen im Juni 1945 eingesetzte Kontrollrat am 20. Dezember 1945 das Gesetz Nr. 10. Es wiederholte noch einmal die bereits am 8. August 1945 im Londoner Statut als Verbrechen gekennzeichneten Tatbestände im Zusammenhang mit den Anklagepunkten Verbrechen gegen den Frieden, Kriegsverbrechen, Verbrechen gegen die Menschlichkeit und Zugehörigkeit »zu ... Verbrechervereinigungen oder Organisationen«, bezeichnete die vorgesehenen Strafen nach Schuldsprüchen (Tod, lebenslängliche oder zeitlich begrenzte Freiheitsstrafe mit oder ohne Zwangsarbeit, Geldstrafe, Vermögensentziehung, Rückgaben unrechtmäßig erworbenen Vermögens, völliger oder teilweiser Verlust der bürgerlichen Ehrenrechte) und bestätigte, daß weder einstige amtliche Stellungen noch Befehle der Regierung oder der jeweiligen Vorgesetzten die Angeklagten vor Strafen schützten.[58]

So bildete dieses Kontrollratsgesetz neben der Moskauer Deklaration vom 30. Oktober 1943 und dem Londoner Statut für den Internationalen Militärgerichtshof vom 8. August 1945 eine der wesentlichsten Grundlagen für die Rechtsprechung des Internationalen Militärtribunals. Die Hoffnungen einiger Hauptangeklagter, daß mit dem zunehmenden Abstand vom Ende der Kampfhandlungen auch eine zunehmende »Nachsicht« im Hinblick auf ihre Straftaten rechtlich fixiert und weniger Belastete straflos davonkommen würden, erwiesen sich als Trug- und Wunschbilder. Die kurze Zeit sollte keine Wunden heilen. Ausdrücklich hieß es im Kontrollratsgesetz Nr. 10: »Die Vollstreckung der Todesstrafe soll aufgeschoben werden, falls der Zonenbefehlshaber Grund zu der Annahme hat, daß die Vernehmung des zum Tode Verurteilten als Zeuge in einem Verfahren innerhalb oder außerhalb seiner Zone von Wert sein könnte, jedoch nicht länger als einen Monat, nachdem das Urteil Rechtskraft erlangt hat.«

Bereits in dem am 8. August 1945 zwischen den Regierungen der USA, Großbritanniens und Nordirlands, der provisorischen Regierung Frankreichs und der Regierung der Union der Sozialistischen Sowjet-Republiken geschlossenen

* Eine wesentliche Rolle spielten hierbei zwangsläufig auch die Fragen der deutschen Reparationsleistungen während der Besatzungszeit, die Bestimmungen der Moskauer Deklaration vom 30. Oktober 1943 und des Londoner Abkommens vom 8. August 1945 bezüglich der »Strafverfolgung von Kriegsverbrechern und anderen Missetätern dieser Art«. Vgl. Amtsblatt des Kontrollrats in Deutschland, Nr. 3 vom 31. 1. 1946, S. 50.

** Eisenhower für die USA, Schukow für die Sowjetunion, Montgomery für Großbritannien und J. DeLattre de Tassigny für Frankreich.

Viermächte-Abkommen* war das viel zitierte Statut für den Internationalen Militärgerichtshof formuliert worden. Wen es zur Rechenschaft ziehen und gegebenenfalls bestrafen sollte, hatte zwei Jahre zuvor die Moskauer Deklaration umrißhaft festgelegt: die von den Siegermächten namhaft gemachten Hauptkriegsverbrecher, »für deren Verbrechen ein geographisch bestimmter Tatort nicht vorhanden« war.[59]

Die wichtigste Prozeßgrundlage allerdings, das Londoner Statut, das nicht nur von der Verteidigung in Nürnberg als Verletzung und Mißachtung der von der Teilung der Gewalten ausgehenden traditionellen Rechtsauffassung kritisiert wurde, wies einen groben Makel auf: das Viermächte-Abkommen,** dessen wesentlichster Bestandteil das Statut war, hatten Robert H. Jackson, Robert Falco, der französische Ersatzrichter in Nürnberg und I. T. Nikitschenko, der russische Richter des IMT, als Gesetzgeber unterzeichnet. Daß an dem Strafgesetz darüber hinaus auch Sir David Maxwell-Fyfe, der Leiter der britischen Anklage-Delegation in Nürnberg, und der als US-Richter fungierende Francis Biddle mitgearbeitet hatten, der zur Zeit der Jalta-Konferenz*** amerikanischer Justizminister und Mitverfasser eines Memorandums gewesen war, das die grundlegenden Ideen für das Londoner Statut enthielt, wurde als weiterer Mißbrauch der Macht der Sieger angesehen. Der seit der großen Französischen Revolution als »geheiligt« geltende Grundsatz, daß die Garantien für die Rechte des Individuums eklatant verletzt würden, wenn Gesetzgeber, Staatsanwälte und Richter die gleichen Personen seien, war für Nürnberg »außer Kraft« gesetzt worden.****

* Dem Londoner Viermächte-Abkommen vom 8. 8. 1945 schlossen sich die Regierungen folgender Länder an: Griechenland, Jugoslawien, Dänemark, die Niederlande, die Tschechoslowakei, Polen, Belgien, Abessinien, Australien, Honduras, Norwegen, Panama, Luxemburg, Haiti, Neuseeland, Indien, Venezuela, Uruguay und Paraguay.

** Artikel 2 des Abkommens: »Verfassung, Zuständigkeit und Aufgaben dieses Internationalen Militärgerichtshofes sind in dem angeführten Statut für den Internationalen Militärgerichtshof festgelegt, das einen wesentlichen Bestandteil dieses Abkommens bildet.« IMT, Bd. I, S. 8.

*** In der offiziellen Verlautbarung vom 11. 2. 1945 hieß es u.a.: »Es ist unser unbeugsamer Wille, den deutschen Militarismus und Nationalismus zu zerstören und dafür Sorge zu tragen, daß Deutschland nie wieder imstande ist, den Weltfrieden zu stören. Wir sind entschlossen ... alle Kriegsverbrecher vor Gericht zu bringen und einer schnellen Bestrafung zuzuführen sowie eine in gleichem Umfang erfolgende Wiedergutmachung der von den Deutschen verursachten Zerstörungen zu bewirken.« Vgl. *Amtsblatt des Kontrollrats in Deutschland*, Nr. 1. Vgl. auch Kriegsdokumente über Bündnisgrundlagen, Kriegsziele und Friedenspolitik der Vereinten Nationen, Hamburg 1964 (Heft 1 der *Veröffentlichungen des Instituts für Internationales Recht der Universität Kiel*), S. 37.

**** Die Anklage sah diesen Punkt rein sachbezogen. So erklärte der britische IMT-Hauptankläger Lord Shawcross 1967 in einem »Geleitwort« zu Gründler/Manikowsky (S. 16) beispielsweise: »Läßt man für einen Augenblick alle Argumente beiseite und auch den Streit über die Völkerrechtslage, über die Verfassung und Zuständigkeit des Tribunals, über die Neuartigkeit einiger Verfahrensregeln – dann kann derjenige, der das Nürnberger Beweismaterial ... geprüft hat, eines jedenfalls nicht bezweifeln: Hätte man die in Nürnberg Hingerichteten nur wegen Beteiligung an gewöhnlichem Mord angeklagt, so wären sie der Verurteilung auch nicht entgangen. Diese Männer unterschieden sich von gewöhnlichen Mördern nur dadurch, daß sie nicht den Mord an Einzelpersonen, sondern an Millionen veranlaßten oder unterstützten.«

Auch die Tatsache, daß das Statut für den Internationalen Militärgerichtshof rund drei Monate nach der Kapitulation und der Inhaftierung der als Hauptkriegsverbrecher beschuldigten Deutschen formuliert wurde, trug 1945 dazu bei, das IMT als ein Racheforum der Sieger ohne Justiz erscheinen zu lassen. Daß es dies nicht war, zeigte sich erst im Laufe des Jahres 1946. Nach dem Statut des IMT, dessen Verfassung eine gerechte, schnelle Aburteilung und Bestrafung der Hauptkriegsverbrecher der europäischen Achse ankündigte,* hatte der Gerichtshof das Recht, »alle Personen abzuurteilen, die (im Interesse der europäischen Achsenmächte) ... als Einzelperson oder als Mitglied einer Organisation oder Gruppe eines der folgenden Verbrechen begangen haben ...:

Verbrechen gegen den Frieden: ... Planen, Vorbereitung, Einleitung oder Durchführung eines Angriffskrieges oder eines Krieges unter Verletzung internationaler Verträge, Abkommen oder Zusicherungen oder Beteiligung an einem gemeinsamen Plan oder an einer Verschwörung zur Ausführung einer der vorgenannten Handlungen;

... Kriegsverbrechen: ... Verletzung der Kriegsgesetze oder -gebräuche. Solche Verletzungen umfassen, ohne jedoch darauf beschränkt zu sein, Mord, Mißhandlungen oder Deportation zur Sklavenarbeit oder für irgendeinen anderen Zweck, von Angehörigen der Zivilbevölkerung von oder in besetzten Gebieten, Mord oder Mißhandlungen von Kriegsgefangenen oder Personen auf hoher See, Töten von Geiseln, Plünderung öffentlichen oder privaten Eigentums, die mutwillige Zerstörung von Städten, Märkten oder Dörfern oder jede durch militärische Notwendigkeit nicht gerechtfertigte Verwüstung;

... Verbrechen gegen die Menschlichkeit: ... Mord, Ausrottung, Versklavung, Deportation oder andere unmenschliche Handlungen, begangen an irgendeiner Zivilbevölkerung vor oder während des Krieges,[60] Verfolgung aus politischen, rassischen oder religiösen Gründen, begangen in Ausführung eines Verbrechens oder in Verbindung mit einem Verbrechen, für das der Gerichtshof zuständig ist, und zwar unabhängig davon, ob die Handlung gegen das Recht des Landes verstieß, in dem sie begangen wurde, oder nicht.«**

* Die Verfassung regelte die Einzelheiten über die Zusammensetzung des Gerichtshofes (4 Mitglieder und 4 Stellvertreter der jeweiligen Signatare), bestätigte seine Legitimation (Art. 3: »Weder der Gerichtshof noch seine Mitglieder oder Stellvertreter können von der Anklagebehörde oder dem Angeklagten oder seinem Verteidiger abgelehnt werden«, IMT, Bd. I, S. 10), legte die Verhandlungsordnung (Verhandlungen und Entscheidungen des Gerichtshofes nur in Anwesenheit aller 4 Mitglieder oder deren Stellvertreter), die Wahl des Präsidenten und die Stimmenauswertung bei Entscheidungen fest (Entscheidungen mit Stimmenmehrheit; bei Stimmengleichheit die Stimme des Vorsitzenden ausschlaggebend; für Verurteilung und Bestrafung: »Stimmenmehrheit von mindestens drei Mitgliedern erforderlich«).

** IMT, Bd. I, S. 11f. Im Art. 6 heißt es (ebenda, S. 12) ergänzend: »Anführer, Organisatoren, Anstifter und Teilnehmer, die am Entwurf oder der Ausführung eines gemeinsamen Planes oder einer

Die bis Mitte August 1945 in einem noblen Hotel in Bad Mondorf in Luxemburg großzügig inhaftierten Beschuldigten, die zu der Zeit noch an ein relativ harmloses Verfahren glaubten, erfuhren erst nach ihrer Verlegung in das Zellengefängnis des Nürnberger Justiz-Palastes, daß ihre einstigen amtlichen Stellungen sie infolge der Bestimmungen des Statuts nicht vor der Bestrafung schützen würden.[61] »Die Tatsache, daß ein Angeklagter auf Befehl seiner Regierung oder eines Vorgesetzten gehandelt hat«, heißt es im Artikel 8 des Statuts, »gilt nicht als Strafausschließungsgrund, kann aber als Strafmilderungsgrund berücksichtigt werden, wenn dies nach Ansicht des Gerichtshofes gerechtfertigt erscheint«,[62] was allerdings in keinem Fall geschah. Und erst jetzt wurde infolge der Bestimmungen des Statuts nach entsprechenden Feststellungen eines aus vier Generalstaatsanwälten der jeweiligen Signatare gebildeten Ausschusses endgültig und offiziell entschieden, »wer als Hauptkriegsverbrecher zu betrachten und vor Gericht« zu stellen sei*** und welche Gruppen und Organisationen unwiderruflich als verbrecherisch zu gelten hätten.****

Unter Anklage gestellt wurden nun: Hermann Wilhelm Göring, Rudolf Heß, Joachim von Ribbentrop, Robert Ley, Wilhelm Keitel, Ernst Kaltenbrunner, Alfred Rosenberg, Hans Frank, Wilhelm Frick, Julius Streicher, Walter Funk, Hjalmar Schacht, Gustav Krupp von Bohlen und Halbach, Karl Dönitz, Erich Raeder, Baldur von Schirach, Fritz Sauckel, Alfred Jodl, Martin Bormann, Franz von Papen, Arthur Seyß-Inquart, Albert Speer, Constantin von Neurath und Hans Fritzsche.

Sämtliche Angeklagten mußten sich sowohl als Einzelperson als auch – besonders auf Jacksons Betreiben – als Mitglieder der angeklagten Gruppen und Organisationen verantworten, soweit sie ihnen angehört hatten. Es waren: die Reichsregierung, das Korps der Politischen Leiter der Nationalsozialistischen Deutschen Arbeiterpartei, die Schutzstaffeln der NSDAP (»SS«) einschließlich des Sicherheitsdienstes (»SD«) und der Generalstab und das Oberkommando der Deutschen Wehrmacht.*****

Der Generalsekretär des IMT gab bekannt: »Nachdem der Internationale

Verschwörung zur Begehung eines der vorgenannten Verbrechen teilgenommen haben, sind für alle Handlungen verantwortlich, die von irgendeiner Person in Ausführung eines solchen Planes begangen worden sind.«

*** IMT, Bd. I, S. 14. Ebenda heißt es: »Der Ausschuß entscheidet in ... mit Stimmenmehrheit ... Wenn in der Frage, wer als Kriegsverbrecher abgeurteilt oder wegen welcher Verbrechen eine Person abgeurteilt werden soll, die Stimmen gleich verteilt sind, entscheidet der Vorschlag derjenigen Partei, die beantragt, daß eine bestimmte Person abgeurteilt werden soll, oder daß eine bestimmte Anklage gegen sie erhoben werden soll.«

**** Artikel 9 des Statuts, IMT, Bd. I, S. 12. Im Artikel 10 heißt es u.a.: »Ist eine Gruppe oder Organisation ... als verbrecherisch erklärt worden ... gilt der verbrecherische Charakter ... als bewiesen und wird nicht in Frage gestellt.« IMT, Bd. I, S. 13.

***** Vgl. IMT, Bd. I, S. 29. Text der ersten Seite der deutschen Version der Anklageschrift, die während

Militärgerichtshof zur Aburteilung der Hauptkriegsverbrecher ordnungsgemäß eingesetzt und eine Anklageschrift von den Hauptanklagevertretern beim Gerichtshof eingereicht wurde, wird, um die Angeklagten gebührend in Kenntnis zu setzen,

VERFÜGT: Jeder in Haft befindliche Angeklagte soll mindestens 30 Tage vor der Verhandlung eine in einer ihm verständlichen Sprache übersetzte Abschrift der in Absatz (a) der Regel 2 der Verfahrensregeln angeführten Dokumente, gemäß den Vorschriften jenes Paragraphen erhalten.

Wortlaut der Bekanntgabe an die einzelnen Angeklagten.

An die oben erwähnten Angeklagten:

Ihnen und jedem von Ihnen wird hiermit bekanntgegeben, daß eine Anklageschrift gegen Sie beim Internationalen Militärgerichtshof eingereicht wurde. Eine Abschrift dieser Anklageschrift und des Statuts des Internationalen Militärgerichtshofes ist angefügt. Das Verfahren gegen Sie wird im Gerichtsgebäude zu Nürnberg, Deutschland, stattfinden, und zwar nicht vor Ablauf von 30 Tagen nach der Zustellung der Anklage gegen Sie. Der genaue Zeitpunkt wird Ihnen später mitgeteilt. Sie werden besonders auf Ihre Verteidigungsrechte in Artikel 23 und 16 des Statuts und in der Regel 2 (d) des Gerichtshofes, die abschriftlich mit einer Liste von Verteidigern für Ihre Unterrichtung angefügt ist, hingewiesen. Der Gerichtshof hat einen Beamten bestimmt, der Ihnen diese Bekanntmachung und die beiliegenden Dokumente überbringt und der sich mit Ihnen ins Benehmen setzen wird, ob und gegebenenfalls welchen Verteidiger Sie wählen wollen.«[63]

Bekanntmachungen in Millionenauflagen informierten die Öffentlichkeit.

des ganzen Prozesses benutzt wurde. Korrigiert wurden für den Abdruck in der Ausgabe der IMT-Dokumente lediglich einige orthographische und andere auffällige Fehler. Die englische, französische und russische Fassung wurde gemäß Antrag der Anklagebehörde vom 4. Juni 1946, angenommen vom Gericht am 27. Juni 1946, hinsichtlich ihrer Abweichungen von diesem deutschen Text berichtigt.

BEKANNTMACHUNGEN

INTERNATIONALER MILITÄR-GERICHTSHOF Nr. 1

Die Vereinigten Staaten von Amerika, die Französische Republik, das Vereinigte Königreich von Großbritannien und Nord-Irland und die Union der Sozialistischen Sowjet-Republiken

gegen

Hermann Wilhelm Göring, Rudolf Heß, Joachim von Ribbentrop, Robert Ley, Wilhelm Keitel, Ernst Kaltenbrunner, Alfred Rosenberg, Hans Frank, Wilhelm Frick, Julius Streicher, Walter Funk, Hjalmar Schacht, Gustav Krupp von Bohlen und Halbach, Karl Dönitz, Erich Raeder, Baldur von Schirach, Fritz Sauckel, Alfred Jodl, Martin Bormann, Franz von Papen, Arthur Seyß-Inquart, Albert Speer, Constantin von Neurath und Hans Fritzsche, als Einzelpersonen sowie als Mitglieder irgendwelcher der folgenden Gruppen oder Organisationen, denen sie etwa angehören, nämlich: Die Reichsregierung, das Korps der Politischen Leiter der Nationalsozialistischen Deutschen Arbeiterpartei, die Schutzstaffeln der Nationalsozialistischen Deutschen Arbeiterpartei (allgemein als die »SS« bekannt) und einschließlich des Sicherheitsdienstes (allgemein als der »SD« bekannt), der Geheimen Staatspolizei (allgemein als »Gestapo« bekannt), der Sturmabteilungen der N.S.D.A.P. (allgemein als die »SA« bekannt) und des Generalstabes und des Oberkommandos der Deutschen Wehrmacht, und zwar alle laut näheren Angaben in Anhang B.

Die Angeklagten

Allen Mitgliedern der folgenden Gruppen und Organisationen wird hiermit bekanntgegeben:

1. Die Reichsregierung, die sich aus Personen zusammensetzte, die
   a) Mitglieder des ordentlichen Kabinetts nach dem 30. Januar 1933 waren. Die Bezeichnung »ordentliches Kabinett«, wie hier gebraucht umschließt die Reichsminister, d.h. die Abteilungsvorstände der Zentral-

regierung, Reichsminister ohne Portefeuille, Staatsminister als stellvertretende Reichsminister, und andere Beamte, die zur Teilnahme an Kabinettsitzungen berechtigt sind.

b) Mitglieder des Ministerrates für die Reichsverteidigung waren.

c) Mitglieder des Geheimen Kabinetts waren.

2. Das Korps der Politischen Leiter der Nationalsozialistischen Deutschen Arbeiterpartei, welches sich aus Personen zusammensetzte, die zu irgendeinem Zeitpunkte im Sinne der üblichen nazistischen Terminologie politische Leiter irgendwelchen Ranges oder Grades waren.

3. Die Schutzstaffeln der Nationalsozialistischen Deutschen Arbeiterpartei (allgemein als die »SS« bekannt), die sich aus dem gesamten Korps der SS und allen Stellen, Abteilungen, Dienststellen, Vertretungen, Zweigstellen, Verbänden, Organisationen und Gruppen zusammensetzten, aus denen es zu irgendeinem Zeitpunkte bestand, oder die zu irgendeinem Zeitpunkte in ihr verkörpert waren, einschließlich der Allgemeinen SS, der Waffen-SS, der SS-Totenkopf-Verbände, der SS-Polizeiregimenter und des Sicherheitsdienstes des Reichsführers SS (allgemein als der »SD« bekannt), aber nicht nur auf diese beschränkt.

4. Die Geheime Staatspolizei (allgemein als die »Gestapo« bekannt), die sich aus den Hauptquartieren, Abteilungen, Büros, Zweigstellen und allen Mannschaften und allem Personal der Geheimen Staatspolizei von Preußen und aus gleichen geheimen und politischen Polizeikräften des Reiches und seiner einzelnen Teile zusammensetzte.

5. Die Sturmabteilungen der Nationalsozialistischen Deutschen Arbeiterpartei (allgemein als die »SA« bekannt).

6. Der Generalstab und das Oberkommando der deutschen Wehrmacht, die sich aus jenen Personen zusammensetzte, die zwischen Februar 1938 und Mai 1945 die obersten Befehlshaber der Wehrmacht, des Heeres, der Kriegsmarine und der Luftwaffe waren. Die Personen, aus denen diese Gruppe bestand, sind diejenigen Personen, die folgende Befehle innehatten:
Oberbefehlshaber der Kriegsmarine,
Chef (früher Chef des Stabes) der Seekriegsleitung,
Oberbefehlshaber des Heeres,
Chef des Generalstabes der Luftwaffe,
Oberbefehlshaber der Luftwaffe,
Chef des Oberkommandos der Wehrmacht,

Chef des Führungsstabes des Oberkommandos der Wehrmacht,
Oberbefehlshaber im Felde mit dem Rang eines Oberbefehlshabers der Wehrmacht, der Kriegsmarine, des Heeres, der Luftwaffe.

Daß solche Gruppen und Organisationen von den Hauptanklägern für die Verfolgung von Hauptkriegsverbrechern angeklagt werden, verbrecherische Organisationen zu sein, und daß dieser Gerichtshof von den Hauptanklägern beauftragt worden ist, die genannten Gruppen und Organisationen als verbrecherische zu erklären.

Daß, falls irgendwelche solcher Gruppen und Organisationen vor diesem Gerichtshof als verbrecherisch im Charakter befunden werden sollten, die Mitglieder auf Grund ihrer Zugehörigkeit gemäß den Bestimmungen der Charta dieses Gerichtshofs gerichtlicher Verfolgung und Bestrafung unterliegen, und bei jedwedem Gerichtsverfahren der verbrecherische Charakter der Gruppe oder Organisation als erwiesen angesehen und nicht in Frage gestellt werden soll.

Daß die Frage des verbrecherischen Charakters dieser Gruppen und Organisationen im Gerichtsverfahren, das am 20. Tage des Novembers 1945 im Justizpalast zu Nürnberg in Deutschland beginnt, untersucht werden wird.

Daß jede Person, die sich als Mitglied irgendeiner der genannten Gruppen oder Organisationen bekennt, berechtigt ist, den Gerichtshof um Erlaubnis zu ersuchen, von dem Gerichtshof in bezug auf die Frage des verbrecherischen Charakters der betreffenden Gruppe oder Organisation gehört zu werden. Derartige Gesuche müssen unverzüglich schriftlich eingereicht und an den Generalsekretär des Internationalen Militärgerichtshofes in Nürnberg, Deutschland, gerichtet werden.

Daß im Falle von Mitgliedern irgendwelcher der genannten Gruppen oder Organisationen, die

i) sich in der Haft der verfolgenden Mächte befinden sollten, solche Gesuche dem befehlshabenden Offizier des Ortes, wo die genannten Mitglieder sich in Haft befinden, übergeben werden sollen;
ii) sich nicht in Haft befinden sollten, solche Gesuche der nächsten Militärstelle übergeben werden sollen.

Daß der Gerichtshof ermächtigt ist, jedem derartigen Gesuch stattzugeben oder es abzuweisen. Falls dem Gesuch stattgegeben wird, wird der Gerichtshof anordnen, in welcher Weise der Gesuchsteller vertreten und gehört werden soll.

Daß diese Bekanntmachung unter keinen Umständen so ausgelegt werden darf, daß sie einem derartigen Gesuchsteller Straflosigkeit irgendwelcher Art verleiht.

FÜR DEN INTERNATIONALEN
MILITÄR-GERICHTSHOF
HAROLD B. WILLEY, GENERALSEKRETÄR

INTERNATIONALER
MILITÄR-GERICHTSHOF

BEKANNTMACHUNG

Das ausdrücklich zur beschleunigten Verhandlung[64] verpflichtete IMT, das nach Artikel 13 des Statuts »die Regeln für sein Verfahren selbst«[65] aufzustellen und Urteile zu fällen hatte, die »endgültig und nicht anfechtbar«[66] seien, folgte den Bestimmungen des Statuts, soweit sie sich mit den Vorstellungen und Erwartungen der Anklage deckten.[67]

Diejenigen, um die es ging, befanden sich – außer Martin Bormann – bereits seit Monaten in Haft.

Teil II

Der Prozeß

Auf dem Weg nach Nürnberg

Zwischen Hamburg und Flensburg, dem Sitz der auf Hitlers Wunsch nach seinem Tode zustande gekommenen Dönitz-Regierung, und zwischen München und Berchtesgaden, wo die Siegermächte die meisten »Nazis« vermuteten, schwärmten Suchtrupps der westlichen Alliierten aus und fahndeten nach Kriegsverbrechern. Gesucht wurde darüber hinaus im ganzen Reichsgebiet nicht nur nach Hans Frank, Robert Ley, Alfred Rosenberg, Julius Streicher, Joachim von Ribbentrop und den anderen maßgeblichen nationalsozialistischen Führern, die als Hauptkriegsverbrecher vor ein Gericht gestellt werden sollten, sondern auch nach rund einer Million anderer Deutscher, die beschuldigt worden waren, Kriegsverbrechen begangen zu haben. In Lager gesteckt und eingesperrt wurden Leute, die Uniformen, bunte Livreen und andere Berufskleidungen militärischen Zuschnitts trugen und Vertreter von Berufen oder »Jobs« waren, deren Bezeichnungen mit »Führer« endeten. So fanden sich 1945 in den Lagern und Gefängnissen neben Offizieren aller Dienstgrade Fahrstuhlführer, Kranführer, Schaffner, Briefträger und Hotelportiers, nur weil sie Uniformen trugen oder irgendwelche »Führer« waren.

Hermann Göring, der auf der Liste mit den Namen der als Hauptkriegsverbrecher anzuklagenden Deutschen an erster Stelle stand, war bereits auf Weisung Hitlers verhaftet und auf Martin Bormanns Veranlassung sogar als ein zum Tode verurteilter Treubrüchiger behandelt worden.

Oberst Bernd von Brauchitsch, der als Erster Militärischer Adjutant des Oberbefehlshabers der Luftwaffe (neben Major Klaas) bei Göring tätig war und meist in seiner Nähe weilte, schilderte Görings Verhaftung am 12. März 1946 im Zeugenstand des IMT. Im Sitzungsprotokoll heißt es unter anderem:

»*Justice Jackson*: Sie waren am 20. April 1945 bei ihm (Göring), als er das Telegramm absandte, in dem er vorschlug, daß er die Regierung Deutschlands selbst übernehmen wolle, woraufhin er verhaftet und zum Tode verurteilt wurde?

Von Brauchitsch: Ja, ich war damals dabei.

Justice Jackson: Und die SS verhaftete Sie, den Reichsmarschall und noch verschiedene andere Leute, durchsuchte Ihre Häuser, beschlagnahmte alle Ihre Papiere und nahm Sie gefangen, stimmt das?

Von Brauchitsch: Es stimmt, daß wir am 23. April abends 19.00 Uhr umstellt wurden, daß der Reichsmarschall sofort auf sein Zimmer geführt wurde und von diesem Zeitpunkt an nicht mehr ohne persönliche Daueraufsicht geblieben ist. Später wurden wir dann getrennt und in Einzelhaft gelegt. Wir wurden dann schließlich von ihm ganz getrennt, und zwar wurde dies ausgeführt durch die auf dem Berghof stationierten Truppen der SS.
Justice Jackson: Und das ereignete sich in Berchtesgaden?
Von Brauchitsch: Dies ereignete sich in Berchtesgaden.
Justice Jackson: Ich glaube, Sie haben uns erzählt, daß Sie zur Zeit der Kapitulation alle von der SS erschossen werden sollten, und daß Sie durch Ihre eigene Unterschrift Ihre Einwilligung dazu geben sollten? Stimmt das?
Von Brauchitsch: Nein, das trifft nicht so zu. Mir ist bekannt, daß ein Befehl vorhanden war, daß wir, d.h. der Reichsmarschall und seine Familie und Umgebung, zum Zeitpunkt der Kapitulation in Berlin* erschossen werden sollten. Das zweite, was Sie anführen, ist etwas anderes; wir sollten gezwungen werden, uns freiwillig zur SS zu melden, weil man anerkennenswerterweise sagen muß, daß dieser SS-Führer uns zu diesem Zeitpunkt nicht mehr bei sich haben wollte, um diesen Befehl nicht ausführen zu müssen. Zu dieser Zeit waren wir bereits vom Oberbefehlshaber getrennt.«[1]

»Getrennt«, wie von Brauchitsch sich ausdrückte, wurden er und Major Klaas von ihrem Chef erst einen Monat nach dem von Brauchitsch genannten Göring-Telegramm an Hitler.

Abgespielt hatte sich bis dahin folgendes: Göring, im letzten Drittel des April 1945 immer noch im sicheren Berchtesgaden auf dem Obersalzberg residierend, war der Meinung gewesen, daß Hitler seiner Handlungsfreiheit in Berlin beraubt wäre, so daß er, Göring, an seiner Stelle die Führung übernehmen müßte. Ein von ihm an Hitler gesandtes Telegramm, das diese Vermutung und Schlußfolgerung dokumentierte, hatte Martin Bormann in einem Göring belastenden Sinne ausgelegt und Hitler vergeblich zu suggerieren versucht, daß Göring einen – gegen Hitler gerichteten – Staatsstreich vollzogen habe. Doch erst Görings Telegramm an Joachim von Ribbentrop hatte den deprimierten und zeitweilig sehr apathischen Hitler aus der Fassung gebracht. Görings Formulierungen schienen für Bormanns Intrigen-Version zu sprechen. »Ich habe den Führer gebeten«, hieß es im Göring-Text, »mich mit Weisungen bis zum 23. 4., 22 Uhr zu versehen. Falls bis zu dieser Zeit ersichtlich ist, daß der Führer seiner Handlungsfreiheit für die Führung des

* Gemeint ist, daß Göring, seine Familie und Begleitung zum Zeitpunkt der Kapitulation in Berlin in Berchtesgaden erschossen werden sollten, wo er sich aufhielt.

Reiches beraubt ist, tritt sein Erlaß vom 29. 6.1 941 in Kraft, nach welchem ich als Stellvertreter in all seine Ämter eintrete. (Wenn) Bis 24 Uhr, 23. 3. 45., kein anderer Bescheid vom Führer direkt oder von mir erhalten, bitte ich Sie, unverzüglich auf dem Luftwege zu mir zu kommen.«[2]

Bormann hatte Erfolg. Hitler bezichtigte Göring des Treuebruchs und des Verrats am Nationalsozialismus, war zunächst jedoch mit einem von Bormann formulierten Antwort-Telegramm an Göring einverstanden, dem Straffreiheit für den Fall zugesichert wurde, daß er aus Gesundheitsgründen von allen seinen Ämtern zurücktrete. Daß Göring seine Vorbereitungen zur Machtübernahme augenblicklich aufgab, nachdem er das Hitler-Telegramm – »Zeitpunkt des Inkrafttretens des Gesetzes vom 29. 6. werde ich selbst bestimmen. Meiner Handlungsfreiheit nicht beraubt, verbiete ich jeden Schritt in der von Ihnen angedeuteten Richtung« – erhalten hatte, nützte ihm wenig. Martin Bormanns Weisung an die SS-Führer Frank und Bredow folgend, wurden Göring, seine Familie, seine Bediensteten und seine Adjutanten von der SS in Berchtesgaden festgenommen, sein Haus von SS-Wachen umstellt und bewacht. Nach einem wirkungsvollen Angriff der RAF auf Hitlers Berghof und Görings Haus in Berchtesgaden verlangte Göring von seinen inzwischen nachdenklich gewordenen Bewachern, daß sie Hitler telegrafisch die Forderung übermittelten, erschossen werden zu wollen, wenn er vom Führer als treulos angesehen werde. Seine Frau, seine Tochter und die in seiner unmittelbaren Umgebung befindlichen Leute sollten jedoch »endlich« wieder freie Menschen sein.

Trotz der Bormann-Weisung, die die Hinrichtung Görings für den Fall vorsah, daß Berlin fiele, verhielt Frank sich zurückhaltend. Wenn Berlin kapitulierte und Hitler und Bormann tot wären, konnte der so arrangierte Tod Görings nicht nützen, sondern nur schaden; denn Göring galt für viele als eine der wenigen Persönlichkeiten, die eventuell noch in der Lage seien, mit den Alliierten zu verhandeln. Die SS-Führer gingen auf Görings Vorschlag ein, das teilweise zerstörte und gefährdete Berchtesgaden zu verlassen und es mit Mauterndorf zu vertauschen, wo die Wagenkolonne bereits 36 Stunden nach Aufbruch eintraf. Unterwegs verkündete der deutsche Rundfunk: »Reichsmarschall Hermann Göring hat einen Herzanfall erlitten, der in ein akutes Stadium getreten ist. Er hat deshalb darum gebeten, von seinen Pflichten als Oberbefehlshaber der Luftwaffe abgelöst zu werden, weil in diesem Augenblick die allergrößten Anstrengungen erforderlich sind. Der Führer ist seiner Bitte nachgekommen. Der Führer hat Generaloberst Ritter von Greim zum neuen Oberbefehlshaber der Luftwaffe ernannt und ihn zugleich zum Feldmarschall befördert.«[3] Der von Hitler inzwischen aller seiner Ämter und Titel enthobene Göring war jedoch ausgerechnet in diesen Tagen – wenn auch auf dem Umweg über Tabletten – besser in Form als in der ganzen letzten Zeit davor. Hitlers Selbstmord, über den er am 1. Mai 1945 durch den Rundfunk informiert wurde, bereitete seiner ersten »Gefangenschaft« ein Ende. Er wandte sich am 6. Mai schriftlich an Dönitz in Flensburg und schlug ihm vor, daß er sich mit Eisenhower treffen und mit ihm von »Marschall zu Marschall« sprechen und für Deutschland einen ehrenvollen Frieden heraushandeln wolle, was Dönitz angesichts der Lage als illusorisch und realitätsfremd ansah und gar nicht erst beantwortete.[4]

Auf Schloß Fischhorn in Bruck bei Zell am See wartete Göring mit seinem Gefolge indes auf die Amerikaner, denen auf seinen Befehl Oberst von Brauchitsch und ein weiterer Offizier mit weißer Fahne entgegenfuhren, um ihnen zwei Briefe ihres Chefs zu übergeben. Einer von ihnen war für General Eisenhower bestimmt und enthielt die Bitte, von ihm empfangen zu werden; den anderen sollte der im eroberten Terrain zuständige US-Befehlshaber bekommen. Von ihm wünschte Göring den Schutz vor Gestapo und SS. Doch ehe der amerikanische Leutnant Jerome N. Shapiro, der sich zu dem von Hitler und Bormann abgehalfterten Reichsmarschall begeben sollte, die alte Burg erreichte, war der ungeduldige und nun wieder voller Tatendrang steckende Göring, auf den verstopften Straßen von deutschen Soldaten freundlich und teilweise sogar enthusiastisch begrüßt, mit dem Auto weitergezogen. Die Konfrontation mit Shapiro, der bei der Begegnung mit dem Deutschen salutierte, bedeutete für Göring das endgültige Ende seiner Freiheit.

Zwar begrüßte ihn danach der US-General Robert J. Stack betont herzlich und kameradschaftlich mit Handschlag; aber der Beginn des Endes war dem Amerikaner klar: Kriegsgefangenschaft – und nicht, wie Göring wähnte, Bevollmächtigter des Deutschen Reiches für Waffenstillstandsverhandlungen. Die Tatsache, daß Göring am Tage danach im Stabsquartier der von General Patch geführten 7. US-Armee in Kitzbühel Champagner kredenzt bekam und von Reportern und Fotografen umlagert wurde, suggerierte wohl nur noch dem von Drogen abhängigen Göring eine Zukunft, die es für ihn schon infolge der Vereinbarungen der Siegermächte seit 1941 nicht mehr geben konnte. Eisenhowers Befehl, Göring nach dem »Festgelage« umgehend als gewöhnlichen Kriegsgefangenen zu behandeln und wegzubringen, resultierte nicht nur aus Verärgerung über die »*Party*«-Berichte. Schon am nächsten Tage sah sich der prunksüchtige und eitle Reichsmarschall gezwungen, in dem von einigen maßgeblichen US-Militärs als zu großzügig gerügten Interrogation Center der 7. Armee in Augsburg nicht nur seine Orden, den Pour le mérite und das Großkreuz des Eisernen Kreuzes mit Schwertern und Diamanten, sondern auch den goldenen Marschallstab, die goldenen Schulterstücke und sogar seinen Diamantring abzulegen.

Jetzt konnte selbst er kaum noch Zweifel über seine Situation hegen. Die Amerikaner steckten ihn in einen am Stadtrand Augsburgs gelegenen Arbeiterwohnblock, wo ihm ein primitives Wohnzimmer, ein entsprechendes Schlafzimmer und eine äußerst dürftige Küche zur Verfügung standen. Daß sich in dieser Wohnung weder ein WC noch ein Bad befanden, begriff er als bewußt geplante Demütigung, was von den Amerikanern zweifellos auch beabsichtigt worden war. Die nun beginnenden vorgerichtlichen Verhöre, die den zunächst besonders an Görings Kunstsammlung interessierten Amerikanern den ersten Respekt vor der Intelligenz, der Schlagfertigkeit und Gerissenheit des Mannes abverlangte, unter dem sie sich so etwas wie einen Narren im Sinne Shakespeares vorgestellt hatten, ließen auch den bald als Hauptkriegsverbrecher Nummer eins angeklagten Göring mehr als nur ahnen, daß es von nun an nicht nur mit der pompösen Herrlichkeit der letzten Jahre vorbei sei. In dieser Situation riet er den Amerikanern, seine Kunstschätze, Gemälde, Gobelins und Möbel möglichst rasch sicherzustellen, und unterschrieb eine Erklärung, in der er sich verpflichtete, nicht nur bei der Wiederbeschaffung der von ihm aus der Sammlung des Musee du Jeu de Paume aus beschlagnahmtem Eigentum »erworbenen und gekauften« Kunstgegenstände behilflich zu sein, sondern sie auch zurückzugeben. Die Kunstwerke wurden – bis auf diejenigen, die 1945 von den Russen mitgenommen worden waren – aufgefunden und zurückgegeben,[5] Göring noch einmal von den Amerikanern zu einer Champagner-*Party* eingeladen. Am 21. Mai 1945 erklärten sie ihm, daß er seine Augsburger Arbeiterwohnung verlassen und künftig auf einen seiner beiden militärischen Adjutanten von Brauchitsch und Klaas verzichten müsse. Göring entschied sich, beide zurückzulassen. Sein neues »Domizil« auf Zeit wurde Bad Mondorf in Luxemburg, wo er schließlich mit einigen der überlebenden Größen des zerstörten Großdeutschen Reiches zusammentraf.

Am 6. Mai 1945 hatte die 36. US-Infanteriedivision über zweitausend Gefangene gemacht und in ein Barackenlager in Berchtesgaden gesperrt. Vielen fehlten Ausweispapiere, andere gaben falsche Personalien an. Der prominenteste unter ihnen tat es nicht; denn die Amerikaner wußten, wer er war: Hans Frank, der einstige Generalgouverneur von Polen, Reichsleiter der NSDAP und Vorsitzender der Akademie für Deutsches Recht. Ihn hatten amerikanische Soldaten am 4. Mai in seiner im »Haus Bergfried« in Neuhaus am Schliersee eingerichteten »Außenstelle des Generalgouvernements Polen« festgenommen und von dort zunächst nach Miesbach in das Stadtgefängnis gebracht, wo zwei farbige US-Soldaten ihn sadistisch verprügelten und danach auf einen Lastwagen zum Abtransport ins *Camp* warfen. Unter einer Plane, die ihn wegen der sichtbaren Zeichen seiner Mißhandlung verbergen sollte, versuchte er, sich die Pulsader des linken Armes zu öffnen. Nach seiner Rettung durch einen amerikanischen Truppenarzt zeigte er den Amerikanern die von ihm in sein letztes Ausweichquartier nach Bayern aus Krakau in Polen mitgenommenen Kunstwerke.* Den größten Teil seines insgesamt 11.367 Schreibmaschinenseiten umfassenden Dienst-Tagebuches hatte er ihnen bereits bei seiner Festnahme im »Haus Bergfried« am 4. Mai ausgehändigt. Die Amerikaner, die nach diesem »Jagdglück« hofften, den zuständigen Behörden ihres Landes mit Hans Frank zugleich auch besonderes Beweismaterial über seine Schuld an Verbrechen belegt zu finden, sahen sich zuletzt jedoch getäuscht. Von der amerikanischen Anklage in Nürnberg in das Beweismaterial gegen Frank eingereiht, erwiesen die Aufzeichnungen sich für die Ankläger als im Grunde unbrauchbar. Mit den von 1939 bis 1945 von Franks Referenten sorgfältig geführten Berichten über Reden, Reisen, Empfänge, Besprechungen und bestimmte Anordnungen war vor dem Militärtribunal gegen Frank nahezu nichts zu beginnen. Die amerikanischen Behörden überließen diese auftragsgemäßen Zeugnisse des Möchtegernstaatsmannes, der die Grundlinien für sein historisches Denkmal, wie er es sich vorstellte, seit 1939 »vorgeschrieben« hatte, nach dem Abschluß des IMT denn auch der polnischen Regierung, die sie in Warschau im »Hauptarchiv zur Erforschung der Hitlerverbrechen« unterbrachte.**

Dr. Robert Ley, den einstigen Reichsorganisationsleiter der Deutschen Arbeitsfront – und am Schluß des Krieges Initiator der Partisanenorganisation »Werwolf« – stöberten US-Soldaten der 101. Luftlandedivision am 16. Mai 1945 in einer Almhütte in den Bayerischen Alpen südlich von Berchtesgaden auf. In einem grauen Lodenumhang, unter dem er einen blauen Pyjama trug, mit grünem Tirolerhut und Bergschuhen, folgte er, vom Fieber geschüttelt und vor Aufregung schlotternd, den Soldaten, die ihn zum Divisionsstab nach Berchtesgaden brachten. Sein Versuch, als »Dr. Ernst Distelmeyer« der Inhaftierung zu entgehen, scheiterte kläglich. Xaver Schwarz, der einstige Reichsschatzmeister der NSDAP, identifizierte ihn ahnungslos. Sein Sohn, Franz Schwarz, bestätigte den Amerikanern, daß sein Vater die Wahrheit gesagt hatte. Bald kam Ley auf die groteske Idee, sich den Amerikanern als erfahrener Organisator anzubieten und ihnen in einer wirren Denkschrift zu empfehlen, sich seiner Fähigkeiten als glänzender Führer großer Arbeitermassen bei der Lösung sozialer Fragen zu bedie-

* Der Sohn Hans Franks, Michael Frank, der dem Autor die Einzelheiten über die Gefangennahme seines Vaters (mündlich und schriftlich am 26. 9. 1976) berichtete, hält es für ausgeschlossen, daß Hans Frank Kunstschätze geraubt und sie den Amerikanern gezeigt habe.

** Daß im Original einige Seiten des Sitzungsprotokolls vom 1. 8. 1944 (an dem Tage begann der Warschauer Aufstand) und rund ein Dutzend Seiten aus der Zeit vom 14. 8. bis 4. 9. 1944 fehlen, läßt vermuten, daß es sich dabei um Frank belastende Feststellungen gehandelt hat.

nen. Da die Amerikaner darauf verzichteten, was Ley in seiner Einfältigkeit nicht verstand, interessierte ihn unentwegt, was sie denn über ihn dächten.[6]

Ley, der schon in seinen »Glanzzeiten« unter Adolf Hitler eine schlechte Figur gemacht hatte, verlor als Gefangener auch noch seine Würde. Nicht nur Göring war daher geradezu froh, daß er sich das Leben nahm, bevor der Prozeß begann.

Alfred Rosenberg, seit 1941 Reichsminister für die besetzten Ostgebiete, wurde von englischen Soldaten, die nicht nach ihm, sondern nach Heinrich Himmler fahndeten, am 19. Mai 1945 im Lazarett Flensburg-Mürwik in der einstigen Marinekriegsschule verhaftet, wo er untergeschlüpft war, nachdem er erfahren hatte, daß der neue Staatschef ihn nicht als Minister wünschte. Karl Dönitz wollte seine Regierung nicht mit Rosenberg belasten,[7] der sich schon seit Jahr und Tag isoliert und in Intrigen verwickelt sah, die eine ganze Reihe seiner Parteigenossen seit den zwanziger Jahren gegen ihn inszeniert hatte. Als schwieriger, geltungsbedürftiger Einzelgänger mit verschrobenen Weltverbesserungsplänen, die auch Hitler nicht hatte ernst nehmen wollen, stand er selbst in der Haft abseits. Ein Jahr zuvor noch hatte er mit Heinrich Himmler mit allen ihm zur Verfügung stehenden Mitteln um die Erhaltung seiner ihm einstmals vom Führer eingeräumten Kompetenzen gestritten und um seine Würden, Ämter und Vollmachten als Reichsminister für die besetzten Ostgebiete gekämpft. »Die Dinge sind naturgemäß im Augenblick nicht akut, und ich behalte mir deshalb vor«, hatte er am 26. April 1944 an Himmler geschrieben, »bei einem Wiedereinmarsch in die Gebiete des Ostens noch einmal auf dieses Problem zurückzukommen.«[8] Himmlers Vertrauter Gottlob Berger, der nicht nur Rosenberg und Ribbentrop argwöhnisch bespitzeln ließ, berichtete seinem Chef Himmler unter der vielsagenden Überschrift »Betr.: Reichsminister für die nicht mehr besetzten Ostgebiete« am 20. Dezember 1944 als »Geheime Kommandosache« unter anderem: »Reichsleiter Rosenberg ist feststellbar achtmal seit 1. Dezember bei Reichsleiter Dr. Lammers gewesen, um sein Ministeramt unter allen Umständen zu retten. Wie mir mitgeteilt wird, soll ... Rosenberg auch vom Führer empfangen worden sein ... Lege den Kampf in jeder Form in die Ebene Rosenberg-Ribbentrop. Versuche unter allen Umständen, mich außerhalb dieses Machtkampfes zu halten, um so aktiver in der inneren Durchdringung sein zu können.«[9] Daß derartige Rivalitäten weder in Mondorf noch in Nürnberg plötzlich vergessen sein konnten, liegt auf der Hand, zumal die Kontrahenten im Schatten Adolf Hitlers nach außen hin stets ideologische Übereinstimmung, gleiche Zielvorstellungen und den harmonischen Wunsch nach ihrer Realisierung hatten vortäuschen müssen. Die von der Anklage erdrückend ins Feld geführten Anklagepunkte »Gemeinsamer Plan« und »Verschwörung« zur Entfesselung von Angriffskriegen[10] fußten daher teilweise auf Schablonen, die den Realitäten des Hitler-Reiches nicht entsprachen. Erst die

Anklage schuf Gemeinsamkeiten, die sich auf diese Weise artikulieren ließen. Eine gemeinsame Verschwörung zwischen Alfred Rosenberg und Alfred Jodl* und zwischen Jodl und Hitler, den Jodl erst 1939 nach dem Beginn des Krieges persönlich kennenlernte,[11] zwischen Fritz Sauckel und Gustav Krupp von Bohlen und Halbach, Julius Streicher und Albert Speer hat es in dem Sinne, wie das IMT es voraussetzte, nicht gegeben. In den Jahren 1945 und 1946 hielt jedoch nicht nur die Anklage diese Verschwörungstheorie für möglich.

Die Version des von Hitler 1940 beurlaubten Gauleiters Julius Streicher,[12] der von 1940 bis Mai 1944 unter Spitzenfunktionären als »Ausgestoßener« gegolten und ohne Kontakte zu führenden Nationalsozialisten zurückgezogen auf seinem Bauernhof gelebt hatte, war nicht falsch. Wie er und seine Frau in Nürnberg aussagten, hatte er sich sogar geweigert, auf die im Mai und Juni 1944 von Ley und Goebbels im Auftrage Hitlers an ihn herangetragenen Angebote einzugehen, wieder in den Kreis der »alten Kämpfer« zurückzukehren.[13] Das Sitzungs-Protokoll des IMT vom 26. April 1946 über das Streicher-Verhör offenbart mehr:

»*Dr. Marx*: ... Adolf Hitler sprach an den Gedenktagen zu der Partei stets von einer verschworenen Gemeinschaft. Was wollen Sie hierzu sagen?

Streicher: Verschworene Gemeinschaft, das sollte heißen, daß er, Hitler, der Überzeugung ist, daß seine alten Anhänger mit ihm in Gesinnung, im Herzen und in der Überzeugung der politischen Treue verbunden sind. Verschworene Gemeinschaft in der Gesinnung, im Herzen verbunden.

Dr. Marx: Sollte damit nicht zum Ausdruck gebracht sein, daß eine Verschwörung bestände?

Streicher: Dann hätte er gesagt, wir sind eine Verschwörergemeinschaft.

Dr. Marx: Bestand zwischen Ihnen und den übrigen Angeklagten eine irgendwie geartete nähere Gemeinschaft, die man als Verschwörung bezeichnen konnte, und waren Sie mit einem dieser Mitangeklagten überhaupt näher bekannt oder in nähereren Beziehungen?

Streicher: Soweit es alte Parteigenossen sind, ist es eine Gesinnungsgemeinschaft. Man hat sich auf Gauleitertagungen getroffen, vielleicht, daß einer einmal in der Gaustadt sprach; dann sah man ihn. Die Reichsminister, die habe ich erst die Ehre gehabt, hier richtig kennenzulernen. Die Herren vom Heer habe ich auch erst hier kennengelernt. Also eine politische Gemeinschaft, Tatgemeinschaft, hat wirklich nicht bestanden.«[14]

Nach Baldur von Schirach wurde nicht gefahndet; denn die Amerikaner hiel-

* Am 7. 6. 1946 z. B. wurde Jodl vorgehalten, »Rosenbergs Mitarbeiter« gewesen zu sein. Jodl klärte die Frage aus seiner Sicht und wies in dem Zusammenhang ebenso den Vorwurf der Verschwörung der politischen und militärischen Führer zur Vorbereitung und Führung von Angriffskriegen zurück. Vgl. IMT, Bd. XV, S. 610.

ten ihn für tot. In Wien, wo Schirach Gauleiter, Reichsstatthalter und zuletzt Reichsverteidigungskommissar gewesen war, ging das Gerücht um, Schirach sei am 12. oder 13. April beim Kampf um Wien gefallen und vor dem Einrücken der Russen von Widerstandskämpfern an der Floridsdorfer Donaubrücke aufgehängt worden. Den Alliierten war nicht bekannt, daß Hitler seinem einstigen Reichsjugendführer eine Woche zuvor per Funkspruch befohlen hatte, sich »mit seinem letzten Dienstgrad zur Truppe« zu begeben,[15] was der Leutnant der Reserve von Schirach auch getan hatte.* Auf Befehl Sepp Dietrichs, der Hitlers zerstörerische Rache in den letzten Tagen des Krieges besonders fürchtete,[16] war Schirach, immer noch auch Chef der Zivilverwaltung, mit seinem Adjutanten Wieshofer in der Nacht vom 1. zum 2. Mai in Richtung Tirol gefahren, wo er »Auffangstellungen für die Armee und für die in der engen Donauebene zusammengedrängten Flüchtlinge und Verwundeten« erkunden sollte.[17] In Schwaz bei Innsbruck infolge eines Auto-Getriebeschadens liegengebliebenen, überraschten ihn die Mitteilung über die Bildung einer provisorischen Regierung in Wien, die Dönitz-Entscheidungen bezüglich der Waffenstillstandsverhandlungen und die Tatsache, daß die Widerstandsgruppen nachdrücklich nach »Nazis« fahndeten. Er warf die nun nur noch hinderliche Uniform weg, nannte sich Richard Falk, tarnte sich als Roman-Schriftsteller, hörte die Meldung von BBC London, daß Schirach tot sei«,[18] und unterhielt sich offen mit den amerikanischen Besatzungssoldaten, deren Sprache er perfekt beherrschte. Ungestört arbeitete er in der Dachkammer eines Handwerkerhauses an einem Kriminalroman *Die Geheimnisse der Mira Loy* und lieh sich, als Richard Falk eingetragen, Bücher aus der Schwazer Volksbücherei.[19]

Nur sein Adjutant kannte ihn und half ihm. Nachdem am 4. Juni 1945 jedoch über den Rundfunk die Behauptung gemeldet worden war, daß alle Führer der »Hitler-Jugend« vom Bannführer aufwärts unter automatischen Arrest gestellt und angeklagt werden sollten, stellte er sich selbst. In einem Brief an den im »Hotel Post« in Schwaz amtierenden amerikanischen Ortskommandanten erklärte Schirach: »Ich, Baldur Benedikt von Schirach, werde mich heute freiwillig der Besatzungsmacht stellen, um mich vor einem internationalen Gerichtshof zu verantworten.«[20] Die Amerikaner, die dieses Schreiben für einen schlechten Scherz hielten und dem Überbringer erklärten, daß Schirach »doch tot« sei,[21] verhafteten Schirach schließlich doch, nachdem er selbst bei der Kommandantur erschienen war und den erstaunten und zweifelnden amerikanischen Offizieren erklärt hatte: »*I am Schirach*.«

* Schirach hatte sich zu Sepp Dietrich begeben, der ihn als Verbindungsoffizier zwischen seinem Stab und den ihm unterstellten Korps und Divisionen einsetzte. Vgl. Schirach, *Ich glaubte an Hitler*, ebenda, S. 315f.

Joachim von Ribbentrop, seit Februar 1938 Reichsaußenminister, befand sich in Flensburg, als Großadmiral Dönitz sich bemühte, aus möglichst unbelasteten Männern eine neue Regierung zusammenzustellen. Da Dönitz ihn nicht akzeptierte,[22] war er nach Hamburg gegangen, wo er in elegantem Zweireiher und schwarzem Diplomatenhut offen prominierte und alte Beziehungen aufzufrischen versuchte. Der Sohn eines alten Bekannten informierte die alliierte Polizei, die ihn in den Morgenstunden des 14. Juni 1945 im 5. Stock seiner Hamburger Wohnung im Bett festnahm.

Julius Streicher, der 1940 bei Hitler in Ungnade gefallen war und im April 1945 nicht einmal Nürnberg, seine einstige »Residenz«, mitverteidigen durfte,[23] spürten die Amerikaner in der Nähe von Waldring bei Berchtesgaden auf, wo er als Kunstmaler »Seiler« lebte. Im Gegensatz zu seiner ursprünglichen Absicht lehnte er es ab,[24] wie seine beiden letzten prominenten Besucher aus alter Zeit durch Selbstmord zu enden. Ihn entdeckte ein Suchkommando der 101. US-Luftlandedivision zufällig. Als es in Form eines mit vier Mann besetzten Jeeps der US-Armee vor dem Haus hielt, in dem Streicher lebte, arbeitete der »Maler« Streicher auf der Terrasse seines Domizils an einem Aquarell.

Wie er verhaftet wurde, berichtet seine Frau Adele, die er erst im April 1945 geheiratet hatte, nachdem sie seit Juni 1940 seine Sekretärin gewesen war.[25] Mit Pistolen in den Händen betraten zwei amerikanische Offiziere, der Hauptmann Hugh Robertson und der Major Henry Blitt, die Terrasse, erinnert sie sich. Blitt fragte den graubärtigen, mit einem kragenlosen, blaugestreiften Hemd und einer verknitterten Hose bekleideten Julius Streicher in unverfälschtem Jiddisch, das der *Stürmer*-Herausgeber Streicher gut verstand: »Bist du von der Nazi-*Party*?«

Streicher, der offenbar Zeit gewinnen wollte und Schwerhörigkeit vorschützte, ließ sich die Frage von seiner Frau noch einmal laut wiederholen. Dann antwortete er mit »Ja!« Blitt fragte weiter: »*What's your name?*« Streicher, der auch diese Frage von seiner Frau wiederholen ließ, antwortete: »Julius Streicher.« Blitt, von seinem »Jagdglück« überrascht, befahl: »*Come on!*«[26] Mit Streicher und dessen Frau begaben die Amerikaner sich ins Haus, Streicher zog sich um und ließ sich, weil er gehbehindert war, einen Krückstock geben, den Blitt vorsichtig daraufhin untersuchte, ob er womöglich eine verborgene Schußwaffe enthielte. Dann wurde Streicher im Jeep nach Berchtesgaden gebracht,* wo er die ersten

* Eine Stunde später waren die beiden Offiziere wieder bei Frau Streicher und wollten wissen, wo sich das Bild befände, an dem Streicher kurz zuvor gearbeitet hatte. Frau Streicher bat Blitt, ihr dieses Bild zu lassen, was er auch tat. Jedoch verlangte er einen »Ersatz«, den er selbst aus 3 Streicher-Aquarellen auswählte. Später entdeckte Frau Streicher es – nach eigenen Angaben – in einer amerikanischen Zeitung im Rahmen einer Serie »Berühmte Landschaftsmaler«. Der Name des Malers, Julius Streicher, war nicht erwähnt. Mitteilung von Frau Streicher (1. 8. 1974).

Folgen seiner berüchtigten »Popularität« als Herausgeber des unglaublich primitiven antisemitischen Wochenblattes *Der Stürmer* zu spüren bekam.

Juden, so behauptete Streicher später, hätten ihn gedemütigt, grausam gefoltert und geprügelt, bevor er auf Umwegen Nürnberg erreichte. In einem handschriftlichen Bericht, den er seinem Verteidiger Dr. Hanns Marx in Nürnberg übergab, heißt es unter anderem:

»In rasender Fahrt über Reit im Winkl nach Berchtesgaden. Verhöhnung vor den Presseberichtern (4/5 Juden). Film. Gefängnis in Salzburg. ›Jetzt haben wir ihn! Das ist Julius Streicher!‹ Jüdische Offiziere: ›Du Hund, du Schwein! Wie ich 10 Jahre alt war, hast du mich im *Stürmer* gehabt wegen Rassenschande! Hände her!‹ Meine Hände kamen in ein eisernes Schloß. Die ganze Nacht hindurch Verhöhnung durch Juden. Starke Bewachung, kein Essen. Um Mitternacht eine Frauenstimme: ›Sie sind Julius Streicher?‹ Ich: ›Es ist, wie Sie sagen!‹ Am nächsten Tag mit Epp im Lastauto über München nach Freising. Man hatte mir nur Hemd und Hose gelassen. Ich fror fürchterlich. In Freising in einer Gefängniszelle nach Norden. (Das) Fenster war herausgenommen, damit es noch kälter war. Zwei Neger entkleideten mich und zerrissen das Hemd in 2 Teile. Nur die Unterhosen behielt ich da. Da (ich) aber gefesselt (war), konnte ich sie nicht mehr emporziehen, wenn sie auf den Boden fiel. So war ich nun nackt. 4 Tage! Am 4. Tag war mein Körper so erkältet, daß er empfindungslos war. Ich hörte nichts mehr. Alle 2–4 Stunden (auch nachts!) kamen die Neger und marterten mich unter dem Kommando eines Weißen. Mit Zigaretten brennen auf die Brustwarzen. Mit Fingern drücken in die Augenhöhlen. Ausreißen von Haaren aus den Augenbrauen und Brustwarzen. Schlagen mit Lederpeitsche auf Geschlechtsteil. Hoden stark angeschwollen. Anspeien! ›Mund auf!‹ Hineinspeien. Als ich den Mund nicht mehr aufmachte, Öffnen mit Holzstab und – Hineinspeien. Schläge mit der Peitsche: sofortige blutunterlaufene, geschwollene Stellen am ganzen Körper. Werfen an die Wand. Faustschläge auf den Kopf. Werfen auf den Boden. Schwere Kette auf den Rücken. Als ich mich weigerte, (die) Füße der Neger zu küssen, Fußtritte (und) Peitschenschläge. Als ich mich weigerte, verfaulte Kartoffelschalen zu essen, neue Schläge, Anspeien, Brennen! Als ich mich weigerte, aus der Pißschale im Abort zu trinken, neue Peinigungen. Jeden Tag jüdische Presseleute. Aufnahmen nackt! Verhöhnung mit altem Soldatenmantel, den man mir umhängte. ›Nun, wie lange glauben Sie, daß Sie noch zu leben haben?‹ Keine Liegemöglichkeit, keinen Stuhl. Immer wieder lag ich zusammengebrochen am Boden mit gefesselten Händen. 4 Tage ohne Unterbrechung gefesselt. Konnte keine Notdurft verrichten. Ich gab keinen Schmerzenslaut von mir. Immer wieder dachte ich an meine Adele! Am 4. Tag nachmittags Abtransport mit Epp, Gaul, Bohle und einem jungen Engländer (Nationalsozialist) nach Wiesbaden. Ich glaubte, es ginge zur Hinrichtung und sagte: ›Ich hätte nie gedacht, daß man sich auf den Tod so freuen könnte.‹ Über Nürnberg, Frankfurt nach Wiesbaden ... am 5. Tag noch immer gefesselt. (Der) Stellvertretende Gefängnisdirektor (Zahnarzt) zu Bohle: ›Warum ist dieser Mann gefesselt?‹ Als Bohle sagte ..., daß ich seit 4 Tagen gefesselt sei, war er empört und nahm mir sofort das Schloß ab. Von den Gelenken lief Blut (und) Eiter. Ich konnte die Hände nicht mehr bewegen. Erst nach 1 Minute kam wieder Gefühl in sie und erst seit Wiesbaden sind sie wieder ganz gebrauchsfähig. Am nächsten Tag Verhör vor 20 Juden durch den Gefängnisdirektor (Jude). Nach dem Verhör kam er in die Zelle mit ernster Miene: ›Haben Sie einen Wunsch?‹ ›Ich bin Gefangener und habe keine Wünsche!‹ ›Ich meinte nur: Sie haben mir gefallen. Sie sind der einzige Gefangene, der zu seiner Sache steht. Alle Achtung.‹ Von Wiesbaden in das Lager Mondorf in Luxemburg. Ende August nach Nürnberg.«[27]

Eine derartige Behandlung ist – nach Lage der Dokumente und persönlichen Informationen – offenbar nur Hans Frank und Julius Streicher widerfahren. Streicher, der zwei Jahrzehnte hindurch die Juden der Welt geschmäht, verleumdet, beleidigt und als Freiwild für Rassenfanatiker zur Schau gestellt hatte, mußte rund eineinhalb Jahre vor seinem Tod am Strang eine zusätzliche persönliche Rechnung begleichen und neben dem »heiligen« Zorn der Betroffenen auch etwas von dem alttestamentlichen »Auge um Auge, Zahn um Zahn« erfahren.

Freundlich oder ritterlich gingen die Sieger mit den Besiegten allerdings nirgendwo um. Nahezu jeder Deutsche war für sie 1945 ein »Nazi«, der seinen Teil zu den Verbrechen beigetragen hatte, die seit 1942 in zunehmendem Maße im Ausland bekanntgeworden waren. Die Sieger wußten: am 10. April 1932 hatten 13,4 Millionen wahlberechtigte Deutsche Hitler ihre Stimme als Kandidat zur Wahl des Reichspräsidenten gegeben. 37 Prozent aller Wahlberechtigten hatten ihm und seiner Partei am 31. Juli 1932 und 43,9 Prozent am 5. März 1933 ihre Stimme gegeben. Die von der Propaganda der Siegermächte darüber hinaus besonders stilisierte Tatsache, daß 92 Prozent aller deutschen Wähler am 12. November 1933 Hitlers Politik billigten und 90 Prozent aller wählenden Deutschen sich am 19. August 1934 für ihn als »Führer und Reichskanzler« entschieden hatten, trug ihre Früchte.

Wilhelm Keitel, der sich am 30. April von Dobbin über Wismar in Mecklenburg und Neustadt in Holstein nach Plön in Holstein zu Großadmiral Dönitz begeben hatte, wurde am 13. Mai 1945 »Kriegsgefangener«.* Die Tatsache, daß

* Keitel kam sofort in das Palace-Hotel nach Mondorf, wo zunächst die Hauptangeklagten für den Kriegsverbrecherprozeß »gesammelt« wurden. Am 14. August 1945 wurde er von Mondorf nach Nürnberg gebracht, wo er (nach dem Urteil des IMT) den Vollzug der Todesstrafe wiederum an einem 13., dem 13. Oktober 1946, erwartete. Unmittelbar nach seiner Gefangennahme erließ Keitel einen Aufruf an

seine eigenen Schilderungen nicht nur eine der letzten Stationen seines persönlichen Schicksals, sondern auch eine der Schlußphasen der Wehrmachtsführung nach Hitlers Selbstmord einschließen, lassen es geboten erscheinen, an dieser Stelle noch einmal die in Deutschland vor allem durch Walter Görlitz bekannt gewordenen letzten Aufzeichnungen Keitels zu zitieren, die er ein Jahr vor seiner Hinrichtung zu formulieren begann:[28]

»Am 8. 5. (1945), nach (der) Rückkehr von Jodl ... aus dem Hauptquartier des Generals Eisenhower bei Reims,** flog ich im Auftrag des Großadmirals (Karl Dönitz) als Staatsoberhaupt und Oberster Befehlshaber der Wehrmacht – mit dem (von) Jodl und dem Stabschef Eisenhowers vollzogenen Vorvertrag in einer englischen Transportmaschine nach Berlin. In meiner Begleitung befanden sich als Vertreter der Kriegsmarine Generaladmiral von Friedeburg, als Vertreter der Luftwaffe ... (Generaloberst Hans-Jürgen) Stumpf, zuletzt Befehlshaber der Heimatluftverteidigung. Außerdem hatte ich als Begleiter mitgenommen den Vizeadmiral Bürkner, Chef der Abteilung Ausland im OKW und Oberstlt. Böhm-Tettelbach ... (Ia der Luftwaffe im Wehrmachtsführungsstab), letzteren, weil er nicht nur fließend Englisch sprach, sondern auch die russische Dolmetscherprüfung abgelegt hatte. Wir flogen in einer englischen Transportmaschine zunächst nach Stendal. Dort wurde eine Staffel von Verkehrsmaschinen zusammengestellt, unter Führung des englischen Luftmarschalls und des bevollmächtigten Vertreters des General Eisenhower. Nach einer Art Ehrenrunde über Berlin landeten wir, ich als letzter mit meiner Passagiermaschine, auf dem Flughafen Tempelhof. Ein Ehrenbataillon der Russen mit Musikkorps empfing die englische und amerikanische Delegation; wir konnten aus der Ferne von unserem Landeplatz die Zeremonie beobachten. Zu meiner Begleitung war ein russischer Offizier – man sagte mir, der Oberquartiermeister von General Schukow – (befohlen). (Er) fuhr mit mir im Auto, die anderen Wagen meiner Begleitung folgten. Wir fuhren ... nach Karlshorst und wurden in einer kleinen, geräumten Villa ... abgesetzt. Es war etwa 13 Uhr. Wir waren ganz unter uns. Gelegentlich erschien ein Reporter, es wurden Lichtbilder von uns aufgenommen, bisweilen besuchte uns ein russischer Dolmetscher-Offizier. Er konnte mir nicht sagen, wann der Akt der Unterschrift unter die Kapitulationsverhandlungen stattfinden werde, von der man mir ... schon auf dem Flugplatz einen

das OKW, in dem er erklärte, auf Befehl »Eisenhowers in die Kriegsgefangenschaft überführt« worden zu sein und daß er nun seiner »Aburteilung als Kriegsverbrecher« entgegensehe. Vgl. Görlitz, Walter, *Keitel. Verbrecher oder Offizier? Erinnerungen, Briefe, Dokumente des Chefs des OKW*, Göttingen 1961, S. 381. Fortan zitiert als Görlitz, *Keitel* ...

* Generaloberst Jodl kehrte am 7. Mai 1945 aus Eisenhowers Hauptquartier in der Nähe von Reims zurück, wo er am Abend des 6. Mai einen Vorvertrag für die Kapitulation abgeschlossen (und Keitel darüber über Funk informiert) hatte.

deutschen Abdruck übergeben hatte. Ich konnte daher den von Jodl paraphierten Vorvertrag mit diesem Wortlaut vergleichen, stellte aber nur unwesentliche Abänderungen fest. Die einzig entscheidende war die Einfügung von Strafandrohungen gegen Truppen, die zur vorgesehenen Zeit nicht die Waffen niederlegen und sich ergeben würden. Ich forderte daher von dem Dolmetscher-Offizier einen Bevollmächtigten des Generals Schukow, weil ich diese Ergänzung nicht ohne Vorbehalt unterschreiben werde. Es erschien ... nach einigen Stunden ein russischer General ... und nahm meinen Einspruch entgegen ... Ich erklärte ihm den Grund meines Einspruches dahin, daß ich keine Gewähr hätte über den zeitgerechten Empfang unseres Befehls zum Niederlegen der Waffen, so daß sich Truppenbefehlshaber berechtigt fühlen könnten, einer solchen Aufforderung nicht zu entsprechen. Ich forderte die Einschaltung eines Satzes, wonach die Übergabe (Kapitulation) in Kraft sei erst 24 Stunden nach Eingang unseres Befehls bei der Truppe, bevor Strafmaßnahmen wirksam werden dürften. Nach etwa einer Stunde kehrte der General zurück, mit dem Bescheid, Gen.(-eral) Schukow sei einverstanden mit einer Frist von 12 Stunden – statt 24. Er forderte nunmehr eine Legitimation zur Einsicht durch die Vertreter der Siegermächte, ich würde sie alsbald zurückerhalten. Als Termin für (den) Unterschrift-Akt nannte er ›gegen Abend‹. Gegen 15 Uhr wurde uns ein reichliches Frühstück durch russische Mädchen serviert. Unsere Geduld wurde auf eine schwere Probe gestellt. Gegen 17 Uhr wurden wir in ein anderes Haus geführt und dort mit einer Vesper bewirtet, aber es erfolgte nichts. Man brachte mir meine Vollmacht zurück, mit der Bemerkung, es sei alles in Ordnung, aber die Zeit der Unterschrift wußte man angeblich nicht. Gegen 22 Uhr wurde ich ungeduldig und ließ offiziell anfragen, wann der Akt der Unterschrift stattfinde; die Antwort lautete, etwa in einer Stunde. Gegen Abend hatte ich unser bescheidenes Gepäck aus dem Flugzeug holen lassen, weil der ... erwartete Rückflug nicht mehr möglich war. Kurz vor 24 Uhr, also dem Zeitpunkt des Inkrafttretens der Kapitulation, wurde ich mit Begleitung in das Kasino der Kaserne hinübergeführt. Wir betraten mit dem Glockenschlag 24 Uhr den großen Saal durch eine große Seitentür und wurden an die unmittelbar gegenüberstehende Längstafel geführt, wo drei Sitzplätze für mich und die beiden Begleiter noch frei waren. Unsere Begleitung mußte hinter uns stehen. Der Saal war bis zum letzten Winkel gefüllt, von zahlreichen Jupiterlampen hell erleuchtet. Eine Quer- und drei Längsreihen waren dicht besetzt. Den Vorsitz an der Quertafel hatte General Schukow, rechts und links von ihm die Bevollmächtigten Englands und Amerikas. Als der Chef des Stabes von Schukow mir den Vertrag in drei Sprachen vorlegte, verlangte ich von ihm Aufklärung über die von mir geforderte Einschränkung der Strafbestimmungen, die im Text doch nicht enthalten sei. Er ging zu Schukow zurück und kam nach kurzer Besprechung mit ihm, die ich beobachten konnte, wieder zu mir mit der Mitteilung, Schukow sage mir die Nichtanwendung von Strafmaßnahmen mit einer Fristverlängerung von 12 Stunden ausdrücklich zu. Der feierliche Akt begann mit wenigen einleitenden Worten; dann fragte Schukow mich, ob ich den Kapitulationsvertrag gelesen habe? Ich antwortete: ›Ja‹. Die zweite Frage lautete, ob ich zur Anerkennung durch Unterschrift bereit sei. Ich antwortete erneut mit lautem: ›Ja‹. Es begann sofort die Unterschrift-Zeremonie, dann Beeidigung, nachdem ich zuerst unterschrieben hatte ... Nach Abschluß verließ ich, durch die nahe Tür hinter mir, den Saal mit meinem Gefolge. – Nunmehr wurden wir in unsere kleine Villa zurückgeführt; in unserem ersten Aufenthaltsraum am Nachmittag war eine mit kalten Speisen voll beladene Tafel aufgebaut mit verschiedenen Weinen, in den übrigen Räumen Schlafgelegenheiten ... – für jeden ein Bett – hergerichtet. Der Dolmetscher-Offizier kündigte einen General der Russen an, nach seinem Eintreffen sollte serviert werden. Nach 1/4 Stunde erschien der Oberquartiermeister von Schukow und bat uns, Platz zu nehmen; er bäte, ihn selbst zu entschuldigen ... Wir hatten geglaubt, die ... Tafel ... beende diese Henkersmahlzeit. Als wir längst gesättigt waren, begann erst das warme Essen mit Braten usw. Zum Schluß gab es noch gefrorene, frische Erdbeeren, die ich zum ersten Mal in meinem Leben vorgesetzt erhalten hatte ... Nach dem Essen verließ uns der Dolmetscher-Offizier, der offensichtlich als stellvertretender Gastgeber fungiert hatte. Wir legten uns nieder ... Am nächsten Morgen wurde uns um 5 Uhr ein einfaches Frühstück serviert. Als ich halb 6 Uhr abfahren wollte, wurde ich ersucht, den Chef des Stabes von Schukow abzuwarten, der mich ... noch zu sprechen wünsche ... Der General ersuchte mich, doch in Berlin zu bleiben; es werde versucht werden, mir Gelegenheit zu geben, von Berlin aus den Truppen der Ostfront Befehle zur Waffenstreckung zu geben, wie ich das gestern, bei der Erörterung über die Frist für Strafbestimmungen verlangt hatte. Ich erklärte, wenn man mir die Funkverbindung garantiere, würde ich sofort noch einige Funksprüche aufgeben, man solle mir den deutschen Funkschlüssel aushändigen. Der General verschwand wieder, wollte Schukows Entscheidung einholen. Er kam zurück mit der Mitteilung, daß die Absendung meiner Funksprüche doch nicht möglich sei; General Schukow fordere mich aber trotzdem auf, in Berlin zu bleiben. Jetzt wurde das Ziel mir klar. Ich forderte sofortigen Abflug nach Flensburg, weil ich von dort die abgeänderten Kapitulationsbedingungen schnellstens an die Truppe weitergeben müsse, da ich sonst für nichts einstehen könne. Ich hatte unterschrieben, im guten Glauben an das Soldatenwort des General Schukow ... Nach 10 Minuten kehrte der Chef des Stabes wieder zurück und teilte mir mit, daß das Flugzeug in einer Stunde startbereit sei. Ich bestieg schnellstens das Auto mit Bürkner und Böhm-Tettelbach und dem Dolmetscher-

Offizier … Wir fuhren über Rathaus, Schloß, die Linden durch die Friedrichstraße … Zahlreiche deutsche und russische Panzer sperrten an vielen Stellen die Friedrichstraße, überschüttet vom Schutt der eingestürzten Häuser. Wir flogen direkt nach Flensburg zurück und waren froh, als die englische Maschine in der Luft war. Gegen 10 Uhr landeten wir in Flensburg. – Wir hatten (mit) Montgomery und Eisenhower den Ausmarsch (Austausch) von Offiziersdelegationen vereinbart, zur Erleichterung des Dienstverkehrs, während der Durchführung der Kapitulation. Am Sonnabend, den 12. 5. (1945) traf die amerikanische Delegation in Flensburg ein und wurde auf dem Luxusdampfer ›Patria‹ untergebracht … Zu dieser Zeit wurde Dönitz zum Empfang der Amerikaner auf die ›Patria‹ bestellt, eine halbe Stunde später sollte ich erscheinen. Als Dönitz die ›Patria‹ verließ, wurde ich (um 12.30 Uhr) empfangen. Der amerikanische General (-major Rooks) eröffnete mir, daß ich mich in Kriegsgefangenschaft zu begeben hätte und um 14 Uhr – also in zwei Stunden – abfliegen würde. Ich sollte meine Dienstgeschäfte an … (Generaloberst) Jodl abgeben, ich dürfe einen Offizier … als Begleiter mitnehmen und eine persönliche Bedienung sowie 150 kg Gepäck. Ich erhob mich, grüßte kurz mit dem Marschallstab und fuhr ins Quartier mit Bürkner und Böhm-Tettelbach, die mich bei dieser ›Audienz‹ begleitet hatten. Ich meldete mich bei Dönitz ab, der schon vorher unterrichtet war, und bestimmte Oberstlt. John (von Freyend) und Mönch als meine Begleiter, weil ich ihnen damit eine wesentlich erleichterte Gefangenschaft verschaffte. Ich übergab Jodl meine Handakten, Schlüssel und Szchimonsky … einiges für meine Frau mit einem Brief, das Kurierflugzeug sollte die Sachen nach Berchtesgaden mitnehmen. Leider ist später alles dem braven ›Schimo‹ (Szchimonsky) von den Engländern abgenommen worden, auch … mein Geldausgabebuch sowie der Brief an meine Frau. Wir flogen mit unbekanntem Ziel über halb Deutschland und landeten gegen Abend auf dem Flugplatz Luxemburg; dort wurde ich erstmals als Gefangener behandelt und in das als Internierungslager hergerichtete Palace-Hotel in Mondorf überführt, wo vor mir bisher Seyß-Inquart eingetroffen war. In Flensburg war ich noch in voller Freiheit mit meinem eigenen Wagen … zum Flugplatz gefahren; in den zwei Stunden hätte ich meinem Leben – völlig unbewacht – ein Ende machen können. Ich dachte nicht daran, weil ich einen solchen Leidensweg bis zum tragischen Ende in Nürnberg nicht für möglich gehalten habe.«[29]

Großadmiral Karl Dönitz und die Mitglieder seiner Regierung und des OKW, Alfred Jodl, Albert Speer, Graf Schwerin von Krosigk und andere wurden nach ihrer Verhaftung in Flensburg wie Gangster oder Partisanen behandelt. Nachdem die Regierungs-»Enklave«, in der Dönitz mit Erlaubnis der Sieger residierte, am 23. Mai von zwei Infanteriebataillonen und einem Panzerregiment umzingelt und Dönitz an Bord des Wohnschiffes »Patria«, auf dem die Alliierte Kontrollkommission ihren Sitz hatte, infolge einer Weisung Eisenhowers die Auflösung und Verhaftung der Geschäftsführenden Deutschen Reichsregierung und des Oberkommandos der Wehrmacht von alliierten Generalen mitgeteilt worden war und Dönitz und seine Begleitung das Schiff verlassen hatten, stürmten britische Soldaten den Sitzungssaal des Außenministeriums, in dem eine Besprechung beginnen sollte. Alle Deutschen mußten sich total entkleiden und entwürdigende Leibesvisitationen über sich ergehen lassen, was in einzelnen Räumen mit Offizieren und Sekretärinnen sogar gleichzeitig geschah. Britische Soldaten stahlen den Gefangenen Uhren, Ringe und andere Wertgegenstände und führten sie mit erhobenen Händen auf den Hof, auf dem einige Dutzend Reporter bereits auf diese *big show* warteten und die Militärs und Minister ohne Hosen fotografierten. »Das Dritte Reich starb heute«, kommentierte die *New York Times* vom 24. Mai 1945 dieses unwürdige Schauspiel.

Am 5. Juni 1945 übernahmen die Alliierten offiziell die oberste Regierungsgewalt in Deutschland.

In Bad Mondorf in Luxemburg »logierten« die als Hauptkriegsverbrecher angeklagten Göring, Dönitz, von Papen, von Ribbentrop, Rosenberg, Keitel, Kesselring und Streicher, um hier nur sie zu nennen, bis Mitte August 1945 im vornehmen (und für diesen Zweck ausgeräumten) »Palace-Hotel«, das der Befehlsgewalt des arroganten, stur militärisch und betont hochmütig auftretenden Obersts Burton C. Andrus unterstand, der seit August 1945 auch als Gefängniskommandant in Nürnberg fungierte.

»Draußen, durch die Glastüren«, erinnerte sich Albert Speer 24 Jahre später, »konnte man Göring mit anderen ehemaligen Führungsfiguren aus der Hierarchie des Dritten Reiches auf und ab wandeln sehen: Minister, Feldmarschälle, Reichsleiter der Partei, Staatssekretäre und Generale. Es war ein gespenstisches Bild ...«* Während die gewöhnlichen deutschen Kriegsgefangenen, Generale, Oberste, Stabsoffiziere, Offiziere, Unteroffiziere und Mannschaften nach dem Ende des Krieges (vor allem in den Lagern in Frankreich und in Deutschland) durchweg geradezu beispiellosen Hunger litten und nicht selten auf nacktem, kaltem Erdboden oder in dürftigen Zelten auf dünnen Decken oder Strohunterlagen kampieren und Drangsalierungen erdulden mußten und auch die deutsche Zivilbevölkerung hungerte und darbte, sorgten die Sieger dafür, daß die als

* Speer, Albert, *Erinnerungen*. Frankfurt und Berlin 1969, S. 507. Speer, der nach zweiwöchigem Aufenthalt in Bad Mondorf »verlegt« wurde, wie er es selbst nannte, erfuhr erst Ende August 1945 auf Schloß Kransberg in der Nähe von Bad Nauheim im Taunus, das er im Winter 1939 als Hauptquartier für Göring ausgebaut hatte, daß er als Hauptkriegsverbrecher angeklagt werde. Erst Ende September kam er nach Nürnberg.

Hauptkriegsverbrecher angeklagten deutschen Akteure für das IMT »in Form« blieben. »Verglichen mit den Landsleuten, die in Freiheit hungern mußten, hatten wir es unangemessen gut, denn wir erhielten amerikanische Truppenrationen.«*

Speer, Hjalmar Schacht und andere Internierte sahen im Schloß Kransberg Kabaretts, hörten Vorträge und beschäftigten sich mit allerlei Kurzweil, um sich die Langeweile zu vertreiben.[30]

Die Mondorfer Internierten lebten nicht ganz so feudal. Auch Spazierfahrten in die Umgebung, wie Speer sie sich in Chesney hatte leisten dürfen, gab es für sie nicht. Während der schlaue, wortgewandte, eitle und selbstbewußte, von den amerikanischen Psychologen in Nürnberg später jedoch nur als mittelmäßig intelligent beurteilte Albert Speer mit Thyssen, Schacht und Wernher von Braun** im Schloß Kransberg diskutierte,[31] begannen einige Mondorfer, alte Intrigen auszubügeln – und neue zu spinnen.

Hermann Göring, der sich, von Hitlers Ächtung immer noch arg betroffen, aus seiner Sicht zwangsläufig mit Dönitz über die Rolle des *Primus inter pares* stritt,*** »residierte« krampfhaft betont und nahm für sich in Anspruch, Speisen, die ihm nicht paßten, mit der Bemerkung zurückzuweisen, daß er sie zu seinen Zeiten nicht einmal seinen Hunden vorgesetzt hätte. Wie in seinen Hauptquartieren, trug er auch hier noch seinen rotseidenen, geblümten Schlafrock über einem schwarzseidenen Schlafanzug. Immer noch wurden ihm die Schuhe und Stiefel geputzt, die einstmals so prunkvollen Uniformen gereinigt und immer noch konnte er Besucher empfangen und »Hof halten«. Und immer noch konnte er Morphine nehmen, die ihn selbst diese für ihn vertrackte Welt noch in rosigen Farben sehen ließen. Dem deutschen Gefängnisarzt Dr. Ludwig Pflücker malte er gesprächsweise und geradezu verzückt aus, wie er sich seinen Auftritt im Gerichtssaal vorstelle. Scheinwerfer würden auf ihn, so war er überzeugt, gerichtet sein, wenn er die Alliierten wegen ihres Bombenterrors auf deutsche Städte anklage. In Bad Mondorf konnte er so etwas noch glauben; denn die Ver-

** Speer, *Erinnerungen*, S. 507. Speer hebt darüber hinaus ausdrücklich hervor, daß der für seine Verpflegung zuständige Sergeant der US-Armee seine Rationen erhöhte, »damit ich, wie er sagte, für den Prozeß kräftig sei« (*Erinnerungen*, S. 508).

** Rund achtzig Gefangene wurden auf Schloß Kransberg festgehalten. Speer hatte seine sämtlichen Amtschefs bei sich, einige Mitarbeiter seines Ministeriums, Leiter wesentlicher Ausschüsse und Hans Kehrl, den Leiter des Rohstoffamtes seines Ministeriums. Namhafte Industrielle, Konstrukteure und Erfinder (wie z. B. Ferdinand Porsche, der Raketenkonstrukteur Oberth und Anton Flettner, der Rotorkonstrukteur, Hitlers Begleitarzt Dr. Karl Brandt u. a.), die später in den Nürnberger Nachfolgeverfahren angeklagt wurden, bildeten eine illustre Gesellschaft.

*** Nach den Angaben Albert Speers (*Erinnerungen* ..., S. 504) vermieden Göring und Dönitz es, vor der Hoteltür zusammenzutreffen. Jeder von ihnen residierte – um die eigentliche Kardinalfrage auszuklammern – an einem der beiden Speisetische.

nehmungen, denen sich die Internierten hier unterziehen mußten, waren im Vergleich zu den späteren Kreuzverhören in Nürnberg nur harmlose Wortgefechte. Hier wurde nur gefragt, in Nürnberg jede Frage und Antwort mit Dokumenten konfrontiert. Der im folgenden zitierte Auszug aus dem Protokoll einer Göring-Vernehmung, die im Juni in Bad Mohndorf stattfand, wirkt neben den Nürnberger Protokollen denn auch wie ein harmloser Zeitvertreib neben einem Mord-Prozeß:

»*Frage*: Was ist Ihr voller Name?

Antwort: Hermann Wilhelm Göring.

Frage: Was war Ihre Tätigkeit?

Antwort: Offizier und Oberbefehlshaber der Luftwaffe, Luftfahrtminister, Ministerpräsident von Preußen, Präsident des Reichstags, Forstminister, Rang eines Reichsmarschalls.

Frage: Anscheinend waren Sie einer der erfolgreichsten Nazis, weil es Ihnen gelang, zu den Überlebenden zu zählen?

Antwort: Ich weiß nicht, wie Sie die Sache ansehen – aber es sind noch eine ganze Anzahl Nazis übrig.

Frage: Sie sind der letzte große Nazi. Wie haben Sie es fertiggebracht, leben zu bleiben? Warum sind Sie nicht gestorben?

Antwort: Es war ein Zufall. Ich wurde gefangengenommen und sollte erschossen werden. Durch einen Zufall wurde ich es nicht.

Frage: Was halten Sie von Schacht?

Antwort: Er spricht nur von sich selbst.

Frage: Finden Sie nicht, daß Sie selbst immer nur von sich selbst reden? Können Sie uns sonst noch etwas über Schacht sagen?

Antwort: Er war ein kluger Mann. Schon ehe die Partei zur Macht kam, hat er für sie gearbeitet.

Frage: Er muß klüger gewesen sein als Sie, denn er trat vor dem Krieg aus der Partei aus.

Antwort: Manche Leute haben keinen Charakter.

Frage: Können wir Schacht vertrauen?

Antwort: Das überlasse ich Ihnen.

Frage: Ist er ein Mann ohne Charakter?

Antwort: Das will ich nicht direkt sagen, aber es ist bekannt, daß Schacht öfter seine Ansichten wechselte.

Frage: Sind Sie ein Mann mit Grundsätzen?

Antwort: Ich habe immer zu meiner Überzeugung gestanden.

Frage: Was sind Ihre Hauptüberzeugungen?

Antwort: Für mein Land zu arbeiten. Ich will auch Schacht nicht verurteilen, ich

wurde nur um meine persönliche Ansicht gefragt.
Frage: Wurde 1938 ein Dekret von Ihnen unterzeichnet, das den Juden eine ... Milliarde Reichsmark (Buße) auferlegte?
Antwort: Das war von Hitler befohlen.
Frage: Schämen Sie sich deswegen?
Antwort: Ich finde nicht, daß das Gesetz richtig war.
Frage: Dann schämen Sie sich also, daß Sie dieses Dokument unterzeichneten? Oder schämt sich ein deutscher Feldmarschall niemals?
Antwort: Nach der Genfer Konvention brauche ich diese Frage nicht zu beantworten.
Frage: Sie sind nicht mehr Kriegsgefangener. Der Krieg mit Deutschland ist beendet. Deutschland hat sich bedingungslos ... ergeben. Wollen Sie die Frage beantworten?
Antwort: Ich bedaure es. Sie müssen an die Zeit denken.
Frage: Wer hatte die Verwahrung Ihres Scheckbuches?
Antwort: Meine Sekretärin und ich.
Frage: Wer übernahm die Kosten für Karinhall?
Antwort: Luftfahrtministerium und Staatsministerium.
Frage: Wie wurden die Mittel für den Ankauf eines Bildes überwiesen?
Antwort: Immer bar bezahlt.
Frage: Woher bekamen Sie das Bargeld?
Antwort: Ich war der zweite Mann, hatte immer reichlich Geld. Ich selbst bestätigte die Order.
Frage: Bekamen Sie all Ihre ausländische Währung auf diese Art?
Antwort: Ja. Ich war die letzte Instanz.
Frage: Gab es ein geregeltes Verfahren, und wurden Aufzeichnungen geführt?
Antwort: Es war nur eine Frage, Erlaubnis zu bekommen – und in meinem Falle war das außer Frage.
Frage: Könnten Sie sich einen armen Mann nennen?
Antwort: Ich weiß nicht, was übrig ist. Ich habe keine Kontrolle über irgend etwas.
Frage: Sie haben nichts in einer Höhle versteckt?
Antwort: Nein, nichts.
Frage: Führten Sie je ein Tagebuch?
Antwort: Ich führte ein Tagebuch in Absätzen. Der Adjutant führte eins in den letzten Jahren. Sie verbrannten in Karinhall, wo all diese Dinge waren. Meine Leute oder die Russen haben es getan, denn ich hatte den Befehl gegeben, daß alles verbrannt werden müsse. Die Russen kamen ... Wir mußten eiligst fliehen. Da ist auch eine Menge Zeug vergraben.

Frage: Sagen Sie uns, wo es ist, und wir werden es holen.

Antwort: Mir wurde gesagt, wo es vergraben wurde, aber es ist schwer, es zu holen. Auch werden die Russen Sie nicht dort graben lassen. Es ist fast unmöglich, von hier aus zu beschreiben, weil die Gegenstände zu weit ausgebreitet wurden, und eine Karte wäre hier sehr schwer zu zeichnen.

Frage: Existiert ein Lageplan?

Antwort: Nein.

Frage: Wer außer Ihnen weiß, wo die Sachen vergraben sind?

Antwort: Die Soldaten, die bei mir waren und es nach meinen Befehlen ausführten. Ich weiß nicht, was aus den Soldaten geworden ist. Ich glaube, daß es unmöglich wäre, selbst wenn wir einen Soldaten hätten, denn die Russen würden uns nie etwas ausgraben lassen, ohne es zu nehmen. Ich hoffe, daß wir vielleicht später die Sachen holen können.

Frage: Haben Sie im April 1945 Geld abgehoben, um es an eine andere Bank zu schicken?

Antwort: Ich gab den Befehl, eine halbe Million an eine süddeutsche Bank zu schicken. Wenn es geschehen wäre, hätte ich Nachricht bekommen, aber ich habe nichts darüber gehört.

Frage: Haben Sie ein Testament gemacht?

Antwort: Ich tue es jetzt, aber es ist nicht nötig, da nach dem Gesetz alles an mein Kind fällt.

Frage: Hinterlassen Sie Ihrer Sekretärin etwas?

Antwort: Die Liste ist angefertigt, und meine Frau soll alles übernehmen.

Frage: Wo ist die Liste?

Antwort: Sie wurde mit der Bibliothek verpackt. Es war auf dem Zug. Ich hatte zwei Züge, in dem einen war mein Hauptquartier. Ein Zug stand geschützt in einem Tunnel an der Seite der Bahn. Als es losging, verschwanden die Wachen, und eine Menge Dinge wurden gestohlen. Schmuckkassetten waren geöffnet und die Steine herausgenommen, aber die Fassungen lagen zerstreut umher.

Frage: Haben Sie den Zug untersucht?

Antwort: Ein amerikanischer Offizier erzählte es mir.

Frage: Wie hoch ist Ihr jährliches Einkommen?

Antwort: 20000 Reichsmark monatlich als Reichsmarschall, 3600 Mark monatlich als Befehlshaber der Luftwaffe. Steuern abgezogen. 1600 Mark als Präsident des Reichstags. Dann hatte ich meine schriftstellerische Tätigkeit – für alle Bücher war es ein Gewinn von fast einer Million Mark.

Frage: Kostete das Leben nicht mehr als das?

Antwort: Eine Anzahl meiner Ausgaben wurden anderweitig bezahlt. Berlin und Karinhall wurden vom Staat erhalten.

Frage: Gaben Sie nicht eine große Summe aus für Bilder – mehr als Sie verdienten?
Antwort: Ich hatte Gelder ...
Frage: Haben Sie Brüder oder Schwestern?
Antwort: Ja. Einen Halbbruder in Wiesbaden, der vierundsiebzig Jahre alt ist; Name: Major Wilhelm Göring. Professor Dr. Heinrich Göring, Augenarzt in Wiesbaden. Brüder und Schwestern, die lange verstorben sind. Ältester Bruder Karl starb im letzten Krieg. Schwester Olga und Paula – weiß nicht, wo sie sind – vielleicht bei den Russen. Albert – er ist in einem Lager, aber er war nie Parteimitglied.
Frage: Niemand wird Ihren Verwandten etwas tun, so arbeiten wir nicht.
Antwort: Die Amerikaner werden ihnen nichts tun, aber die Russen.
Frage: Wie lange, glauben Sie, würden Sie leben, wenn Sie den Russen ausgeliefert würden?
Antwort: Nicht sehr lange.«[32]

555 solcher Fragen hat allein Göring in Bad Mondorf beantwortet; aber das Protokoll ist zuletzt nur ein sehr geringer Teil des Dokumentenmaterials für Nürnberg, für und gegen Göring.

Einige Angeklagte, ehemalige Minister und Staatssekretäre, gelangten erst über das (von Speer als »berüchtigt«[33] bezeichnete) Vernehmungslager Oberursel bei Frankfurt nach Nürnberg. Im sogenannten »Haus Alaska« wurden sie – wie andere in Bad Mondorf – vernommen und dann nach diesen vielfach als »letzte Sitzungen des Reichskabinetts« ironisierten Vernehmungen nach Nürnberg weitertransportiert. Die Amerikaner, unter ihnen Dr. Robert M. W. Kempner, bemühten sich, schon hier die Frage zu prüfen, wer als Beschuldigter und wer als Zeuge in Betracht käme, um das IMT von vornherein von überflüssigem Ballast zu befreien. Kempner, der als früherer preußischer (von Hitler ausgebürgerter) Staatsbeamter und Mitglied des Stabes des US-Hauptanklägers Robert H. Jackson über interne Einzelheiten und Zusammenhänge besonders gut informiert war, konnte schon hier erleben, daß Angeklagte sich anboten, ihre Leidensgenossen auszuhorchen und Kempner über die Ergebnisse zu berichten.* Bereits in Bad Mondorf hatten sich einige Internierte geweigert, mit bestimmten Mitangeklagten zusammensein zu müssen.

Nürnberg, nicht nur allen Hauptangeklagten seit längerer Zeit aus Zeitungsberichten als der Ort bekannt, in dem das Internationale Militär-Tribunal tagen

* In einer Sendung des *Zweiten Deutschen Fernsehens* (*ZDF*) am 23. 11. 1975 nannte Dr. Kempner besonders Dr. Otto Meissner, der sowohl Friedrich Ebert als auch Paul von Hindenburg und Adolf Hitler als Staatssekretär gedient hatte.

und seine Urteile fällen sollte,[34] sahen alle, die nach dort kamen, als Entscheidung an. Nicht wenige waren von den Verhältnissen überrascht, die sie dort vorfanden.

Das Gefängnis

Eine Zeugin erinnert sich: »Ich war 1945 und 1946 nacheinander in 11 Internierungslagern unter amerikanischer und englischer Bewachung. Ab September 1945 befand ich mich im Nürnberger Gerichtsgefängnis, wo es im Gegensatz zu der vorher und hinterher erlebten Haft weitgehend korrekt zuging. Auch die Lebensbedingungen machten den Aufenthalt erträglicher als in den anderen Lagern. Nach einer entwürdigenden Aufnahmeprozedur war ich zunächst in eine Zelle des Angeklagtenflügels gekommen, wo Unterbringung und Bewachung wie bei den Hauptangeklagten geregelt waren ... Zwei Wochen nach meiner Einlieferung wurde der sogenannte ›Zeugenflügel‹ eröffnet, in den ich unmittelbar verlegt wurde. Rund 70 männliche Internierte ›bevölkerten‹ das Erdgeschoß und den ersten Stock des Gebäudes. Im zweiten Stock befanden sich die Zellen für die zeitweilig 14, vorübergehend auch nur 6 gefangengehaltenen Frauen. Wir konnten uns auf unserer Etage – ebenso wie auch die inhaftierten Männer – bis zu einer Absperrung am Ende des Ganges frei bewegen. Da sich in der Mitte des Zellenbaus – von Schmalseite zu Schmalseite – ein breiter Lichtschacht befand, konnten wir uns – von dem mit Maschendraht gesicherten Geländer aus – mit den unter uns eingesperrten Internierten unterhalten. Im Zeugenflügel waren Personen untergebracht, die sich normalerweise in Kriegsgefangenschaft befunden hätten – oder unter die Bestimmungen des automatischen Arrestes gefallen wären. Einige mußten im Prozeß aussagen. Das IMT erhoffte von ihnen Auskünfte, die der Anklagevertretung dienen sollten. Die Zeugen der Anklage ... waren außerhalb des Gerichtsgefängnisses in einem Hotel unter wesentlich komfortableren Bedingungen untergebracht. Die männlichen Insassen des Zeugenflügels waren Feldmarschälle, Generale des Heeres, der Luftwaffe und der Waffen-SS, Reichs- und Gauleiter der NSDAP, hohe Beamte, Angehörige des SD und schließlich Wehrmachtsadjutanten. Einziger Ausländer unter ihnen war der ungarische Reichsverweser Horthy.*

Unter den weiblichen Internierten befanden sich Sekretärinnen Adolf Hitlers

* Unter den Insassen befanden sich die Generalfeldmarschälle Albert Kesselring, Werner von Blomberg, Erhard Milch und Erich von Manstein, der Generaloberst Heinz Guderian, der Heeres-Generalstabschef Franz Halder, der SS-Brigadeführer Otto Ohlendorf, der einstige Hitler-Adjutant Fritz Wiedemann, der SS-Obergruppenführer Erich von dem Bach-Zelewsky, der Reichsleiter Max Amann und der Gauleiter August Eigruber.

und seiner Minister, Familienangehörige exponierter Nationalsozialisten,* Ärztinnen, die in Konzentrationslagern beschäftigt gewesen waren – und eine Französin, die der Zusammenarbeit mit dem SD beschuldigt wurde ... Die meisten von uns hatten vor der Einlieferung nach Nürnberg schlimme Erlebnisse gehabt (ich z.B. hatte in einem Mailänder Gefängnis die furchtbaren Folterungen italienischer Faschisten erlebt). In der Nürnberger Atmosphäre relativer Ruhe und Sicherheit atmeten sie auf. Wir hatten täglich den Besuch eines kriegsgefangenen deutschen Arztes ... Das Essen brachten uns deutsche Kriegsgefangene, die alle eine betont antifaschistische Gesinnung demonstrierten, was uns oft amüsierte. Häufig kamen zu uns der amerikanische Pater Sixtus O'Conor und ein weiblicher amerikanischer Offizier, eine deutsch sprechende Jüdin, die sich ebenfalls nach unserem Befinden und nach unseren Wünschen erkundigte. Die Ärztin half uns, so gut sie es konnte.

Als wir Frauen erstmals in den Gefängnishof zum ›Spaziergang‹ geführt wurden, stellten sich die amerikanischen Posten entlang unseres Weges auf – und urinierten in unsere Richtung. Unsere ironische Frage an den weiblichen Betreuer, ob in der US-Armee dieses Verhalten Mode oder allgemein üblich sei, führte dazu, daß unsere Bewacher sich wieder auf den Lokus besannen ... In Nürnberg kamen wir wieder auf andere Gedanken, und neben langen Gesprächen vertrieben wir uns die Zeit manchmal sogar mit Bridge. Einmal wöchentlich durften wir anfänglich duschen und eine Stunde spazierengehen. Später war es sogar möglich, in einer Turnhalle des Gefängnisses Sport zu treiben. Es war der Raum, in dem am 16. Oktober 1946 die zum Tode verurteilten Hauptangeklagten gehenkt wurden, unter denen sich auch der Mann einer Zellengenossin befand, die hier geturnt hatte. Einen großen Teil unserer Zeit verbrachten wir mit Arbeiten für die im Zeugenflügel internierten Männer. Sie riefen uns aus den Zellen ihre Wünsche zu und schickten uns durch Bewacher oder Kriegsgefangene Uniformen oder Wäschestücke, die wir reinigen oder ausbessern sollten. Manchmal kamen diese Wünsche auch aus dem Angeklagtenflügel. Rührende Dankschreiben waren nicht selten die Folge ... Der Sprechkontakt mit den Männern im Zeugenflügel bewies, daß sie ihre Gefangenschaft in guter Haltung ertrugen. Wie im Frauentrakt, so herrschte auch unter ihnen ein kameradschaftliches Verhältnis. Nur der Canaris-Mitarbeiter Lahousen** wurde sichtlich geschnitten. Die meisten Häftlinge bemühten sich, den anderen jeweils

* Unter den weiblichen Inhaftierten befanden sich auch Frau Himmler und ihre Tochter Gudrun Himmler. Bei dem von der Zeugin genannten Arzt handelte es sich um Dr. Pflücker, der Frau Himmlers Bescheidenheit, ihren Fleiß und ihre Vorbildhaftigkeit hervorhob. Vgl. Pflücker, *Waldeckische Landeszeitung*, 13. 10. 1953.

** Der 1897 in Wien geborene General Lahousen trat als Zeuge der Anklage auf und belastete am 30. 11. 1945 eine Reihe von Angeklagten. Vgl. IMT, Bd. II, S. 485ff.

Vorbilder zu sein. Beispielhaft waren unter den Männern vor allem Skorzeny und Ohlendorf.[1] Nicht ohne Folgen auf die jeweilige Einstellung und Haltung blieben jedoch die zuvor erduldeten Grausamkeiten. So betonte beispielsweise der oberösterreichische Gauleiter Eigruber,[2] der bei Kriegsende von seinen Landsleuten furchtbar gefoltert, verstümmelt und sogar kastriert worden war, immer wieder, daß er lächelnd für seine Idee sterben werde, und der Feldmarschall von Brauchitsch, der vor seiner Einlieferung in Nürnberg die Mißhandlungen deutscher Kriegsgefangener in Dachau erlebt hatte, erklärte mehrfach, daß er dabei den Glauben an den deutschen Soldaten wiedergefunden habe.«[3]

Kamen die Zeugen mit der Eisenbahn in Nürnberg an, erwarteten sie bereits am Ausgang des Hauptbahnhofs doppelzüngige Informanten. Sie vermittelten Sprachregelungen, empfahlen Verhaltensweisen und schützten ideologische Gemeinsamkeit vor, was gelegentlich allerdings auch tatsächlich zutraf. Nicht wenige dieser Leute waren jedoch Spitzel des amerikanischen Geheimdienstes. Einer von ihnen, Erich Kordt, hatte in Ribbentrops Auswärtigem Amt gearbeitet, war während des Krieges in China zu den Amerikanern übergelaufen und stand nun am Nürnberger Bahnhof, wo er den relativ unerfahrenen und mit den angloamerikanischen Gerichtsmethoden nicht vertrauten Ankömmlingen nach Absprachen mit dem OSS jeweils »Informationen« aufdrängte.[4] Später, während des Prozesses, belastete er als Zeuge der Anklage seinen ehemaligen Chef Ribbentrop.

Die Unterbringung der Zeugen richtete sich sowohl nach ihrer jeweiligen Belastung als auch nach der Absicht des Gerichts, sie von Beeinflussungen fernzuhalten. Wenn sie beispielsweise als Arrestanten kamen, blieben sie in Arrest. Ein bestimmter Teil der Zeugen, Adelige, ehemalige Diplomaten und Politiker, wie z. B. der einstige sozialdemokratische Reichsinnenminister Carl Severing, den die Verteidigung als Zeugen im Zusammenhang mit Erich Raeder geladen hatte, und nicht besonders belastete Akademiker wohnten in einem von einer Gräfin geleiteten sogenannten Zeugenhaus in der Bülowstraße in Nürnberg. In ihm logierten auch einige Verteidiger und Journalisten. Gelegentlich vermittelte Dr. Kempner »Exklusiv«-Unterkünfte, wenn er überzeugt war, derartige Maßnahmen verantworten zu können. So brachte er den deutschen Kronprinzen Wilhelm bei der mit ihm bekannten Familie Faber-Castell unter, die ihm ihr Jagdhaus zur Verfügung stellte.[5]

Alle für die Nürnberger Prozesse ausfindig gemachten Angeklagten und Zeugen kamen in das Zellengefängnis des Justiz-Palastes, einem Sternbau mit vier Flügeln zu je hundert Zellen. Der deutsche Gefängnisarzt Dr. Ludwig Pflücker schilderte 1952: »Unser Gefängnis hatte den für solche Anstalten üblichen Aufbau. Von einem Rundbau gingen fächerförmig vier Zellenflügel ab und ein fünfter sogenannter Kirchenflügel, der im unteren Geschoß das kleine Gefängnislazarett und darüber die recht gut ausgestattete Kapelle enthielt. Als dieser sogenannte Kirchenflügel später Offiziere aus der englischen Zone aufnahm, die noch nicht von der Wehrmacht entlassen worden waren, nannten ihn unsere Leute die ›Feldherrnhalle‹. In den ersten Wochen benutzten wir nur einen Flügel, der durch eine Bretterwand von dem Rundbau völlig abgeschlossen war und auch während der ganzen Dauer des ersten Prozesses und des Aufenthaltes der Überlebenden des Prozesses abgeschlossen blieb. Erst nach deren Abtransport nach Spandau,[6] wurden sämtliche trennenden Bretterwände niedergelegt. Überhaupt waren die Sicherheitsmaßnahmen während des ersten Prozesses ganz besonders scharf ... Das lag einmal an der Bedeutung, die man dem ersten Prozeß beimaß, dann aber auch an der Person des Kommandanten, Oberst Andrus, der unermüdlich auf neue Sicherheitsmaßnahmen sann – und doch oft durch Nachlässigkeit der Posten enttäuscht wurde. Wir deutschen Arbeiter waren ... von der Außenwelt abgeschlossen.«[7]

Im ersten Flügel hausten die im Rahmen des Hauptprozesses nicht zum Tode Verurteilten für sich. Im zweiten Flügel und im obersten Stockwerk des dritten Flügels befanden sich im Herbst 1946 über hundert Einzelhäftlinge. Es waren neu Eingelieferte, die für spätere Verfahren ausersehen waren und solche, die auch nach mehrwöchiger Haft weder verhört waren noch wußten, warum sie überhaupt nach Nürnberg gebracht worden waren. Im dritten Flügel befanden sich die auf zwei Stockwerken untergebrachten und tagsüber nicht eingeschlossenen Insassen. Die Zusammensetzung dieses Personenkreises war selbst für die Inhaftierten schwer zu übersehen. Teils handelte es sich um Zeugen oder Angeklagte für künftige Prozesse, teils noch um Zeugen des Hauptverfahrens gegen Göring, Keitel und Jodl usw. Bei einigen war nicht feststellbar, wieso sie überhaupt in Nürnberg festgehalten wurden. Namensverwechslungen und andere Irrtümer waren keine Seltenheit.

Der Gefängnisaufenthalt rechnete, wie die Häftlinge sich ausdrückten, nicht »nach Tagen und Wochen, sondern nach Monaten«. Einzelhäftlinge und Insassen des Zeugenflügels, die ein halbes Jahr und länger sitzen mußten, waren keine Seltenheit.

Die Lebensbedingungen der Inhaftierten regelte die im folgenden zitierte »Hausordnung« vom 11. September 1945:

Hausordnung für Gefangene

Begriffsbestimmungen:

A. Internierter	Das Wort – Internierter – in dieser Hausordnung bezeichnet jede hier gefangengehaltene Person, von der nicht verlangt wird, für den Gefängnisbetrieb zu arbeiten oder andere Dienste zu verrichten.
B. Gefangener	Die Bezeichnung – Gefangener – umfaßt alle hier gefangengehaltenen Personen.
C. Kriegsgefangener	Die Bezeichnung – Kriegsgefangener – versteht sich für alles ärztliche, geistliche und Arbeits-Personal, das hier für den Gefängnisbetrieb gefangengehalten wird.

1. Es ist den Internierten verboten, miteinander zu sprechen. Sie dürfen keinesfalls versuchen, miteinander oder mit anderen Personen in Verbindung zu treten, mit Ausnahme der unter A, B, C und D aufgeführten Fälle:

A. Die Internierten dürfen mit den Wachtposten oder den Kriegsgefangenen nur dienstlich sprechen.
B. Sie können an ihre Familien, an den Kommandanten, die verhörenden Offiziere und an Behörden nur über das Gefängnis-Büro schreiben.
C. Sie können nach Belieben mit dem Kommandanten, dem Gefängnisoffizier, den stellvertretenden Gefängnisoffizieren, den Aufsichtshabenden, den Ärzten, Zahnärzten und den Geistlichen Beiständen über alle Dinge sprechen, die zum Dienstbereich dieser Herren gehören.
D. Falls nötig, wird die Unterhaltung durch einen Dolmetscher geführt werden.

2. Kein Internierter darf versuchen, verbotene Gegenstände an andere Personen zu geben oder solche von anderen Personen anzunehmen.

3. Die Wachtposten werden die Servierbretter daraufhin prüfen, daß keinerlei verbotene Gegenstände an Internierte gehen oder von ihnen kommen und daß das Eßgeschirr vollzählig vorhanden ist.

4. Kein Internierter soll versuchen zu entfliehen. Im Falle eines Fluchtversuchs werden sie niedergeschlagen oder niedergeschossen werden. Es ist ihre Schuld, wenn sie dabei verwundet werden. Der Posten wird »*Halt*« rufen, falls die Zeit es erlaubt.

5. Der deutsche Arzt wird jeden Internierten täglich besuchen. Ein amerikanischer Dolmetscher wird ihn begleiten. Wünsche nach zahnärztlicher Behandlung sollen bei dieser Gelegenheit geäußert werden.

6. Haarschneiden, Rasieren etc. erfolgt durch den deutschen Friseur in Begleitung eines amerikanischen Wachtpostens. Unterhaltung hierbei ist verboten.

7. Die Internierten können einmal wöchentlich ein Brausebad nehmen.

8. *Lesen und Schriftverkehr:*
A. Jeder Internierte erhält auf Wunsch eine Bibel.
B. Deutsche Bücher sind vom Gefängnis-Büro zu erhalten, Wünsche nimmt der Dolmetscher oder das Gefängnis-Personal entgegen. Ein Bücherverzeichnis kann zur Verfügung gestellt werden, aus dem eine Auswahl getroffen werden kann. Die Bücher sollen in angemessener Frist zurückgegeben werden, damit ein Umlauf möglich ist.
C. Für Schreibmaterial in jeder gewünschten Menge wird gesorgt.
D. Die Anzahl der Briefe und Postkarten, die für die persönliche Verbindung mit den Familien zugelassen sind, wird von Zeit zu Zeit bekanntgegeben werden.
Die Briefbestellung kann nicht gewährleistet werden, bis der deutsche Postverkehr wieder in Betrieb ist.

9. Die Internierten sind für die Sauberkeit ihrer Zellen verantwortlich. Das für die Reinigung notwendige Material wird täglich zu den Zellen der Internierten gebracht.

10. Die Internierten werden täglich spazierengeführt, wofür die folgenden Regeln gelten:
A. Es gehen gleichzeitig mehr als ein Internierter spazieren.
B. Es ist ihnen verboten, sich auf mehr als 10 m Abstand zu nähern.
C. Der Internierte kann überall im Hof spazierengehen, jedoch nicht näher am

Gebäude und der Mauer, als bis zur äußeren Kante des Seitenweges bzw. des Fahrweges.

D. Die Internierten dürfen nichts aufheben und sich nicht hinsetzen.

E. Die Internierten dürfen niemand ansprechen und niemandem Zeichen geben, ausgenommen ist der Wachtposten in dienstlicher Angelegenheit.

11. Beschwerden über die Behandlung im Gefängnis sind schriftlich an den Kommandanten zu richten.

12. *Verkehrsformen und Grußformen:*
Da nicht die Absicht besteht, betreffs allgemeiner Höflichkeitsformen allzusehr ins einzelne zu gehen, werden folgende fünf Regeln zur Beachtung bekanntgegeben. Sie sollen jedem als Leitfaden dienen für Fälle, die hier nicht ausdrücklich erwähnt sind. Falls einmal Zweifel bestehen, ist es am besten, die Höflichkeitsformen auf jeden Fall anzuwenden.

A. Da der Austausch eines militärischen Grußes zwischen Gefangenen und Angehörigen der alliierten Mächte untersagt ist, wird im Verkehr zwischen Internierten und alliierten Offizieren die allgemein übliche Grußform der Verbeugung als ein geeigneter Ersatz angesehen.

B. Alle Angehörigen der alliierten Mächte haben den Vortritt beim Betreten eines Torweges, einer Halle, Treppe oder eines anderen Durchganges. Internierte und Gefangene treten zur Seite, falls sie sich gleichzeitig mit Angehörigen der alliierten Mächte derartigen Plätzen nähern sollten.

C. Falls alliierte Offiziere, Staatsbeamte oder Inspekteure bei der Besichtigung den Raum oder das Zimmer eines Internierten betreten, hat der Internierte aufzustehen, stillzustehen und den alliierten Vertreter anzusehen, bis ihm anderes bedeutet wird (mit der Ausnahme, daß Kranke im Bett oder im Krankenstuhl dort bleiben können, sich still verhalten, den Besucher ansehen und warten, bis sie angesprochen werden, falls eine Unterhaltung gewünscht wird).

D. Wenn Gefangene durch Korridore oder Durchgänge gehen, müssen sie halten und stillstehen, falls ihnen der Kommandant, sein Stellvertreter oder sonstige besuchenden, militärischen oder zivilen Würdenträger entgegenkommen. Wer im Hofe beim Spazierengehen ist, wird ebenfalls stehenbleiben und den Kommandanten oder seinen Stellvertreter ansehen, falls diese den Hof betreten und abwarten, bis ihm bedeutet wird, den Spaziergang fortzusetzen.

E. In allen diesen Fällen steht es den Internierten frei, ihre Tätigkeit fortzusetzen, sobald der Kommandant oder andere Persönlichkeiten, die in der Nähe sind, die Höflichkeitsbezeugung der Internierten durch eine Verbeugung beantwortet haben.

By order of Colonel Andrus:
(Unterschrift)
Elmer W. Fox JR
Major CAC
Operations Officer

Neuzugänge kamen nach eingehender Untersuchung von Körper und Gepäck zunächst in Einzelhaft. »Ehe ich mich versah«, schrieb Albert Speer über seine verspätete Einlieferung, »fand ich mich eingeschlossen in einer Zelle wieder ... Ein Strohsack, alte zerrissene und verschmutzte Decken, kein Mensch, der eine persönliche Notiz von den Gefangenen nahm.«[8] Zusätzliche Wäscheausstattungen, Schuhbänder, Hosenträger, Gürtel, Schnallen an Westen und Hosen, Spiegel, Rasierzeug, Messer, Gabel, Uhren, Schlipse, Kragenknöpfe, kurz alles, was jeder Häftling sonst noch für lebensnotwendig hielt, wurde den Neuankömmlingen abgenommen. In den etwa 2,5 mal 4 Meter großen Zellen fanden sie dann vor: Eine eiserne Klapp-Pritsche mit verschmutzter, jahrelang nicht gesäuberter Matratze, Wolldecken, eine Waschschüssel und ein Eßgeschirr aus Blech, einen Löffel, eine Rolle Toilettenpapier und ein eingebautes WC. Wandspiegel, Kleiderhaken, Tische und Stühle gab es nicht.«

» ... nach Nürnberg gerufen«, berichtete ein Zeuge der Verteidigung,[9] »näherte ich mich im Herbst 1945 dem Justizpalast ... mit einem gewissen Optimismus. Nicht angekränkelt durch irgendwelche Erfahrungen mit den Verkehrsmethoden der internationalen Justiz, gab ich mich der ... Auffassung hin, daß ein Zeuge ... auf eine menschenwürdige und vom überführten Verbrecher stark differenzierte Behandlung Anspruch erheben könnte. Ich wurde schnell eines Besseren belehrt. Nachdem sich die ... Gefängnistore des ... Justizpalastes hinter mir geschlossen hatten, wurde mir sehr schnell klargemacht, daß in den Augen (zumindest des interalliierten Militärtribunals) ein Unterschied zwischen der Behandlung von Zeugen, Angeklagten, Untersuchungsgefangenen und Verurteilten ... kaum bestand. Eine ... jedem Ehrgefühl hohnsprechende Leibesvisitation leitete mein Leben als Zeuge ein. Mit schlappenden Schuhen ohne Schnürsenkel, die Hose festhaltend, da mir Gürtel und Hosenträger abgenommen worden waren, ohne

Schlips, mit einem kleinen Pappkarton unter dem Arm, verließ ich die Untersuchungszelle, um in einer Einzelzelle zu verschwinden, die ich mit Ausnahme der täglichen ... auf dem Gefängnishof zu absolvierenden Spaziergänge die nächsten 6 Wochen nicht wieder verlassen ... (durfte). In dieser Zeit wurde ich weder von der Anklage noch von der Verteidigung auch nur einmal gehört. Die Einrichtung der Zelle war spartanisch ... Tisch, Stuhl oder Schemel fehlten ebenso wie irgendeine Möglichkeit, Mantel, Mütze oder Handtuch aufzuhängen. Der ... Inhalt des Pappkartons, eine Unterziehjacke, eine Garnitur Wäsche und Waschzeug – aber ohne Rasiergerät, Zahnpasta, Nagelschere, Nagelreiniger usw. –, mußte auf dem Steinfußboden gruppiert werden. Die häufigen Zellenuntersuchungen stellten ... an die Ausführenden und ihren Spürsinn keine großen Anforderungen. Der Zelleninsasse konnte nur stehen ... (in alle Richtungen jeweils stets nur ein paar) Schritte gehen oder auf der Pritsche sitzen. In der Tür befand sich eine Klappe, die ständig offen blieb und dem Posten einen ununterbrochenen Einblick in die Zelle gewährte. Von Beginn der Dämmerung an wurde in diese Öffnung eine Lampe montiert, die auch die ganze Nacht über brannte und die Zelle beleuchtete.« Pflücker erinnerte sich sieben Jahre später: »Die Internierten waren in Einzelzellen untergebracht, aus denen man alle Einrichtungsgegenstände und auch die Beleuchtung entfernt hatte. In jeder Zelle befand sich ein Spülklosett, eine eiserne Bettstelle war an der Wand befestigt. Jeder ... mußte sich aus den Bekleidungsstücken ein Kopfpolster herrichten. Beim Herausreißen der Haken der Lichtleitung war sehr rücksichtslos verfahren worden, so daß im Putz tiefe Löcher entstanden waren. Der Kalkanstrich war sehr schadhaft und schmutzig, so daß die Zellen einen wenig schönen Anblick boten.«[10]

Die Zellen waren seit Jahren offensichtlich nicht instand gesetzt, verkommen und kalt. Die zwei bis drei täglichen Heizstöße von jeweils nur wenigen Minuten Dauer waren so schwach, daß sie meist gar nicht bis in die Rohre der Zellen drangen. Die Fenster schlossen nicht; viele Scheiben waren zerbrochen. Für Reparaturen fehlten sowohl Arbeitskräfte als auch Material. Nicht einmal Pappe stand zur Verfügung. Zu der Kälte kam Zugluft. Die Wände, von denen der Kalk in Stücken herunterfiel, waren verschmiert und dreckig. In den großen Rissen hausten Mäuse. Die Spülklosetts waren nicht in Ordnung und verpesteten mit ihrem Gestank die ganze Gefängnishalle. Die Beleuchtung bestand in den meisten Zellen aus so schwachen Lampen, daß die Inhaftierten meist nur in den kurzen Mittagsstunden lesen und schreiben konnten.[11]

»Später«, berichtete Pflücker, »nach der Beendigung des ersten Prozesses,* ist dies Überwachungssystem abgeschafft worden. Die Beleuchtung der Zellen blieb

* Gemeint ist das IMT.

zwar, aber die Posten vor jeder einzelnen Zelle verschwanden und wurden durch patrouillierende Wachen abgelöst. Nach vielen Versuchen wurde schließlich auch im ersten Prozeß die Beleuchtung der Zellen etwas gedämpft, der Lichtstrahl ... während der Schlafenszeit nicht mehr auf das Gesicht des Internierten gerichtet. Immerhin kam es auch dann noch zu Härten, wenn die Wachen wechselten und neue Posten sich zu genau an die schriftlichen Instruktionen hielten. Meist kehrte dann nach ein paar Tagen Ruhe ein, wenn die Posten sich mit einer nicht allzu scharfen Auslegung ihres Befehls abfanden und die Internierten besser kennenlernten. Ich habe in dieser Notlage immer wieder getröstet und zu vermitteln versucht und habe dadurch sicher mehr erreicht als durch Beschwerden der Internierten, bei denen meist noch die Ungeschicklichkeit begangen wurde, sich auf das Völkerrecht oder die Genfer Konvention zu berufen.

Das Verhalten der Posten war nicht immer einwandfrei, wurde dann auch von den Offizieren gerügt. Manche unterhielten sich auch während der Nacht sehr laut, vereinzelt kam es zu Schimpfworten gegenüber den Internierten, aber es ist nie zu Mißhandlungen gekommen. Sehr viele Posten waren gutmütig, halfen den Internierten, wo sie konnten, und waren zu uns Arbeitern freundlich, auch schon zu der Zeit, als noch das Verbot der Verbrüderung bestand. Es war dabei auffällig, daß gerade jüdische Posten sich meist nicht nur korrekt, sondern freundlich verhielten.«[12]

Die US-Soldaten folgten allgemein der (den Inhaftierten noch nicht vertrauten) These, daß die Deutschen das traditionelle Völkerrecht und Strafrecht unter Hitler total mißachtet und pervertiert hätten, so daß sie es jetzt nicht in Anspruch nehmen könnten.

Die Verpflegung war (für einige Häftlinge) unzureichend. Von 67 vergleichbaren und statistisch erfaßten Insassen des Zeugenflügels hatten 62 in vier Wochen im Durchschnitt 2,4 Kilogramm, einer sogar über sechs Kilogramm verloren.[13] Das Hungergefühl und die Kälte zermürbten die Häftlinge körperlich und geistig. Ermüdungs- und Verfallserscheinungen waren die Folge. Die Installateure, die an den Wasserleitungen und Klosetts arbeiteten, wirkten in ihren verschmierten Arbeitsanzügen bei der Essensausgabe mit. Einer von ihnen war ein Freund Walter Schellenbergs, der von 1944 bis zum Ende des Krieges als Amtschef im Reichssicherheitshauptamt der SS fungiert hatte.[14] In Nürnberg betätigte er sich während seiner Arbeit als Kassiber-Träger und Übermittler mündlicher Absprachen, die er von Zelle zu Zelle weitergab. Wie er Lina Heydrich, der Frau Reinhard Heydrichs, nach seiner Entlassung berichtete, war er es, der beispielsweise auf Schellenbergs Weisung die »Marschrichtung« weitergab, dem toten Reinhard Heydrich »alles in die Schuhe zu schieben«, um »selbst am Leben ... bleiben« zu können.[15]

Erst als Haftpsychosen befürchtet wurden, änderte sich die Verpflegung. »Wir erhielten«, schrieb der Gefängnisarzt, »deutsche Rationen. Man wird hier einwenden können, daß ja ein großer Teil der deutschen Bevölkerung auch mit diesen Rationen auskommen mußte und daß in den bombenzerstörten Städten die Unterkunft für viele sicher nicht besser war. Dem ist aber entgegenzuhalten, daß die Internierten in Einzelhaft gehalten wurden und daß gegen sie bisher noch keine Anklage erhoben war. Die von mir erwartete Verschlechterung im Befinden … zeigte sich nach etwa 14 Tagen durch einen rapiden Gewichtssturz. Auch der Oberst (Kommandant) wurde dadurch stark beeindruckt und fragte mich nach der Ursache dieser Erscheinung. Da ich seit Tagen eingehend über das Problem nachgedacht und mich um den Ausgang gesorgt hatte, konnte ich ihm an Hand eines kurzen Berichtes darlegen, daß verschiedene Ursachen festgestellt werden müßten. Zunächst sei der Übergang von der Kavaliershaft in Mondorf zur Einzelhaft ein schwer belastendes Moment. Dann sei die Verpflegung viel schlechter geworden.«[16] Oft wandten sich auch die Hauptangeklagten wie beispielsweise Fritz Sauckel[17] an Dr. Pflücker nicht nur mit der Bitte, ihnen Schlafmittel zu geben, sondern ihnen auch zusätzliche Lebensmittel wie Brot und Marmelade zu beschaffen. Rudolf Heß schrieb beispielsweise an Pflücker: »Ich habe einen Haufen Ei bekommen, das ich nicht esse. Könnte ich statt dessen mehr Brot – auch schwarzes – erhalten, desgl. Marmelade?«[18]

Tabak, Rasierklingen, Zahnputzmittel und andere Marketenderwaren wurden unregelmäßig und unzureichend geliefert. Toilettenseife gab es nur auf ärztliche Verordnung, Rasierseife gar nicht. Unter dem Vorwand, die Wäsche zum Waschen und Flicken in die Stadt geben zu können, wurden vom Wachpersonal alles Näh- und Flickzeug und auch alle Waschmittel eingezogen. Jedem Inhaftierten stand nur ein Oberhemd zu. Von August bis Oktober 1946 hatten die Häftlinge nur zweimal die Möglichkeit, ihre Wäsche zu wechseln. Sendungen von Angehörigen wurden nicht angenommen. Es gab weder warmes Wasser noch Waschgefäße.

Die offizielle Gefängnisordnung wurde nur beachtet, soweit es sich um Verbote und Einschränkungen handelte.

Der Zahnarzt war im Grunde nur in der Lage, Zähne zu ziehen. Die Erfüllung anderer Wünsche mußte unterbleiben, da dem Arzt die dafür nötigen Mittel nicht zur Verfügung standen, obwohl einzelne Internierte sich bereits länger als ein Jahr in Nürnberg befanden und nicht selten infolge ihres Alters dringend auch eine angemessene Zahnbehandlung benötigten. Pflücker schilderte die Situation später wie folgt: »Eine düstere, unheimliche Atmosphäre empfing uns, und es hat lange gedauert, bis man sich an diese Umgebung gewöhnte … Dem Zahnarzt und mir war ein Zimmer zugewiesen, das früher wohl als Aufseherwohnung gedient hatte. Es hatte ein normales und nicht das sonst in Gefängnissen übliche Zellenfenster. Ein Schrank mit Gefachbrettern, ein offenes Gefach, ein Tisch, Stühle und zwei übereinanderliegende Betten bildeten die einfache Ausstattung. In einem kleinen Nebenraum waren drei Kameraden untergebracht, die aber bald ein anderes Zimmer bekamen, so daß dem Zahnarzt und mir dieser zweite Raum als Vorratsraum für unsere Arznei- und Verbandmittel zur Verfügung stand. Er wurde von uns auch als Waschraum benutzt, da er einen Wasseranschluß und eine Toilette hatte. Als der Arbeiterstab später verkleinert wurde, bekam der Zahnarzt ein anderes Zimmer, und ich hatte nun den Verhältnissen entsprechend eine recht leidliche Unterkunft, zumal ich mir noch einen zweiten Tisch für meine Schreibarbeiten besorgte. Die dunkelbraune Eichentür mit schweren Eisenbeschlägen, die Türumfassung aus grüngestrichenem Sandstein, die grüne Schranktür und das Regal ergaben ein nicht so trauriges Bild wie die sonst üblichen Gefängniszellen. Eine helle Deckenlampe und eine weitere am Kopfende meines Bettes wurden nach dem Lagerleben als Luxus empfunden.«[19]

Der Friseur kam zwischen Sommer und Herbst 1946 nur einmal. Da die Gefangenen keine Scheren behalten durften, hatten sie im gleichen Zeitraum auch nur einmal die Gelegenheit, sich die Fuß- und Fingernägel schneiden zu lassen oder es unter der Aufsicht eines amerikanischen Postens selbst zu tun. Das wöchentlich einmal vorgesehene Brausebad fiel nicht selten aus. Wurde gebadet, drängte das Wachpersonal gewöhnlich so sehr, daß körperbehinderte Gefangene nicht einmal dazu kamen, sich zu entkleiden. »Ein besonderer Spaß für die Posten (weniger für die Gefangenen) war das Duschen«, schrieb der bereits zitierte Zeuge der Verteidigung und fuhr fort: »Auch hier wurde in Abteilungen zu 6 bis 8 Gefangenen geduscht. Unter dem Geklapper der Stöcke und den lauten Zurufen der Posten ... vollzog sich der Anmarsch zu den im Keller liegenden Duschräumen meist im Geschwindschritt, wobei man sich möglichst schon auf dem Anmarsch weitgehend entkleiden mußte, denn sofort nach Betreten des Duschraums gab es eine Minute (lang) Wasser, dann eine Minute Zeit zum Einseifen und ... nochmals eine Minute Wasser zum Abspülen. Kaum abgetrocknet, die Kleider sich in der Bewegung anwürgend, wurden ... die ›Badegäste‹ in die Zellen zurückgetrieben: ›*Mak snell, mak snell*‹. Sehr ersehnt war der ›Rasiertag‹, da ja die Masse der Inhaftierten naturgemäß darunter litt, ständig mit einer ›Zuchthausfräse‹ herumzulaufen. Der deutsche Friseur erschien ... in Begleitung von 1 bis 2 Posten, die offensichtlich dafür zu sorgen hatten, daß durch den Friseur keine Nachrichten ausgetauscht oder ihm das Rasiermesser nicht zu Selbstmordzwecken von dem Gefangenen entrissen wurde. Ärgerte sich der Posten über ... etwas, so konnte es vorkommen, daß er die Rasur oder den Haarschnitt abbrechen ließ und (der gerade ›behandelte‹

Deutsche) die ›Freude‹ hatte, bis zum nächsten Rasiertag mit einem halben Vollbart herumzulaufen.«

Die Gefängnis-Bücherei war wochenlang gesperrt. Zweimal monatlich durften Briefe an die Angehörigen geschrieben werden: 18 Zeilen in vorgeschriebener Druckschrift auf besonderen Formularen. Der umgekehrte Postweg war unbeschränkt zugelassen, soweit es sich um Briefpost handelte. Briefe brauchten im Haus vom Eintreffen bis zur Ausgabe zwei bis drei Wochen. Häufig gingen sie mit dem Vermerk zurück: »Neue Anschrift abwarten«. Zeitschriften und Zeitungen beschlagnahmte der Zensor. Auch Päckchen und Pakete erreichten die Häftlinge nicht. Selbst Gegenstände wie Brillen und Hörgeräte, die der Arzt für nötig hielt, durften nicht ausgehändigt werden. Als beispielsweise der bereits seit seiner Jugend sehr kurzsichtige und durch das Halbdunkel in der stets nur schwach beleuchteten Gefängniszelle auf dem rechten ganz und auf dem linken Auge fast erblindete einstige Staatsminister Dr. Otto Meissner den Gefängniskommandanten Andrus schriftlich um eine stärkere Lampe für seine Zelle bat, da er unter den gegebenen Voraussetzungen nicht in der Lage sei, die ihm zur Verfügung gestellten Dokumente zu lesen und sich auf seine Verteidigung vorzubereiten, erhielt er sein Gesuch einige Tage später mit dem rot geschriebenen Vermerk »Scheiße« (»*Shit*«) wieder zurück.[20]

Die für jeden Tag vorgesehenen Spaziergänge fielen so häufig aus, daß die Inhaftierten praktisch nur zwei- bis dreimal in der Woche aus der verbrauchten, stickigen Luft des Gefängnisbaues herauskamen. Wenn Spaziergänge – mit Sprechverbot – stattfanden, mußten die Inhaftierten von Mann zu Mann fünf Meter Abstand halten.

Die amerikanischen Posten hielten die Insassen des Gefängnisses, die Verurteilten, Angeklagten und Zeugen, gleichermaßen für Verbrecher, was sie bei Unterhaltungen auch unverblümt zugaben. Nicht selten ging ihre Rücksichtslosigkeit so weit, daß sie auch in der Nacht vor den Zellen sangen und pfiffen oder mit ihren Holzknüppeln gegen die Rohre der Heizung, gegen die Klappen der Zellentüren und gegen die Wände schlugen.

»Die Bewachung war ein Kapitel für sich. Sie bestand zunächst aus weißen Amerikanern, Angehörigen einer ... Kampfdivision. Sicher waren die als Posten eingeteilten, meist wohl 18- bis 20jährigen Jungs nicht von Natur (aus) bösartig; aber sie waren durch die ihnen offensichtlich gegebenen Instruktionen und die laute Art ihres Benehmens doch eine schwere Belastung für die Inhaftierten. Ausgerüstet mit Stöcken – offensichtlich zur Selbstverteidigung – schien ihr Hauptehrgeiz zu sein, sich zu Rastellis auszubilden. Mit lauten Rufen begleiteten sie ihr ständiges Training, und das Poltern der nicht aufgefangenen Stöcke auf den eisernen Gängen durchdröhnte ... Tag und (große Teile der) Nacht das

Gefängnis. Die nächste Passion unserer Bewacher war Singen und Pfeifen, von 6 bis 8 Mann in voller Lautstärke produziert und gleichzeitig in den verschiedensten Melodien vorgetragen, nahm diese ständige ›Jazzschau‹ naturgemäß die Kräfte der meist seelisch schon sehr belasteten Gefangenen erheblich mit ... Die Bewacher dachten sich allerhand weiteren Zeitvertreib aus. Einer von ihnen sammelte Autogramme. Ich entsinne mich noch ... als das frische Jungengesicht meines ... Gefängniswärters sich durch die Klappe zwängte und in Deutsch-Englisch etwa folgendes kauderwelschte: ›Du bestimmt hängen, hier bitte Namen auf Zettel, damit ich zu Hause zeigen kann Souvenir‹ ... Natürlich war dieses und noch vieles andere für die älteren Herren, und das war ja das Gros der Häftlinge ... sehr viel belastender als für die Jüngeren, die solche Auswüchse mit einem gewissen Humor trugen ... Als später ... (nach dem Hauptverfahren) farbige Amerikaner ... (und) Polen die Bewachung übernahmen, wurde der Ton ... sehr viel ruhiger, dafür aber die Verwaltung schlechter. Es kam dann vor, daß die Gefangenen, bei sehr dürftiger Verpflegung und ohne Heizung in ihren Zellen sitzend, oft eine Woche lang nicht an die Luft kamen ... Die Schuld an diesen Verhältnissen traf meines Erachtens weitgehend den amerikanischen Gefängniskommandanten, der ... seine Aufgabe darin sah, seine Gefangenen, wenn auch nicht körperlich, so doch seelisch zu mißhandeln, wo er nur konnte. Nichts kennzeichnet ... seine Einstellung zu seiner Aufgabe besser als ein Ausspruch, den er anläßlich einer der vielen Fremdenführungen durch das Gefängnis tat, als die Gefangenen gerade in ihren Blechnäpfen ihre dünne Mittagssuppe holten. Mit (seinem) ... Stöckchen auf die deutschen Generale und Feldmarschälle zeigend, sagte er: ›Hier sehen Sie die deutschen Gangster‹«.[21]

Ein Unterschied zwischen kriegsgefangenen Offizieren und bereits entlassenen, nur als Zeugen fungierenden Offizieren und den anderen Internierten wurde nicht gemacht. Orden und Rangabzeichen waren ihnen spätestens bei ihrer Einlieferung abgenommen worden. Unterbringung, Verpflegung, sonstige Verordnung, Heizung, Beleuchtung, Postverkehr, Beschwerderecht, Aufenthalt im Freien und Kollektivstrafen usw. entsprachen nicht den Abmachungen der Genfer Konvention[22] und den sonstigen internationalen Abmachungen. Um Proteste und die Berufung auf internationale Abmachungen auszuschalten, waren die Angehörigen der Deutschen Wehrmacht nominell aus ihrem Dienstverhältnis entlassen und als Zivilinternierte ohne Angabe von Gründen in Haft behalten worden.*

* Nach den Bestimmungen der Genfer Konvention vom 27. 7. 1929 sollen z.B. alle persönlichen Sachen und Gebrauchsgegenstände (außer Waffen, Pferde und militärische Ausrüstungsstücke) im Besitz der Kriegsgefangenen bleiben, die »Anspruch auf Achtung ihrer Person und ihrer Ehre« haben und ihre Personalausweise, Ehrenzeichen, Dienstgradabzeichen und Wertgegenstände behalten sollen. Aus-

Die Gefangenen waren von der Welt hermetisch abgeschlossen. Von den Vorgängen »draußen« erhielten sie durch die Verzögerung der Postausgaben nur spärliche Nachrichten. Anfragen und Anträge aller Art gingen an das *Prison Office*, von wo sie selten beantwortet und nahezu grundsätzlich abgelehnt wurden. Das Internationale Rote Kreuz und die YMCA hatten keinen Zutritt. Eine Schutzmacht gab es nicht.

»Diese völlige Rechtlosigkeit ist das schlimmste«, berichtete Vormann, »sie beginnt damit, daß der normale Internierte völlig den Wachtposten und (dem) untergeordneten Aufsichtspersonal ausgeliefert ist. Während die bei allen Verboten so genau eingehaltene Gefängnisordnung ausdrücklich die Rücksprache mit Offizieren und dem Kommandanten vorsieht, sind die Offiziere nur in ganz seltenen Fällen, der Kommandant überhaupt nicht zu sprechen. Entsprechende Gesuche werden nicht beantwortet.[23] Auch Zeugen, die freiwillig nach Nürnberg gekommen waren, wurden im Gefängnis festgehalten, obwohl die Beweisaufnahme gelegentlich bereits seit Monaten beendet war. Sie wurden wie verurteilte Verbrecher in Einzelhaft gehalten. Es konnte ihnen sogar widerfahren, daß sie monatelang abwechselnd in Einzel- und Sammelhaft gehalten wurden, ohne einen Grund für die Behandlung zu erfahren, bis sie schließlich, ohne auch nur einmal verhört worden zu sein, wieder in ihre Lager verlegt wurden. Dieses Schicksal teilten selbst auch diejenigen, die nicht aus Internierungslagern kamen, sondern frei und lediglich gebeten worden waren, sich an einem bestimmten Tag als Zeugen im Justizpalast zu melden. Selbst wenn Häftlingen mitgeteilt worden war, daß sie nicht mehr benötigt würden oder sich herausstellte, daß sie überhaupt nicht gebraucht worden seien und eine Verwechslung vorgelegen habe, vergingen Monate, bis solchen Feststellungen die Entlassung aus dem Gefängnis folgte. Auch in Fällen, in denen eine sofortige Hospitalbehandlung notwendig war und anerkannte Haftunfähigkeit vorlag, war dies der Fall.«[24]

drücklich heißt es im Artikel 56: »In keinem Fall dürfen Kriegsgefangene zur Verbüßung von Disziplinarstrafen in Strafanstalten (Gefängnisse, Kerker, Zuchthäuser usw.) verbracht werden. Die Räume, in denen Disziplinarstrafen verbüßt werden, müssen gesundheitlich einwandfrei sein. Den ... Gefangenen muß ermöglicht werden, sich sauberzuhalten ...«, und im Artikel 57 heißt es: »...Kriegsgefangene dürfen lesen und schreiben sowie Briefe absenden und erhalten.« Darüber hinaus sollen sie (Artikel 58) die Möglichkeit haben, sich täglich von einem Arzt untersuchen und behandeln zu lassen. Vgl. Heinze-Schilling, S. 304ff.

Der Prozeß beginnt

In den ersten Oktobertagen hatten die Richter sich in Berlin über Verfahrensweise und einheitliche Bekleidung während ihrer öffentlichen Tätigkeit im Rahmen des IMT geeinigt und festgelegt, daß Nikitschenko die dortige Eröffnungssitzung leiten und Lordrichter Lawrence in Nürnberg als Vorsitzender präsidieren solle. Als es dann soweit war, bei der Eröffnungssitzung vom 18. Oktober 1945, erschienen die westlichen Richter vereinbarungsgemäß in schwarzen Roben, die Russen jedoch in Uniformen. Schon nach einer knappen Stunde gingen sie wieder auseinander. Sie hatten in dem Saal, in dem Roland Freisler ein Jahr zuvor die Urteile über die Widerstandskämpfer vom 20. Juli 1944 verkündet hatte, jeder in seiner Muttersprache, den Eid geleistet, jeder von ihnen diesen Text nachgesprochen: »Ich erkläre feierlich, daß ich alle meine Befugnisse und Pflichten als Mitglied des Internationalen Militärgerichtshofes ehrenhaft, unparteiisch und gewissenhaft ausüben werde.«[1]

Nikitschenko erklärte: »Der Gerichtshof hat die Verfahrensvorschriften formuliert, die in Kürze veröffentlicht werden sollen; diese beziehen sich auf die Herbeischaffung von Zeugen und Dokumenten, damit ein gerechtes Prozeßverfahren gewährleistet ist, das auch den Angeklagten die Möglichkeit gibt, sich uneingeschränkt zu verteidigen.«[2] Am Schluß der Sitzung gab er, nur hier präsidierend, bekannt: »Nachdem die Anklageschrift im Einklang mit den Bestimmungen des Statuts von der Anklagebehörde ordnungsgemäß eingereicht wurde, ist der Gerichtshof verpflichtet, die notwendigen Anweisungen für die Veröffentlichung des Textes zu geben. Der Gerichtshof würde gerne die sofortige Veröffentlichung anordnen, doch ist dies nicht möglich, da die Anklageschrift in Moskau, London, Washington und Paris gleichzeitig veröffentlicht werden muß. Wie dem Gerichtshof mitgeteilt wurde, läßt sich dieses Ergebnis dadurch erreichen, daß der Presse die Erlaubnis zur Veröffentlichung der Anklageschrift nicht vor heute, Donnerstag, den 18. Oktober, 8 Uhr abends Greenwicher Ortszeit, das heißt 20 Uhr, gegeben wird.«[3]

Die Angeklagten saßen indes in Nürnberg, wo ihnen einige Stunden später von dem in West Point ausgebildeten und wie eine Karikatur eines unbeliebten preußischen Hauptfeldwebels wirkenden Oberst Andrus, dem britischen Major Airey Neave und Harold B. Willey, dem Generalsekretär des Gerichtshofes, in ihren Zellen jeweils ein Exemplar der Anklageschrift ausgehändigt und ihnen erklärt wurde, welche Verteidigungsrechte ihnen eingeräumt worden seien und wo und wann das Verfahren gegen sie frühestens eingeleitet werden würde: nicht vor 30 Tagen.[4]

Die Reaktionen der Angeklagten sind sehr unterschiedlich. Robert Ley, den der amerikanische Psychologe Gustav M. Gilbert fünf Tage später in seiner Zelle aufsucht, ist entsetzt und fühlt sich unschuldig. Er fordert einen »anständigen jüdischen Rechtsanwalt«, stellt sich wie ein Gekreuzigter an die Wand und beteuert: »Wie kann ich eine Verteidigung vorbereiten? Soll ich mich gegen diese Verbrechen, von denen ich nichts wußte, verteidigen? Wenn nach all dem Blutvergießen dieses Krieges noch ein paar mehr Opfer gebraucht werden, um die Rache der Sieger zu befriedigen, alles schön und gut.«[5] Zwei Tage danach hat er sich mit dem von seiner Windjacke abgetrennten Reißverschluß in der Toilettenecke seiner Zelle erhängt. Was er zurückläßt, wirre Notizen und Briefe an seine längst verstorbene Frau, wird auf Jacksons Weisung eingeschlossen und damit unzugänglich gemacht.

Karl Dönitz fühlte sich unschuldig und nicht betroffen.[6] Göring sagt unmittelbar nach der Aushändigung der Anklageschrift: »... Für mich sieht es trübe aus ... Ich kann mir nicht vorstellen, daß es irgendeine rechtliche Grundlage für die Anklage geben könnte ... Bei diesem Prozeß braucht man keine Anwälte ... Was hier gebraucht wird ... ist ein guter Dolmetscher.«[7] Walter Funk weint. Julius Streicher prüft Neaves Physiognomie und sagt kategorisch: »Ich will einen Antisemiten als Verteidiger. Ein Jude kann mich nicht verteidigen. Die Namen auf der Liste klingen alle jüdisch ... Der Major (Neave) ist kein Jude. Er wird mir helfen, einen Anwalt zu finden.«[8] Alfred Jodl ist wortkarg. Alfred Rosenberg will sich von dem Mitangeklagten und Juristen Hans Frank verteidigen lassen, der vor 1933 Adolf Hitler verteidigt hatte.

Erich Raeder und Hans Fritzsche, die zu dieser Zeit von den Russen noch in Berlin festgehalten werden, nachdem sie sie in Moskau – Raeder in einem verhältnismäßig komfortablen Haus, Fritzsche in der berüchtigten Ljubjanka – in ihrem Sinne zu programmieren versucht haben, sind sichtlich froh, nun bald der ausschließlich russischen »Obhut« entzogen zu sein. Der intelligente und ungewöhnlich schlagfertige Fritzsche, der sich jetzt nicht mehr durch Drohungen einschüchtern lassen will, lacht schallend, als sowjetische Offiziere, Fotografen, Dolmetscher und Stenografen ihn bei der Lektüre der Anklageschrift lauernd beobachten. Und dann sagt er: »Wenn man mich beschuldigt, einen Menschen getötet zu haben, dann kann ich das Gegenteil beweisen ... Wenn man mir aber vorwirft, der Teufel zu sein, dann gibt es keinen Gegenbeweis. An diesem Mangel starben ... Zehntausende.«[9]

Bei ihnen ist den Sowjets nicht gelungen, was sie bei dem einstigen Generalfeldmarschall Friedrich Paulus seit dessen Kapitulation mit der 6. Armee in Stalingrad erreichten. Er, den Hitler 1942 an Alfred Jodls Stelle hatte setzen wollen, erwies sich in Nürnberg – seit März 1946 – ganz als ihr Zeuge, nachdem ihr Versuch gescheitert war, dem IMT nicht ihn selbst, sondern nur seine schriftlichen Erklärungen zu präsentieren.[10] Lordrichter Lawrence unterband die Absicht der Sowjets und entschied kategorisch: »Feldmarschall Paulus wird als Zeuge vorgeladen, damit er von den Verteidigungsanwälten ins Kreuzverhör genommen werden kann. Dr. Nelte, ich glaube, das erledigt Ihren Einspruch.«[11]

Eine differenzierte Darstellung des von Göring in Nürnberg bissig als »dreckiges Schwein« und »Verräter« bezeichneten Paulus erübrigt sich aus der Sicht des Historikers, zumal Paulus nur von den Sowjets und von den überraschten (und hierauf nicht hinreichend vorbereiteten) Verteidigern befragt wurde.[12] Paulus, der seine – von Walter Funks Verteidiger Dr. Sauter zur Sprache gebrachten – Ergebenheitsadressen an Hitler auf die Schlußphase des Kampfes um Stalingrad beschränkt sehen wollte, »erinnerte« sich während der Verhöre im wesentlichen nur, wenn seine Aussagen den Sowjets nützten. Seinen einstigen Kameraden gegenüber, die er als »Angeklagte« apostrophierte und – vor allem Keitel und Jodl – zu belasten versuchte, gab er sich geradezu hochmütig, und nicht nur im Gerichtssaal tat er so, als hätte er mit den Männern auf der Anklagebank niemals etwas gemein gehabt.

Ende Oktober 1945 trafen in Nürnberg bereits die ersten Verteidiger ein, die die Angeklagten aus offiziellen Listen selbst hatten auswählen können. Das den Angeklagten durch das Statut zugesicherte Recht, sich selbst verteidigen zu dürfen,[13] wurde – allerdings zugunsten des Angeklagten – sofort mißachtet, als Rudolf Heß sich darauf berief und sich anschickte, dies auch zu tun. Nicht alle Angeklagten hielten sich an diese Listen, die ihnen zusammen mit der Anklageschrift übergeben worden waren. Alfred Jodl beispielsweise bat um die nachträgliche Zulassung von Prof. Franz Exner, den er vor Jahren bei seinem Onkel Friedrich Jodl in Wien kennengelernt hatte,[14] was gestattet wurde. Julius Streicher und Rudolf Heß waren mit den ihnen zugeteilten Rechtsanwälten nicht einverstanden und beschwerten sich zunächst. Speer und andere fanden sich mit der Situation ab.[15]

Verteidiger waren während des IMT dann
Dr. Otto Stahmer von Hermann Wilhelm Göring,
Dr. Günther von Rohrscheidt (bis 5. 2. 1946) und
Dr. Alfred Seidl (ab 5. 2. 1946) von Rudolf Heß,
Dr. Fritz Sauter (bis 5. 1. 1946) und
Dr. Martin Horn (ab 5. 1. 1946) von Joachim von Ribbentrop,
Dr. Otto Nelte von Wilhelm Keitel,

Dr. Kurt Kauffmann von Ernst Kaltenbrunner,
Dr. Alfred Thoma von Alfred Rosenberg,
Dr. Alfred Seidl von Hans Frank,
Dr. Otto Pannenbecker von Wilhelm Frick,
Dr. Hanns Marx von Julius Streicher,
Dr. Fritz Sauter von Walter Funk,
Dr. Rudolf Dix und
Professor Dr. Herbert Kraus von Hjalmar Schacht,
Flottenrichter Otto Kranzbühler von Karl Dönitz,
Dr. Walter Siemers von Erich Raeder,
Dr. Fritz Sauter von Baldur von Schirach,
Dr. Robert Servatius von Fritz Sauckel,
Professor Dr. Franz Exner und
Professor Dr. Hermann Jahreiss von Alfred Jodl,
Dr. Egon Kubuschok von Franz von Papen,
Dr. Gustav Steinbauer von Arthur Seyß-Inquart,
Dr. Hans Flaechsner von Albert Speer,
Dr. Otto Frhr. v. Lüdinghausen von Constantin von Neurath,
Dr. Heinz Fritz und Dr. Alfred Schilf von Hans Fritzsche.*
Dr. Friedrich Bergold für Martin Bormann, gegen den in Abwesenheit verhandelt wurde.

Die Gruppen und Organisationen verteidigten:
Dr. Egon Kubuschok das Reichskabinett,
Dr. Robert Servatius das Führerkorps der NSDAP,
Dr. Ludwig Babel, ferner Horst Pelckmann, Dr. Carl Haensel und Dr. Hans Gawlik die SS und den SD,
Dr. Rudolf Merkel die Gestapo,
Professor Dr. Franz Exner (bis 27. 3. 1946) und
Dr. Hans Laternser (vom 27. 1. 1946) den Generalstab und das Oberkommando der Deutschen Wehrmacht.

Daß einige Verteidiger – von sechs war die Rede – Mitglied der NSDAP gewesen waren,[16] bewog die russischen Richter – allerdings erfolglos – gegen ihre Zulassung zu stimmen. In einer nichtöffentlichen Sitzung setzten ihre westlichen Kollegen ihren Standpunkt durch.[17]

Die deprimierten Inhaftierten, die zu der Zeit als bejammernswerte Gestalten mit verknitterten Anzügen und teilweise ohne Krawatten (die Militärs mit ausge-

* Der »Fall Krupp« wurde im 10. Nachfolgeverfahren behandelt. Seine für das IMT vorgesehenen Anwälte waren Dr. Theodor Klefisch und Dr. Walter Ballas.

bleichten Uniformen ohne Rangabzeichen und Orden) herumliefen, wurden nun einzeln in Räumen des Justizpalastes – meist aggressiv und scharf – vernommen.

Ende Oktober 1945 ließ Andrus alle Hauptangeklagten in den oberen Stock verlegen und den Zellenflügel von anderen Gefangenen räumen. Dann, einige Tage später, erfuhren sie erstmals schwarz auf weiß, was sie hier erwartete.

Nachdem das IMT – wie es selbst bereits vor Beginn des Prozesses erklärte – »zur Aburteilung der Hauptkriegsverbrecher« eingesetzt und eine Anklageschrift von den Hauptanklagevertretern beim Gerichtshof eingereicht worden ist, läßt der Gerichtshof jedem in Haft befindlichen Angeklagten den im folgenden zitierten Text zustellen: »Ihnen und jedem von Ihnen wird hiermit bekanntgegeben, daß eine Anklageschrift gegen Sie beim Internationalen Militärgerichtshof eingereicht wurde. Eine Abschrift dieser Anklageschrift und des Statuts des Internationalen Militärgerichtshofes ist angefügt. Das Verfahren gegen Sie wird im Gerichtsgebäude zu Nürnberg ... stattfinden, und zwar nicht vor Ablauf von 30 Tagen nach der Zustellung der Anklage gegen Sie. Der genaue Zeitpunkt wird Ihnen später mitgeteilt. Sie werden besonders auf Ihre Verteidigungsrechte in Artikel 23 und 16 des Statuts und in der Regel 2 (d) des Gerichtshofs, die abschriftlich mit einer Liste von Verteidigern für Ihre Unterrichtung angefügt ist, hingewiesen ...«[18]

Der hier angesprochene Artikel 16 hatte folgenden Wortlaut: » ... Die Anklage soll alle Einzelheiten enthalten, die den Tatbestand der Beschuldigungen bilden. Eine Abschrift der Anklage mit allen dazugehörigen Urkunden soll dem Angeklagten in einer ihm verständlichen Sprache in angemessener Zeit vor Beginn des Prozesses ausgehändigt werden ... Während eines vorläufigen Verfahrens oder der Hauptverhandlung soll der Angeklagte berechtigt sein, auf jede der gegen ihn erhobenen Beschuldigungen eine erhebliche Erklärung abzugeben ... Die vorläufige Vernehmung des Angeklagten und die Hauptverhandlung sollen in einer Sprache geführt oder in einer Sprache übersetzt werden, die der Angeklagte versteht ... Der Angeklagte hat das Recht, sich selbst zu verteidigen oder sich verteidigen zu lassen ... Der Angeklagte hat das Recht, persönlich oder durch seinen Verteidiger Beweismittel für seine Verteidigung vorzubringen und jeden von der Anklagebehörde geladenen Zeugen im Kreuzverhör zu vernehmen.«[19]

Im zweiten Teil des Artikels 23 hieß es:

»Die Verteidigung des Angeklagten kann auf dessen Antrag von jedem übernommen werden, der berechtigt ist, vor den Gerichten seines Heimatlandes als Rechtsbeistand aufzutreten, oder durch jede andere, vom Gerichtshof besonders mit der Verteidigung betraute Person.«[20]

Die Regel 2 (d) des Gerichtshofes erläuterte:

»Jeder Angeklagte hat das Recht, sich selbst zu verteidigen oder sich des

Beistandes eines Verteidigers zu bedienen ... Der Gerichtshof wird einen Verteidiger für jeden Angeklagten bestellen, der keinen Antrag auf einen bestimmten Verteidiger stellt, oder wenn der beantragte bestimmte Verteidiger binnen zehn (10) Tagen nicht auffindbar oder verfügbar ist, es sei denn, daß der betreffende Angeklagte schriftlich erklärt, daß er sich selbst verteidigen wolle ... Maßgabe ... nur einen Verteidiger für einen jeden Angeklagten in der Hauptverhandlung ... außer mit besonderer Erlaubnis des Gerichts, und ... keine Verzögerung der Hauptverhandlung ...«[21]

Die Hoffnung der meisten Angeklagten, jeweils eine individuelle Anklageschrift zu erhalten, hatte sich als naiver Trugschluß erwiesen. Jeder von ihnen erfuhr nun, daß er all der Ungeheuerlichkeiten bezichtigt wurde, die in der Anklageschrift pauschal zusammengefaßt worden waren. Gustav M. Gilbert, der amerikanische Gefängnispsychologe, der – um die ersten Reaktionen zu erfahren – sofort mit einem Exemplar der Anklageschrift von Zelle zu Zelle ging und die Angeklagten aufforderte, die gegen sie ganz allgemein erhobenen Beschuldigungen zu kommentieren, stieß fast ausnahmslos auf bissigen Hohn und auf eisige Ablehnung. Nur Speer schrieb, nachdem er die entsprechenden Kommentare der vor ihm befragten Angeklagten gelesen hatte: »Der Prozeß ist notwendig. Eine Mitverantwortlichkeit für solch grauenvolle Verbrechen gibt es sogar in einem autoritären Staat.«[22]

Die Angeklagten, die während der Voruntersuchungen nicht einmal miteinander hatten sprechen dürfen, erlebten nun eine erheblich spürbare Lockerung der bisherigen Bestimmungen. Jetzt durften sie sich sowohl im Gefängnishof als auch im Gefängnis nach Belieben unterhalten und ihre Marschrichtungen für ihre Verteidigung und für die jeweiligen Interpretationen Hitlers diskutieren, was unter dem – nun wieder charismatischen – Einfluß Görings Verdrängungen und Zwangsvorstellungen provozierte. Trotz – oder gerade wegen – der pauschalen Anklageschrift kam es nicht einmal in Nürnberg zu einem »gemeinsamen Plan«. Ein Gefühl der Zusammengehörigkeit und »Leidensgemeinschaft« kam nicht auf. Die Generale promenierten, von den Zivilisten ostentativ gemieden, in einem nur ungefähr 6 mal 6 Meter »großen« Gartengelände allein für sich. Die Mittagsmahlzeiten, von der Gefängnisleitung arrangiert, wurden nach einer psychologisch geschickt arrangierten Sitzordnung eingenommen. Für den Prozeß gab es eine weitere Regel: Die Angeklagten mußten adrett aussehen, gut gekleidet und gepflegt wirken. Ihre Anzüge wurden aus den amerikanischen Mottenkisten herausgeholt und ihnen, je nach eigener Wahl und nach Absprache mit dem pedantischen Gefängniskommandanten Andrus, der selbst über die jeweils zu tragenden Manschettenknöpfe informiert sein wollte, für den Prozeß zu Verfügung gestellt.

Vor der ersten Gerichtsverhandlung wurden alle Angeklagten von US-Soldaten mit weißen Stahlhelmen, jedoch ohne Handschellen, in den noch leeren Gerichtssaal geführt, der sie deprimieren sollte. Für jeden von ihnen stand der Sitzplatz fest. Göring war, ungeachtet der Tatsache, daß Heß bis 1941 als Hitlers offizieller Stellvertreter galt und Dönitz nach Hitlers Selbstmord als Staatschef fungierte, als Hauptangeklagter unter den Hauptangeklagten plaziert. Heß mußte zwischen Göring und Joachim von Ribbentrop sitzen, dem Reichsaußenminister Hitlers. Daß diese Sitzordnung nicht gleichbedeutend mit einer womöglich vorher bereits festgelegten »Rangfolge« der Urteile war, wie häufig behauptet worden ist, beweist nicht zuletzt die Tatsache, daß neben Albert Speer beispielsweise der später gehenkte Dr. Seyß-Inquart saß.

Die Angeklagten erfuhren – außer durch ihre Anwälte und durch gelegentliches freundliches Kopfnicken aus den Dolmetscherkabinen – keinerlei Ermunterungen und Zusprüche, als sie schließlich vor dem besetzten Haus erschienen.

Die von den Siegermächten sorgfältig ausgewählten Richter waren in der Zwischenzeit auf ihre verantwortungsvolle und beispiellose Tätigkeit so weit vorbereitet, wie es nach Lage der Dinge überhaupt möglich schien. Dennoch kam es, als sie sich am 14. November 1945 erstmals am Richtertisch trafen, wegen einer Nebensächlichkeit, die allerdings die überall spürbaren Spannungen offenbarte, fast zu einem Eklat. Der empfindliche und um sein Ansehen und seine Rechte sehr bedachte amerikanische stellvertretende Richter John J. Parker fühlte sich zurückgesetzt. Vier der Ledersessel waren niedriger und kleiner als die Stühle, die den stimmberechtigten Mitgliedern des Tribunals zur Verfügung standen. Als Stellvertreter hätte er, was ihm gar nicht behagte, mit einer der kleineren Sitzgelegenheiten vorliebnehmen müssen. Sein Protest führte schließlich nicht nur dazu, daß am ersten Verhandlungstage, sechs Tage später, acht gleich große Sessel zur Verfügung standen, sondern auch, daß die Stellvertreter – obwohl ohne Stimmrecht – im Gerichtssaal Fragen an die Zeugen stellen und durchaus abweichende Meinungen äußern durften.[23]

Die vorbereitenden Verhandlungen fanden am 14., 15. und 17. November 1945 statt. Als erster Verhandlungstag des IMT war der 20. November angesetzt. Während die Beauftragten der Westalliierten sich fieberhaft auf diese Verhandlung vorbereiteten, reagierten die Russen mit einem durchsichtigen Verschleppungsmanöver. 24 Stunden vor dem angesetzten Termin behaupteten sie plötzlich, Rudenko sei krank, so daß der Beginn um etwa 10 Tage verschoben werden müsse. Jackson, der wohl ahnte, daß die Sowjets eventuelle öffentliche Erörterungen im Zusammenhang beispielsweise mit dem Stalin-Hitler-Geheimabkommen vom August 1939, mit dem sowjetischen Angriff auf Finnland, der Ermordung polnischer Offiziere im Wald von Katyn und der Einrichtung von 17

Konzentrationslagern in Polen befürchteten, ließ sich jedoch durch die Russen nicht beirren.[24] Im Gegensatz zu Charles Dubost, der die Verhandlung bis zu Rudenkos Genesung zurückgestellt sehen wollte, hielten Jackson und Shawcross am angesetzten Termin fest, was die Russen nachdenklich stimmte. Augenblicklich war Rudenko wieder gesund. Die Verhandlung konnte termingerecht und in seiner Anwesenheit beginnen. Bestimmt und richtungweisend erklärte der Vorsitzende des Gerichtshofes am 20. November:

»Bevor die Angeklagten in diesem Verfahren aufgefordert werden, zu der gegen sie erhobenen Anklage Stellung zu nehmen, in der sie der Verbrechen gegen den Frieden, der Verbrechen gegen das Kriegsrecht und der Verbrechen gegen die Humanität beschuldigt werden sowie eines gemeinsamen Planes oder einer Verschwörung zum Begehen dieser Verbrechen, wünscht der Gerichtshof, daß ich eine kurze Erklärung abgebe, und zwar im Namen des ganzen Gerichtshofs.

Dieser Internationale Militärgerichtshof ist auf Grund der Londoner Vereinbarung vom 8. August 1945 und des dieser beigefügten Statuts gegründet worden.

Der Zweck, zu dem dieser Gerichtshof gegründet wurde, ist, wie in Artikel 1 des Statuts ausgeführt, die gerechte und rasche Prozeßführung gegen die Hauptkriegsverbrecher der europäischen Achse und ihre Bestrafung. Signatare der Vereinbarung und des Statuts sind: Die Regierung des Vereinigten Königreichs von Großbritannien und Nordirland; die Regierung der Vereinigten Staaten von Amerika; die Provisorische Regierung der Französischen Republik und die Regierung der Union der Sozialistischen Sowjetrepubliken. Der Ausschuß der Hauptanklagevertreter, der von den vier Signatarmächten ernannt wurde, hat endgültig festgelegt, wer die Hauptkriegsverbrecher sind, die von diesem Gericht abgeurteilt werden sollen, und hat die gegen die Angeklagten heute erhobene Anklage gutgeheißen.

Donnerstag, den 18. Oktober 1945, wurde die Anklage dem Gericht in Berlin eingereicht. Eine Abschrift dieser Anklage in deutscher Sprache ist jedem der Angeklagten überreicht worden, die sie seit mehr als 30 Tagen im Besitz haben.

Alle Angeklagten sind durch Verteidiger vertreten. In fast allen Fällen sind die Rechtsanwälte von den Angeklagten selbst gewählt worden. In den Fällen, in denen ein Anwalt nicht gefunden werden konnte, hat das Gericht selbst eine angemessene und dem Angeklagten genehme Verteidigung bestellt. Das Gericht hat mit großer Befriedigung von den Maßnahmen erfahren, die die Hauptanklagevertreter getroffen haben, um den Verteidigern die zahlreichen Dokumente, auf die sich die Anklage beruft, zur Verfügung zu stellen und den Angeklagten jede Möglichkeit einer gerechten Verteidigung zu geben.

Der Prozeß, der nunmehr eröffnet wird, steht einzig in der Geschichte der Rechtspflege der Welt da und ist von größter Bedeutung für Millionen von Menschen auf der ganzen Welt. Aus diesem Grund ruht auf jedermann, der daran teilnimmt, die feierliche Verantwortung, seiner Pflicht furchtlos und unparteiisch nachzukommen, gemäß den geheiligten Grundsätzen von Recht und Gerechtigkeit ...«[25]

Nach dieser Erklärung beginnt Sidney S. Aldeman, der beigeordnete Ankläger für die USA, mit der Verlesung der im folgenden auszugsweise zitierten Anklageschrift:[26]

»Die Vereinigten Staaten von Amerika«, hebt er an, »die Französische Republik, das Vereinigte Königreich von Großbritannien und Nordirland und die Union der Sozialistischen Sowjetrepubliken haben die Unterzeichneten, Robert H. Jackson, Francois de Menthon, Hartley Shawcross und R. A. Rudenko, rechtmäßig zu Vertretern ihrer Regierungen zum Zweck der Untersuchung der Beschuldigungen gegen die Hauptkriegsverbrecher und zu deren Verfolgung bestellt. In Ausführung der Londoner Vereinbarung vom 8. August 1945 und des dieser beigefügten Statuts des Gerichtshofs beschuldigen die obengenannten Regierungen der Verbrechen gegen den Frieden, der Verbrechen gegen das Kriegsrecht und der Verbrechen gegen die Humanität in dem im folgenden erörterten Sinn und eines gemeinsamen Planes und einer Verschwörung zur Begehung dieser Verbrechen, wie diese in dem Statut des Gerichtshofes definiert sind, und klagen dementsprechend ... an: Hermann Wilhelm Göring, Rudolf Heß, Joachim von Ribbentrop, Robert Ley, Wilhelm Keitel, Ernst Kaltenbrunner, Alfred Rosenberg, Hans Frank, Wilhelm Frick, Julius Streicher, Walter Funk, Hjalmar Schacht, Gustav Krupp von Bohlen und Halbach, Karl Dönitz, Erich Raeder, Baldur von Schirach, Fritz Sauckel, Alfred Jodl, Martin Bormann, Franz von Papen, Arthur Seyß-Inquart, Albert Speer, Constantin von Neurath und Hans Fritzsche, und zwar als Einzelpersonen sowie als Mitglieder aller oder einiger der unten genannten Gruppen und Organisationen.

II. Die folgenden – inzwischen aufgelösten – Gruppen und Organisationen sind wegen der Wege und Mittel für die Erreichung ihrer Zwecke im Zusammenhang mit der Verurteilung derjenigen Angeklagten, die ihre Mitglieder waren, als verbrecherisch zu erklären: Die Reichsregierung, das Korps der Politischen Leiter der Nationalsozialistischen Deutschen Arbeiterpartei, die Schutzstaffeln der Nationalsozialistischen Deutschen Arbeiterpartei (allgemein bekannt als »SS«) einschließlich des Sicherheitsdienstes (allgemein bekannt als »SD«), die Geheime Staatspolizei (allgemein bekannt als »Gestapo«), die Sturmabteilungen der NSDAP (allgemein bekannt als »SA«) und der Generalstab und das Oberkommando der Wehrmacht. Die Identität der obengenannten Gruppen und

Organisationen und die Zugehörigkeit zu ihnen wird später ... begrifflich genauer definiert.«*

* IMT, Bd. II, S. 40f. Gustav Krupp von Bohlen Lind Halbach, wegen Verbrechen gegen den Frieden, gegen das Kriegsrecht, gegen die Humanität und wegen Beteiligung am sogenannten Gemeinsamen Plan beschuldigt (vgl. IMT, Bd. I, S. 29, Bd. II, S. 40f. und S. 94f.) schied aus dem IMT-Verfahren aus, da er nach dem Gutachten eines am 5. 11. 1945 vom Gerichtshof eingesetzten Ärzteausschusses an »seniler Gehirnerweichung« litt und infolge seines geistigen Zustandes nicht in der Lage war, der Gerichtsverhandlung und den Zeugenverhören zu folgen (IMT, Bd. II, S. 30). An seiner Stelle wurde sein Sohn Alfried infolge der übereinstimmenden Auffassung der Alliierten (vgl. IMT, Bd. II, S. 21 und 23f. und Bd. I, S. 155f.) auf die Anklagebank gesetzt (vgl. IMT, Bd. II, S. 15ff.) und von einem amerikanischen Gericht schließlich am 31. 7. 1948 im »Fall 10« mit 10 weiteren Personen verurteilt.

Hauptanklagepunkte im IMT:

Punkt Eins: Gemeinsamer Plan oder Verschwörung.
Punkt Zwei: Verbrechen gegen den Frieden.
Punkt Drei: Kriegsverbrechen.
Punkt Vier: Verbrechen gegen die Menschlichkeit.

Anhang A: Feststellung der Verantwortlichkeit von Einzelpersonen für Verbrechen in den Anklagepunkten Eins, Zwei, Drei oder Vier.
Anhang B: Feststellung der Kriminalität von Gruppen und Organisationen.
Anhang C: Anklagepunkte und Einzelheiten der Verletzung der internationalen Verträge, Abkommen und Zusicherungen, die von den Angeklagten im Verlaufe der Planung, der Vorbereitung und der Entfesselung der Kriege begangen wurden.

Anklageschrift vom 6. 10. 1945.

Richter

Präsident des IMT:
Lordrichter Geoffrey Lawrence,
Richter für Großbritannien und Nordirland,
Ersatzrichter für Großbritannien:
Norman Birkett,
Richter für die USA:
Francis Biddle,
Ersatzrichter für die USA:
John J. Parker,
Richter für die Französische Republik:
Henri Donnedieu de Vabres,
Ersatzrichter für Frankreich:
Robert Falco,
Richter für die Sowjetunion:
I. T. Nikitschenko,
Ersatzrichter für die UdSSR:
A. F. Wolchkow.

Der Text der rund 25.000 Wörter umfassenden Anklageschrift klingt – trotz der in ihr geschilderten Grausamkeiten – zugleich nüchtern und irreal. Die in ihr mit oft zu gefühlsbetonten Wendungen aufgezählten Verbrechen sind so unfaßbar und ungeheuerlich, daß sie sich wie Szenen aus einem Gruselfilm ausnehmen. Daß einige Behauptungen der Anklage geradezu töricht sind, geht unter der Wucht der Tatsachen als zwar wirksames, jedoch nur unwesentliches Beiwerk unter. Daß in diesem Katalog von Verbrechen bloße Behauptungen Gewicht gehabt hätten, ist eine Erfindung. Was wäre beispielsweise anders gesehen worden, wenn Hitler, wie die Anklageschrift behauptete, tatsächlich Hindenburgs Testament zu seinen Gunsten gefälscht und – wie die Anklage ebenfalls kolportierte – gedroht hätte, Chamberlain während einer Zusammenkunft vor Pressefotografen in den Bauch zu treten?

Im Gerichtssaal blickt alles auf die Angeklagten und versucht aus ihrem Verhalten herauszulesen, was sie, jeder für sich, damit zu tun gehabt haben mögen. Auch wenn die Angeklagten zu überspielen versuchen, was in ihnen vorgeht: dieser Tag ist für sie nahezu ebenso gravierend wie der 1. Oktober 1946, der Tag, an dem sie das Urteil anhören müssen, das rund ein Dutzend von ihnen an den Galgen bringt.

Einer von ihnen, Wilhelm Frick, der nüchtern ahnt, was dieses Gericht ihm bringen wird, liest aufmerksam die Anklageschrift. Papen dagegen interessieren mehr die verschiedenen Übersetzungen, die er in seinem Kopfhörer mithören kann. Hermann Göring, hier so etwas wie der Statthalter des Führers, hat sich in die Ecke seiner Bank hineingelümmelt. Manchmal stützt er die Arme auf die Brüstung und tut so, als gehe ihn alles das nur entfernt etwas an. Er glaubt noch nicht an das Ende am Galgen. Joachim von Ribbentrop dagegen hört angestrengt zu – und bricht zusammen, als die sowjetischen Ankläger die Details vortragen, die auch ihn, den letzten Reichsaußenminister Hitlers, wegen der Vergehen in Punkt Drei und Vier auf diese Anklagebank gebracht haben. Wilhelm Keitel sitzt steif da, ist auch hier der preußische Feldmarschall. Nichts in seinem Gesicht verrät, woran er denkt.

Rudolf Heß, der einstige Stellvertreter des Führers, starrt ins Leere, wirkt abwesend, wächsern, leblos. Die Verteidiger und die Mitangeklagten halten ihn für geisteskrank. Am 7. November hat sein Anwalt den Internationalen Gerichtshof schriftlich gebeten, durch ein gerichtliches Gutachten feststellen zu lassen, ob er, Heß, zurechnungs- und verhandlungsfähig sei.[27] Heß sei, so heißt es im Schreiben Dr. Rohrscheidts, »nicht in der Lage ... irgendwelche Information hinsichtlich der ihm in der Anklage zur Last gelegten Verbrechen zu geben.«[28] Er gebe selbst an, »seit einer längeren ... Zeit das Erinnerungsvermögen vollkommen verloren zu haben« und verhalte sich »jeder natürlichen Einstellung eines sonstigen Angeklagten widersprechend.«[29] Daher sei es recht und billig, ihn einer Fach-Untersuchung zu unterziehen, der allerdings mehrere »von der Verteidigung beantragte«[30] Fachleute von den Universitäten Zürich und Lausanne beiwohnen müßten. »Dieser Antrag«, so läßt Geoffrey Lawrence, der Vorsitzende des IMT, die Verteidigung am 24. November wissen, »wird abgelehnt.«[31] Gutachter aus Ländern, die nicht zu den großen Siegermächten gehören, haben hier, im Internationalen Gerichtshof, nichts zu suchen.

Heß hat sich – teilweise widerstrebend – den Untersuchungen der medizinischen Sachverständigen der sowjetischen und britischen Delegationen am 14. November und der französischen Fachärzte am 15. November unterziehen müssen. Am 15. und 19. November wurden sie durch neurologische und psychologische Untersuchungen von Psychiatern aus Paris, Montreal und New York ergänzt.[32] Heß ist dabei als »im strengen Sinne des Wortes nicht geisteskrank«[33] beurteilt worden. Dies bedeutet, daß er weiterhin an den Verhandlungen teilzunehmen hat. An diesem Tage darf er jedoch vorzeitig in seine Zelle zurück. Heftige Magenschmerzen machen es ihm unmöglich, der ganzen Textverlesung im Gerichtssaal beizuwohnen.

Bereits am 8. November, einen Tag nach Dr. Rohrscheidts Antrag, haben die amerikanischen Ankläger Jackson und Amen einen Test eigener Art mit Heß veranstaltet. Sie haben ihn, mit zwei US-Soldaten durch Handschellen verbunden, in einen Vorführraum bringen lassen und ihm einen Film über den Reichsparteitag von 1934 mit ihm als einer der Hauptfiguren neben Hitler und Göring gezeigt. Der Test war gescheitert: Heß gab an, sich an nichts zu erinnern. »Ich kann mich nicht erinnern«, behauptete er und setzte seinem Spiel die Krone auf, indem er folgerte: »Ich muß dabeigewesen sein, denn ich habe (eben im Film) ja gesehen, daß ich da war. Aber ich kann mich nicht daran erinnern.«[34]

Die amerikanische Psychologin Florence R. Miale und der Historiker Michael Selzer von der City University of New York werteten 30 Jahre nach dem IMT die Original-Dokumente des US-Gefängnis-Psychologen Dr. Gustav M. Gilbert aus, der die Hauptangeklagten von November 1945 bis Oktober 1946 in Nürnberg hatte beobachten und testen dürfen. Sie attestierten Heß nach ihrer Analyse der Gilbert-Unterlagen 1975 nachträglich für die Zeit des Nürnberger Prozesses eine schwer reduzierte und gestörte Persönlichkeit.[35] Die Entscheidung auf die Frage, was falsch war – entweder die Auswertungsmethoden von Miale und Selzer oder aber die Verurteilung von Heß – fällt deutlich zugunsten des IMT aus. Die konkreten Tatsachen und nachweisbaren Fakten, die Miale und Selzer nicht gerade oft in ihre naiv-primitiven psychologischen Deutungen einbezogen haben, sprechen dafür, daß Heß in Nürnberg trotz seiner Paranoia-Symptome und der mehrfachen Phasen von Gedächtnisschwund durchaus »normal« war.

Auch der einstige amerikanische Kommandant des Spandauer Gefängnisses, Eugene K. Bird, erklärte 1976, nachdem er Heß rund zwei Jahrzehnte lang in Spandau beobachtet und sehr oft mit ihm gesprochen hatte, daß er Heß für »absolut normal« gehalten habe. Seiner Ansicht nach hat Heß in Nürnberg – wo er noch glaubte, von den westlichen Alliierten bald als Regierungschef in den besetzten Westzonen eingesetzt zu werden – nur das Gericht täuschen wollen.[36]

Miale und Selzer setzten voreingenommen jede Bildassoziation mit der – ihnen aus Biographien »bekannten« – Persönlichkeit des jeweils Getesteten gleich. Nahezu in jedem Wort suchten sie eine typische Freudsche Fehlleistung, obwohl Gilbert schon ein Jahr nach der Hinrichtung der zum Tode verurteilten Hauptangeklagten in seinem »Nürnberger Tagebuch« vor einer Überbewertung seiner Testergebnisse gewarnt hat.[37] Die Tatsache, daß die psychologischen Diagnosen infolge der Voreingenommenheit der nicht ausreichend informierten Autoren in jedem Fall die Hauptangeklagten als psychopathische Kriminelle beschreiben, macht bestimmte Aspekte der Persönlichkeitsanalysen jedoch nicht grundsätzlich überflüssig.[38] Gilbert erkannte die Fragwürdigkeit seiner Ergebnisse früh. Sein Kollege Douglas M. Kelley, der die Nürnberger Hauptangeklagten als Psychiater ebenfalls hatte testen dürfen,[39] nahm sich am Silvesterabend 1957 das Leben: mit einer Zyankali-Kapsel, die er in Nürnberg bei Hermann Göring gefunden zu haben vorgab.[40]

Am 21. November 1945, dem Tag, an dem die Angeklagten erstmals vor dem Gerichtshof zu Worte kommen sollen, muß das Gericht zunächst eine Unklarheit ausräumen, die für die Unsicherheit der Verteidigung zu Beginn des Prozesses geradezu typisch ist. Nachdem Dr. Rudolf Dix, Hjalmar Schachts Verteidiger, den unzureichenden Kontakt zwischen Verteidigern und Angeklagten bemängelt hat, will Rosenbergs Verteidiger Dr. Thoma wissen, wie die Angeklagten auf die von ihnen vom Vorsitzenden zuerst gestellte Frage zu antworten haben. Im Sitzungsprotokoll wurden der Beginn der Sitzung und das Frage- und Antwortspiel wie folgt festgehalten:

»*Vorsitzender*: Ein Antrag ist beim Gericht gestellt worden, und das Gericht hat über ihn beraten. Insofern als er eine Einrede gegen die Zuständigkeit des Gerichtshofs darstellt, steht er im Widerspruch zu Artikel 3 des Statuts, und es kann auf ihn nicht eingegangen werden. Was die anderen Einwände betrifft, die er enthalten mag und die den Angeklagten möglicherweise offenstehen, so werden sie später gehört werden. Gemäß Artikel 24 des Statuts, der vorsieht, daß, nach Verlesung der Anklageschrift im Gerichtshof, die Angeklagten aufgerufen werden sollen, um sich schuldig oder nicht schuldig zu bekennen, ersuche ich die Angeklagten hiermit, sich schuldig oder nicht schuldig zu bekennen.*

* Vorsitzender des Gerichtshofes war Lordrichter Lawrence.

Dr. Dix: Darf ich einen Augenblick zum Herrn Vorsitzenden sprechen?
Vorsitzender: Sie dürfen zu mir nicht wieder über den Antrag sprechen, über den ich soeben im Namen des Gerichtshofs entschieden habe. Insofern jener Antrag eine Einrede gegen die Zuständigkeit des Gerichtshofs darstellt, steht er im Widerspruch zu Artikel 3 des Statuts, und es kann auf ihn nicht eingegangen werden. Sofern er Streitpunkte enthält, die den Angeklagten allenfalls offenstehen, so werden diese später gehört werden.
Dr. Dix: Ich will nicht zum Antrag sprechen, sondern ich habe als Sprecher der Gesamtverteidigung den Auftrag, über eine ... technische Frage zu sprechen und an den Gerichtshof eine diesbezügliche Frage zu richten. Darf ich das tun?
Vorsitzender: Ja.
Dr. Dix: Es ist den Verteidigern heute früh verboten worden, mit den Angeklagten zu sprechen. Es ist aber eine absolute Notwendigkeit, daß man vor der Sitzung mit dem Angeklagten sprechen kann. Es kommt oft vor, daß man ihn abends nach der Sitzung nicht mehr erreichen kann. Es ist auch leicht möglich, daß man in der Nacht etwas vorbereitet hat, was man vor der Sitzung mit ihm besprechen will. Nach unserer Erfahrung ist es immer erlaubt, daß man mit dem Angeklagten spricht, selbstverständlich vor Beginn der Sitzung. Die Frage des Verkehrs zwischen Verteidiger und Angeklagten während der Sitzung könnte man später noch regeln, bei der Beweisaufnahme. Meine Bitte, die ich also für die Gesamtverteidigung äußere, geht dahin, daß uns gestattet wird, im Saal, in den ja die Angeklagten sehr früh geführt werden, mit unseren Angeklagten sprechen zu dürfen. Wir sind sonst, glaube ich, nicht in der Lage, die Verteidigung sachdienlich führen zu können.
Vorsitzender: Ich bedauere, aber Sie können sich mit Ihren Klienten im Verhandlungssaale nur schriftlich beraten. Außerhalb des Verhandlungssaals können die Sicherheitsvorschriften durchgeführt werden, und Sie haben im Rahmen dieser Sicherheitsvorschriften jede Möglichkeit, sich mit Ihren Klienten zu beraten. Im Verhandlungssaale müssen Sie sich schriftlich an Ihre Klienten wenden. Nach Beendigung der Verhandlung werden Sie täglich die volle Möglichkeit haben, sich mit ihnen privat zu beraten.
Dr. Dix: Ich werde dies mit meinen Kollegen von der Verteidigerbank besprechen und mir erlauben, eventuell noch auf diese Frage zurückzukommen.
Dr. Thoma: Ich bitte ums Wort.
Vorsitzender: Wollen Sie bitte Ihren Namen angeben.
Dr. Thoma: Dr. Alfred Thoma. Ich vertrete den Angeklagten Rosenberg. Mein Klient hat mir gestern eine Erklärung überreicht, die er auf die Frage schuldig oder nicht schuldig abgeben will. Ich habe diese Erklärung entgegengenommen und habe ihm versprochen, mit ihm darüber zu reden. Ich hatte weder gestern

abend noch heute eine Gelegenheit, mit dem Angeklagten zu sprechen. Ich bin deshalb nicht in der Lage, auch der Klient ist nicht in der Lage, auf die Erklärung schuldig oder nicht schuldig heute eine Erklärung abzugeben. Ich bitte deshalb, die Verhandlung zu unterbrechen, damit ich mit meinem Klienten sprechen kann.
Vorsitzender: Dr. Thoma, der Gerichtshof wird für 15 Minuten unterbrechen, um Ihnen Gelegenheit zu geben, mit Ihrem Klienten zu sprechen.
Dr. Thoma: Danke, ich habe noch eine Erklärung abzugeben. Es haben mir eine Reihe von Kollegen soeben erklärt, daß sie in derselben Lage sind wie ich, insbesondere Herr Dr. Sauter.
Vorsitzender: Ich wollte zum Ausdruck bringen, daß alle Verteidiger die Gelegenheit haben sollen, sich mit ihren Klienten zu beraten. Doch möchte ich betonen, daß die Verteidiger mehrere Wochen Zeit hatten, sich auf den Prozeß vorzubereiten, und daß sie damit rechnen mußten, daß die Bestimmungen des Artikels 24 des Statuts eingehalten werden müssen. Wir schalten nunmehr eine Pause von 15 Minuten ein, in der Sie alle sich mit Ihren Klienten beraten können.«[41]
Auf den Einwand Thomas, die Verteidigung habe erst zwei Tage zuvor erfahren, daß die Angeklagten auf die Frage, ob sie sich schuldig bekennen würden oder nicht, nur mit »ja« oder »nein« zu antworten hätten, erklärt der Vorsitzende: »Diese Frage will ich beantworten, indem ich Artikel 24 des Statuts zitiere: ›Der Gerichtshof fragt jeden Angeklagten, ob er sich schuldig oder nicht schuldig bekennt.‹ Danach haben Sie sich jetzt zu richten. Selbstverständlich werden die Angeklagten jede Möglichkeit haben, späterhin selbst und durch ihre Verteidiger alles zu ihrer Verteidigung Notwendige vorzubringen.«[42]

Nach der Pause kommt der Augenblick, auf den die Angeklagten sich je nach Temperament und Geisteshaltung vorbereitet haben: die Konfrontation mit dem Gericht. Erstmals kommen sie zu Wort, erstmals müssen sie sich knapp und prägnant zu der Frage äußern, auf die das Gericht 273 Tage später, am 1. Oktober 1946, seine endgültige Antwort gibt.

Der Vorsitzende eröffnet die Prozeßszene, auf die die Journalisten aus aller Herren Länder seit Monaten gewartet haben, mit der Feststellung: »Ich rufe nunmehr die Angeklagten auf, um sich zu erklären, ob sie sich im Sinne der Anklage als schuldig oder nicht schuldig bekennen. Sie mögen der Reihe nach vor das Mikrophon in der Anklagebank treten.«[43]

Es muß hier erläuternd eingeblendet werden: Jeder Prozeßteilnehmer hat die Möglichkeit, mit Hilfe der von IBM kostenlos zur Verfügung gestellten Simultananlage unmittelbar (jeweils ungefähr eine knappe Satzlänge nach dem Ertönen der Originalsprache) die von ihm gewünschte Übersetzung im Kopfhörer (nicht selten allerdings vereinfacht und manchmal sogar verfälscht) zu hören: Nr. 1 auf der Wählscheibe = die jeweilige Originalsprache, Nr. 2 = englisch, Nr. 3 = russisch, Nr. 4 = französisch, Nr. 5 = deutsch.

Göring liest noch einmal in seinen Notizen, Keitel spricht mit Rosenberg. Heß schaut umher; er wirkt nicht einmal neugierig. Dann ruft der Vorsitzende Hermann Göring auf, der sich erhebt, sich zum Mikrophon begibt und, seine Notizen in der Hand, zum Gericht zu sprechen anhebt. »Bevor ich«, beginnt er, »die Frage des Hohen Gerichtshofs beantworte, ob ich mich schuldig oder nicht schuldig bekenne ...«

Weiter kommt er nicht. Der Vorsitzende, der das Gericht nicht zur Propagandabühne für die Angeklagten machen lassen will, unterbricht ihn und erklärt bestimmt: »Ich habe dem Gerichtshof bekanntgegeben, daß die Angeklagten nicht das Recht haben, eine Erklärung abzugeben. Sie müssen sich schuldig oder nicht schuldig bekennen.«[44]

Göring, wie alle anderen Angeklagten auch, nur mit Vor- und Nachnamen angeredet, antwortet knapp: »Ich bekenne mich im Sinne der Anklage nicht schuldig.«

Das Sitzungsprotokoll schildert den weiteren Verlauf dieses »Zeremoniells« wie folgt:

»*Vorsitzender*: Rudolf Heß!

Rudolf Heß: Nein.

Vorsitzender: Dies wird als nicht schuldig protokolliert. (*Gelächter.*)

Vorsitzender: Wer die Gerichtsverhandlung stört, hat den Gerichtssaal zu verlassen. Joachim von Ribbentrop!

Joachim von Ribbentrop: Ich bekenne mich im Sinne der Anklage für nicht schuldig.

Vorsitzender: Wilhelm Keitel!

Wilhelm Keitel: Ich bekenne mich nicht schuldig.

Vorsitzender: Das Verfahren gegen Ernst Kaltenbrunner wird in seiner Abwesenheit durchgeführt werden, doch wird er die Möglichkeit erhalten, zu plädieren, wenn er sich soweit erholt hat, um in den Gerichtssaal zurückgebracht zu werden. Alfred Rosenberg!

Alfred Rosenberg: Ich bekenne mich im Sinne der Anklage nicht für schuldig.

Vorsitzender: Hans Frank!

Hans Frank: Ich bekenne mich nicht für schuldig.

Vorsitzender: Wilhelm Frick!

Wilhelm Frick: Nicht schuldig.

Vorsitzender: Julius Streicher!

Julius Streicher: Nicht schuldig.

Vorsitzender: Walter Funk!

Walter Funk: Ich bekenne mich nicht als schuldig.
Vorsitzender: Hjalmar Schacht!
Hjalmar Schacht: Ich bin in keiner Weise schuldig.
Vorsitzender: Karl Dönitz!
Karl Dönitz: Nicht schuldig.
Vorsitzender: Erich Raeder!
Erich Raeder: Ich bekenne mich nicht schuldig.
Vorsitzender: Baldur von Schirach!
Baldur von Schirach: Ich bekenne mich im Sinne der Anklage nicht schuldig.
Vorsitzender: Fritz Sauckel!
Fritz Sauckel: Ich bekenne mich im Sinne der Anklage vor Gott und der Welt und vor allem vor meinem Volke nicht schuldig.
Vorsitzender: Alfred Jodl!
Alfred Jodl: Nicht schuldig. Was ich getan habe und auch tun mußte, kann ich reinen Gewissens vor Gott, vor der Geschichte und meinem Volke verantworten.
Vorsitzender: Franz von Papen!
Franz von Papen: Keinesfalls schuldig.
Vorsitzender: Arthur Seyß-Inquart!
Arthur Seyß-Inquart: Ich bekenne mich nicht schuldig.
Vorsitzender: Albert Speer!
Albert Speer: Nicht schuldig.
Vorsitzender: Constantin von Neurath!
Constantin von Neurath: Ich beantworte die Frage mit Nein.
Vorsitzender: Hans Fritzsche!
Hans Fritzsche: Dieser Anklage gegenüber nicht schuldig.

Hermann Göring erhebt sich von der Anklagebank und versucht, das Gericht anzureden.

Vorsitzender: Sie können jetzt nicht zum Gericht sprechen, außer durch Ihren Verteidiger. Ich wende mich nun an den Hauptanklagevertreter der Vereinigten Staaten von Amerika ...«[45]

Rache oder Gerechtigkeit?

Jene Szenen sahen die Menschen in aller Welt in Kino-Wochenschauen. In Großbritannien wurde in eben diesen Tagen engagiert die Frage diskutiert, wieso die Amerikaner, denen Hitler am 11. Dezember 1941 den Krieg erklärt hatte, am 7. Dezember 1941 in Pearl Harbor »überrascht« und ihre Flotte so verlustreich getroffen werden konnte, obwohl ihnen die japanischen Angriffspläne seit sechs Monaten bekannt waren. Es wurde die Frage laut, daß die USA diesen Überfall provoziert und den Verlust der Schiffe und ihrer Besatzungen in ihre Pläne einbezogen hätten, nur um die Kriegserklärung Hitlers zu erhalten, der im Gegensatz zur amerikanischen Führung auf Pearl Harbor allerdings mehr als betroffen reagierte, obwohl er es gewesen war, der die Japaner zum aktiven militärischen Engagement gegen die USA ermuntert hatte.[1] »Jetzt werden die Engländer Singapur verlieren«, hatte er am 8. Dezember in seinem Hauptquartier auf die Information über den japanischen Angriff geantwortet und erklärt: »Das habe ich nicht gewollt. Wir führen den Krieg gegen die falschen Gegner. Wir müßten mit den angelsächsischen Mächten verbündet sein. Aber die Verhältnisse zwingen uns, einen welthistorischen Irrtum zu begehen.«[2]

Die zu der Zeit vielzitierte Formulierung Eisenhowers, daß er, wenn er nicht an den Weltfrieden glauben würde, über dem Ozean aus seinem Flugzeug spränge,[3] drückte aus, was während des Nürnberger Prozesses alle Welt unmittelbar nach dem Ende des furchtbaren Krieges gern glauben wollte. Nürnberg sollte ein spektakulärer Anfang sein, und die Worte des US-Hauptanklägers Jackson, daß das IMT nicht Deutschland vernichten und nicht Rache üben, sondern die Schuldigen dem Gesetz überantworten und völkerrechtliche Maßstäbe für die Zukunft setzen wolle, ließ große Hoffnungen keimen.

Von ihm, Justice Jackson, der seit der Vorbereitung des IMT auf einen Dokumentenprozeß gedrängt hat,[4] hörten die Angeklagten und ihre Verteidiger am 21. November 1945:

»Der Vorzug, eine Gerichtsverhandlung über Verbrechen gegen den Frieden der Welt zu eröffnen, wie sie hier zum erstenmal in der Geschichte abgehalten wird, legt eine ernste Verantwortung auf. Die Untaten, die wir zu verurteilen und zu bestrafen suchen, waren so ausgeklügelt, so böse und von so verwüstender Wirkung, daß die menschliche Zivilisation es nicht dulden kann, sie unbeachtet zu lassen, sie würde sonst eine Wiederholung solchen Unheils nicht überleben. Daß vier große Nationen, erfüllt von ihrem Siege und schmerzlich gepeinigt von dem geschehenen Unrecht, nicht Rache üben, sondern ihre gefangenen Feinde freiwillig dem Richterspruch des Gesetzes übergeben, ist eines der bedeutsamsten Zugeständnisse, das die Macht jemals der Vernunft eingeräumt hat.

Dieser Gerichtshof, wenn er auch neuartig sein mag und ein Versuch, ist weder aus abstrakter Spekulation entstanden, noch wurde er geschaffen, um irgendwelche rechtswissenschaftlichen Theorien zu rechtfertigen. Mit dieser gerichtlichen Untersuchung wollen vielmehr vier der mächtigen Nationen, unterstützt von weiteren siebzehn Nationen, praktisch das Völkerrecht nutzbar machen, der größten Drohung unserer Zeit entgegenzutreten: dem Angriffskrieg. Die Vernunft der Menschheit verlangt, daß das Gesetz sich nicht genug sein läßt, geringfügige Verbrechen zu bestrafen, die sich kleine Leute zuschulden kommen lassen. Das Gesetz muß auch die Männer erreichen, die eine große Macht an sich reißen und sich ihrer mit Vorsatz und in gemeinsamem Ratschlag bedienen, um ein Unheil hervorzurufen, das kein Heim in der Welt unberührt läßt.

Es ist ein Fall von solcher Schwere, den die Vereinten Nationen Ihnen, meine Herren Richter, jetzt unterbreiten.

Auf der Anklagebank sitzen einige zwanzig gebrochene Männer, von der Demütigung derer, die sie einmal geführt, fast ebenso bitter geschmäht wie von dem Elend derer, die sie angriffen. Die Möglichkeit, jemals wieder Unheil zu stiften, ist ihnen für immer genommen. Man mag sich beim Anblick dieser armseligen Gestalten, wie sie hier als Gefangene vor uns sind, kaum die Macht vorstellen, mit der sie als Nazi-Führer einst einen großen Teil der Welt beherrscht und fast die ganze Welt in Schrecken gehalten haben. Als Einzelpersonen gilt der Welt ihr Schicksal wenig. Da die Angeklagten aber unheilvolle Gewalten vertreten, die noch lange in der Welt umherschleichen werden, wenn sie selbst schon zu Staub geworden sind, ist diese Verhandlung von solcher Wichtigkeit. Sie sind, wie wir zeigen werden, lebende Sinnbilder des Rassenhasses, der Herrschaft des Schreckens und der Gewalttätigkeit, der Vermessenheit und Grausamkeit der Macht. Sie sind Sinnbilder eines wilden Nationalismus und Militarismus und all jener ständigen Umtriebe und Kriegstreiberei, die Generationen auf Generationen Europa in Kriege verstrickt, seine Männer vernichtet, seine Heime zerstört und sein Leben arm gemacht haben. Sie haben sich so sehr mit den von ihnen erfundenen Lehren und den von ihnen gelenkten Gewalten gleichgesetzt, daß jede Weichheit ihnen gegenüber gleichbedeutend wäre mit einer triumphierenden Aufmunterung zu all den Schandtaten, die mit ihren Namen verbunden sind. Die Zivilisation kann keine Nachsicht zeigen für diese Kräfte der menschlichen Gesellschaft; sie gewönnen nur von neuem Macht, wenn wir mit den Männern, in denen diese Gewalten lauernd und unsicher noch am Leben sind, zweideutig oder unentschieden verführen.

Wir werden Ihnen geduldig und mit Mäßigung enthüllen, für welche Dinge diese Männer einzustehen haben. Wir werden Ihnen unwiderlegbare Beweise für unglaubliche Vorfälle unterbreiten. In der Liste der Verbrechen wird nichts fehlen, was krankhafte Überhebung, Grausamkeit und Machtlust nur ersinnen konnten. Diese Männer errichteten in Deutschland unter dem ›Führerprinzip‹ eine nationalsozialistische Gewaltherrschaft, der nur die Dynastien der östlichen Antike gleichkommen. Sie nahmen dem deutschen Volk all jene Würde und Freiheiten, die wir als natürliche und unveräußerliche Rechte jedes Menschen erachten. Statt dessen weckten sie im Volke hitzige und billig zu stillende Haßgefühle gegen jene, die als ›Sündenböcke‹ gekennzeichnet wurden. Ihre Widersacher, unter denen Juden, Katholiken und die freie Arbeiterschaft waren, bekämpften die Nazis mit einer Dreistigkeit, einer Grausamkeit und einem Vernichtungswillen, wie die Welt seit den vorchristlichen Zeiten dergleichen nicht mehr gesehen hat. Sie stachelten den deutschen Ehrgeiz auf, sich als eine ›Herrenrasse‹ zu fühlen, was natürlich Sklaventum für die anderen bedeutete. Sie trieben ihr Volk in ein wahnwitziges Spiel um die Herrschaft. Sie boten die sozialen Kräfte und Mittel auf, um eine Kriegsmaschine zu schaffen, die sie für unbesiegbar hielten. Sie überrannten ihre Nachbarn. Damit die ›Herrenrasse‹ den von ihr angezettelten Krieg durchstehen könne, versklavten sie Millionen von Menschen und brachten sie nach Deutschland, wo diese Unglücklichen heute als Verschleppte umherirren. Schließlich aber wurden Bestialität und Treulosigkeit so schlimm, daß sie die schlummernde Kraft der gefährdeten Zivilisation wachrüttelten. Ihre vereinte Anstrengung hat die deutsche Kriegsmaschine in Stücke geschlagen. Der Kampf jedoch hat ein Europa hinterlassen, das zwar befreit ist, aber entkräftet am Boden liegt, und in dem eine zerrüttete Gesellschaft um ihr Leben ringt.

Solches sind die Früchte der finsteren Mächte, die gemeinsam mit diesen Angeklagten hier auf der Anklagebank vor uns sitzen.

Es ist wohl nur recht und billig gegenüber den Völkern und den Männern, die an der Aufstellung und Ausarbeitung dieser Anklage beteiligt sind, wenn ich Sie, meine Herren Richter, auf gewisse Schwierigkeiten und Mängel hinweise, die dem Verfahren anhaften mögen.

Niemals zuvor in der Geschichte des Rechts hat man versucht, in einem einzigen Prozeß die Entwicklung eines Jahrzehnts zu behandeln, eine Entwicklung, die einen ganzen Erdteil, eine Reihe von Staaten und unzählige Einzelpersonen und Ereignisse umfaßt. Obwohl ein solches Unternehmen eine schwere Aufgabe stellt, hat die Welt verlangt, daß sofort gehandelt werde. Dieser Forderung mußte entsprochen werden, wenn vielleicht auch auf Kosten handwerklicher Vollkommenheit. In meinem Lande eröffnen die Gerichte, die dort vertrauten Regeln folgen, sich auf wohlbekannte Entscheidungen stützen und die rechtlichen Folgen örtlich übersehbarer und begrenzter Ereignisse untersuchen, einen Prozeß selten vor Ablauf eines Jahres. Der Gerichtssaal nun, in dem Sie sich jetzt befinden, war vor noch nicht acht Monaten eine feindliche Festung in der Hand deutscher SS-Truppen. Vor noch nicht acht Monaten waren fast alle unsere Zeugen und Akten in Feindeshand. Es gab noch keine gesetzliche Grundlage für dieses Verfahren, eine Prozeßordnung war noch nicht vorhanden, ein Gerichtshof noch nicht errichtet. Das Gebäude hier war noch nicht benutzbar, kein einziges der amtlichen deutschen Schriftstücke, Hunderte von Tonnen, gesichtet. Die Vertreter der Anklage waren noch nicht versammelt, fast alle der jetzigen Angeklagten in Freiheit, und die vier anklagenden Mächte hatten sich noch nicht zusammengefunden, über sie zu Gericht zu sitzen. Ich bin daher gewiß der letzte, der leugnen wollte, daß dieser Prozeß an einer unvollständigen Durchforschung des Materials leiden und vielleicht nicht das Musterbeispiel beruflicher Arbeit sein mag, das jede der anklagenden Nationen nach ihrem Brauch gern vorlegen würde. Die Last des Ergründeten reicht jedoch völlig aus, das Urteil zu fällen, das wir beantragen werden; alles übrige müssen wir der Geschichtsschreibung überlassen.

Bevor ich auf die Einzelheiten des Tatbestandes eingehe, müssen noch einige allgemeine Überlegungen freimütig erwogen werden, die das Ansehen des Prozesses in der Meinung der Welt beeinflussen könnten.

Ankläger und Angeklagter sind in einer sichtlich ungleichen Lage zueinander. Das könnte unsere Arbeit herabsetzen, wenn wir nicht bereit wären, selbst in unbedeutenden Dingen gerecht und gemäßigt zu sein.

Leider bedingt die Art der hier verhandelten Verbrechen, daß in Anklage und Urteil siegreiche Nationen über geschlagene Feinde zu Gericht sitzen. Die von diesen Männern verübten Angriffe, die eine ganze Welt umfaßten, haben nur wenige wirklich Neutrale hinterlassen. Entweder müssen also die Sieger die Geschlagenen richten, oder sie müssen es den Besiegten überlassen, selbst Recht zu sprechen. Nach dem Ersten Weltkrieg haben wir erlebt, wie müßig das letztere Verfahren ist.

Wenn man die einstmals hohe Stellung der Angeklagten bedenkt, wenn man bedenkt, wie offenkundig ihre Handlungen waren und wie ihr ganzes Verhalten nach Vergeltung ruft, dann fällt es schwer, das Verlangen nach einer gerechten und maßvoll bedachten Wiedergutmachung zu scheiden von dem unbekümmerten Schrei nach Rache, der sich aus der Qual des Krieges erhebt. Unsere Aufgabe ist es jedoch, soweit das menschenmöglich ist, das eine streng abzugrenzen gegen das andere. Denn wir dürfen niemals vergessen, daß nach dem gleichen Maß, mit dem wir die Angeklagten heute messen, auch wir morgen von der Geschichte gemessen werden. Diesen Angeklagten einen vergifteten Becher reichen bedeutet, ihn an unsere eigenen Lippen zu bringen. Wir müssen an unsere Aufgabe mit so viel innerer Überlegenheit und geistiger Unbestechlichkeit herantreten, daß dieser Prozeß einmal der Nachwelt als die Erfüllung menschlichen Sehnens nach Gerechtigkeit erscheinen möge.

Gleich zu Beginn wollen wir die Behauptung zurückweisen, daß man diesen Männern, indem man sie vor Gericht stelle, ein Unrecht zufüge, das ihnen Anspruch auf ein besonderes Mitgefühl gäbe. Wohl mögen die Angeklagten in einiger Bedrängnis sein, aber sie werden nicht mißbraucht. Denn welche andere Möglichkeit hätten sie als diesen Prozeß?

Der größere Teil der Angeklagten hat sich den Streitkräften der Vereinigten Staaten ergeben oder ist von ihnen aufgestöbert worden. Haben sie von uns erwarten können, daß der Gewahrsam in amerikanischer Hand für unsere Feinde eine Zuflucht würde vor dem gerechten Zorn unserer Verbündeten? Haben wir amerikanische Menschenleben geopfert, sie gefangenzunehmen, nur damit sie vor der Bestrafung bewahrt blieben? Die Moskauer Erklärung verlangt, daß alle, die unter dem Verdacht von Kriegsverbrechen stehen und nicht international abgeurteilt werden, an die einzelnen Regierungen auszuliefern sind, damit sie am Ort der von ihnen begangenen Freveltaten vor ein Gericht gestellt werden können. Wir haben bereits viele Gefangene – und sie trugen geringere Verantwortung und geringere Schuld – aus amerikanischer Obhut an andere Mitglieder der Vereinten Nationen zur Aburteilung übergeben und werden das fortsetzen. Wenn es den Angeklagten hier aus irgendeinem Grund gelingen sollte, der Verurteilung dieses Gerichts zu entgehen, oder wenn sie den Prozeß hindern oder vereiteln, werden sie, soweit sie in amerikanischem Gewahrsam sind, unseren europäischen Verbündeten ausgeliefert werden.

Wir haben jedoch für die Angeklagten einen Internationalen Gerichtshof geschaffen und haben die Bürde auf uns genommen, uns an einem verwickelten Verfahren zu beteiligen, um ihnen ein gerechtes und leidenschaftsloses Verhör zu gewähren. Ein besserer Schutz kann, soviel wir wissen, keinem Menschen gegeben werden, dessen Verteidigung wert ist, angehört zu werden. Sind diese Männer die ersten, die als Kriegsführer einer besiegten Nation sich vor dem Gesetz zu verantworten haben, so sind sie auch die ersten, denen Gelegenheit gegeben wird, im Namen des Rechts ihr Leben zu verteidigen.

Nüchtern betrachtet, ist das Statut dieses Gerichtshofs, der ihnen Gehör schenkt, gleichzeitig der Quell ihrer einzigen Hoffnung. Es mag sein, daß diese Männer mit gequältem Gewissen, die nur den Wunsch haben, die Welt möge sie vergessen, eine solche Verhandlung nicht als eine Gunst ansehen. Sie haben aber hier unleugbar eine würdige Möglichkeit, sich zu verteidigen – eine Gunst, die sie selbst, als sie die Macht hatten, ihren eigenen Landsleuten selten gewährt haben. Mag auch die öffentliche Meinung ihre Taten bereits verdammen, so glauben wir dennoch, daß ihnen hier an dieser Stelle die Annahme ihrer Schuldlosigkeit zugebilligt werden müsse. Wir nehmen daher die Last auf uns, zu beweisen, daß verbrecherische Taten unter der Verantwortung der Angeklagten begangen worden sind. Wenn ich sage, daß wir einen Schuldspruch nur für erwiesene Verbrechen verlangen, meine ich nicht eine bloße äußere oder zufällige Verletzung internationaler Abkommen. Wir erheben Anklage wegen eines Verhaltens, das nach Plan und Absicht im moralischen und im rechtlichen Sinne Unrecht bedeutet. Und wir meinen damit nicht, daß die Angeklagten es nach Menschenart nicht immer mit allen Satzungen so genau genommen haben mögen, wie vielleicht viele von uns, wären wir in ihrer Lage gewesen, es nicht anders getan hätten. Nein, nicht weil sie gewöhnlichen menschlichen Schwächen unterlegen sind, klagen wir sie an. Ihr ungewöhnliches und unmenschliches Verhalten bringt sie vor diese Schranken.

Wir werden Sie, meine Herren Richter, nicht auffordern, sich Ihr Urteil über diese Männer nach dem Zeugnis ihrer Feinde zu bilden. Die Anklageschrift enthält nicht einen Punkt, der nicht durch Bücher und Aufzeichnungen belegt werden kann. Die Deutschen waren von jeher peinlich genau in ihren Aktenaufzeichnungen, und die Angeklagten teilten durchaus die teutonische Leidenschaft für Gründlichkeit, Dinge zu Papier zu bringen. Auch waren sie nicht ohne Eitelkeit und deshalb häufig darauf bedacht, daß das Bild ihr Tun bezeuge. Wir werden Ihnen ihre eigenen Filme zeigen. Sie werden ihr eigenes Gehaben beobachten und ihre eigene Stimme hören, wenn die Angeklagten Ihnen von der Leinwand her noch einmal einige Ereignisse aus dem Verlauf der Verschwörung vorführen werden.

Wir möchten ebenfalls klarstellen, daß wir nicht beabsichtigen, das ganze deutsche Volk zu beschuldigen. Wir wissen, daß die Nazi-Partei bei der Wahl nicht mit Stimmenmehrheit an die Macht gelangt ist. Wir wissen, daß ein unseliges Bündnis sie an die Macht gebracht hat,* ein Bündnis, zu dem sich die

* Die NSDAP hatte 1932 bei den letzten Wahlen jeweils die meisten Stimmen auf sich vereinigt und war damit stärkste Fraktion im Reichstag. Bei der Reichstagswahl am 31. 7. 1932 wurde sie mit 37,3 % der abgegebenen Stimmen stärkste Fraktion des Deutschen Reichstages: 230 von 608 Mandaten. Von da an verlief ihr Weg zur Macht wie folgt: am 13. 8. 1932 wurde Hitler zusammen mit Papen vom Reichspräsidenten empfangen. Hitler lehnte das ihm von Hindenburg angetragene Amt des Vizekanzlers ab. Am 6. 11. 1932 Reichstagswahl: Trotz Stimmenverlusts (statt 37,3 nur noch 31,1 %) blieb die NSDAP stärkste Fraktion des Reichstages. Am 4. 1. 1933 fand eine der Zusammenkünfte statt, die zu dem von Jackson angesprochenen unseligen Bündnis führte. Hitler traf sich (zusammen mit Heß und Himmler) mit Papen im Hause des Kölner Bankiers von Schroeder, wo der Sturz des (seit 2. 12. 1932 amtierenden) Reichskanzlers von Schleicher vorbereitet wurde. Am 28. 1. 1933 trat die Regierung Schleicher zurück, am 30. 1. 1933 wurde Hitler durch Paul von Hindenburg zum Reichskanzler berufen.

Besessenen des wütenden Umsturzwillens unter den Nazi-Revolutionären mit der Hemmungslosigkeit unter den deutschen Reaktionären und der Angriffslust unter den deutschen Militaristen zusammengetan hatten. Wenn die breite Masse des deutschen Volkes das nationalsozialistische Parteiprogramm willig angenommen hätte, wäre in den früheren Zeiten der Partei die SA nicht nötig gewesen, und man hätte auch keine Konzentrationslager und keine Gestapo gebraucht, beides Einrichtungen, die sofort geschaffen wurden, nachdem die Nazis sich des Staates bemächtigt hatten. Erst nachdem sich diese Neuerungen, aller gesetzlichen Bindung ledig, im Innern als erfolgreich erwiesen hatten, wurden sie auch ins Ausland übertragen.

Das deutsche Volk sollte inzwischen erfahren haben, daß das amerikanische Volk ihm ohne Furcht und ohne Haß gegenübersteht. Es ist richtig, daß die Deutschen uns die Schrecken der modernen Kriegführung erst gelehrt haben; aber die Verwüstung vom Rhein bis zur Donau zeigt, daß wir – gleich unseren Verbündeten – nicht ungelehrige Schüler gewesen sind. Wenn uns daher auch die Tapferkeit und die Tüchtigkeit der Deutschen im Kriege nicht in Schrecken versetzen konnten und wenn wir auch von ihrer politischen Reife nicht überzeugt sind, so haben wir doch Achtung vor ihrer Geschicklichkeit in den Künsten des Friedens, vor ihren technischen Fähigkeiten und vor dem nüchternen Fleiß und der Selbstzucht der Massen des deutschen Volkes.

Im Jahre 1933 sahen wir das deutsche Volk nach dem Rückschlag des letzten Krieges sein Ansehen in Handel, Industrie und Kunst zurückgewinnen. Wir beobachteten sein Vorankommen ohne Mißgunst oder Arglist. Das Nazi-Regime hat diesen Aufstieg unterbrochen. Sein Angriff ist zurückgeprallt, und Deutschland liegt in Trümmern. Die Bereitwilligkeit der Nazis, das deutsche Wort ohne Zögern zu verpfänden und es ohne Scham zu brechen, hat die deutsche Diplomatie in einen Ruf der Doppelzüngigkeit gebracht, der ihr auf Jahre hinderlich sein wird. Die Prahlerei mit der ›Herrenrasse‹ ist durch den Dünkel und die Hoffart der Nazis zu einem Hohn geworden, der den Deutschen noch in künftigen Geschlechtern überall in der Welt begegnen wird. Der Alpdruck der Nazi-Zeit hat dem deutschen Namen in der ganzen Welt einen neuen und düsteren Sinn gegeben, der Deutschland um ein Jahrhundert zurückwerfen wird. Wahrlich, die Deutschen – nicht weniger als die Welt draußen – haben mit den Angeklagten eine Rechnung zu begleichen. Die Tatsache des Krieges und sein Verlauf, die den Hauptgegenstand unseres Prozesses bilden, sind Geschichte.

Vom 1. September 1939, als die deutschen Armeen die polnische Grenze überschritten, bis zum September 1942, als sie auf den heldenhaften Widerstand bei Stalingrad stießen, schienen die deutschen Waffen unbesiegbar zu sein. Dänemark und Norwegen, Holland und Frankreich, Belgien und Luxemburg, der

Balkan und Afrika, Polen, die Baltischen Staaten und Teile Rußlands, sie alle waren mit schnellen, mächtigen und wohlgezielten Schlägen überrumpelt und erobert worden. Dieser Anschlag auf den Frieden der Welt ist das Verbrechen gegen die Gemeinschaft der Völker. Sie unterbreiten daher auch der internationalen Gerichtsbarkeit alle Verbrechen der Beihilfe und Vorbereitung zu diesem Anschlag, die sonst vielleicht nur als innere Angelegenheit angesehen würde. Es war ein Angriffskrieg, und ihn gerade hatten die Völker der Welt geächtet. Es war ein Krieg unter Bruch von Verträgen, die den Frieden der Welt sichern sollen.

Dieser Krieg kam nicht von ungefähr; er wurde über eine lange Zeitspanne mit nicht wenig Geschick und List geplant und vorbereitet. Die Welt hat vielleicht noch niemals ein solches Zusammentreffen und Aufpeitschen der Kräfte und Leistungen eines Volkes gesehen. Deutschland, das zwanzig Jahre zuvor niedergeworfen, entwaffnet und verstümmelt worden war, ist denn ja auch der Verwirklichung seines Planes, Europa zu beherrschen, so nahe gekommen. Was man auch sonst über die Urheber dieses Krieges sagen mag, an Kraft der Organisation haben sie gewiß Erstaunliches geleistet. Zuerst müssen wir daher untersuchen, wie die Angeklagten und ihre Mitverschworenen Deutschland zum Kriege vorbereitet und angetrieben haben.

Ganz allgemein gesehen, wird unsere Beweisführung ergeben, daß sich die Angeklagten alle zu irgendeiner Zeit gemeinsam mit der Nazi-Partei zu einem Plan zusammengetan hatten, von dem sie wohl wußten, daß er nur durch den Ausbruch eines Krieges in Europa verwirklicht werden konnte. Als sie sich des deutschen Staates bemächtigten, das deutsche Volk unterjochten, eine Schreckensherrschaft errichteten und die Andersdenkenden ausrotteten, als sie den Krieg planten und begannen, als sie ihn mit bewußter Unbarmherzigkeit führten und mit den besiegten Völkern nach dem Vorsatz ihres Verbrechens verfuhren – immer handelten sie gemeinsam. Und alles in seinen einzelnen Stufen gehört zu ihrer Verschwörung, einer Verschwörung, die sich, kaum daß eine Sache erreicht war, sofort ein neues Ziel von noch größerem Ehrgeiz setzte: Wir werden vor Ihnen auch das verwickelte Gewebe von Organisationen aufdecken, die diese Männer schufen und benutzten, um ihre Ziele zu erreichen. Wir werden beweisen, wie alle diese Ämter und Amtsträger sich zu verbrecherischen Zwekken verbrecherischer Mittel bedienen sollten, ersonnen von den Angeklagten und ihren Mitverschwörern, von denen das Kriegsschicksal oder die eigene Hand viele unserem Zugriff entzogen haben.

Ich möchte die Beweisführung – besonders zu Punkt Eins der Anklageschrift – eröffnen und mich mit dem gemeinsamen Plan oder der Verschwörung beschäftigen, deren Ziele nur durch Verbrechen gegen den Frieden, durch Kriegsverbrechen und durch Verbrechen gegen die Menschlichkeit erreichbar waren. Ich werde dabei das Hauptgewicht nicht auf einzelne rohe oder entartete Ausschreitungen legen, die sich unabhängig von einem gemeinsamen Plan zugetragen haben mögen. Denn der Prozeß soll nicht durch umständliche Einzelheiten besonderer Untaten in die Länge gezogen werden, so daß wir uns in einem ›Dickicht von Einzelfällen‹ verlören. Ich werde daher auch die persönliche Tätigkeit der Angeklagten nur dann berühren, wenn dadurch etwa der gemeinsame Plan um so sichtbarer würde.

Die Anklage, die von den Vereinigten Staaten vorgetragen wird, gilt denen, die all diese Verbrechen erdacht und angeordnet haben. Diese Angeklagten waren Männer von Rang und Stand. Sie haben ihre Hände nicht mit Blut besudelt, sondern es verstanden, sich kleinere Leute als Werkzeuge zu verschaffen. Wir aber wollen die treffen, die ... am Plan gearbeitet haben, die Anstifter und Rädelsführer, ohne deren böses Treiben die Welt nicht so lange Zeit unter der Geißel von Gewalttat und Rechtlosigkeit und in der Qual wühlender Schmerzen gelitten hätte in diesem furchtbaren Krieg.«[5]

Die erste Spannung war von den Angeklagten gewichen. Jetzt wußten oder ahnten sie, was sie erwartete. Mit der Erhebung der Anklage und dem Beginn der Verhandlungen schwand die Hoffnung auch derjenigen, die gemeint hatten, daß das IMT nur eine Farce wäre und ein rasches Ende des Prozesses zu erwarten sei.[6] Während Göring anfänglich die Auffassung verfochten hatte, daß ihnen allen nicht gerade das Schlimmste widerfahren würde, rechnete er nun mit dem Strang,[7] wenn er sich insgeheim auch der Hoffnung hingab, daß die Alliierten sich nicht würden einigen können.[8] Schlaflose oder besonders unruhige Nächte mit zuweilen panischen Erregungszuständen und Schreiausbrüchen waren die Folge bei einigen, die die ungewohnte Behandlung nicht ohne Schaden ertragen konnten; ernsthaft Erkrankte kamen zur Behandlung in ein ehemaliges SS-Hospital nach Fürth bei Nürnberg.[9] Der deutsche Gefängnisarzt berichtet, daß er nicht selten nachts in die Zellen der Angeklagten gerufen wurde, um sie zu beruhigen und die vor den Zellen stehenden Posten zu bitten, die Häftlinge möglichst in Ruhe zu lassen.[10]

Rudolf Heß, der aus England nach Nürnberg gebracht worden war, litt am meisten. Dr. Pflücker notierte über seine erste Begegnung mit Heß: »Ich wurde bereits in der ersten Nacht wiederholt zu ihm gerufen, weil er Krämpfe habe. Ich sah ihn jedesmal mit verzerrten Zügen und krampfhaften Bewegungen der Arme im Bett liegen. Der ganze Körper wurde bei diesen Krämpfen geschüttelt. In einer Pause untersuchte ich den Patienten und fand in der Gegend des Magens und der Gallenblase, wo Heß heftige kolikartige Schmerzen angab, keinerlei krankhaften Befund. Auch die sonstigen Angaben von Heß ergaben kein gesichertes Krankheitsbild. Die Krämpfe traten in der ersten Zeit sehr häufig auf, wohl sechs- bis achtmal am Tage, so daß ich sie ausgiebig beobachten konnte. Ich konnte sie bald nicht anders als nervös deuten. Die einzig mögliche Psychotherapie mußte im Gefängnis natürlich unwirksam bleiben, da unter dem Zwang einer Haft und der sich daraus ergebenden Widerstandsreaktion eine psychische Einwirkung unmöglich ist. Die amerikanischen Ärzte schlossen sich meiner Meinung an und überließen es mir, wie ich mich mit diesem Problem auseinandersetzen solle.«[11]

Auch Hermann Göring hatte im Gefängnis zunächst mit größeren Schwierigkeiten zu kämpfen. »Als ich ihn zum erstenmal besuchte«, erinnerte Dr. Pflücker sich, »war sein Morgenbrei noch unberührt. Auf meine Frage, warum er nicht esse, antwortete er, ein Mann von Kultur könne nicht essen, wenn er das Klosett direkt vor der Nase habe ... Die starken Erregungen in der ersten Zeit in Nürnberg – die Angeklagten mußten ihre Zellen selbst reinigen – führten übrigens bei Göring zu Anfällen von Tachykardie mit Extrasystolen, die sich schließlich sehr häuften, so daß eine Einschränkung der Bewegung notwendig wurde. Die oft beobachtete Tatsache, daß gerade am Freitag nach dem gründlichen Reinigen der Zelle die Anfälle besonders schwer auftraten, führte dann zu der Anordnung, daß Görings Zelle durch einen Arbeiter gesäubert werden mußte – ein Erfolg, auf den Göring sehr stolz war.«[12]

Bald fand Göring sich jedoch mit dem Gefängnisleben ab, zumal er infolge der gewaltsamen Entziehungskur in Mondorf wieder ganz gesund geworden war. »Eines Abends«, heißt es in den Erinnerungen des Gefängnisarztes, »erschien in meinem Office in Mondorf ein Polizeioffizier und fragte nach dem Patienten, der Pillen bekomme. Ich führte ihn auf gut Glück in Görings Zimmer, und dabei stellte es sich heraus, daß Göring jeden Abend eine Dosis Paracodin bekam, das er in reichlicher Menge mitgebracht hatte ... Nach einigen Tagen wurde die Pillenzuteilung nicht mehr durch einen Offizier, sondern durch Sergeant Bock vorgenommen, und mit der schnellen Reduzierung der Menge und der dabei auftretenden ungnädigen Reaktion Görings übergab man mir die Pillen. Ich mußte mich nun mit Göring eingehend über dieses Problem auseinandersetzen, ließ mir seine Krankengeschichte über dieses Leiden erzählen und konnte dabei feststellen, daß Göring zweimal Entziehungskuren gemacht hatte, diese aber jedes Mal angeblich aus dienstlichen Gründen abbrach. Es war mir klar, daß ein Mensch mit dieser Machtbefugnis des Reichsmarschalls nie die Autorität des Arztes anerkannt und sich ihr gefügt hatte, wenn die Entziehungskuren in das kritische Stadium eingetreten waren und die unangenehmen Folgen der Kur sich zeigten. Er hatte sich diesen Unannehmlichkeiten durch den Abbruch der Kur entzogen ... Trotzdem Göring hohe Dosen von Paracodin genommen hatte, war sein Fall doch nicht als schwer zu bezeichnen, und die Entziehung ... vollzog sich glatt. Wenn Göring über unerträgliche Nervenschmerzen klagte, bekam er Schlafmittel.«[13]

Keitel, Jodl, von Neurath, von Schirach und Speer fanden sich im Gegensatz zu Sauckel und Streicher verhältnismäßig rasch und relativ gut mit den Strapazen und Schikanen im Gefängnis ab.[14] Angeklagte und Zeugen begannen, Schlafmittel – einige von ihnen für »den Fall der Fälle« – zu horten, so daß Dr. Pflücker sich schließlich gezwungen sah, die Ausgabe dieser Mittel einzuschränken und ihre Einnahme zu kontrollieren.[15] Es »ist deshalb auch im Gefängnis in keinem Falle zu einer Schlafmittelvergiftung durch Mittel, die im Gefängnis ausgegeben waren, gekommen«.[16] Widerwillig fügten sich nun schließlich auch die anfänglich ostentativ störrischen Rudolf Heß und Julius Streicher der Gefängnisdisziplin. Der SS-Obergruppenführer Wolff, der in Oberitalien eigenmächtig kapituliert hatte, weigerte sich dagegen standhaft, Nahrung zu sich zu nehmen, bevor er nicht wieder seine SS-Uniform mit allen Orden tragen dürfe, was ihm dann erstaunlicherweise auch erlaubt wurde.[17]

Das Beweismaterial

Wie das Beweismaterial für die amerikanische Anklagebehörde zusammengetragen und für die Vorlage im Prozeß vorbereitet worden ist, schilderte der amerikanische Hochschullehrer und US-Ankläger Robert G. Storey am 22. November 1945:

»Als die Armeen der Vereinigten Staaten auf deutsches Gebiet vordrangen«, berichtet der Oberst dem Gericht, »befanden sich angegliedert an jede Armeegruppe untergeordnete Abteilungen militärischer Spezialisten, deren Aufgabe es war, Feindnachrichten in Form von Urkunden, Aufzeichnungen, Berichten und anderem Aktenmaterial zu beschlagnahmen und sicherzustellen. Die Deutschen hatten genaue und umfangreiche Akten geführt. Sie wurden in Armeestabsquartieren, Regierungsgebäuden und auch sonst aufgefunden.* Hauptsächlich während der letzten Phasen des Krieges fand man solche Dokumente in Salzbergwerken, in der Erde vergraben, hinter falschen Wänden und an vielen anderen Stellen, die von den Deutschen als sicher angesehen wurden. Zum Beispiel wurden die persönliche Korrespondenz und Tagebücher des Angeklagten Rosenberg, einschließlich seiner Nazi-Korrespondenz hinter einer falschen Wand in einem alten Schloß in Ostbayern gefunden. Die Protokolle des OKL oder der Luftwaffe, deren Oberbefehlshaber der Angeklagte Göring war, die den Aufzeichnungen des Hauptquartiers des Luftstabes der Heeresluftwaffe der Vereinigten Staaten entsprechen, wurden an verschiedenen Orten der Bayerischen Alpen aufgefunden. Die Mehrzahl der verschiedenen Luftwaffen-Protokolle wurde von der Armee in Berchtesgaden gesammelt und bearbeitet.

So wie die Armee Dokumente und Protokolle beschlagnahmte, wurde dieses Material sofort unter Bewachung gestellt und späterhin in vorläufigen Dokumentenzentralen gesammelt. Oft waren die Dokumente so umfangreich, daß sie durch ganze Abteilungen von Heereslastkraftwagen nach diesen Zentralen gebracht werden mußten. Schließlich, nachdem das eroberte Gebiet gesichert war, wurden Armeezonen eingerichtet, und jede Armee errichtete ein feststehendes Dokumentenzentrum, wohin die gesammelten Dokumente und Protokolle gebracht wurden. Später wurde dieses Material geordnet und in Katalogen verzeichnet, was ein langwieriges Verfahren war. Ende Juni (1945) ersuchte

* Mit seiner Wendung »... und auch sonst aufgefunden« meinte Storey offensichtlich, daß auch Häuser und Wohnungen Verdächtiger, Angeklagter und Denunzierter von den US-Spezialisten durchsucht, ihre noch freien Besitzer oder Bewohner nicht selten inhaftiert und alle Schrift- und Bildunterlagen beschlagnahmt wurden, sobald die US-Kommandos sie für wichtig hielten. Vgl. dazu u. a. S. 172ff.

mich Justice Jackson, die Sammlung der Beweisurkunden, die für den Fall der Vereinigten Staaten von Interesse waren, zu leiten. Feldabteilungen unseres Büros wurden organisiert unter der Direktion des Major William H. Coogan, der US-Verbindungsoffiziere in den Haupt-Dokumentenzentralen einsetzte. Es war die Aufgabe dieser Offiziere, die ganzen beschlagnahmten Dokumente durchzusehen und zu analysieren und diejenigen herauszufinden, die für unseren Fall Beweiskraft haben. Tatsächlich wurden Hunderte von Tonnen von Feinddokumenten und Protokollen auf diese Weise gesichtet und überprüft* und die danach ausgewählten nach Nürnberg zur weiteren Behandlung gesandt. Ich lege als Beweismittel eine hier beigelegte eidesstattliche Erklärung des Majors William H. Coogan vom 19. November 1945 vor, in welcher er den Vorgang der Beschlagnahme, Untersuchung und Übersendung dieser Dokumente nach Nürnberg beschreibt.

Mit der gütigen Erlaubnis des Gerichts möchte ich nunmehr ... zumindest wesentliche Teile dieses Affidavits vorlesen ... ,[1] das folgenden Wortlaut hat:
›Ich, Major William H. Coogan, 0-455814, Heeresversorgungsamt, Offizier im Heere der Vereinigten Staaten, bezeuge hiermit folgendes:
1. Der Hauptanklagevertreter der Vereinigten Staaten beauftragte im Juli 1945 die Frontabteilung der Dokumentenabteilung mit der Aufgabe, Dokumenten-Beweismaterial im europäischen Gebiete zur Verwendung bei der Strafverfolgung der Hauptkriegsverbrecher der Achse vor dem Internationalen Gerichtshof zu sammeln, zu prüfen und zusammenzustellen. Am 20. Juli 1945 wurde ich zum Chef dieser Frontabteilung ernannt. Ich bin jetzt Leiter der Dokumentenabteilung im Büro des Hauptanklagevertreters der Vereinigten Staaten.
2. Ich ... bin Anwalt von Beruf. Auf Grund meiner Erfahrungen als Rechtsanwalt und als Offizier der amerikanischen Armee bin ich mit der Arbeitsweise der amerikanischen Armee bei der Erfassung und Bearbeitung von beschlagnahmten Feindesdokumenten vertraut. In meiner Eigenschaft als Leiter der Dokumentenabteilung ... kenne und überwache ich Bearbeitung, Registrierung, Übersetzung und Photokopieren des gesamten Beweismaterials für den Hauptanklagevertreter der Vereinigten Staaten ...**
4. Die Frontabteilung der Dokumentenabteilung hatte Personal, das der deutschen Sprache durchaus kundig war. Ihre Aufgabe bestand darin, nach Beweisdokumenten im europäischen Gebiet zu suchen und aus den erbeuteten feindlichen Dokumenten die auszuwählen, die in der Strafverfolgung der Haupt-

* Das Personal der Anklagebehörde der USA prüfte insgesamt 1100 Tonnen Akten. Mitteilung des Leiters der *Document Division* des Militärgerichts an Wolfgang Mommsen: Die Akten der Nürnberger Kriegsverbrecherprozesse, S. 16. Storey fehlte im November 1945 noch die genaue Übersicht.

** Den Punkt 3 überging Storey in seinem mündlichen Bericht.

kriegsverbrecher verwendet werden konnten ... Sobald Dokumente gefunden wurden, machten meine Vertreter eine Aufzeichnung über die Umstände, unter welchen sie gefunden wurden, und ebenso wurde jede mögliche Information darüber, von wem sie stammten, verzeichnet ...

5. Nach Empfang dieser Dokumente wurden sie ... eingetragen und verzeichnet. Nach diesem Schritt wurden sie der Sichtungs- und Analyse-Abteilung der Dokumentenabteilung ... weitergegeben, die sie ... nochmals prüfte, um ... zu bestimmen, ob sie als Beweismaterial für die Anklagevertreter zu behalten seien. Diese ... Sichtung geschah durch deutschsprechende Bearbeiter des Personals ... Nachdem das Dokument gesichtet worden war, wurde es in den Dokumentenraum des Hauptanklägers der Vereinigten Staaten gebracht, mit einem Deckblatt versehen, auf dem die Bearbeiter den Titel, die Art des Dokuments, die darin vorkommenden Personen und seine Bedeutung vermerkt hatten. In dem Dokumentenraum erhielt jedes Dokument ... eine vorläufige Nummer zur Identifizierung.*

6. Dokumente der Vereinigten Staaten erhielten vorläufige Identifizierungsnummern ... die mit ›PS, L, R, C und EC‹ bezeichnet wurden, woraus die Art, auf die die Dokumente erworben worden waren, hervorgeht. Innerhalb jeder Serie wurden die Dokumente (dann noch) fortlaufend numeriert.

7. Nachdem ein ... Dokument so numeriert worden war, wurde es dem deutschsprechenden Hilfsarbeiter übergeben, der einen Auszug ... mit entsprechenden Angaben über (die) darin vorkommenden Personen ... (und) über den Ursprung des Dokuments laut Angabe des Frontabteilungsbüros und Bedeutung des Dokuments für eine besondere Phase des Falles vorbereitete. Danach wurde das Originaldokument zurück in den Dokumentenraum und von dort an die Photokopierabteilung gesandt, wo Photokopien angefertigt wurden ... Eine der Photokopien ... wurde den Übersetzern gesandt, während das Original im Safe aufbewahrt blieb. Ein Offizier ... ist für die Aufbewahrung der Dokumente im Safe verantwortlich. Wenn er abwesend ist, bleibt der Safe verschlossen, und es ist stets militärische Bewachung vor der ... zum Raum führenden Türe. Wenn es die Offiziere, die die beglaubigte Übersetzung anfertigten, oder einer der Offiziere, die an Schriftsätzen arbeiteten, notwendig fanden, das Originaldokument zu prüfen, so geschah dies innerhalb des Dokumentenraumes... Es wurde nur eine einzige Ausnahme von dieser strikten Regel gemacht, wenn es gelegentlich notwendig wurde, das Originaldokument einem Verteidiger zur Prüfung vorzulegen.** In einem solchen Falle wurde das Dokument zu treuen Händen einem dafür verantwortlichen Offizier der Staatsanwaltschaft anvertraut.

* Gelegentlich mehrere Dokumente unter einer Nummer.

** Sagen wollte Storey offenbar: Es wurden nur Ausnahmen ... gemacht, wenn es gelegentlich notwendig war ...

8. Alle Originaldokumente befinden sich ... in Safes des Dokumentenraumes ... bis sie von der Staatsanwaltschaft dem Gericht im Verlauf des Verfahrens vorgelegt werden.
9. Einige Dokumente, die die Vereinigten Staaten als Beweismittel anbieten werden, wurden von der britischen Armee gefunden und bearbeitet ...
10. Im großen und ganzen wurde seitens der britischen Armee und der Britischen Abteilung für Kriegsverbrechen das gleiche System bei Erfassung von Dokumentenbeweismaterial angewendet wie das ... der US-Armee und des US-Hauptanklägers.
11. In meiner oben beschriebenen Eigenschaft bezeuge ich daher nach bestem Wissen und Gewissen, daß die in der britischen Operations- und Besatzungszone gefundenen Dokumente ... im ganzen in vollständig gleicher Art auf ihre Echtheit geprüft, übersetzt und bearbeitet wurden, wie dies durch den Hauptankläger der Vereinigten Staaten ... gehandhabt wurde.
12. Schließlich bezeuge ich, daß alles vom Hauptankläger der Vereinigten Staaten als Beweis angebotene Dokumentenmaterial – einschließlich derjenigen Dokumente, die von der britischen Armee herstammen – im gleichen Zustand ist, in dem es von den US- und britischen Armeen aufgefunden wurde; daß die Dokumente von hinreichend befähigten Übersetzern übersetzt wurden; daß alle Photokopien getreue und richtige Abbilder der Originale sind und daß sie richtig registriert, numeriert und bearbeitet worden sind ...«[2]

»Nachdem die in dem geschilderten Prüfungsprozeß ausgewählten Dokumente in unser Büro kamen«, fuhr Storey fort, »wurden sie hier neuerdings untersucht, geprüft und durch fachkundiges US-Armeepersonal übersetzt ... Schließlich wurden 2500 Dokumente ausgewählt[3] und im Gerichtsgebäude registriert ... Sie wurden photographiert, ins Englische übersetzt, eingeordnet, verzeichnet und behandelt. Im allgemeinen wurde dasselbe Verfahren von der Britischen Abteilung für Kriegsverbrechen bei Dokumenten angewendet, die von der britischen Armee erbeutet wurden ...

Um unseren Fall vorzutragen und dem Gerichtshof die Arbeit zu erleichtern, haben wir kurze Schriftsätze über jede Phase unseres Falles vorbereitet, in denen die Dokumente mit ihren Nummern angeführt sind. Ebenso werden Anträge von den Vereinigten Staaten in solchen Schriftsätzen gestellt werden ... Jedem Schriftsatz ist ein Dokumentenbuch angeschlossen, welches beglaubigte Kopien in englischer Sprache von allen Dokumenten enthält, auf die im Schriftsatz Bezug genommen wird.* ... Ebenso werden Abschriften in deutscher Sprache

* Die – für jeden Prozeß gesondert angelegten – Anklagedokumentenbücher waren (nach sachlichen Gesichtspunkten und bestimmten Themen – wie Angriffskrieg, Auschwitz und Judenausrottung – geordnete) Zusammenstellungen von Einzeldokumenten des »Beweismaterials«, das dem Gericht von

den Verteidigern zur Verfügung gestellt, sowie solche Dokumente zum Beweise angeboten werden. Nach Beendigung des Vortrags über jede Phase ... unseres Falles durch den Staatsanwalt wird das gesamte Dokumentenbuch als Beweismaterial angeboten werden ... Gleichzeitig wird Lt. Barrett, ein Mitglied unseres Stabes, der während des ganzen Prozesses hier anwesend sein wird, dem Protokollführer des Gerichtshofes die Originaldokumente ... in dieser Form als Beweismaterial ... übergeben. Es enthält dann das Siegel des Tribunals und wird Beweisstück[4] ... darauf wird Lt. Barrett das Originaldokument als Beweisstück übergeben. In gleicher Art und Weise wird das Dokumentenbuch ... dem Gerichtsschreiber übergeben, und die Schriftsätze, die der Unterstützung des Tribunals dienen, werden dem Gerichtshof und der Verteidigung zur Verfügung stehen. Gleichzeitig werden Kopien der Dokumente, die tatsächlich als Beweisstücke eingereicht werden, der Presse übergeben werden.«[5]

Die Anklage verfügt damit über Dokumente und Archive, von denen die Verteidiger oft nicht einmal wissen, daß es sie überhaupt gibt. Wie kompliziert die Differenzierung von Dokumenten war und wie fragwürdig ihre Bedeutung als Beweismaterial gelegentlich sein mußte, bezeugt ein Ausschnitt des Jodl-Verhörs vom 5. Juni 1946 durch seinen Verteidiger Dr. Exner exemplarisch. Im Protokoll heißt es:

»*Prof. Dr. Exner*: Wir kommen jetzt zum Balkan. In Ihrem Tagebuch[6] ... machen Sie am 19. März den Eintrag: ›Der Balkan soll und muß ruhig bleiben‹ – Das ist ... die Eintragung vom 19. März.[7] Da heißt es zuerst: ›Führer kommt freudestrahlend und hochbefriedigt von der Besprechung mit dem Duce zurück. Völlige Übereinstimmung ... Balkan soll und muß ruhig bleiben.‹ Was bedeutet das?

Jodl: Ich muß Sie korrigieren ... Es ist nicht mein Tagebuch.

Prof. Dr. Exner: Ja, dann muß ich eine Zwischenfrage stellen. Es wird immer von Ihrem Tagebuch gesprochen und Ihren Tagebüchern. Erklären Sie das, um was es sich da dreht, womit wir uns hier befassen ...

Jodl: Es gibt nur ein Tagebuch[8] ... das ist von den Jahren 1937 bis 1938 ... das habe ich selbst am Abend immer niedergeschrieben.

Prof. Dr. Exner: Nun, und dieses Tagebuch[9] ... was war das?

Jodl: Während des Krieges gibt es kein Tagebuch von mir; aber ich habe natürlich Dutzende von Notizheften ausgeschrieben, und wenn ein solches Aufschreibeheft fertig war ... dann habe ich wichtige Stellen am Rande rot angestrichen und diese hat dann meine Sekretärin später herausgeschrieben, weil sie für die Kriegsgeschichtsschreibung und für das amtliche Tagebuch des Wehrmacht-

der Anklagebehörde in Form von »Beweisstücken« jeweils für die Vergehen der einzelnen Angeklagten vorgelegt wurde. Insgesamt umfaßten sie rund 185.000 Seiten.

führungsstabes von Bedeutung sein konnten[10] ...
Prof. Dr. Exner: Haben Sie ... kontrolliert, was Ihre Sekretärin da zusammengestellt hat?
Jodl: Nein, das habe ich nicht mehr kontrolliert und nicht mehr gesehen; das fiel dann der Anklagebehörde in die Hände.
Prof. Dr. Exner: Nun gibt es noch ein drittes, welches immer als Tagebuch hier zitiert wird. Das ist ein Tagebuch des Wehrmachtführungsstabes.
Vorsitzender: Sie sagen, es fiel in die Hände der Anklagebehörde. Meinen Sie damit, daß es nicht zu den Dokumenten gehört, die Sie der Anklagebehörde übergaben?
Jodl: Nein, ich wußte gar nicht, wo diese Auszüge aus meinem Aufschreibeheft geblieben waren, und die Anklagebehörde hat sie irgendwo erbeutet. Alles übrige sind Ausschnitte, Teilausschnitte aus dem amtlichen Tagebuch des Wehrmachtführungsstabes.
Prof. Dr. Exner: Und wer hat das geführt, das amtliche Tagebuch des Wehrmachtführungsstabes? Nicht Sie?
Jodl: Nein, das hat immer ein hochwertiger von mir persönlich bestimmter Fachmann geführt ... Zuletzt der Professor an der Universität Göttingen, Dr. Schramm.
Prof. Dr. Exner: Den werden wir als Zeugen hören. Haben Sie kontrolliert, was in dieses offizielle Tagebuch hineingenommen wurde oder nicht?
Jodl: Ich hatte meist nicht die Zeit, sondern ließ es durch General Scherff durchlesen, und wenn der irgend etwas Besonderes gefunden hat, so hat er mich darauf aufmerksam gemacht.«[11]

Die Anklage kann sich in Nürnberg (im Gegensatz zur Verteidigung) jederzeit aus aller Welt beschaffen, was immer sie für nötig hält. Zahlreiche Details und Zusammenhänge, von denen die Verteidigung, der (anders als die Berichte von Storey und Coogan vermuten lassen) meist nur das Belastungsmaterial zugänglich gemacht wird,[12] meist keine Ahnung hat, kann sie dokumentarisch belegen. Die Möglichkeit, Entlastungsmaterial selbst herauszusuchen, hat sie nicht.

Fordert sie die von der Anklage zitierten Dokumente an, sind sie nicht selten »verschwunden«. Die Dokumente der Anklage stehen ihr nur in ungenügender Stückzahl zur Verfügung. Oft werden sie den Anwälten zu spät zugestellt, sind nicht geordnet, nicht übersetzt und in vielen Fällen auch innerhalb der Komplexe unvollständig.[13] Stets müssen die von der Verteidigung angeforderten Dokumente erst der Anklagebehörde vorgelegt werden, die ihrerseits entscheidet, ob sie übersetzt werden dürfen, was auch in positiv entschiedenen Fällen zu erheblichen Einschränkungen der Verteidigung führen muß, da nach dem Statut nur »erhebliche« Stellen übersetzt[14] und auch dies nur »in Bausch und Bogen«[15] getan zu werden braucht. Nicht selten sind denn auch sowohl krasse Sinnveränderungen und Entstellungen der Texte als auch Mißverständnisse bei den Verhandlungen die Folge. Auf die Entscheidung, welche Dokumente auf den Tisch gelangen, hat die Verteidigung kaum einen Einfluß. Hinzu kommt, daß gefälschte Dokumente die Arbeit der teilweise nicht nur vom Gerichtshof bestimmten,[16] sondern von ihm auch honorierten Verteidiger[17] erschweren, die in der ungewohnten Papierflut geradezu zu ertrinken fürchten, zumal sie sehr beengt arbeiten mußten und plötzlich mit Fragen konfrontiert werden, von denen sie – auch infolge ihrer völlig unzureichenden Orientierungsmöglichkeiten – in vielen Fällen nicht einmal vom Hörensagen etwas wissen.

Tausende Dokumente, die geeignet erscheinen, die Alliierten möglicherweise zu belasten und die Angeklagten zu entlasten, sind plötzlich verschwunden. Da die Dokumente in Nürnberg von Offizieren bewacht wurden,[18] können sie auch nur von Offizieren aus den Safes entfernt worden sein, die dem Gefängniskommandanten Oberst Burton C. Andrus unterstanden. Daß Andrus die Dokumente selbst aus dem Verkehr gezogen und in die USA geschafft habe, vermutete der einstige Großadmiral und Hitler-Nachfolger Karl Dönitz schon frühzeitig.[19] Als erfahrener und mit den Vorschriften und Praktiken amerikanischer Militärs seit langer Zeit vertrauter Offizier suchte er nach seiner Entlassung aus Spandau nach Beweisen, die ihm schließlich aus Tahiti auch angeboten wurden.[20]

Dafür, daß schon 1945 Dokumente beschlagnahmt, der Verteidigung entzogen oder auch gestohlen wurden, gibt es zahlreiche Beweise. Während beispielsweise der Chef der Präsidialkanzlei, der Staatsminister Dr. Otto Meissner,[21] in Internierungslagern der US-Armee unter anderem in Plattling und Hammelburg festgehalten wurde, bevor er nach Nürnberg kam, um im sogenannten »Wilhelmstraßen-Prozeß« von Dr. Kempner angeklagt zu werden, erschienen mehrmals amerikanische Offiziere im Range eines Obersts,[22] um in seinem Sommersitz in Neuhaus am Schliersee nach den Dokumenten zu suchen, die er aus seiner Dienstwohnung im Berliner Schloß Bellevue nach dort hatte evakuieren lassen.

»Ob die jeweils eintreffenden Amerikaner, unter denen sich stets ein Offizier ... befand, tatsächlich immer auch einem Akten-Suchkommando angehörten, wie sie angaben, oder ob sie sich nur zum Zwecke der Plünderung als Suchkommando ausgaben – oder aber, ob sie sogar beide Absichten miteinander verbanden«, erklärt sein Sohn Dr. Hans-Otto Meissner, »war nicht in allen Fällen feststellbar. Jedenfalls war am Ende mein Elternhaus fast vollständig ausgeräumt ... Ein Teil der ... mitgenommenen Akten wurde dann im Wilhelmstraßen-Prozeß von der Anklage gegen meinen Vater verwendet, konnte jedoch seinen Freispruch nicht verhindern. Aber keine der von den Amerikanern in unserem Haus ›beschlagnahmten‹ Dokumente aus den 25 Jahren der Amtsführung meines

Vaters als Chef der Präsidialkanzlei, die der Verteidigung als Entlastungsmaterial ... hätten dienen können, kamen zum Vorschein.«[23]

Die Verteidigung sieht sich in Nürnberg Problemen solcher Art sofort ausgeliefert. So erklärt beispielsweise Dr. Fritz Sauter als Verteidiger Ribbentrops: » ... Am 30. Oktober hat der Angeklagte von Ribbentrop beantragt, daß seine frühere Sekretärin, Margarete Blank, die damals im Untersuchungsgefängnis in Nürnberg interniert war, ihm zur Verfügung gestellt wird, damit er seine Erwiderung auf die Anklageschrift und eine genaue Darstellung seiner Amtsführung während der letzten sieben bis acht Jahre diktieren kann.

Mit Beschluß vom 11. November 1945 hat der Gerichtshof diese Bitte genehmigt. Der Angeklagte von Ribbentrop hat daraufhin einige Stunden lang der Sekretärin diktieren können. Dann wurde das aber wieder eingestellt aus Gründen, die dem Angeklagten ... nicht bekannt sind. Ribbentrop hat auch das, was er seiner Sekretärin diktiert hat, nicht bekommen, weder im Stenogramm noch in Übertragung auf Schreibmaschine ... Ribbentrop hat dann seine Bitte hinsichtlich des Fräuleins Blank am 15. November wiederholt. Fräulein Blank wurde ihm aber bisher nicht wieder zur Verfügung gestellt ... Ribbentrop ... hat wiederholt gebeten, daß einige seiner früheren Mitarbeiter, insbesondere der Botschafter Gaus, der Botschafter von Rintelen, der Gesandte von Sonnleitner, Professor Fritz Berber und der Unterstaatssekretär Henke, als Zeugen nach Nürnberg gebracht werden und daß er die Erlaubnis bekommt, in Gegenwart seiner Verteidigung mit diesen Zeugen zu sprechen. Diese Bitte ist ... vom Gerichtshof zum Teil mit Beschluß vom 10. November bereits abgelehnt, zum anderen ... noch nicht entschieden.

Nun ist es dem Angeklagten ... ganz unmöglich, über die gesamte deutsche Außenpolitik in den letzten sieben bis acht Jahren eine klare und erschöpfende Auskunft zu geben, wenn ihm hierfür nichts zur Verfügung steht außer einem Bleistift und einem Notizblock, denn auch die Weißbücher des Auswärtigen Amtes, um die er gebeten hat, konnten ihm nicht zur Verfügung gestellt werden. Der Angeklagte ... kann sich bei dem großen Umfang des Stoffes, den die auswärtige Politik Deutschlands während der letzten sieben bis acht Jahre darstellt, unmöglich an alle einzelnen Daten, Ereignisse, Urkunden und so weiter aus dem freien Gedächtnis wieder erinnern, wenn nicht sein Gedächtnis durch die Aussprache mit seinen früheren Mitarbeitern aufgefrischt und gestützt wird ... Es wäre für die Erforschung der geschichtlichen Wahrheit auf einem Gebiet, das nicht nur das Gericht, sondern auch die Weltöffentlichkeit besonders interessiert, wenig damit gedient, wenn von Ribbentrop bei seiner Vernehmung immer wieder erklären müßte, er könne sich an diese Einzelheiten nicht mehr erinnern ...«[24]

Der Vorsitzende des Gerichtshofes erklärte dazu lediglich: »Der Gerichtshof hat der Verteidigung bereits mitgeteilt, daß alle Anträge, soweit wie möglich, schriftlich gestellt werden sollen, und ist der Ansicht, daß auch die jetzt gestellten Anträge in schriftlicher Form hätten gestellt werden müssen. In der Sache des Antrages bezüglich der Sekretärin des Angeklagten von Ribbentrop wird das Gericht die Tatsachen prüfen. Die anderen Anträge bezüglich der Zeugen und Urkunden, die schriftlich gestellt wurden, sind bereits vom Gericht geprüft oder werden noch geprüft.«[25] Daß Dr. Sauter die Anträge dem Gerichtshof schriftlich vorgelegt hatte, ignorierte der Vorsitzende bereits mehrfach.

Zeugen und Helfer der Verteidigung, zuweilen rechtzeitig und nachhaltig eingeschüchtert, werden nicht selten entweder gewaltsam ferngehalten oder aber zugelassen und dann auf dem Wege der Kontrolle oder der Beschlagnahmung ihrer Erklärungen zu Zeugen der Anklage gemacht. Oswald Pohl, der erst im Mai 1946 in Gefangenschaft gerät, wird während eines Verhöres von amerikanischen und britischen Beamten an einen Stuhl gefesselt, bewußtlos geschlagen, mit Füßen getreten und solange mißhandelt, bis er bereit ist, Walter Funk schriftlich zu belasten. Von 19 von Alfred Jodl benannten Zeugen kommen aus Zeitgründen nur 4 vor Gericht zu Wort. Der SS-General Karl Wolff, der für Ernst Kaltenbrunner aussagen will, landet kurzerhand in einem Irrenhaus. Wann immer dagegen die Anklage Zeugen oder deren schriftliche Angaben für angebracht hält, stehen sie dem Gericht zur Verfügung. Stellt sich jedoch heraus, daß bestimmte Zeugen der Anklage womöglich einem Kreuzverhör der Verteidigung nicht standhalten würden, begnügen Anklage und Gericht sich mit eidesstattlichen Erklärungen, von denen während der Dauer des Prozesses einige tausend geschrieben werden.

Um diese Verfahrensregel und die in sehr vielen Fällen unkontrollierbaren »Zeugnisse« einzuengen, ficht Papens Verteidiger Dr. Egon Kubuschok am 28. November 1945 eine eidesstattliche Erklärung eines nach seiner Ansicht verfügbaren Zeugen namens Messersmith an, der einige Angeklagte schwer belastet hat. Er tut es mit folgenden Argumenten:

»Es ist soeben ein Affidavit überreicht worden ... von einem Zeugen, der erreichbar ist. Der Inhalt des Affidavits bringt so viele subjektive Meinungen des Zeugen, daß es unerläßlich ist, über dasjenige, was das Affidavit wiedergibt, den Zeugen persönlich zu hören. Ich bitte bei dieser Gelegenheit um die prinzipielle Entscheidung, ob in dem Prozeßverfahren über das, was ein Zeuge aus eigenem Wissen aussagen kann, ein Affidavit als Prozeßstoff in den Prozeß eingeführt werden kann oder ob bei lebenden und erreichbaren Zeugen das Prinzip der unmittelbaren mündlichen Verhandlung angewendet werden soll, dieser Zeuge also direkt zu vernehmen ist ...«[26]

Der Vorsitzende enthält sich des Kommentars, bittet aber den amerikanischen Ankläger Alderman, auf Kubuschoks Einwand zu erwidern.

»Ich erkenne natürlich die Beweisschwäche einer eidesstattlichen Erklärung an, wenn der Zeuge nicht anwesend ist und daher einem Kreuzverhör nicht unterworfen werden kann«, beginnt dieser zunächst zustimmend. Doch dann fährt er fort: »Herr Messersmith ist ein älterer Herr. Sein Gesundheitszustand ist nicht gut. Es wäre undurchführbar, ihn hierherbringen zu wollen ... Ich möchte den Gerichtshof auf Artikel 19 des Statuts verweisen: ›Der Gerichtshof ist an Beweisregeln nicht gebunden. Er soll in weitem Ausmaß ein schnelles und nicht formelles Verfahren anwenden und jedes Beweismittel, das ihm Beweiswert zu haben scheint, zulassen‹.«[27]

Diese Antwort zeigt den Deutschen eindeutig, worauf es der Anklage ankommt. Sie will den Prozeß möglichst bald hinter sich haben und durch Formalitäten dabei nicht gehemmt werden. Um gegenüber der Verteidigung nicht das Gesicht zu verlieren und den Schein der ordentlichen Gerichtsbarkeit zu wahren, erklärt Alderman bestimmt: »Natürlich würde der Gerichtshof die eidesstattliche Versicherung dem Beweisergebnis nicht zugrunde legen können, wenn er nicht der Überzeugung ist, daß ihr Beweiswert zuzumessen sei. Sollten die Angeklagten imstande sein, Gegenbeweise zu erbringen, die den Beweiswert dieser eidesstattlichen Erklärung entkräften* können, so wird der Gerichtshof natürlich den ganzen Beweisstoff gemäß den Bestimmungen des Statuts würdigen. Im großen und ganzen betrifft diese und eine andere eidesstattliche Erklärung des Herrn Messersmith, die wir noch vorlegen werden, Dinge, die sich im Hintergrund abspielten und historische Tatsachen geworden sind, von denen der Gerichtshof amtlich Kenntnis nehmen könnte. Wo überraschend Meinungsäußerungen der Nazi-Führer zitiert werden, steht es jedem von ihnen frei, seine Zitate als unrichtig anzufechten oder dem Gerichtshof gegenüber zu erklären, was er tatsächlich gesagt habe. Jedenfalls scheint es mir, daß der Gerichtshof eine eidesstattliche Erklärung dieser Art, die von einem wohlbekannten amerikanischen Diplomaten abgegeben wurde, als Beweis zulassen und ihr den Beweiswert beimessen kann, den sie in den Augen des Gerichtshofs hat ...«[28]

Aber Kubuschok, der die Durchsichtigkeit der Argumente augenblicklich erkannt hat, gibt sich nicht zufrieden. »Der Herr Anklagevertreter steht auf dem Standpunkt«, überbrückt er die verschiedenen Ebenen souverän, »daß wegen des Alters und der Gebrechlichkeit des Zeugen seine Vernehmung untunlich ist. Ich kenne den Zeugen nicht und weiß nicht, wieweit er tatsächlich nicht in der Lage ist, hierherzukommen. Prinzipiell bestehen aber gegen die Vorlegung eines Affidavits gerade eines gebrechlichen, eines alten Zeugen, die größten Beden-

* Da weder die Angeklagten noch die Verteidiger infolge ihrer eingeengten Möglichkeiten dazu in der Lage waren, konnte Alderman diese Formulierung wählen, ohne nennenswerte Folgen für die Anklage befürchten zu müssen.

ken. Dem Gericht ist keine Gelegenheit gegeben (zu prüfen), wieweit – ich spreche jetzt ganz prinzipiell, nicht von Herrn Messersmith – ... die Gebrechlichkeit geht, um eventuell einen Einfluß auf sein Gedächtnis und seine Urteilsfähigkeit zu haben. Gerade in diesem Falle ist die persönliche Anhörung vor dem Gericht unerläßlich. Es ist weiterhin wichtig zu wissen, welche Fragen insgesamt dem ... Zeugen bei der Vernehmung gestellt worden sind, da ein Affidavit ja nur ... wiedergibt, was als Antwort ... protokolliert worden ist. Gerade aber aus den nicht beantworteten Fragen lassen sich sehr oft die erforderlichen Rückschlüsse für die Verwendbarkeit einer Zeugenaussage ziehen. Wenn wir infolgedessen hier lediglich auf eine Beweiswürdigung auf Grund eines Affidavits angewiesen sind, so können wir in keiner Weise mit Sicherheit annehmen, daß dies die vollständige Ansicht des Zeugen ergibt. Ich bin auch nicht der Ansicht der Staatsanwaltschaft, die hier gewissermaßen zwei Beweisverfahren von verschiedenem Wert einführen will, eine vollwertige durch Vernehmung eines Zeugen und eine weniger vollständige durch Einführung eines Affidavits. Entweder es reicht etwas zum Beweise aus, oder es reicht nicht aus. Das Gericht kann sich nur an vollgültige Beweismöglichkeiten halten.«[29]

Alderman muß einsehen, daß die Verteidigung sich doch nicht so einfach überfahren läßt, wie es gelegentlich den Anschein erweckt. So beeilt er sich denn auch sogleich, das »Mißverständnis« auszubügeln.

»Ich möchte das, was ich vorher sagte«, kommt er Kubuschok entgegen, »wie folgt korrigieren. Ich wollte nicht den Eindruck erwecken, daß Herr Messersmith gesundheitlich behindert ist. Er ist ein alter Herr – ungefähr 70 Jahre alt – im aktiven Dienst in Mexico City, und die Hauptschwierigkeit bestand darin, daß wir ihn von seinen Amtspflichten nicht wegrufen und ihn in seinem Alter der langen Reise nicht aussetzen zu sollen glaubten.«[30]

Der Vorsitzende kommt dem Ankläger jedoch sofort zu Hilfe und wendet sich, auf »die Machtbefugnisse des Gerichtshofes« pochend, entschieden gegen die Deutschen. »Der Gerichtshof«, erklärt er, »hat über den Einspruch ... beraten und angesichts der Machtbefugnisse des Gerichtshofes gemäß Artikel 19 des Statuts, wonach der Gerichtshof nicht durch technische Beweisregeln gebunden ist, sondern ein schnelles und nicht formelles Verfahren anwenden soll und jedes Beweismittel, das ihm Beweiswert zu haben scheint, zulassen soll. Angesichts dieser Vorschriften entscheidet der Gerichtshof, daß die eidesstattlichen Erklärungen vorgelegt werden können, und daß dies im gegenwärtigen Falle zulässig ist. Die Frage des Beweiswertes einer eidesstattlichen Erklärung im Vergleich zu einer Aussage eines im Kreuzverhör vernommenen Zeugen würde vom Gerichtshof natürlich erwogen werden, und sollte der Gerichtshof später der Ansicht sein, daß die Anwesenheit eines Zeugen von größter Wichtigkeit ist, so kann diese Angelegenheit nochmals erörtert werden ...«[31] Die Augen der Justitia deckt nach wie vor keine Binde zu.

Die Schwierigkeiten, denen sich die nur in wenigen Fällen hinreichend informierte und mit der angloamerikanischen Prozeßführung nicht vertraute Verteidigung gegenübergestellt sieht, werden besonders in den ersten Verhandlungen des IMT offenbar. Das zeigen die im folgenden zitierten Protokollauszüge über die Verhandlungen besonders eindrucksvoll.

So erklärt der als Hilfsankläger für die USA fungierende Frank Wallis am 22. November 1945 vor der Verlesung von Schriftsätzen und Dokumenten im Zusammenhang mit dem Punkt Eins der Anklage: »Es wird meine Aufgabe sein, den Hauptteil der wesentlichen Behauptungen der Anklageschrift gemäß ... des englischen Textes darzulegen.[32] Es handelt sich um ... die Ziele der Nazi-Partei, ihre festgelegten Methoden, ihr Aufstieg zur Macht, die Festigung ihrer Kontrolle über Deutschland von 1933 bis 1939 zwecks Vorbereitung des Angriffskrieges ... Ich will daher* den Gerichtshof auffordern, diesen Tatbestand amtlich zur Kenntnis zu nehmen. Was wir hier vorbringen, ist – einschließlich der Angaben der Angeklagten und anderer nationalsozialistischer Führer – nur erläuterndes Material, Gesetze, Verordnungen und dergleichen. Wir brauchen uns nicht auf erbeutete Dokumente und besondere Quellen zu stützen, obgleich wir einiges davon verwendet haben ... Ich beabsichtige, nur ganz kurze Erläuterungen im Zusammenhang damit zu geben und die Hauptpunkte der Schriftsätze zusammenzufassen ... Die Anklage in Punkt 1 besteht darin, daß die Angeklagten zusammen mit anderen Personen an dem Entwurf oder der Ausführung eines gemeinsamen Planes oder einer Verschwörung teilnahmen, die das Begehen von Verbrechen gegen die Humanität – sowohl innerhalb wie außerhalb Deutschlands – sowie von Kriegsverbrechen oder Verbrechen gegen den Frieden umfaßten. Desweiteren sagt die Anklage, daß das Mittel des Zusammenhalts der Angeklagten sowie das Mittel zur Ausführung der Pläne der Verschwörung die Nationalsozialistische Deutsche Arbeiterpartei war, der jeder Angeklagte entweder als Mitglied oder als Anhänger angehörte. Das Beweismaterial, das ich vorbringe, erstreckt sich auf:

1. Die Nazi-Partei hat sich selbst gewisse Ziele zur Aufgabe gesetzt, die grundsätzlich auf die Erwerbung von Lebensraum für alle Volksdeutschen abzielte.
2. Zur Erreichung ihrer Zwecke hat sie die Anwendung aller Methoden, ob rechtmäßig oder nicht, vertreten und hat tatsächlich unrechtmäßige Methoden angewandt.
3. Um ihren gewissenlosen Aufstieg zur Macht zu fördern, hat sie verschiedene

* Wallis hatte zuvor erklärt, daß die Angeklagten die von ihm dargestellte Entwicklung im Reich »nicht in Frage« stellen könnten.

Propagandarichtlinien aufgestellt und verbreitet und hat verschiedene Propagandamethoden angewandt.
4. Die Nazi-Partei hat diese Macht benützt, um die politische Eroberung des Staates durchzuführen, jede Opposition zu unterdrücken und die Nation psychologisch und in anderer Beziehung für den Angriff gegen das Ausland vorzubereiten, den sie von Beginn an beabsichtigte.

Im großen und ganzen, soweit es für die Anklage erheblich ist, haben wir es uns zur Aufgabe gemacht, das darzulegen, was sich in Deutschland während der Vorkriegszeit ereignet hat, und werden es anderen* überlassen, das Geschehen während der Kriegsjahre und den Beweis dafür vorzutragen.

Die Ziele der Verschwörung waren offen und weltbekannt. Sie unterschied sich stark von jeder anderen Verschwörung, die je vor einem Gericht dargelegt worden ist, nicht nur wegen der enormen Zahl von Menschen, die an ihr beteiligt waren, ihrer Zeitdauer, ihres Ausmaßes und ihrer Verwegenheit, sondern auch dadurch, daß im Gegensatz zu anderen verbrecherischen Verschwörern diese Verschwörer, bevor sie zur Tat gingen, der Welt oft prahlerisch verkündeten, was sie zu tun beabsichtigen.«[33]

Nachdem Wallis aus Hitlers *Mein Kampf*, aus Hitler-Reden und aus nationalsozialistischen Eidesformeln zitiert hat, unterbricht ihn der offensichtlich überraschte Vorsitzende mit der Frage: »Major Wallis, haben Sie Kopien von diesen Schriftstücken für die Verteidiger?« Die Reaktion des Hilfsanklägers, der auf diese Frage nur »Im Zimmer 54« entgegnet, führt zu folgenden Fragen und Antworten:
»*Vorsitzender*: Ich denke, sie (gemeint sind die Verteidiger) würden diese jetzt gerne vor sich haben.
Major Wallis: Herr Präsident, die Ausführungen, mit denen ich jetzt fortsetze, werden ein ganz anderes Gebiet behandeln als das, das in den Schriftsätzen, die Sie vor sich haben, enthalten ist. Die Schriftsätze betreffen das, was ich schon gesagt habe.
Vorsitzender: Werden Sie jedem der Verteidiger eine Abschrift dieser Schriftsätze zur Verfügung stellen?
Major Wallis: Hoher Gerichtshof! Ich bin dahin informiert, daß bezüglich dieser Schriftstücke dasselbe Verfahren eingehalten wird, wie es bezüglich der Dokumente eingehalten wird, nämlich, daß insgesamt sechs Abschriften (für rund vierzig Verteidiger) der Verteidigung im Zimmer 54 zur Verfügung stehen. Sollte der Herr Vorsitzende diese Anzahl für unzureichend betrachten, so bin ich überzeugt ... daß vor Tagesende eine genügende Anzahl von Abschriften zur Verfügung stehen wird.

* Gemeint sind Großbritannien, Frankreich und die Sowjetunion (Punkte 2, 3 und 4).

Vorsitzender: Das Gericht glaubt, daß die Verteidiger je eine Abschrift dieser Schriften haben sollten.
Major Wallis: Das wird getan werden, Herr Vorsitzender.
Vorsitzender: Haben Sie, die Herren Verteidiger, verstanden, daß ich namens des Gerichts angeordnet habe, daß jeder von Ihnen eine Abschrift der Schriftsätze erhalten soll?
Dr. Dix: Wir sind Ihnen für diese Anordnung sehr verbunden; aber keiner von uns hat bis jetzt eines dieser Dokumente gesehen. Ich nehme an und hoffe, daß diese Dokumente der Verteidigung in deutscher Übersetzung gegeben werden.
Vorsitzender: Ja ...«[34]

Auch Schachts Verteidiger Dr. Rudolf Dix sieht sich gezwungen, einen Punkt vorzutragen, der die Verteidigung merklich behindert. »Ich habe«, erklärt er, »nur ein Anliegen. Wir stehen hier als deutsche Verteidiger vor einer großen Schwierigkeit, weil das Verfahren nach englisch-amerikanischen Grundsätzen stattfindet, die uns fremd sind. Wir sind bemüht, uns in die Grundsätze einzuarbeiten, und wir sind dankbar, wenn das Gericht auf unsere Situation Rücksicht nehmen und uns helfen würde. Ich habe gehört, ... daß es nach diesen angloamerikanischen Grundsätzen notwendig ist, sofort eine ›*objection*‹ zu erheben, wenn man eine Urkunde beanstandet ... Dies ist der Punkt, zu dem ich mein Anliegen aussprechen möchte. Ich bin überzeugt, daß uns sowohl alle Schriftsätze als auch die Dokumente zu diesem Teile des Verfahrens verfügbar gemacht werden. Wir werden dann erklären, ob deutsche Übersetzungen vermieden werden können ... Wenn die Verteidigung Übersetzungen braucht, so wird sie es sagen. Das einzige, worum ich bitte, ist, daß man mir und meinen Kollegen die Möglichkeit gibt, zu den dem Gericht bisher überreichten Urkunden nachträglich eine ›*objection*‹ zu erheben ...«[35]
Die Antwort des *Vorsitzenden*: »Das Gericht nimmt gerne davon Kenntnis, daß die Verteidigung Anstrengungen macht und bemüht ist, mit uns im Verfahren zusammenzuarbeiten. Nach der Vertagung wird der Gerichtshof versuchen, die beste Methode zu finden, die Verteidiger mit möglichst vielen Übersetzungen zu versehen, und Sie haben recht, wenn Sie sagen, daß Sie Einsprüche gegen jedes Dokument auch später machen können, nachdem Sie Zeit gehabt haben, es durchzulesen und zu prüfen.«
»*Dr. Dix*: Ich danke dem Herrn Vorsitzenden.«[36]

Nach einer Sitzungspause von zehn Minuten erklärt der US-Ankläger Oberst Storey dem Gericht: »Während der Pause sind die Verteidiger und die Anklagevertretung zu einer Vereinbarung gekommen, die ... bestimmt, wie die Schriftsätze den Angeklagten zugehen sollen. Abschriften der Dokumente, die als Beweis vorgelegt werden, werden in deutscher Übersetzung im Büro der Verteidigung aufliegen. Wenn irgendeiner der deutschen Verteidiger seinem Klienten eine Photokopie zeigen will, kann er dies im Verteidigerraum tun. Die Schriftsätze, die wir dem Hohen Gericht zur Unterstützung geben, werden auch den Verteidigern, und zwar in englischer Sprache, zugestellt werden. Wenn irgendein Verteidiger Schwierigkeiten mit der Übersetzung hat, dann stehen ihm im Büro der Verteidigung deutschsprechende Offiziere, die behilflich sein werden, zur Verfügung.«[37]

Ein anderes Problem spricht Hans Franks Verteidiger Dr. Alfred Seidl an, als er bemerkt: »... Den Angeklagten wurde zusammen mit der Anklageschrift ein Verzeichnis der Urkunden übergeben. In diesem Verzeichnis heißt es einleitend: ›Jedem einzelnen der in der Anklageschrift genannten Angeklagten wird mitgeteilt, daß die Anklagevertretung einige oder sämtliche der in der Anklage aufgeführten Urkunden benutzen wird, um die in der Anklageschrift aufgezählten Punkte zu erhärten.‹ Es sind nun von dem Hauptanklagevertreter heute morgen ungefähr 12 Dokumente dem Gericht übergeben worden; es hat sich bei der Durchsicht jenes Verzeichnisses ergeben, daß kein einziges dieser Dokumente darin aufgeführt ist. Wir stehen also jetzt schon, am Anfang des Prozesses, vor der Tatsache, daß Dokumente dem Gericht übergeben werden, von deren Inhalt der Angeklagte nicht nur keine Kenntnis hat, sondern daß Dokumente zum Gegenstand der Beweisaufnahme gemacht werden, die nicht einmal in diesem Verzeichnis aufgeführt sind ... und ich muß Ihnen gestehen, daß unter diesen Umständen eine sachdienliche Verteidigung völlig unmöglich ist ...«[38]

Am 9. Verhandlungstag kommt es infolge der so gearteten Unklarheiten denn auch schon zu der ersten scharfen Reibung zwischen der Verteidigung und der Anklage. Ausgelöst wird sie von Keitels Verteidiger Dr. Otto Nelte, der seine Nürnberger Aufgabe als nationale Pflicht auffaßt und eine Bezahlung seiner Tätigkeit abgelehnt hat: »... meines Wissens«, erklärt er aggressiv, »war zwischen der Anklagebehörde und der Verteidigung eine Vereinbarung getroffen, wenn immer möglich, vorher bekanntzugeben, was am nächsten Tage verhandelt werden soll. Der klare Zweck dieser ... vernünftigen Vereinbarung war, den Verteidigern die Möglichkeit zu geben, über die bevorstehenden Fragen mit den Angeklagten zu sprechen und dadurch den glatten und raschen Verlauf des Prozesses sicherzustellen. Ich habe nicht gehört, daß heute (am 28. November 1945) der Zeuge (Erwin) Lahousen (ein 1897 in Wien geborener General, den die Anklage im Zusammenhang mit dem deutschen Einmarsch in Österreich als Zeugen vernahm) von der Anklagebehörde eingeführt werden soll; auch nicht, über welche Fragen er verhört werden soll. Es wäre dies auch deshalb besonders wichtig, weil wir heute, wie ich glaube, den Zeugen Lahousen nicht über Fragen hören sollen, die im Zusammenhang mit dem Vortrag der Anklagebehörde in den letzten Tagen stehen.«[39]

Dann entspinnt sich folgender Disput zwischen dem Vorsitzenden und Dr. Nelte, der zunächst hören muß: »Das ist das Gegenteil von dem, was ich gesagt habe. Ich habe gesagt, daß der Zeuge auf Aussagen beschränkt werden soll, die sich auf Anklagepunkt 1 beziehen, welcher bis heute als einziger Punkt besprochen worden ist.«

Dr. Nelte: Meint der Herr Präsident in diesem Zusammenhang, daß der Verteidigung, um die Möglichkeit zu haben, den Zeugen auch im Kreuzverhör zu vernehmen, die Möglichkeit gegeben wird, nach der Vernehmung durch die Anklagebehörde in einer Pause mit den Angeklagten zu sprechen, damit sie wissen, welche Fragen sie zu stellen haben? Der Zeuge Lahousen war, soviel ich mich entsinne, in dem bisherigen Vortrag der Anklagebehörde nicht erwähnt.

Vorsitzender: Ist das alles, was Sie zu sagen haben?

Dr. Nelte: Jawohl.«[40]

Nach dieser betont preußisch-soldatischen Antwort Neltes ruft der Vorsitzende nach dem Hauptankläger der USA, der der Diskussion ein Ende setzen soll. »Ich glaube«, sagt er einfach, »der Gerichtshof möchte gern den Vertreter der Vereinigten Staaten über die vom Verteidiger des Angeklagten Keitel erwähnte Vereinbarung hören, dahingehend, daß das, was am nächsten Tag besprochen werden soll, vorher den Verteidigern der Angeklagten mitgeteilt werde.«[41]

Und Justice Jackson enttäuscht ihn nicht:

»Ich kenne«, erklärt Jackson, »keine Vereinbarung, die besagt, daß den Verteidigern der Angeklagten über irgendeinen Zeugen oder dessen Aussage Mitteilung zu machen sei.«[42] Und dann bekennt er offen: »Ich würde auch keine solche treffen wollen.«[43] Bevor noch die Deutschen so recht begriffen haben, was geschehen ist, hören sie den Hauptankläger der USA sagen: »Ich bin auch sicher, daß wir ihnen mitgeteilt haben, sie würden über alles Dokumentenmaterial unterrichtet werden; ich glaube, das wurde eingehalten. Wenn es sich jedoch um Zeugen handelt, so ist eine praktische Erwägung maßgebend. ... (sie) sind nicht immer Gefangene. Sie müssen in etwas anderer Art behandelt werden als Gefangene,[44] und die Wahrung ihrer Sicherheit ist von größter Bedeutung, da wir diesen Prozeß geradezu in der Hochburg des Nazitums durchführen, mit dem einige Verteidiger identifiziert wurden.«[45] Selbst der geistig trägste Angeklagte begreift die Situation, nachdem der Vorsitzende festgestellt hat: »Ich glaube, das genügt, Justice Jackson. Wenn Sie dem Gerichtshof sagen, daß eine solche Vereinbarung nicht besteht, so wird der Gerichtshof dies natürlich akzeptieren.«[46]

Die dann folgenden Einwendungen der Verteidigung – Dr. Stahmer für Göring und Dr. Dix für Schacht – schnitt der Vorsitzende mit der kategorischen Feststellung ab: »Der Gerichtshof wird die Anträge, die im Namen der Verteidigung gestellt worden sind, bezüglich der Dinge, die Ihnen mitgeteilt, und der, die Ihnen nicht mitgeteilt werden sollen, erwägen.«[47]

Mitte November 1945 wird Jacksons Stab vertraulich ein Film vorgeführt, der besonders wirksame Argumente für die Anklagepunkte Verschwörung und Planung eines Angriffskrieges liefern und die »Nazi-Plan«-Version der Anklage mit bildhaft einprägsamen Fakten untermauern soll. Das Ergebnis erweist sich jedoch als ein zweischneidiges Schwert. Geradezu betroffen reagieren einige der Amerikaner auf die Tatsache, daß die Deutsche Wehrmacht beim Einmarsch in Österreich, ins Sudetenland und ins Saargebiet von der Bevölkerung mit frenetischem Beifall und Jubel begrüßt worden ist. Der Film nützt, wenn bestimmte Szenen nicht getilgt werden, mehr der Verteidigung als der Anklage. So wird Jackson denn auch empfohlen, entsprechende Maßnahmen zu treffen.

Am 29. November 1945, zwei Wochen nach dem Filmexperiment der Amerikaner und sieben Tage nach der Erklärung des US-Obersts Robert G. Storey über die Herkunft der Dokumente, wird den Angeklagten ein Film vorgeführt, auf den die meisten entsetzt und betroffen reagieren. Sie sehen, was in den deutschen Konzentrationslagern geschehen ist, für die sie sich hier – je nach Stellung und Engagement – zu verantworten haben. Einige schluchzen, verdecken ihr Gesicht und können ihr Entsetzen nicht verbergen. Alfred Jodl schreibt seiner Frau danach: »Diese Tatsachen sind das furchtbarste Erbe, das das Regime des Nationalsozialismus dem deutschen Volk hinterlassen hat. Das ist viel schlimmer als die Zerstörung der deutschen Städte. Die Ruinen können als ehrenvolle Wunden des Kampfes eines Volkes um seine Existenz gelten. Diese Schmach aber besudelt alles, die Begeisterung unserer Jugend, die ganze Wehrmacht und ihre Führer. Ich habe schon ausgeführt, wie planmäßig wir alle in dieser Richtung getäuscht worden sind. Die Anklage, daß wir alle von diesen Zuständen gewußt hätten, ist falsch. Ich hätte ein solches Leiden nicht einen Tag ertragen.«[48]

Alle Angeklagten, außer Rudolf Heß, Alfred Rosenberg und Julius Streicher, besuchten die sonntäglichen Gottesdienste in der Gefängniskapelle, wo sie dem Druck der Verhältnisse wenigstens vorübergehend entfliehen zu können hofften. Einige sannen auf Selbstmord. Albert Speer hatte auf Schloß Kransberg von einem Wissenschaftler beziehungsvoll gehört, daß das zerkrümelte und in Wasser aufgelöste Nikotin einer Zigarre ausreiche, sich das Leben zu nehmen. Eine Zigarre gehörte seitdem zu seinen Utensilien. »Doch von der Absicht bis zum Entschluß«, sinnierte er ein Vierteljahrhundert später, »ist ein sehr weiter Weg.«[49] Ganze Sammlungen von Rasierklingen, Schnürsenkeln, Messern und anderen Gegenständen, die sich als »Selbstmordwerkzeuge« eigneten, wurden in den Zellen der Gehenkten gefunden. Keiner von ihnen hatte sie für diesen Zweck ernsthaft zu benutzen versucht.

Die von den Alliierten erbeuteten Dokumenten-Berge ängstigten die Angeklagten anfänglich naturgemäß am meisten, zumal sie nicht einmal mehr wußten, was sie im Laufe der Jahre alles unterschrieben oder paraphiert hatten. Speer empfand, daß diese Last »grauenhaft und eigentlich nur erträglich« gewesen sei, »weil die Nerven von Mal zu Mal stumpfer wurden. Noch heute«, schrieb er 1969, »verfolgen mich Aufnahmen, Dokumente und Briefe, die so ungeheuerlich wie unglaubwürdig schienen.«[50] Doch auch die Zeugenaussagen fürchteten sie; denn niemand von ihnen wußte, wie ihre Zeugen reagieren würden, wenn sie sich, was jederzeit geschehen konnte, durch ihre Aussagen womöglich selbst in Gefahr brächten.

Wie in einem so beispiellosen Monsterverfahren nicht anders möglich, hatte sich bald ein ausgesprochener Routinebetrieb eingespielt. Von morgens bis 12 Uhr dauerten die Verhandlungen. Dann folgte die Essenausgabe in den oberen Räumen des Justizgebäudes. Von 14 bis 17 Uhr fanden wiederum Verhandlungen statt. Danach kehrten die Angeklagten in ihre Zellen zurück und führten bis gegen 22 Uhr Besprechungen mit den Verteidigern in den eigens dafür eingerichteten Räumen. Nur an Samstagen und Sonntagen tagte das IMT nicht, was die Angeklagten und ihre Verteidiger für ausführliche Besprechungen nutzen konnten.

Hans Fritzsche, den das IMT freisprach, berichtete später über den Verlauf der Verhandlungen, die monoton abliefen, wenn nichts Ungewöhnliches geschah: »Wer den Saal betrat, sah eine Anzahl Menschen in tiefem Schweigen und in gemessener Haltung. Irgendwo hörte er irgend jemand sprechen. Aber die Worte klangen so gedämpft wie eine private Unterhaltung. Der unvorbereitete Besucher erlebte so gut wie nichts. Bestenfalls sah er ein stummes Bühnenstück mit überraschend geringer Handlung. Nichts deutete darauf hin, daß hier die Siegermächte die Schuld am Ausbruch und an der Führung des Zweiten Weltkrieges festlegen wollten ... Erst wer den Kopfhörer aufnahm ... merkte, daß hier überhaupt etwas geschah. Was der jeweils Redende so leise sprach, daß kaum der Nachbar ihn verstand, gewann nun Leben. Dies war das eigenartige Bild einer Verhandlung, die gleichzeitig in vier Sprachen geführt wurde.«[51]

Die von der Verteidigung infolge der angloamerikanischen Verfahrensweise und der Unterschiedlichkeit des Informationsstandes anfänglich ausgehende Unsicherheit, die auch insofern geschürt wurde, als außerhalb des Justizgebäudes Behauptungen aufkamen, daß die Verteidiger die bis 1945 führenden »Nazis« zu retten versuchten, wich bald einem nüchtern sachbezogenen Bild. Die Angeklagten, die ihre Verteidiger meist nicht einmal dem Namen nach gekannt hatten, bevor sie ihnen in Nürnberg gestatteten, sie vor dem IMT zu verteidigen, gewannen rasch die Überzeugung, daß ihre Anwälte infolge ihrer soliden juristischen Ausbildung in der Lage sein würden, zu einem »Gegenschlag« auszuholen, wenn es an der Zeit sein würde.

Seit Ende Oktober 1945 hatten die Verteidiger Zeit gehabt, mit ihren Mandanten vertraut zu werden, sich in das für die meisten von ihnen fremde Verfahren und in die Materie hineinzufinden, die sich ihnen nicht nur in den Argumenten der Ankläger und Angeklagten, sondern auch in genau 2736 Dokumenten der Anklage und in den Erklärungen der 29 Zeugen darbot, die die Anklage in 72 Verhandlungstagen präsentierte. Die – insgesamt 72 Verhandlungstage währenden – Vorträge der Anklage, meist monotone Wiederholungen aus den Belastungsdokumenten, die die am Prozeß beteiligten Personen bald ermüdeten, Langeweile und das »große Gähnen« aufkommen ließen,[52] boten den Verteidigern eine willkommene Möglichkeit, die Materie wiederholt aus der von der Anklage dargebotenen Sicht kennenzulernen. Dennoch beantragten sie am 4. Februar 1946 eine Verhandlungspause, weil sie der Ansicht waren, noch nicht angemessen vorbereitet zu sein.[53]

Das IMT kam ihnen am 19. Februar 1946 mit der Entscheidung entgegen, nach dem Vortrag der Anklage gegen die einzelnen Angeklagten Verhandlungen gegen Gruppen und Organisationen einzuschieben und in der Zeit auch Verfahrensfragen und Probleme der Dokumentation zu behandeln, so daß die Verteidigung noch einmal sieben Tage Zeit gewann.

Das besondere Interesse der Angeklagten konzentrierte sich, je nach ihrem einstigen Arrangement, wechselweise beispielsweise auf Ereignisse wie Katyn, auf die russische Beteiligung am Polenfeldzug und auf Stalins Krieg gegen Finnland. Daß sie den jeweiligen Zeugenaussagen mit zum Teil ängstlicher Spannung entgegensehen mußten, lag auf der Hand, zumal Leute wie der Generalfeldmarschall Friedrich Paulus, der in Stalingrad kapituliert hatte und von den Russen seitdem für das IMT als Zeuge der Anklage so präpariert worden war, daß er gelegentlich sogar von »den Angeklagten« sprach, dem Zugriff der Verteidigung einfach entzogen wurden. Dr. Siemers' Assistent, Viktor Freiherr von der Lippe, berichtete 1951 beispielsweise, daß die Russen jeden Kontakt mit ihrem Kronzeugen Paulus unterbanden und ihn, »wie zu hören ist ... per Flugzeug« wieder zurückbefördern würden, sobald er ausgesagt habe.[54]

Die anfänglichen Vorbehalte einiger Angeklagter gegenüber ihren Anwälten wichen schlagartig. Je mehr sie sich voneinander entfernten, um so mehr schlossen sie sich ihren Verteidigern an. Kranzbühler, Exner, Stahmer und Kubuschok, um hier zunächst nur sie zu nennen, nahmen nicht nur ihre Mandanten rasch für sich ein, auch wenn sie die ihnen gesetzten Grenzen nicht überschreiten durften. Kubuschok gelang es zum Beispiel, auf dem Wege einer Gegenleistung im Sinne des »Schlägst du meinen Esel nicht, schlage ich deinen Esel nicht«, die Anklage zu bewegen, einen Zeugen zurückzuziehen, der seinen Mandanten von Papen belastete.

Zwischen dem Antrag der Verteidigung vom 4. Februar und der Entscheidung des Gerichts vom 19. Februar 1946 kam eines der Ereignisse zur Sprache, auf das die meisten Angeklagten seit Beginn des Prozesses warteten: Katyn. Dieser Fall, so hofften sie, würde zweierlei an den Tag bringen: erstens die Tatsache, daß nach ihrer Meinung jetzt nicht nur sie, sondern auch die Sowjets auf die Anklagebank gehörten; und zweitens, daß das IMT nur über sie, die Repräsentanten der Besiegten, zu Gericht sitze. Daß Jackson die Absicht der Sowjets, die das IMT anfänglich infolge der Erklärungen von Moskau und Jalta als ein rein demokratisches Theater ansahen, Katyn in die Anklageschrift einzubeziehen, inzwischen zu Fall gebracht hatte, wußten sie nicht.

Mit bissigem Hohn und überlegen demonstriertem Spott quittierten die Angeklagten die Ausführungen Rudenkos, als er sie am 8. Februar 1946 der von ihnen zu verantwortenden Ausrottungspolitik in Polen beschuldigte. Göring und Heß nahmen demonstrativ ihre Kopfhörer ab, Schirach lachte hämisch. »Zum ersten Male«, so hatte Rudenko feierlich moralisierend deklamiert, »stehen Verbrecher vor dem Richter, die sich eines ganzen Staates bemächtigt und diesen Staat selbst zum Werkzeug ihrer ungeheuerlichen Verbrechen gemacht hatten ... Am 1. September 1939 fielen die faschistischen Angreifer unter treuloser Verletzung der früher abgeschlossenen Verträge über Polen her. Das polnische Volk wurde einer Massenausrottung unterworfen, die polnischen Städte und Dörfer wurden erbarmungslos zerstört ... Es werden uns ... Beweise für die ungeheuerlichen Verbrechen vorgelegt werden, die von den Hitleristen in Polen begangen wurden ...«[55]

Daß Deutsche in Polen furchtbare Verbrechen begangen hatten, brauchte 1946 nicht erst durch den Nürnberger Prozeß bewiesen zu werden. Vieles wußten einige Angeklagte daher zwangsläufig besser als die Anklagebehörde. Aber sie wußten auch, daß die Russen 15.000 polnische Kriegsgefangene, darunter 8.300 bis 8.400 Offiziere und 800 Ärzte, die während des Krieges als »verschwunden« galten, im Wald von Katyn in der Nähe von Smolensk ermordet hatten – lange bevor die Deutschen dort waren.[56]

Daß General Rudenko in den nun folgenden Verhandlungen Katyn nicht mehr aus dem Prozeß ausklammern konnte, war ein Verdienst der Verteidigung, die nicht nur aus – in diesem Fall objektiven – deutschen Publikationen der Hitler-Zeit wußte, daß es sich um sowjetische Verbrechen handelte, sondern in Nürnberg auch in Erfahrung gebracht hatte, daß die nationalsozialistische Staatsführung sich von August 1939 bis Juni 1941 auf ein Geheimes Zusatzabkommen zum Nichtangriffsvertrag hatte stützen können, das mit Datum vom 23. August 1939 zwischen dem Reich und der UdSSR abgeschlossen worden war.*

Als Alfred Jodl am 5. Juni 1946 im Zeugenstand über die deutsch-sowjetischen Gemeinsamkeiten während des Polenfeldzuges berichtete, der als Angriffskrieg galt, herrschte im Gerichtssaal betretenes Schweigen, das seitens des Gerichts nur durch die Frage des Vorsitzenden an den Generaloberst unterbrochen wurde, ob er »etwas schneller sprechen« wolle.[57] »Als wir noch drei Tagesmärsche von der Weichsel entfernt waren«, erklärte Jodl, »da informierte mich zu meiner größten Überraschung, ich glaube, der Vertreter des Auswärtigen Amtes im Führerhauptquartier dahingehend, daß Sowjetrußland die polnischen Gebiete ... östlich einer vereinbarten Demarkationslinie zeitgerecht durch sowjetische Truppen besetzen würde. Als wir nun uns dieser vereinbarten Demarkationslinie (näherten), die mir auf einer Karte gegeben wurde ... es war die Linie: ostpreußisch-litauische Grenze – Narew-Weichsel-San, da telephonierte ich nach Moskau an den Militär-Attaché und unterrichtete ihn, daß wir voraussichtlich im Laufe des morgigen Tages an einzelnen Stellen diese Demarkationslinie erreichen könnten ... Als wir ... am übernächsten Tage die Demarkationslinie erreichten und in Verfolgung der Polen auch überschreiten mußten, bekam ich ... aus Moskau, nachts 2.00 Uhr, die Mitteilung, daß um 4.00 Uhr früh die sowjetrussischen Divisionen auf der gesamten Front antreten würden. Das ist auch pünktlich geschehen, und ich habe dann einen Befehl entworfen, daß unsere deutschen Truppen überall dort, wo sie die Verbindung mit den Sowjettruppen aufgenommen hätten und nach Vereinbarungen mit diesen, hinter die Demarkationslinie zurückzugehen hätten.«[58]

Katyn wurde in Nürnberg jedenfalls augenblicklich zu einem Symbolbegriff und Reizwort nicht nur für diejenigen, die das IMT ablehnten.

Die durch Presseberichte aufgewühlte Weltöffentlichkeit, die infolge ihrer Informationen beispielsweise über die deutschen Konzentrationslager noch weitgehend überzeugt war, daß Verbrechen gegen die Menschlichkeit und Völkermord während des Krieges nur von den Deutschen begangen worden seien, reagierte geradezu entsetzt. Bereits am 15. Februar 1946 rieten elf polnische Senatoren und zehn Abgeordnete der polnischen Exilregierung in London dem amerikanischen Hauptankläger Robert Jackson, Katyn aus dem IMT auszuklammern, da das »einer eigenen Untersuchung und Verhandlung« bedürfte.[59] Doch

* An dieser Steile erübrigt sich, das seit Nürnberg sehr oft zitierte Geheime Zusatzabkommen zum Nichtangriffsvertrag ausführlicher zu kommentieren. Hier genügt der Hinweis auf die in diesem Zusatzabkommen formulierte deutsch-russische Vereinbarung, daß die beiderseitigen Interessensphären für den Fall territorial-politischer Umgestaltungen in Osteuropa durch die Linie der Flüsse Narew, Weichsel und San abgegrenzt worden waren.

es war bereits zu spät. Die Russen hatten den Fall so nachdrücklich ins Gespräch gebracht, daß das IMT in der Situation nicht mehr zurückkonnte. Auf dem Tisch lag der Bericht der sowjetischen Kommission,[60] die den Deutschen das Massaker anlastete.

Die sowjetische Anklage, die vermutlich wußte, daß ihre »Dokumentation« eine Fälschung war,* schlug nun vor, von der Reaktion überrascht, die Sache ohne Zeugenvernehmungen rasch zu erledigen und die sowjetische »Dokumentation« als nicht anzweifelbaren Beweis für die Schuld der Deutschen zu akzeptieren, was die Verteidigung zurückwies. Rudenkos Bemühungen, den Antrag der – in diesem Punkte sehr gut informierten – Verteidigung auf Anhörung von Zeugen durch die Behauptung zu Fall zu bringen, daß »dieser verbrecherische Akt der Hitleranhänger durch das von der sowjetischen Anklage vorgelegte Beweismaterial eindeutig nachgewiesen worden« sei,[61] blieben erfolglos. Das Gericht entschied:[62] drei Zeugen für die Anklage, drei Zeugen für die Verteidigung.** Die sowjetische Anklage benannte Dr. Prosorowsky, Prof. Basilevsky und Dr. Markov als ihre Zeugen. Prosorowsky war Mitglied der von den Sowjets eingesetzten Kommission gewesen, die dieses Verbrechen auf die Deutschen abgewälzt hatte. Basilevsky wußte nur vom Hörensagen etwas und konnte nichts beweisen, und der bulgarische Prof. Marko Antonow Markov, der den seinerzeitigen deutschen Bericht unterzeichnet hatte, der die Russen belastete, war ein Opportunist und widerrief, was er 1943 für wissenschaftlich erwiesen gehalten und – nach Feststellungen des Untersuchungsausschusses des US-Kongresses – mehrfach freiwillig bekundet hatte,[63] nämlich, daß die Russen dieses Verbrechen begangen haben müßten.

Die sowjetische Anklage machte es dem eingeschüchterten Markov, den die Sowjets nach ihrem Einmarsch in Bulgarien verhaftet und wegen seiner Beteiligung an den von den Deutschen arrangierten Untersuchungen der Internationalen Kommission über Katyn als »Volksfeind« vor Gericht gestellt hatten,[64] in Nürnberg nach außen hin leicht, seine ursprünglichen Angaben zu widerrufen

* 1951 wies der Sonderausschuß des 1949 ins Leben gerufenen Amerikanischen Komitees zur Untersuchung des Massakers in Katyn e.V. nach Untersuchungen und Zeugenanhörungen in Washington, Chicago, London, Frankfurt, Berlin und Neapel einstimmig und zweifelsfrei nach, daß die polnischen Gefangenen von den Russen ermordet worden sind. Vgl. US-Repräsentantenhaus, Sonderausschuß für das Massaker im Wald von Katyn. *The Katyn Forest Massacre* ... 82. Kongreß, 1. und 2. Sitzung, 1951/52. (Washington, U.S.-Government Printing Office, 1952.) Fortan zit. als: 82. Kongreß (... und Sitzung, Seite und Jahr).

** Einer der Zeugen der Verteidigung, Oberst Friedrich Ahrens, meldete sich freiwillig in Nürnberg, wo er am 15. 3. 1946 unter anderem schriftlich erklärte: »Im Rundfunk habe ich gehört, daß mich der Verteidiger von Hermann Göring als Zeuge in der Sache Katyn angegeben hat ... Ich bin ... aus eigenem Entschluß hierher gefahren und habe mich ... zur Verfügung gestellt ...« Maschinentext, 7 DIN-A4-Seiten. Unterschrift: Friedrich Ahrens. Dok. im Besitz des Autors.

und als Ergebnis eines Zwanges darzustellen. Doch beiden, den Klägern und dem Zeugen, war nicht wohl dabei. Smirnows Erregung ging am 2. Juli 1946 beispielsweise soweit, daß der Vorsitzende ihn bitten mußte, Markov nicht immer zu unterbrechen und so die vollständige Übersetzung der Fragen und Antworten zu unterbinden. »Sie unterbrechen den Dolmetscher immer«, sagte er und fuhr fort: »Bevor er die Antwort ganz übersetzt hat, stellen Sie schon die nächste Frage. Es ist ... schwer, den Dolmetscher zu hören.«[65] Und bei solchen Hinweisen blieb es nicht, wie das im folgenden zitierte Beispiel aus dem Verhandlungsprotokoll zeigt:

»*Oberjustizrat Smirnow*: Bitte beantworten Sie folgende Frage: Auf welche objektiven gerichtsmedizinischen Tatsachen stützt sich das Urteil der Kommission darüber, daß die Leichen mindestens drei Jahre unter der Erde gewesen sind?

Vorsitzender: Wollen Sie bitte die Frage noch einmal stellen? Ich habe die Frage nicht verstanden.

Oberjustizrat Smirnow: Ich habe gefragt, auf welche objektiven gerichtsmedizinischen Tatsachen die Schlußfolgerung in dem Protokoll der internationalen medizinischen Kommission gegründet ist, daß die Leichen nicht weniger als drei Jahre unter der Erde waren?

Vorsitzender: Hat er gesagt, daß dies die von ihm gezogene Schlußfolgerung war? Nicht weniger als drei Jahre?

Mr. Biddle: Das hat er nicht gesagt.

Vorsitzender: Das hat er überhaupt nicht gesagt. Er hat niemals gesagt, er sei zu der Schlußfolgerung gekommen, daß die Leichen mindestens drei Jahre in der Erde waren.

Oberjustizrat Smirnow: Er hat diesen Schluß nicht gezogen. Aber Professor Markov hat zusammen mit anderen Mitgliedern der Kommission das gemeinsame Protokoll der Internationalen Kommission unterzeichnet.

Vorsitzender: Ich weiß, gerade deshalb habe ich Sie gebeten, die Frage zu wiederholen. Die Frage, die uns übersetzt wurde, lautete: Worauf kamen Sie zu der Schlußfolgerung, daß die Leichen mindestens drei Jahre in der Erde waren? Das ist gerade das Gegenteil von dem, was er sagt ...«[66]

Schon zuvor hatte der Vorsitzende in das Verhör eingegriffen und den sowjetischen Oberjustizrat darauf hingewiesen, daß es nicht erlaubt sei, Suggestivfragen zu stellen. Das Protokoll verzeichnet:

»*Oberjustizrat Smirnow*: Demnach sind Datum und Ort, die im Protokoll angegeben sind, falsch?

Markov: Jawohl, so ist es.

Oberjustizrat Smirnow: Und Sie haben das Protokoll unterschrieben, weil Sie in einer Zwangslage waren?

Vorsitzender: Oberst Smirnow! Es ist nicht zulässig, Suggestivfragen zu stellen. Er hat doch die Tatsache festgestellt. Es ist unnötig, Folgerungen daraus abzuleiten.«[67]

Die Feststellung des Vorsitzenden des IMT vom 1. Juli 1946, daß er »nicht die Absicht« habe, die Frage der in diesem Falle außergewöhnlich selbstbewußten Verteidigung »zu beantworten«, wem »der Fall Katyn zur Last gelegt werden«[68] solle, charakterisiert treffend, was das IMT in diesem Zusammenhang anstrebte. Bereits am 28. März 1945, rund vierzehn Tage vor seinem Tod, hatte der US-Präsident Roosevelt seinem einstigen Gesandten in Bulgarien und Portugal, George Howard Earle, schriftlich verboten, die von ihm ermittelten Details über die Schuld der Russen an Katyn zu veröffentlichen. Kategorisch untersagte er ihm um der russisch-amerikanischen Beziehungen willen, seine Feststellungen bekanntzumachen, und ebenso unmißverständlich ließ er Earle wissen, was ihn erwarte, wenn er nicht für sich behalte, was er festgestellt habe. Roosevelts Brief spricht für sich:

»Lieber George,
ich habe Ihren Brief vom 21. März an meine Tochter Anne gelesen und habe mit Besorgnis von Ihrem Plan Kenntnis genommen, Ihre ungünstige Meinung über einen unserer Alliierten zu genau der Zeit öffentlich bekanntzumachen, zu welcher eine solche Veröffentlichung durch einen meiner früheren Gesandten unseren Kriegsanstrengungen nicht wieder gutzumachenden Schaden zufügen könnte. Wie Sie sagen, hatten Sie wichtige Vertrauensstellungen unter Ihrer Regierung. Die Veröffentlichung von in solchen Stellungen erhaltenen Informationen ohne ordentliche Ermächtigung wäre ein um so größerer Vertrauensbruch. Sie sagen, daß Sie veröffentlichen werden, wenn Sie nicht vor 28. März mitgeteilt bekommen, daß ich es nicht wünsche. Nicht nur wünsche ich es nicht, sondern ich verbiete Ihnen ausdrücklich, irgendwelche Informationen oder irgendwelche Ansicht über einen Alliierten zu veröffentlichen, die Sie sich während Ihrer Dienstzeit als Gesandter oder bei der Marine der Vereinigten Staaten angeeignet haben.
Was Ihren Wunsch betrifft, Ihren aktiven Dienst fortzusetzen, so werde ich irgendwelche früheren Vereinbarungen zurückziehen, nach welchen Sie als mein Gesandter fungieren, und ich werde das Marinedepartment anweisen, Sie weiter zu beschäftigen, wo immer Ihre Dienste verwendet werden können. Es tut mir leid, daß der Druck der Geschäfte mich hindert, Sie am Montag zu sprechen. Ich schätze unsere alte Verbindung und hoffe, daß Zeit und Umstände eines Tages die Wiederherstellung unseres guten Einvernehmens erlauben mögen.

Aufrichtig der Ihre
Franklin D. Roosevelt«[69]

Nach dem Ende des Krieges in Europa war Truman ebenso bemüht, die Sowjets nicht zu verprellen, zumal auch er – wie Roosevelt[70] – die Hilfe der Russen für den Krieg gegen Japan wünschte. Auch wenn er Stalin nicht so gern wie sein Vorgänger mochte, unterband er alles, was Stalin auch nur hätte verstimmen können. Alle Unterlagen, die die Russen belasteten, verschwanden in Tresoren. Winston Churchill lehnte noch 1952 ab, sich über Katyn zu äußern,[71] obwohl er schon im März 1946 in seiner berühmt gewordenen »Fulton-Rede« die Sowjets angegriffen, der ideologisch begründeten Expansionspolitik geziehen und den Westen zur – auch militärischen – Wachsamkeit ermahnt hatte. In Nürnberg stand die Verteidigung auf verlorenem Posten. Das Urteil des IMT erwähnt Katyn mit keinem Wort.

Am 19. März 1946 leiteten die Verteidiger Dr. Siemers und Dr. Dix eine Auseinandersetzung ein, die Jackson so schlecht gegen Göring aussehen ließ, daß ausländische Journalisten sich über ihn lustig machten, Göring als strahlenden Sieger schilderten,[72] von einer Deklassierung Jacksons »zum Affen« sprachen und den Assistenten des Göring-Verteidigers ironisch witzelnd fragten, ob der seit Juni 1945 um 35 Kilogramm leichter gewordene Reichsmarschall bereit sei, noch Beitrittserklärungen für die NSDAP entgegenzunehmen.[73] Der für viele Presseorgane in aller Welt maßgebliche Korrespondent der Nachrichtenagentur *Associated Press* (*AP*), der anfänglich nur zwei Worte über Görings Auftritt kabeln sollte, telegrafierte bereits am 16. März: »*Very clever*«.[74]

Schon am 15. März, dem dritten Tag seiner Göring-Vernehmung, hatte Jackson keine gute Figur gemacht. So souverän, wie er sich als Hauptankläger der USA zu geben versuchte, war er gegenüber Göring nicht. Die Vorstellung, sich mit dem zweiten Mann nach Hitler messen zu müssen – was vor allem in der Presse unentwegt hervorgehoben wurde –, belastete ihn zweifellos so sehr, daß er in dieser Phase der Gerichtsverhandlungen gelegentlich seine eigentliche Form verlor. Ungeschickt und vom Vorsitzenden wiederholt zurechtgewiesen,[75] griff er in der Wahl seiner Worte daneben und gab sich zuweilen geradezu der Lächerlichkeit preis. Seine Nervosität war nicht zu übersehen. Wiederholt war Göring dem US-Ankläger so überheblich und selbstsicher ins Wort gefallen,[76] daß er gelegentlich wie ein subalterner Justiz-Beamter wirkte. Die Tatsache, daß der Vorsitzende des IMT, der betont die Buchstaben des Statuts zu erfüllen und offensichtliche Benachteiligungen zu vermeiden versuchte, seit dem 12. März, seit Hermann Göring im Zeugenstand stand, Jacksons Eingriffe unterband, wenn sie seinen Rechtsvorstellungen nicht entsprachen, bewirkte ein übriges. Der britische Richter Sir Norman Birkett hatte bereits in den ersten zehn Minuten des Wortgefechts das Gefühl, »daß nicht der amerikanische Hauptankläger, sondern der Reichsmarschall Herr der Lage« sei.[77]

Da dieses Wortgefecht im Laufe der Jahre durch zahlreiche Übertreibungen, Verzeichnungen und eindeutig unterlegte Wunschvorstellungen (so wurde und wird beispielsweise immer noch behauptet, daß der sowjetische Hauptankläger fassungslos und irritiert sogar mit einer Pistole auf Göring geschossen habe) den Charakter einer neuerlichen »Dolchstoßlegende« zu bekommen droht, werden die wichtigsten Passagen des Sitzungsprotokolls im folgenden wörtlich (und nur knapp kommentiert) zitiert:

»*Dr. Siemers*: Ich weiß nicht recht ... warum die Verteidigung immer wieder Urkunden, die im Gericht besprochen ... und ... dem Gericht vorgelegt werden, nicht erhält ... Ich habe ... bereits ... mehrfach festgestellt, daß Urkunden von der Anklage plötzlich vorgelegt werden, ohne daß man sich auch nur die Mühe macht, uns im geringsten zu beteiligen.

Justice Jackson: Das ist vollständig richtig. Ich glaube, daß jeder Anwalt weiß, daß eine der großen Fragen in diesem Verfahren die der Glaubwürdigkeit ist. Wenn wir jedoch beim Kreuzverhör jedes Dokument vorlegen sollen, ehe wir uns (nach der Aussage) ... darauf berufen können, dann wird die Aussicht auf ein erfolgreiches Kreuzverhör zunichte gemacht. Er (Göring) kannte dieses Dokument natürlich nicht. Wir haben aber hier die Erfahrung machen müssen, daß, wenn wir ein Dokument nach dem andern vorlegen, wir immer wieder Erklärungen bekommen, die sorgfältig vorbereitet waren und hier an Hand von Notizen verlesen wurden ... ich bin der Ansicht, daß Ihr Kreuzverhör nicht durch die Forderung beeinträchtigt werden soll, daß wir die Dokumente vorher vorzulegen haben ...

Dr. Siemers: Ich darf dazu zweierlei sagen: 1. Ich bin durchaus damit einverstanden, wenn Justice Jackson ... von dem Überraschungsmoment Gebrauch machen will. Ich wäre nur dankbar, wenn der Verteidigung dann auch gestattet wird, mit Überraschungsmomenten zu arbeiten. Uns ist ... bisher gesagt worden, daß wir jedes Dokument, das wir vorlegen wollen, wochenlang vorher zeigen müssen, damit die Anklage ... Zeit hat, hierzu Stellung zu nehmen.

2. Wenn mit einem Überraschungsmoment gearbeitet wird, dann ... sollte man zum mindesten uns, als den Verteidigern, diese Überraschung auch in dem Augenblick zukommen lassen, in dem ... man das Dokument dem Gericht und dem Zeugen überreicht. Ich habe aber ... weder die Dokumente des heutigen Tages noch die Dokumente der früheren Tage.

Vorsitzender: Was Sie soeben gesagt haben, trifft überhaupt nicht zu. Sie sind niemals gezwungen worden, Dokumente offenzulegen, die Sie einem Zeugen im Kreuzverhör vorlegen wollten. Es handelt sich hier um ein Kreuzverhör, und es steht deshalb der Anklagebehörde durchaus frei, einem Zeugen irgendein Dokument vorzulegen, ohne es vorher bekanntzugeben, genau so, wie es auch

der Verteidigung freisteht, einem von der Anklagebehörde aufgerufenen Zeugen irgendwelche Dokumente beim Kreuzverhör vorzulegen ... Das Gericht entscheidet daher, daß dieses Dokument dem Zeugen jetzt vorgelegt werden darf.
Dr. Siemers: Hat die Verteidigung die Möglichkeit, jetzt, wo es im ganzen Saal bekannt wird, das Dokument auch zu bekommen?
Vorsitzender: Sicherlich.
Dr. Siemers: Ich wäre dankbar, wenn ich jetzt ein Exemplar erhielte.«[78]

In diesem Augenblick reagierte Jackson zumindest ungeschickt: »Ich möchte«, sagte er betroffen, »ganz ehrlich sagen, daß ich nicht weiß, ob wir genügend Abschriften haben, um sie allen Verteidigungsanwälten auszuhändigen.« Daraufhin fragte der Vorsitzende, ob es nicht dennoch möglich sei, der Verteidigung wenigstens »ein oder mehrere Exemplare zur Verfügung« zu stellen.

Jacksons Reaktion, »Aber ich glaube nicht, daß wir Abschriften aushändigen sollten, bevor das auf dies Dokument bezügliche Verhör beendet ist«, bewog Dr. Dix augenblicklich, noch bevor Jackson zu Ende gesprochen hatte, zu fragen: »Ich möchte eine Bitte aussprechen; daß wenigstens die technischen Möglichkeiten – daß wenigstens den Verteidigern derjenigen *Defendants*, die gerade ... verhört werden, und zwar gleichzeitig mit dem Gericht, eine Abschrift der Urkunde gegeben wird, die dem Zeugen (*Defendant*) vorgelegt wird, damit sie in der Lage sind, genauso wie das Gericht, dem Verhör zu folgen. Wenn Justice Jackson gesagt hat ..., daß es richtig wäre, dem Verteidiger dieses Dokument ... erst zu geben, wenn das Verhör – in diesem Falle von Göring – beendigt ist, so bitte ich dringend, im Interesse der Würde und des Prestiges der Verteidigung, von dieser Anregung ... Abstand zu nehmen ... Deshalb fasse ich meine Bitte dahin zusammen: Wird in der *cross examination* zum Zwecke ... des durchaus gerechtfertigten Gesichtspunktes der Überraschung einem Zeugen ein Dokument vorgelegt, das gleichzeitig dem Gerichtshof vorgelegt wird, so soll zum mindesten im selben Moment der ... in Frage kommende Verteidiger ... auch eine Abschrift dieser Urkunde erhalten, damit er sich ... ein Bild über das machen kann, was dem Zeugen vorgehalten wird ... Göring konnte eben diese Urkunde lesen ... Stahmer konnte sie nicht lesen. Er war also außerstande, zunächst dem nächsten Teil der *cross examination* von Justice Jackson zu folgen. Das ist sicherlich nicht gewollt ... und ich darf deshalb Justice Jackson bitten, (sich) ... meiner Anregung und meinem Antrag anzuschließen, um so eine Einigkeit zu erzielen und damit den Gerichtshof der Entscheidung über eine meines Erachtens selbstverständliche Frage zu entheben.
Vorsitzender: Justice Jackson! Der Gerichtshof neigt zu der Ansicht – der Gerichtshof ist der bestimmten Ansicht, daß Sie vollständig recht haben und daß

... überhaupt keine Notwendigkeit besteht, dem Angeklagten das Dokument zu zeigen, bevor Sie es im Kreuzverhör verwenden. Würden Sie aber etwas dagegen einzuwenden haben, wenn dem Verteidiger des im Kreuzverhör zu vernehmenden Angeklagten eine Abschrift ausgehändigt wird, und zwar zu dem Zeitpunkt, zu dem Sie es im Kreuzverhör verwenden?

Justice Jackson: In manchen Fällen ist das ... praktisch unmöglich. Eine große Anzahl dieser Dokumente haben wir sehr spät bekommen. Unsere Vervielfältigungseinrichtungen sind beschränkt.

Vorsitzender: Ich wollte nicht sagen, daß Sie das Dokument allen geben sollten, sondern nur Dr. Stahmer.

Justice Jackson: Wenn wir Abschriften haben, so erhebe ich keinen Einspruch dagegen. Wenn wir sie aber nicht in deutscher Sprache haben – es ist immer sehr schwer für uns, deutsche Exemplare dieser Dokumente zu erhalten ...«

An dieser Stelle unterbrach Dr. Dix ihn mit der Frage: »Darf ich noch etwas sagen? Wenn es eben nicht in Deutsch geht, dann geht es sicherlich in Englisch ... Im übrigen wird ja, wenn es sich um deutsche Zeugen (wie Göring) handelt ... die Urkunde in deutscher Sprache vorgelegt; sie ist doch sicherlich dem Zeugen in deutscher Sprache vorgelegt ...«

Dann trat Dr. Siemers wider Erwarten an das Rednerpult, was den Vorsitzenden denn auch zu der Feststellung veranlaßte: »Wir brauchen wirklich nicht mehr als einen Verteidiger über einen derartigen Punkt zu hören. Der Gerichtshof hat bereits über Ihren Einspruch ... entschieden, daß Ihr Einspruch abgewiesen wurde.« Aber Siemers ließ sich nicht so einfach abweisen, » ... ich bedauere«, erklärte er, »mein Antrag ging dahin, daß die Verteidigung gleichzeitig mit dem Gerichtshof diese Urkunden bekommt. Ich bin nicht der Meinung ... daß nur ein Verteidiger es bekommt. Wenn es sich um ein Protokoll ... handelt ... das mehrere Angeklagte interessiert. Es genügt also nicht ein Exemplar, sondern es muß jeder Verteidiger dieses Exemplar haben. Ich glaube, daß Justice Jackson ...«

Vorsitzender: »Aber nicht in diesem Augenblick. Es bestehen ... die allergrößten Schwierigkeiten, alle diese Dokumente herbeizuschaffen. Die Anklagebehörde und die Übersetzungsabteilung haben außergewöhnliche Anstrengungen gemacht, um den Angeklagten Dokumente ... in deutscher Sprache zu liefern. Es ist nicht notwendig, daß alle Verteidiger diese Dokumente zur Zeit der Vernehmung des Zeugen im Kreuzverhör zur Hand haben. Ich bin überzeugt, daß die Anklagebehörde alles tun wird, ihnen ... alle Dokumente, die gebraucht werden, zu geeigneter Zeit zukommen zu lassen. Nach Ansicht des Gerichtshofes ist es vollkommen ausreichend, wenn die Verteidigung für den ins Kreuzverhör genommenen Zeugen eine Ausfertigung erhält ...

Dr. Siemers: Dies hat zur Folge, daß der Verteidiger, der im Moment nicht daran beteiligt ist, das Kreuzverhör nicht verstehen kann ...
Vorsitzender: Die Anklagebehörde wird Ihre Erklärung berücksichtigen; der Gerichtshof hat jedoch nicht angeordnet, daß jedes Dokument jedem Verteidiger während des Kreuzverhörs ausgehändigt werden soll.
Göring: Ich möchte von dem Dokument noch einmal ausführen, daß es sich hier nicht um eine ...
Justice Jackson: Darf ich ergebenst bitten, daß der Zeuge belehrt wird, Fragen zu beantworten und mit seinen Erklärungen solange zu warten, bis sein Verteidiger ihn befragt; andernfalls kann dieses Kreuzverhör, was die Zeit betrifft, nicht erfolgreich durchgeführt werden.
Vorsitzender: Ich habe bereits bei verschiedenen Gelegenheiten erklärt, daß es die Pflicht der Angeklagten ... ist, Fragen direkt zu beantworten, wenn diese direkt mit Ja oder Nein beantwortet werden können. Wenn sie nachher Erklärungen zu machen haben ... können sie dies tun ... nachdem sie die Frage direkt beantwortet haben.«

Jackson versucht nun, eine andere Karte gegen Göring auszuspielen. Doch auch sie sticht nicht. Was er aus Dokumenten herausgelesen zu haben meint, deckt sich nur teilweise mit den Tatsachen, wie er bald erfahren muß. Nachdem er dem äußerst geschickt agierenden Göring vorgehalten hat, daß das Reich seine kritische Finanzlage 1938 durch die den Juden nach der sogenannten »Reichskristallnacht« vom 9. zum 10. Oktober 1938 abverlangte Milliarde Mark und durch die Gewinne infolge der »Arisierung jüdischer Unternehmungen« zu verbessern versucht habe,[79] beginnt er mit der Behandlung eines Dokuments, dessen Inhalt, wie er hofft, angetan sein wird, Görings arrogant selbstbewußtem Auftreten ein Ende zu bereiten. Hoffnungsvoll beginnt er: »Ich verweise Sie auf das Beweisstück EC-405, das Protokoll einer Besprechung des Arbeitsausschusses des Reichsverteidigungsrates, 10. Sitzung.«

Doch Göring beginnt seine Antwort mit einer geschickten Berufung auf den Präsidenten des IMT und schulmeistert:
»Ich habe vorhin den Herrn Präsidenten so verstanden, daß, wenn ich die Frage beantwortet habe, ich eine Ausführung, die mir notwendig erscheint, dazu machen kann. Nachdem ich ... Ihre Frage bezüglich des ersten Dokuments klar beantwortet habe, darf ich nun meinerseits die Ausführung dahingehend machen, daß ich noch einmal betone, daß es sich hier nicht um eine Sitzung des geschlossenen Reichsverteidigungsrates handelt, sondern um eine generelle Einberufung aller Minister, Staatssekretäre und zahlreicher anderer Personen ... Der Reichsverteidigungsrat war bereits durch Kabinettsbeschlüsse von 1933 und 1934 ins Leben gerufen, ist aber niemals zusammengetreten.[80] Durch das

Reichsverteidigungsgesetz – das neue – vom 4. September 1938 ist er neu gegründet worden. Vorsitzender ist der Führer; der Generalfeldmarschall Göring, ich, war mit seiner ständigen Vertretung beauftragt. Über den Reichsverteidigungsrat, von dem hier vorher die Rede war... ist hier innen nochmal attestiert, schriftlich, wie ich hier richtig gesagt habe, daß er niemals zusammengetreten ist. Ich bitte jetzt die Frage, die ich vergessen habe, zu diesem zweiten Dokument.«
Jackson weicht aus und hält Göring vor: »Sie haben ausgesagt, daß die Besetzung des Rheinlandes nicht im voraus geplant war.«
Göring fängt ihn mit der vorwurfsvoll vorgetragenen Antwort ab: »Nur kurz vorher, habe ich betont.«

Dann entspinnt sich folgendes Wortgefecht:
»*Justice Jackson*: Wie lange vorher?
Göring: Soweit ich mich erinnere, höchstens zwei bis drei Wochen.
Justice Jackson: Ich richte jetzt Ihre Aufmerksamkeit auf das Protokoll der 10. Sitzung des Arbeitsausschusses des Reichsverteidigungsrates ... vom 26. Juni 1935 (in dem es) ... wie folgt lautet ...«
Weiter kommt Jackson nicht.
Göring fällt ihm wie ein Staatsanwalt ins Wort: »... welche Seite? Es ist sehr groß, dies Dokument, und ist mir neu.«
Jackson weicht aus: »Ich habe nicht genügend Exemplare ...«, was
Göring zu der gespielt unwilligen Frage veranlaßt: »Welche Seite, sonst müßte ich das ganze Dokument erst durchlesen.«
Nachdem Jackson das Dokument verlesen hat, belehrt Göring ihn: »Es handelt sich ... in dem Dokument ... um Ausführungen einzelner Persönlichkeiten, die dauernd abwechseln, also ein Zwiegespräch. Ich bitte noch einmal: Der letzte Absatz enthält von dem, was Sie ausgeführt haben, nichts, also es muß hier scheinbar ein Unterschied zwischen dem englischen und dem deutschen Text vorhanden sein, der letzte Absatz ist ... ganz belanglos. Wo soll ich nachlesen, bitte?
Justice Jackson: Sie finden dies im drittletzten Abschnitt, wenn mein Dokument das richtige ist. Haben Sie das gleiche Dokument?«
Göring treibt sein Spiel auf die Spitze und fragt: »Es muß mir gesagt werden, wer da spricht. Denn es sprechen ja hier immer verschiedene Personen.«

Darauf zeigt ein Mitglied der Anklagebehörde ihm die Stelle im Dokument, die Jackson gemeint hat. Jackson zitiert dann folgenden Passus aus dem Dokument: »Besondere Behandlung erfordert die entmilitarisierte Zone. Der Führer und Reichskanzler hat in seiner Rede vom 21. Mai 1935 und anderen Erklärungen zum Ausdruck gebracht, daß die Bestimmungen des Versailler Vertrags und des Locarno-Abkommens für die entmilitarisierte Zone beachtet werden ... Da zur

Zeit außenpolitische Verwicklungen unter allen Umständen vermieden werden müssen, dürfen in der entmilitarisierten Zone nur unabweisbar notwendige Vorarbeiten durchgeführt werden. Die Tatsache solcher Vorarbeiten oder die Absicht hierzu unterliegt sowohl in der Zone selbst wie auch im übrigen Reich strengster Geheimhaltung ... Unter diese Vorarbeiten fallen im besonderen – a) und b) sind für diese Frage ohne Bedeutung – c) Vorbereitung der Befreiung des Rheins.«

Nach der Verlesung wird Jackson von Göring belehrt: »O nein, hier irren Sie sich außerordentlich. Das Originalwort in Deutsch, und um das allein handelt es sich hier, ist: c) Vorbereitung der Freimachung des Rheins. Es ist eine rein technische Vorbereitung; es hat mit der Befreiung des Rheinlandes nicht das allergeringste zu tun. Hier heißt es zuerst Mobilmachungsmaßnahmen im Transport- und Nachrichtenwesen, dann c) Vorbereitung der Freimachung des Rheins, das heißt also, der Rhein darf bei mobilmachungsmäßigen Vorbereitungen nicht mit zuviel Frachtkähnen, Schleppern und so weiter überlastet sein, sondern der Fluß muß frei sein für die militärischen Maßnahmen. Es geht dann weiter unter d) Vorbereitung des Ortsschutzes und so weiter. Sie sehen also, unter kleinen, ganz allgemeinen, gewöhnlichen, üblichen Mobilmachungsvorbereitungen das Wort von der Anklagebehörde ›Freimachung des Rheins‹.«

Nach diesen Angaben Görings verzeichnet das Sitzungsprotokoll:

Justice Jackson: Mobilisierung, eben!

Göring: Das habe ich in meiner Aussage ... deutlich unterstrichen, daß in der entmilitarisierten Zone allgemeine vorbereitende Mobilmachungsvorbereitungen – ich erwähnte dabei noch Pferdeaufkauf und so weiter – getroffen worden sind. Ich wollte nur auf den Irrtum ›Freimachung des Rheins‹ hinweisen, der nichts mit dem Rheinland, sondern nur mit dem Strom zu tun hat.*

Justice Jackson: Nun, dies waren Vorbereitungen für eine bewaffnete Besetzung des Rheinlandes, nicht wahr?

Göring: Nein, das ist ... falsch ... wenn Deutschland in einen Krieg gekommen wäre, ganz gleichgültig von welcher Seite ... mußten im Gesamtreich Mobilmachungsmaßnahmen zur Sicherheit durchgeführt werden, also auch in ... der entmilitarisierten Rheinlandzone; aber nicht zum Zwecke der Besetzung hier ... der Befreiung des Rheinlandes.

Justice Jackson: Sie meinen, die Vorbereitungen waren nicht militärische Vorbereitungen?

Göring: Das waren allgemeine Mobilmachungsvorbereitungen, wie sie jedes

* Vgl. dazu auch die Aussagen des Generalfeldmarschalls Erhard Milch vom 8. 3. 1946 als Zeuge der Verteidigung. IMT, Bd. IX, S. 69. Milch sagte: »Alle Maßnahmen, die Hitler (bis 1939) ergriffen hat, von der Rheinlandbesetzung an, sind (außer »die ... polnische Sache«) urplötzlich gekommen ... Eine vollkommene Überraschung.«

Land trifft, und nicht zum Zwecke der Besetzung des Rheinlandes.
Justice Jackson: Aber sie waren solcher Art, daß sie absolut dem Auslande gegenüber geheimgehalten werden mußten.
Göring: Ich glaube, mich nicht zu erinnern, die Veröffentlichung der Mobilmachungsvorbereitungen der Vereinigten Staaten jemals vorher gelesen zu haben.«

In diesem Augenblick verliert Justice Jackson seine Fassung. Wütend reißt er sich den Kopfhörer herunter, schmettert ihn und ein Bündel Akten auf den Tisch und springt auf. Mit verzerrtem, hochrotem Gesicht und vor Zorn zitternder Stimme wendet er sich den Richtern zu: »Ich möchte den Gerichtshof«, stößt er hervor, »ergebenst darauf aufmerksam machen, daß dieser Zeuge wenig guten Willen zeigt und es auch während seines ganzen Verhörs nicht getan hat. Es ist völlig überflüssig, unsere Zeit zu opfern, wenn wir keine richtigen Antworten auf unsere Fragen bekommen. Ich will keine Zeit damit verschwenden, aber ich habe den Eindruck, daß dieser Zeuge auf dem Zeugenstand und auch auf der Anklagebank ein arrogantes und hochmütiges Benehmen dem Gerichtshof gegenüber an den Tag legt, welches ihm einen Prozeß ermöglicht, den er niemals weder einem Lebenden noch einem Toten gestattet hätte. Ich bitte ergebenst, den Zeugen anzuweisen, daß er sich für seine Erläuterungen Notizen macht, wenn er will, und ihn aufzufordern, auf meine Fragen zu antworten, und sich seine Erläuterungen, die durch seinen Verteidiger zur Sprache gebracht werden können, aufzusparen.«

Der britische Lordrichter und IMT-Vorsitzende Lawrence bleibt ruhig und bestimmt und belehrt nicht Göring, was der US-Ankläger erwartet hat, sondern Jackson, indem er sagt: »Ich habe schon einmal die allgemeine Regel dargelegt, die sowohl für diesen wie auch für jeden anderen Zeugen bindend ist.« Und dann fährt er ebenso ruhig fort: »Es wäre vielleicht besser, wenn wir uns jetzt vertagen würden.«

Jackson, nicht nur um sein Prestige besorgt, knüpft am nächsten Tag noch einmal dort an, wo er am 19. März aufgehört hat. »Die letzte Frage, die ich gestern abend ... stellte«, beginnt er, »lautete ... folgendermaßen ...« Dann liest er die entsprechenden Stellen aus dem Protokoll vor und erklärt: »Als Vertreter der Vereinigten Staaten stehe ich vor der Wahl, diese Bemerkung entweder zu ignorieren und sie als einen Beweis dafür anzusehen, daß diese Leute unser System nicht verstehen, oder aber unter großem Zeitverlust die Unrichtigkeit der Bemerkung darzulegen oder sie zu widerlegen. Die Schwierigkeit ... liegt in folgendem: Wenn es dem Zeugen erlaubt ist, von sich aus Erklärungen im Kreuzverhör abzugeben, besteht keine Möglichkeit, Einspruch dagegen zu erheben, bevor diese Erklärungen nicht in das Protokoll aufgenommen werden. Wenn ... eine derartige Antwort durch eine Frage des Verteidigers veranlaßt worden wäre, was ... ordnungsgemäß ... gewesen wäre, hätte man Einspruch erhoben. Der Gerichtshof wäre in der Lage gewesen, seine Pflicht gemäß den Statuten zu erfüllen, und ich hätte die Verhandlung abkürzen können, da dann diese Bemerkung überhaupt nicht gemacht worden wäre ...«

Der Präsident, Lordrichter Lawrence, beschwichtigt klug und sachlich: »Ich bin ganz Ihrer Meinung, daß jede Bemerkung über Geheimhaltung der Mobilisierung in den Vereinigten Staaten vollkommen unerheblich ist und daß diese Antwort nicht hätte gegeben werden sollen. Aber die einzige Vorschrift, die der Gerichtshof als allgemeine Regel festsetzen kann, ist die ... festgelegte Regel, daß der Zeuge, wenn irgend möglich, mit Ja oder Nein antworten soll und daß er, erst wenn er die Fragen auf diese Art und Weise direkt beantwortet hat, vielleicht noch notwendige Erklärungen abgeben kann ... Was nun diese Antwort betrifft, so ist sie meiner Meinung nach vollkommen unerheblich.«

Justice Jackson: Ich muß mich natürlich den Vorschriften des Gerichtshofs fügen ... Ich kann ihm (Göring) ... keinen Vorwurf machen; er vertritt seine eigenen Interessen. Aber wir haben keine Möglichkeit, dem zuvorzukommen ... wenn diese nicht verlangten Aussagen gemacht werden, erscheinen sie auch im Protokoll, bevor der Gerichtshof eine Entscheidung treffen kann. Ich habe dann auch keine Gelegenheit, Einwände zu erheben, und der Gerichtshof kann über sie nicht entscheiden. Er legt also ... die Kontrolle der Prozeßführung in die Hände des Angeklagten, wenn dieser als erster Behauptungen aufstellt und es dann uns überläßt, sie zu ignorieren oder durch ein langes Kreuzverhör zu widerlegen. Ich bin der Meinung, daß dieser besondere Vorwurf ... gegen die Vereinigten Staaten ... einen derartigen Fall darstellt ...

Vorsitzender: Welchen Einwand erheben Sie jetzt? Wollen Sie den Gerichtshof bitten, die Antwort (Görings) aus dem Protokoll zu streichen?

Justice Jackson: Nein, in einem Prozeß dieser Art, in dem Propaganda eines der Ziele des Angeklagten ist, nützt eine Streichung nichts ... und Göring weiß das so gut wie ich. Es wurde gegen die Vereinigten Staaten eine Anschuldigung vorgebracht und in das Protokoll aufgenommen. Ich beantrage nun, daß der Zeuge angewiesen wird, auf meine Fragen ... mit Ja oder Nein zu antworten. Ferner sollen die Erklärungen durch seinen Anwalt so vorgebracht werden, daß wir ... imstande sind, Einwände geltend zu machen, und eine Entscheidung des Gerichtshofs herbeigeführt werden kann und dieser ... unerhebliche Probleme und Erklärungen aller Art abzulehnen ... vermag. Wir können diesen Prozeß nicht zu einem kleinlichen Streit zwischen Anklagevertretung und Zeugen ausarten lassen. Die Vereinigten Staaten erwarten von mir etwas anderes ...

Vorsitzender: Wollen Sie dem Gerichtshof vorschlagen, daß der Zeuge jede Frage mit Ja oder Nein zu beantworten und dann zu warten hat, bis er nochmal verhört wird, bevor er überhaupt irgendwelche Erklärungen abgeben kann?

Justice Jackson: Ich glaube, das entspricht den Regeln des Kreuzverhörs unter gewöhnlichen Verhältnissen. Der Zeuge muß, wenn es die Frage zuläßt, antworten. Wenn erhebliche Erklärungen abzugeben sind, müssen diese bis zu einem späteren Zeitpunkt zurückgestellt werden ... Es ist eine Antwort gegeben worden, die nach der soeben gefällten Entscheidung des Gerichtshofs unerheblich ist. Wir haben aber keine Gelegenheit, dagegen Einspruch zu erheben, und der Gerichtshof hatte keine Gelegenheit, darüber zu entscheiden ... Die Schwierigkeit liegt darin, daß das Gericht die Kontrolle über die Verhandlungen verliert, wenn dem Angeklagten in einem Prozeß dieser Art erlaubt wird, seine Propaganda anzubringen, und wir erst später darauf erwidern sollen ... Ich habe tatsächlich den Eindruck, daß den Vereinigten Staaten bei dieser Art des Verfahrens die Gelegenheit zum Kreuzverhör genommen wird.
Vorsitzender: Ich glaube, Sie legen (Görings) ... Satz zu viel Gewicht bei. Ob Amerika seine Mobilisierungspläne bekanntgibt oder nicht, ist bestimmt nicht von sehr großer Wichtigkeit. Jedes Land hält gewisse Dinge geheim, und es wäre sicherlich viel besser, eine derartige Bemerkung zu ignorieren ...«

Daß der Vorsitzende diese Diskussion endlich und eindeutig beendet sehen möchte, zeigt seine Formulierung: »Ich habe bereits festgestellt, was ich als Vorschrift betrachte, und zwar – wie ich glaube – in Übereinstimmung mit dem Gerichtshof, möchte jedoch feststellen ...« Aber Jackson läßt Lawrence jetzt nicht zu Ende sprechen und erklärt, seine persönliche Niederlage ganz offensichtlich überschätzend: »Ich stimme mit dem Gerichtshof darin überein, daß wir uns, soweit es sich um die Vereinigten Staaten handelt, durch keine mögliche Äußerung des Zeugen über sie stören lassen, und wir sind auf allerhand gefaßt. Es handelt sich lediglich darum, ob wir auf diese Dinge antworten oder sie außer acht lassen und sie damit der Kontrolle des Verfahrens entziehen. Und es scheint mir, daß diese Kontrolle des Verfahrens uns aus den Händen zu gleiten beginnt, wenn wir – ich darf wohl so sagen – dieser Situation nicht Herr werden. Ich bitte den Gerichtshof zu entschuldigen, wenn ich in so ernster Weise an ihn appelliere, aber ich halte diese Sache für sehr wichtig.«

Der Vorsitzende läßt sich jedoch auch dadurch nicht aus der Ruhe bringen. »Ich habe noch nie gehört«, belehrt er den US-Hauptankläger, »daß der Anklagevertreter jede unerhebliche Bemerkung, die im Kreuzverhör gemacht wird, beantworten muß«, was Jackson wiederum zu der gereizten Entgegnung veranlaßt: »Das mag für einen Zivilprozeß zutreffen, aber ich glaube, es ist dem Gerichtshof nicht unbekannt, daß außerhalb dieses Gerichtssaales die Wiederbelebung des Nazismus als große soziale Fragestellung zu finden ist und daß als eines der Ziele des Angeklagten Göring im gegenwärtigen Prozeß ... die Wiederbelebung und Verewigung dieses Nazismus durch Propaganda anzusehen ist.«

Dem Vorsitzenden, der diesen Disput trotz der ständigen Wiederholungen Jacksons ganz offensichtlich immer noch nicht schroff und kategorisch abbrechen möchte, kommt nun die Verteidigung zu Hilfe. Dr. Stahmer erhält das Wort. »Es wurde hier«, sagt Dr. Stahmer, »der Vorwurf erhoben, als ob ... Propaganda gemacht werden würde für den Nazismus oder für eine andere Richtung. Dieser Vorwurf ist, glaube ich, nicht berechtigt. Ich glaube auch nicht, daß der Angeklagte einen Vorwurf gegen Amerika hat erheben wollen ... Wenn er statt Amerika, in einem fremden Staate, gesagt hätte, dann wäre, glaube ich, die Sache völlig harmlos und unbedenklich gewesen. Im übrigen war nach meiner Auffassung dies durchaus sachlich begründet, denn dem Zeugen muß die Möglichkeit gegeben werden, nicht nur mit Ja oder Nein zu antworten ...«

Der Vorsitzende greift dieses Argument der Verteidigung auf und beginnt seine Folgerung mit der Feststellung: »Der Gerichtshof ist der Ansicht, daß die bestehende Regel die einzig mögliche ist.« Dann kommt er Jackson entgegen und sagt: »Der Zeuge hätte in seiner Aussage nicht auf die Vereinigten Staaten Bezug nehmen sollen. Diese Sache ist meiner Ansicht nach aber am besten ganz zu ignorieren.«

Jackson, der in diesem Zweikampf zwar eindeutig unterlegen war, hatte jedoch ebenso deutlich die demonstrative Feststellung provoziert, daß der Vorsitzende des IMT grundsätzlich nicht bereit sei, womöglich so etwas wie ein durch juristische Formalismen verschleiertes Standgerichtsverfahren zu akzeptieren. Jacksons abschließende Formulierung, »Ich füge mich natürlich den Vorschriften des Gerichtshofs«,[81] wurde von den Angeklagten und Journalisten denn auch nicht ausschließlich als Resignation eines in einem »Gefecht« unterlegenen Anklägers verstanden.

Der von den Alliierten kurzerhand zum »Internierten« degradierte[82] Reichsmarschall Hermann Göring hatte nur eine Schlacht, nicht aber den Krieg gewonnen.

Unter der Beweislast der Dokumente mußte Göring mehr zugeben, als er anfänglich selbst geglaubt zu haben scheint. Robert M. W. Kempner hatte ihm zwar versprochen, daß bestimmte Dinge nicht zur Sprache gebracht würden; aber das waren nur Bagatellen, lediglich Beweise für Korruption und Bereicherung,[83] deren Aburteilung nicht Sache des IMT sein konnte. Und hätte Göring »nur« zugeben müssen, maßgeblich an der »Endlösung der Judenfrage« beteiligt gewesen zu sein,[84] wäre das »allein« schon viel zuviel gewesen. Seine gelegentlichen, jovial landesväterlich kaschierten Hilfen, die er jüdischen und »halbjüdischen« KZ-Häftlingen hatte angedeihen lassen, wogen in Nürnberg angesichts des von ihm an maßgeblicher Stelle mitinszenierten grausamen Völkermordes nichts. Ihm hatte er nichts entgegenzusetzen. Trotz seiner hohen Intelligenz, sei-

ner dialektisch geschulten Beredsamkeit, seiner Schlauheit und Gewandtheit, seiner Erfahrungen aus mehr als zwei Jahrzehnten politischer Rankune und der Kenntnisse der Hintergründe zog er im Laufe der Verhandlungen immer mehr den kürzeren. Die folgenden Beispiele zeigen dies besonders treffend:
Sir David Maxwell-Fyfe, der Göring grundsätzlich nur mit »Zeuge« anredet, beginnt sein Verhör am 21. März wie folgt: »Zeuge, können Sie sich daran erinnern, daß Sie mir gestern abend gesagt haben, nur solche Kriegsgefangene, die sich eines Verbrechens oder Vergehens schuldig gemacht hatten, seien der Polizei übergeben worden?«[85]
Göring weicht aus und sagt: »So habe ich mich nicht ausgedrückt ... ich habe gesagt, wenn die Polizei Kriegsgefangene aufgegriffen hat ... die, die während der Flucht ein Verbrechen begangen haben, von der Polizei – soweit ich weiß – in Haft behalten und nicht in das Lager zurückgegeben (wurden). Wieweit in anderen Fällen Kriegsgefangene von der Polizei behalten und nicht zurückgegeben wurden in das Kriegsgefangenenlager ... habe ich zum Teil erst hier aus den ... Vernehmungen und Erörterungen gehört.«[86]
Doch der britische Ankläger weiß, daß Göring sich in einer Position befindet, die durch Ausreden nicht verbessert werden kann, und so hält er ihm vor: »Wollen Sie sich bitte Dokument D 569 ... oben links ansehen, woraus zu ersehen ist, daß es sich um ein vom Oberkommando der Wehrmacht veröffentlichtes Dokument handelt.«
Göring: Das Dokument ... hat links oben folgenden Titel: ‚Der Reichsführer der SS, und den Untertitel: ›Der Inspekteur der Konzentrationslager‹ ...
Sir David Maxwell-Fyfe: Wollen Sie sich jetzt bitte die Ecke unten links ansehen ... die Verteilerliste. Die zweite Stelle, an die dieses Schreiben verteilt wird, ist ... der Oberbefehlshaber der Luftwaffe am 22. November 1941. Das waren Sie doch damals?
Göring: Das ist richtig ...
Sir David Maxwell-Fyfe: Ich möchte, daß Sie zunächst das Dokument erfassen und später dazu Ihre Erklärung abgeben ... Sehen Sie sich bitte den dritten Satz des ersten Absatzes an. Er bezieht sich auf Sowjetkriegsgefangene. Der dritte Satz lautet: ›Soweit nach diesem Befehl flüchtige Sowjetkriegsgefangene in das Lager wieder eingeliefert werden, sind sie in jedem Falle der nächstgelegenen Dienststelle der Geheimen Staatspolizei zu übergeben.‹

Absatz 2 handelt dann von der Sonderstellung, von den ›... zur Zeit noch besonders häufig vorkommenden Straftaten sowjetischer Kriegsgefangener, die anscheinend im wesentlichen ihren Grund in ihren noch nicht geregelten Lebensverhältnissen haben, für welche ... folgende Übergangsregelung geschaffen wird ...‹

Falls ein Sowjetkriegsgefangener irgendeine andere Straftat begeht, muß der Lagerkommandant ihn dem Chef der Sicherheitspolizei übergeben.

Ist dieses Dokument so aufzufassen, daß ein Mann, der entkommen ist, der Sicherheitspolizei übergeben wird ... War dies nicht das Verfahren, das von 1941 bis zu dem Datum im März 1944 ... angewendet wurde?

Göring: Ich darf auch den Paragraphen vorher nochmal ... durchlesen, um hier keine Sätze aus dem Zusammenhang herausreißen zu lassen ...

Sir David Maxwell-Fyfe: Ich habe also recht ... wenn ich sage, daß flüchtige Sowjetkriegsgefangene nach ihrer Rückkehr ins Lager der Geheimen Staatspolizei und, falls sie ein Verbrechen begangen hatten, der Sicherheitspolizei zu übergeben waren. Ist das richtig?

Göring: Nicht ganz richtig. Ich darf Sie auf den dritten Satz im ersten Absatz aufmerksam machen. Dort steht: ›Liegt ein Kriegsgefangenenlager in unmittelbarer Nähe, so ist der Ergriffene dorthin abzuliefern.‹«

Doch *Maxwell-Fyfe*, der die Dokumente vor sich liegen hat, kontert: »Aber lesen Sie den nächsten Satz: ›Soweit ... Sowjetkriegsgefangene in das Lager wieder eingeliefert werden‹ – also im Einklang mit dem Befehl, den Sie gerade gelesen haben –, ›sind sie der nächstgelegenen Dienststelle der Geheimen Staatspolizei zu übergeben.‹

Göring: Jawohl, aber der zweite Absatz, der gleich daran anschließt, gibt eine Aufklärung: ›Wegen der zur Zeit noch besonders häufig vorkommenden Straftaten sowjetischer Kriegsgefangener‹ ... und so weiter. Das haben Sie selbst vorgelesen ... Aber, an sich ist dieser Befehl gegeben worden, er ist auch im Verteiler an Heer, Luftwaffe und Marine gegangen. Und nun möchte ich die Erklärung zu dem Verteiler abgeben. Es sind in diesem Kriege ... viele Tausende laufender Befehle untergeordneter Stellen von Übergeordneten herausgegeben und im Verteiler weitergeleitet worden. Das bedeutet nicht, daß nun jeden dieser Tausende von Befehlen und Anordnungen der Oberbefehlshaber vorgelegt bekommen hat, sondern nur die entscheidensten und wichtigsten, die anderen sind jeweilig von Ressort zu Ressort gegangen ...

Sir David Maxwell-Fyfe: Dieser Befehl sollte also durch die Kriegsgefangenenabteilung in Ihrem Ministerium behandelt werden ...?

Göring: Dieses Ressort hat nach dem Dienstweg ... den Befehl bekommen ...

Sir David Maxwell-Fyfe: Ich bin der Ansicht, daß die Antwort auf meine Frage ›ja‹ sein müßte. Die Sache wäre von der Kriegsgefangenenabteilung Ihres Ministeriums bearbeitet worden, nicht wahr?

Göring: Ich sage ja.

Sir David Maxwell-Fyfe: Es geht doch viel schneller, wenn Sie von Anfang an gleich ›ja‹ sagen. Verstehen Sie?

Göring: Nein, es ist doch hier ein Unterschied, ob ich den Befehl persönlich gelesen habe oder nicht ...«[87]

Bei Sir Maxwell-Fyfe ist Göring einigermaßen gut über die Runden gekommen. Im Verhör mit Rudenko wird jedoch nicht nur ihm klar, daß Intelligenz, Täuschungsmanöver und Leugnen hier wenig nützen. Rudenko, der Göring mit »Angeklagter Göring« anredet und sich meist bissig-ironisch gibt, fragt Göring am 22. März 1946 zunächst, was er mit seiner Aussage gemeint habe, daß der deutsche Angriff auf Polen »nach den blutigen Ereignissen in der Stadt Bromberg«,[88] begonnen habe. Görings diplomatische Antwort: »Ich habe gesagt, daß der Angriffstermin durch blutige Ereignisse ausgelöst wurde, die neben vielen anderen Dingen auch den Blutsonntag in Bromberg enthielten«, läßt zunächst nicht erkennen, ob er Rudenko herausfordern will oder ob diese Frage des Russen ihn überrascht hat. Rudenko läßt sich jedoch nicht beirren und fragt weiter: »Es ist Ihnen bekannt, daß diese Ereignisse am 3. September 1939 stattfanden?« Göring wird unsicher und versucht, Zeit zu gewinnen, indem er erklärt: »Ich mag mich vielleicht im Datum von Bromberg geirrt haben, dazu müßte ich die Unterlagen haben; ich habe das nur als Beispiel unter vielen anderen vorgeführt.«[89]

Dann verläuft das Verhör in einer Weise, die Göring nicht gewünscht hat.
»*General Rudenko*: ... Der Angriff wurde am 1. September begonnen, und die von Ihnen ... erwähnten Ereignisse in der Stadt Bromberg geschahen am 3. September 1939. Ich lege dem Gerichtshof ein Beweisstück vor. Es handelt sich um ein Dokument der Außerordentlichen Kommission zur Untersuchung der deutschen Verbrechen in Polen ... Daraus geht hervor, daß die soeben erwähnten Ereignisse am 3. September 1939 stattfanden ...
Vorsitzender: Wenn Sie wollen, können Sie das Dokument dem Zeugen vorlegen.
General Rudenko: Ich besitze keinen deutschen Text. Ich habe nur den englischen und den russischen Text bei mir. Dieses Dokument ... ist vom 19. März datiert, und ich lege es dem Gerichtshof als überzeugendes Beweisstück für diese Tatsache vor.«[90]
Lordrichter Lawrence, dem Rudenkos Schlußformulierung ganz offenbar mißfällt, erklärt zunächst: »Ich glaube nicht, daß dies der geeignete Zeitpunkt ist, Dokumente auf diese Weise vorzulegen«, doch dann lenkt er ein: »Gut, wenn Sie wollen, können Sie das Dokument jetzt überreichen.«[91]
Rudenko weiß dieses Entgegenkommen zu schätzen und sagt artig: »Ich danke Ihnen, Herr Vorsitzender!«,[92] was
Lawrence allerdings sofort zu der Einschränkung veranlaßt: »Es muß aber natürlich in die deutsche Sprache übersetzt werden.«[93]
Als Rudenko erklärt, keine deutsche Übersetzung zur Verfügung zu haben, weist der Vorsitzende ihn noch einmal ausdrücklich darauf hin, daß die Verteidigung

eine deutsche Übersetzung benötige. Rudenko bedankt sich und versichert: »Jawohl, Herr Vorsitzender, das wird ganz gewiß geschehen .«[94]

An dieser Stelle schaltet sich der Verteidiger Dr. Stahmer ein und sagt: »Darf ich bitten zu veranlassen, daß das Dokument jetzt verlesen wird ... damit wir sofort erfahren können, was in diesem Dokument enthalten ist.«

Die Eingeständnisse Görings und die ungeheure, buchstäblich erdrückende Dokumentenmenge sahen die ungeduldigen Richter, die bereits vor den Schlußworten und Plädoyers mit der Urteilsformulierung begannen, für ausreichend an, Göring in allen vier Anklagepunkten schuldig zu sprechen. »Es kann«, heißt es im Urteil, »kein mildernder Umstand angeführt werden, denn Göring war oft, ja fast immer die treibende Kraft, und nur seinem Führer stand er nach. Er war die leitende Persönlichkeit bei den Angriffskriegen, sowohl als politischer als auch als militärischer Führer; er war Leiter der Sklavenarbeiter und der Urheber des Unterdrückungsprogramms gegen die Juden und gegen andere Rassen im In- und Ausland. Alle diese Verbrechen wurden von ihm offen zugegeben. In einigen bestimmten Fällen bestehen vielleicht bei den Aussagen Widersprüche; aber im großen und ganzen sind seine eigenen Eingeständnisse mehr als ausreichend, um seine Schuld nachzuweisen. Diese Schuld ist einmalig in ihrer Ungeheuerlichkeit. Für diesen Mann läßt sich in dem ganzen Prozeßstoff keine Entschuldigung finden.«[95]

In Nürnberg wurde die Tatsache ignoriert, daß es nicht gelang, zu beweisen, daß die deutsche Wehrmacht 1939 auf einen Angriffskrieg vorbereitet war. Dennoch wurden wegen Verschwörung und Planung eines Angriffskrieges verurteilt: Hermann Göring, Rudolf Heß, Joachim von Ribbentrop, Wilhelm Keitel, Alfred Rosenberg, Erich Raeder, Alfred Jodl und Constantin von Neurath. Wegen maßgeblicher Beteiligung und Verantwortung im Zusammenhang mit den Angriffskriegen und wegen Verbrechen gegen den Frieden – wobei sowohl die deutschen Kriege gegen England und Frankreich als auch gegen die USA nicht als Angriffskriege gekennzeichnet wurden – verurteilte das IMT Göring, Heß, Ribbentrop, Keitel, Rosenberg und Wilhelm Frick, Karl Dönitz, Raeder, Jodl, Seyß-Inquart und von Neurath. Entscheidend blieben in diesen Anklagepunkten, dem nahezu alle Betreffenden zum Opfer fallen sollten, Voreingenommenheit, mangelnde Sachkenntnis und die Tatsache, daß es sowohl den Angeklagten als auch der Verteidigung zu der Zeit unmöglich war zu belegen, daß das Gericht hier nicht nachweisbare Fakten vorbrachte, sondern zweckgerichtet artikulierte Behauptungen mit der Wirklichkeit vertauschte.

Daß Hitlers »Feldzug« gegen Polen ein deutscher Angriffskrieg war, hat in Nürnberg – außer Joachim von Ribbentrop – niemand ernsthaft bestritten. Daß vor seinem – von deutscher Seite provozierten – Beginn allerdings am 23. August

1939 in Moskau geheime Vereinbarungen zwischen der deutschen und sowjetischen Regierung getroffen worden waren,[96] spielte vor dem IMT zwangsläufig keine Rolle. So brachte jene deutsch-russische Vereinbarung denn auch nicht die Anklage, sondern die – ständig von den Russen gestörte – Verteidigung zur Sprache, die jedoch eine Vorlage einer beglaubigten Ausfertigung des deutsch-sowjetischen Vertrages nicht durchsetzen konnte.* Der Vorsitzende gestattete dem Heß-Verteidiger Seidl am 1. April 1946 allerdings, eine eidesstattliche Erklärung des deutschen Botschafters Gaus über die Geschichte und den Inhalt dieses Vertrages vorzutragen, den Rudenko schon vor der Verlesung als bedeutungslos abzutun versucht hatte. Gaus' Erklärung, deren Inhalt Ribbentrop auf Seidls Befragen als zutreffend bestätigte, mußte die Russen in Verlegenheit bringen; denn dort hieß es:

»Am 23. August 1939 gegen Mittag traf das Flugzeug des Reichsaußenministers, den ich wegen der geplanten Vertragsverhandlungen als Rechtsberater begleiten mußte, in Moskau ein. Es fand dann am Nachmittag des gleichen Tages die erste Aussprache des Herrn von Ribbentrop mit Herrn Stalin statt ... Der Reichsaußenminister kehrte von dieser ... Aussprache sehr befriedigt zurück und äußerte sich in dem Sinne, daß es so gut wie sicher zum Abschluß der von deutscher Seite erstrebten Abmachungen kommen werde. Die Fortsetzung der Besprechungen ... war für den späteren Abend in Aussicht genommen. An dieser zweiten Besprechung habe ich ... teilgenommen ... Auf russischer Seite wurden die Verhandlungen von den Herren Stalin und Molotow geführt ... Es kam schnell und ohne Schwierigkeiten zu einer Einigung ... Herr von Ribbentrop hatte persönlich in die Präambel des von mir angefertigten Vertragsentwurfs eine ziemlich weitgehende Wendung betreffend freundschaftlicher Gestaltung der deutsch-russischen Beziehungen eingefügt, die Herr Stalin mit dem Bemerken beanstandete, daß die Sowjetregierung, nachdem sie 6 Jahre lang von der nationalsozialistischen Reichsregierung ›mit Kübeln von Jauche‹ überschüttet worden sei, nicht plötzlich mit deutsch-russischen Freundschaftsversicherungen an die Öffentlichkeit treten könne. Der ... Passus wurde ... geändert. Neben dem Nichtangriffspakt wurde länger über ein besonderes geheimes Dokument verhandelt, das nach meiner Erinnerung die Bezeichnung ›Geheimes Protokoll‹ oder ›Geheimes Zusatzprotokoll‹ erhielt und dessen Inhalt auf eine Abgrenzung der beiderseitigen Interessensphären in den zwischen beiden Staaten liegenden europäischen Gebieten hinauslief ... Deutschland erklärte sich in dem Dokument an Lettland, Estland und Finnland politisch desinteressiert, rechnete dagegen

* Auch Dokumente, die bezeugten, daß die Engländer und Franzosen 1939 ebenfalls versucht hatten, die Russen auf ihre Seite zu ziehen, durften nicht vorgelegt werden.

Litauen zu seiner Interessensphäre ... Für das polnische Gebiet wurde eine Demarkationslinie festgelegt ... Im übrigen wurde hinsichtlich Polens eine Vereinbarung ungefähr des Inhalts getroffen, daß die beiden Mächte bei der endgültigen Regelung der dieses Land betreffenden Fragen im beiderseitigen Einvernehmen handeln würden ... Hinsichtlich der Balkanländer wurde festgestellt, daß Deutschland dort nur wirtschaftliche Interessen habe. Der Nichtangriffspakt und das geheime Dokument wurden noch in ziemlich vorgerückter Stunde in der gleichen Nacht unterzeichnet.«[97]

Ärgerlich wies Rudenko den Vorsitzenden des IMT nach der Verlesung darauf hin, »daß wir hier nicht die Fragen erörtern, die sich mit der Politik der verbündeten Staaten befassen, sondern wir behandeln hier die konkreten Anschuldigungen gegen die deutschen Hauptkriegsverbrecher.«[98]

Ausführlich befaßte sich das IMT, das nicht aufrechnen wollte, mit dem von Reinhard Heydrich im August 1939 inszenierten angeblichen »Überfall« polnischer Freischärler auf den Radiosender Gleiwitz* als geplante Rechtfertigung für die Aktion der Deutschen, deren östlicher Partner, die Sowjets, vertragsgemäß sprungbereit im Hintergrund warteten. Abgelehnt wurde vom Gericht auch die von der deutschen Verteidigung vorgetragene These, daß sowohl der deutsche Norwegenfeldzug als auch das Unternehmen »Barbarossa« Präventivkriege gewesen seien, was mit Sicherheit beim Norwegenfeldzug der Fall war.

Daß das Reich 1939 militärisch und kriegswirtschaftlich nicht auf einen längeren Krieg vorbereitet war, ist belegbar. So hatte sich bereits nach der Niederwerfung Polens herausgestellt, daß die Deutsche Wehrmacht nur noch rund drei Wochen hätte kämpfen können, wenn die Engländer und Franzosen zum Angriff auf das Reich angetreten wären.

Die kriegswirtschaftliche und militärische Lage Deutschlands wies bei Kriegsbeginn erhebliche Lücken und Mängel auf. Am 8. März 1946 stand der General Karl Bodenschatz im Zeugenstand.

Justice Jackson fragte ihn: »Göring hatte zur Luftwaffe als Kriegswaffe mehr Vertrauen als die meisten seiner Zeitgenossen. Ist das richtig?«[99]

Bodenschatz' Antwort: »Göring war ... überzeugt, daß seine Luftwaffe sehr gut sei, bloß muß ich wiederholen ... Zu Beginn des Krieges ... war ... dieser Stand der

* Vgl. IMT, Bd. XXXI, Dok. 2571-PS. Heydrich hatte dem SD-Mitglied Naujoks befohlen, mit fünf oder sechs SD-Männern die Radiostation in Gleiwitz zu besetzen und danach durch einen polnisch sprechenden Deutschen einen Aufruf verlesen zu lassen, der die kriegerische Auseinandersetzung mit den Deutschen fordere und somit einen polnischen Angriff auf das Reich »beweise«. Um diesen Akt glaubwürdig erscheinen zu lassen, war Naujoks ein verurteilter, bewußtloser, mit Blut verschmierter polnischer Verbrecher in Zivilkleidung zur Verfügung gestellt worden, den das Naujoks-Kommando am »Tatort« als »Beweis« zurückließ. Dazu auch »Heydrich-Nachlaß«: Der Senator für Inneres (Berlin) vom 19. 11. 1959; Zeichen IF-0258-54/56 ..., S. 10f.

Luftwaffe noch nicht erreicht ... damals war die Luftwaffe weder führungs- noch ausbildungs- noch materialmäßig kriegsbereit.«

Jackson, dem diese Erwiderung nicht ins Konzept paßte, wich aus. Er wollte von einem kompetenten deutschen Militär bestätigt bekommen, daß zumindest die deutsche Luftwaffe 1939 auf einen Angriffskrieg vorbereitet gewesen sei und auf eben einen solchen Krieg gewartet habe. Da er eine derartige Bestätigung von Bodenschatz nicht auf direktem Wege bekommen konnte, was er augenblicklich erkannte, versuchte er auf Umwegen wenigstens Äußerungen zu provozieren, die sich in seinem Sinne verwerten ließen; aber auch das führte nicht zu dem Ziel, das er zu erreichen wünschte, wie das Protokoll bezeugt:

»*Justice Jackson*: Aber seitdem Sie mit Hermann Göring zusammenarbeiteten, haben Sie die Luftwaffe schnell aufgerüstet, nicht wahr?

Bodenschatz: Der Aufbau der Luftwaffe ging verhältnismäßig rasch vor sich.

Justice Jackson: Und als Sie zum ersten Male zu Hermann Göring kamen ...

Bodenschatz: Ich kam im April 1933 zu Hermann Göring. Damals gab es noch keinen Oberbefehlshaber der Luftwaffe, sondern es gab nur ein Reichskommissariat der Luftfahrt. Es wurde aber schon ... mit dem Anfang des Aufbaues der Luftwaffe, in den ersten Anfängen, begonnen. Erst später, nach 1935, als die Wehrfreiheit verkündet war, wurde das Tempo schneller.

Justice Jackson: Und die Luftwaffe bestand zum großen Teil aus Bombern, nicht wahr?

Bodenschatz: Es waren nicht hauptsächlich Bombenflugzeuge, sondern ... gemischt, Jäger und Bomber ...«[100]

Nach dieser Antwort ist dem US-Ankläger endgültig klar, daß seine Erwartungen auch auf diesem Wege nicht realisierbar sind. So weicht er noch weiter aus. Er fragt Bodenschatz: »Göring hatte auch die Leitung des Vierjahresplanes«, was der deutsche Luftwaffen-General mit der Antwort quittierte: »Er hat vom Führer den Auftrag bekommen, den Vierjahresplan durchzuführen.« Jackson ist am Ende seiner Linie angelangt. Er läßt sich Görings Ämter aufzählen, obwohl er sie längst genau kennt, und geht schließlich sogar so weit, mit Bodenschatz über die nationalsozialistische Formulierung »Machtergreifung« zu diskutieren, hinter der er eine »Bezeichnung ... (für) Hitlers Aufstieg zur Macht«[101] sehen will. Auch dies bringt nicht weiter.

Drei Tage später, am 11. März 1946, stand der Generalfeldmarschall Erhard Milch im Zeugenstand und wurde von Dr. Hans Laternser, dem Verteidiger des Generalstabes und des Oberkommandos der Deutschen Wehrmacht, ebenfalls über den Rüstungsstand der deutschen Luftwaffe befragt.

»*Dr. Laternser*: Wie stand es mit den Terminen für Neuaufstellungen innerhalb der Luftwaffe?

Milch: Die großen Aufstellungen waren noch nicht befohlen, obwohl man über sie schon längere Zeit vor dem Kriegsausbruch beraten hatte. Man wollte eine größere Luftwaffe später aufstellen, die Termine lagen aber, soweit ich mich heute entsinne, noch sechs bis acht Jahre voraus.
Dr. Laternser: Also in welches Jahr wäre die Erfüllung der Termine gefallen?
Milch: Ich schätze, etwa in die Jahre 1944 bis 1946 ...
Dr. Laternser: War im Jahre 1939 bereits eine Organisation für Tag- und Nachtjäger vorhanden?
Milch: Nein, die war damals noch nicht vorhanden.
Dr. Laternser: War eine Organisation für den Bombenkrieg vorhanden?
Milch: Nicht in dem Sinne, wie er nötig gewesen wäre für einen Angriffskrieg.
Dr. Laternser: Wie weit war damals die Flugplatzorganisation gediehen?
Milch: Es waren Flugplätze in der Masse im Größenverhältnis bis zu 1000 Metern aufwärts ausgebaut, das heißt, diese Rollfelder genügten für Jäger, nicht für beladene größere Bomber.
Dr. Laternser: Wie stand es mit dem Nachrichtennetz der Luftwaffe?
Milch: Das Führungsnetz, das heißt das Kabelnetz für die Führung, war in der Masse nicht vorhanden, mußte erst später im Kriege improvisiert aufgebaut werden.
Dr. Laternser: Wie stand es mit dem Flugmeldedienst?
Milch: Auch dieser war noch nicht organisiert. Zu der Frage der Bomber kann ich vielleicht als markantesten Punkt hinzufügen, daß ursprünglich in den ersten Jahren Typen von viermotorigen Bombern, die auch für Nachteinsatz geeignet gewesen wären, in Bau genommen worden sind; diese Bomber wurden aber, ich glaube, im Jahre 1937 aufgegeben, obwohl sie technisch in Ordnung waren. Man glaubte, sich die großen Ausgaben solcher schweren Bomber ersparen zu können, da man mit einem Krieg damals nicht rechnete ... die Frage wurde dem Reichsmarschall zur Entscheidung vorgetragen, und er hat die Ausschaltung dieser großen Bomber gebilligt.
Dr. Laternser: In welcher Zeit war das?
Milch: ... Am 29. April 1937 hat der Reichsmarschall auf Vortrag des Generalstabschefs den Bau dieser weittragenden Bomber gestoppt. Es waren dadurch 1939 für die Nacht geeignete Nachtbomber nicht vorhanden, die sich etwa den englischen Maschinen vom Typ Lancaster ... hätten an die Seite stellen können.
Dr. Laternser: Wie stand es mit dem Personal für die fliegenden Besatzungen?
Milch: Wir hatten für diese damals vorhandene, verhältnismäßig kleine Luftwaffe gerade ausreichenden Personalersatz. In dem Personalersatz lagen mit die größten Schwierigkeiten im Aufbau überhaupt. Von der Ausbildung des Personals war überhaupt die Terminfrage abhängig ... Es war möglich, schnell

Flugzeuge zu bauen, es war aber nicht möglich, die Ausbildung des Personals zu beschleunigen. Und wie ich ... (bereits) sagte, mußte terminmäßig darauf die Hauptrücksicht genommen werden. Piloten und technisches Fliegerpersonal haben nur dann überhaupt einen Zweck, wenn sie richtig, das heißt gut ausgebildet worden sind. Halbausgebildete Leute sind ein größerer Schaden als gar keine.«[102]

Dem Vorsitzenden, der weiß, was nicht nur die Anklage und die Richter erwarten und fordern, passen derartige Feststellungen nicht ins Bild. »Ich will«, unterbricht er Dr. Laternser, »Ihr Kreuzverhör nicht unterbrechen ... aber wir sitzen hier schon fast 20 Minuten und hörten lediglich, daß die Luftwaffe 1939 nicht kriegsbereit gewesen ist. Ich glaube, daß zuviel Zeit für Einzelheiten verbraucht wird.«[103]

Dr. Laternser, der auf einen solchen Einwand gewartet zu haben scheint, reagiert klug, indem er den Feldmarschall nur noch fragt: »Waren Reserven an Aluminium, Magnesium und Kautschuk vorhanden, und bestanden Produktionsmöglichkeiten hierfür, für diese Materialien?«[104]

Milchs Antwort: »Nicht in ausreichendem Umfang«,[105] wünschte das Gericht, dem solche Angaben gegen den Strich liefen, nicht begründet zu sehen. So sahen Sachkenner denn auch frühzeitig voraus, daß die noch zu erwartenden diesbezüglichen Aussagen des Generaloberst Alfred Jodl, der über die deutsche militärische Rüstung und Kriegswirtschaft zwangsläufig ebensoviel wie Hermann Göring wissen mußte, nicht auf offene Ohren treffen würden.

Militärs im Kreuzverhör

Wie es um die deutsche Rüstung bis 1939 wirklich bestellt war, brachte vor allem das Jodl-Verhör vom 4. Juni 1946 an den Tag.[1] Es stellte darüber hinaus nicht nur die diesbezügliche Anklagethese des IMT gegen die Militärs in Frage, sondern machte auch offenbar, wie problematisch es 1945 und 1946 sein mußte, militärische Ereignisse und unter Hitlers Führung begangene strafrechtliche Verbrechen und völkerrechtswidrige Handlungen auf bestimmte Angeklagte persönlich zu übertragen und »verbindliche« Schuldsprüche abzuleiten. So war der in allen vier Anklagepunkten als schuldig verurteilte Alfred Jodl, der Hitler mehrfach mutig widersprochen hatte,[2] beispielsweise niemals bereit gewesen, Verbrechen eindeutig selbst zu befehlen.[3] Daß er sie gelegentlich mit seinem Namen oder Namenszug auf Befehlen oder Weisungen gedeckt hatte – was ihnen für die Masse der Soldaten einen legalen Anstrich gab –, war vor allem Folge der tragischen Diskrepanz zwischen seiner Vorstellung vom traditionellen Soldatentum und der Rolle, die er unter Adolf Hitler spielte. Auf der Waage der Justitia in Nürnberg wog dies allerdings nicht viel.

Jodl, der in Nürnberg ausdrücklich hervorhob, daß auf seinem Schreibtisch »nahezu ständig« die Haager Landkriegsordnung und der Text der Genfer Konvention gelegen hätten,[4] wurde vom IMT persönlich für Verbrechen verantwortlich gemacht, die nur gewaltsam – und auf dem Umwege über die Identifizierung mit seinen Dienststellungen – mit ihm unmittelbar in Verbindung gebracht werden konnten. Während das amerikanische Gericht später im 10. Nachfolgeverfahren, dem Krupp-Prozeß, davon ausging, »daß Schuld persönlich«[5] sein müsse und die Mitgliedschaft zur Firma Krupp allein nicht ausreiche, schuldig gesprochen zu werden, verfuhr das IMT noch anders. Wie Göring, Heß, Ribbentrop, Keitel, Rosenberg, Raeder und von Neurath wurde auch Jodl als Mitverschwörer Hitlers verurteilt.

Daß die dem angelsächsischen Recht entlehnte und von den Franzosen zunächst strikt abgelehnte[6] Vorstellung von der »Verschwörung« oder dem »Gemeinsamen Plan« zur Realisierung von Verbrechen gegen den Frieden eine zwiespältige Aufnahme finden mußte, lag zumindest für kontinentale Völkerrechtler auf der Hand, noch bevor die Angeklagten mit diesen Rechtsgrundlagen überhaupt konfrontiert wurden. Die Richter – außer den Franzosen Donnedieu de Vabres und Robert Falco, die sich gegen die Verschwörungsbeschuldigung als Kollektivbeschuldigung wandten, die genaue Definition von Verbrechen forderten und nur erwiesene persönliche Schuld als Grundlage für Bestrafungen akzeptieren wollten – setzten den schwer definierbaren und juristisch ebenso unsicher zu handhabenden Begriff der »Verschwörung« mit der geheimen Hitler-Konferenz vom 5. November 1937 an.[7] Für sie war jene Konferenz in der Reichskanzlei, in der Hitler nach nachträglichen Stichwortnotizen (mit Datum vom 10. 11. 1937) von Oberst Friedrich Hoßbach seine Kriegspläne vor Generalfeldmarschall von Blomberg, Generaloberst von Fritsch, Generaladmiral Raeder, Generaloberst Göring, Außenminister von Neurath und Oberst von Hoßbach entwickelte, der Stichtag. Justice Jackson dagegen wollte den Beginn der Verschwörung bereits in die Zeit unmittelbar nach dem Ende des Ersten Weltkrieges zurückprojiziert sehen, in der Hitler seine radikalen Forderungen, Drohungen und Prophezeiungen zu verkünden begann.[8]

Im Zusammenhang mit der Anklage wegen »Verschwörung« traf das IMT schließlich eine Feststellung, die ihm einen Ausweg aus der heiklen Problematik zu bieten schien. Hitler, so befand es, habe »keine Angriffskriege allein« führen können, und »die Mitarbeit von Staatsmännern, militärischen Führern, Diplomaten und Geschäftsleuten«[9] bewiese, daß sie seine Pläne kannten und sich damit zu »Teilnehmern an dem von ihm ins Leben gerufenen Plan«[10] gemacht hätten. In der Anklageschrift heißt es: »... Alle Angeklagten haben mit verschiedenen anderen Personen während eines Zeitraums von Jahren vor dem 8. Mai 1945 als Führer, Organisatoren, Anstifter und Mittäter an der Ausarbeitung oder Ausführung eines gemeinsamen Planes oder Verschwörung teilgenommen, die darauf abzielte oder mit sich brachte die Begehung von Verbrechen gegen den Frieden, gegen das Kriegsrecht und gegen die Humanität, wie sie in dem Statut dieses Gerichtshofs definiert sind, entsprechend den Vorschriften des Statuts, jeder einzelne verantwortlich für seine eigenen Handlungen wie auch für alle Handlungen, die von irgend jemandem in Ausführung eines solchen Planes und einer solchen Verschwörung begangen worden sind. Der gemeinsame Plan oder die Verschwörung stellte insofern die Begehung von Verbrechen gegen den Frieden dar, als die Angeklagten Angriffskriege planten, vorbereiteten, entfesselten und führten, die gleichzeitig Kriege unter Verletzung internationaler Verträge, Vereinbarungen und Zusicherungen waren. In der Entwicklung und im Verlaufe des gemeinsamen Planes oder Verschwörung wurden Kriegsverbrechen dadurch begangen, daß die Angeklagten rücksichtslose Kriege gegen Länder und deren Bevölkerung unter Verletzung der Kriegsregeln und Bräuche planten und führten. Zu diesen Verletzungen der Kriegsregeln gehörten als typische und systematisch angewandte Mittel: die Ermordung, Mißhandlung und Verschleppung der Zivilbevölkerung der besetzten Gebiete zum Zweck der Sklavenarbeit und für andere Zwecke, die Ermordung und Mißhandlung von Kriegsgefangenen und von Personen auf hoher See, die Verhaftung und Tötung von Geiseln, die Plünderung privaten und öffentlichen Eigentums, die mutwillige Vernichtung von großen und kleinen Städten und Dörfern, Verwüstungen, die durch keine militärische Notwendigkeit geboten waren. Der gemeinsame Plan oder die Verschwörung hatte zum Ziel, und die Angeklagten beschlossen und begingen Verbrechen gegen die Humanität in Deutschland und den besetzten Gebieten, wobei sie als typische und systematisch angewandte Mittel verwandten: die Ermordung, Vernichtung, Versklavung, Verschleppung und andere unmenschliche Akte gegen die Zivilbevölkerung vor und während des Krieges und die Verfolgung aus politischen, rassischen und religiösen Gründen in Ausführung des Planes für die Vorbereitung und Führung von Angriffs- oder ungesetzlichen Kriegen, wobei viele solche Handlungen und Akte der Verfolgung Verletzungen des inländischen Rechtes der Länder darstellten, in denen sie begangen wurden.«[11]

Das besonders von Prozeßkritikern mit Spannung erwartete Jodl-Verhör vom 4. Juni 1946 erwies sich als exemplarisch für die Bewertung der Angaben der Angeklagten über den deutschen Rüstungsstand im Jahre 1939 und für die Schuldzuordnungen in den Anklagepunkten Eins und Zwei. Das Protokoll verzeichnet:

»*Prof. Dr. Exner*: Ich komme jetzt zu den angeblichen Verbrechen gegen den Frieden. Dazu muß zunächst einmal geklärt werden, welche Dienststellungen Sie während der kritischen Zeit gehabt haben. Sagen Sie ... welche Dienststellungen Sie seit 1933 hatten.

Jodl: Von 1932 bis 1935 war ich in der Abteilung, die später Operationsabteilung des Heeres hieß. Von Mitte 1935 bis Oktober 1938 war ich Chef der Abteilung Landesverteidigung im Wehrmachtsamt, später OKW genannt ... Von Oktober 1938 bis kurz vor Beginn des Polenfeldzuges war ich Artilleriekommandeur in Wien und in Brünn in Mähren; und ab ... 27. August 1939 übernahm ich die Geschäfte und die Aufgaben des Chefs des Wehrmachtführungsstabes.

Prof. Dr. Exner: ... Hatten Sie in den Jahren 1932 bis 1935, wo Sie ... (im) sogenannten Truppenamt waren, mit Kriegsplänen zu tun?

Jodl: Damals gab es in der Operationsabteilung keinerlei Vorarbeiten außer einer Kampfanweisung für den improvisierten Grenzschutz Ost. Das war eine milizartige Organisation, und es gab Vorbereitungen für Räumungsmaßnahmen an sämtlichen deutschen Grenzen für den Fall feindlicher Besetzungen, also sogenannter Sanktionen; sonst gab es nichts.

Prof. Dr. Exner: Hatten Sie mit der Verkündung der allgemeinen Wehrpflicht zu tun?

Jodl: Nein, damit hatte ich nichts zu tun ...
Prof. Dr. Exner: Wie war Ihr Aufgabenkreis als Chef der Abteilung Landesverteidigung ... von Juni 1935 bis Oktober 1938?
Jodl: In dieser Stellung hatte ich die operativen, strategischen Richtlinien nach den Befehlen meiner Vorgesetzten Keitel und Blomberg zu bearbeiten. Ich hatte das Problem der Wehrmachtsführung zu studieren und zu klären, Studien und Manöver anzulegen für die großen Wehrmachtsmanöver 1937. Ich hatte die Wehrmachtsakademie zu betreuen, ich hatte mich mit Gesetzesentwürfen zu befassen, die mit der allgemeinen Wehrpflicht zusammenhingen und mit der einheitlichen Vorbereitung einer Mobilmachung im zivilen Sektor, also von Staat und Volk, und dabei gehörte zu mir das sogenannte Sekretariat des Reichsverteidigungsausschusses.
Prof. Dr. Exner: ... Was waren Sie damals, welches war Ihre militärische Charge?
Jodl: Ich kam in diese Stellung als Oberstleutnant und wurde dann – ich glaube im Jahre 1936 – Oberst.«[12]

Bereits am Tage zuvor hatte Exner seinen Mandanten gegen bestimmte Vorwürfe abzuschirmen versucht.
»*Prof. Dr. Exner*: Die Anklage hat behauptet, daß Sie an der Gnade des Führers sich ... sonnten und daß der Führer seine Gunst an Sie verschwendete ... was ist daran richtig?
Jodl: Darüber brauche ich nicht viele Worte zu verschwenden. Das, was ich gesagt habe, das ist die ... Wahrheit. Das, was die Anklage darüber vorgebracht hat, ist ... Phantasie ... Wenn die Anklagevertretung meint, daß ich als sogenannter politischer Soldat besonders schnell befördert worden sei, so irrt sie. Ich bin im 50. Lebensjahr General geworden. Das ist ganz normal. Ich habe dann allerdings im Juli 1940 bei der Beförderung zum General der Artillerie den Dienstgrad des Generalleutnants übersprungen; aber auch das war nur ein Zufall. Es sollte nämlich der um sehr viel jüngere General der Flieger Jeschonnek, Chef des Generalstabes der Luftwaffe, zum General der Flieger befördert werden. Da sagte Schmundt dem Führer, das könne vielleicht auf mich doch kränkend wirken. Daraufhin beschloß der Führer kurz vor der Reichstagssitzung, auch mich zum General der Artillerie zu befördern.«[13]

Auch die diesem Frage- und Antwort-»Spiel« unmittelbar folgenden Fragen Exners, dessen persönliche Sympathien für Jodl sowohl die Ankläger als auch die Richter nicht übersehen konnten, dienten zunächst der Absicht der Verteidigung, wenigstens die Anklagepunkte Eins und Zwei *ad absurdum* zu führen. Im Protokoll heißt es:
»*Prof. Dr. Exner*: Haben Sie nicht überdurchschnittliche Auszeichnungen von Hitler erhalten?

Jodl: Ich bekam vom Führer überraschenderweise ... am 30. Januar 1943 das Goldene Ehrenzeichen der Partei.* Das war die einzige Auszeichnung, die ich vom Führer erhalten habe.
Prof. Dr. Exner: In diesen ganzen fünfeinhalb Kriegsjahren?
Jodl: Ja.
Prof. Dr. Exner: Haben Sie ein Geschenk oder sonst etwas von Hitler oder der Partei erhalten?
Jodl: Keinen Pfennig, keinen Hosenknopf. Um ja nichts zu verschweigen, muß ich erwähnen, daß wir vom Führer im Hauptquartier zu Weihnachten jedesmal ein Paket Kaffee bekamen.
Prof. Dr. Exner: Haben Sie irgendwelche Besitztümer aus den von uns besetzten Gebieten erworben und als Geschenk bekommen oder als Souvenir?
Jodl: Nicht ein Stück. Wenn in der Anklageschrift summarisch der Satz steht: ›Die Angeklagten bereicherten sich aus den besetzten Gebieten‹, so kann ich das, was mich betrifft, mit einem Wort bezeichnen – ich muß es offen sagen –, das ist die Verleumdung eines anständigen deutschen Offiziers.«[14]

Doch zurück zum Verhör vom 4. Juni 1946, in dem es wie folgt weiterging:
»*Prof. Dr. Exner*: Waren Sie am Reichsverteidigungsgesetz beteiligt?
Jodl: Nein, das Gesetz ist entstanden, bevor ich in das Wehrmachtsamt kam.
Prof. Dr. Exner: Aber die Anklage wirft Ihnen diese Beteiligung ... vor ... Was sagen Sie dazu?
Jodl: Es (das von der Anklage vorgelegte Dokument 2261-PS, US-24) ... ist ein ... Reichsgesetz, von dem ich einen Abdruck einer anderen Dienststelle gegeben habe. Mehr braucht man nicht zu sagen.
Prof. Dr. Exner: Sie waren an dem Gesetz selber nicht beteiligt?
Jodl: Da war ich nicht beteiligt.
Prof. Dr. Exner: Waren Sie Mitglied des Reichsverteidigungsausschusses?
Jodl: Das war ich automatisch in dem Augenblick, als ich Chef der Abteilung Landesverteidigung wurde ...
Prof. Dr. Exner: Was war die Aufgabe dieses Ausschusses ...?
Jodl: ... In diesem Ausschuß wurde die einheitliche Mobilmachung, nicht die

* Von August 1942 bis Ende Januar 1943 mied Hitler Jodl so demonstrativ, daß er ihm nicht einmal die Hand gab. Im Zeugenstand erklärte Jodl: »Zu dem gemeinsamen Essen kam Hitler (seit August 1942) nie mehr bis zum Ende des Krieges. Der Lagevortrag, das ist der Vortrag über die Lage, fand nicht mehr in meinem Kartenzimmer statt, sondern in der Unterkunft des Führers. An jedem Vortrag über die Lage nahm von diesem Tage an ein Offizier der SS teil. Es wurden acht Stenographen gestellt, die von diesem Tage an jedes Wort mitschrieben. Der Führer gab mir überhaupt nicht mehr die Hand. Er grüßte mich nicht mehr oder kaum mehr, und dieser Zustand dauerte bis zum 30. Januar 1943. Er ließ mir durch den Feldmarschall Keitel sagen, er könne mit mir nicht mehr arbeiten, und ich würde durch den General Paulus ersetzt, sobald Paulus Stalingrad genommen habe.« IMT, Bd. XV, S. 331.

Kriegführung, sondern die Mobilmachung von Staat und Volk in Übereinstimmung mit der militärischen Mobilmachung vorbereitet und ... festgelegt ...

Prof. Dr. Exner: Hatte der Reichsverteidigungsausschuß mit der Aufrüstung zu tun?

Jodl: Nein, er hatte mit der Aufrüstung gar nichts zu tun.

Prof. Dr. Exner: Hatte der Reichsverteidungsausschuß mit politischen Plänen oder Absichten zu tun?

Jodl: Auch mit politischen Problemen hat er sich in keiner Weise befaßt.

Prof. Dr. Exner: Aber doch immerhin mit dem Fall eines Krieges?

Jodl: Nur mit dem Fall der Mobilmachung ...

Prof. Dr. Exner: Sie waren im Ausschuß mit den Mobilmachungsbüchern befaßt, stimmt das?

Jodl: Ja. Ich glaube, ich habe schon auseinandergesetzt, daß in diesen Büchern ... alle Einzelheiten jeder Obersten Reichsbehörde, in Spannungsstufen gegliedert, mit Kennzeichen versehen, festgelegt wurden.

Prof. Dr. Exner: ... Sie sagen jeder Obersten Reichsbehörde. Was meinen Sie damit?

Jodl: Ich meine sämtliche Ministerien.

Prof. Dr. Exner: Also alle Zivilbehörden.

Jodl: Alle Zivilbehörden. Deren Vorbereitungen mußten ja in Übereinstimmung gebracht werden mit den militärischen.

Prof. Dr. Exner: Worin bestanden die Vorbereitungen in der entmilitarisierten Zone?

Jodl: Die Vorbereitungen in der entmilitarisierten Zone befaßten sich ausschließlich mit der Räumung, also der Preisgabe des westrheinischen Gebietes im Falle einer französischen Besetzung.

Prof. Dr. Exner: ... Nun wird Ihnen aber vorgeworfen, Sie hätten strengste Geheimhaltung vorgeschrieben bei diesen Vorbereitungen, die doch nach Ihrer Schilderung rein defensiver Natur waren. Warum geschah das?

Jodl: Die Geheimhaltung derartiger Maßnahmen ist in der ganzen Welt selbstverständlich. Bei uns in Deutschland war es besonders wichtig, weil nämlich die zivilen Behörden seit Jahren gar nicht mehr gewohnt waren, sich mit militärischen Dingen zu befassen, und weil es mir besonders wichtig erschien, daß im Ausland nicht eine falsche Auffassung – sagen wir durch Erbeutung eines solchen Befehls – entstehen würde, ein Mißverständnis, wie es besonders charakteristisch hier in diesem Prozeß ja aufgetreten ist, nämlich über den Begriff ›Freimachen des Rheins‹.*

* Hier spielte Jodl auf die Jackson-Göring-Kontroverse an. Vgl. S. 143 ff.

Prof. Dr. Exner: Warum befahlen Sie besondere Vorsicht? Um das Ausland nicht zu beunruhigen?
Jodl: Wir waren in dieser Zeit im Zustand einer noch größeren Schwäche als zu Zeiten des Hunderttausend-Mann-Heeres. Dieses Hunderttausend-Mann-Heer war nämlich jetzt aufgesplittert in Hunderte von kleinen Grüppchen. Es war die Zeit unserer allergrößten Ohnmacht, und in dieser Zeit mußte man wirklich sorgfältigst jegliche Spannung mit dem Ausland vermeiden.
Prof. Dr. Exner: Welcher Art waren die militärischen Pläne jener Zeit?
Jodl: ... Es gab die Kampfanweisung für den Grenzschutz Ost, und dann bearbeitete ich in dieser Zeit noch eine Kampfanweisung für den Befehlshaber in Ostpreußen für den Fall, daß er durch einen plötzlichen Überfall Polens vom Reich abgeschnitten würde.
Prof. Dr. Exner: Wußten Sie von irgendwelchen deutschen Angriffsabsichten in jener Zeit?
Jodl: Davon war überhaupt keine Rede und kein Gedanke daran ...
Prof. Dr. Exner: ... haben Sie im Truppenamt und später bei der Landesverteidigung mit der Aufrüstung zu tun gehabt?
Jodl: Mit der Aufrüstung im eigentlichen Sinne hatte ich persönlich gar nichts zu tun. Sie war Sache der Wehrmachtstelle, ... Heer, Marine, Luftwaffe, wurde von deren Organisationsabteilungen bearbeitet und von den Oberbefehlshabern mit dem Führer unmittelbar besprochen. Daß aber auch meine Generalstabsarbeit zum Wiederaufbau der Deutschen Wehrmacht beigetragen hat, das hoffe ich und will ich nicht bestreiten.
Prof. Dr. Exner: Ihr Tagebuch 1780-PS15 enthält auch nirgends ein Wort über die Aufrüstung ... Wie dachten Sie zur Frage der Aufrüstung? ...
Jodl: Ich war damals der Auffassung wie meine Vorgesetzten; und es ist charakteristisch, daß am Tage vor der Erklärung, daß 36 Divisionen aufgestellt würden, sowohl Blomberg wie Fritsch dem Führer vorschlugen, doch nur 24 Divisionen aufzustellen. Sie fürchteten eine Verwässerung des ganzen Heeres. Sie fürchteten vielleicht auch eine zu stürmische Außenpolitik, auf Kräfte gestützt, die nur auf dem Papier standen ...
Prof. Dr. Exner: ... Mit welchen Terminen rechnete man denn damals bei der Aufrüstung im Jahre 1935?
Jodl: Es waren verschiedene Stufungen vorgesehen. Die erste Stufe bis 1942/43, den Westwall wollte das Heer bis 1945 im wesentlichen, im Jahre 1952 ganz zu Ende haben, und der Aufbauplan der Marine erstreckte sich auf die Jahre bis 1944/1945.
Prof. Dr. Exner: Was war denn nach ihrer damaligen Anschauung der Sinn der Aufrüstung?

Jodl: Nachdem eine Abrüstung nicht zustande gekommen war, war das Ziel, die militärische Parität gegenüber den Nachbarländern Deutschlands herzustellen.
Prof. Dr. Exner: Ich möchte ... in diesem Zusammenhang auf eine Urkunde ... den Zweijahresbericht des Generals George Marshall (hinweisen); er ist schon vorgelegt worden ... Ich habe hier einen Teil, den ich benützen wollte ... Zur Frage der Aufrüstung scheinen mir einige Sätze zu stehen, die den Nagel auf den Kopf treffen ... ›Die Welt nimmt die Wünsche der Schwachen nicht ernst. Schwäche ist eine zu große Versuchung für die Starken, vor allem für die Gewalttäter, die nach Macht und Reichtum streben.‹ Und dann auf der nächsten Seite noch ein Satz: ›Wir müssen vor allem, scheint mir, das tragische Mißverständnis berichtigen, daß eine Sicherheitspolitik eine Kriegspolitik ist.‹ Sagen Sie, wie war damals unser militärisches Stärkeverhältnis zum Ausland?
Jodl: Als wir im Jahre 1935 36 Divisionen aufstellten, da besaßen Frankreich, Polen und die Tschechoslowakei 90 Friedensdivisionen und 190 Divisionen im Kriege. Wir hatten kaum eine schwere Artillerie, und die Panzerwaffe war erst in den primitivsten Anfängen ...
Prof. Dr. Exner: Dazu möchte ich einen Sachverständigen zitieren, wieder George Marshall ... ›Die einzige erfolgreiche Verteidigung, die eine Nation jetzt aufrechterhalten kann, ist die Kraft des Angriffs ...‹ Nun behauptet aber die Anklage, Sie hätten wissen müssen, daß eine so ungeheure Aufrüstung wie die deutsche überhaupt nur einem Angriffskrieg dienlich sein kann. Was meinen Sie?
Jodl: Das ist, glaube ich, nur aus militärischer Unkenntnis zu erklären. Wir waren bis zum Jahre 1939 zwar in der Lage, Polen allein zu zerschlagen, aber wir waren niemals – weder 1938 noch 1939 – eigentlich in der Lage, einem konzentrischen Angriff dieser Staaten gemeinsam standzuhalten. Und wenn wir nicht schon im Jahre 1939 zusammenbrachen, so kommt das nur daher, daß die rund 110 französischen und englischen Divisionen im Westen sich während des Polenfeldzuges gegenüber den 23 deutschen Divisionen völlig untätig verhielten.*
Prof. Dr. Exner: ... wann kam es dann wirklich zu einer starken Aufrüstung?
Jodl: Die wirkliche Aufrüstung wurde erst nach Kriegsbeginn durchgeführt. Wir traten in diesen Weltkrieg ein mit etwa 75 Divisionen. 60 Prozent unserer gesamten wehrfähigen Bevölkerung waren unausgebildet, das Friedensheer war etwa 400.000 Mann stark gegenüber fast 800.000 Mann im Jahre 1914. Die Vorräte an Munition und an Bomben ... waren geradezu lächerlich.
Prof. Dr. Exner: Dazu möchte ich eine Tagebuchnotiz von Ihnen verlesen ... Da schreiben Sie ... ›Generalfeldmarschall trägt nach der Zusammenstellung der ...

* Am 5. Juni 1946 erklärte Jodl: »Es gab nur einen Defensivaufmarsch im Westwall. Die Kräfte, die dort eingesetzt waren, waren so schwach, daß wir nicht einmal alle Bunker besetzen konnten.« IMT, Bd. XV, S. 408. Vgl. dazu auch IMT, Bd. XV, S. 417.

der Landesverteidigung den Stand des Kriegspotentials der Wehrmacht vor, dessen größter Engpaß in der schlechten Munitionsbevorratung des Heeres 10 bis 15 Kampftage = 6 Wochen Vorrat liegt.‹

Jodl: Also (für) 10 bis 15 Kampftage hatten wir Munition.«[16]

Dennoch heißt es im Jodl-Urteil des IMT: »... Im streng militärischen Sinne fiel Jodl die eigentliche Planung des Krieges zu ...«[17] Und, was im Hinblick auf seine Verurteilung wegen Verbrechen gegen den Frieden noch unverständlicher erscheint: Er, Jodl, »war in hohem Maße für die Strategie und die Leitung der Operationen verantwortlich.«[18]

Sicher ist: 1939 war Deutschland auf einen längeren Krieg nicht vorbereitet, auf einen Angriffskrieg – selbst gegen eine vergleichsweise kleine Macht – schon gar nicht. Wie schlecht es mit der deutschen Rüstung damals bestellt war,[19] wußten 1939 allerdings weder die deutsche Öffentlichkeit noch der alliierte Geheimdienst.[20] Hitler hatte 1936 zwar gefordert, daß die Wehrmacht und die Wirtschaft 1940 einsatzfähig und auf einen Kriegsfall vorbereitet sein sollten;[21] aber das Rüstungsprogramm war – gemessen an der deutschen Industriekapazität – nur schwerfällig angelaufen. Bis September 1939 gab es in keinem deutschen Wirtschaftszweig eine Produktion, die Kriegsvorbereitungen ahnen ließ.[22]

Noch im Mai 1940 betrug der Anteil der Rüstungsindustrie an der gesamten Industrieproduktion weniger als fünfzehn Prozent, 1941 waren es 19 Prozent, 1942 26 Prozent, 1943 38 und 1944 schließlich fünfzig Prozent.[23] Nach Speer[24] stieg der Index für Sprengstofferzeugung von 103 bis 1941 auf 131 für 1942, auf 191 für 1943 und auf 226 für 1944, der Index für Munitionserzeugung einschließlich Bomben dagegen von 102 für 1941 auf 106 für 1942, auf 247 für 1943 und auf 306 für 1944. Bis Mai 1940 wurden monatlich weniger als vierzig Panzer hergestellt. Im Jahr 1944 waren es dagegen monatlich über zweitausend. Die deutsche Flugzeugproduktion einschließlich der Zivilflugzeuge, Schulungsflugzeuge und Transporter, erreichte 1939 nicht einmal den Ausstoß von monatlich tausend Maschinen, während 1944, nach langem Bombenkrieg mit starken Zerstörungen, im gleichen Zeitraum allein mehr als viertausend Jäger produziert wurden. Hitlers laute Behauptung vom 1. September 1939, daß er 90 Milliarden Mark für die Rüstung ausgegeben habe,[25] konnte nach Lage der Dinge nur Laien imponieren. Die maßgeblichen Militärs wußten, daß die Rohstoffvorräte bestenfalls für zwölf Wochen Krieg reichten, daß 25 Prozent Zink, 50 Prozent Blei, 65 Prozent Mineralöl, 70 Prozent Kupfer, 80 Prozent Kautschuk, 90 Prozent Zinn, 95 Prozent Nickel und 99 Prozent Bauxit aus dem Ausland eingeführt wurden.[26]

Hitler wußte es natürlich auch; aber er wußte auch, daß sich die strategische und kriegswirtschaftliche Lage für das Reich seit dem 23. August 1939, seit dem Abschluß des deutsch-sowjetischen Nichtangriffspakts, erheblich geändert hatte.[27] Er ließ die Produktion von Buna[28] und synthetischen Treibstoffen[29] intensivieren, verließ sich auf die wirtschaftliche Unterstützung und Neutralität der Sowjetunion, die ihm nach der Niederwerfung Polens darüber hinaus die Möglichkeit geben sollte, die gesamten Streitkräfte – ohne Bedrohung im Rücken – für den Westfeldzug zur Verfügung zu haben, und plante die Lieferung von Rohstoffen aus Südosteuropa und aus Skandinavien ein.

Unmittelbar nach dem Polenfeldzug jedenfalls befand sich Hitler in einer schwierigen Situation. Er und der Generalstab wußten, wie lange es möglich war, mit dem Aufwand weiterzukämpfen, den der »Blitzkrieg« forderte. Sie konnten sich ausrechnen, daß der Krieg trotz der noch für rund drei Monate ausreichenden Rohstoffvorräte bereits in zirka vierzehn Tagen zu Ende gewesen wäre,[30] wenn die Franzosen und Briten im Westen angegriffen hätten. Der Munitionsvorrat war bereits während des Polenfeldzuges nahezu aufgebraucht, die Truppenstärke am Westwall absolut unzureichend. Daß diese Voraussetzungen eine Fortsetzung des offensiven Kampfes zu einem Abenteuer machten, schreckte Hitler nicht.

Hitler, der wußte, daß die Zeit – außer im Zusammenhang mit der eigenen Rüstung – nicht für ihn, sondern gegen ihn arbeitete, war dazu bereit. Ob er seine Machtposition zu der Zeit über- und die der Gegner unterschätzte, ist schwer zu beweisen. Der Generalstab, der aus militärischer Erfahrung Hitlers Glauben an sein Glück und seine Bereitschaft zum Risiko kannte, war skeptisch; erreicht hat er nichts. Die 3,2 Millionen Soldaten, die er für den Kriegsfall forderte, hatte er bis 1939 nicht bekommen können.[31] Nur die vier Jahrgänge, die 1914, 1915, 1916 und 1917 geborenen Männer waren ausgebildet. Aber Hitler, der über viele Details und Zusammenhänge besser als der Generalstab informiert war, glaubte im Gegensatz zu den überraschten Militärs,[32] daß seine Offensive nicht zusätzliche Probleme heraufbeschwören, sondern einen raschen Sieg über Frankreich zur Folge haben würde. Frankreich, der wichtigste englische Partner auf dem Kontinent, sollte in einem »Blitzkrieg« niedergerungen und England dann unter diesem Eindruck zur Beendigung des Krieges veranlaßt werden.

Seit der für ihn glücklich ausgegangenen »Sudetenkrise« war Hitler mehr denn je überzeugt gewesen, daß das Herz des Volkes des Großdeutschen Reiches auf Gedeih und Verderb für ihn schlüge.[33] Daß er sich zur Zeit der »Sudetenkrise« über die Ansichten des Oberkommandos des Heeres hinweggesetzt und dessen Oberbefehlshaber belehrt hatte, in der Situation seien nicht militärische, sondern politische Entscheidungen zu fällen, die nur er allein treffen könnte, hatten inzwischen auch empfindliche Militärs aus ihrer Erinnerung verdrängt. Eine in der zweiten September-Hälfte 1938 von einigen maßgeblichen Militärs, unter denen sich auch Generalfeldmarschall Erwin von Witzleben befand, vorbereitete Erhebung gegen Hitler war nach den Hitler-Erfolgen in Berchtesgaden, Godesberg und München unterblieben.

Unmittelbar nachdem Großadmiral Erich Raeder Hitler am 12. Dezember 1939 auf die Gefahren hingewiesen hatte, die dem Reich und der deutschen Kriegswirtschaft drohten, wenn die Briten Norwegen besetzten, wie der englische Marineminister Winston Churchill seiner Regierung in einer Denkschrift bereits am 19. September 1939 empfohlen hatte, schaltete Hitler zum Entsetzen[34] der Generale sowohl den damaligen Oberbefehlshaber des Heeres als auch den Chef des Generalstabes und der Operationsabteilung von der Bereitstellung und Führung der Heeresverbände aus. Am 13. Dezember 1939 gab Jodl den Hitler-Befehl, »daß mit kleinstem Stab die Untersuchung geführt wird, wie man sich in Besitz Norwegens setzen kann«, entgegen den bisherigen Gepflogenheiten an den l. Generalstabsoffizier der Luftwaffe in der Abt. L weiter.[35]

Generalfeldmarschall Wilhelm Keitel, der bis 1945 die Deutsche Wehrmacht im Sinne Hitlers repräsentieren sollte, und seit Februar 1938 die anspruchsvolle Dienstbezeichnung »Chef des Oberkommandos der Wehrmacht« trug, obwohl er unter Hitler über keine tatsächliche und seiner Position angemessene Befehlsgewalt verfügte und niemals mehr als nur ein dem Führer bedingungslos ergebener militärischer »Sekretär« gewesen war,* war mit der Einstellung nach Nürnberg gekommen, von seinen einstigen Mitarbeitern und Untergebenen das Schicksal abwenden zu wollen, das ihn erwartete.

»Es wird mir schwer«, hatte er in seinem bereits erwähnten Aufruf vom 15. Mai 1945 an das Oberkommando der Wehrmacht erklärt, »aus diesem Kameradenkreis für immer zu scheiden. Als Kriegsgefangener sehe ich der Aburteilung als Kriegsverbrecher entgegen; mein einziger Wunsch dabei ist, damit von jedem meiner bisherigen Untergebenen ein gleiches Schicksal abzuwenden. Meine militärische Laufbahn ist beendet, mein Lebensweg steht vor dem Abschluß.«[36]

Mit Würde versuchte Keitel sich vor seine einstigen Untergebenen zu stellen, sich selbst nicht auf Kosten anderer Militärs zu verteidigen und die Tatsachen nicht um eines eventuellen Heldenbildes willen bewußt zu verfälschen. »Ich schäme mich zu sehr vor Ihnen, als daß ich Ihnen das mündlich sagen könnte«,[37] schrieb er seinem Anwalt Dr. Nelte am 21. Mai 1946, nachdem die Russen die zur Zeit der Moskauer Internierung von Großadmiral Erich Raeder verfaßten und für dessen persönliche Erinnerungen bestimmten, negativen Bemerkungen über Keitel gegen den Feldmarschall zu verwenden versucht hatten.[38] Keitel, nach

* Nur einmal hatte er Hitler den Gehorsam verweigert. Als Hitler ihm am 22. 4. 1945 in Berlin befahl, in der Nacht zum 23. 4. nach Berchtesgaden zu fliegen, erklärte Keitel in Jodls Gegenwart: »Ich habe Ihnen in den sieben Jahren niemals den Befehl verweigert, diesen Befehl führe ich auf keinen Fall aus.« Zit. nach Görlitz, *Keitel* ..., S. 347f.

einem Urteil des Generaloberstabsrichters Dr. Lehmann, des Chefs der Wehrmacht-Rechtsabteilung, so mutig, daß er bereit gewesen wäre, einem Löwen mit bloßen Fäusten entgegenzutreten, aber gegenüber Adolf Hitler so »hilflos wie ein Kind«,[39] sprach von soldatischem Gehorsam und notierte, möglicherweise als »Schlußwort«-Entwurf, über sein Verhältnis zur Politik:
»Wie schon ausgeführt, verstanden wir (er und Jodl) unsere Aufgabe so, daß wir, die Gehilfen des Führers für die von ihm geplanten und angeordneten operativen Aufgaben, mit den politischen Motiven und Hintergründen nichts zu tun hatten. Wir sind nicht damit befaßt worden. Ich kann und will das Spiel der ›hohen Politik‹, die Methoden diplomatischer Tarnung und die zahlreichen Verletzungen gegebener Zusicherungen, nicht verteidigen. Es wäre auch nicht richtig, wenn ich sagen wollte, daß wir alle diese Dinge nicht kannten. Die Wahrheit ist, daß wir mit diesen Dingen dienstlich nicht befaßt wurden und daß der Führer uns kategorisch erklärte, die politischen Angelegenheiten gingen uns nichts an. Soweit es sich um die operativen Befehle (sog. Weisungen) oder die zur Durchführung derselben erlassenen Anordnungen handelt, sind es Befehle des Obersten Befehlshabers. Ich bestreite nicht, daß ich von allen diesen Befehlen, gleich ob sie meine Unterschrift tragen oder nicht, Kenntnis hatte, daß Hitler hierüber mit Generaloberst Jodl und mir gesprochen hat, daß ich sie an die Wehrmachtsteile, die davon betroffen wurden, weitergegeben (habe) und ihre Ausführungen überwachte. Generaloberst Jodl und ich waren nicht immer mit der vom Obersten Befehlshaber getroffenen Entscheidung, soweit sie operativ war, einverstanden, haben sie aber stets ausgeführt. Wir haben niemals über die Frage, ob Angriffskrieg oder Verteidigungskrieg, mit dem Führer gesprochen. Gemäß unserer … Auffassung war das nicht unsere Aufgabe. Ich übernehme die Verantwortung für diese Einstellung und Handlungsweise.«[40]

Der über Keitels Verhältnis zu Hitler sehr gut informierte sowjetische Ankläger Rudenko begann sein Keitel-Verhör, dessen inhaltliche Übereinstimmung mit dem Urteil des IMT geradezu bestürzend ist,[41] am 5. April 1945 psychologisch geschickt mit der Frage, wie er, der deutsche Feldmarschall und Chef des Oberkommandos der Wehrmacht,[42] die militärischen Kenntnisse seines einstigen Oberbefehlshabers Adolf Hitler[43] beurteile. Doch Keitel, der 1901 als Offiziersanwärter in die Armee eingetreten, über die üblichen Beförderungen[44] Berufsoffizier geworden, nach rund sechsjähriger Dienstzeit als Regimentsadjutant zu Beginn des Ersten Weltkrieges Batteriechef und im März 1915 mit einer Stellung als Generalstabsoffizier im Großen Generalstab betraut worden war und nach einigen wichtigen militärischen Zwischenstationen 1935 das Wehrmachtsamt im Reichskriegsministerium übernommen hatte,[45] verleugnete weder Hitler – noch die bis dahin von ihm selbst verfochtene Einstellung. Er, der auch in Nürnberg keine Rücksicht auf sein persönliches Prestige nahm, kam den Erwartungen des sowjetischen Anklägers Rudenko nicht entgegen. Das im folgenden zitierte Gerichtsprotokoll bezeugt es:

»*General Rudenko*: Sollte man nicht ... den Schluß ziehen, daß Sie, der Sie eine solide militärische Vorbildung und eine große Erfahrung besitzen, die Möglichkeit hatten, auf Hitler bei der Beschlußfassung in militärisch-strategischen Fragen, die sich auf die Wehrmacht bezogen, einen wesentlichen Einfluß auszuüben?

Keitel: Nein. Ich muß dazu eine Erklärung geben, in welcher für den Laien und für den Berufsoffizier fast unvorstellbaren Form Hitler Generalstabswerke, Militärliteratur, taktische, operative und strategische Studien studiert hat und ein Wissen auf militärischem Gebiet besessen hat, das nur als staunenswert bezeichnet werden kann. Ich darf es vielleicht mit einem Beispiel bekunden, und die übrigen Offiziere der Wehrmacht werden es bestätigen, daß er über Organisation, Bewaffnung, Führung, Ausrüstung sämtlicher Armeen und, was noch bemerkenswerter ist, aller Flotten der Erde so unterrichtet war, daß es unmöglich war, ihm auch nur einen Irrtum nachzuweisen, und ich muß dazufügen, daß auch während des Krieges, als ich im Hauptquartier ja nun in einer räumlich näheren Umgebung war, Hitler noch in den Nächten in all den großen Generalstabswerken von Moltke, Schlieffen und Clausewitz studiert hat und daraus seine autodidaktische Kenntnis der Dinge besaß. Daher für uns die Vorstellung: Das kann nur ein Genie.

General Rudenko: Sie werden wohl nicht verneinen, daß Sie auf Grund Ihrer militärischen Vorbildung und Ihrer Erfahrung der Berater Hitlers in einer Reihe wichtigster Fragen waren.

Keitel: Ich habe zu seiner engsten militärischen Umgebung gehört und vieles von ihm gehört; ich habe aber ... auf die Frage meines Verteidigers schon darauf aufmerksam gemacht, daß selbst in einfacheren alltäglichen Organisations- und sonstigen Rüstungsfragen der Wehrmacht in den betreffenden Dingen ich eigentlich – offen gestanden – der Belehrte war und nicht der Belehrende.«[46]

Rudenko, der Keitel dann der Teilnahme am »Gemeinsamen Plan« überführen wollte, ließ ihn über seine Rolle unter Hitler berichten. Dabei überraschte Keitel nicht nur mit Bemerkungen über Hitler, die mit den Tatsachen kaum etwas zu tun hatten, sondern er verblüffte das Gericht auch durch seine geradezu bestürzende Naivität in politischer Hinsicht. Was er über und von Hitler wußte, war erschreckend wenig – und zudem meist auch noch falsch. So glaubte er beispielsweise, entgegen zahlreicher gegenteiliger öffentlicher Hitler-Äußerungen von Hitler erfahren zu haben, daß er 1918 Offizier gewesen sei.[47] Trotz seiner hohen militärischen Stellung hatte er ganz offensichtlich nicht einmal Hitlers *Mein Kampf* gelesen.

Doch so vielversprechend der Feldmarschall – für die Anklage – sein Verhältnis zu Hitler beschrieben hatte, so wenig konnte der sowjetische Ankläger mit den Antworten beginnen, die er nun bekam.

Das Protokoll:

»*General Rudenko*: Von welchem Zeitpunkt an ... begann Ihre Zusammenarbeit mit Hitler?

Keitel: Genau ... am 4. Februar 1938.

General Rudenko: Also haben Sie in der ganzen Zeitspanne, in der der aggressive Krieg vorbereitet und ausgeführt wurde, mit Hitler zusammengearbeitet?

Keitel: Ja, ich habe dazu ja schon die nötigen Erklärungen gegeben, wie sich für mich ... die Dinge dann aneinandergereiht haben, in oftmals überraschend neuen Lagen ...

General Rudenko: Wer hat von den leitenden militärischen Mitarbeitern des OKW und des OKH, außer Ihnen, die Befehle zusammen mit Hitler und den anderen Ministern unterzeichnet?

Keitel: Im ministeriellen Bereich der Reichsregierung gab es die Form der Unterschriften des Führers und Reichskanzlers und der engstbeteiligten Minister und am Schluß des Chefs der Reichskanzlei. Im militärischen Bereich gab es das nicht, sondern nach den Gepflogenheiten in der deutschen Armee und Wehrmacht zeichneten die Hauptbearbeiter, der Chef des Stabes und derjenige, der einen Befehl gab oder wenigstens verfaßt hatte, in Verbindung mit einer Initiale an dem Rand.[48]

General Rudenko: Sie haben gestern gesagt, daß Sie solche Befehle unterschrieben haben ...

Keitel: Ja, ich habe gestern einzelne Dekrete angegeben und auch die Begründung, weshalb ich unterschrieben habe ...

General Rudenko: Welches Organ hat seit Februar 1938 die Funktion des Kriegsministeriums ausgeübt?

Keitel: Bis zu den letzten Januar- oder ersten Februartagen der ehemalige Reichskriegsminister von Blomberg. Vom 4. Februar ab gab es weder einen Kriegsminister noch ein Kriegsministerium.

General Rudenko: Deshalb frage ich Sie auch, welches Organ das Kriegsministerium ersetzt und seine Funktionen ausgeübt hat ...

Keitel: Ich habe mit dem Wehrmachtsamt, dem damaligen Stab des Kriegsministeriums, an dessen Spitze ich stand, die Geschäfte weitergeführt und aufgegliedert ... das heißt, alle hoheitlichen Rechte übertragen auf die Oberbefehlshaber der Wehrmachtsteile. Das war ... ein Befehl von ... Hitler.

General Rudenko: Nach der Skizze, die Sie dem Gerichtshof vorgelegt haben, sieht es so aus, als ob das OKW die zentrale, verbindende und höchste Kriegs-

stelle im Reich gewesen ist, die unmittelbar Hitler unterstellt war. Ist es richtig, daraus diesen Schluß zu ziehen?
Keitel: Ja. Das war der Stab, der militärische Stab Hitlers.«[49]

Keitel, der Hitler treu ergeben war und – von Skrupeln geplagt – hinter Hitlers Rücken Frau Canaris nach der Verhaftung ihres Mannes finanziell unterstützte und Himmler bewog, die Familien der im Zusammenhang mit dem 20. Juli 1944 hingerichteten Offiziere gut zu behandeln, mußte sich, ebenso wie Dönitz,[50] Raeder[51] und Jodl[52] wegen der Weitergabe von Hitler-Befehlen verantworten, mit denen das IMT sie identifizierte. Die Tatsache, daß sie dem Prinzip der militärischen Unterordnung unter die politische Gewalt folgten und als gehorsame Soldaten persönliche, moralische, juristische und militärische Bedenken weithin für sich behielten, sprach in Nürnberg gegen sie. Das Keitel-Verhör durch Rudenko offenbart dies besonders deutlich.

Im Protokoll heißt es unter anderem:
»*General Rudenko*: Von wem wurde die Ausarbeitung der militärisch-strategischen Pläne im OKW unmittelbar geleitet ... die militärischen Angriffspläne auf Österreich, die Tschechoslowakei, Polen, Belgien, Holland, Frankreich, Norwegen, Jugoslawien und die Sowjetunion?
Keitel: ... die operativen und strategischen Planungen (wurden) nach einer Auftragserteilung Hitlers von den Oberbefehlshabern der Wehrmachtsteile, also für das Heer vom Oberkommando des Heeres und dem Generalstab des Heeres, vorbereitet und Hitler vorgetragen und dann darüber weitere Entscheidungen getroffen ...
General Rudenko: Im Zusammenhang mit Jugoslawien möchte ich Sie folgendes fragen: Anerkennen Sie, daß die von Ihnen unterschriebene und herausgegebene Weisung über die vorläufige Aufteilung Jugoslawiens, welche die tatsächliche Vernichtung dieses Landes als eines Staates vorsieht, ein Dokument darstellt, das eine große politische und internationale Bedeutung hat?
Keitel: Ich habe nicht mehr und nicht weniger getan, als eine Führeranordnung zu Papier gebracht und an diejenigen Stellen, die es interessierte und anging, weitergeleitet. Einen persönlichen oder politischen Einfluß auf diese Fragen habe ich überhaupt nicht gehabt.
General Rudenko: Mit Ihrer eigenen Unterschrift?
Keitel: Für die Unterschriften, die ich geleistet habe, habe ich ... eine erschöpfende Erklärung gegeben, wie sie zustande kamen und welche Bedeutung sie besitzen.
General Rudenko: Das ist richtig. Sie haben darüber gesprochen ... Ich möchte nun Ihre Position im Hinblick auf Jugoslawien genau feststellen. Geben Sie zu, daß unter unmittelbarer Mitwirkung des OKW provozierende Aktionen organi-

siert wurden, um einen Grund für den deutschen Angriff und zur Rechtfertigung dieses Angriffs vor der Öffentlichkeit zu schaffen?
Keitel: Ich habe ... heute ... auf die Fragen eines Verteidigers der anderen Angeklagten klar geantwortet, daß ich an keiner Vorbereitung eines Zwischenfalles beteiligt war und daß militärische Dienststellen auch nach dem Willen Hitlers an der Erörterung, Vorbereitung, Überlegung und Ausführung von Zwischenfällen niemals beteiligt waren. ›Zwischenfall‹ ist hier gemeint als Provokation ...
General Rudenko: Wer hat den Befehl erteilt und warum, Mährisch-Ostrau und Witkowitz durch die deutschen Truppen am 14. März 1939 nachmittags zu besetzen, während der Präsident Hacha sich zu dieser Zeit noch auf dem Weg nach Berlin befand, um dort Besprechungen mit Hitler zu führen?
Keitel: Den Befehl hat letzten Endes ausgelöst und entschieden der Führer. Es war vorbereitet, dieses Gebiet mit dem bekannten großen, modernen Stahlwerk, das in der Gegend von Mährisch-Ostrau liegt ... handstreichartig und vor dem ursprünglich gedachten Einmarschtag in die Tschechoslowakei zu besetzen. Als Begründung für diesen Entschluß hat mir Hitler gesagt, es geschehe, um zu verhindern, daß die Polen plötzlich von Norden her einen Zugriff machten und das modernste Walzwerk der Welt eventuell in Besitz nehmen ...
General Rudenko: Ja, aber zur selben Zeit (14. März) befand sich der Präsident Hacha auf der Reise nach Berlin zwecks Besprechungen mit Hitler, ist das richtig?
Keitel: Ja, das stimmt.
General Rudenko: Das ist doch eine Gemeinheit!
Keitel: Ich glaube nicht, daß ich zu dem Tatbestand noch ein Werturteil abgeben muß. Es ist richtig, daß diese Besetzung an diesem Abend erfolgte. Die Gründe habe ich angegeben, und der Präsident Hacha hat es erst erfahren, als er in Berlin eintraf ...
General Rudenko: Ich habe an Sie mehrere Fragen im Zusammenhang mit dem Angriff auf die Sowjetunion zu stellen ... Sie haben Ihre Stellungnahme, was den Angriff auf die Sowjetunion betrifft, auseinandergesetzt. Sie haben dem Gerichtshof jedoch gesagt, daß der Befehl für die Vorbereitung des Falles ›Barbarossa‹ im Monat Dezember 1940 erteilt wurde. Stimmt das?
Keitel: Ja.
General Rudenko: Sie erinnern sich genau daran, und können Sie es auch mit Bestimmtheit behaupten?
Keitel: Ich weiß oder erinnere mich nicht an irgendeinen bestimmten Befehl des Oberkommandos der Wehrmacht, das diesen Plan, kurz ›Barbarossa‹ genannt, schon durch einen vorhergehenden Befehl angeordnet hätte. Ich habe gestern allerdings ausgeführt, daß schon, wohl im September, eine Anweisung ergangen

war in bezug auf das Transport- und Eisenbahnwesen und ähnliche Dinge …
General Rudenko: Im September, meinen Sie?
Keitel: Das kann im September oder Oktober gewesen sein, ich kann mich auf die Zeit nicht mehr festlegen.
General Rudenko: Ich möchte es genau wissen.
Keitel: Genauere Angaben kann vielleicht in einem späteren Stadium der General Jodl machen, der das besser wissen muß.
General Rudenko: … Ich möchte gern, daß Sie in Kürze sich an alle Umstände erinnern: Zum ersten Mal haben Sie über den Plan Hitlers, die Sowjetunion anzugreifen, im Sommer 1940 gehört …
Keitel: … nach einer etwa vierzehntägigen Abwesenheit aus Berchtesgaden, teils Urlaub, teils Dienst in Berlin, kam ich in das Hauptquartier Berchtesgaden zurück und habe dann an einem der folgenden Tage, etwa Mitte August, zum ersten Mal Gedankengänge Hitlers dieser Art gehört …
General Rudenko: … Sie haben hier dem Gerichtshof erklärt, daß Sie ein Gegner des Krieges gegen die Sowjetunion gewesen sind. Stimmt das?
Keitel: Ja.
General Rudenko: Sie haben ebenfalls erklärt, daß Sie Hitler aufsuchten, um ihm den Vorschlag zu machen, er möge seine Pläne hinsichtlich der Sowjetunion abändern. Stimmt das?
Keitel: Ja, nicht nur abändern, sondern diesen Plan fallenlassen und keinen Krieg gegen die Sowjetunion führen. Das war der Inhalt meiner Denkschrift.
General Rudenko: … Ich will Sie jetzt über die … Besprechung befragen, die am 16. Juli 1941, das heißt drei Wochen nach dem Angriff Deutschlands auf die Sowjetunion, stattfand. Erinnern Sie sich an diese Besprechung, welche die Aufgaben der Kriegführung gegen die Sowjetunion zum Gegenstand hatte?
Keitel: Nein, ich weiß im Augenblick nicht, was gemeint ist …
General Rudenko: Sie behaupten unter Eid vor dem Gerichtshof, daß Sie nichts von Hitlers Plänen wußten, sich die Gebiete der Sowjetunion anzueignen und sie zu kolonisieren?
Keitel: Nein, das ist nicht ausgesprochen worden in dieser Form. Es ist mir wohl zum Bewußtsein gekommen, die baltischen Provinzen in eine Abhängigkeit von Deutschland zu bringen, die Ukraine in ein enges Verhältnis von Ernährungs- oder wirtschaftlichen Beziehungen zu bringen, aber konkrete Eroberungsobjekte sind mir nicht bekannt, und diese sind, wenn sie mal gestreift worden sind, von mir nicht als ernstes Problem angesehen worden …
General Rudenko: Ist Ihnen bekannt, daß vor Anfang des Krieges gegen die Sowjetunion der Angeklagte Göring eine sogenannte ›Grüne Mappe‹ herausgegeben hat, die Anweisungen über die Wirtschaftsfragen innerhalb der zu beset-

zenden Gebiete der UdSSR enthielt?
Keitel: Ja, das ist mir bekannt.
General Rudenko: Sie geben zu, daß Sie mit der Anweisung vom 16. Juni 1941 an alle deutschen Truppen Weisung zur strikten Ausführung dieser Direktiven erteilt haben?
Keitel: Ja, es besteht eine Anweisung, die allen Truppen des Heeres bekanntgibt, welche Organisationen für große Aufgaben und unter welcher Verantwortung eingesetzt sind und daß dementsprechend die Militärdienststellen des Heeres dem zu entsprechen haben, das habe ich weitergegeben; nicht befohlen, sondern weitergegeben.
General Rudenko: War das ein Befehl von Ihnen, oder haben Sie damit nur die Anordnungen des Führers ausgeführt?
Keitel: Ich habe nur die mir vom Führer erteilten Aufträge weitergegeben ...
General Rudenko: Sie waren nicht im Widerspruch mit diesem Willen des Führers?
Keitel: Ich habe einen Widerspruch, da es sich um eine Aufgabe des OKW nicht handelte, nicht erhoben. Ich habe den Befehl befolgt und ihn weitergegeben.
General Rudenko: Geben Sie zu, daß Ihnen mit dieser Verordnung die völlige und sofortige Ausnützung der besetzten Gebiete der Sowjetunion im Interesse der Kriegswirtschaft Deutschlands übertragen wurde?
Keitel: Ich habe einen solchen Befehl ... nicht gegeben, denn damit hatte ich gar nichts zu tun, sondern ich habe nur den wesentlichen Inhalt der ›Grünen Mappe‹,... an das Oberkommando des Heeres gegeben zur entsprechenden weiteren Veranlassung.
General Rudenko: Geben Sie zu, daß die Anweisungen, die sich in Görings ›Grüner Mappe‹ befanden, die Plünderung der Reichtümer der Sowjetunion und ihrer Bürger bezweckten?
Keitel: Nein. Von Vernichtung konnte nach meiner Auffassung auch in der ›Grünen Mappe‹ nichts gefunden werden. Statt Vernichtung muß man sagen: die Ausnützung von überflüssigen Dingen, besonders auf dem Gebiet der Ernährung, und Rohstoffe für die gesamte Kriegswirtschaft Deutschlands zunutze zu machen, aber nicht zu vernichten ...
General Rudenko: Sie finden, daß das keine Plünderung ist?
Keitel: Der Streit um Worte, ob Kriegsbeute oder Ausnutzung von im Krieg vorgefundenen Vorräten oder Raub oder ähnlich, fällt unter die Begriffe, die hier, glaube ich, nicht definiert zu werden brauchen. Jeder hat dafür seinen eigenen Sprachgebrauch.«[53]

Den für Keitel verbindlichen Sprachgebrauch enthielten Heinrich Himmlers Meldungen an den Führer. Sie umfaßten nichts weiter als die nüchternen statistischen Angaben, die Hitler interessierten. So berichtete Himmler beispielsweise am 29. Dezember 1942 in seiner »Meldung Nr. 51« »an den Führer über die Bandenbekämpfung«,[54] daß allein in Südrußland, in der Ukraine und in Bialystok, von August bis einschließlich November 1942, insgesamt 3442 Rinder, 2869 Schweine, 2930 Schafe, 486 Pferde, 65 Kälber, 1600 Zentner Getreide, 48 Zentner Leinsamen und einige Geräte und Maschinen erbeutet und 159 Ortschaften und Dörfer, 1978 Einzelgehöfte, 113 landwirtschaftliche Güter, 30 Sägewerke und Förstereien und 35 Industrieanlagen niedergebrannt und vernichtet worden seien.*

Am 5. April 1946 verzeichnete das IMT-Protokoll:

»*General Rudenko*: ... Im Zusammenhang mit dem Angriff auf die Sowjetunion habe ich ... eine ... Frage: Geben Sie zu, daß die Methode der Kriegführung der deutschen Armee im Osten mit der elementarsten Auffassung der militärischen Ehre einer Armee und dem Begriff der Kriegsnotwendigkeit im krassesten Widerspruch stand?

Keitel: Nein, das kann ich in dieser Form nicht anerkennen, sondern ... daß die Entartung des Krieges gegen die Sowjetunion und was im Osten geschehen ist nicht der Urheberschaft der deutschen Armee zuzuschreiben ist ...«[55]

Dann, rund eine Stunde später, fragt Rudenko, ob Keitel sich an ein Dokument vom 13. Mai 1941 erinnere. »Sie erinnern sich«, sagt er, »daß es in diesem Dokument, das vor dem Krieg entstanden ist, heißt, daß verdächtige Elemente unverzüglich vor einen Offizier gebracht werden müssen und dieser zu entscheiden hat, ob sie erschossen werden sollen oder nicht ... Haben Sie dieses Dokument selbst unterzeichnet?«

Keitels Antwort: »Ja, das habe ich auch nie bestritten ...«

Im Protokoll heißt es weiter:

»*General Rudenko*: ... Waren Sie der Ansicht, daß ein Offizier das Recht hatte, Menschen ohne Gerichtsverhandlung und Voruntersuchung zu erschießen?

Keitel: In der deutschen Armee hat es von jeher gegen eigene Soldaten, ebenso wie für Gegner, Standgerichte gegeben, die stets zusammengesetzt werden konnten aus einem Offizier und ein bis zwei Soldaten, die drei als Richter auftretend. Das nennen wir ein Standgericht. Es muß nur immer ein Offizier ... in diesem Gericht vorhanden sein ...

General Rudenko: ... Ich bitte Sie, auf folgende Frage zu antworten: Wurde nicht durch dieses Dokument ein Rechts- und Prozeßverfahren im Falle sogenannter

* Daß es Himmler bei dieser Meldung nicht zuletzt auch darum ging, Hitler mit möglichst vielen aufgeschlüsselten Zahlen zu imponieren, beweist die Tatsache, daß er selbst die Erbeutung eines chirurgischen Besteckkastens, zweier Rundfunkgeräte und ähnlicher, relativ unwichtiger Wertgegenstände meldete: so z. B. 2 Fahrräder, 12 Futtermaschinen und 200 Spaten, Schaufeln und Sägen.

Verdächtiger abgeschafft und den Offizieren des deutschen Heeres das Recht zur Erschießung übertragen ...?
Keitel: Das war ein Befehl, der mir von Hitler gegeben worden ist. Er hat diesen Befehl an mich gegeben, und ich habe meinen Namen daruntergesetzt ...
General Rudenko: Sie, ein Feldmarschall, unterschrieben diese Verordnung. Sie betrachten diese Verordnung als unrichtig. Sie begreifen ihre Folgen. Warum unterschrieben Sie denn diesen Befehl?
Keitel: Ich kann nicht mehr sagen, als daß ich meinen Namen daruntergesetzt habe und welches Maß von Verantwortung ich für meine Person damit in meiner Dienststellung übernommen habe.
General Rudenko: Und nun noch eine Frage: Dieser Befehl ist vom 13. Mai 1941, fast einen Monat vor Beginn des Krieges gegen Rußland, datiert. Sie haben also bereits im voraus die Ermordung von Menschen geplant?
Keitel: Das verstehe ich nicht. Es ist richtig, daß dieser Befehl vier Wochen vor Beginn des Feldzuges »Barbarossa« herausgegeben worden ist und bereits weitere vier Wochen vorher ist er den Generalen in einer Erklärung Hitlers übermittelt worden. Sie wußten das schon wochenlang vorher ...
General Rudenko: Angeklagter Keitel! Ich werde Sie über den Befehl gegen die sogenannte kommunistische Aufstandsbewegung in den besetzten Gebieten fragen ... Es ist ein Befehl vom 16. September 1941. Dort steht geschrieben: ›Um die Umtriebe im Keime zu ersticken, sind beim ersten Anlaß unverzüglich die schärfsten Mittel anzuwenden, um die Autorität der Besatzungsmacht durchzusetzen und einem weiteren Umsichgreifen vorzubeugen.‹ Und weiter heißt es: ›Dabei ist zu bedenken, daß ein Menschenleben in den betroffenen Ländern »absolut« ... nichts gilt und eine abschreckende Wirkung nur durch ungewöhnliche Härte erreicht werden kann.‹ Erinnern Sie sich an diesen Punkt, den grundlegenden Punkt dieses Befehls, ›daß das Menschenleben absolut nichts gilt‹?
Keitel: Ja.
General Rudenko: Haben Sie diesen Befehl mit dieser darin enthaltenen Behauptung unterschrieben?
Keitel: Ja ...«[56]

Auf Rudenkos Frage, ob er, Keitel, wisse, wie »diese Verordnung ausgeführt wurde«, antwortete Keitel: » ... ich weise ... darauf hin ... daß die oberen Befehlshaber diesen Befehl mit der Gerichtsbarkeit dann zu suspendieren berechtigt sind, wenn in ihrem Gebiet Befriedung eingetreten ist ... (und daß sie) die Sache außer Kraft setzen dürfen, sobald sie ihr Gebiet als befriedet ansehen. Das ist eine individuelle, subjektive Ermessensfrage des Befehlshabers.«[57]

Am 20. Dezember 1942 hatte Himmler dem Führer gemeldet, daß im Rahmen der Bandenbekämpfung beispielsweise in Südrußland, in der Ukraine und in

Bialystok innerhalb der letzten 4 Monate 1337 »Banditen« während der Gefechte, 737 unmittelbar nach ihrer Gefangennahme, 7.328 nach längeren, eingehenden Vernehmungen und 14.257 »Bandenhelfer und Bandenverdächtige« neben 363.211 Juden, insgesamt also 386.870 Personen, von der Ordnungspolizei und von der Sicherheitspolizei exekutiert worden seien.[58]

633.300 Juden führte Himmlers »Inspekteur für Statistik« – auf Angaben des Reichssicherheitshauptamtes der SS gestützt – im März 1943[59] als bis zum 1. Januar 1943 in die russischen Gebiete »einschließlich der früheren baltischen Länder seit Beginn des Ostfeldzuges«[60] »Evakuierte« an, wozu 170.642 Juden aus dem Reichsgebiet (einschließlich des Protektorats Böhmen und Mähren und des Bezirks Bialystok) und »aus den Ostprovinzen« 1.449.692 Juden kamen,[61] die bis dahin »nach dem russischen Osten«[62] transportiert worden waren.[63]

Die den nicht Eingeweihten verwirrenden Formulierungen »aus dem Reichsgebiet« und »aus den Ostprovinzen« waren gewollt, was auch Himmler bestätigte. Er schrieb dem Chef der Sicherheitspolizei und des Sicherheitsdienstes (SD) am 9. April 1943 beispielsweise: »Ich halte diesen Bericht als allenfallsiges Material für spätere Zeiten, und zwar zu Tarnungszwecken, für recht gut. Im Augenblick darf er weder veröffentlicht noch weitergegeben werden.«[64] Bereits in diesem Bericht heißt es: »Von 1937 bis Anfang 1945 dürfte die Zahl der Juden in Europa teils durch Auswanderung, teils durch den Sterbeüberschuß der Juden in Mittel- und Westeuropa, teils durch die Evakuierungen vor allem in den völkisch stärkeren Ostgebieten, die hier als Abgang gerechnet werden, um schätzungsweise 4 Millionen zurückgegangen sein. Dabei darf nicht übersehen werden, daß von den Todesfällen der sowjetrussischen Juden in den besetzten Ostgebieten nur ein Teil erfaßt wurde, während diejenigen im übrigen europäischen Rußland und an der Front überhaupt nicht enthalten sind.«[65]

Über die von der SS geschätzten Gesamtzahlen sagte der Bericht: »Die Gesamtzahl der Juden auf der Erde schätzt man um das Jahr 1937 im allgemeinen auf rund 17 Millionen, wovon über 10 Millionen auf Europa entfallen. Sie häufen bzw. häuften sich in Europa vor allem in den von Deutschland besetzten früheren polnisch-russischen Gebieten zwischen Ostsee und Finnischem Meerbusen und dem Schwarzen und Asowschen Meer, daneben in den Handelsmittelpunkten und im Rheingebiet Mittel- und Westeuropas und an den Küsten des Mittelmeeres.«

Wenn Keitel über diese Statistik 1943 sicherlich auch nicht informiert war, so wußte er doch zumindest infolge der im März 1941 herausgegebenen »Richtlinien auf Sondergebieten zur Weisung Nr. 21« (Fall »Barbarossa«) des OKW,[66] daß Himmler von Hitler mit Sonderausgaben zur »Vorbereitung der politischen Verwaltung« im »Operationsgebiet des Heeres« beauftragt worden war, »die sich aus dem endgültig auszutragenden Kampf zweier entgegengesetzter politischer Weltanschauungen« ergäben. Die Tatsache, daß »der Reichsführer SS (›im Rahmen dieser Aufgaben‹) selbständig und in eigener Verantwortung«[67] handelte, konnte Keitel weder 1943 noch 1946 schlecht für sich als Schutzbehauptung anführen.*

Sowohl *Mein Kampf* als auch handschriftliche Notizen[68] und zahlreiche Reden Hitlers aus der Zeit davor und danach beweisen, daß Hitler seit Jahr und Tag überzeugt war, daß der von ihm als »notwendig« geforderte Lebensraum ohne die gleichzeitige Ausrottung der Juden im Reich und in den eroberten Territorien nicht zu den erwünschten Erfolgen führen könnte. In der von ihm als Oberstem Befehlshaber dann praktizierten Kriegspolitik waren mit den entscheidenden Kriegserklärungen,[69] die er als wesentliche Bestandteile seiner Weltanschauung betrachtete, entsprechende Weisungen verbunden. Während er 1925 in *Mein Kampf* bedauerte, daß zu Beginn und während des Ersten Weltkrieges nicht »zwölf- oder fünfzehntausend dieser hebräischen Volksverderber ... unter Giftgas gehalten «[70] worden seien, hatte er mit seinem Krieg die entsprechenden Vorkehrungen jeweils zugleich ausgelöst. Bereits am 30. Januar 1939, sieben Monate vor dem Beginn des Polenfeldzuges, erklärte er öffentlich: »Wenn es dem internationalen Finanzjudentum in und außerhalb Europas gelingen sollte, die Völker noch einmal in einen Weltkrieg zu stürzen, dann wird das Ergebnis nicht ... der Sieg des Judentums sein, sondern die Vernichtung der jüdischen Rasse in Europa.«[71]

Mit dem Beginn des Polenfeldzuges löste er durch einen »Federstrich« eine Vernichtungsaktion aus, die kranke Menschen, auch schwer verwundete Soldaten,[72] als »unnötige Esser« ausrottete. Im Osten sollten unter dem vom siegreichen deutschen Ostheer gebildeten Schirm dreißig Millionen Juden und Slawen sterben, das Territorium entvölkert und neuer Raum für Deutsche geschaffen werden.[73]

Aus dieser Perspektive erscheint der im folgenden zitierte Auszug aus dem Gerichtsprotokoll vom 6. April 1946 in einem besonderen Licht:
»*General Rudenko*: Sie sind ... der Ansicht, daß dieser Befehl richtig war?

* Daß Himmler sich – besonders 1944 und 1945 – gegen den mäßigenden Einfluß Keitels z. B. im Zusammenhang mit den gerichtsherrlichen Befugnissen in den besetzten Ostgebieten wehrte, bezeugen eindeutige Dokumente. So protestierte Himmler beispielsweise am 21. 8. 1944 beim Feldmarschall in einer geradezu ungewöhnlichen Weise. Per Fernschreiben teilte er Keitel mit, daß er gegen den Vorschlag des Generalstabes des Heeres, den Oberbefehlshabern der Heeresgruppen im Osten gerichtsherrliche Befugnisse gegenüber allen Personen einzuräumen, die sich in ihren Befehlsbereichen befänden, entschieden Einspruch erhebe. Unmißverständlich erklärte er: »Gerichtsherr bei diesen Verbänden (er meinte die Einheiten der Waffen-SS, der Polizei und der ihm von Hitler unterstellten Einheiten der Wehrmacht) bin ich.« Dok.: US-Document-Center, Berlin.

Keitel: Ich habe meinen grundsätzlichen Standpunkt zu allen Anordnungen, die in bezug auf die Behandlung der Bevölkerung gegeben wurden, schon eingehend ... dargelegt. Ich habe den Befehl unterschrieben und damit im Rahmen meiner Dienstbefugnisse auch eine Verantwortung übernommen.
Vorsitzender: Der Gerichtshof ist der Ansicht, daß Sie diese Frage nicht beantwortet haben. Die Frage konnte mit Ja oder Nein beantwortet und die Erklärung nachher gegeben werden. Ihre Erklärung, daß Sie die Angelegenheit Ihrem Verteidiger bereits auseinandergesetzt haben, ist keine Antwort auf die Ihnen gestellte Frage.
General Rudenko: Ich frage Sie noch einmal, sind Sie der Ansicht, daß dieser Befehl – ich unterstreiche – gerade dieser Befehl, in dem es heißt, daß das Menschenleben absolut nichts gilt, richtig ...
Keitel: Diese Worte stehen nicht darin, aber die Tatsache, daß in den Südostgebieten und auch zum Teil in den Sowjetgebieten das Menschenleben nicht in dem Umfange geachtet wurde, das war mir auch bekannt aus den langen Jahren der Tatsachen vorher.
General Rudenko: Sie sagten, daß diese Worte nicht in dem Befehl stehen?
Keitel: Meines Wissens stehen sie nicht absolut darin, sondern es steht darin, daß in diesen Gebieten das Menschenleben wenig gilt, so ähnlich ist meine Erinnerung ...
General Rudenko: Herr Vorsitzender, ich werde gleich dem Angeklagten diesen Befehl vorlegen ... Angeklagter Keitel, haben Sie sich mit dem Dokument vertraut gemacht?
Keitel: Ja. Der Wortlaut in deutscher Sprache sagt: ›Daß in den betroffenen Ländern ein Menschenleben vielfach nichts gilt ...‹
General Rudenko: Und weiter?
Keitel: Jawohl, ... und eine abschreckende Wirkung nur durch ungewöhnliche Härte erreicht werden kann. Als Sühne für ein deutsches Soldatenleben.
General Rudenko: Das ist klar. Im selben Befehl unter Punkt b) heißt es: ›Als Sühne für ein deutsches Soldatenleben muß als Regel die Todesstrafe für 50 bis 100 Kommunisten gelten. Die Art der Vollstreckung muß die abschreckende Maßnahme noch erhöhen.‹ Ist das richtig?
Keitel: Der deutsche Wortlaut ist etwas anders: ›Es muß in diesen Fällen im allgemeinen die Todesstrafe für 50 bis 100 Kommunisten als angemessen gelten.‹ ...
General Rudenko: Für einen deutschen Soldaten?
Keitel: Ja ...
General Rudenko: ... Ich frage Sie: Als Sie diesen Befehl unterschrieben, haben Sie dadurch auch Ihre eigene Meinung über diese grausame Maßnahme zum Ausdruck gebracht, das heißt, waren Sie darin mit Hitler einig?

Keitel: Ich habe diesen Befehl unterschrieben, aber die dort angegebenen Zahlen sind persönliche Änderungen des vorgelegten Befehls, und zwar persönliche Änderungen von Hitler.
General Rudenko: Und welche Zahlen haben Sie Hitler vorgeschlagen?
Keitel: Fünf bis zehn sind die Zahlen gewesen, die in dem Original gestanden haben.
General Rudenko: Also mit Hitler gehen Sie lediglich, was die Zahlen anbetrifft, auseinander; dem Sinne nach sind Sie mit ihm einig.
Keitel: Dem Sinne nach war eine Abschreckung nur zu erreichen, wenn für ein Soldatenleben ... eine Zahl von mehreren Opfern gefordert wurde.
General Rudenko: Sie ...
Vorsitzender: Das war keine Antwort auf die Frage. Die Frage war: Ob nur über die Zahl eine Meinungsverschiedenheit zwischen Ihnen und Hitler bei diesem Dokument bestand; darauf können Sie mit Ja oder Nein antworten. War die einzige Meinungsverschiedenheit zwischen Ihnen und Hitler in bezug auf die Zahl?
Keitel: Dann muß ich sagen, daß in bezug auf den grundlegenden Gedankengang eine Meinungsverschiedenheit bestanden hat, die aber dadurch in ihrer letzten Auswirkung meiner Ansicht nach nicht mehr von mir zu rechtfertigen ist, da ich meine Unterschrift im Namen meiner Dienststellung daruntergesetzt habe. Es bestand ein grundlegender Unterschied in bezug auf die Gesamtfrage.
General Rudenko: Gut. Gehen wir weiter. Ich möchte noch über einen anderen Befehl reden. Es ist der Befehl vom 16. Dezember 1942, über den sogenannten ›Kampf gegen die Banden‹ ... (er) ist Ihnen gestern von Ihrem Verteidiger vorgelegt worden.
Keitel: Daran erinnere ich mich im Augenblick nicht ...
General Rudenko: Angeklagter Keitel, ich werde Ihnen mit Bezug auf diesen Befehl nur eine Frage stellen ... Bitte lenken Sie Ihre Aufmerksamkeit auf den folgenden Satz: ›Die Truppe ist daher berechtigt und verpflichtet, in diesem Kampfe ohne Einschränkung auch gegen Frauen und Kinder jedes Mittel anzuwenden, wenn es nur zum Erfolg führt.‹ Haben Sie diese Stelle gefunden?
Keitel: Ja.
General Rudenko: Haben Sie gesehen, daß beliebige Maßnahmen auch gegen Frauen und Kinder angewendet werden können, ohne jede Einschränkung? Haben Sie diese Stelle gefunden?
Keitel: ›... ohne Einschränkung auch gegen Frauen und Kinder jedes Mittel anzuwenden, wenn es notwendig ist.‹ Das habe ich gefunden.
General Rudenko: ... Ich frage Sie, Angeklagter Keitel, Feldmarschall der früheren deutschen Armee, halten Sie diesen Befehl für richtig, daß jede beliebige Maßnahme gegen Frauen und Kinder ergriffen werden kann?

Keitel: Maßnahmen schon insofern, als auch Frauen und Kinder aus den Banden- und Kampfgebieten zu entfernen waren, niemals irgendwie Grausamkeiten oder Tötungen an Frauen und Kindern. Niemals!
General Rudenko: Entfernen – auf gut deutsch heißt es töten?
Keitel: Nein. Ich glaube, daß es niemals nötig gewesen wäre, deutschen Soldaten zu sagen, daß sie Frauen und Kinder nicht töten können und nicht töten dürfen.
General Rudenko: ... Halten Sie diesen Befehl mit Bezug auf die Maßnahmen gegen Frauen und Kinder für richtig oder nicht? Antworten Sie ja oder nein, richtig oder nicht richtig, dann können Sie Ihre Erklärung abgeben.
Keitel: Ich habe diese Maßnahmen für richtig gehalten und erkenne sie auch an, aber nicht irgendwie die Maßnahmen der Tötung. Das war ein Verbrechen.
General Rudenko: ›Beliebige Maßnahmen‹ schließen auch Ermordung ein?
Keitel: Ja, aber nicht gegen Frauen und Kinder.
General Rudenko: Ja, aber hier heißt es beliebige Maßnahmen auch gegen Frauen und Kinder.
Keitel: Nein, es steht nicht ›beliebige Maßnahmen‹, sondern ›... auch nicht zurückzuschrecken vor Maßnahmen gegen Frauen und Kinder‹ ... Es ist niemals einem deutschen Soldaten und einem deutschen Offizier der Gedanke gekommen, Frauen und Kinder zu töten.«[74]

Keitel verzichtete an dieser Stelle darauf, auf einen von Hitler zehn Tage nach dem Stauffenberg-Attentat diktierten und von Hitler auch persönlich mit Vor- und Nachnamen unterschriebenen und von Keitel paraphierten Befehl hinzuweisen, in dem es unter anderem wörtlich hieß: »Mitläufer, besonders Frauen, die nicht unmittelbar an Kampfhandlungen teilnehmen, sind zur Arbeit einzusetzen. Kinder sind zu schonen.«[75]

Die Tatsache, daß dieses Dokument seinem Verteidiger 1946 nicht zur Verfügung stand, bewog Keitel offenbar, es zu ignorieren und sich – erfolglos – auf die Rechtsvorstellungen der deutschen Soldaten zu berufen, die nach seiner Auffassung niemals auf den Gedanken gekommen wären, Frauen und Kinder umzubringen.

Der russische Ankläger Rudenko, der entsprechende Belege zweifellos nicht wünschte, attackierte den Chef des OKW in der von ihm sorgfältig vorbereiteten Weise weiter:
»*General Rudenko*: Und in Wirklichkeit?
Keitel: Das kann ich nicht in jedem einzelnen Fall bekunden, weil ich das nicht weiß und weil ich nicht an allen Stellen gewesen sein kann und auch keine Meldungen darüber bekommen habe.
General Rudenko: Aber solche Fälle hat es Millionen gegeben.
Keitel: Das ist mir nicht bekannt, und das glaube ich auch nicht, daß es in

Millionen Fällen geschehen ist.

General Rudenko: Sie glauben es nicht?

Keitel: Nein.«[76]

Und so ging es weiter. Keitel konnte seinen Kopf nicht aus der Schlinge ziehen. Allerdings: nach dem Gesetz, nachdem das IMT angetreten war, die Angeklagten zu verurteilen, hätte es bei Keitel zur Verurteilung weder der vielen Fragen und Antworten noch der fragwürdigen Konstruktionen bedurft, deren das IMT sich bedienen zu müssen meinte. Das IMT hätte sich beispielsweise sparen können, den Feldmarschall zu bestrafen, weil er mehrfach zugegen gewesen sei, wenn Hitler Entscheidungen bekanntgab, die in Nürnberg als verbrecherisch galten. So hatte Keitel beispielsweise am 13. Mai 1941, vierzig Tage vor dem Beginn des Rußlandkrieges, einen politisch begründeten Erlaß Hitlers »über die Ausübung der Kriegsgerichtsbarkeit im Gebiet ›Barbarossa‹« unterschrieben, in dem es unter anderem hieß: »Für Handlungen, die Angehörige der Wehrmacht und des Gefolges gegen feindliche Zivilpersonen begehen, besteht kein Verfolgungszwang, auch dann nicht, wenn die Tat zugleich ein militärisches Verbrechen oder Vergehen ist.«

So eindeutig dieser Erlaß ist, so bestürzend ist auch seine Begründung. »Bei der Beurteilung solcher Taten«, heißt es, »ist in jeder Verfahrenslage zu berücksichtigen, daß der Zusammenbruch im Jahre 1918, die spätere Leidenszeit des deutschen Volkes und der Kampf gegen den Nationalsozialismus mit den zahllosen Blutopfern der Bewegung entscheidend auf bolschewistischen Einfluß zurückzuführen war und daß kein Deutscher dies vergessen hat.«*

* IMT, Bd. X, S. 691ff. Da die Truppe sich nicht konsequent an den Hitler-Erlaß vom 13. Mai 1941 hielt und einzelne Angehörige wegen ihres Verhaltens im Kampf gegen Banden bestraft hatte, mußte Keitel – »Der Führer hat hierzu befohlen« – am 16. Dezember 1942 eine Geheime Kommandosache unterzeichnen und weiterleiten, in der – unter Berufung auf Hitlers Weisung – wiederum befohlen wurde, daß keine »in der Bandenbekämpfung angesetzten« Deutschen wegen ihres »Verhaltens im Kampf gegen die Banden und ihre Mitläufer disziplinarisch oder kriegsgerichtlich zur Rechenschaft gezogen« und keine Urteile bestätigt werden dürften, die diesem Befehl widersprächen. Dok.: US-Document-Center, Berlin.

Karl Dönitz

Am 8. Mai 1946, ein Jahr nach der deutschen Kapitulation, wurde der Großadmiral Karl Dönitz, seit 1943 Oberbefehlshaber der deutschen Kriegsmarine und seit dem 1. Mai 1945 Nachfolger Hitlers als Staatsoberhaupt,[1] von seinem Anwalt in den Zeugenstand gerufen. Sein Verteidiger war der Flottenrichter Otto Kranzbühler, der die Uniform eines deutschen Marineoffiziers mit vier Ärmelstreifen trug und bis Ende September 1945 als Chef der Rechtsabteilung der nach dem Ende des Krieges von den Briten eingerichteten Deutschen Minenräumdienstleitung in Glückstadt an der Elbe tätig gewesen war.[2] Dem Nürnberg-Debüt Kranzbühlers, der unter den alliierten Offizieren und Prozeßbeobachtern infolge seiner sympathischen Erscheinung, seiner Klugheit und Intelligenz, ungewöhnlichen Sachkenntnis und geschliffenen Dialektik rasch Bewunderer fand, war ein Spektakulum vorausgegangen. Als er nach seiner Ankunft in Nürnberg vor dem Gerichtsgebäude aus seinem Dienstwagen gestiegen war, hatten die sowjetischen Posten ihre Gewehre präsentiert, was nicht ohne Folgen blieb. Erst nach Tagen durfte er den Großadmiral sprechen, der sich ihm mehr als nur kameradschaftlich verbunden fühlte und ihn als Verteidiger wünschte.[3]

Kranzbühler, der Dönitz grundsätzlich und sehr selbstbewußt mit »Herr Großadmiral« anredete, löste sofort Unruhe aus. Er verlangte, daß ihm gestattet werde, seinen Assistenten, den Fregattenkapitän Meckel, nach London zu schicken und bestimmte Eintragungen in den von den Engländern in der britischen Admiralität als Beutegut aufbewahrten Kriegstagebüchern der deutschen Seekriegsleitung und des Befehlshabers der U-Boot-Waffe prüfen zu lassen. Demonstrativ erklärte er den damit nicht einverstandenen Anklägern, die keinen Präzedenzfall wünschten, daß er sich wie ein Anwalt vorkomme, der einen angeklagten Kaufmann verteidigen solle, ohne dessen Geschäftsbücher einsehen zu dürfen. Kranzbühlers Argumente überzeugten. Sein Assistent durfte nach London fliegen und feststellen, was sein Chef ihm aufgetragen hatte. Das Ergebnis: Kranzbühler und der – auch wegen »Verbrechen gegen den Frieden« angeklagte – Großadmiral konnten den von der Anklage erhobenen Vorwurf widerlegen,[4] Dönitz habe befohlen, Schiffbrüchige zu töten. Die Interpretation eines Dönitzbefehls, der U-Boot-Kommandanten verboten hatte, zur Rettung Schiffbrüchiger aufzutauchen, wurde nicht weiter als verschlüsselte Anweisung,

Schiffbrüchige vorsätzlich ertrinken zu lassen, aufrechterhalten. Kranzbühler konnte zudem beweisen, daß Dönitz beispielsweise nach der Versenkung des britischen Transportschiffes »Laconia« nicht nur ein deutsches U-Boot zur Rettung der Schiffbrüchigen auftauchen ließ, sondern darüber hinaus auch gegen Hitlers Willen eine große Seeoperation abbrach und eigene U-Boote – trotz ihrer Gefährdung durch alliierte Angriffe – anwies, sofort die Schiffbrüchigen in Sicherheit zu bringen. Die deutschen Boote »wurden bei ihren Rettungsmaßnahmen von amerikanischen Flugzeugen angegriffen, ein U-Boot wurde beschädigt, in Schlepp genommene Rettungsboote gingen unter. Trotzdem konnten 800 (von 811) Engländer und 450 (von 1850) Italiener aufgenommen und einem über Funk herbeigerufenen französischen Kreuzer übergeben werden.«[5]
Den auch gegen ihn (wie gegen Keitel und Jodl) erhobenen Vorwurf, (1943 einmal) im Rahmen der Kriegsmarine den Kommandobefehl Hitlers von Oktober 1942 durchgesetzt zu haben und damit für die Erschießung der Besatzung eines alliierten Torpedobootes durch den SD verantwortlich zu sein, wies Dönitz mit der Feststellung zurück, daß er über den Vorfall nicht unterrichtet gewesen sei und der verantwortliche Admiral nicht ihm, sondern dem Heer unterstanden habe. Vom IMT wurde er dennoch als verantwortlich bezeichnet, weil er als Oberbefehlshaber der Marine den Befehl nicht außer Kraft setzte.[6] Daß die deutschen U-Boot-Kommandanten Dönitz' Befehlen folgten, die allgemeinen Regeln des Seekrieges grundsätzlich zu achten, belegte Kranzbühler durch zahlreiche Dokumente. Mit 550 Urkunden zum Seekriegsrecht wartete er in Nürnberg auf.[7]
»Ich möchte«, begann er beispielsweise am 10. Mai 1946, »dem Tribunal ... aus einem englischen Dokument vorlesen, daß sich die U-Boote an Dönitz' Befehl vom 3. September 1939 zur Beachtung aller Seekriegsregeln hielten.« Dann trug er in Englisch vor:
»Thus the Germans started with the Prize-Ordinance, which was at any rate a clear, reasonable and not inhumane document. German submarine commanders, with some exceptions, behaved in accordance with its provisions during the first month of the war. Indeed, in one case, a submarine had ordered the crew of a trawler to take their boat, as the ship was to be sunk. But when the commander saw the state of the boat, he said: ›Thirteen men in that boat. You English are no good, sending a ship to sea with a boat like that.‹ And the skipper was told to reembark his crew on the trawler and make for home at full speed with a bottle of German gin and the submarine commander's compliments.« *

* IMT, Bd. XIII, S. 450f. Deutsche Übersetzung: »Die Deutschen fingen mit der Prisenordnung an, die jedenfalls ein klares, vernünftiges und nicht unmenschliches Dokument war. Deutsche U-Boot-Kommandanten – mit einigen Ausnahmen – benahmen sich in den ersten Kriegsmonaten in Übereinstimmung mit diesen Vorschriften. In einem Falle hatte wirklich ein U-Boot der Mannschaft eines

Das IMT akzeptierte schließlich Kranzbühlers klug gewählte Gegenbeweise. Am 11. Mai 1946, nach dem Kreuzverhör seines Admirals, nahm er die Vorwürfe der Anklage auf und wiederholte zunächst deren Feststellung: »Am 30. September 1939 fand die erste Versenkung eines neutralen Schiffes durch ein U-Boot statt, ohne daß ein Warnungssignal gegeben wurde. Hierbei kamen Menschen ums Leben. Es handelt sich um das dänische Schiff ›Vendia‹.[8] Dann zitierte er aus dem Kriegstagebuch des Kommandanten des U-Bootes U-3, das das dänische Schiff Ende September 1939 versenkt hatte, den tatsächlichen Verlauf der Versenkung:

»Der Dampfer«, so heißt es in dem dienstlichen Protokoll des deutschen Seeoffiziers, »dreht allmählich immer weiter ab und steigert die Fahrt. Das Boot kommt nur sehr langsam auf. Offensichtlicher Fluchtversuch! Dampfer ist deutlich als dänischer Dampfer ›Vendia‹ auszumachen. Boot geht auf langsame Fahrt und macht das M.G. (Maschinengewehr) klar. Einige Warnungsschüsse über den Bug des Dampfers hinweg abgegeben. Darauf stoppt der Dampfer sehr langsam; es geschieht in der Folgezeit nichts weiter. Es werden daraufhin noch einige Schüsse gefeuert. Die ›Vendia‹ liegt im Wind. Nachdem zehn Minuten lang nichts an Deck zu erkennen ist, was den Verdacht eines vorliegenden, beabsichtigten Widerstandes aufheben könnte, sehe ich ... plötzlich Bugsee vor dem Dampfer und Schraubenbewegungen. Der Dampfer dreht hart auf das Boot zu. Meine Auffassung eines damit vorliegenden Rammversuches wird vom Wachoffizier und Obersteuermann geteilt. Ich drehe darauf ebenfalls mit dem Dampfer mit. 30 Sekunden später fällt der Torpedoschuß ... Treffpunkt ganz hinten am Heck. Das Heck reißt ab und versinkt. Das Vorderteil schwimmt noch. Unter eigener Lebensgefahr für die Besatzung und Boot ... werden sechs Mann der dänischen Besatzung gerettet, darunter Kapitän und Steuermann. Andere Überlebende sind nicht zu erkennen. Währenddessen kommt der dänische Dampfer ›Swawa‹ in die Nähe und wird angehalten; er wird aufgefordert, die Papiere ... zu schicken ... Dem Dampfer werden die sechs Geretteten mitgegeben zur Heimbeförderung ... Nachdem die Dampferbesatzung abgegeben war, stellte sich heraus, daß der Maschinist des Dampfers ... geäußert hatte, der Kapitän habe die Absicht gehabt, das U-Boot zu rammen ...«[9]

Eigenmächtig handelte der Kapitän nicht, als er U-3 zu rammen versuchte; denn bereits am 1. Oktober 1939 hatte die britische Admiralität ihre Handels-

Fischdampfers befohlen, in das Rettungsboot zu steigen, da der Dampfer versenkt werden sollte. Aber als der Kommandant des U-Bootes den Zustand des Bootes sah, sagte er: ›Dreizehn Mann in einem Boot! Ihr Engländer taugt wirklich nichts; ein Schiff auf hohe See mit solch einem Rettungsboot auszuschikken!‹ Und dem Kapitän wurde befohlen, seine Mannschaft wieder auf den Fischdampfer zurückzubringen und mit Volldampf nach Hause zu fahren, mit einer Flasche deutschem Gin und der Empfehlung des U-Boot-Kommandanten.«

schiffer zum Kampf gegen deutsche U-Boote ermuntert und bekanntgegeben: »Einige deutsche U-Boote sind in den letzten Tagen von britischen Handelsschiffen angegriffen worden. Hierzu verkündet der deutsche Rundfunk, daß die deutschen U-Boote das Völkerrecht bisher eingehalten haben, indem sie die Handelsschiffe warnten, bevor sie angriffen. Jetzt jedoch will Deutschland Vergeltung üben, indem es jedes britische Handelsschiff als ein Kriegsschiff betrachtet ... Seien Sie darauf vorbereitet, dem zu begegnen.«[10] Am selben Tage, dem 1. Oktober 1939, veröffentlichte die Britische Admiralität die Meldung, »daß die deutschen U-Boote eine neue Taktik« verfolgten. Die englischen Handelsschiffe wurden aufgefordert, »jedes deutsche U-Boot zu rammen.«[11]

Bereits am 8. Mai 1946 hatte Kranzbühler die wesentlichsten Einzelheiten durch sachkundige Fragen an Dönitz vor dem IMT so zurechtgerückt, wie sie tatsächlich abgelaufen waren. Das diesbezügliche Gerichtsprotokoll ist mehr als aufschlußreich:

»*Flottenrichter Kranzbühler*: Welches waren die Befehle, die Sie bei Beginn des Krieges ... erhielten für die Führung des U-Boot-Krieges?

Dönitz: Handelskrieg nach der Prisenordnung, das heißt also, nach dem Londoner Abkommen (von 1930).

Flottenrichter Kranzbühler: Welche Schiffe durften Sie damals nach diesem Befehl warnungslos angreifen?

Dönitz: Ich durfte ... warnungslos angreifen jedes Schiff, das entweder durch Seestreitkräfte oder Luftsicherung gesichert war. Ich durfte ferner Waffengewalt ausüben gegen jedes Schiff, das bei dem Versuch des Anhaltens Funknachrichten gab beziehungsweise sich dem Anhalten widersetzte oder den Befehl zum Stoppen nicht befolgte.

Flottenrichter Kranzbühler: Nun ist ohne Zweifel nach einigen Wochen des Krieges eine Verschärfung des Handelskrieges entstanden. Wußten Sie, ob eine solche Verschärfung geplant war und gegebenenfalls, weshalb sie geplant war?

Dönitz: Ich wußte, daß die Seekriegsleitung beabsichtigte, nach Vorgang, nach der Entwicklung des Verhaltens des Gegners, Zug um Zug, wie es in dem Befehl heißt oder hieß, mit einer Verschärfung zu folgen.

Flottenrichter Kranzbühler: Welches waren nun die Maßnahmen des Gegners und umgekehrt, welches waren die eigenen Erfahrungen mit den Maßnahmen des Gegners, die zu einer Verschärfung führten?

Dönitz: Wir machten mit Kriegsbeginn sofort die Erfahrung, daß alle Handelsschiffe nicht nur von ihrer Funkeinrichtung beim Versuch des Anhaltens Gebrauch machten, sondern sofort funkten, sowie sie am Horizont irgendwie ein U-Boot sahen. Es war also eindeutig klar, daß alle Handelsschiffe in die militärische Nachrichtenorganisation eingespannt waren. Wir machten ferner bereits prak-

tisch wenige Tage nach Kriegsbeginn die Erfahrung, daß Handelsdampfer bewaffnet waren und von der Waffe Gebrauch machten.
Flottenrichter Kranzbühler: Zu welchen Befehlen führten diese Erfahrungen auf der deutschen Seite?
Dönitz: Sie führten einmal zu dem Befehl, daß Handelsschiffe, die beim Anhalten funkten, warnungslos angegriffen werden konnten. Sie führten ferner zu dem Befehl, daß Handelsschiffe, deren Bewaffnung sicher erkannt war beziehungsweise deren Bewaffnung bekannt war durch englische Veröffentlichung, warnungslos angegriffen werden konnten ...
Flottenrichter Kranzbühler: Kam es dann bald danach zu einem zweiten Befehl,* in dem alle feindlichen Handelsschiffe angegriffen werden durften, und weshalb kam es dazu?
Dönitz: Ich glaube, daß die Seekriegsleitung sich zu diesem Befehl entschloß auf Grund der englischen Veröffentlichung, daß nunmehr die Bewaffnung der Handelsschiffe durchgeführt sei. Es kam weiter hinzu eine Veröffentlichung der englischen Admiralität über den Rundfunk am 1. Oktober, daß die Handelsschiffe Anweisung hätten, die deutschen U-Boote zu rammen, und daß ferner – wie eingangs gesagt – es eindeutig klar war, daß jedes Handelsschiff in die Nachrichtenorganisation des Gegners eingegliedert war und seine Funksprüche beim Sichten eines U-Bootes maßgeblich waren für den Einsatz von See- oder Luftstreitkräften.
Flottenrichter Kranzbühler: Hatten Sie Meldungen darüber vorliegen von U-Booten, wonach durch dieses Verhalten der feindlichen Handelsschiffe die U-Boote auch tatsächlich gefährdet wurden und von feindlichen See- oder Luftstreitkräften angegriffen wurden?
Dönitz: Jawohl, ich hatte eine ganze Reihe von Meldungen in dieser Beziehung erhalten und habe, da die deutschen Maßnahmen immer etwa vier Wochen hinter der Erkenntnis dieser Dinge beim Gegner getroffen wurden, in der Zwischenzeit für mich auch sehr schmerzliche Verluste gehabt in der Zeit, wo ich mich eben einseitig noch an die für mich gefährlichen Verpflichtungen halten mußte.
Flottenrichter Kranzbühler: Mit dieser Verpflichtung meinen Sie die Pflicht, Handelskrieg nach der Prisenordnung zu führen, in einem Zeitpunkt, in dem die gegnerischen Handelsschiffe ihren friedfertigen Charakter aufgegeben hatten.
Dönitz: Jawohl.
Flottenrichter Kranzbühler: Lag diese Verschärfung des Handelskrieges durch den Befehl, auf bewaffnete Schiffe zu schießen, und später durch den Befehl, alle

* Kranzbühler sprach von »einem zweiten Befehl«, nachdem er den Befehl vom 4. 10. 1939 genannt hatte, den Dönitz als Grundlage für die Richtlinien anführte, nach denen feindliche Handelsschiffe von deutschen U-Booten warnungslos angegriffen werden durften.

feindlichen Handelsschiffe anzugreifen, im freien Ermessen der Seekriegsleitung, oder war das eine zwangsläufige Entwicklung?
Dönitz: Diese Entwicklung war ... ganz zwangsläufig. Wenn die Handelsschiffe bewaffnet waren und von ihrer Waffe Gebrauch machen, wenn sie funken und dadurch sofort die Abwehr heranholen, so zwingen sie das U-Boot ins Wasser, zum warnungslosen Angriff. Dieselbe zwangsläufige Entwicklung ist in den von uns bewachten Seeräumen auch für die englische U-Boot-Waffe der Fall gewesen und hat genauso für amerikanische und russische U-Boote gegolten.«[12]

Erst nachdem Hitler die britischen Befehle bekanntgeworden waren, daß Handelsschiffe die deutschen U-Boote rammen, mit Wasserbomben angreifen und sie auf jede ihnen nur mögliche Weise bekämpfen sollten,[13] erging am 17. Oktober 1939 der Befehl: »Um 15 Uhr ist der BdU nachfolgender Befehl erteilt worden: Gegen sämtliche einwandfrei als feindlich erkannten Handelsschiffe wird U-Booten sofortiger voller Waffeneinsatz freigegeben, da mit Rammversuchen oder sonstigem aktivem Widerstand in jedem Fall zu rechnen ist. Ausnahme, wie bisher, feindliche Passagierdampfer.«[14] Seit Beginn des Krieges waren die britischen Handelsschiffe teilweise ausgesprochene bewaffnete U-Boot-Fallen, ihre Besatzungen nicht durchweg Zivilisten, sondern aus völkerrechtlicher Sicht vielfach eindeutige Kombattanten. So legte Kranzbühler dem Gericht am 11. Mai 1946 beispielsweise einen Auszug aus vertraulichen britischen Admiralitätsflottenbefehlen vor, in denen es unter anderem hieß, daß neben den Marinesoldaten, die als Richtkanoniere und sonstige Geschützbedienungen auf den Handelsschiffen fungierten, jeweils fünf bis sieben Leute aus der Besatzung der Handelsschiffe »zur Vervollständigung der Bedienungsmannschaft« (z. B. »für die Herbeischaffung von Munition«) eingesetzt werden sollten.[15] Dönitz' Schwiegersohn, der Korvettenkapitän Günther Heßler, der die Handelsschiffe »Kalchas« und »Alfred Jones« torpediert hatte, berichtete dem IMT am 14. Mai, daß die mit Geschützen, Flakgeschützen und Wasserbombenwerfern bestückten Handelsschiffe sein U-Boot unter Vorspiegelung falscher Tatsachen beschossen und zu versenken versucht hätten. »Daß ich selbstverständlich«, schloß er seinen Bericht, »nach derartigen Erfahrungen in Zukunft mich nicht mehr um die schiffbrüchigen Besatzungen kümmern konnte, ohne mein Boot zu gefährden, war mir klar.«[16]

Darüber hinaus hatte Otto Kranzbühler erreicht, daß der US-Flottenchef im Pazifik, Admiral Chester W. Nimitz, einen 20 Fragen umfassenden und von Kranzbühler formulierten Fragebogen über den amerikanischen U-Boot-Krieg im Pazifischen Ozean ausfüllte und beeidete, in dem er bestätigte, daß die US-U-Boote seit dem ersten Tage des Krieges gegen Japan sowohl auf Warnungen als auch auf Rettungsaktionen für Schiffbrüchige verzichteten, sobald die Kommandanten die Gefährdung der eigenen Boote oder weiterer eigener Operationen befürchten zu müssen meinten.*

Damit konnte Kranzbühler sogar nachweisen, daß die amerikanischen U-Boote seit Anbeginn ihres Einsatzes im Pazifischen Ozean – unter Verletzung des Londoner Flottenabkommens von 1930 – völkerrechtswidrig operiert und die von den deutschen U-Booten infolge ihrer Erfahrungen mit den Briten schließlich praktizierten Methoden sofort angewandt hatten. Daß er das IMT damit allein nicht in Verlegenheit bringen konnte, wußte er genau; denn in Nürnberg waren *Tuquoque*-Argumente – Beweisführungen durch Gegenbeschuldigungen – nicht zugelassen. Rechtswidrige Handlungen der Deutschen durften gegen entsprechende Maßnahmen der Sieger nicht aufgerechnet werden. Diplomatisch und juristisch klug erklärte er daher: »Ich möchte keineswegs beweisen oder auch nur behaupten, daß die amerikanische Admiralität bei ihrer U-Boot-Kriegführung gegen Japan das Völkerrecht gebrochen habe. Ich bin im Gegenteil der Auffassung, daß sie sich durchaus im Rahmen des geltenden Völkerrechts gehalten hat. Es handelt sich bei dem Seekrieg der Vereinigten Staaten gegen Japan um genau die gleiche Frage, wie bei dem Seekrieg Deutschlands gegen England, nämlich um die ... Auslegung des Londoner U-Boot-Abkommens von 1930 ... Meine These ist, daß durch den Befehl an Handelsschiffe, Widerstand zu leisten, das Londoner U-Boot-Abkommen nicht mehr anwendbar ist auf ... Handelsschiffe. Daß es ebenfalls nicht anwendbar ist in bekanntgegebenen Operationsgebieten, in denen eine allgemeine Warnung an alle Schiffe ergangen ist, und damit eine Einzelwarnung des anzugreifenden Schiffes nicht mehr erforderlich ist. Ich möchte durch die Vernehmung des Admirals Nimitz klarstellen, daß die amerikanische Admiralität in der praktischen Auslegung des Londoner Abkommens genauso gehandelt hat wie die deutsche Seekriegführung, und (ich) möchte dies als ein Beweismittel dafür ansehen, daß das Verhalten der deutschen Seekriegführung rechtmäßig gewesen ist.«[17]

Die Wirkung blieb nicht aus. Der amerikanische Richter Francis Biddle, der Kranzbühlers Argumente für meisterhaft hielt und die USA vor Ansehensverlust bewahren wollte,[18] stellte sich – notgedrungen – hinter Dönitz und dessen Anwalt.

Die Tatsachen sprachen – gemessen an den Maßnahmen der am Krieg gegen das Reich beteiligten alliierten Marinen, die sich durchweg weniger an das Seerecht und Völkerrecht hielten, als die deutschen U-Boot-Kommandanten es

* Die Nimitz-Erklärung – dem US-Admiral war Kranzbühlers Fragebogen am 11. Mai 1946 im Auftrage des IMT vorgelegt worden – präsentierte Kranzbühler dem IMT am 2. Juli 1946. Vgl. dazu u. a. IMT, Bd. XIII, S. 258 und 490, Bd. XIV, S. 398, Bd. XVII, S. 414ff., Bd. XVIII, S. 368 und 380, Bd. XXII, S. 336f. und Bd. XL, S. 276ff.

taten – so für Dönitz, daß das IMT sich veranlaßt sah, in seinem Dönitz-Urteil zu erklären: »Auf Grund dieses Tatbestandes kann der Gerichtshof Dönitz für seine Unterseebootkriegführung gegen bewaffnete britische Handelsschiffe nicht für schuldig erklären.«[19]

Das IMT sah sich in diesem Teil der Anklage trotz aller Vorbehalte und Einwendungen – und nicht zuletzt infolge der Neutralitätsverletzungen der Vereinigten Staaten* – veranlaßt, sein Dönitz-Urteil zu Dönitz' Gunsten wie folgt zu formulieren: »Der Gerichtshof ist der Ansicht, daß die Beweisaufnahme nicht mit der erforderlichen Sicherheit dartut, daß Dönitz die Tötung schiffbrüchiger Überlebender vorsätzlich befahl. Die Befehle waren zweifellos zweideutig und verdienen stärkste Kritik. Die Beweisaufnahme zeigt ferner, daß die Rettungsbestimmungen nicht befolgt worden sind und daß der Angeklagte angeordnet hat, daß sie nicht ausgeführt werden sollten. Die Verteidigung wendet ein, daß die Sicherheit des Unterseebootes, als erste Vorschrift auf See, wichtiger ist als Rettungsarbeiten und daß die Entwicklung der Luftwaffe Rettungsarbeiten unmöglich machte. Dies mag zutreffen; das Protokoll ist jedoch unmißverständlich. Wenn der Kommandant keine Rettungsarbeiten durchführen kann, darf er gemäß den betreffenden Bestimmungen ein Handelsschiff nicht versenken und sollte ihm gestatten, unbeschädigt sein Periskop zu passieren. Diese Befehle beweisen daher, daß Dönitz der Verletzung des Protokolls schuldig ist ... In Anbetracht aller bewiesenen Tatsachen, insbesondere mit Rücksicht auf einen Befehl der britischen Admiralität vom 8. Mai 1940, nach dem alle Schiffe im Skagerrak nachts versenkt werden sollten, und endlich in Anbetracht der Antwort des Admirals Nimitz auf dem ihm vorgelegten Fragebogen, nach welcher im Pazifischen Ozean seitens der Vereinigten Staaten vom ersten Tag des Eintritts dieser Nation in den Krieg uneingeschränkter U-Boot-Krieg durchgeführt wurde,** ist die Verurteilung von Dönitz nicht auf seine Verstöße gegen die internationalen Bestimmungen für den U-Boot-Krieg gestützt .«[20]

* Von deutscher Seite war besonders darauf geachtet worden, Handelsschiffe der Vereinigten Staaten aus den eigenen U-Boot-Maßnahmen auszuklammern, was selbst prisenrechtliche Maßnahmen nach sich zog. So lautete beispielsweise eine Eintragung im Kriegstagebuch der Seekriegsleitung vom 5. 3. 1940: »Den Seestreitkräften wird für die Führung des Handelskrieges der Befehl gegeben, daß Schiffe der Vereinigten Staaten weder anzuhalten noch aufzubringen, noch zu versenken sind ... Damit sollen alle Schwierigkeiten, die sich aus dem Handelskrieg zwischen USA und Deutschland ergeben könnten, von vornherein ausgeschaltet werden.« Zit. nach IMT, Bd. XIII, S. 465.

** Schon am 11. 9. 1941, 80 Tage vor der deutschen Kriegserklärung an die USA, hatte der US-Präsident Roosevelt öffentlich erklärt: »Hitler weiß, daß er die Herrschaft über die Meere gewinnen muß, wenn er die Herrschaft über die Welt gewinnen will. Er weiß, daß er erst die Schiffsbrücke niederreißen muß, die wir über den Atlantik bauen und über die wir ohne Unterlaß das Kriegsmaterial befördern, das dazu beitragen wird, ihn und alle seine Werke schließlich zu zerstören. Er muß unsere Patrouillen zur See und in der Luft vernichten.« Zit. nach IMT, Bd. XIII, S. 466. Allerdings: Hitler, der sich gegen diese Beförderung von Kriegsmaterial aus den USA zur Wehr setzen mußte, hatte am 18. 7. 1941 den Angriff auf Handelsschiffe der USA in der Blockadezone um England freigegeben. Vgl. IMT, Bd. XIII, S. 465.

Karl Dönitz, der sich – auf die feste Überzeugung gestützt, als Soldat niemals falsch gehandelt zu haben – bei seinem einstigen Flottenrichter in den besten Händen wußte[21] und sich unter Mißachtung des Artikels 8 des Statuts, das »Befehle von oben, auch wenn einer Militärperson erteilt«,[22] nicht »als mildernder Umstand« zuließ, geradezu brüsk auf höhere Befehle berief,[23] erklärte offen, daß er über die gegen ihn erhobenen Vorwürfe, an Angriffskriegen maßgeblich beteiligt gewesen zu sein, während des Krieges gar nicht erst nachgedacht habe. Bezeichnend für seine Argumentation ist der im folgenden zitierte Auszug bereits aus dem Protokoll vom 8. Mai 1946:

»*Flottenrichter Kranzbühler*: Herr Großadmiral! Haben Sie tatsächlich bei den Befehlen, die Sie vor Beginn dieses Krieges erließen, an die U-Boote oder bei den Befehlen, die Sie vor Beginn des Norwegen-Unternehmens erließen, irgendwelche Erwägungen angestellt, ob es sich dabei um Angriffskriege handelte?

Dönitz: Ich habe als Soldat den militärischen Auftrag bekommen und habe den selbstverständlichen Gedanken gehabt, diese militärische Aufgabe durchzuführen. Ob die Staatsführung politisch einen Angriffskrieg damit machte oder nicht, oder ob es prophylaktische Maßnahmen waren, stand nicht bei meiner Entscheidung, das ging mich nichts an.«[24]

Kranzbühler, dem es schon am ersten Tage des Dönitz-Verhörs gelungen war, den Vorsitzenden zu der Bemerkung zu provozieren, daß Dönitz »nicht seine Ansicht über eine Rechtsfrage« (Angriffskrieg oder nicht) vortragen dürfe, sondern daß er »berichten und sagen, (solle) was er tat«,[25] hatte Erfolg.

Das IMT sprach Dönitz im Punkt Eins mit der Begründung frei: »Obwohl Dönitz die deutsche U-Boot-Waffe aufgebaut und ausgebildet hat, ergibt die Beweisaufnahme nicht, daß er in die Verschwörung zur Führung von Angriffskriegen eingeweiht war oder solche vorbereitete und begann. Er war Berufsoffizier, der rein militärische Aufgaben erfüllte. Er war bei den wichtigsten Besprechungen, in denen Pläne für Angriffskriege verkündet wurden, nicht zugegen, und es liegt kein Beweis dafür vor, daß er über die dort getroffenen Entscheidungen unterrichtet wurde.«[26] Dennoch stellt das Urteil des IMT fest: »Dönitz hat ... Angriffskriege im Sinne des Statuts geführt. Der Unterseebootkrieg, der sofort bei Ausbruch des Krieges einsetzte, wurde mit den übrigen Wehrmachtsstellen völlig in eine Linie gebracht. Es ist klar, daß seine U-Boote, deren es damals nur wenige gab, für den Krieg vollständig vorbereitet waren.«[27]

Verurteilt wurde Karl Dönitz in den Punkten Drei und Vier: »Dönitz hat auf einer Konferenz am 11. Dezember 1944 erklärt«, heißt es im Urteil, »daß 12.000 KZ-Häftlinge als zusätzliche Arbeitskräfte in den Schiffswerften beschäftigt werden würden. Er behauptet, damals keine Befehlsgewalt über den Schiffsbau gehabt zu haben, ferner, daß dies lediglich ein Vorschlag während der Konferenz gewesen sei, damit die verantwortlichen Personen etwas für den Schiffsbau unternähmen, und daß er selbst keine Schritte unternommen habe, um diese Arbeitskräfte zu erhalten, da dies nicht in seine Zuständigkeit fiel. Er erklärte, daß er nicht wisse, ob sie jemals beschafft worden seien. Er gibt jedoch zu, daß er von den Konzentrationslagern wußte. Ein Mann seiner Stellung mußte notwendigerweise wissen, daß Bewohner aus den besetzten Ländern in großer Anzahl in Konzentrationslagern gefangengehalten waren.«[28]

Am 10. Mai 1946 war der Großadmiral von Sir Maxwell-Fyfe darüber befragt worden. Im Sitzungsprotokoll heißt es:

»*Sir David Maxwell-Fyfe*: Ich wünsche, daß Sie jetzt zu dem nächsten Punkt kommen ... Es ist eine Aktennotiz über die Frage von zusätzlichen Arbeitern für den Schiffsbau ... Ich verweise Sie auf den ersten Satz: ›Des weiteren beantrage ich Verstärkung der Werftbelegschaften durch KZ-Häftlinge ...‹, wenn Sie das Ende des Dokuments lesen ... sehen Sie, daß Ziffer 2 der Zusammenfassung lautet ... ‚Als zusätzliche Arbeitskräfte werden 12.000 KZ-Häftlinge auf den Werften eingesetzt (SD einverstanden), ... Dürfen wir daraus schließen, daß Ihnen die Tatsache, daß es Konzentrationslager gab, bekannt war?

Dönitz: Das habe ich ... nie geleugnet.

Sir David Maxwell-Fyfe: Ich glaube, Sie sind noch weiter gegangen ... als Sie darüber am 28. September (1945) befragt wurden. Sie sagten damals: ›Ich wußte im allgemeinen, daß wir Konzentrationslager haben, das ist klar.‹ *Frage*: ›Von wem haben Sie das gehört?‹ *Antwort*: ›Das ganze deutsche Volk wußte ja, daß es Konzentrationslager gab.‹ Wissen Sie noch, daß Sie das damals gesagt haben?

Dönitz: Ja, das deutsche Volk wußte, daß es Konzentrationslager gab; aber es wußte nichts von den Zuständen und Methoden darin.

Sir David Maxwell-Fyfe: Es muß Sie doch ziemlich überrascht haben, als der Angeklagte von Ribbentrop behauptete, er hätte nur von zwei Konzentrationslagern, von Dachau und Oranienburg, gewußt ... ?

Dönitz: Nein, gar nicht überraschend. Ich persönlich habe auch nur von Dachau

* IMT, Bd. XIII, S. 379. Dönitz, dem es gelang, Seeoffiziere jüdischer Herkunft zu schützen, wiederholte 1969 in Gesprächen mit dem Autor, daß er bis zu Nürnberg nicht gewußt habe, was in den Konzentrationslagern geschehen sei und wo es überall solche Lager gegeben habe. Hitler, der Dönitz seit Januar 1943, seit er Oberbefehlshaber der Kriegsmarine geworden war, in zunehmender Weise zu Rate zog und ihn bis Ende Januar 1945 relativ oft sprach (Sir Maxwell-Fyfe rechnete Dönitz 119 Besprechungen mit Hitler vor, Dönitz meinte, sich an 57 zu erinnern: vgl. IMT, Bd. XIII, S. 356), hat ihn über diesen Teil seiner Politik, die Dönitz schließlich im Mai 1945 fortsetzen sollte, nicht informiert. Der Apparat Heinrich Himmlers, den der Großadmiral in seine Regierung nicht hineinnahm, »funktionierte« in dieser Hinsicht. Für sich spricht die Statistik, die Himmlers Inspekteur für Statistik im März 1943 (Bundesarchiv Koblenz, NS 19 Neu/1570, S. 12) beispielsweise über jüdische Insassen in den Konzentrationslagern für den Reichsführer SS zusammenstellte: Lublin (Männer: 4.683 von 23.409 Eingelieferten; 4.509 Entlassungen, 14.217 Todesfälle. Im Frauenlager Lublin befanden sich 2.659 von 2.849 Eingelieferten; 59 Entlassungen, 131 Todesfälle), Auschwitz (Männer: 1.200 von 4.917 Ein-

und Oranienburg gewußt.
Sir David Maxwell-Fyfe: Aber Sie sagten hier, daß Sie wußten, es gab Konzentrationslager; von wo dachten Sie denn, daß Ihre Arbeiter herkamen, aus welchen Lagern?
Dönitz: Aus diesen Lagern.*
Sir David Maxwell-Fyfe: Haben Sie angenommen, daß alle Ihre Arbeiter Deutsche sein würden oder auch teilweise Ausländer?
Dönitz: Darüber habe ich mir überhaupt keine Überlegungen gemacht ... Ich habe bei Ende des Krieges die Aufgabe gehabt, in der Ostsee große Transporte durchzuführen. Allmählich ergab sich die Notwendigkeit, die Masse Hunderttausender von armen Flüchtlingen, die in Ost- und Westpreußen an der Küste standen, dort verhungerten und Seuchen unterlagen, die beschossen wurden, nach Deutschland zu bringen. Ich habe aus diesem Grunde mich um Handelsdampfer gekümmert, die an sich nicht mir unterstanden, und habe dabei festgestellt, daß von acht Dampfern, die in Dänemark in Auftrag gegeben waren, sieben kurz vor der Fertigstellung durch Sabotage vernichtet worden waren. Ich habe dann eine Sitzung einberufen von all den Stellen, die mit den Handelsdampfern zu tun hatten, und ich habe sie gefragt: ›Wie kann ich Ihnen helfen, daß wir schneller zu Schiffsraum kommen und verschiedene Dampfer schneller reparieren können?‹ Dabei sind mir dann von ... Seiten, die außerhalb der Marine standen, Vorschläge gemacht worden, und es ist mir auch der Vorschlag gemacht worden, zur Beschleunigung der Arbeit, der Reparaturen und so weiter KZ-Häftlinge einzusetzen mit der klaren Begründung, daß diese Beschäftigung bei sehr guter Verpflegung sehr gern gemacht würde,** und da ich weder von Methoden und Zuständen von Konzentrationslagern wußte, so war es für mich selbstverständlich, daß ich in meiner Sammlung diese Vorschläge, dieses Angebot mit aufgenommen habe, zumal eine Schlechterstellung dieser Leute ja unter keinen Umständen in Frage kam, da zweifelsohne bei der Arbeit ihre Verpflegung besser war ...

gelieferten; 1 Entlassung, 3.716 Todesfälle. Im Frauenlager Auschwitz: 212 von 932 Eingelieferten; keine Entlassungen, 720 Todesfälle), Buchenwald (227 von 16.827 Eingelieferten; 13.805 Entlassungen, 2.795 Todesfälle), Mauthausen/Gusen (79 von 2.064 Eingelieferten; keine Entlassungen, 1.985 Todesfälle), Sachsenhausen (46 von 7.960 Eingelieferten; 6.570 Entlassungen, 1.344 Todesfälle), Stutthof (Männer: 15 von 28 Eingelieferten; keine Entlassungen, 13 Todesfälle. Frauen: 3 von 3 Eingelieferten), Ravensbrück (Männer: 0 von 273 Eingelieferten; 44 Entlassungen, 229 Todesfälle. Frauen: 3 von 1.321 Eingelieferten; 531 Entlassungen, 787 Todesfälle), Dachau (0 von 12.026 Eingelieferten; 11.140 Entlassungen, 886 Todesfälle), Groß-Rosen (0 von 231 Eingelieferten; keine Entlassungen, 231 Todesfälle), Lichtenberg (0 von 195 Eingelieferten; 195 Entlassungen), Neuengamme (0 von 192 Eingelieferten; 2 Entlassungen, 190 Todesfälle), Flossenbürg (0 von 80 Eingelieferten; 2 Entlassungen, 78 Todesfälle), Sachsenburg (0 von 52 Eingelieferten; 52 Entlassungen), Esterwegen (0 von 36 Eingelieferten; 33 Entlassungen, 3 Todesfälle), Niederhagen (0 von 12 Eingelieferten; 12 Todesfälle), Natzweiler (0 von 10 Eingelieferten; 10 Todesfälle). Von den 73.417 in die Konzentrationslager eingelie-

Sir David Maxwell-Fyfe: Wir sind Ihnen für Ihre Erklärung sehr dankbar. Ich möchte aber jetzt trotzdem von Ihnen wissen, ob – nachdem Sie vorgeschlagen hatten, 12.000 KZ-Häftlinge zu bekommen – Sie diese auch wirklich bekommen haben?
Dönitz: Das weiß ich nicht, darum habe ich mich nicht mehr gekümmert. Nach der Sitzung habe ich eine Zusammenstellung machen lassen, welche dem Führer vorgelegt wurde ...
Sir David Maxwell-Fyfe: Bleiben Sie bei der Frage! Die Antwort war, daß Sie nicht wußten, ob Sie diese Leute bekommen haben oder nicht, in der Annahme, daß Sie sie bekommen haben.
Dönitz: Ich habe die Leute überhaupt nicht bekommen, denn mich ging ja die Werft nichts an, deshalb weiß ich nicht, wie die Leute, die für die Werftarbeit verantwortlich waren, einen Arbeiterzuwachs bekommen haben ...
Sir David Maxwell-Fyfe: Sie hatten doch eine ziemlich verantwortliche Stellung; wenn Sie 12.000 Leute aus Konzentrationslagern für die Schiffsbauindustrie bekommen haben, mußten diese Leute doch mit anderen Leuten zusammenarbeiten, die nicht aus dem KZ kamen, nicht wahr?
Dönitz: Aber sicher, ja.
Sir David Maxwell-Fyfe: Wollen Sie nunmehr diesem Gerichtshof einreden, daß, wenn Sie 12.000 KZ-Häftlinge verlangt und möglicherweise auch bekommen haben und nun diese mit Leuten zusammenarbeiten, die nicht aus Konzentrationslagern kamen, daß dann die Zustände, die in den KZs waren, für die anderen Leute und für alle Machthaber Deutschlands ein Geheimnis geblieben sind?
Dönitz: Erstens weiß ich nicht, ob die Leute gekommen sind, zweitens, wenn die Leute gekommen sind, kann ich mir sehr wohl vorstellen, daß die Leute ein Schweigegebot hatten; drittens weiß ich gar nicht, aus welchen Lagern sie kamen, ob das nicht Leute waren, die an Hand ihrer Arbeitsleistung schon in anderen Lagern gewesen waren; jedenfalls habe ich mich um die Durchführung, die Methode und so weiter nicht gekümmert, weil mich das ja gar nichts anging,

ferten Juden wurden nach diesem statistischen Bericht, den Himmler am 9. 4. 1943 als »Material für spätere Zeiten, und zwar zu Tarnungszwecken für recht gut« hielt. (Dok.: US-Document-Center, Berlin; vgl. das Dok. S. 255) bis zum 31. 12. 1942 27.347 als »Todesfälle« gemeldet.

** Die deutsche Industrie war verpflichtet, sich nicht nur ausländischer Arbeiter zu bedienen, sondern auch KZ-Häftlinge in die Arbeit einzuspannen. So heißt es z. B. in einer Weisung des Rüstungsministeriums: »Die Rüstungsstellen haben, wo betriebliche Hemmungen für den Einsatz besonderer Personengruppen (... KZ-Häftlinge) vorhanden sind, Schwierigkeiten mit allen zu Gebote stehenden Mitteln auszuräumen.« Zit. nach Wilmowsky, S. 191. Bereits vor dem Krieg, am 13. 2. 1939, war durch die »Verordnung zur Sicherstellung des Kräftebedarfs für Aufgaben von besonderer staatspolitischer Bedeutung« (Reichsgesetzbl. I, S. 206) bestimmt worden, daß alle öffentlichen und privaten Betriebe und Verwaltungen verpflichtet seien, den »Ersuchen der Arbeitsämter« zu entsprechen und die vom Reichsarbeitsminister künftig erlassenen Vorschriften zu befolgen, die »auf dem Gebiete des Arbeitsrechts, des Arbeitsschutzes und der Reichsversicherung notwendig« seien (Reichsgesetzbl. I, S. 652)

sondern ich habe mich eingesetzt für die zuständigen Stellen außerhalb der Marine, die die Arbeiter brauchten, um die Reparaturen schneller zu machen, damit in der Frage der Handelsschiffsreparatur etwas geschah. Das war meine Pflicht ... und das würde ich heute genauso wieder machen ...«[29]

Die konkreten Kenntnisse der Angeklagten, die mit derartigen Problemen zu tun hatten, waren in der Tat äußerst unzureichend. Selbst Albert Speer, der neben Sauckel und den Angeklagten aus Himmlers Machtbereich und denen, die mit den SS-Instanzen zusammenarbeiten mußten, über diesen Aspekt zwangsläufig am besten informiert war, antwortete am 19. Juni 1946 auf die Frage seines Verteidigers Dr. Flächsner, ob er gewußt habe, daß KZ-Häftlinge Vorteile hatten, wenn sie in Fabriken beschäftigt wurden: »Ja, ich wurde ... von meinen Mitarbeitern darauf aufmerksam gemacht und habe dies auch bei Betriebsbesichtigungen gehört.«[30] Und am 21. Juni erklärte er im Kreuzverhör durch den Amerikaner Francis Biddle: »Die ausländischen Arbeiter wurden ohne Rücksicht auf irgendein Abkommen beschäftigt.«

Im Protokoll heißt es weiter:

»*Mr. Biddle*: ... Sie sagten, daß die Konzentrationslager einen schlechten Ruf hatten ... Ist das richtig?
Speer: Ja.
Mr. Biddle: Was meinen Sie mit dem Ausdruck ›einen schlechten Ruf‹? Was für einen Ruf und weshalb?
Speer: Das ist schlecht zu definieren ... In Deutschland wußte man ... daß ein Aufenthalt in einem Konzentrationslager eine unangenehme Angelegenheit ist, und diese Kenntnis hatte ich auch. Aber ich hatte keine Einzelkenntnisse.
Mr. Biddle: Auch wenn Sie die Einzelheiten nicht kannten, so ist doch ›unangenehm‹ ein bißchen milde ausgedrückt. Waren die Lager nicht dafür bekannt, daß dort Gewalt und körperliche Züchtigungen angewandt wurden; war das nicht der Ruf, den Sie meinen? Ist es nicht wirklich richtiger, das zu sagen?
Speer: Nein. Das ist nach der Kenntnis, die wir hatten, etwas zu weitgehend. Ich hatte auch angenommen, daß in Einzelfällen Mißhandlungen vorkommen, aber ich habe nicht angenommen, daß das zur Regel gehören könnte; das war mir unbekannt ... Ich muß hier sagen, ich wurde in der Zeit, in der ich Minister war, so seltsam das klingt, über das Schicksal der Häftlinge in den Konzentrationslagern beruhigter, als ich war, bevor ich Minister war, weil mir in der Zeit – in meiner Ministerzeit – von offiziellen Stellen immer nur Gutes und Beruhigendes über die Konzentrationslager gesagt wurde; es wurde gesagt, die Ernährung wird verbessert und so weiter und so weiter.«[31]

Auf die Frage seines Anwalts Dr. Flächsner, »wie die Arbeitszeit der (aus den Konzentrationslagern stammenden) Arbeitskräfte in den Fabriken« war, antwortete Speer am 19. Mai 1946: »Sie war genau die gleiche wie die der übrigen Arbeitskräfte im Betriebe. Denn die Arbeiter aus den Konzentrationslagern waren in der Regel nur ein Teil der Belegschaft, und dieser Teil der Belegschaft wurde nicht mehr belastet als die übrigen Arbeiter des Betriebes auch.«[32]

Eine wesentliche Schuld erblickte das IMT in der Feststellung, daß Dönitz am 20. Februar 1945 im Zusammenhang mit Hitlers Absicht, die Genfer Konvention zu kündigen, in Anwesenheit Jodls erklärt haben sollte: »Es wäre besser, die für notwendig erachteten Maßnahmen ohne Warnung durchzuführen und auf alle Fälle der Außenwelt gegenüber das Gesicht zu wahren.«[33] Die Anklage war überzeugt, daß der Großadmiral mit »Maßnahmen« nicht die Kündigung, sondern den Bruch der Konvention gemeint habe, was Dönitz im Zeugenstand bestritten hatte. Hier hatte er erklärt, daß er 1945 mit seiner Formulierung »Maßnahmen« vor allem Disziplinar-Maßnahmen gemeint habe, die deutsche Soldaten daran hindern sollten, sich zu ergeben. Die Entscheidung des IMT basierte in dieser Frage schließlich auf der Auffassung der Anklage und fiel damit gegen Dönitz aus. »Der Gerichtshof glaubt diese Erklärung ... nicht«, heißt es im Dönitz-Urteil, das jedoch fortfährt: »Die Genfer Konvention ist allerdings von Deutschland nicht gekündigt worden. Die Verteidigung hat mehrere Affidavits vorgelegt, die beweisen sollen, daß gefangene britische Seeleute in Lagern, die unter der Befehlsgewalt von Dönitz standen, streng nach den Bestimmungen der Konvention behandelt worden sind. Der Gerichtshof trägt dieser Tatsache Rechnung, betrachtet sie als mildernden Umstand.«[34] Ein anderer Aspekt der Verteidigung war vom Gerichtshof offenbar als zweischneidig angesehen worden.

»Die Erklärung der Verteidigung ist«, heißt es im Dönitz-Urteil, »daß Hitler die Konvention aus zwei Gründen brechen wollte: Einmal, um den deutschen Truppen den Schutz der Konvention zu nehmen und sie auf diese Weise daran zu hindern, sich in großen Gruppen den Briten und Amerikanern zu ergeben; zum andern, um Repressalien wegen der alliierten Bombenangriffe gegen alliierte Kriegsgefangene zu gestatten.«* Ausgegangen war die – von Hitler akzeptierte – Idee zur Kündigung der Genfer Konvention Anfang Februar 1945 von Goebbels, Bormann und Ley, gescheitert an dem Widerstand der Militärs, die nicht bereit waren, den Plan der in dieser Phase des Krieges nicht mehr so einflußreichen Zivilisten zu akzeptieren.[35]

* IMT, Bd. I, S. 355. Im IMT-Protokoll heißt es fälschlich: »... daran zu verhindern«.

Verbrechen aus Gehorsam

Das Verhängnis Alfred Jodls, der Hitler erst nach dem Beginn des Polenfeldzuges persönlich kennenlernte, nachdem er von 1935 bis 1938 Chef der Abteilung für Landesverteidigung beim Oberkommando, von 1938 bis 1939 Truppenbefehlshaber und seit 1939 Chef der Operationsabteilung des Oberkommandos der Wehrmacht gewesen war, wurden Befehle und Weisungen Hitlers, die er auf militärischem Wege weitergab und durch seine Unterschrift oder Paraphe deckte. Am 4. Juni 1946, vier Monate vor dem Urteil, hatte Jodl im Zusammenhang mit dieser Problematik – auf Befragen seines Verteidigers Franz Exner – im Zeugenstand erklärt: »Man muß unterscheiden: Die Befehle, die der Führer selbst unterschrieben hat; waren sie operativer Art, dann findet sich bei diesen Befehlen am Schluß unten rechts mein Anfangsbuchstabe, das heißt, daß ich an der Formulierung dieses Befehls mindestens mitgearbeitet habe. Dann gab es Befehle, die stammten ebenfalls vom Führer, aber sie waren vom Führer nicht selbst unterschrieben, sondern ›im Auftrag Jodl‹. Dann hatten sie aber stets zu Beginn den Satz: ›Der Führer hat befohlen‹, oder der Satz kam im Verlaufe des Befehls vor ... ihm (ging) eine Präambel voraus, meist eine Begründung, und dann hieß es: ›Der Führer hat daher befohlen‹ ... Und dann gibt es noch Befehle, da findet man auf der ersten Seite oben rechts meine Paraphe, das sind Befehle von anderen Stellen; mein ›J‹ auf der ersten Seite, das bedeutet ausschließlich einen Bürovermerk, daß diese Befehle mir vorgelegen haben. Ein Beweis, daß ich sie gelesen habe, ist das nicht; denn wenn ich beim Überfliegen der ersten Seite gesehen habe, daß es sich um eine Angelegenheit handelt, die meine Arbeit nichts angeht, habe ich den Befehl abgezeichnet und beiseite gelegt ... ich mußte Zeit sparen.«[1]

Diese Jodl-Aussage, die westliche Berufsmilitärs sicherlich bewogen hätte, bei der Beurteilung einen ihrem Berufsstand gemäßen Maßstab anzulegen, stieß bei den IMT-Richtern, die keine aktiven Soldaten waren, auf Unverständnis. Sie beeindruckte auch die Aussage des Göttinger Hochschullehrers Percy E. Schramm nicht, der vor dem IMT als Zeuge für Jodl erklärte, daß über Jodls Tisch allein im Jahre 1944 rund 60.000 Fernschreiben und weit über 60.000 Schriftstücke der Kurierpost und des Verkehrs zwischen den einzelnen Abteilungen des Wehrmachtführungsstabes gegangen seien.[2] Besonders schwer wog in diesem Zusammenhang der Vorwurf der Sieger, Jodls Unterschrift erwiese, daß er vor

Beginn des Rußlandkrieges bereits an der Konzipierung des Befehls mitgewirkt habe, der die Exekution der Sowjet-Kommissare ohne Gerichtsverfahren forderte. Im Urteil des IMT heißt es unter anderem: »Ein Plan zur Beseitigung der Sowjet-Kommissare war in der Weisung für den Fall ›Barbarossa‹ enthalten. Die Entscheidung, ob sie (die Sowjet-Kommissare) ohne Gerichtsverfahren getötet werden sollten, war von einem Offizier zu treffen. Ein Entwurf, der Jodls Handschrift enthält, schlägt vor, daß dies als Vergeltungsmaßnahme behandelt werde, und er sagte (vor dem IMT) aus, daß dies sein Versuch gewesen sei, den Plan zu umgehen.«[3]

Mit dem »Plan zur Beseitigung der Sowjet-Kommissare« meinte das IMT-Urteil den sogenannten »Kommissarbefehl« vom 6. Juni 1941,[4] der auf den Ausführungen Hitlers vom 30. März 1941 fußte. Sie besagten, daß der unmittelbar bevorstehende Feldzug gegen die Sowjetunion nicht aus der traditionellen Perspektive betrachtet werden dürfe, sondern als der Zusammenstoß zweier entgegengesetzter Weltanschauungen zu begreifen sei, durch den der Bolschewismus vernichtet werden müsse. Der Bolschewismus, so hatte Hitler den Befehlshabern und Stabschefs der zum Angriff auf die Sowjetunion bereitgestellten Verbände im März 1941 erklärt, sei asoziales Verbrechertum, der Kommunismus eine ungeheure Gefahr für die Zukunft, weshalb der traditionelle Standpunkt »des soldatischen Kameradentums« der Vergangenheit anzugehören habe, brutale Gewalt nötig sei, Kriegsgerichte in diesem Feldzug keine Rolle zu spielen hätten[5] und politische Funktionäre und die politischen Kommissare der Truppe daher weder als Soldaten noch als Kriegsgefangene angesehen werden dürften.[6] Was damit gemeint war, offenbarte der Weltöffentlichkeit spätestens Nürnberg. Wo die Funktionäre und Kommissare der Truppe aus bestimmten Gründen nicht dem SD zur Liquidierung übergeben werden könnten, sollten sie »von der Truppe erschossen werden«.[7]

Das im folgenden abschriftlich zitierte Dokument vom 6. Juni 1941 stellt eine der wesentlichen Quellen über die geplante Behandlung politischer Kommissare im Rahmen des unmittelbar bevorstehenden Rußlandkrieges dar.

Geheime Kommandosache

Oberkommando der Wehrmacht F.H.Qu., den 6. 6. 1941
WFSt/Abt. L (IV/Qu)
Nr. 44822/41 g. K. Chefs.

20 Ausfertigungen
10. Ausfertigung

Im Nachgang zum Führererlaß vom 14. 5. über die Ausübung der Kriegsgerichtsbarkeit im Gebiet »Barbarossa« (OKW/WFSt/Abt. L [IV/Qu] Nr. 44718/41 g. Kdos.-Chefs.) werden anliegend »*Richtlinien für die Behandlung politischer Kommissare*« übersandt.
Es wird gebeten, die Verteilung nur bis zu den Oberbefehlshabern der Armeen bzw. Luftflottenchefs vorzunehmen und die weitere Bekanntgabe an die Befehlshaber und Kommandeure mündlich erfolgen zu lassen.

Der Chef des Oberkommandos der Wehrmacht
I. A.
Warlimont*

* Hier folgt der »Verteiler« für die insgesamt 20 Ausfertigungen. Auf ihren Nachdruck wurde an dieser Stelle verzichtet.

Geheime Kommandosache

Anlage zu OKW / WFSt / Abt. L IV/Qu
Nr. 44822/41 g. K. Chefs.

Chefsache!
Nur durch Offizier!

Richtlinien für die Behandlung politischer Kommissare.

Im Kampf gegen den Bolschewismus ist mit einem Verhalten des Feindes nach den Grundsätzen der Menschlichkeit oder des Völkerrechts nicht zu rechnen. Insbesondere ist von den *politischen Kommissaren aller Art* als den eigentlichen Trägern des Widerstandes eine haßerfüllte, grausame und unmenschliche Behandlung unserer Gefangenen zu erwarten.

Die Truppe muß sich bewußt sein:

1.) In diesem Kampfe ist Schonung und völkerrechtliche Rücksichtnahme diesen Elementen gegenüber falsch. Sie sind eine Gefahr für die eigene Sicherheit und die schnelle Befriedung der eroberten Gebiete.

2.) Die Urheber barbarisch asiatischer Kampfmethoden sind die politischen Kommissare. Gegen diese muß daher *sofort* und ohne weiteres mit aller Schärfe vorgegangen werden.
Sie sind daher, wenn im Kampf oder Widerstand ergriffen, grundsätzlich sofort mit der Waffe zu erledigen.

Im übrigen gelten folgende Bestimmungen:

I. Operationsgebiet.
1.) Politische Kommissare, die sich *gegen unsere Truppe* wenden, sind entsprechend dem »Erlaß über Ausübung der Gerichtsbarkeit im Gebiet Barbarossa« zu

behandeln. Dies gilt für Kommissare jeder Art und Stellung, auch wenn sie nur des Widerstandes, der Sabotage oder der Anstiftung hierzu verdächtig sind. Auf die »Richtlinien über das Verhalten der Truppe in Rußland« wird verwiesen.

2.) Politische Kommissare *als Organe der feindlichen Truppe* sind kenntlich an besonderem Abzeichen – roter Stern mit goldenem eingewebtem Hammer und Sichel auf den Ärmeln – (Einzelheiten siehe »Die Kriegswehrmacht der UdSSR.« OKH/Gen St d H O Qu IV Abt. Fremde Heere Ost (II) Nr. 100/41 g. vom 15. 1. 1941 unter Anlage 9d). Sie sind aus den Kriegsgefangenen *sofort*, d. h. noch auf dem Gefechtsfelde, abzusondern. Dies ist notwendig, um ihnen jede Einflußmöglichkeit auf die gefangenen Soldaten zu nehmen. Diese Kommissare werden nicht als Soldaten anerkannt; der für Kriegsgefangene völkerrechtlich geltende Schutz findet auf sie keine Anwendung. Sie sind nach durchgeführter Absonderung zu erledigen.

3.) *Politische Kommissare, die sich keiner feindlichen Handlung schuldig machen oder einer solchen verdächtig sind*, werden zunächst unbehelligt bleiben. Erst bei der weiteren Durchdringung des Landes wird es möglich sein, zu entscheiden, ob verbliebene Funktionäre an Ort und Stelle belassen werden können oder an die Sonderkommandos abzugeben sind. Es ist anzustreben, daß diese selbst die Überprüfung vornehmen. Bei der Beurteilung der Frage, ob »schuldig oder nicht schuldig«, hat grundsätzlich der persönliche Eindruck von der Gesinnung und Haltung des Kommissars höher zu gelten als der vielleicht nicht zu beweisende Tatbestand.

4.) In den Fällen 1.) und 2.) ist eine kurze Meldung (Meldezettel) über den Vorfall zu richten:

a) von den einer Division unterstellten Truppen an die Division (Ic),
b) von den Truppen, die einem Korps-, Armeeober- oder Heeresgruppenkommando oder einer Panzergruppe unmittelbar unterstellt sind, an das Korps- usw. Kommando (Ic).

5.) Alle oben genannten Maßnahmen dürfen die Durchführung der Operationen nicht aufhalten. Planmäßige Such- und Säuberungsaktionen durch die Kampftruppe haben daher zu unterbleiben.

II. Im rückwärtigen Heeresgebiet.
Kommissare, die im rückwärtigen Heeresgebiet wegen zweifelhaften Verhaltens ergriffen werden, sind an die Einsatzgruppe bzw. Einsatzkommandos der Sicherheitspolizei (SD) abzugeben.

III. Beschränkung der Kriegs- und Standgerichte.
Die Kriegsgerichte und die Standgerichte der Regiments- usw. Kommandeure dürfen mit der Durchführung der Maßnahmen nach I und II nicht betraut werden.

Am 3. Juni 1946 hatte Franz Exner sein Verhör über den Kommissarbefehl wie folgt begonnen: »Nun ... wollen wir zu den Verbrechen gegen das Kriegsrecht und die Menschlichkeit übergehen, welche Ihnen vorgeworfen werden ... Ich werde ... nur Ihre Beteiligung an dem Kommissarbefehl aufklären. Sie haben auf den Entwurf des Oberkommandos des Heeres über die Behandlung sowjetischer Kommissare, der Ihnen vorgelegt worden war, eine Randbemerkung geschrieben, und aus dieser wurde Ihnen von den Anklägern der Vorwurf gemacht ... sagen Sie uns vielleicht zuerst: Was hatten Sie denn überhaupt mit dieser Sache zu tun, mit der Behandlung von Kommissaren?«[8]

Das Protokoll hat Jodls Antwort und die weiteren Fragen und Entgegnungen wie folgt festgehalten:
»*Jodl*: Ich habe an diesem Entwurf nicht mitgearbeitet. Ich hatte weder mit Kriegsgefangenen noch mit kriegsrechtlichen Fragen damals etwas zu tun. Aber der Entwurf gelangte an mich, bevor er an den Feldmarschall Keitel ging.
Prof. Dr. Exner: Ja, nun machten Sie da den Zusatz: ›Mit der Vergeltung gegen deutsche Flieger müssen wir rechnen. Man zieht daher die ganze Aktion am besten als Vergeltung auf., Was meinten Sie damit?
Jodl: Diese Absicht des Führers, die in diesem Befehlsentwurf niedergelegt war, ist übereinstimmend von allen Soldaten abgelehnt worden. Es gab darüber sehr erregte Auseinandersetzungen auch mit dem Oberbefehlshaber des Heeres. Diese Widerstände endeten mit dem charakteristischen Satz des Führers: ›Ich kann nicht verlangen, daß meine Generale meine Befehle verstehen; aber ich verlange, daß sie sie befolgen.‹ Ich wollte nun in diesem Falle durch meine Randbemerkung dem Feldmarschall Keitel noch einen neuen Weg zeigen, auf dem man vielleicht noch um diesen geforderten Befehl zunächst herumkommen könnte.

Prof. Dr. Exner: Der Befehl wird ... von der Anklage deshalb so schwer dem deutschen Militär zum Vorwurf gemacht, weil er schon entworfen wurde, bevor der Krieg angefangen hat. Vom 12. Mai 1941 stammt diese Vortragsnotiz,* und da sagen Sie: ›Man zieht daher die ganze Aktion am besten als Vergeltung auf.‹ Was meinten Sie damit?
Jodl: Es ist richtig, daß der Führer infolge seiner weltanschaulichen Einstellung gegen den Bolschewismus hier eine vielleicht zu erwartende Betätigung der Kommissare einfach als sicher vorweggenommen hat. Er war darin bestärkt und begründete es damit, daß er sagte: ›Ich habe den Kampf gegen den Kommunismus 20 Jahre lang geführt. Ich kenne ihn; Sie kennen ihn nicht.‹ Allerdings muß ich hinzusetzen: Auch wir standen gewissermaßen unter dem Einfluß dessen, was eine Literatur der ganzen Welt seit 1917 über den Bolschewismus geschrieben hatte, und einige Erfahrungen hatten wir, wie zum Beispiel aus der Räterepublik in München auch. Trotzdem war ich der Auffassung, man müsse zunächst in der Praxis abwarten, ob die Kommissare sich so verhalten, wie es der Führer von vornherein erwartete, und wenn sich das bestätigte, dann könne man mit Repressalien einschreiten. Das war der Sinn dieser Randbemerkung.
Prof. Dr. Exner: Sie wollten also bis zum Kriegsanfang warten, dann warten, bis Sie Erfahrungen in diesem Kriege machten, und dann wollten Sie Maßnahmen vorgeschlagen haben, welche eventuell, wenn es notwendig war, als Repressalie gegen die Kampfesweise der Feinde zu gelten hatten? So war Ihr Einwurf gedacht: ›Man zieht die Sache am besten als Repressalie auf.‹ Was ist mit den Worten gemeint: ›Man zieht auf‹? Diese Worte hat die Anklagebehörde übersetzt mit ...«[9]

Nach diesem Versuch Exners, Jodl die in diesem Falle besten Antworten weitgehend in den Mund zu legen, kommt es zu folgender Kontroverse:
»*Mr. G. D. Roberts*: Herr Vorsitzender! Schon seit ein paar Minuten stellt mein geschätzter Kollege Dr. Exner in seinem Verhör Suggestivfragen an den Angeklagten ... Meiner Ansicht nach ist das keine Aussage des Zeugen, sondern eine Rede von Dr. Exner, und ich bitte ihn, nicht noch eine Rede zu halten.
Prof. Dr. Exner: Ich möchte doch glauben, es gehört zum Beweisverfahren, festzustellen, was sich der Angeklagte gedacht hat, als er das geschrieben hat.
Vorsitzender: Schon bei verschiedenen Gelegenheiten habe ich gesagt, daß es für den Gerichtshof nur von ganz geringem Wert ist, wenn der Verteidiger dem Zeugen Suggestivfragen stellt, die ihm die Antwort bereits in den Mund legen. Es ist selbstverständlich, daß, wenn Sie den Zeugen gefragt hätten, was er mit seiner Bemerkung gemeint hat, er Ihnen darauf geantwortet hätte. Das ist die kor-

* Exner meinte eine von General Warlimont unterzeichnete Vortragsnotiz vom 12. 5. 1941: die Stellungnahme zu einem von General Müller unterschriebenen OKH-Entwurf zum Kommissarbefehl vom 6. 5. 1941. Vgl. Nürnberger Dok. PS-884 und PS-1663.

rekte Art, Fragen zu stellen, aber nicht, ihm die Antwort in den Mund zu legen ...[10]

Prof. Dr. Exner: Nun gibt es noch eine große Gruppe von Dokumenten, die Ihnen (Jodl) teilweise zum schweren Vorwurf gemacht werden, welche nicht Befehle sind, sondern Vortragsnotizen ...

Jodl: Die Vortragsnotiz war eine Einführung in Höheren Stäben, bestimmt für Menschen, die nicht die Zeit haben, Riesenakten zu studieren. Eine Vortragsnotiz enthielt deshalb in ganz ... komprimierter Form die Schilderung irgendeines Vorganges, oft die Stellungnahme anderer Dienststellen, manchmal auch einen Vorschlag; aber, was das Entscheidende ist, es war kein Befehl, es war kein Befehlsentwurf, sondern es bildete die Unterlage für einen Befehl.

Prof. Dr. Exner: Vielleicht wird es am besten klar, wenn Sie dem Gericht an Hand des gestern besprochenen Vortragsentwurfs bezüglich der Kommissare dies erklären ...

Jodl: Dieses Dokument ist ein typisches Beispiel. Zuerst enthält es den Entwurf einer anderen Dienststelle des OKH, aber auch nicht im Wortlaut, sondern nur in einer kurzen, komprimierten Form. Dann zweitens enthält es ... die Auffassung einer anderen Dienststelle, nämlich des Reichsleiters Rosenberg. Dann enthält es einen Vorschlag meines Stabes selbst ... Das Ganze ist also noch lange kein Befehl, sondern es soll ein solcher werden; und auf eine solche Vortragsnotiz habe ich natürlich unzählige von kurzen, ich möchte sagen, saloppen Randbemerkungen gemacht als Stichwort für die weitere Behandlung und Besprechung oder Erledigung dieses ganzen Vorganges. Das kann man also nicht mit denselben Maßen messen wie die wohlüberlegten Worte, die dann in einen endgültigen Befehl kommen.«[11]

Das in chronologischer Folge erste Dokument über die Genesis des Kommissarbefehls stammt von dem beim Oberbefehlshaber des Heeres Walter von Brauchitsch als zur besonderen Verwendung fungierenden General Eugen Müller,[12] der den »Chef des Oberkommandos der Wehrmacht, zu Händen des Herrn General Warlimont oder Vertreter im Amt« am 6. Mai 1941 bat, den – infolge einer Weisung Hitlers an von Brauchitsch entstandenen – »Entwurf eines Erlasses des Oberbefehlshabers des Heeres ... (und den) Entwurf zu Richtlinien zur einheitlichen Durchführung des bereits erteilten Auftrages vom 31. 3. 1941« nicht nur zur Kenntnis zu nehmen, sondern auch mitzuprüfen.

Oberkommando des Heeres
Gen g b V beim Ob d H
Az. Gen s b V b,Ob d H
Nr. 75/41 g.Kdos.Chefs.

Hauptquartier OKH,
den 6. Mai 1941.

Geheime Kommandosache

Chef-Sache!
Nur durch Offizier!

An
den Herrn Chef des Oberkommandos der Wehrmacht
z. Hd. des Herrn General Warlimont
oder Vertreter im Amt.

Betr.: Behandlung feindlicher Ausländer.
– 2 Anlagen –

In der Anlage werden mit der Bitte um Kenntnis und *baldige* Mitprüfung übersandt:

1.) Entwurf eines Erlasses des Oberbefehlshabers des Heeres,
2.) Entwurf zu Richtlinien zur einheitlichen Durchführung des bereits erteilten Auftrages vom 31. 3. 1941.

Es ist beabsichtigt, den Erlaß des Oberbefehlshabers des Heeres bis zu den Gerichtsherren zu verteilen.
Die »Richtlinien« sollen unabhängig davon lediglich an die Oberbefehlshaber der Heeresgruppen und Armeen zur mündlichen Unterrichtung der unterstellten Befehlshaber und Kommandeure gegeben werden.

I. A.
Müller

Geheim

Der Oberbefehlshaber des Heeres

Az. Gen s b V b, Ob d H Nr. 75/41 G.Kdos.Chefs.

Geheime Kommandosache

Chef-Sache!
Nur durch Offizier!

15 Ausfertigungen.
5. Ausfertigung.

An
die Oberbefehlshaber der Heeresgruppen A, B und C, die Oberbefehlshaber der 2., 4., 6., 9., 11., 16., 17. und 18. Armee und der Armee Norwegen.

Betr.: Behandlung feindlicher Landeseinwohner und Straftaten Wehrmachtangehöriger gegen feindliche Landeseinwohner im Operationsgebiet des Unternehmens »Barbarossa«.

Die weite Ausdehnung der östlichen Operationsräume, die Art der hierdurch bedingten Kampfführung, die Eigenart des östlichen Gegners erfordern eine besonders *umfangreiche und wirksame Sicherung der kämpfenden Truppe* gegenüber der feindlichen Wehrmacht und der feindlichen Zivilbevölkerung, sowie schnellste Befriedung der gewonnenen Gebiete.
Selbstverständlich bleiben *Bewegung und Kampf* mit der feindlichen Wehrmacht die *Hauptaufgabe der Truppe*; sie verlangt vollste Sammlung und höchsten Einsatz aller Kräfte. Die Truppe darf sich von dieser Hauptaufgabe nicht abziehen lassen.
Andererseits wird sie aber vielfach als erste und einzige rechtzeitig in der Lage sein, im Sinne ihrer Sicherung und der Befriedung des Landes wirksame Maßnahmen zu ergreifen und durchzuführen.
Hierbei ist festzuhalten, daß außer den sonst bekämpften Widersachern der Truppe diesmal als besonders gefährliches und jede Ordnung zersetzendes Element aus der Zivilbevölkerung der Träger der jüdisch-bolschewistischen

Weltanschauung entgegentritt. Es ist kein Zweifel, daß er seine Waffe der Zersetzung heimtückisch und aus dem Hinterhalt, wo er nur kann, gegen die im Kampf stehende und das Land befriedende deutsche Wehrmacht gebraucht. Die Truppe hat daher das Recht und die Pflicht, sich auch gegen diese zersetzenden Kräfte umfassend und wirksam zu sichern.
Auf Grund der mir vom Führer und Obersten Befehlshaber der Wehrmacht erteilten Weisungen bestimme ich deshalb für die Durchführung des Unternehmens »Barbarossa«:

I. Behandlung feindlicher Landeseinwohner.

Angriffe jeder Art von Landeseinwohnern gegen die Wehrmacht sind *mit der Waffe* sofort und unnachsichtlich mit den äußersten Mitteln *niederzuschlagen*.
Landeseinwohner, die als Freischärler an den Feindseligkeiten teilnehmen oder teilnehmen wollen, die durch ihr Auftreten eine *unmittelbare Bedrohung der Truppe* bedeuten oder die sonst *durch irgend eine Tat* sich gegen die deutsche Wehrmacht *auflehnen* (z. B. Gewalttaten gegen Wehrmachtangehörige oder Wehrmachteigentum, Sabotage, Widerstand), sind *im Kampf oder auf der Flucht* zu erschießen.
Wo derartige verbrecherische Elemente auf diese Weise nicht erledigt werden, sind sie sogleich einem Offizier vorzuführen, der zu entscheiden hat, ob sie zu erschießen sind.
Gegen Ortschaften, aus denen hinterlistige und heimtückische Angriffe irgendwelcher Art erfolgt sind, sind unverzüglich auf Anordnung wenigstens eines Btls.- usw. Kommandeurs *kollektive Gewaltmaßnahmen* durchzuführen, *falls die Umstände eine rasche Feststellung einzelner Täter nicht erwarten lassen*.
Es ist Gebot der Selbsterhaltung und Pflicht aller Kommandeure, gegen feige Überfälle einer verblendeten Bevölkerung mit eiserner Strenge ohne jede Verzögerung vorzugehen.
Über die Behandlung politischer Hoheitsträger usw. erfolgt besondere Regelung.

II. Lockerung des Verfolgungszwanges bei Straftaten Heeresangehöriger gegen feindliche Landeseinwohner.

1.) Strafbare Handlungen, die Heeresangehörige *aus Erbitterung über Greuel-*

taten oder die *Zersetzungsarbeit* der Träger des jüdisch-bolschewistischen Systems begangen haben, sind *nicht zu verfolgen*, soweit nicht im Einzelfalle die Aufrechterhaltung der Manneszucht ein Einschreiten erfordert.
Es bleibt unter allen Umständen Aufgabe aller Vorgesetzten, willkürliche Ausschreitungen *einzelner* Heeresangehöriger zu verhindern und einer Verwilderung der Truppe vorzubeugen. Der einzelne Soldat darf nicht dahin kommen, daß er gegenüber Landeseinwohnern tut und läßt, was *ihm* gut dünkt, sondern er ist in jedem Falle *gebunden an die Befehle seiner Vorgesetzten*.
In den Fällen, in denen der Beweggrund der Erbitterung erst in der Hauptverhandlung vor einem Feldkriegsgericht hervortritt, sind die Befehlshaber und Kommandeure, denen ich das Bestätigungsrecht übertragen habe, dafür verantwortlich, daß nur solche Urteile bestätigt werden, die den vorstehend aufgeführten *militärischen und politischen Gesichtspunkten* in vollem Umfang gerecht werden.

2.) Im übrigen bleibt es bei der Ahndung strafbarer Handlungen von Heeresangehörigen wie bisher.

III.

Bei dieser Gelegenheit weise ich erneut auf die Notwendigkeit hin, daß die Strafe der Tat auf dem Fuße folgen muß. Oft kann es gerade im Verlauf von Operationen wichtiger und wirksamer sein, *überhaupt und sofort zu strafen*, als verspätet und dann besonders hart. Die durch § 16a KStVO und meinen Erlaß vom 12. 11. 39 (HVBl. 1939, Teil O, S.116) geschaffene Möglichkeit, *Disziplinarstrafen in allen Fällen* zu verhängen, wo sie *nach Straftat und Persönlichkeit des Schuldigen vertretbar* sind, ist von allen Disziplinarvorgesetzten weitgehend auszunützen. Die Regiments- usw. Kommandeure haben die ihnen unterstellten Offiziere nochmals über die Möglichkeit und Bedeutung der ihnen zugestandenen erweiterten Disziplinarstrafgewalt zu unterrichten.

IV.

Mit der Enttarnung verliert dieser Erlaß den besonderen Geheimschutz.

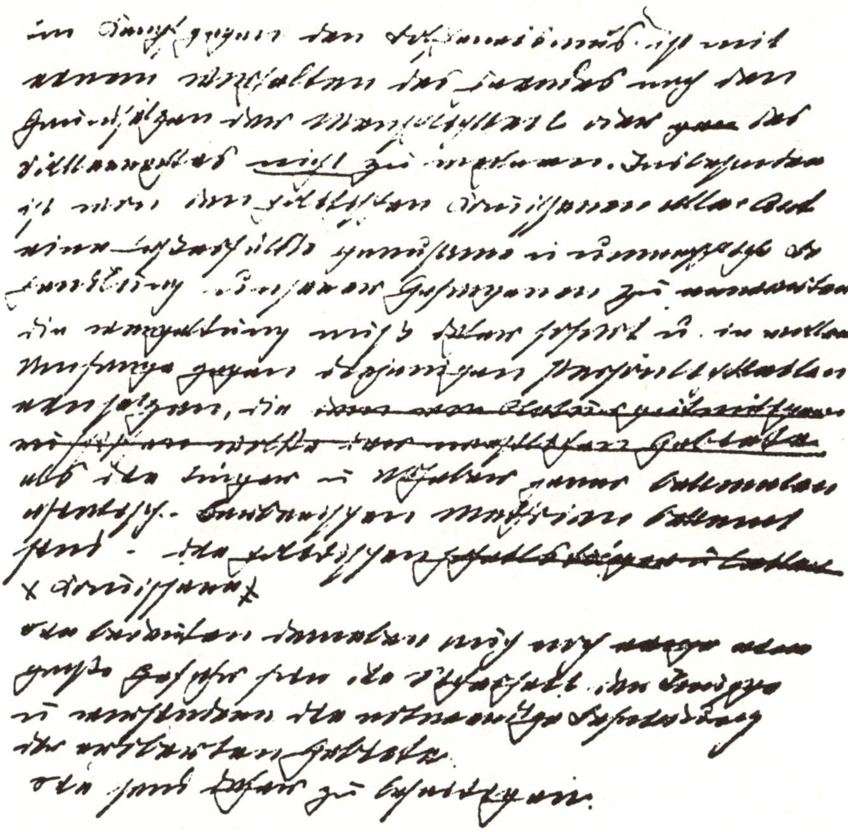

Jodls handschriftliche Notiz zur Zwischenfassung des Kommissarbefehls. Nicht datiert; wahrscheinlich vom 21. 5. 1941.

Textübertragung:
Im Kampf gegen den Bolschewismus ist mit / einem Verhalten des Feindes nach den / Grundsätzen der Menschlichkeit oder des / Völkerrechts nicht zu rechnen. Insbesondere / ist von den politischen Kommissaren aller Art / eine haßerfüllte grausame u(nd) unmenschliche Behandlung unserer Gefangenen zu erwarten. / Die Vergeltung muß daher sofort u(nd) in vollem / Umfange gegen diejenigen Persönlichkeiten / einsetzen, die (dann folgt der von Jodl durchgestrichene Text: dem von Natur gutmütigen russischen Volke der westlichen Gebiete) / als die Träger u(nd) Urheber jener bekannten / asiatisch-barbarischen Methoden bekannt / sind – die politischen (hier folgt der von Jodl durchgestrichene Text: Hoheitsträger u. Leiter) / Kommissare. / Sie bedeuten daneben auch noch … eine / große Gefahr für die Sicherheit der Truppe / u(nd) verhindern die notwendige Befriedung / der eroberten Gebiete. / Sie sind daher zu beseitigen.

Oberkommando des Heeres
General z.b.V. [illegible]
Oberbefehlshaber des [illegible]

Az. 500 Gen.z.b.V.b.ObdH. [illegible]
Nr. 412/41 g K[illegible]

Geheime Kommandosache

H.Qu. - OKH., den 16.8.1941

2 Ausfertigungen.
1. Ausfertigung.

An
das Oberkommando der Wehrmacht (Abt.L.).

OKW/WFSt
Abt. L [illegible]
17. AUG. 1941
Nr. 001797/41

Betr.: Behandlung politischer Kommissare.

Bezug: OKW v.6.6.41 WFSt/Abt.L (IV/Qu)Nr.44821/41g Kdos Chefs.

Eine Heeresgruppe hat angefragt, ob politische Gehilfen bei den Kompanien (Politruks) als politische Kommissare im Sinne der „ Richtlinien für die Behandlung politischer Kommissare " anzusehen und entsprechend zu behandeln seien.

Es wird gebeten, diese Frage baldmöglichst zu klären.

I. A.

[illegible]

1092

Dokument rechte Seite: Oben rechts: »K 19/8.« = Keitels Paraphe. Unten rechts: »Abschrift WR« (WR: Wehrmacht-Rechtsabteilung) ebenfalls von der Hand Keitels. Unter dem Entwurf: »I.A. J.« = Im Auftrage und Paraphe von Jodl. Rechts unten neben »Wehrmacht«: v.T. = v. Tippelskirch. Unten links: »Vermerk: Nach Angabe Fr.(-emde) Heere Ost sind die Politruks als pol.(-itische) Kommissare anzusehen. Sie gehören nicht zu den Soldaten« (Warlimont 20. 8. 1941)

Entwurf

Oberkommando der Wehrmacht
WFSt/Abt. L (IV
Nr.001797/41 g.K.

F.H.Qu., den 18.8.1941

Geheime Kommandosache
3 Ausfertigungen
3. Ausfertigung

Bezug: OKH / Gen.z.b.V. beim Oberbefehlshaber des Heeres (Gruppe R.Wes.) Nr.412/41 g.Kdos. vom 16.8.1941.

Betr.: Behandlung politischer Kommissare.

1918.

ab 21.8.41

An

General z.b.V.
beim Oberbefehlshaber des Heeres.

Die politischen Gehilfen bei den Kompanien (Politruks) sind als politische Kommissare im Sinne der „Richtlinien für die Behandlung politischer Kommissare" anzusehen und entsprechend zu behandeln.

Der Chef des Oberkommandos der Wehrmacht
I. A.

J

Vermerk:

Nach Angabe v. Herrn Obl. sind die Politruks als pol. Kommissare anzusehen. Sie zählen nicht zu den Soldaten.

20/8.

Abschrift WR

Nachrichtlich:
WR m. 1 Anl. 2.Ausf. ab 21.8.41

OBERKOMMANDO DES HEERES
General z b V beim Ob d H .

H. Qu., den 23. 9. 1941.

Geheime Kommandosache

Az. 501 Gen z b V b Ob d H
Nr. 516 / 41 g Kdos.

4 Ausfertigungen
1. Ausfertigung.

An

O K W / L

zu Händen des Herrn Generalmajor Warlimont.

OKW/WFSt
25. SEP. 1941
Nr. 002166/41 g.K.

Betr.: Politische Kommissare
Bezug: OKW/WFSt/Abt.L (IV/Qu)
Nr.44822/41 g Kdos Chefs.
vom 6.6.41.

Es wird gebeten, die Notwendigkeit der Durchführung des "Kommissar"-Erlasses in der bisherigen Form im Hinblick auf die Entwicklung der Lage zu überprüfen. Von Befehlshabern, Kommandeuren und aus der Truppe wird gemeldet, daß sich eine Lockerung des Kampfwillens auf russischer Seite dadurch erreichen lasse, wenn den Kommissaren, die ohne Zweifel die Hauptträger des erbitterten und verbissenen Widerstandes seien, der Weg zur Aufgabe des Kampfes, zur Übergabe oder zum Überlaufen erleichtert würde.

Zur Zeit ist es so, daß der Kommissar auf jeden Fall sein sicheres Ende vor Augen sieht; darum kämpft eine große Zahl bis zuletzt und zwingt auch die Rotarmisten mit den brutalsten Mitteln zum erbitterten Widerstand.

Gerade in der augenblicklichen Kampflage, wo bei den hohen Ausfällen, mit der Abnahme des Zuflusses von personellen und materiellen Kräften, bei der Vermischung der Verbände, der Unsicherheit der Führung Lockerungserscheinungen auf russischer Seite da und dort sich zu zeigen beginnen, könnte eine Lähmung des allgemeinen Kampfwillens durch Brechung des Widerstandes der Kommissare nicht unerhebliche Erfolge zeitigen und unter Umständen viel Blut sparen.

Die Erreichung des Zieles müßte in geeigneter Form mit propagandistischen Mitteln verschiedenster Art angestrebt werden.

Auch der Oberbefehlshaber des Heeres glaubt, daß die vorstehenden Auffassungen, die ihm persönlich bei allen Heeresgruppen vorgetragen worden sind, vom militärischen Standpunkt aus durchaus beachtlich sind und eine Überprüfung der bisherigen Behandlungsweise der Kommissare zweckmäßig erscheinen lassen.

I. A.

Müller

Nach Abgang an :

Operations-Abteilung
Heerwesen-Abteilung.

Der Führer hat jede Änderung der bisher erlassenen Befehle für die Behandlung der polit. Kommissare abgelehnt.

J 26/9

Wann Jodl über den Wortlaut der letzten Fassung des im einzelnen von Hitler festgelegten, jedoch weder von ihm noch von jemand anders unterschriebenen Befehls informiert wurde, wann sein persönliches Engagement begann und wie weit es insgesamt ging, ist infolge der Dokumentenlage auch heute noch nicht fugenlos feststellbar. Bislang ist nicht einmal nachgewiesen, daß Jodl über die letzte Fassung des Befehls überhaupt unterrichtet worden ist. Der letzte nachweisbare Entwurf stammt (als Vortragsnotiz) vom 22. Mai 1941 und ist überraschenderweise von Losberg abgezeichnet. Daß sich die Präambel zu einer Zwischenfassung des Kommissarbefehls mit den zwanzig handschriftlichen Zeilen Jodls[13] zu diesem Befehlsentwurf deckten, wurde ihm in Nürnberg angekreidet, obwohl gerade sein Text einen vorsichtigen Versuch darstellte, den Offizieren der Truppe Ausweichmöglichkeiten zu schaffen, was der Verfasser der Präambel 1941 – im Gegensatz zum IMT 1946 – allerdings sofort erkannte und unterband. Jodls Version von der »Vergeltung«, die logischerweise Geschehnisse im Sinne der von Hitler von 1920[14] bis 1939 unentwegt prophezeiten und ab 1941 entsprechend ausgemalten »bolschewistischen Verhaltensweisen« voraussetzte, wurde von ihm getilgt. Und getilgt wurde auch Jodls – sehr wahrscheinlich absichtlich lesbar durchgestrichener – Hinweis auf das von Natur aus gutmütige russische Volk.[15] Auch Jodls Paraphe (»J«) unter einer von Oberstleutnant von Tippelskirch, dem Leiter der Quartiermeister-Gruppe der Abteilung L im OKW,[16] am 18. August 1941[17] konzipierten und als »Entwurf« gekennzeichneten, bejahenden Antwort auf die Frage einer Heeresgruppe, »ob politische Gehilfen bei den Kompanien (Politruks) als politische Kommissare im Sinne der ›Richtlinien für die Behandlung politischer Kommissare‹ anzusehen und entsprechend zu behandeln seien«,[18] sprach in Nürnberg nicht für den Generaloberst, den der deutsche Bundeswehr-General Adolf Heusinger 1951 schriftlich ausdrücklich als gewissenhaft prüfenden Mann und »durch und durch anständigen, ehrlichen Charakter« bezeichnete.[19]

Daß Jodl bereits während der Vorbereitung des Befehls völkerrechtliche und moralische Bedenken hegte und den Befehl, da Hitler nicht zu bewegen war, auf seine Durchsetzung zu verzichten, wenigstens abzumildern versuchte, muß infolge der Dokumentenlage als sicher gelten. Ebenso steht fest, daß Jodl es war, der Hitler am 5. Mai 1942 bewog, den Befehl praktisch aufzuheben. Noch am 26. September 1941 hatte er handschriftlich auf eine Geheime Kommandosache des OKH vom 23. September 1941 geschrieben: »Der Führer hat jede Änderung der bisher erlassenen Befehle für die Behandlung der polit. Kommissare abgelehnt«, was noch am selben Tage als Rundschreiben mit dem Text »Der Führer hat auf erneuten Vortrag jede Änderung der für die Behandlung politischer Kommissare gegebenen Befehle abgelehnt«, an das OKH ging. Die Wendung »auf erneuten

Vortrag« deutet darauf hin, daß Jodl selbst dem Führer Vortrag hielt. Hitlers Befehl vom 5. Mai 1942, die sowjetischen Funktionäre, Kommissare und Politruks zur Steigerung »der Neigung zum Überlaufen und zur Kapitulation«[20] »zunächst versuchsweise«[21] am Leben zu lassen, schloß dieses tragische Kapitel zwar ab; aber an seine Stelle trat im Oktober 1942 ein ähnlicher Befehl Hitlers: der sogenannte Kommandobefehl. Er bestimmte, was im Prisma der westlichen Ankläger und Richter mindestens ein ebenso schwerwiegendes Verbrechen wie der Kommissarbefehl sein mußte, daß britische Kommandotrupps »von den deutschen Truppen« im Kampf von nun an »rücksichtslos niedergemacht« würden.

So begann Exner sein Verhör am 4. Juni 1946 denn auch in diesem Punkt mit der Feststellung: »Nun gehen wir über zu dem höchst heiklen Kapitel des Kommandobefehls ... Ich möchte von Ihnen etwas über die Vorgeschichte hören ... Der erste Befehl ist an die Truppe gerichtet; der zweite ist eine Erläuterung an die Befehlshaber ... Der erste Befehl bedroht feindliche Soldaten bei banditenhafter Kampfführung mit der Vernichtung und beruft sich dabei auf den Wehrmachtsbericht ... in welchem Zusammenhang steht der Kommandobefehl mit dem Wehrmachtsbericht vom 7. Oktober 1942?«[22]

Der Kommandobefehl

Der Führer
Nr. 003830/42 g. Kdos. OKW/WFSt.

F.H.Qu., den 18. 10. 1942

12 Ausfertigungen
12. Ausfertigung

Geheime Kommandosache

1.) Schon seit längerer Zeit bedienen sich unsere Gegner in ihrer Kriegführung Methoden, die außerhalb der internationalen Abmachungen von Genf stehen. Besonders brutal und hinterhältig benehmen sich die Angehörigen der sogenannten Kommandos, die sich selbst, wie feststeht, teilweise sogar aus Kreisen von in den Feindländern freigelassenen kriminellen Verbrechern rekrutieren. Aus erbeuteten Befehlen geht hervor, daß sie beauftragt sind, nicht nur Gefangene zu fesseln, sondern auch wehrlose Gefangene kurzerhand zu töten im Moment, in dem sie glauben, daß diese bei der weiteren Verfolgung ihrer Zwecke als Gefangene einen Ballast darstellen oder sonst ein Hindernis sein könnten. Es sind endlich Befehle gefunden worden, in denen grundsätzlich die Tötung der Gefangenen verlangt worden ist.

2.) Aus diesem Anlaß wurde in einem Zusatz zum Wehrmachtbericht vom 7. 10. 1942 bereits angekündigt, daß in Zukunft Deutschland gegenüber diesen Sabotagetrupps der Briten und ihren Helfershelfern zum gleichen Verfahren greifen wird, das heißt: daß sie durch die deutschen Truppen, wo immer sie auch auftreten, rücksichtslos im Kampf niedergemacht werden.

3.) Ich befehle daher:
Von jetzt ab sind alle bei sogenannten Kommandounternehmungen in Europa oder in Afrika von deutschen Truppen gestellte Gegner, auch wenn es sich äußerlich um Soldaten in Uniform oder Zerstörertrupps mit und ohne Waffen handelt, im Kampf oder auf der Flucht bis auf den letzten Mann niederzumachen. Es ist dabei ganz gleich, ob sie zu ihren Aktionen durch Schiffe und Flugzeuge angelandet werden oder mittels Fallschirmen abspringen. Selbst wenn diese Subjekte bei ihrer Auffindung scheinbar Anstalten machen sollten,

sich gefangen zu geben, ist ihnen grundsätzlich jeder Pardon zu verweigern. Hierüber ist in jedem Einzelfall zur Bekanntgabe im Wehrmachtbericht eine eingehende Meldung an das O.K.W. zu erstatten.

4.) Gelangen einzelne Angehörige derartiger Kommandos als Agenten, Saboteure usw. auf einem anderen Weg, – z. B. durch die Polizei in den von uns besetzten Ländern – der Wehrmacht in die Hände, so sind sie unverzüglich dem SD zu übergeben.
Jede Verwahrung unter militärischer Obhut, z. B. in Kriegsgefangenenlagern usw. ist, wenn auch nur für vorübergehend gedacht, strengstens verboten.

5.) Diese Anordnung gilt nicht für die Behandlung derjenigen feindlichen Soldaten, die im Rahmen normaler Kampfhandlungen (Großangriffe, Großlandungsoperationen und Großluftlandeunternehmen) im offenen Kampf gefangengenommen werden oder sich ergeben. Ebensowenig gilt diese Anordnung gegenüber den nach Kämpfen auf See in unsere Hand gefallenen oder nach Kämpfen in der Luft durch Fallschirmabsprung ihr Leben zu retten versuchenden feindlichen Soldaten.

6.) Ich werde für die Nichtdurchführung dieses Befehls alle Kommandeure und Offiziere kriegsgerichtlich verantwortlich machen, die entweder ihre Pflicht der Belehrung der Truppe über diesen Befehl versäumt haben oder die in der Durchführung entgegen diesem Befehl handeln.

gez. Unterschrift*

* Auf den Nachdruck des dann folgenden Verteilers für die 12 Ausfertigungen wurde verzichtet. Zit. des Dokuments aus: Hitlers Weisungen für die Kriegführung 1939–1945. Dokumente des Oberkommandos der Wehrmacht, München 1965, S. 237ff. Hrsg. Walther Hubatsch.

Jodl, der sich seiner Bedrängnis in diesem Augenblick zweifellos mehr als zuvor bewußt war, reagierte zunächst umständlich. »Es dreht sich bei diesem Befehl«, sagte er, »um sehr viel, nicht um mich; meine Person spielt in diesem Prozeß gar keine Rolle. Es dreht sich um die Ehre der deutschen Soldaten und der deutschen Offiziere, die ich hier auch in meiner Person vertrete. Der Kommandobefehl ist mit ... (einem) Zusatz im Wehrmachtsbericht vom 7. Oktober 1942 untrennbar verbunden, denn es ist der Ausführungsbefehl zu ... (seiner) Ankündigung im Wehrmachtsbericht.«

»*Prof. Dr. Exner*: Von wem stammten diese Ankündigungen im Wehrmachtsbericht? Wer hat sie verfaßt?[23]

Jodl: Dieser Wehrmachtsbericht vom 7. Oktober 1942 – das heißt, es ist ein Zusatz zum Wehrmachtsbericht – stammte im Hauptteil von mir. Er beschäftigt sich mit der Widerlegung einer Mitteilung des englischen Kriegsministeriums ...[24]

Prof. Dr. Exner: ... Vielleicht sagen Sie uns ganz kurz den Inhalt des Wehrmachtsbefehls vom 7. Oktober 1942 ...

Jodl: Der Wehrmachtsbericht steht in unmittelbarem Zusammenhang mit dem Kommandobefehl ... nur dieser letzte Absatz des Wehrmachtsberichtes ist wichtig, der vom Führer selbst verfaßt wurde ... Es ist nämlich der Satz ...: ›In Zukunft werden sämtliche Terror- und Sabotagetrupps der Briten und ihrer Helfershelfer, die sich nicht wie Soldaten, sondern wie Banditen benehmen, von den deutschen Truppen auch als solche behandelt werden, und wo sie auch auftreten, rücksichtslos im Kampf niedergemacht werden.‹ Dieser Zusatz stammt Wort für Wort vom Führer persönlich.

Prof. Dr. Exner: Nun, und jetzt wurde von Ihnen ein Ausführungsbefehl gefordert ... erklären Sie noch einmal, welcher Teil des Wehrmachtsberichts von Ihnen verfaßt ist, und welcher vom Führer verfaßt ist und was der Inhalt dieses Führerzusatzes ist.

Jodl: Der ganze erste Teil dieses Wehrmachtsberichtes hat mit Kommandotrupps gar nichts zu tun, sondern er befaßt sich mit der berühmten Affäre der Fesselung deutscher Kriegsgefangener am Strande von Dieppe ...

Vorsitzender: Sie meinen also, ich hatte recht, daß er hauptsächlich von Ihnen stammte?

Jodl: Das absolut. Den ersten Teil dieses Wehrmachtsberichtes habe ich formuliert ... er enthält die ... Widerlegung einer englischen Rundfunkerklärung, die das britische Kriegsministerium abgegeben hat. Diese Erklärung des britischen Kriegsministeriums war falsch ... Mit Kommandos, mit Repressalien hatte diese Angelegenheit zunächst noch nichts zu tun. Das ist erst in diesen Wehrmachtsbericht hineingekommen durch den Zusatz des Führers, der mit dem Satz beginnt: ›Das Oberkommando der Wehrmacht sieht sich daher gezwungen, folgendes anzuordnen.‹«[25]

Jodl, der auf Befehl Hitlers die täglichen Wehrmachtsberichte redigieren mußte, sah sich auch jetzt wieder zwangsläufig unmittelbarer als Keitel mit diesem Befehl und seiner Entstehung konfrontiert. Sein Hinweis sowohl auf eine Falschmeldung des britischen Kriegsministeriums als auch auf seine seinerzeitige Hoffnung, daß London nach Bekanntwerden des deutschen Wehrmachtsberichtes »an uns herantreten« würde, »wie es vorher schon einige Male«[26] geschah, war gewiß keine nachträgliche Schutzbehauptung, zumal eine New Yorker Zeitung rund ein Jahr vor dem Erlaß des Kommandobefehls das Ergebnis ihrer bemerkenswerten Untersuchungen über die Glaubwürdigkeit der Kriegsberichte aus verschiedenen Quellen publiziert und dem deutschen Wehrmachtsbericht die schmeichelhafte Zensur »hundert Prozent«[27] attestiert hatte.

Der Generaloberst, der 1942 davon hatte ausgehen können, daß sich seine Hoffnungen erfüllen würden, brauchte nicht erst jetzt davon überzeugt zu werden, daß er gescheitert war.

Das Verhör bewies es:

»*Prof. Dr. Exner*: Nun wurde es für notwendig befunden, diese Ankündigung im Wehrmachtsbericht auszuführen ... Hat der Führer von Ihnen Entwürfe über einen Ausführungsbefehl verlangt?

Jodl: Nachdem der Führer diesen letzten Zusatz geschrieben hatte, wandte er sich an den Feldmarschall Keitel und an mich und forderte nun einen Ausführungsbefehl zu dieser allgemeinen Ankündigung im Wehrmachtsbericht. Er gab dabei gleichzeitig die Parole, ›aber ich wünsche keine Kriegsgerichte‹.

Prof. Dr. Exner: Haben Sie dann einen Entwurf gemacht?

Jodl: Ich hatte nun eine Menge von Zweifeln, die mir auch eine genaue Durchsicht der Haager Landkriegsordnung keineswegs beseitigen konnte. Weder der Feldmarschall Keitel noch ich haben einen derartigen Entwurf angefertigt; wohl aber hat mein Stab aus eigener Initiative von verschiedenen Dienststellen Entwürfe und deren Ansichten eingefordert. Und so entstand das Dokument ... Mein Wunsch war nun ein ganz anderer. Meine Absicht war, einen Befehl überhaupt zu vermeiden. Ich erwartete eigentlich, daß auf die Ankündigung im Wehrmachtsbericht hin ... das englische Kriegsministerium, sei es unmittelbar, sei es auf dem Wege über Genf, erneut an uns herantreten würde, wie es vorher schon einige Male geschehen war. Damit hoffte ich, die ganze Angelegenheit auf die Ebene des Auswärtigen Amtes zu schieben. Das geschah aber nicht. Das englische Kriegsministerium blieb stumm. Inzwischen waren zehn Tage vergangen, und es war nichts geschehen. Da kam am 17. Oktober der Chefadjutant des Führers, General Schmundt, zu mir und sagte, der Führer verlangt den Ausführungsbefehl. Ich gab ihm wörtlich folgende Antwort: ›Sagen Sie ihm einen schönen Gruß, einen solchen Befehl mache ich nicht.‹ Schmundt lachte daraufhin und sagte: ›Das kann ich aber nicht sagen.‹ Darauf meine Antwort: ›Gut, dann melden Sie dem Führer, ich wisse nicht, wie man einen solchen Befehl völkerrechtlich begründen solle.‹ Damit ging er. Ich hoffte, nun zum Führer bestellt zu werden, um endlich einmal wieder seit vielen Monaten persönlich mit ihm sprechen zu können ... Ich wollte dadurch entweder die Möglichkeit erreichen, meine Bedenken vorzutragen oder hinausgeworfen zu werden ... aber keines von beiden geschah. Nach wenigen Minuten rief mich Schmundt an und teilte mir mit, der Führer mache die Befehle selbst. Am 18. Oktober brachte mir nun wieder Schmundt persönlich die beiden Befehle des Führers, den Befehl an die Truppe und die Begründung dazu für die Kommandeure.«[28]

Jodl, von Hitler seit der Kaukasusoperation demonstrativ wie ein Unteroffizier von einem Kommandeur mit Standesdünkel behandelt, den der »Sozialist« Hitler stets akzentuiert abzubauen vorgab, hatte in der Phase der Entstehung des Kommandobefehls nicht die geringste Chance, die Befehle Hitlers spürbar abzuschwächen. Er sah sich gerade jetzt nicht nur mit seiner Mißachtung durch den Führer, sondern auch mit einem ihm von Hitler angedrohten Kriegsgerichtsverfahren konfrontiert, und erlebte täglich, daß acht Stenographen – von einem SS-Offizier überwacht – seine Äußerungen während der Lagebesprechung notierten.

Die maßgeblichen Stationen der Genesis des Kommandobefehls im Hinblick auf Jodls Beteiligung

1: Hitler läßt auf dem Wege über den Wehrmachtsbericht vom 7. Oktober 1942 androhen, daß britische Terrortrupps, die sich »wie Banditen« benehmen, künftig niedergemacht werden.

2: Hitler befiehlt Keitel und Jodl, einen entsprechenden Ausführungsbefehl für die Wehrmachtsbefehlshaber vorzubereiten. Jodl verhält sich reserviert, weil er den Befehl (nach einem Zeugnis von General Christian, dem Luftwaffenadjutanten Hitlers) für völkerrechtswidrig hält. Er lehnt ab, sich daher selbst damit zu befassen und beauftragt Prof. Kipp, die völkerrechtlichen Grundlagen für einen derartigen Befehl zu untersuchen.

3: Keitel ruft Dr. Lehmann, den Chef der Wehrmacht-Rechtsabteilung des OKW an, um sich bei ihm über die Rechtslage zu informieren. Lehmann hält den Befehl für nicht möglich.

4: Am 8. 10. 1942 weist Jodl den Leiter der Quartiermeister-Gruppe der Abteilung L im OKW, General Warlimont, im Anschluß an die Lagebesprechung bei Hitler an, einen Befehls-Entwurf vorzubereiten, was in Nürnberg dokumentarisch jedoch nicht belegt werden konnte. Das amerikanische Gericht erklärte im »Fall 12«: »Die Behauptung des Angeklagten (Warlimont), daß er ins einzelne gehende Anweisungen über den gewünschten Inhalt des Befehls erhalten habe, wird durch den Wortlaut dieser Anweisung nicht bestätigt.«

5: Der Stellvertretende Chef des Wehrmachtsführungsstabes leitet den Auftrag weiter, die Hitler-Version als Befehl zu formulieren.

6: Die Wehrmacht-Rechtsabteilung (WR) legt – auf Veranlassung des Wehrmachtführungsstabes – einen Entwurf vor, den Heinrich Himmler möglichst auch prüfen solle.

7: Am 10. 10. 1942 weist die Auslands-Abwehr darauf hin, daß die Truppe nur einwandfrei völkerrechtswidrige Maßnahmen britischer Terror- und Spionagetrupps selbständig ahnden darf. Terrortrupps, die keine Uniformen tragen oder

in deutschen Uniformen angetroffen werden, sollen als Banditen behandelt werden.
Die für die Sache insgesamt unwesentlichen Zwischenstationen der Geschichte des Befehls werden an dieser Stelle nicht genannt. Während der Zeit vom 7. bis 15. Oktober, in der der Befehl geprüft, umformuliert und die Entwürfe und jeweiligen Randnotizen usw. versehen werden, findet sich auf 6 von insgesamt 14 Dokumenten Jodls Paraphe »J«. Mit seinem ganzen Namen hat er keines der diesbezüglichen Dokumente unterschrieben.

8: Infolge der völkerrechtswidrigen Behandlung der deutschen Gefangenen in Dieppe, die so gefesselt wurden, daß sie sich selbst strangulieren mußten, Differenzierung durch Auslandsabwehr: Sabotageeinheiten in Uniform sind Soldaten und haben Anspruch auf Behandlung als Kriegsgefangene, Repressalien an Kriegsgefangenen sind nicht zulässig.

9: Am 17. 10. 1942 wird Hitler während der Lagebesprechung von Keitel oder Jodl (nicht nachweisbar) ein Entwurf vorgelegt, den er als »für die Truppe nicht eindeutig genug« zurückweist.

10: Am 18. 10. 1942 diktiert Hitler (Briefkopf: Der Führer) einen Befehl, in dem er den Kommandobefehl begründet und den Kommandeuren und Offizieren, die gegen seine Weisung verstoßen, kriegsgerichtliche Folgen androht. Darauf folgt eine heftige Auseinandersetzung zwischen Hitler und Jodl, der sich, wie General Engel, der Adjutant des Heeres beim Obersten Befehlshaber der Wehrmacht, in seinem Tagebuch vermerkt, »mit Händen und Füßen gegen Sondermaßnahmen gegen Sabotagetrupps wehrt«. Hitler, der von Keitel unterstützt wird, schimpft über die Lauheit der Truppe gegenüber Abschreckungsmaßnahmen, wirft Jodl vor, daß das Heer den Kommissarbefehl boykottiert (Engel: »gar nicht oder nur zögernd befolgt«) habe und rühmt seine SS. Jodl erklärt ihm, daß »auch zum Wohl der eigenen Truppe« internationale Vereinbarungen auch im Kriege gelten.

Jodl leitet Hitlers Begründungsbefehl weiter.

11: Ein von Keitel unterschriebener Befehl vom 26. 6. 1944 schränkt den Kommandobefehl wie folgt ein: »Ausgenommen bleiben feindliche Soldaten in Uniform im unmittelbaren Kampfgebiet des Landekopfes, das heißt im Bereich der in vorderer Linie kämpfenden Divisionen sowie der Reserven bis einschl. Gen.Kdos., gemäß Ziffer 5) des grundlegenden Befehls vom 18. 10. 42.«

Jodl weitet diese Einschränkung von sich aus noch weiter aus und schreibt handschriftlich auf diesen Befehl: »Auf dem ital.(-ienischen) Kriegsschauplatz ist sinngemäß zu verfahren.«

12: Das Urteil des IMT (Bd. I, S. 255) stellt dazu u. a. fest: »Auf Grund der Vorschriften dieses Befehls erlitten alliierte Kommando-Trupps und andere, unabhängig operierende militärische Einheiten in Norwegen, Frankreich, in der Tschechoslowakei und in Italien den Tod. Viele von ihnen wurden an Ort und Stelle getötet, und in keinem Falle wurde denen, die später im Konzentrationslager hingerichtet wurden, jemals ein Gerichtsverfahren irgendwelcher Art gewährt.« Im Jodl-Urteil (IMT, Bd. I, S. 366) heißt es: »Am 18. Oktober 1942 erließ Hitler den Kommandobefehl und einen Tag später eine zusätzliche Erklärung ... Das Begleitschreiben wurde von Jodl unterzeichnet. Vorentwürfe dieses Befehls wurden von dem Stabe Jodls mit seinem Wissen hergestellt.«

Weiter heißt es im Protokoll des IMT vom 4. Juni 1946:
»*Prof. Dr. Exner:* Sie erwähnten, daß Ihr Stab etwas ausgearbeitet hat ... In dieser Urkunde haben Sie ... zwei Bemerkungen gemacht. Die erste Bemerkung auf dieser Seite heißt ›nein‹ ... Und auf derselben Seite unten steht von Ihnen handschriftlich ›das geht auch nicht J‹ – Jodl ...
Jodl: Wie ich dem Gericht schon erklärte, hat mein Stab ... von sich aus Vorschläge einverlangt, und zwar von dem Amt Ausland/Abwehr, Canaris, denn bei ihm befand sich die völkerrechtliche Gruppe, und zweitens von der Wehrmachtsrechtsabteilung, das heißt der WR,[29] da es sich ja immerhin um eine rechtliche Angelegenheit handelte. Auf der Seite 106 findet das Gericht nun ... den Vorschlag, den das Amt Ausland/Abwehr gemacht hat ... ›Angehörige von Terror- und Sabotagetrupps ... die ... ohne Uniform oder in deutscher Uniform angetroffen werden, werden als Banditen behandelt ... Oder fallen sie außerhalb von Kampfhandlungen in deutsche Hand, so sind sie sofort einem Offizier zur Vernehmung vorzuführen. Danach ist standgerichtlich mit ihnen zu verfahren.‹ Das war ganz unmöglich, denn wenn man einen Soldaten in Zivil antrifft ... dann konnte ... niemand wissen, um was es sich dabei handelt. Das konnte ein Spion sein ... ein entwichener Kriegsgefangener ... ein feindlicher Flieger ... der durch

Absprung sein Leben gerettet hat und nun in Zivil unterzutauchen hoffte. Das mußte festgestellt werden durch einen erfahrenen Untersuchungsrichter und nicht durch ein Standgericht ... Aus diesem Grunde habe ich ›nein‹ hingeschrieben. Im Absatz ›b‹ war vorgeschlagen, daß, wenn ... Sabotagetrupps in Uniform festgenommen würden, an den Wehrmachtführungsstab zu berichten sei, und der sollte darüber ... entscheiden ... was zu geschehen habe. Damit war dem Wehrmachtführungsstab die Rolle eines Kriegsgerichts zugeschoben, was er niemals sein konnte ...

Prof. Dr. Exner: Sie haben ... diesen Vorschlag abgelehnt. Aber gegen den Führerbefehl hatten Sie ... auch Ihre schweren Bedenken ... welche Bedenken hatten Sie denn?

Jodl: Ich hatte zunächst eine Reihe von rechtlichen Zweifeln. Dann war der Befehl mehrdeutig ... zu unklar für die Praxis. Gerade in diesem Falle hielt ich Kriegsgerichte für unbedingt notwendig ...

Prof. Dr. Exner: Daher wollten Sie also ein gerichtliches Verfahren einschalten ... Was meinten Sie mit unklar und mehrdeutig?

Jodl: Der Gedanke war doch, daß die Soldaten, die sich in ihren Handlungen außerhalb des Kriegsrechtes stellen, auch keinen Anspruch darauf haben, nach Kriegsrecht behandelt zu werden, ein Grundsatz, der im Völkerrecht zum Beispiel bei dem Begriff des Spions oder des *Franktireurs* absolut anerkannt ist. Durch diesen Befehl sollte eine gewisse Abschreckung erzielt werden gegenüber ... den englischen Kommandotrupps. Aber der Befehl des Führers ging ja weiter. Er sagte nämlich, alle Kommandotrupps sind niederzumachen. Und dagegen hatte ich meine ernsten Bedenken.

Prof. Dr. Exner: Welche rechtlichen Zweifel hatten Sie denn?

Jodl: Ich hatte eben diesen Zweifel, daß auf Grund dieses Befehls auch Soldaten niedergemacht würden ... Ich hatte Sorge, daß nicht nur feindliche Soldaten niedergemacht würden, die sich, um den Führerausdruck zu gebrauchen, wirklich wie Banditen benommen haben, sondern auch anständige Soldaten. Es kam als zweites dazu ... daß in dem allerletzten Zusatz ... befohlen war, auch Soldaten zu erschießen, nachdem sie gefangengenommen waren und nachdem man sie verhört hatte. Was mir aber völlig unklar war, das war die allgemeine Rechtslage, ob ein Soldat, der sich vorher banditenhaft benommen hat, durch seine Gefangennahme überhaupt in den Rechtszustand des Kriegsgefangenen überführt wird ... oder ob er sich nicht durch seine Handlung vorher bereits außerhalb dieses Rechtszustandes gesetzt hat. Ich meine damit die Genfer Konvention.«[30]

Was Jodl meinte, war das Abkommen vom 27. Juli 1929 über die Behandlung der Kriegsgefangenen, in dem es unter anderem heißt: »Die Kriegsgefangenen unterstehen der Gewalt der feindlichen Macht, aber nicht der Gewalt der Personen oder Truppenteile, die sie gefangengenommen haben. Sie müssen jederzeit mit Menschlichkeit behandelt werden und insbesondere gegen Gewalttätigkeiten, Beleidigungen und öffentliche Neugier geschützt werden. Vergeltungsmaßnahmen an ihnen auszuüben ist verboten ... Die Kriegsgefangenen haben Anspruch auf Achtung ihrer Person und ihrer Ehre ... (sie) behalten ihre volle bürgerliche Rechtsfähigkeit ... (und) unterstehen den im Heer des Gewahrsamsstaates geltenden Gesetzen, Vorschriften und Befehlen ... (sie) dürfen bei Verbüßung einer Disziplinarstrafe keiner ungünstigeren Behandlung unterworfen werden, als sie bei gleichem Dienstgrad hinsichtlich derselben Strafen in dem Heer des Gewahrsamsstaates vorgesehen sind. Verboten sind körperliche Strafen jeder Art ... und ... jede Art von Grausamkeit.«[31]

Exner, der Jodl angesichts der heiklen Lage ganz besonders zur Hilfe kommen zu müssen meinte, fragte nach Jodls letzter Antwort richtungweisend: »Daß feindliche Kämpfer, die sich unsoldatisch benommen hatten, nicht als Soldaten behandelt werden, war Ihnen das an sich verständlich?«

Doch Jodl, der schon den völkerrechtswidrigen Kommissarbefehl auf das Gleis der Vergeltungsmaßnahmen hatte abschieben wollen, brauchte diese Hilfe nicht. Seine Antwort: »Das war mir absolut verständlich und nicht nur mir; der Führer hatte nämlich sehr bittere Meldungen. Wir hatten die sämtlichen Befehle der kanadischen Landungsbrigade von Dieppe erbeutet ... In diesen Befehlen war befohlen worden, daß ... deutschen Gefangenen die Hände zu fesseln sind ... nach einiger Zeit bekam ich ... gerichtliche Protokolle und Zeugenaussagen, mit Photographien belegt; daraus ging für mich jedenfalls eindeutig hervor, daß mehrere Leute, die der Organisation Todt angehörten ... unbewaffnet, alte Leute ... so gefesselt worden waren, daß eine Schlinge um ihren Hals war und das Ende des Strickes um die zurückgebogenen Unterschenkel, so daß sie sich selbst erdrosselt hatten. Ich darf dazu sagen, daß ich diese Photographien ... dem Führer verschwiegen habe.[32] Ich habe sie dem deutschen Volke verschwiegen und deshalb dem Propagandaministerium verschwiegen ... Nach einiger Zeit gab es einen Überfall durch einen Kommandotrupp auf der Insel Sercq. Wieder bekamen wir amtliche Protokolle, daß dabei Soldaten gefesselt worden waren ... Und endlich erbeuteten wir die sogenannte englische Nahkampfvorschrift, und diese schlug beim Führer dem Faß den Boden aus ... In ihr war in Abbildungen dargestellt, wie man Menschen fesseln kann, daß sie sich selbst durch die Fesselung töten, und es war genau registriert, in welcher Zeit der Tod eintritt.

Prof. Dr. Exner: Also haben die Begründungen, die Hitler seinem Befehl ... voranstellte, auf verläßlich gemeldeten Tatsachen beruht ...

Jodl: ... Das erste, was der Führer anführt, ist ... ›seit längerer Zeit bedienen sich unsere Gegner in ihrer Kriegführung Methoden, die außerhalb der Internationalen Abmachung von Genf stehen, ... Ich will auf die einzelnen Fälle nicht eingehen. Es war ein unerhörter Vorfall eines englischen Unterseebootes in der Ägäis, es war der Befehl, in Nordafrika deutschen Kriegsgefangenen kein Wasser zu geben, bevor sie vernommen sind; also es waren eine Menge solcher Meldungen ... Ich will nur ... (sagen), daß im allgemeinen die Begründungen, die der Führer für den Befehl gegeben hat, nicht nur einer krankhaften Phantasie entsprungen sind, sondern daß er schon sehr reale Unterlagen dafür hatte, und wir auch. Denn es ist ja ein großer Unterschied, ob auch ich innerlich eine gewisse Berechtigung für diesen Befehl zugeben mußte oder ob ich den ganzen Befehl für einen offenen Skandal hielt. Das ist doch für mein Verhalten sehr wesentlich ...«[33]

Auf Zeugenaussagen und Dokumente gestützt, erklärte Jodl, daß sich die britischen Kommandotrupps nicht selten aus verwegenen Vorbestraften und Verbrechern zusammensetzten, die sich nicht um traditionelle Normen und Regeln soldatischen Verhaltens, nicht um die Genfer Konvention und die Haager Landkriegsordnung kümmerten, was die Anklage in Nürnberg zu unterschlagen versuchte. So erhielt die bei Professor Exner als Sekretärin tätige Frau Jodl von einem im Dokumentarraum als Gehilfe fungierenden Amerikaner, dessen Eltern im KZ umgekommen waren, während des Jodl-Verhörs ein Dokument mit dem Rat zugesteckt, es sich abzuschreiben, da es »morgen ... wohl nicht mehr da« sein werde.[34] Es enthielt Einzelheiten über einen Kommandotrupp, dessen Mitglieder völkerrechtswidrig die Armbinde »Deutsche Wehrmacht« über ihrer Zivilkleidung getragen hatten. Die Mitglieder der Kommandotrupps waren mit Spezialpistolen ausgerüstet, die – unter ihren Achseln angebracht – beim Erheben der Arme (»Hände hoch!«) jeweils einen Schuß auslösten und diejenigen töteten oder töten konnten, die sie festnehmen wollten.

Exner, der das Damoklesschwert aus der für Jodl lebensgefährlichen Nähe entfernen zu können hoffte, fragte Jodl zielstrebig weiter: » ... worin bestand Ihre eigene Beteiligung an diesem Kommandobefehl?«

Jodls Antwort, »Meine persönliche Beteiligung bestand nur darin, daß ich diesen Befehl auf ausdrückliche Anordnung hin verteilt habe oder verteilen ließ«,[35] hatte vor dem IMT, das die Berufung auf höheren Befehl grundsätzlich nicht akzeptierte, im Endergebnis keinen positiven Stellenwert. Die Berufung auf höheren Befehl, während der Kriegsverbrecherprozesse nach dem Ersten Weltkrieg in Leipzig noch eine zugelassene Verteidigungsversion, gab es in Nürnberg nicht. Um den Deutschen, die – anders als die Briten und Nordamerikaner – über ein entsprechendes *Manual of Military Law* nicht verfügten,*

* Neben der Genfer Konvention und der Haager Landkriegsordnung gab es das Militärstrafgesetzbuch (» ... in der Fassung der Verordnung vom 10. Oktober 1940«), das 1943 in Berlin im Verlag Walter de Gruyter erschien. In ihm hieß es in Anlehnung an den Artikel 27 des deutschen Militärgesetzbuches von

die Möglichkeit zu nehmen, die von ihnen begangenen völkerrechtswidrigen und strafrechtlichen Taten als Befehlsausführungen darstellen zu können, wie es die Militärstrafgesetzbücher aller Armeen bis dahin prinzipiell vorsahen, hatten die Amerikaner und Engländer ihre eigenen Militärstrafbücher rechtzeitig geändert. 1944, als ihr Sieg zum Greifen nahe war, die Kriegsverbrecherprozesse in London vorbereitet wurden und viele der belastenden Handlungen bereits begangen worden waren, änderte das britische Kriegsministerium den Paragraphen 443 im *British Manual of Military Law* und das US-Kriegsministerium den Paragraphen 347 in seinem Militärstrafgesetzbuch *Basic Field Manual on Rules of Land Warfare* so, daß die Deutschen und ihre Verbündeten sich bei ihrer Verteidigung auf die Militärstrafbücher ihrer einstigen Feinde nicht zu ihren Gunsten berufen konnten.

Daß diese Paragraphen ausschließlich geändert wurden, um die als Kriegsverbrecher vorgesehenen und anzuklagenden Deutschen möglichst sicher aburteilen zu können und selbst moralisch unbeschadet zu bleiben, beweist auch die Tatsache, daß sowohl die Engländer als auch die Amerikaner die entsprechenden Modifizierungen nach dem Nürnberger Prozeß wieder aufhoben und die alten Paragraphen erneut einsetzten.** Während es im Paragraphen 443 des *British Manual of Military Law* (von 1914) und im Artikel 347 des amerikanischen *Basic Field Manual on Rules of Land Warfare* (von 1917) bis 1944 hieß, daß die Mitglieder der bewaffneten Streitkräfte, die die allgemein anerkannten Vorschriften der Kriegführung verletzten, vom Feind nicht bestraft werden könnten, da ihre Handlungen keine Kriegsverbrechen darstellten, solange sie sich entweder auf ausdrückliche Befehle ihrer Kommandeure oder auf Weisungen ihrer Regierung berufen könnten, sahen sich die britischen und amerikanischen Soldaten seit 1944 plötzlich mit der ihnen völlig neuen Version konfrontiert, daß sie sich künftig nicht mehr der persönlichen Verantwortlichkeit entziehen könnten. Die Tatsache, daß die vage

1872 (der ältesten schriftlich niedergelegten, allgemeinverbindlichen Regelung zur Frage des Befehlsgehorsams) und unter dem Hinweis auf die Tatsache, daß militärische Befehle von der beim Führer liegenden höchsten Kommandogewalt ausgingen und von ihr gedeckt würden, u. a.: »(1) Wird durch die Ausführung eines Befehls in Dienstsachen ein Strafgesetz verletzt, so ist dafür der befehlende Vorgesetzte allein verantwortlich. Es trifft jedoch den gehorchenden Untergebenen die Strafe des Teilnehmers: 1. wenn er den erteilten Befehl überschritten hat, oder 2. wenn ihm bekannt gewesen ist, daß der Befehl des Vorgesetzten eine Handlung betraf, welche ein allgemeines oder militärisches Verbrechen oder Vergehen bezweckte. (2) Ist die Schuld des Untergebenen gering, so kann von seiner Bestrafung abgesehen werden« (§ 47). Das Reichskriegsgericht, das auch nicht rechtmäßige Befehle in Dienstsachen als verbindlich begriff, ging davon aus, daß der einzelne Soldat weder das Recht noch die Pflicht hätte, zu prüfen, ob Befehle seiner Vorgesetzten rechtmäßig, unrechtmäßig oder nur zweckmäßig seien.

** Der Antrag des britischen Flottenadmirals Lord Cork, den ursprünglichen Paragraphen 443 wieder einzusetzen, wurde am 19. 7. 1955 vom Oberhaus zwar mit 21 gegen 18 Stimmen abgelehnt, doch die bald darauf herausgegebene Neufassung enthielt den alten Text.

formulierten neuen amerikanischen Bestimmungen keinen unbedingten Leitsatzcharakter trugen und unbefriedigend waren,* änderte nichts daran. Die deutschen Angeklagten und ihre Verteidiger, die diese zweckgerichteten Maßnahmen während des Prozesses in Nürnberg entdeckten und für sich zu nutzen versuchten, übersahen allerdings geflissentlich, daß auch in den alten Paragraphen 443 und 347 bereits stand, daß der Feind berechtigt sei, die für Verbrechen jeweils verantwortlichen Kommandeure und Behörden zu bestrafen, wenn sie in seine Hände gefallen seien. Zudem hatte Joseph Goebbels im Mai 1944 – allerdings im Hinblick auf die alliierten Bomber-Flieger – öffentlich erklärt: »Es existiert keine internationale Kriegsregel, die bestimmt, daß Soldaten, die ein gemeines Verbrechen begangen haben, der Bestrafung entgehen können, indem sie zu ihrer Verteidigung anführen, daß sie den Befehlen ihrer Vorgesetzten Folge geleistet hätten. Dies gilt besonders dann, wenn solche Befehle allen menschlich-ethischen Grundsätzen und den festen Gepflogenheiten der Kriegführung widersprechen.«[36]

Allerdings: die deutschen Angeklagten waren sich nicht klar darüber, wo für sie selbst die Grenzen lagen. Weder Keitel noch Jodl wußten es. Selbst der im 4. Nürnberger Nachfolgeverfahren[37] nicht nur für die Zerstörung des Warschauer Gettos und damit verbundene »Beseitigung von mehr als 56.000 Juden«[38] persönlich verantwortliche Oswald Pohl, der am 7. Juni 1951 in Landsberg gehenkte einstige Chef des Wirtschafts- und Verwaltungshauptamtes der SS, dem die Verwaltung der Konzentrationslager unterstand, schrieb am 22. Mai 1950 an einen mit ihm seit Jahren befreundeten Arzt: »Daß man mich als hohen SS-Führer nicht ungeschoren lassen würde, hatte ich nie bezweifelt. Ebensowenig aber hatte ich mit einem Todesurteil gerechnet. Es ist ein Racheurteil ...«[39] Hitlers beispiellose Machtfülle und deren diabolische, prinzipiell weltanschaulich begründete und infolge der Machtverhältnisse immer durchsetzbare Handhabung, die erst das IMT tatsächlich offenbarte, hatten selbst einige der konservativsten Militärs zur Modifizierung ihrer moralischen Normen gezwungen. Diese Problematik sprach Franz Exner im Verhör an, als er, von der positiven Einstellung alliierter hoher Militärs für Jodl infolge entsprechender mündlicher und schriftlicher Bekundungen[40] überzeugt, laut Protokoll vom 4. Juni 1946 zu Jodl sagte: »Die Anklagebehörde hat ... einmal mündlich behauptet, Sie hätten auch den (Kommando-) Befehl, einen dieser beiden Befehle ... unterschrieben ...«[41]

Dann entspann sich folgender Disput:

»*Jodl*: ... ich habe nur eine allgemeine Geheimhaltungsverfügung zu diesem Befehl unterschrieben.

* So hieß es dort z. B., daß Personen »bestraft werden können«, die sich gegen das Kriegsrecht vergangen haben, wobei die Tatsache der Befehlsausführung bei der Festlegung des Strafmaßes für die entsprechenden Handlungen berücksichtigt werden könne.

Prof. Dr. Exner: ... Sagen Sie, hätten Sie die Weitergabe des Befehls verweigern können?
Jodl: Nein, wenn ich die Weitergabe eines Befehls vom Führer persönlich verweigert hätte, wäre ich auf der Stelle abgeführt worden, und ... mit Recht. Aber wie gesagt, ich war mir ja gar nicht sicher, ob dieser Befehl, sei es in seiner Gesamtheit wie auch nur in Teilen, wirklich rechtswidrig war, ich weiß es auch heute noch nicht, und ich bin überzeugt, daß, wenn man ein Konzilium von Völkerrechtslehrern hier einberufen würde, wahrscheinlich jeder darüber eine andere Ansicht hätte.«[42]

Die Ratlosigkeit, die Jodl seit 1941 empfand, wenn er von Hitler gezwungen wurde, sich mit Befehlen zu identifizieren und sie weiterzugeben, hat sein Studium der Haager Landkriegsordnung, die nach seinen Angaben stets auf seinem Schreibtisch lag, nicht zu beseitigen vermocht. Im Gegenteil: So heißt es in der HLO vom 18. Oktober 1907 beispielsweise: »Die Gesetze, die Rechte und die Pflichten des Krieges gelten nicht nur für das Heer, sondern auch für die Milizen und Freiwilligen-Korps, wenn sie folgende Bedingungen in sich vereinigen:
1. daß jemand an ihrer Spitze steht, der für seine Untergebenen verantwortlich ist,
2. daß sie ein bestimmtes, aus der Ferne erkennbares Abzeichen tragen,
3. daß sie die Waffen offen führen und
4. daß sie bei ihren Unternehmungen die Gesetze und Gebräuche des Krieges beobachten.

In den Ländern, in denen Milizen oder Freiwilligen-Korps das Heer oder einen Bestandteil des Heeres bilden, sind diese unter der Bezeichnung ›Heer‹ einbegriffen. Die Bevölkerung eines nicht besetzten Gebiets, die beim Herannahen des Feindes aus eigenem Antriebe zu den Waffen greift, um die eindringenden Truppen zu bekämpfen, ohne Zeit gehabt zu haben, sich nach Artikel 1 zu organisieren, wird als kriegführend betrachtet, wenn sie die Waffen offen führt und die Gesetze und Gebräuche des Krieges beobachtet ...

Die bewaffnete Macht der Kriegsparteien kann sich zusammensetzen aus Kombattanten und Nichtkombattanten. Im Falle der Gefangennahme durch den Feind haben die einen wie die anderen Anspruch auf Behandlung als Kriegsgefangene.

... Der Staat ist befugt, die Kriegsgefangenen, mit Ausnahme der Offiziere, nach ihrem Dienstgrad und nach ihren Fähigkeiten als Arbeiter zu verwenden. Diese Arbeiten dürfen nicht übermäßig sein und in keiner Beziehung zu den Kriegsunternehmungen stehen ...

... Die Kriegsgefangenen unterstehen den Gesetzen, Vorschriften und Befehlen, die in dem Heere des Staates gelten, in dessen Gewalt sie sich befinden. Jede Unbotmäßigkeit kann mit der erforderlichen Strenge geahndet werden ...

... Die Kriegführenden haben kein unbeschränktes Recht in der Wahl der Mittel zur Schädigung des Feindes.

... Abgesehen von den durch Sonderverträge aufgestellten Verboten, ist namentlich untersagt:
die Verwendung von Gift oder vergifteten Waffen,
die meuchlerische Tötung oder Verwundung von Angehörigen des feindlichen Volkes oder Heeres,
die Tötung oder Verwundung eines die Waffen streckenden oder wehrlosen Feindes, der sich auf Gnade oder Ungnade ergeben hat,
die Erklärung, daß kein Pardon gegeben wird...
der Gebrauch von Waffen, Geschossen oder Stoffen, die geeignet sind, unnötig Leiden zu verursachen,
der Mißbrauch der Parlamentärflagge, der Nationalflagge oder der militärischen Abzeichen oder der Uniform des Feindes sowie der besonderen Abzeichen des Genfer Abkommens ...«[43]

Daß diese Bestimmungen die britischen Kommandotrupps mindestens ebenso ins Unrecht setzten wie die Gegenmaßnahmen der Deutschen, liegt auf der Hand.

Jodl, der trotz seiner zentralen und maßgeblichen Position in Hitlers unmittelbarster Nähe keine Chance hatte, Hitlers Weisungen tatsächlich und so wirkungsvoll zu blockieren, daß sie zuletzt nur auf dem Papier stünden, mußte am 4. Juni 1946 im Laufe des Verhörs vollends und nach wie vor hilflos offenbaren, wie Hitler mit einem Generaloberst umging, wenn er ihm nicht paßte.

Im Gerichtsprotokoll heißt es:
»*Prof. Dr. Exner*: Herr Generaloberst ... Hätten Sie einige Gegenvorstellungen machen können?
Jodl: Zu anderen Zeiten wahrscheinlich ja. In dieser Zeit, die ja eine Konfliktzeit mit dem Führer war, habe ich ihn ... persönlich gar nicht sprechen können. Während des allgemeinen Lagevortrages (im Beisein anderer Militärs) dieses Problem anzuschneiden war ganz unmöglich. Ich hatte daher die Absicht, bei der Ausführung ... (des Kommandobefehls) eine möglichst weitherzige Praxis zu befolgen, und ich war sicher, daß auch die Oberbefehlshaber das tun würden ...«[44]

Dennoch ist Jodl, sein Leben aufs Spiel setzend, seinem unsicher gewordenen Gewissen gefolgt und hat versucht, im Sinne seines alten, soldatischen Selbstverständnisses auf die Praxis in der Truppe einzuwirken. Auf Exners Frage, was er in dieser Hinsicht getan habe, antwortete er:
»Ich habe verschiedentlich Einfluß (›auf die Praxis der Truppe‹) genommen. Wenn mir gemeldet worden war, daß ein solcher Trupp gefangengenommen wur-

de – was ja eigentlich nach dem Führerbefehl gar nicht geschehen durfte ... habe ich das nicht beanstandet und habe nicht zurückgefragt. Ich habe Kommandounternehmen überhaupt, wenn sie nicht einen großen Sprengerfolg hatten, dem Führer nicht vorgetragen. Und ich habe ihn letzten Endes von manchen zu schroffen Auffassungen abgebracht ...«[45] Und auf die weitergehende Frage seines Verteidigers, ob »viele Trupps niedergemacht worden« seien, erklärte Jodl: »Die Kommandounternehmen sind durch die öffentlichen Ankündigungen im Wehrmachtsbericht sehr stark zurückgegangen. Ich glaube nicht, daß in der Gesamtheit mehr als acht oder zehn Fälle vorkamen. Wenn eine Zeitlang im Wehrmachtsbericht – es handelt sich um die Monate Juli und August 1944 – immer größere Zahlen gemeldet wurden von getöteten Terroristen, so sind das keine Kommandotrupps, sondern es sind die Toten in den Kämpfen mit den Aufständischen in Frankreich.«[46]

Was es in jener Zeit (besonders für einen von Hitler so demonstrativ abgehalfterten Mann wie Jodl) bedeutete, den zunehmend fanatischer, starrsinniger, störrischer und immer rechthaberischer reagierenden, kranken Hypochonder Hitler[47] von bestimmten Entschlüssen abgebracht zu haben, konnte das IMT 1945/46 nicht proportionsgerecht feststellen. So offenbarte sich auf Jodls Rücken in Nürnberg in der Konfrontation Hitler-Jodl ein Teil der tragischen Pervertierung nicht nur der Staatschef-Militär-Beziehungen, sondern auch der traditionellen Rechtsvorstellungen durch Hitler, der die Justiz zur Sicherung der eigenen Macht benutzte und sie von einer Instanz zu einem Organ degradierte, das seine eigenen Handlungen und Maßnahmen nicht kontrollieren durfte. Seine weltanschaulich begründete und weitgehend auch konsequent umgesetzte Vorstellung, daß nur Recht sein dürfe, was dem deutschen Volke und seiner Meinung nütze, das er im Sinne seiner Organismus-Idee biologisch interpretierte, war dem Einflußbereich der Militärs entweder entzogen – oder aber geschickt in die Motivationen der Soldaten integriert. Daß Hitler die Richter als Träger »der völkischen Selbsterhaltung« begriffen und von der Justiz ganz allgemein verlangt hatte, nicht einer höheren Idee von Recht und Gerechtigkeit, sondern der Staatsräson zu dienen,[48] hatte in Nürnberg die Konsequenzen auch durch die moralisch und rechtlich begründeten Absichten einiger Angeklagter nicht nennenswert abzuschwächen vermocht.

Die Anerkennung und juristisch angemessene Einordnung der in der Neuzeit bis dahin beispiellos – und kraß individuell genutzten – Machtfülle Hitlers umging das IMT durch seine revolutionäre Rechtsauffassung. Es machte – vor allem unter Berufung auf den 1942 in den USA entschiedenen Präzedenzfall *ex parte* Quirin fußend – die Angeklagten für ihre auf Befehl ausgeführten Taten jeweils persönlich und unbeschränkt völkerrechtlich unmittelbar verantwortlich.

Den IMT-Delegierten der demokratisch regierten Staaten erschien es – trotz aller ihnen jederzeit zugänglichen Informationen und der in Nürnberg vorhandenen Dokumente, die die meisten Beobachter sprachlos machten – offenbar unvorstellbar, was die Angeklagten unter Berufung auf höheren Befehl, so wenig ihnen dies statutgemäß auch nützte, zu ihrem Schutz und zu ihrer Rechtfertigung vortrugen. Den Sowjets, die unter Josef Stalins Herrschaft mit Methoden, wie Hitler sie anwandte, durchaus vertraut waren, ging es ausschließlich um die Aburteilung der Angeklagten, so daß ihnen völlig egal war, was immer beispielsweise Jodl, Keitel, Fritzsche und Ribbentrop zur »Rechtfertigung« der ihnen zur Last gelegten Delikte anführten.

»Daß das Völkerrecht Einzelpersonen so gut wie Staaten Pflichten und Verbindlichkeiten auferlegt«, heißt es im Urteil des IMT, »ist längst anerkannt worden. Es ist ja gerade der Wesenskern des Statuts, daß Einzelpersonen internationale Pflichten haben, die über die nationalen Verpflichtungen hinausgehen.«[49] Seine überzeugendsten Argumente für diese Version schöpfte das Gericht aus dem bereits erwähnten Präzedenzfall *ex parte* Quirin, den der Oberste Gerichtshof der Vereinigten Staaten 1942 entschieden hatte. Den britischen Kommandotrupps ähnlich, waren deutsche Spezialisten mit U-Booten in den USA gelandet, um dort Sabotageakte zu verüben. Nach ihrer Gefangennahme* beschwerten sie sich, weil sie vor ein amerikanisches Kriegsgericht (*military commission*) gestellt worden waren. Ihr Antrag, ein »*writ of habeas corpus*«, eine Art Haftprüfung, gegen ihre Behandlung zu erwirken, brachte für sie keinen Erfolg. Der Oberste Bundesgerichtshof lehnte eine *Habeas-Corpus*-Verfügung mit der Begründung ab, daß der Kongreß die kriegsrechtliche Regelung sanktioniert habe, so daß die deutschen Angeklagten von Militärgerichten abgeurteilt werden müßten.

In Nürnberg wurde der von dem zu der Zeit bereits verstorbenen US-Richter Stone im Namen des Obersten Gerichtshofes der Vereinigten Staaten 1942 formulierte und im folgenden zitierte Satz aus der Entscheidung im Fall *ex parte* Quirins[50] bekannt: »Vom Anbeginn seines Bestehens an hat dieser Gerichtshof das Kriegsrecht angewendet, da es jenen Teil des Völkerrechts enthält, der für die Kriegführung den Status, die Rechte und die Pflichten sowohl der feindlichen Nationen als auch der feindlichen Einzelpersonen vorschreibt.«[51] Das IMT fügte

* Nachdem das erste deutsche U-Boot heimlich an der amerikanischen Küste gelandet war, rief ein Mann namens Dasch, der früher in den USA gelebt hatte und deshalb für den Sabotageeinsatz ausgewählt worden war, eine Dienststelle des amerikanischen Geheimdienstes an und erklärte den überraschten und skeptischen Beamten, welche Sabotage-Aufträge in den USA erfüllt werden sollten. Nach seiner Verhaftung wurde er zu einer relativ geringen Strafe verurteilt und bald begnadigt. Die amerikanischen Dienststellen brachten ihn nach dem Kriege in einem amerikanischen Hotel als Manager unter. Persönliche Auskunft von Dr. Kempner (8. 3. 1974).

hinzu: »Es gab dann weiter eine Liste solcher durch die Gerichte abgeurteilter Fälle, in denen Einzelpersonen wegen Verletzung des Völkerrechts und insbesondere des Kriegsrechts angeklagt waren. Noch viele andere Autoritäten könnten angeführt werden, doch genug ist bereits gesagt worden, um zu zeigen, daß Einzelpersonen wegen Verletzung des Völkerrechts bestraft werden können.«[52] Am 20. August 1942, rund sechzig Tage vor dem Erlaß des Kommandobefehls, hatte Hitler dem Reichsjustizminister befohlen, vom bestehenden Recht abzuweichen, wenn er, der Führer, es wolle und die bereits in Gang gesetzte »nationalsozialistische Rechtspflege« es erfordere. »Zur Erfüllung der Aufgaben des Großdeutschen Reiches«, hieß es in seiner Weisung, »ist eine starke Rechtspflege erforderlich. Ich beauftrage und ermächtige daher den Reichsminister der Justiz, nach meinen Richtlinien und Weisungen im Einvernehmen mit dem Reichsminister und Chef der Reichskanzlei und dem Leiter der Partei-Kanzlei eine nationalsozialistische Rechtspflege aufzubauen und alle dafür erforderlichen Maßnahmen zu treffen. Er kann hierbei vom bestehenden Recht abweichen.«[53] Die »Endlösung der Judenfrage«, ein Befehl, die Tötungsmaschinerie zu komplettieren, die Weisung an den Reichsjustizminister, das bestehende Recht durch seine Richtlinien zu ersetzen, und der Kommandobefehl hatten seit 1942 zur Folge, daß sich sowohl die Wehrmacht und die SS als auch die zivilen staatlichen Behörden und Parteidienststellen Rechtsverletzungen zuschulden kommen ließen, die ein Gericht, das nicht Hitler unterstand, bestrafen mußte.

Wie engagiert Hitler in dieser Zeit, in der ihn das Kriegsglück bereits verlassen hatte, ein nationalsozialistisches Recht durchzusetzen bemüht war und wie intensiv er sich dabei selbst »einsetzte«, beweist nicht zuletzt die Tatsache, daß er, was er bis dahin konsequent vermieden hatte, sich sogar persönlich und an Ort und Stelle über das Tempo der von ihm befohlenen Mordaktionen informierte. Fünf Tage, bevor er den Justizminister anwies, den Buchstaben des alten Gesetzes nicht mehr grundsätzlich als verbindlich anzusehen, hatte er in einem polnischen Vernichtungslager die Tötungsmaschinerie inspiziert, wobei Heinrich Himmler und der höhere SS-Führer Odilo Globocnik, der nach 1946 behauptete, Göring in Nürnberg das Zyankali für den Selbstmord zugesteckt zu haben, ihn über Einzelheiten unterrichteten. Von der Vorstellung geplagt, bereits am Rande seines Grabes zu stehen und sein »Werk« nicht mehr selbst ans Ende bringen zu können,[54] hatte er ungeduldig moniert, daß die systematisch betriebene Ermordung der nach seiner Ansicht überflüssigen Menschen zu langsam vor sich ginge, und gefordert: »Die ganze Aktion muß schneller, viel schneller durchgeführt werden.«[55]

In Nürnberg kamen Dinge an den Tag, die ohne das IMT möglicherweise niemals aufgedeckt worden wären. Von Hitler befohlene, systematisch organisierte

Mordaktionen unvorstellbaren Ausmaßes wurden ans Licht gebracht. Aber es konnte aus den Aussagen und Dokumenten ebenso auch herausgelesen werden, daß diese Ungeheuerlichkeiten so geheim praktiziert wurden, daß nicht einmal alle Hauptangeklagten mehr als nur eine verschwommene oder völlig falsche Vorstellung von diesen beispiellos getarnten Maßnahmen besaßen. So hatte Hitler seinem von ihm persönlich kaum in Anspruch genommenen Begleitarzt Dr. Karl Brandt und dem Reichsleiter Philip Bouhler am 1. September 1939 befohlen, »unter Verantwortung ... die Befugnis namentlich zu bestimmender Ärzte so zu erweitern, daß nach menschlichem Ermessen unheilbar Kranken bei kritischster Beurteilung ihres Krankheitszustandes der Gnadentod gewährt werden kann.«[56]

Mehr als 50.000 Kranke, Schwachsinnige, Juden, Halbjuden, »jüdisch Versippte« und Ausländer, vor allem Polen und Russen, aber auch alte arbeitsunfähige deutsche »Volksgenossen« und sogar schwerverwundete deutsche Soldaten, die infolge von Fronteinsätzen schwere geistige Defekte davongetragen oder Verwundungen erlitten hatten, die nicht mehr »repariert« werden konnten,[57] wurden infolge dieses Hitler-Befehls von September 1939 bis zum Sommer 1941 in Hadamar, Brandenburg, Grafeneck, Hartheim, Sonnenstein und Bornburg durch den sogenannten Gnadentod[58] umgebracht. Der am 2. Juni 1948 in Landsberg gehenkte Wirtschaftswissenschaftler Viktor Brack, seit 1936 Reichsamtleiter in Bouhlers »Amt II« und schließlich bezeichnenderweise stellvertretender Reichsärzteführer, erklärte am 18. 10. 1946 in Nürnberg: »Letzten Endes bezweckte Hitler mit der Einleitung des Euthanasie-Programms in Deutschland jene Leute auszumerzen, die in Irrenhäusern und ähnlichen Anstalten verwahrt und für das Reich von keinem irgendwelchen Nutzen mehr waren. Diese Leute wurden als nutzlose Esser angesehen, und Hitler war der Ansicht, daß durch die Vernichtung dieser sogenannten nutzlosen Esser die Möglichkeit gegeben wäre, weitere Ärzte, Pfleger, Pflegerinnen und anderes Personal, Krankenbetten und andere Einrichtungen für den Gebrauch der Wehrmacht freizumachen.«[59]

Daß alles dies in Deutschland geschehen konnte, obwohl Hitler seit Beginn seiner politischen Karriere gedroht und prophezeit hat, was er alles tun und veranlassen würde, wenn er eines Tages an die Macht käme, erschwerte den Nürnberger Angeklagten die Verteidigung. Noch heute erscheint es schier unmöglich, zu glauben, daß es unter den Hauptangeklagten jemanden gegeben habe, der von diesen und anderen Ungeheuerlichkeiten keine konkreten Kenntnisse gehabt habe. Und doch ist es so.

Geheime Kommandosache

Chefsache!

Nur durch Offizier!

Oberkommando der Wehrmacht

F.H.Qu., den März 1941

WFSt/ Abt. L (IV/Qu)

44125/41 g.K.Chefs.

5 Ausfertigungen

1.Ausfertigung

Bezug: WFSt/Abt.L (I) Nr. 33408/41 g.K. Chefs. v. 18.12.40

Richtlinien auf Sondergebieten zur Weisung Nr. 21 (Fall Barbarossa)

I. Operationsgebiet und vollziehende Gewalt.

1.) In Ostpreussen und im Generalgouvernement werden spätestens 4 Wochen vor Operationsbeginn durch OKW die innerhalb der Wehrmacht für ein Operationsgebiet gültigen Befehlsbefugnisse und Bestimmungen für die Versorgung in Kraft gesetzt werden. Vorschlag legt OKH zeitgerecht nach Einvernehmen mit Ob.d.L. vor.

Eine Erklärung Ostpreussens und des Generalgouvernements zum Operationsgebiet des Heeres ist nicht beabsichtigt. Dagegen ist der Ob.d.H. auf Grund der nichtveröffentlichten Führererlasse vom 19. und 21. 10. 1939 berechtigt, diejenigen Massnahmen anzuordnen, die zur Durchführung seines militärischen Auftrages und zur Sicherung der

der Truppe notwendig sind. Diese Ermächtigung kann er auf die Oberbefehlshaber der Heeresgruppen und Armeen weiter übertragen. Derartige Anordnungen gehen allen anderen Obliegenheiten und den Weisungen ziviler Stellen vor.

2.) Das im Zuge der Operationen zu besetzende russische Gebiet soll, sobald der Ablauf der Kampfhandlungen es erlaubt, nach besonderen Richtlinien in Staaten mit eigenen Regierungen aufgelöst werden.
Hieraus folgert:

a) Das mit dem Vorgehen des Heeres über die Grenzen des Reiches und der Nachbarstaaten gebildete Operationsgebiet des Heeres ist der Tiefe nach soweit als möglich zu beschränken. Der Ob.d.H. hat die Befugnis, in diesem Gebiet die vollziehende Gewalt auszuüben mit der Ermächtigung, sie auf die Oberbefehlshaber der Heeresgruppen und Armeen zu übertragen.

b) Im Operationsgebiet des Heeres erhält der Reichsführer SS zur Vorbereitung der politischen Verwaltung Sonderaufgaben im Auftrage des Führers, die sich aus dem endgültig auszutragenden Kampf zweier entgegengesetzter politischer Systeme ergeben. Im Rahmen dieser Aufgaben handelt der Reichsführer SS selbständig und in eigener Verantwortung. Im übrigen wird die dem Ob.d.H. und den von ihm bed 600 U

⟨beauftragten Dienststellen übertragene vollziehende Gewalt hierdurch nicht berührt. Der Reichsführer SS sorgt dafür, dass bei Durchführung seiner Aufgaben die Operationen nicht gestört werden. Näheres regelt das OKH mit dem Reichsführer SS unmittelbar.⟩

c) Sobald das Operationsgebiet eine ausreichende Tiefe erreicht hat, wird dieses auf Antrag OKH durch OKW rückwärts begrenzt. Das neubesetzte Gebiet rückwärts des Operationsgebietes erhält eine eigene politische Verwaltung. Es wird entsprechend den volkstumsmässigen Grundlagen und in Anlehnung an die Grenzen der Heeresgruppen zunächst in Nord (Baltikum), Mitte (Weissrussland), und Süd (Urkaine) unterteilt. In diesen Gebieten geht die politische Verwaltung auf Reichskommissare über, die ihre Richtlinien vom Führer empfangen.

3.) Zur Durchführung aller militärischen Aufgaben in den politischen Verwaltungsgebieten rückwärts des Operationsgebietes werden Wehrmachtbefehlshaber eingesetzt, die dem OKW unterstehen.

Der Wehrmachtbefehlshaber ist der oberste Vertreter der Wehrmacht in dem betreffenden Gebiet und übt die militärischen Hoheitsrechte aus. Er hat die Aufgaben eines Territorialbefehlshabers und die Befugnisse eines Armee-Oberbefehlshabers bezw. Kommandierenden Generals.

In dieser Eigenschaft obliegen ihm alle diejenigen Aufgaben, die über den Bereich eines einzelnen Wehrmadhtteils hinausgehen und die gesamte Wehrmacht betreffen, besonders

die militärische Sicherung des gesamten Gebiets, vornehmlich der Flughäfen, Nachschubstrassen und Nachschubeinrichtungen gegen Aufruhr und Sabotage,

Ausnutzung des Landes für die Versorgung der kämpfenden Truppe,

Strassenverkehrsregelung,

Regelung der Unterkunft für Wehrmacht, Polizei und Organisationen.

Gegenüber den zivilen Dienststellen hat der Wehrmachtbefehlshaber das Recht, die Massnahmen anzuordnen, die zur Durchführung der militärischen Aufgaben erforderlich sind. Seine Anordnungen auf diesem Gebiet gehen allen anderen, auch denen der Reichskommissare, vor.

Dienstanweisung, Aufstellungsbefehl und Anweisungen über die Zuteilung der erforderlichen Kräfte folgen gesondert.

Der Zeitpunkt der Befehlsübernahme durch die Wehrmachtbefehlshaber wird auf Vorschlag des OKH entsprechend dem Ablauf der Operationen unabhängig von dem Einsatz der politischen Verwaltung vom OKW gesondert geregelt. Bis dahin verbleibt die Befehlsgewalt nach den für die Wehrmachtbefehlshaber vorstehend niedergelegten Grundsätzen auch in den politischen Verwaltungsgebieten bei den vom OKH hierfür einzusetzenden Dienststellen.

4.) Mit der einheitlichen Leitung der Wirtschaftsverwaltung im Operationsgebiet und in den politischen Verwaltungsgebieten hat der Führer den Reichsmarschall beauftragt, der diese Aufgaben dem Chef des Wi Rü Amtes übertragen hat. Besondere Richtlinien hierzu ergehen vom OKW/ Wi Rü Amt.

5.) Die Masse der Polizeikräfte wird den Reichskommissaren unterstellt. Forderungen auf Unterstellung von Polizeikräften im Operationsgebiet werden vom O.K.H. frühzeitig an OKW/WFSt/ Abt.Landesverteidigung erbeten.

6.) Die Wehrmachtgerichte verfolgen im Operationsgebiet Straftaten von feindlichen Ausländern nur, wenn sie sich unmittelbar gegen die Wehrmacht, ihre Angehörigen oder das Gefolge richten, wenn es möglich ist, den Täter sofort einem Gericht zuzuführen und wenn die Beweislage so klar ist, dass er auf der Stelle abgeurteilt werden kann.

Im Gebiet der politischen Verwaltung verfolgen die Wehrmachtgerichte Straftaten von feindlichen

Ausländern nur, wenn sie sich unmittelbar gegen die Wehrmacht, ihre Angehörigen oder das Gefolge richten und wenn besonders militärische Interessen die Aburteilung durch ein Wehrmachtgericht erfordern, z.B. Spionage, Sabotage gegen Einrichtungen der Wehrmacht, tätliche Angriffe gegen Wehrmachtangehörige. Für Freischärler gilt jedoch auch im Gebiet der politischen Verwaltung die Regelung des Abs. 1.

Straftaten von feindlichen Ausländern, die nach Abs. 1 und 2 nicht vonWehrmachtgerichten verfolgt werden, sind unmittelbar der nächsten Dienststelle des Reichsführers SS zu übergeben.

Für Kriegsgefangene bleibt es bei Straftaten, die sie während der Gefangenschaft begehen, bei der Zuständigkeit der Wehrmachtgerichte.

II. Personen-, Waren- und Nachrichtenverkehr.

7.) Für die vor Beginn der Operationen erforderlichen Massnahmen zur Beschränkung des Personen-, Waren- und Nachrichtenverkehrs nach Russland ergehen durch OKW/WFSt/ Abt.Landesverteidigung besondere Richtlinien.

8.) Mit Beginn der Operationen ist die deutsch-sowjetrussische Grenze, später die rückwärtige Grenze des Operationsgebietes durch den Ob.d.H. für jeden

Oben: Der Ort der Handlung: das Nürnberger Justizgebäude.

Unten: November 1945: Das Gericht legt in einer Geheimsitzung die Verfahrensregeln fest.

Oben: In Nürnberg inhaftierte deutsche Zeugen bei der ihnen aufgezwungenen Arbeit unter militärischer Bewachung auf dem Gefängnishof.

Unten: Eine der Zellen im Nürnberger Gefängnis. Wenn ein Häftling auf dem WC in der Wandnische saß, konnte der Posten durch das Guckloch nur seine Füße sehen, was es Robert Ley möglich machte, sich zu erhängen.

Sir Hartley Shawcross, der britische Hauptankläger, passiert die Kontrolle zum Gerichtssaal. Ihm folgt Sir David Maxwell-Fyfe, der stellvertretende britische Ankläger.

Der russische Hauptankläger Rudenko betritt den Gerichtssaal. Der die Eintretenden kontrollierende amerikanische Soldat trägt, wie alle seine Kameraden in Nürnberg, ganz offensichtlich als Symbol der Unschuld, einen weißen Helm, weiße Handschuhe, weiße Gamaschen und ein weißes Koppel.

Alfred Jodl im Nürnberger Gerichtssaal.

Dönitz-Verteidiger Otto Kranzbühler, ein Star unter den Nürnberger Verteidigern.

Oben: Gilbert im Gespräch mit den Angeklagten (von rechts nach links) Schacht, Fritzsche, Funk, von Neurath und Speer.

Unten: Der amerikanische Gefängnispsychologe Gustav Gilbert vor der Anklagebank, in der Göring (von links nach rechts), Heß, von Ribbentrop, Dönitz (mit Brille) und von Schirach sitzen, die ihn demonstrativ ignorieren. Noch ehe die zum Tode verurteilten Deutschen offiziell erfuhren, daß der Kontrollrat ihre Gnadengesuche abgelehnt hatte, wurde ihnen dies von Gilbert mitgeteilt

John C. Wood, der 1950 auf merkwürdige Weise ums Leben gekommene amerikanische Henker in Nürnberg, um dessen Tätigkeit sich zahlreiche Deutsche und Ausländer bei Jackson bewarben, bei der Vorbereitung für eine Exekution.

Robert M. W. Kempner, der deutsche Jurist in Jacksons Anklägerteam.

Oben: Alliierte Sicherheitsmaßnahmen vor dem Nürnberger Justizgebäude.

Unten: Das IMT. Rechts das Gericht: Woltschkow, Nikitschenko, Birkett, Falco, de Fabre, Parker, Biddle und Lawrence (von oben nach unten). In der Reihe davor sitzen die Gerichtssekretäre, vor ihnen die Stenographen. Am unteren Ende ihres Tisches (eine Person steht davor) befindet sich das Pult für die Ankläger und Verteidiger, gegenüber den Stenographen-Plätzen die 5 Tische für die deutschen Verteidiger. Dahinter sitzen in 2 Bankreihen die Angeklagten. Unten v.l.n.r.: die französischen, russischen, amerikanischen und britischen Ankläger.

Hermann Göring, in Nürnberg 70 Pfund leichter geworden, verläßt den Zeugenstand am 13. März 1946; links neben ihm der amerikanische Gefängnispsychologe Gustav Gilbert

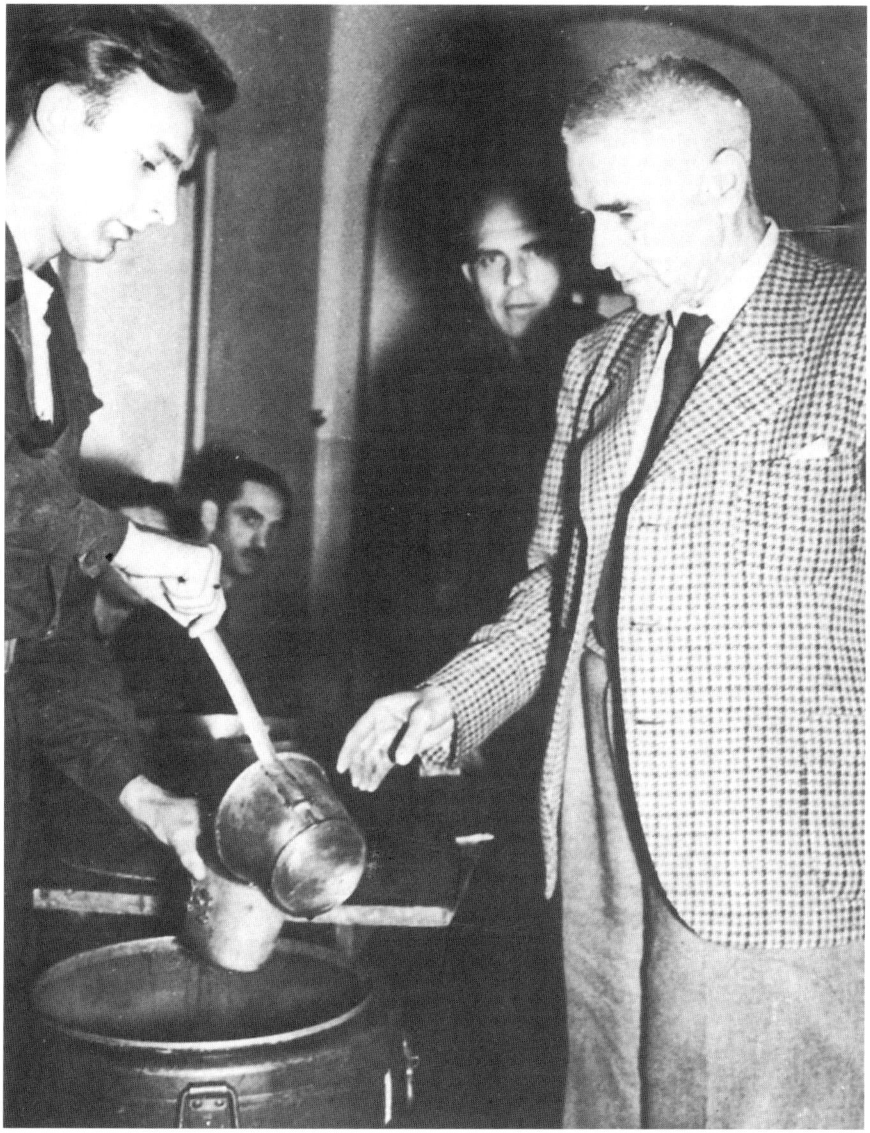

Wilhelm Frick beim Essenempfang im Nürnberger Gefängnis.

Arthur Seyß-Inquart verläßt nach Abschluß einer Verhandlung den Gerichtssaal.

Hans Frank auf dem Weg zu seiner Gefängniszelle.

Oben links: Fritz Sauckel in seiner Gefängniszelle.
Oben rechts: Alfred Rosenberg in seiner Nürnberger Gefängniszelle.
Unten links: Julius Streicher während einer Verhandlungspause in der Anklagebank.
Unten rechts: Ernst Kaltenbrunner während einer Verhandlung des IMT.

Wilhelm Keitel verläßt den Gerichtssaal und begibt sich in seine Gefängniszelle.

nichtmilitärischen Personen-, Waren- und Nachrichtenverkehr mit Ausnahme der vom Reichsführer SS nach Weisung des Führers einzusetzenden Polizeiorgane zu sperren. Unterkunft und Versorgung dieser Organe regelt OKH - Gen.Qu., der hierzu bei Reichsführer SS die Abstellung von Verbindungsoffizieren anfordern kann.

Die Grenzsperre erstreckt sich auch auf leitende Persönlichkeiten und Beauftragte der Obersten Reichsbehörden und Dienststellen der Partei. OKW/WFSt/ Abt. Landesverteidigung wird die Obersten Reichsbehörden und Parteidienststellen dementsprechend benachrichtigen. Ueber Ausnahmen von dieser Grenzsperre entscheiden der Ob.d.H. und die von ihm beauftragten Dienststellen.

Von den für die Polizeiorgane des Reichsführers SS nötigen Sonderregelungen abgesehen, sind Anträge auf Einreisegenehmigungen ausschliesslich an den Ob.d.H. zu leiten.

III. Richtlinien für Rumänien, Slowakei, Ungarn und Finnland.

9.) Die erforderlichen Vereinbarungen mit diesen Staaten werden entsprechend den Anträgen der Oberkommandos vom OKW in Verbindung mit dem Auswärtigen Amt getroffen. Soweit darüber hinaus im weiteren Verlauf der Operationen besondere Rechte sich als notwendig erweisen sollten, sind sie beim OKW zu beantragen.

Di 600/8

10.) Polizeiliche Massnahmen zum unmittelbaren Schutz der Truppe sind, unabhängig von der Uebertragung besonderer Rechte zulässig.

Weitere Anordnungen hierüber ergehen später.

11.) Besondere Anordnungen für den Bereich dieser Staaten über:

Beschaffung von Verpflegung und Futtermitteln,
Unterkunft und Gerät,
Ankauf und Warenversand,
Geldversorgung und Zahlungsregelung,
Besoldung,
Schadensersatzansprüche,
Post- und Telegrafenwesen,
Verkehrswesen,
Gerichtsbarkeit,

folgen später.

Wünsche der Wehrmachtteile und Dienststellen des OKW auf diesen Gebieten an die Regierungen dieser Länder sind dem OKW/WFSt/ Abt.Landesverteidigung bis zum anzumelden.

IV. Richtlinien für Schweden.

12.) Da Schweden lediglich Durchmarschgebiet werden kann, sind für den Befehlshaber der deutschen Truppen keine besonderen Befugnisse vorgesehen. Er ist jedoch berechtigt und verh 600/y

-- 9 --

verpflichtet, den unmittelbaren Schutz der Eisenbahntransporte gegen Sabotageakte und Angriffe sicher zu stellen.

Der Chef des Oberkommandos der Wehrmacht

<u>Verteiler:</u>

Ob.d.H.	1. Ausfertigung
Ob.d.M.	2. "
R.d.L. u.Ob.d.L.	3. "
W.F.St.	4. "
Abt. L	5. "

Trotz des deutsch-sowjetischen Nichtangriffspaktes von August 1939 und des beiderseitigen, durch Geheimvereinbarungen geregelten Angriffes auf Polen im September 1939, bereitete Hitler nachweislich bereits im Sommer 1940 einen Angriffskrieg auf die Sowjetunion vor. Vgl. dazu das Manuskript S. 206 ff. Die hier zitierten »Richtlinien auf Sondergebieten zur Weisung Nr. 21 (Fall Barbarossa)« mit dem Briefkopf »Oberkommando der Wehrmacht« und Führerhauptquartier stammen von März 1941 (ohne Tagesdatum).

Geheime Kommandosache

Anlage zu 32/41 g.Kdos.Chefs. WR. 1. Ausf.

Chefsache.

Der Führer
und Oberste Befehlshaber
der Wehrmacht.

Führerhauptquartier, den 13. Mai 1941.

10/5

Erlaß
über die Ausübung der Kriegsgerichtsbarkeit im Gebiet "Barbarossa"
und über besondere Maßnahmen der Truppe.

Die Wehrmachtgerichtsbarkeit dient in erster Linie der Erhaltung der Mannszucht.

Die weite Ausdehnung der Operationsräume im Osten, die Form der dadurch gebotenen Kampfesführung und die Besonderheit des Gegners stellen die Wehrmachtgerichte vor Aufgaben, die sie während des Verlaufs der Kampfhandlungen und bis zur ersten Befriedung des eroberten Gebietes bei ihrem geringen Personalbestand nur zu lösen vermögen, wenn sich die Gerichtsbarkeit zunächst auf ihre Hauptaufgabe beschränkt.

Das ist nur möglich, wenn die Truppe selbst sich gegen jede Bedrohung durch die feindliche Zivilbevölkerung schonungslos zur Wehr setzt.

Demgemäß wird für den Raum "Barbarossa" (Operationsgebiet, rückwärtiges Heeresgebiet und Gebiet der politischen Verwaltung) folgendes bestimmt:

I.

Behandlung von Straftaten feindlicher Zivilpersonen

1. Straftaten feindlicher Zivilpersonen sind der Zuständigkeit der Kriegsgerichte und der Standgerichte bis auf weiteres entzogen.

2. Freischärler sind durch die Truppe im Kampf oder auf der Flucht schonungslos zu erledigen.

3. Auch alle anderen Angriffe feindlicher Zivilpersonen gegen die Wehrmacht, ihre Angehörigen und das Gefolge sind von der Truppe auf der Stelle mit den äußersten Mitteln bis zur Vernichtung des Angreifers niederzukämpfen.

4. Wo Maßnahmen dieser Art versäumt wurden oder zunächst nicht möglich waren, werden tatverdächtige Elemente sogleich einem Offizier vorgeführt. Dieser entscheidet, ob sie zu erschießen sind.

Gegen Ortschaften, aus denen die Wehrmacht hinterlistig oder heimtückisch angegriffen wurde, werden unverzüglich auf

Anordnung eines Offiziers in der Dienststellung mindestens eines Bataillons- usw.-Kommandeurs kollektive Gewaltmaßnahmen durchgeführt, wenn die Umstände eine rasche Feststellung einzelner Täter nicht gestatten.

5. Es wird ausdrücklich verboten, verdächtige Täter zu verwahren, um sie bei Wiedereinführung der Gerichtsbarkeit über Landeseinwohner an die Gerichte abzugeben.

6. Die Oberbefehlshaber der Heeresgruppen können im Einvernehmen mit den zuständigen Befehlshabern der Luftwaffe und der Kriegsmarine die Wehrmachtgerichtsbarkeit über Zivilpersonen dort wieder einführen, wo das Gebiet ausreichend befriedet ist.

Für das Gebiet der politischen Verwaltung ergeht diese Anordnung durch den Chef des Oberkommandos der Wehrmacht. ~~die Oberbefehlshaber des Heeres im Einvernehmen mit den Oberbefehlshabern der anderen Wehrmachtteile~~.

II.

Behandlung der Straftaten von Angehörigen der Wehrmacht und des Gefolges gegen Landeseinwohner

1. Für Handlungen, die Angehörige der Wehrmacht und des Gefolges gegen feindliche Zivilpersonen begehen, besteht kein Verfolgungszwang, auch dann nicht, wenn die Tat zugleich ein militärisches Verbrechen oder Vergehen ist.

2. Bei der Beurteilung solcher Taten ist in jeder Verfahrenslage zu berücksichtigen, daß der Zusammenbruch im Jahre 1918, die spätere Leidenszeit des deutschen Volkes und der Kampf gegen den Nationalsozialismus mit den zahllosen Blutopfern der Bewegung entscheidend auf bolschewistischen Einfluß zurückzuführen war und daß kein Deutscher dies vergessen hat.

3. Der Gerichtsherr prüft daher, ob in solchen Fällen eine disziplinare Ahndung angezeigt oder ob ein gerichtliches Einschreiten notwendig ist. Der Gerichtsherr ordnet die Verfolgung von Taten gegen Landeseinwohner im kriegsgerichtlichen Verfahren nur dann an, wenn es die Aufrechterhaltung der Manneszucht oder die Sicherung der Truppe erfordert. Das gilt z.B. für schwere Taten, die auf geschlechtlicher Hemmungslosigkeit beruhen, einer verbrecherischen Veranlagung entspringen oder ein Anzeichen dafür sind, daß die Truppe zu verwildern droht. Nicht milder sind in der Regel zu beurteilen Straftaten, durch die sinnlos Unterkünfte sowie Vorräte oder anderes Beutegut zum Nachteil der eigenen Truppe vernichtet wurden.

Die Anordnung des Ermittlungsverfahrens bedarf in jedem einzelnen Fall der Unterschrift des Gerichtsherrn.

4. Bei der Beurteilung der Glaubwürdigkeit von Aussagen feindlicher Zivilpersonen ist äußerste Vorsicht geboten.

III.

Verantwortung der Truppenbefehlshaber

Die Truppenbefehlshaber sind im Rahmen ihrer Zuständigkeit persönlich dafür verantwortlich

1. daß sämtliche Offiziere der ihnen unterstellten Einheiten über die Grundsätze zu I rechtzeitig in der eindringlichsten Form belehrt werden,
2. daß ihre Rechtsberater von diesen Weisungen und von den mündlichen Mitteilungen, in denen den Oberbefehlshabern die politischen Absichten der Führung erläutert worden sind, rechtzeitig Kenntnis erhalten,
3. daß nur solche Urteile bestätigt werden, die den politischen Absichten der Führung entsprechen.

IV.

Geheimschutz

Mit der Enttarnung genießt dieser Erlaß nur noch Geheimschutz als Geheime Kommandosache.

Im Auftrage
Der Chef des Oberkommandos der Wehrmacht

Keitel.

Anm: Eine Weitergabe soll möglichst nicht vor dem 1.6.41 erfolgen

F. 1.4.

Handschriftliche Zusätze, Unterschriften und Paraphen: rechts oben »J« = Jodl (10/5); handschriftlicher Text »und über besondere Maßnahmen in Truppe« unter dem Erlaß-Titel und die Randnotiz auf der nächsten Seite stammen von Dr. Lehmann, dem Chef der Wehrmacht-Rechtsabteilung des OKW. Die Schlußbemerkung »Eine Weitergabe soll möglichst nicht vor dem 1. 6. 41 erfolgen«, setzte wahrscheinlich Keitel hinzu, der auch den Erlaß unterschrieben hat.

vorgelegt 31/12.42. H.

Der Reichsführer-SS

Feld-Kommandostelle
den 20. Dezember 1942

Betr.: Meldungen an den Führer über
Bandenbekämpfung.

Meldung Nr. 51

Russland-Süd, Ukraine, Bialystok.

Bandenbekämpfungserfolge vom 1.9. bis 1.12.1942

1.) Banditen:

a) festgestellte Tote nach Gefechten (x)

	August:	September:	Oktober:	November:	insgesamt:
a) festgestellte Tote nach Gefechten (x)	227	381	427	302	1337
b) Gefangene sofort exekutiert	125	282	87	243	737
c) Gefangene nach längerer eingehender Vernehmung exekutiert	2100	1400	1596	2731	7828

2.) Bandenhelfer und Bandenverdächtige:

a) festgenommen	1343	3078	8337	3795	16553
b) exekutiert	1198	3020	6333	3706	14257
c) Juden exekutiert	31246	165282	95735	70948	363211

3.) Überläufer a.G. deutscher Propaganda:

21	14	42	63	140

(x) Da der Russe seine Gefallenen verschleppt bzw. sofort verscharrt, sind die Verlustzahlen auch nach Gefangenenaussagen erheblich höher zu bewerten.

-2-

Erfolgsmeldung Heinrich Himmlers an den Führer. 363.211 Juden in 4 Monaten in Südrußland exekutiert. Meldung des Reichsführers SS vom 20. 12. 1942 an Hitler über Erfolge in der Bandenbekämpfung. Dok.: US-Document-Center, Berlin.

4.) Waffen erbeutet bzw. vernichtet:

	August:	September:	Oktober:	November:	Insgesamt:
a) schw. Granatwerfer, Geschütze usw.:	8	10	21	16	55
b) automatische Waffen:	33	51	53	37	174
c) sonst. Handfeuerwaffen:	482	654	560	207	1903

5.) Munition:

a) verschiedener Art	524467	531403	551612	9165	1616647
b) Handgranaten	1049	1296	1225	1181	4751
c) Minen	20	21	46	216	303
d) Sprengstoff kg	2	235	570	409	1216

6.) Funkgeräte (erbeutet bzw. vernichtet):

	6	2	3	5	16

7.) Erbeutetes Vieh u. Gerät:

a) Vieh, Rinder	3442	
Schweine	2069	
Schafe	2930	
Pferde	486	
Kälber	65	
b) Getreide	1600	Ztr.

-3-

c) Leinsamen — 40 Ztr.

d) Gerät — 1 Bestecckasten, chirurgisch
2 Rundfunkgeräte
2 Fahrräder
12 Futtermaschinen
200 Ackergeräte (Spaten, Schaufeln, Sägen)

8.) Gefechte:

August:	September:	Oktober:	November:	insgesamt:
83	106	108	150	447

9.) Bandenlager vernichtet:

15	24	143	103	285

10.) Dörfer und Ortschaften:

a) durchsucht bzw. durchkämmt

223	481	625	387	1716

b) niedergebrannt bezw. vernichtet

35	12	20	92	159

11.) Einzelgehöfte:

a) durchsucht

1026	1040	1376	386	3828

b) niedergebrannt

257	621	312	788	1978

12.) Eigene Verluste:

1. H, Ord.-u. Sich. Pol.

a) gefallen

43	16	24	91	174

b) verwundet

16	6	16	95	132

c) vermisst

2	3	3	5	13

2. Schutzmannschaft

	August:	September:	Oktober:	November:	insgesamt:
a) gefallen:	67	67	58	93	285
b) verwundet:	34	33	17	43	127
c) vermisst:	16	10	39	68	133
13.) Überfälle:	153	171	168	191	683
14.) Vernichtete Werte:					
a) Staats- u. sonst.Güter:	18	64	21	10	113
b) Sägew.u.Förstereien	9	7	6	8	30
c) Industrieanlagen	6	13	11	5	35
d) sonst. Werte	18	57	15	20	110
15.) Sabotageakte:					
a) Eisenbahnen	44	59	86	73	262
b) Brücken	15	8	9	22	54
c) Fernmeldeanlagen	11	13	12	18	54
d) sonstige	8	15	9	8	40

H. Himmler.

Der Chef
des Oberkommandos der Wehrmacht
Nr. 004870/42 g.Kdos. WFSt/Op(H)

Ia 1388/42. g.Kdos

F.H.Qu.,den 16.12.42.

Betr.: Bandenbekämpfung.

31 Ausfertigungen
14.Ausfertigung

GEHEIME KOMMANDOSACHE !

Dem Führer liegen Meldungen vor, dass einzelne in der Bandenbekämpfung eingesetzte Angehörige der Wehrmacht wegen ihres Verhaltens im Kampf nachträglich zur Rechenschaft gezogen worden sind.

Der Führer hat hierzu befohlen:

1.) Der Feind setzt im Bandenkampf fanatische, kommunistisch geschulte Kämpfer ein, die vor keiner Gewalttat zurückschrecken. Es geht hier mehr denn je um Sein oder Nichtsein. Mit soldatischer Ritterlichkeit oder mit den Vereinbarungen in der Genfer Konvention hat dieser Kampf nichts mehr zu tun.

Wenn dieser Kampf gegen die Banden sowohl im Osten wie auf dem Balkan nicht mit den allerbrutalsten Mitteln geführt wird, so reichen in absehbarer Zeit die verfügbaren Kräfte nicht mehr aus, um dieser Pest Herr zu werden.

Die Truppe ist daher berechtigt und verpflichtet, in diesem Kampf ohne Einschränkung auch gegen Frauen und Kinder jedes Mittel anzuwenden, wenn es nur zum Erfolg führt.

Rücksichten, gleich welcher Art, sind ein Verbrechen gegen das deutsche Volk und den Soldaten an der Front, der die Folgen der Bandenanschläge zu tragen hat und keinerlei Verständnis für irgendwelche Schonung der Banden oder ihrer Mitläufer haben kann.

Diese Grundsätze müssen auch die Anwendung der "Kampfanweisung für die Bandenbekämpfung im Osten" beherrschen.

2.) Kein in der Bandenbekämpfung angesetzter Deutscher darf wegen seines Verhaltens im Kampf gegen die Banden und ihre Mitläufer disziplinarisch oder kriegsgerichtlich zur Rechenschaft gezogen werden.

Die Befehlshaber der im Bandenkampf eingesetzten Truppen sind dafür verantwortlich, dass

sämtliche Offiziere der ihnen unterstellten Einheiten über diesen Befehl umgehend in der eindringlichsten Form belehrt werden,
ihre Rechtsberater von diesem Befehl sofort Kenntnis erhalten,
keine Urteile bestätigt werden, die diesem Befehl widersprechen.

gez. K e i t e l

Fernschreiben.

Pg. Friedrichs an Reichsleiter Bormann, Führerhauptquartier.

Ich muss zu Ihrem mir übersandten Briefentwurf an Generalfeldmarschall K e i t e l folgendes bemerken:

1.) Durch den Briefentwurf würde m.E. an der bisher geltenden Regelung nichts geändert werden. Schon jetzt legt der Führer fest, welche Kontingente die wichtigsten Bedarfsträger wie Rüstung, Reichsbahn und Reichspost, jeweils aufzubringen haben. Die Erfahrung hat nun gelehrt, dass die vom Führer nach Anhören der Zentralstellen, also z.B. des Reichsministers Speer, festgelegten Kontingente praktisch nie voll aufgebracht wurden, weil die unteren Instanzen der grossen Bedarfsträger sich gegen die ihnen von ihren eigenen Zentralstellen auferlegten Quoten sperrten.

2.) Generalfeldmarschall Keitel will durch die vorgeschlagenen Gaukommissionen die Wehrmacht dagegen sichern, dass Kontingente, die der Führer nach Anhören von Speer, Ganzenmüller und Ohnesorge festgelegt hat, durch untergeordnete Organe nachträglich wieder durchlöchert werden. Wenn Sie als Leiter der Partei-Kanzlei dem OKW. beispielsweise zugesagt haben, dass Sie 2000 Mann abgeben, dann ist so oder so von der Partei diese Zusage eingehalten worden. Bei der Rüstung z.B. hat sich die Angelegenheit dagegen jeweils etwa folgendermassen abgespielt: Reichsminister Speer erklärte dem Führer z.B., ich gebe 120 000 Mann der und der Jahrgänge ab. Dann legte Speer diese Zahl auf die einzelnen Rüstungskommandos um, die ihrerseits eine entsprechende Aufschlüsselung auf die Betriebe vornahmen. Diese erklärten dann, sie könnten das ihnen auferlegte Soll nicht aufbringen, woraufhin sich die Rüstungskommandos nicht die Mühe machten, in ihrem Bereich an anderer Stelle die fehlende Zahl aufzubringen, sondern einfach dem Rüstungsministerium, das sich dann dieser Auffassung anschloss, mitteilten, es könne statt der auferlegten Zahl nur die und die viel niedrigere aufgebracht werden. Dasselbe Rüstungsministerium, das vorher dem Führer eine bestimmte Abgabe an die Wehrmacht versprochen hatte, gab sich also nachher nicht die entsprechende Mühe, diese Zahl auch einzuhalten. Auf diese Weise erbrachte z.B. das bekannte 800 000 Mann-Programm nur etwas mehr als 600 000.

3.) Generalfeldmarschall Keitel will also durch Bestimmung der Gauleiter und Reichsverteidigungskommissare zu Vorsitzern sogenannter Gaukommissionen nicht etwa die Partei dazu zwingen, gegenüber Speer, Ganzenmüller und Ohneosrge höhere Kontingente herauszuschlagen, sondern nur sicherstellen, dass die von Speer festgelegten Zahlen tatsächlich aufgebracht werden, wobei ein Eingriff in die Aufgaben und inneren Verhältnisse der grossen Bedarfsträger und ihrer nachgeordneten Stellen gar nicht stattfindet. Zweifellos bedeutet die Übernahme einer derartigen Aufgabe durch die Gauleiter und Reichsverteidigungskommissare eine starke Belastung für diese. Ich bin aber der Auffassung, dass die Gauleiter diese Belastung sehr gern auf sich nehmen, weil sie mit dieser Aufgabe sicherstellen, dass die Front den genügenden jungen Ersatz erhält und weil sie stimmungsmässige Belastungen, die sich in der Bevölkerung aus der teilweise seltsamen Handhabung der Uk.-Stellungen ergeben, zur Sprache bringen und nunmehr zum grossen Teil aus eigener Kraft bereinigen können.

4.) Wenn die Gauleiter Vorsitzende der Gaukommissionen werden sollten, dann müsste ihnen allerdings auch ein Mitbestimmungsrecht über die Verwendung der freigestellten Kräfte durch die Wehrmacht zugebilligt werden. Sie könnten z.B. fordern, dass ein guter Erfinder, der Gefangene bewacht, im Austausch zur Entlassung gebracht wird.

5.) Pg. Dr. Klopfer befindet sich zur Zeit auf Dienstreise. Pg. Dr. Hillebracht als zuständiger Sachbearbeiter von III hat mich gebeten, Ihnen mitzuteilen, dass er meine Auffassung nicht teilt, sondern mit Ihrem Briefentwurf

-3-

einverstanden ist.

6.) Ich bitte um Entscheidung, ob auf Grund dieser Stellungnahme ein Briefentwurf vorgelegt werden soll. Wenn ja, dann wäre ich dankbar, wenn mir die Unterlagen - u.a. Brief Keitels,- ~~derxsichxbeixIhnenxbefindetxxzugeleitetx werdenxwürdenx~~ die sich bei Ihnen befinden, zugeleitet werden würden.

Heil Hitler!

gez. Friedrichs

29.6.44.

Schwierigkeiten in der Kriegswirtschaft. Fernschreiben vom 21. 6. 1944 an den im Führerhauptquartier weilenden Martin Bormann. Es wird bemängelt, daß die dem Führer zugesicherten Kontingente nicht aufgebracht werden. Albert Speers Maßnahmen werden als Beispiel dafür angeführt, wie die ursprünglichen Zusicherungen im Laufe der Zeit umgangen werden. Dok.: US-Document-Center, Berlin.

XVII/4

Der Reichsführer-SS Feld-Kommandostelle, 9.4.193

Tgb.Nr. 1573/43
RF/V.

Geheime Reichssache !

3 Ausfertigungen
3. Ausfertigung

An den
Chef der Sicherheitspolizei und des SD.
Berlin

Ich habe den statistischen Bericht des Inspekteurs für Statistik über die Endlösung der Judenfrage erhalten.

Ich halte diesen Bericht als allenfallsiges Material für spätere Zeiten, und zwar zu Tarnungszwecken für recht gut. Im Augenblick darf er weder veröffentlicht noch weitergegeben werden.

Das Wichtigste ist mir nach wie vor, daß jetzt an Juden nach dem Osten abgefahren wird, was überhaupt nur menschenmöglich ist. In den kurzen Monatsmeldungen der Sicherheitspolizei will ich lediglich mitgeteilt bekommen, was monatlich abgefahren worden ist und was zu diesem Zeitpunkt noch an Juden übrig blieb.

HH

Dokumente für Tarnungszwecke für spätere Zeiten. Von Heinrich Himmler paraphierter Brief vom 9. 4. 1943 an den Chef der Sicherheitspolizei und des SD, in dem Himmler bestätigt, den statistischen Bericht des Inspekteurs für Statistik über die Endlösung der Judenfrage erhalten zu haben. Er verbietet die Veröffentlichung und erklärt u.a., daß er ihn für spätere Zeiten für Tarnungszwecke »für recht gut« halte. Dok.: US-Document-Center, Berlin.

Der Führer F.H.Qu., den 30.7.44.

OKW/WFSt/Qu.2/Verw.1 Nr. 009169/44 g.K.

Geheime Kommandosache

Betr.: Bekämpfung von Terroristen und Saboteuren in den besetzten Gebieten; Gerichtsbarkeit.

Die ständig zunehmenden Terror- und Sabotageakte in den besetzten Gebieten, die mehr und mehr von einheitlich geführten Banden begangen werden, zwingen zu schärfsten Gegenmassnahmen, die der Härte des uns aufgezwungenen Krieges entsprechen. Wer uns im entscheidenden Stadium unseres Daseinskampfes in den Rücken fällt, verdient keine Rücksicht.

Ich befehle daher:

1. Alle Gewalttaten nichtdeutscher Zivilpersonen in den besetzten Gebieten gegen die Deutsche Wehrmacht, SS und Polizei und gegen Einrichtungen, die deren Zwecken dienen, sind als Terror- und Sabotageakte folgendermassen zu bekämpfen:

1.) Die Truppe und jeder einzelne Angehörige der Wehrmacht, SS und Polizei haben

- 2 -

Folge des Stauffenberg-Attentats vom 20. Juli 1944? Von Hitler persönlich unterschriebener Befehl vom 30. 7. 1944, in dem es im Gegensatz zu den weitaus meisten Weisungen und Befehlen heißt, daß Kinder in den besetzten Gebieten nach der Niederkämpfung von Terroristen und Saboteuren zu schonen sind. Dok.: Privatbesitz.

Terroristen und Saboteure, die sie auf frischer Tat antreffen, sofort an Ort und Stelle niederzukämpfen.

2.) Wer später ergriffen wird, ist der nächsten örtlichen Dienststelle der Sicherheitspolizei und des SD zu übergeben.

3.) Mitläufer, besonders Frauen, die nicht unmittelbar an Kampfhandlungen teilnehmen, sind zur Arbeit einzusetzen. Kinder sind zu schonen.

II. Die erforderlichen Durchführungsbestimmungen erlässt der Chef des Oberkommandos der Wehrmacht. Er ist zu Änderungen und Ergänzungen befugt, soweit ein Bedürfnis der Kriegführung es gebietet.

z. meinen Akten.

N i e d e r s c h r i f t

Ich hatte am Montag, den 15.1.1945, mit dem Präsidenten Dr. Jean Marie M u s y in Wildbad eine Zusammenkunft. Er sprach mich offenkundig im Auftrag der Amerikaner darauf an, ob man nicht in der Judenfrage eine grosszugige Lösung finden könne. Er selbst bot sich dafur an.

Über meine Mitteilung, dass im Auftrage der ~~Schweizer~~ Joint ein Jude Sally M e i e r in der Schweiz einen Beauftragten von mir, ℌ-Obersturmbannführer B e c h e r , mit einem Amerikaner Mac ~~C~~ L a l l a n d zusammengebracht hatte, war er sehr überrascht. Nach längerem Gespräch verblieben wir bei folgenden Punkten:

1.) Er will einmal feststellen, welchen Auftrag hat Sally Meier und wer ist derjenige, mit dem die amerikanische Regierung wirklich in Verbindung ist. Ist es ein Rabbiner-Jude oder ist es die Jioint?

2.) Ich habe ihm erneut meinen Standpunkt präzisiert. Die Juden sind bei uns in Arbeit eingesetzt, selbstverständlich auch in schweren Arbeiten wie Strassenbau, Kanalbau, Bergwerksbetrieben und haben dabei eine hohe Sterblichkeit. Seitdem die Besprechungen über eine Verbesserung des Loses der Juden laufen, sind sie in normalen Arbeiten eingesetzt, müssen jedoch selbstverständlich wie jeder Deutsche in der Rüstung arbeiten. Unser Standpunkt in der Judenfrage ist: Es interessiert uns in keiner Weise, was Amerika und England für eine Stellung zu den Juden einnehmen. Klar ist lediglich, dass wir sie in Deutschland und im deutschen Lebensbereich aus den jahrzehntelangen Erfahrungen aus dem Weltkrieg nicht haben wollen und uns hier auf keinerlei Diskussion einlassen. Wenn Amerika sie nehmen will, begrüssen wir das. Ausgeschlossen muss sein und dafür muss Garantie gegeben werden, dass Juden, die wir über die Schweiz herauslassen, niemals nach Palästina abgeschoben werden. Wir wissen, dass die Araber die Juden ebenso

- 2 -

ablehnen wie wir Deutschen es tun und geben uns zu einer solchen Unanständigkeit, diesem armen, von den Juden gequälten Volke neue Juden hinzuschicken, nicht her.

3.) Wirtschaftlich stellen wir uns auf den Standpunkt wie Amerika es tut. Genau so wie jeder Einwanderer in die Vereinigten Staaten tausend Dollar erlegen muss, muss jeder Auswanderer aus dem deutschen Machtbereich ebenfalls 1.000 Dollar erlegen. Geld auch in Devisen interessiert uns nicht. Wir wunschen, dass für das in der Schweiz zu erlegende Geld eine den Gesetzen der Neutralitat entsprechende Warenlieferung erfolgt, da uns das Geld als solches nicht interessiert und zwar interessieren uns auch die angebotenen Arzneimittel wie Cibasol nicht, da wir das selbst herstellen. Für uns interessant habe ich angegeben Traktoren, Lastautos und Werkzeugmaschinen.

Präsident M u s y machte sich sofort wieder auf die Reise und wollte baldigst zuruckkommen. Er betonte immer wieder, dass diese Judenfrage selbst geradezu eine Nebensache wäre, denn die Hauptsache wäre, dass dadurch eine grössere Entwicklung eingeleitet werden könnte.

18.1.1945
RF/Bn.

H. Himmler.

Traktoren und Lastautos als Entgelt für die Freilassung von Juden. Aktennotiz von Heinrich Himmler vom 18. 1. 1945 über eine Besprechung mit Jean Marie Musy über den Austausch von Juden gegen Traktoren, Lastautos und Werkzeugmaschinen. Dok.: US-Document-Center, Berlin.

Grenzen der Verantwortung

Speer, Ribbentrop, Streicher, Frick, Kaltenbrunner, Sauckel, Frank, Rosenberg, Seyß-Inquart

Dr. Flächsner, der Albert Speer am 19. Juni 1946 zu verhören begann und seinen Fragenkatalog auf die beiden Hauptkomplexe persönliche Verantwortung und politische Seite des Falles beschränkte, ließ Speer seinen »Werdegang bis zur Ernennung zum Minister«[1] schildern. Speer, gut aussehend, leger diszipliniert und auf viele Prozeßteilnehmer ausgesprochen sympathisch wirkend, erzählte, was vom russischen Hilfsankläger Raginsky am 21. Juni 1946 im Kreuzverhör nicht ohne Grund – und mit einem Seitenhieb auf »Herrn Justice Jackson«[2] versehen – als stilisierte Darstellung* charakterisiert wurde.

»Ich wurde«, berichtete Speer, »am 19. März 1905 geboren. Mein Großvater und mein Vater waren erfolgreiche Architekten. Ich wollte zunächst Mathematik und Physik studieren und ging in den Beruf des Architekten mehr aus Tradition als aus Neigung. Ich besuchte die Hochschulen in München und Berlin und war mit 24 Jahren im Jahre 1929 erster Assistent an der Technischen Hochschule in Berlin. Mit 27 Jahren, im Jahre 1932, machte ich mich selbständig und blieb es bis 1942. Im Jahre 1934 wurde Hitler erstmals auf mich aufmerksam. Ich lernte ihn kennen, und ich hatte von da ab als Architekt eine begeisternde Tätigkeit; denn Hitler war ein fanatischer Bauherr, und ich bekam von ihm große Bauaufgaben ... Es waren ... von mir Bauten fertig entworfen, die zu den größten der Welt gehört hätten ... Durch die Vorliebe Hitlers für seine Bauten hatte ich einen engen persönlichen Kontakt mit ihm, Ich gehörte einem Kreis an, der sich aus anderen Künstlern und aus seinem persönlichen Mitarbeiterstab zusammensetzte. Wenn Hitler überhaupt Freunde gehabt hätte, wäre ich bestimmt einer seiner engen Freunde gewesen. Trotz des Krieges wurden diese Friedensbauten bis zum Dezember 1941 weitergeführt, und erst die Winterkatastrophe in Rußland

* Raginsky: »Als Sie Ihren Lebenslauf dem Gerichtshof vorlegten ... haben Sie meiner Ansicht nach eine Reihe wichtiger Umstände aus Ihrem Leben ausgelassen.« IMT, Bd. XVI, S. 617.

machte diesen Friedensbauten ein Ende. Die Arbeitskräfte, soweit sie Deutsche waren, wurden für die Wiederherstellung der zerstörten Bahnanlagen in Rußland von mir zur Verfügung gestellt.«[3]

Den von Raginsky erhobenen Vorwurf der Stilisierung versuchte Speer mit der selbstbewußten Bemerkung abzufangen: »Ich habe solche Punkte ausgelassen, die ich nicht bestritten haben wollte – die sowieso hier in den Dokumenten sind –, denn ich hätte sehr viel zu tun, wenn ich die Punkte alle im einzelnen erwähnt hätte.«[4]

Raginsky, der Speers Engagement jedoch gerichtskundig gemacht sehen wollte, zählte dann folgende Ämter und Stellungen auf, die Speer bekleidet hatte: Hitlers persönlicher Architekt, Generalinspekteur für das Straßenwesen, Generalinspekteur für Wasser und Energie, Generalbevollmächtigter für die Bauwirtschaft, Leiter der Organisation Todt, Leiter des Amtes für Technik in der NSDAP und Leiter des Bundes deutscher Techniker der NSDAP. Auf die Frage, ob er »keine anderen leitenden Ämter bekleidet« habe, antwortete Speer: »O, ich habe zehn oder zwölf Posten gehabt. Ich kann sie aber nicht alle hier aufzählen.«[5] Die Frage, ob er denn nicht auch Mitglied des Rates der Kunstakademie und des Präsidialrates in der Akademie für Bildende Künste gewesen sei, beantwortete Speer mit: »Auch, jawohl, ja.«

Flächsners Frage, ob er »sich jeweils an der Planung und Vorbereitung eines Angriffskrieges beteiligt« habe,[6] verneinte Speer mit dem Hinweis darauf, daß er bis 1942 als Architekt tätig und die von ihm bis dahin errichteten Bauwerke sämtlich repräsentative Friedensbauten gewesen seien.[7] Sie hätten nicht nur zahlreiche Arbeitskräfte vom Wehrdienst ferngehalten, sondern auch umfangreiche Geldmittel und Materialien verbraucht, so daß durch seine Tätigkeit schließlich die Kriegsindustrie und Kriegswirtschaft geschwächt worden sei.[8]

Raginsky, der Speer zwei Tage später offensichtlich zumindest der Mitwisserschaft und damit auf Umwegen des Verbrechens des Gemeinsamen Planes und der bewußten Unterstützung der Kriegsvorbereitung überführen wollte, fragte Speer, ob er Hitlers Ziele denn nicht gekannt hätte. »Ich bitte … Sie«, begann er auffallend entgegenkommend, »mir zu sagen, ob Ihre Antwort richtig mitgeschrieben war. Auf die Frage: Geben Sie zu, daß Hitler in seinem Buch *Mein Kampf* seine Angriffspläne bezüglich der Ost- und Westmächte und besonders bezüglich der Sowjetunion sehr klar umrissen hat?, haben Sie geantwortet: ›Ja, ich gebe das zu.‹ Erinnern Sie sich daran?«[9] Nach Speers lässiger Antwort: »Ja, das kann wohl sein«, entspinnt sich folgende Auseinandersetzung:

»*Staatsjustizrat Raginsky*: Und Sie bestätigen das jetzt auch noch?[10]
Speer: Nein.
Raginsky: Sie bestätigen es nicht?

Speer: Ich muß sagen, daß ich mich damals geschämt habe zu sagen, daß ich das Buch *Mein Kampf* nicht vollständig durchgelesen habe. Mir kam das etwas lächerlich vor.
Raginsky: Sehr gut; wir wollen für diese Sache keine Zeit mehr verwenden. Sie schämten sich damals, es zuzugeben, oder schämen Sie sich jetzt? Wir werden diese Frage lassen.
Speer: Ja, ich habe damals geschwindelt.
Raginsky: Sie haben damals geschwindelt? – Vielleicht schwindeln Sie jetzt?
Speer: Nein ...
Raginsky: ... Sie waren Mitarbeiter im Stabe von Heß. Sie haben in der Arbeitsfront mit Ley zusammengearbeitet, Sie waren einer der Führer der Ingenieure der Nazi-Partei; Sie hatten einen leitenden Posten in der Nazi-Partei ... Gestern sagten Sie im Gerichtshof, daß Sie einer von Hitlers Freunden gewesen seien.* Versuchen Sie uns nun zu überzeugen, daß Sie von den Plänen und Absichten Hitlers erst aus dem Buch *Mein Kampf* erfahren hätten?
Speer: ... Ich habe mit Hitler in engem Kontakt gestanden und habe seine persönlichen Ansichten gehört, und diese persönlichen Ansichten ließen nicht darauf schließen, daß er irgendwelche Pläne der Art hatte, wie sie hier in Dokumenten erschienen sind. Ich war besonders beruhigt im Jahre 1939, als der Nichtangriffspakt mit Rußland abgeschlossen wurde; und schließlich müssen ja Ihre Diplomaten auch das Buch *Mein Kampf* gelesen haben, und sie haben ja auch trotzdem den Nichtangriffspakt abgeschlossen. Und sie waren bestimmt intelligenter wie ich, ich meine in politischen Dingen.
Raginsky: ... Wir werden jetzt nicht untersuchen, wer das Buch gelesen hat und wer nicht. Das hat nichts mit dieser Sache zu tun und interessiert auch den Gerichtshof nicht. Sie sagen also, daß Sie über Hitlers Pläne nichts wußten?
Speer: Ja.«[11]

Anders als Jackson versuchte Raginsky unentwegt, Speer der aktiven und vorsätzlichen Vorbereitung und Mitwirkung an Kriegsverbrechen zu beschuldigen. So warf er ihm zum Beispiel vor, 1942 das Amt des Rüstungsministers übernommen und sich dabei voll eingesetzt zu haben. »Und nun hören Sie«, sagte er am 21. Juni 1946, »was Sie in Ihrer Rede an die Gauleiter in München sagten«, und dann zitierte er aus einer Rede Speers an die Gauleiter der NSDAP: »Ich habe diese ganze Tätigkeit und damit meine eigentliche Berufung aufgegeben ... die Architektur ... um mich rücksichtslos nun für die Kriegsaufgabe einzusetzen. Der Führer erwartet dies von uns allen« und bevor Raginsky die unbeholfene und von Speer gar

* Speer verzichtete darauf, Raginsky zu korrigieren. Tatsächlich hatte Speer erklärt: »Wenn Hitler überhaupt Freunde gehabt hätte, wäre ich bestimmt einer seiner engsten Freunde gewesen.«

nicht beantwortete Feststellung traf. »Als Sie Ihre Rede vor den Gauleitern hielten, dachten Sie natürlich nicht daran, daß Sie einmal vor einem Internationalen Militärgerichtshof über Ihre Ansprache zur Rede gestellt werden würden«,[12] fragte er Speer: »Ist das das gleiche, was Sie nun hier vor dem Gerichtshof aussagen?«

Speers Antworten sprechen eine deutliche Sprache:

»*Speer*: Ja, ich glaube, daß das bei Ihnen in Ihrem Staate auch üblich war.
Raginsky: Ich frage Sie nicht über unseren Staat. Ich fragte Sie, ob Sie das, was Sie damals zu den Gauleitern sagten, jetzt vor dem Gerichtshof bestätigen.
Speer: Ja, ich wollte nur zu Ihrem Verständnis beitragen, weil Ihnen das anscheinend unverständlich ist, daß man im Kriege den Posten eines Rüstungsministers übernimmt. Das ist eine ... wenn es notwendig ist, so ist das eine Selbstverständlichkeit, und mir ist unverständlich, daß Sie das nicht verstehen und mir einen Vorwurf daraus machen wollen.
Raginsky: Ich hatte Sie vollkommen verstanden.
Speer: Sehr gut.«[13]

Im Zweikampf mit Speer unterliegt Raginsky ständig, notfalls mit Hilfe des Vorsitzenden, wie die im folgenden zitierten Beispiele aus dem Sitzungsprotokoll es exemplarisch zeigen:

»*Raginsky*: Nun werde ich Sie auf einen Auszug eines ... Artikels verweisen, von dem Sie ... eine Abschrift erhalten haben.
Speer: Moment. Kann ich darum bitten, daß Sie den ganzen Absatz vorlesen? Sie haben zwischendrin einige Sätze ausgelassen.
Raginsky: Ich habe es ausgelassen. Ich werde Ihnen später darüber Fragen stellen.
Speer: Ja, aus dem geht aber hervor, weswegen Zuchthaus und Todesstrafe vorgesehen waren; das ist ja wesentlich. Ich glaube, Sie müssen das mit zitieren, um den Zusammenhang nicht zu verlieren.
Raginsky: Sie werden Ihre Erklärungen zu dieser Frage später geben; vorläufig hören Sie auf meine Fragen. Wenn Sie eine Erklärung zu diesem Artikel abgeben wollen, so müssen Sie es später tun.
Vorsitzender: Nein, nein, General Raginsky, der Gerichtshof möchte die Kommentare jetzt haben.
Raginsky: ... Sie waren ... vom September 1943 ab nicht nur für die Kriegsindustrie, sondern auch für die ganze Kriegswirtschaft verantwortlich, und das sind doch zwei verschiedene Dinge?
Speer: Nein, das ist eben der Irrtum. Es steht hier ... bei der ›Kriegswirtschaft,‹ steht ›gewerbliche Kriegswirtschaft‹. Diese gewerbliche Kriegswirtschaft heißt etwas Ähnliches wie die Produktion. Das ist die Kriegswirtschaft, die im Handwerk und der Industrie ausgeübt wird, es ist eine Einschränkung, und wenn

vorher steht ›die gesamte kriegswirtschaftliche Erzeugung‹, dann ist damit nach dem, was der Verfasser sich vorstellte, wahrscheinlich die Produktion gemeint. Aber der Begriff ...

Raginsky: Sie haben hier schon angedeutet, daß Sie ... im Jahre 1942 ... eine sozusagen schwere Erbschaft angetreten haben ... Wie verhielt es sich damals mit den strategischen Rohstoffen, besonders auch mit Buntmetallen, die zur Herstellung der Munition benötigt wurden?

Vorsitzender: General Raginsky! Ist es notwendig, hier auf diese Einzelheiten einzugehen? Ist es nicht klar, daß ein Mann, der Millionen von Arbeitern kontrollierte, eine große Aufgabe hatte? Worauf wollen Sie mit dieser Frage hinaus?

Raginsky: Herr Vorsitzender! Diese Frage ist eine vorbereitende Frage für die nächste, da das zusammenhängt ...

Vorsitzender: Ja, aber was ist das Endziel dieses Kreuzverhörs? Sie sagen, Sie wollen zu etwas anderem kommen; zu welchem Ergebnis wollen Sie denn kommen?

Raginsky: Mein Ziel ist, zu beweisen, daß der Angeklagte Speer an der wirtschaftlichen Plünderung der besetzten Länder und Gebiete teilgenommen hat.

Vorsitzender: Dann fragen Sie ihn direkt darüber.[14]

Raginsky: ... Sie haben über Ihre Einwände gegen die Verwendung von ausländischen Arbeitern gesprochen ... Ihr Verteidiger hat es unterbreitet. Ich möchte bloß einen Satz vorlesen; bitte bestätigen Sie, ob das ... stimmt: ›Soweit er – Speer – wiederholt darauf hingewiesen hat, daß die Ausnutzung ausländischer Arbeiter große Schwierigkeiten für das Reich schaffen wird, bezüglich der Ernährungsfrage dieser Arbeiter ...‹ Waren dies die Motive für Ihre Verordnungen?

Speer: Die Übersetzung muß hier inkorrekt sein ... Wenn wir neue Arbeitskräfte nach Deutschland brachten, dann mußten ja für diese Arbeitskraft zunächst einmal die Grundkalorien, die notwendig sind, um einen Menschen zu ernähren, bereitgestellt werden. Diese Grundkalorien hatten aber die [deutschen] Arbeitskräfte ... sowieso zu erhalten. Infolgedessen wurde für die Ernährung eingespart, wenn ich die deutschen Arbeitskräfte in Deutschland beschäftigte; die zusätzlichen Kalorien ... für Schwerarbeit und Langarbeit, hätten etwas erhöht werden können...

Raginsky: Angeklagter Speer! Sie vermeiden es, eine direkte Antwort auf meine Frage zu geben.

Speer: Doch, gerne ...

Raginsky: Sie bringen Einzelheiten, die mich nicht interessieren. Ich fragte Sie: ob ich die Stelle, die ich Ihnen ... (aus der Aussage eines Zeugen namens Schmelzer) verlesen habe, richtig verstanden habe ...?

Speer: Nein, die sind falsch übersetzt, ich möchte dann das Original in Deutsch haben.

Raginsky: Das Original befindet sich in Ihrem deutschen Dokumentenbuch. Ich gehe jetzt zur nächsten Frage über.
Speer: Ja, aber es ist notwendig, daß Sie mir das dann jetzt zeigen. Ich brauche ja nicht bei einem Kreuzverhör durch den russischen Anklagevertreter mein Dokumentenbuch mit auf den Zeugenstand nehmen.
Vorsitzender: Sie müssen ihm das Dokument geben, wenn Sie es haben.«[15]

Und, was vor dem IMT ebenfalls nicht gerade üblich war: Speer weigerte sich auch, Fragen zu beantworten, wenn er meinte, sich so verhalten zu müssen. So mußte Raginsky, der von ihm die Namen derjenigen aus Hitlers Umgebung wissen wollte, die Speer nach eigenen Andeutungen »scharf kritisiert« hatte, sich die barsche Antwort gefallen lassen: »Nein, ich nenne sie Ihnen nicht.«[16]

Auch in dem darauf folgenden Disput behielt Speer die Oberhand:
»*Raginsky*: Sie wollen sie nicht nennen, weil Sie niemanden kritisiert hatten; soll ich das so verstehen?
Speer: Die Kritik habe ich geübt, aber ich halte es nicht für richtig, daß ich sie hier nenne.
Raginsky: Ich will nicht auf Ihrer Antwort bestehen.«[17]

Als Raginsky, der spürte, daß er dem von Jackson auffällig zuvorkommend behandelten Speer nicht gewachsen war, darauf hinwies, daß sehr viel Zeit verlorenginge, wenn Speer die Fragen nicht beantwortete, unterbrach der Vorsitzende ihn mit der eindeutigen Belehrung: »Aber, General Raginsky, schon seit dem Anfang seiner Beweisaufnahme hat dieser Angeklagte ... zugegeben, daß er wußte, daß Kriegsgefangene und andere Arbeitskräfte gezwungenermaßen und gegen ihren Willen nach Deutschland gebracht worden sind. Das hat er ja nicht abgestritten.«[18]

Unter den Vertretern der Siegermächte war es zu dieser Zeit auch in Nürnberg längst zu Spannungen und teilweise krassen Meinungsverschiedenheiten gekommen, auch wenn sie nach außen hin nicht immer so offen zutage traten, wie es in den im folgenden erwähnten Fällen geschah. Eines Tages wurde Rudenkos Fahrer vor dem »Grand Hotel« im Auto sterbend aufgefunden. Er behauptete, daß ein US-Offizier ihn niedergeschossen hätte. Später starb der russische Hilfsankläger Generalmajor N. D. Zorja durch einen Kopfschuß. Angeblich hatte er sich beim Waffenreinigen ungewollt erschossen. Da Generäle ihre Waffen gewöhnlich nicht selbst zu reinigen pflegen, glaubte niemand an den so geschilderten Sachverhalt.

Speer bot eine Figur wie die meist von Hitler entworfenen und von ihm errichteten Monumentalbauten: auf besondere Wirkung angelegt. Über seine Bauten, deren Entwürfe gewöhnlich den Untertitel »ausgearbeitet nach den Ideen des Führers«[19] trugen, hat er nach seiner Entlassung aus Spandau gesagt, daß sie sich immer mehr von dem entfernt hätten, was er als seinen Stil angesehen habe.[20] Über seine Auftritte in Nürnberg, wo er nicht versuchte, sich aus der Verantwortung zu stehlen, sind derartige Äußerungen nicht bekannt, was nicht nur einige seiner einstigen Mitarbeiter bewogen hat, ihn als »den Nürnberger« zu bezeichnen, der das »Büßerhemd« nicht ablegen könne.[21] In Nürnberg hatte Speer Erfolg. Er gefiel, war störrisch und überheblich nur gegenüber den Russen, machte trotz aller peinlichen Eitelkeit auf die westlichen Juristen und Prozeßbeobachter einen guten Eindruck und profitierte bis zuletzt davon. Jackson, der ihn als den besten Mann in der Box bezeichnete,[22] ließ ihn nicht gerade selten so deutlich seine Sympathie fühlen, daß Prozeßbeobachter heimliche Absprachen vermuteten. Und so ist es tatsächlich auch gewesen, wie Jacksons persönlicher Nachlaß es beweist und Speer inzwischen selbst zugibt.[23] Heimlich korrespondierten Jackson und Speer miteinander und trafen Absprachen,[24] die Speer ganz offensichtlich so spürbar nicht hatte wirksam sehen wollen. So erklärte er beispielsweise am 21. Juni 1946: »Ich möchte zunächst grundsätzlich sagen – weil Sie des öfteren über meine Nichtverantwortlichkeit gesprochen haben: Falls diese Zustände allgemein so gewesen wären, würde ich auf Grund meiner gestrigen Erklärung mich mit dafür verantwortlich fühlen. Ich lehne es ab, hier aus der Verantwortung herausgeschoben zu werden, aber die Zustände waren nicht so, wie sie hier geschildert werden.«[25] Kurz zuvor hatte es eine »Diskussion« zwischen dem US-Ankläger und Speer gegeben, die folgenden Wortlaut hatte:

»*Justice Jackson*: Diese Politik, Deutschland, nachdem der Krieg verloren war, ins Verderben zu jagen, belastete Sie schließlich dermaßen, daß Sie an verschiedenen Komplotten teilnahmen, um die Leute zu beseitigen, die verantwortlich für das waren, was Sie als die Vernichtung Ihres Landes ansahen?

Speer: Ja. Ich möchte aber dazu ...

Justice Jackson: Es gab noch mehr Komplotte als die, von denen Sie uns erzählt haben, nicht wahr?

Speer: Es war in dieser Zeit außerordentlich einfach, ein Komplott zu machen. Man konnte fast jeden Mann auf der Straße ansprechen und ihm sagen, wie die Lage ist, und dann sagte er, das ist ja ein heller Wahnsinn, und er stellte sich, wenn er etwas Mut hatte, zur Verfügung. Ich hatte leider keinen Apparat hinter mir, keinen Apparat zur Verfügung, den ich kommandieren konnte, der hätte etwas Ähnliches machen müssen. Dadurch war ich darauf angewiesen, durch persönliche Gespräche mich mit den verschiedensten Leuten in Verbindung zu setzen. Aber ich möchte sagen, es ist nicht so gefährlich gewesen, wie es hier aussieht, denn an sich ... die Unvernünftigen, die es noch gab, waren vielleicht einige Dutzend. Die übrigen 80 Millionen waren sehr vernünftig, sowie sie gewußt haben, um was es geht.«[26]

Eine grobe Stilisierung. Daß diese Behauptung einer Konfrontation mit den Tatsachen nicht standhielt, muß Speer gewußt haben. Daß sie seine Behauptung, er habe erfolglos geplant, Hitler umzubringen, geradezu *ad absurdum* führen mußte, hat er offenbar nicht rechtzeitig ins Kalkül gezogen. Nur ein paar Minuten zuvor hatte er dem Gericht – auch das ist bezeichnend – erklärt: »Ich flog am 23. April nach Berlin, um mich dort von verschiedenen Mitarbeitern zu verabschieden und – wie ich offen sagen möchte – um mich nach allem, was geschehen war, Hitler zur Verfügung zu stellen. Das klingt vielleicht hier etwas seltsam, aber die widerstreitenden Gefühle bei mir über das, was ich gegen ihn tun wollte,* und über seine ganze Handlungsweise, waren ... ich hatte noch keinen klaren Grund, innerlich klare Basis in meinem Verhältnis zu ihm, und daher flog ich zu ihm hin. Ich wußte nicht, ob er etwas von meinen Sachen wußte. Ich wußte auch nicht, ob er mir befehlen würde, in Berlin zu bleiben. Ich hatte aber den Eindruck, daß es eine Verpflichtung ist, nicht feige davonzulaufen, sondern sich noch einmal zu stellen.«[27]

Jacksons demonstrativer Unterstützung war Speer gewiß. »Vielleicht«, so fragte der bei Verhören sonst nicht gerade nachsichtige Amerikaner den als Hauptkriegsverbrecher angeklagten Deutschen, »fühlten Sie sich dafür verantwortlich, 80 Millionen Menschen so völlig dem Führerprinzip ausgeliefert zu haben? Wurde Ihnen das bewußt, oder kommt es Ihnen erst heute, wo Sie darauf zurückblicken, klar zum Bewußtsein?« Speers hilflose Antwort: »Kann diese Frage nicht noch einmal gestellt werden, ich verstehe den Sinn noch nicht ganz?«, spricht für sich.

Dann folgen im Protokoll:

»*Justice Jackson*: Es gab 80 Millionen vernünftiger Menschen, die der Vernichtung entgegengingen. Ein Dutzend Menschen genügten, um sie ins Verderben zu jagen, und niemand war in der Lage, ihnen Einhalt zu gebieten. Ich frage Sie nun, ob Sie sich nicht für die Einführung des Führerprinzips in Deutschland, wie es Göring uns so schön beschrieben hat, verantwortlich fühlten?

Speer: Ich persönlich habe mich ja dadurch, daß ich Minister wurde, im Februar 1942 diesem Führerprinzip zur Verfügung gestellt. Ich habe allerdings in meiner Organisation bald erkannt, daß dieses Führerprinzip ungeheure Fehler hat, und habe versucht, es abzuschwächen. Aber ... aber die ungeheure Gefahr, die in diesem autoritären System liegt, wurde eigentlich erst richtig klar in dem Moment, in dem es dem Ende entgegenging.«[28]

Das ein paar Stunden später von dieser Sitzung aufgezeichnete und hier aus-

* Damit meinte Speer die (bisher nicht bewiesene) Behauptung, daß er beabsichtigt habe, Hitler mit Hilfe von Gas umzubringen. Vgl. IMT, Bd. XVI, S. 542ff. Vgl. auch S. 271 f. in diesem Buch.

zugsweise zitierte Protokoll, dessen Inhalt fugenlos ins Bild paßt, läßt jeden Kommentar als geradezu überflüssig erscheinen. So heißt es dort unter anderem:

»*Justice Jackson*: Wenn Sie aber nicht wußten, welche Maßnahmen es waren, wie können Sie uns dann sagen, daß Sie sie gebilligt haben? Wir kommen immer wieder auf diesen toten Punkt ...

Speer: Ich will, wenn ich sage, ›ich bin damit einverstanden‹..., zum Ausdruck bringen, daß ich mich von meiner Verantwortung hier nicht drücken will. Aber Sie müssen verstehen, daß ein Produktionsminister gerade bei den Luftangriffen eine ungeheure Aufgabe vor sich hat und daß ich mich um andere Dinge, die außerhalb meines Bereichs lagen, nur dann kümmerte, wenn irgendein ganz besonderer Umstand ... mich dazu zwang. Sonst war ich froh ... wenn ich mit meiner eigenen Arbeit fertig wurde, und schließlich war mein Aufgabenbereich ja nicht klein.«[29]

Bald danach wurde er noch deutlicher. Es »gibt meiner Ansicht nach«, erklärte er, »im Staatsleben zwei Verantwortungen; die eine Verantwortung ist für den eigenen Sektor, dafür ist man selbstverständlich voll verantwortlich. Darüber hinaus bin ich persönlich der Meinung, daß es für ganz entscheidende Dinge eine Gesamtverantwortung gibt und geben muß, soweit man einer der Führenden ist, denn wer soll denn sonst die Verantwortung für den Ablauf der Geschehnisse tragen, wenn nicht die nächsten Mitarbeiter um ein Staatsoberhaupt herum? Aber diese Gesamtverantwortung kann nur für grundsätzliche Dinge sein. Sie kann nicht sein für die Abstellung von Einzelheiten, die sich in den Ressorts anderer Ministerien oder anderer verantwortlicher Stellen abspielen, denn sonst kommt ja die gesamte Disziplin im Staatsleben vollständig durcheinander, dann weiß ja kein Mensch mehr, wer etwas im einzelnen auf seiner ... Die Einzelverantwortung auf dem eigentlichen Arbeitsgebiet muß sauber und klar trotzdem erhalten bleiben für die Einzelperson.«[30]

Das Protokoll vermerkt dann nur noch:

»*Justice Jackson*: Wenn ich Sie recht verstehe, wollten Sie damit sagen, daß Sie als damaliges Regierungsmitglied und als einer der Führer eine Verantwortung für die großen Linien der Politik dieser Regierung auf sich nehmen, aber nicht für die einzelnen Geschehnisse, die bei Durchführung der Maßnahmen vorkamen. Ist das eine richtige Beschreibung Ihrer Einstellung?

Speer: Ja, ja.

Justice Jackson: Ich glaube, damit ist das Kreuzverhör beendet.«[31]

Als Hauptkriegsverbrecher in allen vier Punkten angeklagt, nahm Speer nicht nur Verantwortung auf sich, sondern wandte sich auch entschieden gegen die Beschuldigung des ganzen deutschen Volkes. Als Justice Jackson ihm beispielsweise eine eidesstattliche Erklärung (Affidavit) eines Deutschen vorhielt, der angab, daß gefangene Russen, Franzosen, Italiener und andere ausländische Zivilpersonen, die in einem deutschen Betrieb in Essen gearbeitet hätten, von einem deutschen Betriebsangehörigen gequält, geschlagen und bestohlen worden seien, entrüstete Speer sich: »Ich halte das Affidavit für gelogen. Ich möchte sagen, in einem deutschen Volke gibt es etwas Derartiges nicht. Und wenn derartige Einzelfälle auftraten, dann wurden sie bestraft bei uns. Es ist nicht möglich, hier das deutsche Volk in dieser Weise in den Schmutz zu ziehen.«[32]

Speer hatte, als mit einem Sieg unter dem völlig vergreisten und schwerkranken Hitler[33] unter gar keinen Umständen mehr zu rechnen war, die gegen Ende des Krieges von Hitler befohlene Zerstörung nicht nur des deutschen Industriepotentials verhindert und damit wesentliche Grundlagen für das Leben des deutschen Volkes nach der katastrophalen Niederlage gerettet. Bis zum 19. März 1945 für die »Zerstörung oder Nichtzerstörung der Industrie in Deutschland«[34] verantwortlich, war ihm durch einen Hitler-Erlaß, wie er im Kreuzverhör feststellte, diese Vollmacht entzogen und am 30. März 1945 erneut – in einer etwas anderen und von ihm selbst entworfenen Version – wieder zugestanden worden. Wie Speer vor dem IMT beweisen konnte, hatte er (z. T. auf dem Umweg über Martin Bormann) Zerstörungen verhindert und ausdrücklich verboten.[35] Auf Raginskys Frage, »Hat denn keiner von den hier auf der Anklagebank Sitzenden Hitler in der Politik der ›Verbrannten Erde‹ unterstützt?«, reagierte Speer mit der Antwort: »Meiner Erinnerung nach war niemand von denen, die auf der Anklagebank sind, für die ›Verbrannte-Erde‹-Politik. Im Gegenteil. Funk war einer derjenigen, die sich auch sehr scharf dagegen gewandt hatten.«[36]

Diese Argumente zählten auch in Nürnberg. Daß Speer, der rasch erkannt hatte, daß die »Flucht aus der Verantwortung« während der Vernehmungen die Lage der Angeklagten nur »verschlimmerte«[37] und daß rechtzeitige nachträgliche Kompetenzabgrenzungen lebensrettend sein konnten,* auch noch als ver-

* Für Speer war wesentlich, die Entscheidungen Sauckels im Zusammenhang mit dem Zwangsarbeiterprogramm von seinen eigenen Maßnahmen so abzugrenzen, daß die Hauptschuld nicht ihn traf. Schon vor der Eröffnungssitzung des IMT hatte er die Gleise (richtiger: Weichen) gestellt – und sich am Tage der letzten vorbereitenden Sitzungen des IMT schriftlich an Jackson gewandt. Vgl. dazu Speer, in: *Welt am Sonntag* vom 31. 10. 1976 und Maser, in: *Welt am Sonntag* vom 14. 11. 1976.
In seinen Erinnerungen berichtete er 1969 über seine ersten Vernehmungen in Nürnberg: »Ein junger amerikanischer Offizier erwartete mich, bat mich freundlich, Platz zu nehmen und begann dann einige Aufklärungen zu verlangen. Offensichtlich hatte Sauckel versucht, die Untersuchungsbehörden irrezuführen und mich als den allein Verantwortlichen für den Einsatz der Fremdarbeiter hinzustellen. Der Offizier zeigte sich wohlmeinend und verfaßte von sich aus eine eidesstattliche Erklärung, die die Dinge wieder zurechtrückte. Ich war erleichtert, denn ich hatte bisher das Gefühl, daß nach der Übung: ›Belaste den Abwesenden‹ seit meiner Abfahrt von Mondorf einiges gegen mich geschehen war.«
Zum Konflikt Speer- Sauckel und zur Frage des Zwangsarbeiter-Einsatzes vgl. u. a. Homze, E. L., *Foreign Labor in Nazi Germany*. Princeton, N. J. 1967 und Pfahlmann, H., *Fremdarbeiter und Kriegsgefangene in der deutschen Kriegswirtschaft 1939–1945*. Darmstadt 1968. Vgl. auch Kehrl, Hans, *Krisenmanager im Dritten Reich. 6 Jahre Frieden, 6 Jahre Krieg*. Düsseldorf 1973.

hinderter Attentäter auftreten zu müssen meinte, hat ihm in den Augen des Gerichts nicht geschadet. Im Gegenteil. Wie Speer geradezu bühnenreif in das Verhör einfließen ließ, hatte er geplant, Hitler 1945 umzubringen. 23 Jahre nach der ersten »Eröffnung« dieses »Planes«, schrieb er in seinen Erinnerungen: »Das geplante Attentat ... wollte ich vor Gericht nur kurz erwähnen, eher eigentlich, um klarzulegen, wie gefahrenvoll mir die zerstörerischen Absichten Hitlers erschienen ... worauf die Richter die Köpfe zusammensteckten ... Ich hatte zu weiteren Aussagen keine Neigung, da ich gerade vermeiden wollte, mich dieser Angelegenheit zu rühmen.«[38]

Das IMT-Protokoll vom 20. Juni 1946 ist so beredt, daß sich an dieser Stelle weitere Kommentare erübrigen:

»*Dr. Flächsner*: Generaloberst Jodl hat ... hier ausgesagt, daß sowohl Hitler wie auch seine Mitarbeiter sich persönlich über die aussichtslose Lage, sowohl die militärische wie die wirtschaftliche Lage, durchaus im klaren gewesen seien. Wurde denn nun in dieser hoffnungslosen Lage nicht ein gemeinsamer Schritt der engeren Ratgeber Hitlers unternommen, um ihn zur Beendigung des Krieges aufzufordern?

Speer: Nein. Ein gemeinschaftlicher Schritt der führenden Männer um Hitler fand nicht statt. Es war unmöglich, weil diese sich entweder als reine Fachleute oder als Befehlsempfänger betrachteten oder vor dieser Lage resignierten. Es übernahm in dieser Lage niemand die Führung, um wenigstens eine Diskussion über die Vermeidung weiterer Opfer bei Hitler herbeizuführen. Und auf der anderen Seite stand eine einflußreiche Gruppe, die versuchte, mit allen Mitteln den Kampf zu verschärfen. Das waren Goebbels, Bormann, Ley und, wie auch schon gesagt wurde, auch Fegelein und Burgdorf ...

Dr. Flächsner: Herr Speer! Der Zeuge Stahl* hatte in seiner schriftlichen Vernehmung ausgesagt, Sie hätten Mitte Februar 1945 von ihm eine Lieferung des neuen Giftgases verlangt, um damit ein Attentat gegen Hitler, Bormann und Goebbels durchzuführen. Warum hatten Sie dann diese Absicht?

Speer: Es blieb meiner Ansicht nach kein anderer Ausweg. In meiner Verzweiflung wollte ich diesen Schritt gehen, denn es war mir ab Anfang Februar klargeworden, daß Hitler mit allen Mitteln, ohne Rücksicht auf das eigene Volk, den Krieg fortsetzen wollte. Es war mir klar, daß er bei einem Verlust des Krieges sein Schicksal mit dem des deutschen Volkes verwechselte und daß er in seinem Ende auch das Ende des deutschen Volkes sah. Es war außerdem klar, daß der Krieg so vollständig verloren war, daß auch die bedingungslose Kapitulation angenommen werden mußte.

* Stahl war der Leiter des Speerschen Hauptausschusses Munition.

Dr. Flächsner: Wollten Sie das Attentat selbst durchführen? Warum scheiterte diese Ihre Absicht?
Speer: Ich möchte auch die Einzelheiten hier nicht weiter ausführen; ich konnte es nur persönlich durchführen, weil seit dem 20. Juli nur ein enger Kreis noch Zutritt zu Hitler hatte. Ich habe verschiedene technische Schwierigkeiten gehabt ...
Vorsitzender: Der Gerichtshof würde gern Einzelheiten darüber hören, aber nach der Gerichtspause.*
Dr. Flächsner: Herr Speer! Wollen Sie dem Gericht bitte schildern, welche Umstände der Durchführung Ihrer Absichten entgegenstanden?
Speer: Ich schildere Einzelheiten nur sehr ungern, weil derartige Dinge immer etwas Unsympathisches haben, und tue es nur, weil es das Gericht wünscht.
Dr. Flächsner: Bitte.
Speer: Hitler hatte in dieser Zeit oft nach der militärischen Lage in seinem Bunker Besprechungen mit Ley, Goebbels und Bormann ... weil sie seinen Kurs der Radikalität unterstützten und mitmachten. Es war seit dem 20. Juli auch den engsten Mitarbeitern von Hitler nicht mehr möglich, diesen Bunker zu betreten, ohne daß die Taschen, die Aktentasche von der SS auf Sprengstoff untersucht wurden. Ich kannte als Architekt diesen Bunker genau. Dieser hatte eine Frischluftanlage, ähnlich wie sie hier auch eingebaut ist im Saal. Es war nicht schwer möglich, in die Ansaugöffnung der Frischluftanlage ... das Gas zu bringen. Es mußte sich dann in kurzer Zeit durch die Anlage im gesamten Raum, im gesamten Bunker verteilen. Ich habe daraufhin Mitte Februar 1945 ... Stahl ... zu mir kommen lassen und habe ihm, da ich mit ihm bei den Zerstörungen schon eng zusammengearbeitet hatte, offen meine Absicht gesagt ... und habe ihn gebeten, mir aus der Munitionsfertigung dieses moderne Giftgas zu besorgen. Er erkundigte sich bei einem seiner Mitarbeiter ... vom Heereswaffenamt, wie man an dieses Giftgas herankommen kann, und dabei stellte sich heraus, daß dieses neue Giftgas nur wirksam wird, wenn es zur Explosion gebracht wird, da dann die hohen Temperaturen erreicht werden, die zur Vergasung notwendig sind ... Eine Explosion war aber nicht möglich, da diese Frischluftanlage aus dünnen Blechen bestand und durch die Explosion dieses Blech zerrissen worden wäre. Ich hatte daraufhin Besprechungen mit dem Obermonteur der Reichskanzlei ... ab Mitte März 1945 und erreichte durch diese Gespräche, daß der Gasschutzfilter nicht mehr dauernd eingeschaltet war. Damit hätte ich eine normale Gassorte verwenden können ... Als ich soweit war, besichtigte ich ... die Ansaugöffnung im Garten der Reichskanzlei und mußte dort feststellen, daß kurz vorher auf persönlichen

* An dieser Stelle folgte eine Gerichtspause von zehn Minuten.

Befehl Hitlers auf diese Ansaugöffnung ein vier Meter hoher Kamin gemauert war ... Damit war die Durchführung dieses Planes nicht mehr möglich.«[39]

Die Richter folgten der Anklageschrift nicht. Sie sprachen Speer in den Punkten Eins und Zwei frei und bescheinigten ihm, infolge seiner späten Berufung zum »Chef der Rüstungsindustrie« (ab 15. Februar 1942 »Reichsminister für Bewaffnung und Munition« und ab 2. September 1943 »für Bewaffnung und Kriegsproduktion«) weder an der Vorbereitung von Angriffskriegen noch an der Verschwörung (Gemeinsamer Plan) beteiligt gewesen zu sein.[40]

In den Punkten Drei und Vier sprachen sie ihn jedoch mit der Begründung schuldig: »Das nach den Anklagepunkten Drei und Vier gegen Speer vorgebrachte Beweismaterial bezieht sich lediglich auf seine Teilnahme am Zwangsarbeiterprogramm. Speer hatte keine unmittelbare verwaltungsmäßige Verantwortung für dieses Programm. Obwohl er die Ernennung eines Generalbevollmächtigten für den Arbeitseinsatz befürwortet hatte ... erlangte er doch nicht verwaltungsmäßige Kontrolle über Sauckel.* ... Als Reichsminister für Bewaffnung und Munition und Generalbevollmächtigter für Bewaffnung unter dem Vierjahresplan verfügte Speer über weitgehende Vollmachten ... Seine ursprüngliche Vollmacht erstreckte sich auf die Konstruktion und die Erzeugung von Waffen für das OKH. Dies wurde nach und nach ausgedehnt, so daß sie Flottenrüstung, zivile Produktion und ... seit August 1944 auch die Luftrüstung einschloß. Als ... Mitglied der Zentralen Planung, welche oberste Gewalt über die Ausrichtung der deutschen Produktion und die Zuteilung und Entwicklung von Rohstoffen hatte, vertrat Speer die Ansicht, daß der Ausschuß befugt war, Anweisungen an Sauckel zu erteilen, Arbeitskräfte für die seiner Kontrolle unterstehenden Industrien herbeizuschaffen ... Es entwickelte sich ... die Übung, daß Speer an Sauckel eine Schätzung der Gesamtzahl des Bedarfs an Arbeitern übermittelte, Sauckel die Arbeitskräfte herbeischaffte und sie den verschiedenen Industrien im Einklang mit Weisungen zuteilte, die ihm von Speer erteilt wurden.[41] Wenn Speer seine Anforderungen an Sauckel stellte ... wußte er, daß sie mit Fremdarbeitern, die unter Zwang dienten, erfüllt werden würden ... Sauckel informierte Speer und seine Stellvertreter fortlaufend darüber, daß Fremdarbeiter mit Gewalt herangezogen würden ... In einigen Fällen verlangte Speer Arbeitskräfte aus bestimmten fremden Ländern. So wurde Sauckel auf der Konferenz vom 10. bis 12. August 1942 angewiesen, Speer ›eine weitere Million russischer Arbeitskräfte für die deutsche Bewaffnungsindustrie bis und einschließlich Oktober 1942‹ zu ver-

* Fritz Sauckel (seit 1923 Mitglied der NSDAP, seit 1927 Gauleiter von Thüringen, von 1927–1933 Mitglied des Thüringischen Landtages; 1932 Reichsstatthalter von Thüringen, 1933 Innenminister von Thüringen und Leiter des thüringischen Staatsministeriums) war infolge eines Hitler-Erlasses vom 21. März 1942 dem Beauftragten für den Vierjahresplan, Hermann Göring, verantwortlich.

schaffen. Auf einer Sitzung der Zentralen Planung am 22. April 1943 erörterte Speer Pläne, russische Arbeitskräfte für die Kohlengruben zu bekommen, und sprach sich ... gegen den Vorschlag aus, daß dieser Arbeitsmangel von deutschen Arbeitern aufgefüllt werden sollte ... Als Chef der Organisation Todt war Speer ebenfalls unmittelbar an der Verwendung von Zwangsarbeitern beteiligt ... Speer hat zugegeben, daß er sich auf Zwangsarbeit verließ... Auch verwandte er Arbeitskräfte aus den Konzentrationslagern in den Industrien, die seiner Kontrolle unterstanden ... Auch war (er) .., an der Verwendung von Kriegsgefangenen in der Waffenindustrie beteiligt, behauptet aber, daß er sowjetische Kriegsgefangene nur in den Industrien verwandte, die unter die Genfer Konvention fallen ... Als mildernder Umstand muß anerkannt werden ... daß ... (Speer) im Endstadium des Krieges einer der wenigen Männer war, welche den Mut hatten, Hitler zu sagen, daß der Krieg verloren sei, und Schritte zu unternehmen, um – sowohl in den besetzten Gebieten als in Deutschland – die sinnlose Vernichtung von Produktionsmitteln zu verhüten. Er führte seine Opposition gegen Hitlers Politik der verbrannten Erde in einigen westlichen Ländern und in Deutschland durch, indem er diese unter beträchtlicher persönlicher Gefahr bewußt sabotierte.«[42]

»Daß das Urteil völlig unhaltbar ist, weiß jeder. Aber ich war nun einmal«, schrieb Joachim von Ribbentrop[43] am 5. Oktober 1946 an seine Frau Anneliese, »Außenminister Adolf Hitlers,[44] und die Politik fordert, daß ich wegen dieser Tatsache verurteilt werde. Das Schicksal wollte es, daß mein Kronzeuge, Adolf Hitler selbst, tot ist. Würde er aussagen können, dann bräche das ganze Urteil in sich zusammen. So aber muß ich mich mit dem Los der Gefolgsleute einer so gewaltigen, gewiß auch dämonischen Persönlichkeit abfinden ...«[45]

Sechs Monate zuvor, am 28. März 1946, hatte er im Zeugenstand in Anlehnung an Görings ausführliche Erklärungen und Schilderungen langatmig vorgetragen, wann und wo er geboren wurde, woher seine Eltern stammten, wo er die Schule besuchte, daß er als Jüngling in London Sprachstudien betrieben habe und als 17jähriger nach Kanada gegangen sei, um als Arbeiter bei der Eisenbahn und danach bei Banken und im Bauwesen »die Welt (zu) sehen«, und nach Beginn des Ersten Weltkrieges »mit einigen Schwierigkeiten nach Deutschland« zurückgekommen sei, weil die Heimat »jeden Menschen« brauchte. Nach rund vierjähriger Frontzeit und einer Verwundung, so begann er seinen Lebenslauf außenpolitisch zu stilisieren, sei er nach Konstantinopel geschickt worden und im März 1919 als Adjutant des Generals von Seeckt Zeuge bei den Friedensverhandlungen von Versailles gewesen.

»Ich habe ... als der Versailler Vertrag kam«, sagte er, »in einer Nacht dieses

Dokument gelesen und stand dann unter dem Eindruck, daß es keine Regierung der Welt geben könnte, die ein solches Dokument unterschreiben würde. Das war mein erster Eindruck von Außenpolitik in der Heimat.«[46] In diesem Sinne schilderte er, daß sein Vater »schon starke außenpolitische Interessen« hatte, daß er, Joachim von Ribbentrop, unmittelbar nach dem Ersten Weltkrieg als Kaufmann in England und Frankreich »manche Beziehungen ... schon zu Politikern« pflegte und daß er seinem »eigenen Lande zu helfen« versuchte, indem er »gegen Versailles Stellung nahm.«[47]

Wie in einer Versammlung von Nationalsozialisten, die den Versailler Vertrag seit 1920 nahezu niemals aus ihren Versammlungsthemen und Argumenten ausgeklammert hatten, erklärte Ribbentrop vor dem IMT: »Die Bestimmungen von Versailles ... sind weder in territorialer Weise noch in anderen sehr wichtigen Punkten ... eingehalten worden. Ich darf erwähnen, daß eine der wichtigsten Fragen – Territorialfragen – damals Oberschlesien und vor allem auch Memel war ... und daß die Ereignisse, die sich abspielten, auf mich persönlich einen sehr großen Eindruck machten. Oberschlesien besonders ... gleich von Anfang an sind die deutschen Minderheiten ... schweren Zeiten ausgesetzt gewesen. Es war ferner ... einer der wichtigsten Punkte ... von Versailles, die Frage der Abrüstung ... Es war ... die Vorenthaltung gleichen Rechts, die mich ... bestimmten, mich mit der Politik auch mehr zu befassen ... Es war damals bereits eine bekannte Tatsache ... – nach ... 1930 hatte die NSDAP über 100 Sitze im Reichstag ... – daß hier der Wille des deutschen Volkes zum Durchbruch kam.«[48] Ribbentrop, der von sich ein Bild entwickelte, das ihn als den idealen Außenminister für das Hitler-Reich erscheinen ließ, antwortete auf Fragen der Ankläger zuweilen wie in einem Interview mit Journalisten des *Völkischen Beobachters*. Er, den das IMT schließlich in allen Anklagepunkten schuldig sprach, erzählte: »Ich habe Adolf Hitler zum erstenmal gesehen am 13. August 1932 auf dem Berghof ... Ich besuchte Adolf Hitler und habe mit ihm ... ein langes Gespräch gehabt, das heißt, Adolf Hitler hat mir seine Gedanken über die Lage, die sich im Jahre 1932 im Sommer ergab, auseinandergesetzt. Ich habe ihn dann wiedergesehen im Jahre 1933 ... in meinem Hause in Dahlem, das ich zur Verfügung stellte, um auch meinerseits alles zu tun, um eine nationale Front ... zu errichten. Mein Eindruck von Adolf Hitler war schon damals ein sehr großer. Mir fiel besonders auf: seine blauen Augen in seiner dunklen Erscheinung und dann vielleicht als Hervorstechendes sein abgeklärtes, ich möchte sagen, sein abgeschlossenes, nicht verschlossenes ... Wesen und die Art, mit der er seine Gedanken äußerte und zum Ausdruck brachte. Diese Gedankenäußerungen hatten immer etwas Abschließendes und Definitives, und sie schienen aus seinem innersten Wesen zu kommen. Ich hatte den Eindruck, hier einem Mann gegenüber zu sein, der wußte, was er wollte, und der einen unerschütterlichen Willen besaß und eine sehr starke Persönlichkeit war. Ich kann es zusammenfassen, daß ich damals aus dem Gespräch mit Adolf Hitler wegging mit der Überzeugung, daß, wenn überhaupt noch jemand, dieser Mann in der Lage sein würde, Deutschland aus dieser großen Schwierigkeit und ... Not, die damals bestand, zu erretten. Auf die Ereignisse des Januar brauche ich nicht weiter einzugehen. Nur eine Episode möchte ich hier erzählen. Das war in meinem Haus in Dahlem ... da habe ich ... gehört, mit welcher ungeheuer starken Kraft und Überzeugung – wenn man will, auch Brutalität und Härte – er seine Meinung äußern konnte, wenn er glaubte, daß sich Widerstände zeigen könnten, die zur Wiedererstehung und Errettung seines Volkes führen könnten.«[49]

In diesem Bild hat sich für Ribbentrop auch in Nürnberg nichts Wesentliches geändert. Als den Angeklagten am 11. Dezember 1945 beispielsweise rund vier Stunden lang deutsche Film-Wochenschauen mit Triumphszenen während des Krieges, mit Paraden, Aufmärschen, Reichsparteitag-Szenen und Hitler-Reden gezeigt wurden, reagierte Ribbentrop ungebrochen fasziniert. »Wissen Sie«, erklärte er dem Gefängnispsychologen Dr. Gilbert nach der Vorführung des Filmes, in dem auch der vor dem Volksgerichtshof buchstäblich tobende Roland Freisler* zu sehen gewesen war, »wenn Hitler jetzt zu mir in die Zelle käme und sagen würde: ›Tu dies!‹, würde ich es sogar nach allem, was ich jetzt weiß, machen. Ist das nicht erstaunlich?«[50]

Dr. Horn, der offensichtlich befürchtete, daß sein Mandant nicht aufhören würde, ausgerechnet an dieser Stelle von Hitler zu schwärmen, versuchte ihn – allerdings mit einem vor dem IMT untauglichen Argument – zu stoppen, indem er fragte: »Glaubten Sie an die Möglichkeit einer Revision des Versailler Vertrages auf dem Wege gegenseitiger Verständigung?«[51]

Ribbentrop: »Ich muß sagen, daß die vielen Geschäftsreisen, die in den Jahren 1920 bis 1932 mich ins Ausland brachten, mir zeigten, wie unendlich schwierig es in diesem damals bestehenden System war oder sein müßte, auf dem Verhandlungsweg eine Revision des Versailler Vertrages herbeizuführen ... Ich habe in diesen Jahren sehr viele Beziehungen zu Männern der Geschäftswelt, des öffentlichen Lebens, der Kunst und Wissenschaft, vor allem auch der Universitäten in England und Frankreich angeknüpft. Ich lernte hierbei die Einstellung der Engländer und der Franzosen kennen ... Schon kurz nach Versailles (war) es meine Überzeugung ... daß eine Änderung dieses Vertrages überhaupt nur durchzuführen wäre in einer Verständigung mit Frankreich und England ... Es

* Die Szenen mit Roland Freisler, dem berüchtigten Präsidenten des Volksgerichtshofes, waren zweifellos ausgewählt worden, um den Angeklagten zu zeigen, daß mit ihnen nicht so verfahren würde.

war klar, daß nur durch eine Verständigung mit den Westmächten, mit England und Frankreich ... eine Revision von Versailles möglich sein würde. Ich hatte ... das bestimmte Gefühl, daß nur durch eine solche Verständigung auch wirklich der Friede auf die Dauer in Europa erhalten werden konnte ... Ich möchte noch hinzufügen ... daß ich von Anfang an, am ersten Tag, an dem ich den Versailler Vertrag ... gelesen habe, mich als Deutscher verpflichtet gesehen habe, gegen diesen Stellung zu nehmen und zu versuchen, alles zu tun, damit ... an Stelle dieses Vertrages ein besserer treten könnte. Es war gerade das Eintreten Adolf Hitlers gegen Versailles, das mich damals zum ersten überhaupt mit ihm und mit der Nationalsozialistischen Partei zusammenbrachte.«[52]

Ungeduldig, aber schweigend, hatten die unter Zeitdruck stehenden Ankläger und Richter Ribbentrop bis fünf Uhr nachmittags zugehört, so lange, bis das Gericht sich – wie üblich ohne besondere Vorankündigung – vertagte.

Am nächsten Tag erklärte der Gerichtsvorsitzende bereits bei Verhandlungsbeginn, um zehn Uhr früh, daß das IMT keinem Angeklagten mehr – wie zunächst Göring – gestatten werde, »ohne jede Unterbrechung« die »ganze Geschichte des Nazi-Regimes von Beginn bis zur Niederlage Deutschlands« aus seiner Sicht zu schildern, und daß es infolge einer Entscheidung des Gerichtshofes nicht statthaft sei, an dieser Stelle Beweismittel vorzutragen oder vorzulegen, die davon ausgingen, daß der Vertrag von Versailles »ungerecht oder ... unter Zwang unterschrieben worden« sei.[53]

Ribbentrop, sehr schlecht und ebenso schwach beraten, griff nahezu immer daneben. Immer wieder entschieden die Ankläger die Dispute für sich. Obwohl er vor dem IMT als »Feindgericht« zunächst nicht hatte aussagen wollen,[54] tat er es schließlich doch und machte dabei eine geradezu jämmerliche Figur. So mußte er, der Reichsaußenminister von 1938 bis 1945, zum Beispiel zugeben, maßgebliche Erklärungen des Völkerbundes gar nicht zu kennen. Das im folgenden zitierte Protokoll über sein Verhör am 1. April 1946 durch den stellvertretenden britischen Hauptankläger, Sir David Maxwell-Fyfe, spricht für sich:

»*Sir David Maxwell-Fyfe*: Herr Zeuge! Als Sie im Jahre 1933 anfingen, Hitler in Fragen der auswärtigen Politik zu beraten, waren Sie da vertraut mit der Völkerbundserklärung vom Jahre 1927?

Von Ribbentrop: Ich weiß nicht, welche Völkerbundserklärung Sie meinen.

Sir David Maxwell-Fyfe: Erinnern Sie sich nicht an die Erklärung des Völkerbundes vom Jahre 1927?

Von Ribbentrop: Der Völkerbund hat sehr viele Erklärungen abgegeben. Ich bitte, mir zu sagen, um welche es sich handelt.

Sir David Maxwell-Fyfe: Er hat im Jahre 1927 eine ziemlich bedeutende Erklärung über Angriffskriege abgegeben, nicht wahr?

Von Ribbentrop: Im einzelnen kenne ich diese Erklärungen nicht. Aber es ist ja klar, daß der Völkerbund, wie alle anderen auch, gegen einen Angriffskrieg eingestellt war, und Deutschland gehörte damals zum Völkerbund.
Sir David Maxwell-Fyfe: Deutschland war Mitglied, und die Präambel der Erklärung lautete: ›In der Überzeugung, daß ein Angriffskrieg niemals als Mittel für die Beilegung internationaler Streitigkeiten dienen kann und deshalb ein internationales Verbrechen ist ...‹ War Ihnen diese Erklärung vertraut, als Sie ...
Von Ribbentrop: Im einzelnen nicht.
Sir David Maxwell-Fyfe: Es war doch ziemlich wichtig, mit dieser Angelegenheit vertraut zu sein, wenn Sie Hitler, der damals Reichskanzler war, in der Außenpolitik beraten sollten. Nicht wahr?
Von Ribbentrop: Diese Erklärung ist sicher wichtig und entsprach auch durchaus meiner damaligen Einstellung. Nur die weitere Folge hat gezeigt, daß der Völkerbund nicht in der Lage war, Deutschland vor dem Chaos zu retten ...«[55]

Verblüffend endete auch sein Verhör vom 2. April 1946 durch Rudenko, wie das Sitzungsprotokoll es bezeugt:
»*General Rudenko*: ... Sind Sie der Ansicht, daß die Annexion der Tschechoslowakei eine deutsche Aggression war?
Von Ribbentrop: Nein, eine Aggression in dem Sinne war es nicht ...
General Rudenko: Sind Sie der Ansicht, daß der Angriff auf Polen eine deutsche Aggression war?
Von Ribbentrop: Nein, ich muß da wiederum nein antworten ...
General Rudenko: Sind Sie der Ansicht, daß der Überfall auf Dänemark eine deutsche Aggression war?
Von Ribbentrop: Nein, der Überfall auf Dänemark ... war nach dem, was der Führer mir gesagt und mir dargestellt hat, eine Präventivmaßnahme gegenüber der kurz bevorstehenden Landung englischer Streitkräfte ...
General Rudenko: ... Halten Sie den Überfall auf Belgien, Holland und Luxemburg für eine deutsche Aggression?
Von Ribbentrop: Das ist die gleiche Frage. Ich muß da sagen: Nein ...
General Rudenko: Sind Sie der Ansicht, daß der Überfall auf Griechenland eine deutsche Aggression war? ...
Von Ribbentrop: Nein ...
General Rudenko: Zeuge Ribbentrop! ... Sind Sie der Ansicht, daß der Angriff auf die Sowjetunion eine Aggressionshandlung ist?
Von Ribbentrop: Im landläufigen Sinne war es keine Aggression ...«[56]

Ribbentrop, der sich bis zum Schluß als jederzeit treuer und ergebener Paladin Hitlers bekannte und zugab, stets »ja« gesagt zu haben, wenn der Führer es von ihm wünschte, berief sich in seiner Verteidigung immer wieder darauf, daß er

dieses oder jenes nicht selbst gedacht, sondern von Hitler gehört und erklärt bekommen habe. Wie die Anklage ihn sah, zeigt ein Auszug aus dem Verhör vom 2. April durch John Harlan Amen, den beigeordneten Ankläger der USA:
»*Oberst Amen*: Sie sprechen ziemlich gut Englisch?
Von Ribbentrop: Ich habe früher gut gesprochen, ich spreche jetzt wohl auch noch leidlich, ja.
Oberst Amen: Beinahe so gut, wie Sie Deutsch sprechen?
Von Ribbentrop: Das wohl nicht, nein. Aber ich habe es früher so ähnlich wie Deutsch gesprochen, aber natürlich habe ich viel vergessen im Laufe der Jahre, und jetzt ist es mir schwerer geworden.
Oberst Amen: Wissen Sie, was man unter einem ›*Yes-man*‹ in der englischen Sprache versteht?
Von Ribbentrop: Ja-Sager, an sich schon. Ein Mann, der zu Dingen ja sagt, die er selbst – es ist etwas schwer zu definieren. Jedenfalls, ich weiß nicht, was man im Englischen darunter versteht. Im Deutschen würde ich sagen, es ist ein Mann, der Befehlen gehorcht und gehorsam ist und treu ist.
Oberst Amen: Tatsächlich waren Sie ein ›*Yes-man*‹ Hitlers, nicht wahr?
Von Ribbentrop: Ich war Hitler immer treu, habe seine Befehle durchgeführt, war oft mit ihm anderer Auffassung, habe sehr ernste Differenzen mit ihm gehabt, verschiedentlich meinen Abschied eingereicht, aber, wenn Hitler befohlen hatte, habe ich seine Befehle immer, entsprechend unserem Führerstaat, durchgeführt.«[57]

Schon als Sir David Maxwell-Fyfe ihn selbst der Lüge in für ihn relativ nebensächlichen Fragen überführte, hatte er alles verloren. Das Protokoll bedarf keiner Ergänzungen:
»*Sir David Maxwell-Fyfe*: ... Nun möchte ich, daß Sie uns etwas über Ihre Verbindung zur SS berichten. Sie behaupten wohl jetzt nicht mehr, daß Sie lediglich Ehrenmitglied der SS waren? Das war von Ihrem Verteidiger gesagt worden, und ich bin sicher, es ist nur ein Mißverständnis, daß Sie lediglich ein Ehrenmitglied der SS gewesen seien. Das war doch nicht der Fall, nicht wahr?
Von Ribbentrop: Das ist kein Mißverständnis, sondern das liegt genau so: Ich habe von Adolf Hitler damals die SS-Uniform verliehen bekommen; irgendeinen Dienst in der SS habe ich nie getan. Aber als Botschafter und nachher Außenminister war es üblich, daß man einen Rang hatte, und ich hatte einen Rang als SS-Führer bekommen.
Sir David Maxwell-Fyfe: Ich behaupte, daß das völlig unwahr ist; Sie traten der SS auf Grund eines Gesuches bei, ehe Sie im Mai 1933 zum Botschafter zur besonderen Verwendung ernannt wurden. Stimmt das nicht?
Von Ribbentrop: Das weiß ich. Jedenfalls habe ich immer zur SS gehört.

Sir David Maxwell-Fyfe: Sie sagten eben, daß es eine Ehrenmitgliedschaft war, weil Hitler wünschte, daß Sie eine Uniform trügen. Ich behaupte jedoch, daß Sie im Mai 1933 auf regulärem Wege ein Gesuch zur Aufnahme in die SS gestellt haben. Stimmt das?
Von Ribbentrop: Natürlich muß man ein Eintrittsgesuch machen ... ich bin ein paarmal in einem großen braunen Mantel herumgelaufen, und daraufhin sagte Hitler, ich müßte eine Uniform haben. Wann das war, weiß ich nicht mehr, ich glaube 1933. Als Botschafter habe ich dann einen höheren Rang bekommen, als Außenminister noch einen höheren.
Sir David Maxwell-Fyfe: Und im Mai 1933, nachdem Sie ein Aufnahmegesuch eingereicht hatten, traten Sie in die SS mit dem nicht allzu hohen Rang eines Standartenführers ein, stimmt das?
Von Ribbentrop: Ja, das wird stimmen.
Sir David Maxwell-Fyfe: Und Sie wurden erst am 20. April 1935 Oberführer, am 18. Juni 1935 Brigadeführer und am 13. September 1936 Gruppenführer. Das war nach Ihrer Ernennung zum Botschafter. Und Obergruppenführer wurden Sie am 20. April 1940.[58] Sie hatten bereits drei Jahre der SS angehört, ehe Sie Botschafter wurden, und waren auf dem regulären Weg befördert worden auf Grund Ihrer Arbeit in der SS, stimmt das?
Von Ribbentrop: Ohne jemals einen Schritt oder Finger zu rühren in der SS, ja, das ist richtig.
Sir David Maxwell-Fyfe: Sehen Sie sich bitte (das Dokument) GB-294 an ... Die Korrespondenz trägt die Nummer 744-B ... Es ist Ihr Antrag mit sämtlichen Anlagen. Ich möchte lediglich eine oder zwei Fragen darüber stellen. Sie beantragten die Aufnahme in die Totenkopfdivision der SS?
Von Ribbentrop: Nein, das kann nicht stimmen.
Sir David Maxwell-Fyfe: Entsinnen Sie sich nicht, in Anerkennung Ihrer Dienste von Himmler einen besonderen Totenkopfring und einen Dolch erhalten zu haben?
Von Ribbentrop: Nein, ich erinnere mich nicht. Einer Totenkopfdivision habe ich niemals angehört ...
Sir David Maxwell-Fyfe: Hier steht Totenkopfdivision.
Von Ribbentrop: Das stimmt nicht. Wenn es hier steht, ist es nicht wahr. Aber ich glaube wohl, daß ich einen sogenannten Degen bekommen habe wie alle SS-Führer. Das ist richtig.
Sir David Maxwell-Fyfe: Und den Ring haben Sie auch erhalten. Wir haben einen Brief vom 5. November 1935 an das Personalhauptamt des Reichsführers-SS: ›In Beantwortung Ihrer Anfrage teile ich mit, daß das Ringmaß des Brigadeführers v. Ribbentrop 17 ist‹ ... Entsinnen Sie sich, das erhalten zu haben?

Von Ribbentrop: ... ich entsinne mich nicht mehr genau der Sache. Es wird zweifellos stimmen.«[59]

Wie Fritz Sauckel und Ernst Kaltenbrunner, um hier nur zwei der Angeklagten zu nennen, die an ungerechtfertigte Beschuldigungen infolge von Übersetzungsfehlern, Dokumentenfälschungen und falschen Zeugenaussagen glaubten, suchte Ribbentrop die Schuld nicht zuerst bei sich selbst, sondern bei anderen. So beklagte er sich schriftlich bei den Verteidigern über das Verhalten der Zeugen der Anklage, über den Staatssekretär Ernst von Weizsäcker und Erich Kordt,* über Paul Otto Schmidt, den Dolmetscher Hitlers, und über den Botschafter Friedrich Wilhelm Gaus.** Weizsäcker und Kordt warf er vor, daß sie vor dem IMT über Dinge und Probleme redeten, über die er niemals mit ihnen gesprochen habe,[60] und Schmidt und Gaus, daß sie ihm gegenüber eine unverständliche Undankbarkeit an den Tag legten.[61] Die gegen ihn verwendete Publikation des britischen Botschafters in Berlin, Sir Neville Henderson, bezeichnete er als »Propagandabuch«[62] und das ebenfalls als »Dokument« gegen ihn sprechende Tagebuch des italienischen Außenministers, Graf Ciano, als eine »Fälschung«.[63]

Ribbentrop war in Nürnberg trotz – oder gerade wegen – seiner bis zur banalen Geschwätzigkeit ausartenden »Beredtsamkeit« so nichtssagend und farblos, daß selbst Rudenko ihm offenbar unter die Arme greifen wollte, obwohl er am wenigsten Anlaß haben konnte, ausgerechnet diesem Angeklagten zu helfen. Am 2. April, kurz bevor Ribbentrop sich wieder auf die Anklagebank setzen durfte, fragte er ihn: »Ihr Amtsantritt fiel mit dem Zeitpunkt zusammen, in dem Hitler eine Reihe von außenpolitischen Handlungen, die letzten Endes zum Weltkrieg führten, vornahm. Nun muß man sich fragen, warum wurden Sie von Hitler, gerade bevor er zur Verwirklichung eines umfangreichen Angriffsprogrammes schritt, zum Reichsaußenminister gemacht? Finden Sie nicht, daß er Sie für den passendsten Mann für diese Aufgabe hielt, für einen Mann, mit dem er nie Differenzen haben konnte?«[64]

* Über sie schrieb Ribbentrop: »Als sie jahrelang mit mir zusammenarbeiteten, haben sie ein ganz anderes Gesicht gezeigt. Aber unter der heutigen Psychose ist ja jeder Gesinnungswandel möglich ... Ich bin sicher, daß die Anklagebehörde mit etwas Druck von fast jedem Mitglied des Auswärtigen Amtes jede Aussage gegen mich bekommen kann, die sie haben will. Dies ist eine traurige Feststellung, aber leider eine wahre.« (Ribbentrop, *Erinnerungen* ..., S. 279f.) Daß Weizsäcker und Kordt nicht unter Druck aussagten, wie Ribbentrop andeuten wollte, sondern als einstige Angehörige des Widerstandes nicht erst seit dem Ende des Krieges auch gegen Ribbentrop eingestellt waren, wußte Ribbentrop nicht.

** Über Gaus notierte Ribbentrop: »Daß Gaus jetzt eine so erbärmliche Haltung einnimmt ...« (S. 283). Anneliese von Ribbentrop ergänzt diese Formulierung ihres Mannes durch den Hinweis, daß während des Wilhelmstraßen-Prozesses (Fall 11 im amerikanischen Nürnberger Nachfolge-Verfahren) bewiesen worden sei, daß Gaus »von der Nürnberger Anklagebehörde durch Androhung seiner Auslieferung an die Sowjetrussen zu dieser Haltung bestimmt worden« sei. (Ribbentrop, *Erinnerungen* ..., S. 283.) Zu Weizsäcker vgl. das Nürnberger Plädoyer von Hellmut Becker in: Becker, H., *Quantität und Qualität – Grundfragen der Bildungspolitik*. Freiburg 1962.

Ribbentrops Antwort konnte nicht nur den marxistisch-leninistisch geschulten Kommunisten Rudenko betroffen machen. »Über die Gedanken Adolf Hitlers«, behauptete Ribbentrop, »kann ich Ihnen nichts sagen. Er hat mir darüber nichts erzählt. Er wußte, daß ich ihm ein treuer Mitarbeiter war, und er wußte, daß ich auch der Auffassung war, daß man ein starkes Deutschland haben müßte, daß ich diese Dinge auf friedlichem, diplomatischem Wege durchführen mußte. Mehr kann ich nicht sagen. Was er für Ideen hatte, das weiß ich nicht.«[65] Die Antwort auf die Abschlußfrage Rudenkos, »wie erklärt es sich, daß sogar jetzt, wo in aller Ausführlichkeit das Bild der blutigen Verbrechen des Hitler-Regimes vor Ihnen enthüllt wurde, und wo Sie Zeuge des absoluten Zusammenbruchs der Hitler-Politik gewesen sind ... Sie noch immer dieses Regime verteidigen, den Führer verherrlichen ...«, unterband Sir Hartley Shawcross mit der Bemerkung, daß »diese Frage an den Zeugen nicht zulässig« sei. Der Abschluß des Ribbentrop-Verhörs durch Rudenko bedeutete zugleich auch das Ende Ribbentrops, dessen schwacher Verteidiger, Dr. Horn, nicht einmal mehr den Versuch unternahm, ein paar Pluspunkte für seinen Klienten zu sammeln. Am Ende dieses Protokolls heißt es:
»*General Rudenko*: Ich meine, daß es nur eine Frage ist, die alles zusammenfaßt. Bitte, Angeklagter Ribbentrop, wollen Sie antworten?
Vorsitzender: Ich sagte Ihnen, General Rudenko, daß der Gerichtshof der Ansicht ist, daß diese Frage nicht zulässig ist.
General Rudenko: Ich habe keine weiteren Fragen.
Vorsitzender: Dr. Horn, wollen Sie den Zeugen rückverhören?
Dr. Horn: Ich habe keine weiteren Fragen an den Zeugen, Herr Präsident.
Vorsitzender: Dann kann der Angeklagte auf die Anklagebank zurückkehren.«[66]

Nach dem Urteil des IMT erklärte Joachim von Ribbentrop: »Der Verteidigung der deutschen Außenpolitik ist im Prozeß eine faire Chance nicht gegeben worden. Unser vorbereiteter Beweisantrag wurde nicht zugelassen ... Von 300 vorbereiteten Verteidigungsdokumenten wurden 150 ohne stichhaltige Begründung nicht zugelassen. Zeugen, Affidavits wurden nur nach Anhören der Anklagebehörde genehmigt, zum großen Teil ganz abgelehnt. Man hat z. B. die Aussage irgendeines Gendarmen oder einer Privatperson bei einer Regierungskommission als offiziellen Beweis zugelassen, aber den Briefwechsel Hitler-Chamberlain, Botschafterberichte und Diplomatenprotokolle usw. ausgeschlossen. Deutsche und ausländische Archive standen nur der Anklage, nicht der Verteidigung zur Verfügung. Die Staatsanwaltschaft hat nur belastende Dokumente gesucht und einseitig vorgebracht, entlastende bewußt verschwiegen und der Verteidigung vorenthalten. Im Kreuzverhör wurde mit Tricks und sog.(enannten) ›Überraschungsdokumenten‹ gearbeitet und keine faire Möglichkeit zur Stellungnahme zugelassen.«[67]

Das IMT hielt Ribbentrop für überführt, Hitler 1938 angeregt zu haben, politische Maßnahmen zu treffen, die England und Frankreich daran hindern sollten, in einen europäischen Krieg einzugreifen, was als besonders gravierend angesehen wurde, da Ribbentrop nach der Ansicht der Anklage und der Richter davon ausging, daß »eine Änderung des Status quo im deutschen Sinne nur mit Gewalt durchgeführt«[68] werden könnte. Daß diese Dokumente allerdings auch eine ganz andere Interpretation zulassen, bewies Anneliese von Ribbentrop 23 Jahre später. Sie schließen die ebenso zuverlässige Version nicht aus, daß Ribbentrops Londoner Botschafterberichte von Dezember 1936 bis Dezember 1937 an den Reichsaußenminister, Constantin von Neurath, Hitler nicht zu kriegerischen Maßnahmen ermuntern, sondern ihn im Gegenteil davor warnen sollten, den Status quo womöglich durch einen Krieg ändern zu wollen.*

In Nürnberg wurde in dieser Hinsicht übereinstimmend gegen Ribbentrop entschieden. Auch für die Tatsache, daß Hitler ihm 1938 bei seinem Amtsantritt als Reichsaußenminister erklärt hatte, daß die Probleme Österreich, Sudetenland, Memel und Danzig durch »irgendeine endgültige Auseinandersetzung« oder »militärische Erledigung«** zu lösen wären, mußte er büßen. Und auch seine maßgebliche diplomatische Beteiligung an der Vorbereitung von Kriegen, die das IMT als deutsche Angriffskriege bezeichnete – gegen die Tschechoslowakei, Polen, Norwegen, Dänemark, Holland, Belgien und Griechenland –, und die zwischen ihm und Alfred Rosenberg vereinbarte »politische Ausbeutung der Sowjetgebiete«, kamen auf sein Konto »Verbrechen gegen den Frieden«.[69]

Als »Kriegsverbrechen und Verbrechen gegen die Menschlichkeit« rechnete das IMT-Urteil ihm an:

Seine Teilnahme an einer von ihm (unter Berufung auf eine Göring-Aussage) bestrittenen Besprechung vom 6. Juni 1944, in der vereinbart wurde, überlebende alliierte Flugzeugbesatzungen, die zuvor im Tiefflug angegriffen hatten, nach ihrem Abschuß oder nach ihrer Notlandung zu lynchen,

die von ihm befohlene systematische Vertuschung der im Januar 1945 während einer Fahrt vom Gefangenenlager Königstein nach Colditz bei Dresden von der Gestapo vorsätzlich begangene und als angebliche Reaktion auf einen Fluchtversuch getarnten Ermordung des französischen Generals Mesny,

die vor allem in Dänemark und Vichy-Frankreich von Vertretern des Auswärtigen

* Schriftliche Mitteilung von Anneliese von Ribbentrop mit Vorlage der Dokumente (25. 3. 1969). In seinen (von Anneliese von Ribbentrop dem Autor am 25. 3. 1969 vorgelegten) »Schlußfolgerungen« vom 2. 1. 1938 hatte Ribbentrop dem Führer die englische Kriegserklärung für den Fall als sicher prophezeit, daß er einen Krieg vom Zaune brechen würde. Vgl. dazu auch Maser, *Adolf Hitler* ..., S. 212f.

** In seinen in Nürnberg verfaßten Erinnerungen (S. 296) bestritt Ribbentrop, daß Hitler diese eindeutig auf einen Krieg hinweisenden Formulierungen gebrauchte.

Amtes zu verantwortenden Kriegsverbrechen und Verbrechen gegen die Menschlichkeit,

die von den Italienern in Jugoslawien und Griechenland (auf Ribbentrops Ratschläge gestützt) betriebene »rücksichtslose Besatzungspolitik«[70] und

sein persönliches Engagement im Zusammenhang mit der – von ihm bis zuletzt konsequent geleugneten – »Endlösung der Judenfrage«.[71]

Der Schlußpassus des Urteils faßt zusammen: »Ribbentrops Verteidigung gegen die gegen ihn erhobenen Anschuldigungen ist, Hitler habe alle wichtigen Entscheidungen selbst getroffen und er sei ein so großer Bewunderer und treuer Gefolgsmann Hitlers gewesen, daß er dessen wiederholte Versicherungen seines Friedenswillens oder die Wahrheit der von Hitler zur Erklärung seiner Angriffshandlungen angeführten Gründe nie bezweifelt habe. Der Gerichtshof hält diese Erklärung nicht für wahr. Ribbentrop nahm an allen Angriffshandlungen der Nazis von der Besetzung Österreichs bis zur Invasion der Sowjetunion teil. Obwohl er persönlich mehr mit der diplomatischen als der militärischen Seite dieser Aktionen befaßt war, war seine diplomatische Tätigkeit so eng mit dem Krieg verbunden, daß der Angriffscharakter der Taten Hitlers ihm nicht unbekannt geblieben sein konnte. Auch bei der Verwaltung der Gebiete, deren Kontrolle Deutschland durch widerrechtliche Invasion erworben hatte, unterstützte Ribbentrop die Durchführung verbrecherischer Pläne, insbesondere zur Ausrottung der Juden. Außerdem gibt es mehr als ausreichenden Beweisstoff, welcher Ribbentrops völlige Übereinstimmung mit den Hauptgrundsätzen nationalsozialistischer Lehren zeigt und ferner seine vorbehaltlose Zusammenarbeit mit Hitler und mit anderen Angeklagten bei der Begehung von Verbrechen gegen den Frieden, Kriegsverbrechen und Verbrechen gegen die Menschlichkeit deutlich macht ... Ribbentrop hat Hitler so willig bis zum Schluß gedient, weil Hitlers Politik und Hitlers Pläne sich mit seinen eigenen deckten.«

Ribbentrop bestritt die gegen ihn erhobenen Vorwürfe und wies sie – auch in seinen letzten Aufzeichnungen – zurück. Für alle »begangenen Greueltaten«, notierte er für seine Erinnerungen, »sind die hier Angeklagten nicht verantwortlich. Diejenigen, die sie begangen haben oder dafür verantwortlich waren, sind tot.«[72] Und im Zusammenhang mit der »Endlösung der Judenfrage« behauptete er sogar, das »Wort ... in Nürnberg zum erstenmal« gehört zu haben, was nachweislich nicht zutrifft. Ebenso unzutreffend war seine Angabe, daß seine Beteiligung an der »Endlösung ... (vom IMT) frei erfunden« worden sei.[73]

Erwiesen ist nämlich: Schon am 24. Juni 1940 hatte Reinhard Heydrich ihm mitgeteilt, daß die Lösung des Judenproblems »durch Auswanderung nicht mehr« möglich sei, so daß eine »territoriale Endlösung« notwendig werde. »Das Gesamtproblem – es handelt sich bereits um 3 1/4 Millionen Juden in den heute deutscher Hoheitsgewalt unterstehenden Gebieten«, schrieb Heydrich ihm, »kann durch Auswanderung nicht mehr gelöst werden. Eine territoriale Endlösung wird daher notwendig. Ich darf bitten, sich bei bevorstehenden Besprechungen, die sich mit der Endlösung der Judenfrage befassen ... zu beteiligen.«[74]

Über die Ermordung des Generals Mesny notierte Ribbentrop nach seiner Verurteilung: »Das Gericht erwähnt die Angelegenheit der Tötung eines französischen Generals, bei der es sich um eine Repressalie für die Tötung eines deutschen Generals unter ähnlichen Umständen handelte. Das Gericht weiß ganz genau, daß ich gegen diesen Plan bei Hitler Stellung genommen und die Rechtsabteilung des Auswärtigen Amtes eingeschaltet ... habe.«[75] Daß Ribbentrop die Rechtsabteilung seines Ministeriums eingeschaltet hatte, wie er angab, trifft zwar zu; aber es war aus Erwägungen geschehen, die er in Nürnberg anders deutete. Das Dokument 4051-PS, ein Protokoll vom 12. Januar 1945 über eine telefonische Besprechung, bewies eindeutig, weshalb der Reichsaußenminister seine Rechtsabteilung zu Rate gezogen hatte. »Die Weisung des Herrn RAM (des Reichsaußenministers) lautet«, hieß es dort, »die Angelegenheit mit Gesandten Albrecht (dem Leiter der juristischen Abteilung des Auswärtigen Amtes) zu besprechen, um genau festzustellen, welche Rechte der Schutzmacht in dieser Angelegenheit zustehen würden, um das Vorhaben damit abstimmen zu können.«[76]

Ribbentrop sagte nicht die Wahrheit, wie die Anklage am 1. und 9. August 1946 nachwies. Am 1. August legte sie einen von Kaltenbrunner unterzeichneten – und zur Vorlage für Ribbentrop bestimmten – Bericht vom 30. Dezember 1944 an Heinrich Himmler vor, in dem der Reichsführer SS ausführlich über den Mordplan unterrichtet wurde. Das Dokument bezeugt Ribbentrops Beteiligung so eindeutig, daß seine Aussagen vor dem IMT nur als durchsichtige Schutzbehauptungen bezeichnet werden können:

»In der Angelegenheit haben mit dem Chef des Kriegsgefangenenwesens und dem Auswärtigen Amt die befohlenen Besprechungen stattgefunden, die zu dem folgenden Vorschlag führen:

1) Im Zuge einer Verlegung von fünf Leuten in drei Kraftwagen mit Wehrmachtkennzeichen tritt der Fluchtfall ein, als der letzte Wagen eine Panne hat, oder

2) tritt Kohlenoxyd durch Bedienung vom Führersitz aus in den abgeschlossenen Fond des Wagens. Die Apparatur kann mit einfachsten Mitteln angebracht und sofort wieder entfernt werden. Ein entsprechender Wagen konnte nach erheblichen Schwierigkeiten jetzt beschafft werden.

3) Andere Möglichkeiten der Vergiftung durch Speise oder Trank sind geprüft, aber nach mehreren Versuchen als zu unsicher wieder verworfen worden.

Für ordnungsmäßige Erledigung der Nacharbeiten wie Meldung, Obduktion, Beurkundung, Beisetzung ist vorgesorgt. Transportführer und Fahrer werden vom RSHA (Reichssicherheitshauptamt) gestellt und treten in Wehrmachtsuniform mit zugeteiltem Soldbuch auf.
Wegen der Pressenotiz ist mit dem Geheimrat Wagner vom Auswärtigen Amt Verbindung aufgenommen. Wagner teilte dabei mit, daß der Reichsaußenminister mit Reichsführer über den Fall noch sprechen möchte.
Die Auffassung des Reichsaußenministers ist, daß gleichartig, und zwar in jeder Richtung, vorzugehen sei.
Inzwischen ist noch bekannt geworden, daß der Name des Betreffenden im Laufe verschiedener Ferngespräche zwischen Führerhauptquartier und Chef Kriegsgefangenenwesen genannt worden war, so daß Chef Kriegsgefangenenwesen vorschlägt, einen anderen, aber gleich beurteilten zu verwenden. Ich pflichte dem bei und bitte, die Auswahl Chef Kriegsgefangenenwesen zu überlassen.«[77]

Julius Streicher, der im April 1946 im Kreuzverhör gestanden hatte, erging es wie Ribbentrop. Alle Versuche, sich herauszureden und die Anklagepunkte auf andere Ebenen abzuschieben, nützten nichts. Seine Behauptungen, von den Massenmorden an Juden nichts gewußt und sie niemals gewollt, sondern auf dem Wege über seine Hetztiraden im *Stürmer* versucht zu haben, dem Judentum außerhalb des Reiches eine Heimstatt zu schaffen, erwiesen sich als durchsichtige Ausreden. Daß er die von ihm verfaßten oder publizierten Haßkampagnen mit Aufrufen zum Töten, Morden, Ausrotten und Vernichten der Juden als nur emotional gefärbte schriftstellerische Versionen ohne konkrete Zielkontinuität darstellen zu müssen meinte, bewies allein, wie hoffnungslos seine Position vor dem IMT sein mußte. Ein Auszug aus dem Verhör vom 29. April 1946 ist so beredt, daß Ergänzungen und Erläuterungen sich erübrigen.

An diesem Tage hat Griffith-Jones ihm eine seiner Publikationen vom 24. Februar 1944 vorgehalten und daraus folgenden Passus zitiert: »Wer aber tut, was ein Jude tut, ist ein Lump, ein Verbrecher. Und der, der als Nachsager es ihm gleichtun will, verdient das gleiche Ende, die Vernichtung, den Tod.«[78] Auf die daran anschließende Frage des Anklägers: »Wollen Sie immer noch behaupten, einen jüdischen Nationalstaat im Sinne gehabt zu haben?«, antwortete Streicher entwaffnend:
»Jawohl, das hat mit dem großen politischen Wollen gar nichts zu tun; wenn Sie jede schriftstellerische Äußerung, jede Äußerung aus einer Tagespresse zum Beispiel herausnehmen und damit ein politisches Ziel beweisen wollen, so geht das daneben. Sie müssen unterscheiden zwischen einem Zeitungsartikel und zwischen einem großen politischen Ziel.«[79]

Griffith-Jones, der weiß, was er davon zu halten hat, bleibt ruhig und sagt: »Gut. Gehen wir nun zur nächsten Seite über vom 2. März 1944, wo es heißt: ›Es muß ewige Nacht über das geborene Verbrechervolk der Juden kommen, auf daß ein ewiger Tag die erwachende nichtjüdische Menschheit beglücke.‹« Und, sich auf Streichers Ebene herunter begebend, fragt er ironisch: »Sollte in diesem jüdischen Nationalstaat ewige Nacht herrschen? Haben Sie das beabsichtigt?«[80]

Im Protokoll heißt es weiter:

»*Streicher*: Das ist ein antisemitisches Wortspiel. Das hat wiederum mit dem großen politischen Ziel nichts zu tun.

Oberstleutnant Griffith-Jones: Es mag ein antisemitisches Wortspiel sein, aber die einzige Bedeutung desselben ist Mord. Stimmt das nicht?

Streicher: Nein.

Oberstleutnant Griffith-Jones: Wollen Sie nun die nächste Seite aufschlagen, vom 25. Mai 1944 ... Ich verlese den zweiten Absatz: ›Wie aber können wir diese Gefahr meistern und die Menschheit wieder einer Gesundung entgegenführen? Genauso, wie der einzelne Mensch sich nur dann ansteckender Krankheiten zu erwehren vermag, wenn er den Krankheitserregern, den Bazillen, den Kampf ansagt, so kann die Welt erst dann wieder genesen, wenn der furchtbarste Bazillus aller Zeiten, der Jude, beseitigt ist. Es hilft nichts, die Erscheinungen der Weltkrankheit zu bekämpfen, ohne die Krankheitserreger selbst unschädlich zu machen. Die Krankheit wird früher oder später doch wieder zum Ausbruch kommen. Dafür sorgt allein der Erreger und Verbreiter der Krankheit: der Bazillus. Sollen aber die Völker wieder gesund werden und auch in Zukunft gesund bleiben, dann muß der Bazillus der jüdischen Weltpest mit Stumpf und Stiel vernichtet werden.‹ ... Was wollten Sie damit sagen, wenn Sie sagen ›mit Stumpf und Stiel vernichtet werden‹? Wollten Sie damit sagen, es sollte ein jüdischer Nationalstaat errichtet werden?

Streicher: Jawohl, von solch einer Äußerung in einem Artikel bis zur Tat oder bis zum Wollen einer Tat des Massenmordes, das ist eine weite Strecke.

Oberstleutnant Griffith-Jones: Gehen wir nun zum 10. August über: ›Verliert es aber diesen Kampf, dann geht Alljuda zugrunde. Dann wird der Jude ausgelöscht! Dann wird das Judentum vernichtet bis auf den letzten Mann.‹ Haben wir unter diesen Worten zu verstehen: Gebt den Juden einen jüdischen Nationalstaat?

Streicher: Das ist eine Zukunftsschau, ich möchte sagen, die Äußerung eines prophetischen Schauens, das ist aber nicht die Aufforderung, fünf Millionen Juden zu töten, es ist eine Meinungsäußerung, eine Glaubensangelegenheit, eine Überzeugungsangelegenheit.

Oberstleutnant Griffith-Jones: Es ist ein prophetisches Schauen dessen, was Sie

wirklich wollten, nicht wahr, und was Sie in den letzten vier Jahren, seit Anfang des Krieges, vertreten haben? Ist es nicht so?
Streicher: Herr Anklagevertreter, was man vor Jahren in einem gewissen Augenblick, wo man einen Artikel schrieb, gerade gesinnt und gedacht hat, das kann ich heute nicht mehr sagen. Aber ich gebe schon zu, wenn neben mir auf dem Tisch Bekenntnisse lagen aus der Front des Judentums, viele Bekenntnisse, in denen es heißt, das deutsche Volk muß vernichtet werden, bombardiert die Städte, schont die Kinder, Frauen und Greise nicht, wenn man neben sich solche Bekenntnisse hat, dann kann es möglich sein, daß aus der Feder das fließt, was ich manches Mal geschrieben habe.
Oberstleutnant Griffith-Jones: Sie wissen jetzt doch, auch wenn Sie nicht an alle Zahlen glauben, daß Millionen von Juden seit Beginn des Krieges ermordet wurden? Wissen Sie das? Sie haben doch die Beweise gehört, nicht wahr?
Streicher: Ich glaube es ...
Oberstleutnant Griffith-Jones: Ich möchte nur wissen, ob Sie diese Beweise gehört haben. Sie können mit Ja oder Nein antworten, aber ich vermute, es wird Ja sein.
Streicher: Ja, ich muß sagen, Beweismaterial ist für mich nur das Testament des Führers. Hier erklärt er, daß die Massentötung auf seinen Befehl stattgefunden hat. Das glaube ich. Jetzt glaube ich daran.«[81]

Das Urteil des IMT bescheinigte Streicher schließlich, weder maßgeblich an der Verschwörung gegen den Frieden beteiligt noch jemals Ratgeber Hitlers gewesen zu sein.[82] Es hielt ihn jedoch für überführt, 25 Jahre lang durch Reden und Schreiben »die Gedankengänge der Deutschen mit dem Giftstoff des Antisemitismus« verseucht und sie zur aktiven Verfolgung der Juden aufgehetzt zu haben.[83] »Streichers Aufreizung zum Mord und zur Ausrottung«, lautet das Urteil, »stellt eine klare Verfolgung aus politischen und rassischen Gründen in Verbindung mit solchen Kriegsverbrechern, wie sie im Staat festgelegt sind, und ein Verbrechen gegen die Menschlichkeit dar.«[84]

Auch nach deutschem Strafrecht wäre Julius Streicher sicher 1945 wegen bewußten und gewollten Zusammenwirkens mit anderen Personen und Personengruppen, die für die Beseitigung der Juden verantwortlich waren, verurteilt worden.

Obwohl die Urteile des IMT die Unsicherheit des Grundes widerspiegeln, auf dem das Gericht sich in manchen Punkten in rechtlicher Hinsicht bewegte,*

* Bereits die Tatsache, daß aus den Urteilen nicht zwingend herauszulesen ist, welche Merkmale ein Krieg aufweisen muß, um als Angriffskrieg gekennzeichnet zu werden, zeigt deutlich, welcher Art die Probleme waren, mit denen das IMT sich auseinandersetzen mußte. Vgl. dazu auch Kranzbühler, *Nürnberg als Rechtsproblem*, S. 226f. Kranzbühler zitiert aus dem Nürnberger OKW-Urteil den Satz »Das

beweisen die hier dargestellten Fälle, daß den Angeklagten trotz aller Mängel, die der Prozeß aufwies, in Nürnberg ein fairer Prozeß gemacht worden ist, soweit davon ausgegangen wird, daß Nürnberg ein revolutionärer Schritt – mit grundsätzlichen Folgen für die Zukunft – sein sollte.

Die im folgenden zitierten Auszüge aus den IMT-Urteilen über die Angeklagten Frick, Kaltenbrunner, Sauckel, Seyß-Inquart, Frank und Rosenberg bedürfen daher nur knapper Kommentare.

Wilhelm Frick, im Urteil als führender »Nazi-Spezialist und Bürokrat« bezeichnet,** wurde verantwortlich gemacht, mit rücksichtsloser Energie und mit Hilfe der von ihm entworfenen und unterschriebenen Gesetze die Oppositionsparteien aufgelöst, die Kirchen und die Gewerkschaften unterdrückt, die Länderregierungen in die Reichsoberhoheit eingegliedert und »die deutsche Nation unter die vollständige Kontrolle der NSDAP gebracht« zu haben, was vor allem nach der Meinung von Ribbentrop und Heß in Nürnberg nicht Angelegenheit des IMT sein konnte. Diese Feststellung und die gegen Frick vom IMT darüber hinaus erhobene Beschuldigung, »den Weg für die Gestapo und deren Konzentrationslager«[85] geebnet zu haben, in denen nicht nur Deutsche und Juden aus aller Welt, sondern auch Staatsbürger der Siegermächte und anderer Nationen umgebracht wurden, erschienen auch in den nationalsozialistischen Laudationes für Frick. Nur wurden die Fakten anders gedeutet, wie die Gegenüberstellung es treffend zeigt:

vom Recht gebrandmarkte Verbrechen ist die Benutzung des Krieges als Mittel der nationalen Politik« und kommentiert ihn (ebenda) treffend: »Wenn das eine Definition sein soll, so trifft sie ebenso auf den Verteidigungskrieg zu.« Auch die in Nürnberg vorausgesetzte Bindung des einzelnen an das Völkerrecht mit der daraus resultierenden völkerrechtlichen Unmittelbarkeit jedes Angeklagten mußte das Gericht zu Konstruktionen von Beziehungen zwingen, die zwangsläufig nicht nur den Angeklagten und ihren Verteidigern nicht immer einleuchten konnten, zumal die als Modellfälle herangezogenen Urteile über die Pflichten der Individuen sich im Prinzip nicht auf das Völkerrecht, sondern auf das Kriegsrecht als Grundlage stützten. Daß sie die Tatsache der totalitären Diktatur Hitlers mit all ihren Folgen nicht als strafmildernd berücksichtigen durften, war ein weiterer entsprechender Punkt.

** Wilhelm Frick (1877–1946), Jurist, Dr. jur., 1917–1925 Regierungsassessor und Bezirksamtmann bei der Münchener Polizeidirektion (dort bis zum Hitler-Putsch vom 8./9. 11. 1923 Referent der Polizeidirektion), hielt früh schon »seine schützende Hand über die noch junge« NSDAP »und Adolf Hitler«, am 24. April 1924 wegen Beihilfe zum Hochverrat (Hitler-Putsch vom 8./9. November 1923) zu 15 Monaten Festungshaft verurteilt und zusammen mit Hitler in Landsberg am Lech inhaftiert, 1924 Reichstagsabgeordneter der Nationalsozialistischen Freiheitspartei, 1927 Reichstagsabgeordneter der NSDAP, 1930 Fraktionsführer der NSDAP im Reichstag und Innenminister und Minister für Volksbildung in Thüringen, 1933 Reichsminister des Innern, 1938 (nach der Eingliederung Österreichs in das Reich) Generalbevollmächtigter für die Verwaltung des Reiches (außer für die militärischen und wirtschaftlichen Belange), 1939 ziviler Verteidigungsminister, 1943 Reichsprotektor von Böhmen und Mähren.

Nationalsozialistische Würdigung in einer »nur für den Gebrauch innerhalb der Ordnungspolizei« bestimmten Publikation:

1934 schuf … (Frick) die Grundlage für den deutschen Einheitstaat. Ein Jahr später wurde die deutsche Gemeindeordnung mit einheitlicher Gültigkeit für das ganze Reichsgebiet in Kraft gesetzt. Auch das von Frick geschaffene Deutsche Beamtengesetz vom 26. Januar 1937 steht im Dienste der Reichseinheit. Die … Nürnberger Gesetze … das Reichsbürgergesetz, das Gesetz zum Schutze des deutschen Blutes und der deutschen Ehre, sind Fricks Werk. Auch auf den vielen anderen Gebieten, die dem Zuständigkeitsbereich des Reichsministeriums des Innern angehören, auf dem Gebiete des Gesundheitswesens, des Sportes, des Reichsarbeitsdienstes, der Volkstumspflege usw., hat Frick revolutionäre staatsmännische Arbeit geleistet.

Der Krieg hat dem Reichsminister des Innern, der gleichzeitig der zivile Verteidigungsminister ist, neue, große Aufgaben gestellt. Als dem vom Führer berufenen Generalbevollmächtigten für die Reichsverwaltung obliegt ihm die einheitliche Steuerung des gesamten deutschen Verwaltungswesens. – Durch ihn wird – unter Mitwirkung aller anderen zuständigen Stellen der Regierung und der Partei – die verwaltungsmäßige Organisation aller durch den Krieg gestellten Fragen

Auszug aus dem Urteil des IMT:

»Immer ein wilder Antisemit, entwarf, unterzeichnete und wendete Frick zahlreiche Gesetze an, die den Zweck hatten, die Juden aus Deutschlands Leben und Wirtschaft auszuschalten. Seine Tätigkeit schuf die Basis für die Nürnberger Gesetze, und er war bei ihrer Durchführung tätig. Er war verantwortlich für das Verbot, auf Grund dessen Juden zahlreiche Berufe nicht ausüben durften, und für die Einziehung ihres Besitzes. Er unterschrieb 1943 nach der Massenausrottung von Juden im Osten einen endgültigen Erlaß, der sie ›außerhalb des Gesetzes‹ stellte und übergab sie der Gestapo. Diese Gesetze ebneten den Weg zur ›Endlösung‹ und wurden von Frick auf die einverleibten Gebiete und gewisse besetzte Gebiete ausgedehnt … Als oberste Reichsbehörde in Böhmen und Mähren trägt Frick allgemein die Verantwortung für die Unterdrükckungsmaßnahmen in diesem Gebiet seit 23. August 1943, wie z.B. die Terrorisierung der Einwohner, Sklavenarbeit und Deportation der Juden nach Konzentrationslagern zum Zwecke der Ausrottung. Es ist richtig, daß die Pflichten Fricks als Reichsprotektor wesentlich mehr beschränkt waren als die seines Vorgängers und daß er keine gesetzgebende und persönlich nur beschränkte vollziehende Gewalt im

(Familienunterhalt für die Angehörigen der Soldaten, Fürsorge für die durch Feindeinwirkung geschädigten Volksgenossen usw.) gesichert. Als Generalbevollmächtigter für die Reichsverwaltung ist er Mitglied des Ministerrats für die Reichsverteidigung, dem unter der Leitung des Reichsmarschalls Göring die gesetzgeberische Tätigkeit für Angelegenheiten anvertraut ist, die für die Reichsverteidigung von Bedeutung sind.

Auch die innenpolitische und verwaltungsmäßige Einordnung der zum Reiche heimgekehrten Gebiete, der Ostmark, des Sudetenlandes, des Memellandes, Danzigs und Westpreußens, des Warthegaues, der Gebiete im Südosten der Ostmark usw., oblag … Dr. Frick.

Aus dem von ihm einheitlich ausgerichteten Verwaltungskörper wurden im großen Umfang Beamte für die Verwaltung der besetzten Gebiete abgestellt, für das Generalgouvernement, für Norwegen, für Holland, für das besetzte Frankreich, für die jetzt eroberten sowjetrussischen Gebiete.

Fricks große Verdienste während des Krieges sind vom Führer durch die Verleihung des Kriegsverdienstkreuzes I. und II. Klasse anerkannt worden.

Zur Polizei hat Dr. Frick immer ein besonders enges und kameradschaftliches Verhältnis unterhalten … Schon in Thüringen hat er reformierend in ihre Angelegenheiten eingegriffen, die dortige kommunale Polizei verstaatlicht und sie zu einem zuverlässigen,

Protektorat hatte. Nichtsdestoweniger war sich Frick der damals angewandten Nazi-Besatzungsmethoden in Europa, insbesondere gegenüber den Juden, völlig bewußt, und durch die Annahme des Amtes des Reichsprotektors übernahm er für die Durchführung dieser Methoden in Böhmen und Mähren die Verantwortung. Fragen der deutschen Staatsangehörigkeit unterstanden ihm sowohl in den besetzten Gebieten wie auch im Reich, solange er Innenminister war. Nachdem er ein Rassenregister für Personen deutscher Abstammung geschaffen hatte, verlieh er die deutsche Staatsbürgerschaft an gewisse Gruppen von Bürgern fremder Lönder. Er trägt die Verantwortung für die Germanisierung in Österreich, dem Sudetenland, Memel, Danzig, den Ostgebieten (Westpreußen und Posen), Eupen-Malmedy und Moresnet. Den Bürgern dieser Gebiete zwang er deutsches Recht, deutsche Gerichte, deutsche Erziehung, deutsche Polizei und Militärdienstpflicht auf. Während des Krieges unterstanden Frick Privatkliniken, Krankenhäuser und Irrenhäuser, in welchen der Gnadentod zur Anwendung kam, der an einer anderen Stelle dieses Urteils behandelt ist. Es war ihm bekannt, daß geistig Defekte, Kranke und altersschwache Personen als ›nutzlose Esser‹ systematisch umgebracht wurden. Beschwerden über diese Morde erreichten ihn, jedoch tat er nichts, um dem Einhalt zu gebieten. In einem Bericht der tschechoslo-

schlagkräftigen Instrument in der Hand nationaler Männer ausgebaut. In dem darüber mit der Systemregierung im Reich entbrannten erbitterten politischen Kampf hat Frick in überlegener Weise gesiegt. Unter seiner Leitung ist dann im Jahre 1936 die Vereinheitlichung der gesamten deutschen Polizei durch den Reichsführer SS und den Chef der deutschen Polizei, Heinrich Himmler, durchgeführt worden. Als Berufsbeamter, als gestaltender Politiker und schließlich als Staatsmann hat Wilhelm Frick seinem Volke in schweren Zeiten treue und bleibende Dienste gelestet. Er wird in die Geschichte eingehen als ein Mann, der mit seinem Werk der Neugestaltung des Reiches einen neuen Abschnitt in der Entwicklung unseres Volkes eingeleitet hat.«

wakischen Kommissionen für Kriegsverbrechen wird geschätzt, daß 275.000 geistes- und altersschwache Personen, für deren Wohl er verantwortlich war, den Morden zum Opfer fielen.« *

* IMT, Bd. I, S. 338 ff. Aufschlußreich war das Plädoyer Rudenkos vom 29. 7. 1946 (IMT, Bd. XIX, S. 685 f.) Es schildert Frick ähnlich wie das Urteil. Nur verzichtete der sowjetische Hauptankläger darauf, Frick des Judenmordes zu beschuldigen, obwohl gerade im Osten Massenmorde an Juden verübt worden sind. Rudenko erklärte lediglich: Frick »nahm ... an der Herausgabe vieler Gesetze, Anordnungen und Akte teil, welche ... die Diskriminierung der Juden und so weiter zum Ziele hatten.« Sir Hartley Shawcross hielt Frick in seinem Plädoyer (unter Vorlage eines – Einzelheiten schildernden – Briefes, den der Bischof Wurm im Juli 1940 an Frick geschrieben hatte) noch einmal vor, daß er das Euthanasie-Programm mit allen seinen Folgen genau gekannt habe (ebenda, S. 570 f.).

Ernst Kaltenbrunner, in den Punkten Eins, Drei und Vier angeklagt, wurde im Punkt Eins freigesprochen.[86] »Als Führer der SS in Österreich«, heißt es im Urteil, »war Kaltenbrunner an den Nazi-Intrigen gegen die Schuschnigg-Regierung beteiligt. In der Nacht des 11. März 1938, nachdem Göring den österreichischen Nationalsozialisten befohlen hatte, die Kontrolle der österreichischen Regierung an sich zu reißen, umstellten 500 österreichische SS-Männer unter Leitung Kaltenbrunners die Bundeskanzlei, und eine Sonderabteilung, unter dem Befehl seines Adjutanten, drang in die Bundeskanzlei ein, während Seyß-Inquart mit dem Präsidenten Miklas verhandelte. Es liegt jedoch kein Beweismaterial vor, durch das Kaltenbrunner mit Plänen zum Führen eines Angriffskrieges an irgendeiner anderen Front in Verbindung gebracht wird. Der Anschluß ... wird nicht als Angriffskrieg vorgeworfen, und ... seine unmittelbare Teilnahme an irgendeinem Plan zum Führen eines solchen Krieges (ist) nicht erwiesen.«

Die Kaltenbrunner vorgeworfenen und nachgewiesenen Kriegsverbrechen und Verbrechen gegen die Menschlichkeit waren dagegen so ungeheuerlich, daß selbst einige der hartgesottenen Mitangeklagten – während seiner durch eine Gehirnblutung verursachten Abwesenheit[87] – entsetzt von ihm abgerückt waren und sein Verteidiger Dr. Kauffmann sich weigerte, ihm die Hand zu geben, als er am 10. Dezember 1945 – wieder genesen – in den Gerichtssaal geführt wurde.

Mit den Beweisen der Verbrechen konfrontiert, die sein Name nicht nur gedeckt hatte, bestritt Reinhard Heydrichs Nachfolger vor dem IMT, was immer er trotz der Dokumentenlage und der Zeugenaussagen leugnen zu können meinte. Selbst seine eigenhändigen Unterschriften unter Dokumenten versuchte er dadurch ungeschehen zu machen, daß er ihre Echtheit nicht anerkannte. Zwar gab er unter der erdrückenden Last der Zeugnisse zu, daß die von ihm geführten Institutionen schwerste Verbrechen begangen hatten; aber sie wollte er als Folge der Aktivitäten erscheinen lassen, die angelaufen gewesen seien, bevor er als maßgeblicher Chef damit zu tun gehabt habe. Jacksons vielzitiertes Wort aus seinem Plädoyer, daß man durchaus auch sagen könnte, es sei wahr, daß es gar keinen Krieg gegeben habe, wenn man die Verurteilten als schuldlos bezeichnen würde,[88] wirkte wie auf Kaltenbrunner gemünzt, den Rudenko als den nach Himmlers Ansicht »geeignetsten Nachfolger des von tschechischen Patrioten hingerichteten Henkers Heydrich«[89] schilderte. »Als Nachfolger eines Henkers und selbst Henker«, schloß Rudenko seine Kaltenbrunner-Anklage ab, »hat Kaltenbrunner die abscheulichste Funktion im allgemeinen Verbrecherplan der Hitler-Clique gehabt.« In seinem Plädoyer[90] zitierte Rudenko die schriftliche Aussage eines Zeugen, der angab, im KZ Mauthausen als Häftling erlebt zu haben, daß Kaltenbrunner sich während eines Lagerbesuches »drei Arten der Hinrichtung« habe vorführen lassen: »Erhängen, Erschießen und Vergasung.«

»Kaltenbrunner«, so heißt es im Urteil des IMT, »übernahm ... die Leitung einer Organisation, die die Hauptämter der Gestapo, des SD und der Kriminalpolizei umfaßte. Als Chef des RSHA hatte ... (er) die Befugnis, Schutzhaft in Konzentrationslagern anzuordnen ... Kaltenbrunner kannte die Zustände in den Konzentrationslagern. Er ... selbst befahl die Hinrichtung von Gefangenen in ... Lagern, und sein Büro war gewohnt, Hinrichtungsbefehle an die Lager weiterzugeben, die aus Himmlers Büro stammten. Am Ende des Krieges war Kaltenbrunner bei den Vorkehrungen für die Evakuierung von Konzentrationslager-Insassen sowie der Vernichtung einer großen Anzahl von ihnen beteiligt, in der Absicht, zu verhindern, daß sie von den alliierten Armeen befreit würden.

Während des Zeitraumes, da Kaltenbrunner Chef des RSHA war, befolgte dieses ein weitverbreitetes Programm der Kriegsverbrechen und Verbrechen gegen die Menschlichkeit. Zu diesen Verbrechen gehörte die Mißhandlung und Ermordung von Kriegsgefangenen. Unter der Kontrolle der Gestapo arbeitende Einsatzkommandos führten die Untersuchung von Sowjet-Kriegsgefangenen durch. Juden, Kommissare und (bestimmte) andere ... wurden dem RSHA gemeldet, das ihre Überführung in ein Konzentrationslager und ihre Ermordung veranlaßte. Ein Befehl des RSHA, der während Kaltenbrunners Regime erlassen wurde, setzte den ›Kugel-Erlaß‹ in Kraft.*

Während Kaltenbrunner Chef des RSHA war, wurde von der Gestapo der Befehl zur Tötung von Kommandotrupps auf Fallschirmtruppen ausgedehnt. Ein von Kaltenbrunner unterzeichneter Befehl wies die Polizei an, sich bei Angriffen auf abgesprungene alliierte Flieger nicht einzumischen** ... Die Gestapo und der SD (setzten unter Kaltenbrunners Regie) in den besetzten Gebieten die Ermordung und Mißhandlung der Bevölkerung fort, wozu sie Methoden anwandten, zu denen Folterung und Verbringung in Konzentrationslager gehörten, und dies geschah gewöhnlich auf Grund von Befehlen, die mit Kaltenbrunners Namen unterzeichnet waren ...

Kaltenbrunner richtete ... eine Anzahl von Arbeitserziehungslagern ein. Als die SS ein eigenes Sklavenarbeitsprogramm einleitete, wurde die Gestapo dazu benutzt, die benötigten Arbeiter ... in Konzentrationslager ... (zu überführen). Das RSHA spielte eine führende Rolle bei der ›Endlösung‹ des jüdischen Problems durch Ausrottung der Juden. Eine Sonderabteilung wurde unter Amt IV des RSHA zur Überwachung dieses Programms geschaffen*** ... Die Ermordung

* Er ordnete an, daß bestimmte Kriegsgefangene, die geflohen und wieder ergriffen worden waren, im KZ Mauthausen erschossen werden sollten.

** Gemeint ist die Lynchjustiz durch Zivilisten.

*** An dieser Stelle hebt das Urteil hervor, daß Kaltenbrunner erwiesenermaßen über die diesbezügliche Tätigkeit der Einsatzgruppen informiert war.

... von Juden in Konzentrationslagern ... unterstand der Aufsicht des RSHA, während Kaltenbrunner Chef dieser Organisation war; vom RSHA ausgesandte Sondergruppen durchreisten die besetzten Gebiete sowie die verschiedenen Vasallenstaaten der Achse, um die Deportation der Juden nach diesen Ausrottungsinstituten einzurichten. Kaltenbrunner wußte ... Bescheid. Ein von ihm am 30. Juni 1944 verfaßter Brief beschrieb die Verfrachtung von 12.000 Juden nach Wien zu diesem Zweck, und ordnete an, daß alle diejenigen, die nicht arbeiten könnten, zur ›Sonderaktion‹ bereitzustellen seien – was Mord bedeutete.*

... Kaltenbrunner hat behauptet ... daß das verbrecherische Programm vor seinem Amtsantritt bereits eingesetzt hatte; daß er selten wußte, was vorging, und daß er sein Möglichstes tat, es aufzuhalten, wenn er in Kenntnis gesetzt wurde ... Er hat ... die Kontrolle über die Tätigkeit des RSHA ausgeübt; er wußte Bescheid über die von diesem Amt begangenen Verbrechen und hat an vielen aktiv teilgenommen.«

Fritz Sauckel, der sich der NSDAP 1923 angeschlossen hatte, 1927 Gauleiter von Thüringen und 1933 Leiter des thüringischen Staatsministeriums, Hitlers Generalbevollmächtigter für den Arbeitseinsatz und formeller Obergruppenführer der SA und SS geworden war, wurde im Zusammenhang mit dem von der Anklage gegen ihn erhobenen Vorwurf des Verbrechens gegen den Frieden freigesprochen. »Das Beweismaterial«, so beginnt das Urteil, »hat den Gerichtshof nicht davon überzeugt, daß Sauckel in einem solchen Umfange mit dem allgemeinen Plan zur Führung eines Angriffskrieges in Verbindung gestanden hatte oder in einem solchen Umfange in Planung oder Führung der Angriffskriege verwickelt war, um den Gerichtshof zu veranlassen, ihn nach Anklagepunkt 1 oder 2 zu verurteilen.« Für schuldig befunden wurde Sauckel jedoch in den Punkten Drei und Vier: Kriegsverbrechen und Verbrechen gegen die Menschlichkeit. Der einstige Arbeiter und Seemann, der sich in den Verhören und in seinem Schlußwort als christlicher Sozialist darzustellen versucht und behauptet hatte, als ehemaliger Arbeiter für Menschlichkeit im Rahmen des gigantischen Zwangsarbeiterprogramms eingetreten zu sein, mußte für die Tatsache büßen, daß unter seiner Regie und Verantwortung mehr als fünf Millionen Menschen aus dem Ausland zur Zwangsarbeit nach Deutschland deportiert worden waren, wo »viele von ihnen schreckliche Grausamkeiten und Leiden erdulden mußten«.[91] »Er betrieb«, so heißt es im Urteil des IMT, »die sogenannte ›freiwillige‹ Anwerbung durch ›einen ganzen Haufen männlicher und weiblicher Agenten, genauso wie es früher beim ›Schanghaien‹ gemacht wurde. Daß die wirklich freiwillige Anwerbung

* Vor dem IMT bestritt Kaltenbrunner hartnäckig nicht nur diese Unterschrift.

Der Chef
des Oberkommandos der Wehrmacht

Nr.001228/43g.K./WFSt/Qu.(V/Verw.)

F.H.Qu.,den 15. 3. 1943.
Geheime Kommandosache.
2 Ausfertigungen
1.Ausfertigung

An den

Reichsführer SS und
Chef der Deutschen Polizei
Herrn H. H i m m l e r .

Sehr geehrter Herr Reichsführer !

Anliegend übersende ich Ihnen eine Denkschrift des Oberbefehlshaber Südost, Generaloberst Löhr, die sich mit den nach seiner Ansicht notwendigen, politischen, verwaltungsmässigen und wirtschaftlichen Reformen in Kroatien nach Durchführung der militärischen Operationen befasst.

Der Oberbefehlshaber Südost hat mir die Denkschrift anlässlich seiner Anwesenheit in Wehrwolf am 3.März übergeben. Sie ist ohne Kenntnis des Führerauftrages an Sie, Reichsführer, ausgearbeitet worden. Ich habe deshalb auch davon Abstand genommen, die Denkschrift dem Führer vorzulegen. Da die Ausführungen des Generalobersten Löhr sich jedoch in vielen Punkten mit den zwischen uns besprochenen Gedanken decken, glaube ich, dass diese Denkschrift, um deren Rückgabe ich bitte, für Sie von Interesse sein wird.

Bei diesem Anlass darf ich nochmals darauf hinweisen, dass nach dem mir wiederholt ausgedrückten Willen des Führers Ihre Aufgabe in Kroatien nach aussen hin, vor allem gegenüber den kroatischen und italienischen Dienststellen, als ein Teil der militärischen Befriedungsmassnahmen im deutschen Operationgebiet getarnt werden soll.

Heil Hitler !
Ihr sehr ergebener
Keitel

1 Anlage

Geheime Kommandosache

Der Führer und Oberste Befehlshaber der Wehrmacht

F.H.Qu., den 3. Dezember 1940.

OKW/WFSt./Abt.L(I)Nr.oo 1040/40 g.K.

(Bitte in der Antwort vorstehendes Geschäftszeichen, das Datum und kurzen Inhalt anzugeben.)

10 Ausfertigungen.
3. Ausfertigung.

54

Ich beauftrage den Oberbefehlshaber der Luftwaffe mit der Bereitstellung eines Luftlande-Korps. Die 22.Div. wird hierzu mit ihrer Ausstattung für Luftlande-Unternehmen der Luftwaffe unterstellt. Einzelheiten regeln die Oberkommandos unter sich. Soweit Durchführungsbestimmungen erforderlich werden, erläßt sie der Chef des Oberkommandos der Wehrmacht in meinem Auftrage.

[illegible]

OLICE D'ISRAEL
ARTIER GENERAL - 6-eme BUREAU

משטרת ישראל
המטה הארצי לשכה 06

464

Abschrift

Der Chef der Sicherheitspolizei
und des SD
-IV D 4 - 1574/40-

Berlin SW.11, den 24. Juni 1940

An den

Herrn Reichsaußenminister

SS-Gruppenführer Joachim von R i b b e n t r o p,

Berlin W.8

Wilhelmstr.
(Auswärtiges Amt)

Lieber Parteigenosse von Ribbentrop!

Der Herr Generalfeldmarschall hat mich im Januar 1939 in seiner Eigenschaft als Beauftragter für den Vierjahresplan mit der Durchführung der jüdischen Auswanderung aus dem gesamten Reichsgebiet beauftragt. In der Folgezeit gelang es, trotz großer Schwierigkeiten, selbst auch während des Krieges, die jüdische Auswanderung erfolgreich fortzusetzen.

Seit Übernahme der Aufgabe durch meine Dienststelle am 1. Januar 1939 sind bisher insgesamt über 200 000 Juden aus dem Reichsgebiet ausgewandert. Das Gesamtproblem -es handelt sich bereits um rund 3 1/4 Millionen Juden in den heute Deutscher Hoheitsgewalt unterstehenden Gebieten- kann aber durch Auswanderung nicht mehr gelöst werden. Eine territoriale Endlösung wird daher notwendig.

Ich darf bitten, mich bei bevorstehenden Besprechungen, die sich mit der Endlösung der Judenfrage befassen, falls solche von dort aus vorgesehen sein sollten, zu beteiligen.

Heil Hitler!
Ihr
gez. Heydrich.

372047

Geheime Kommandosache

Der Führer und Oberste Befehlshaber
der Wehrmacht

F.H.Qu., den 21.8.1941

WFSt/L Nr.441412/41 g.K.Chefs.

11

Chefsache!
Nur durch Offizier!
4 Ausfertigungen
4.Ausfertigung

Heusinger

An den

Oberbefehlshaber des Heeres.

Der Vorschlag des Heeres für die Fortführung der Operationen im Osten vom 18. August stimmt mit meinen Absichten nicht überein.

Ich befehle Folgendes:

1.) Das wichtigste, noch vor Einbruch des Winters zu erreichende Ziel ist nicht die Einnahme von Moskau, sondern die Wegnahme der Krim, des Industrie- und Kohlengebietes am Donez und die Abschnürung der russischen Oelzufuhr aus dem Kaukasusraum, im Norden die Abschliessung Leningrads und die Vereinigung mit den Finnen.

2.) Die operativ selten günstige Lage, die durch das Erreichen der Linie Gomel – Potschep entstanden ist, muss zu einer konzentrischen Operation mit den inneren Flügeln der H.Gr.

/Süd

Süd und Mitte unverzüglich ausgenützt werden. Ihr Ziel muss sein, die sowjetrussische 5.Armee nicht nur durch alleinigen Angriff der 6.Armee hinter den Dnjepr zu drücken, sondern diesen Feind zu vernichten, bevor er hinter die Linie der Desna - Konotop - Sula-Abschnitt ausweichen kann. Nur dadurch wird die Sicherheit für die Heeresgruppe Süd gegeben, östlich des mittleren Dnjepr Fuss zu fassen und die Operationen in Richtung Rostow - Charkow mit der Mitte und dem linken Flügel weiterführen zu können.

3.) Von der <u>H.Gr. Mitte</u> sind hierfür ohne Rücksicht auf spätere Operationen soviel Kräfte anzusetzen, dass das Ziel, Vernichtung der 5. russ. Armee, erreicht wird und die Heeresgruppe dabei in der Lage bleibt, feindliche Angriffe gegen die Mitte ihrer Front in kräftesparenden Stellungen abzuwehren.

An der Absicht, den linken Flügel der H.Gr.Mitte bis auf das Höhengelände um Toropez vorzutreiben und dort den Anschluss an den rechten Flügel der H.Gr. Nord herzustellen, ändert sich nichts.

4.) Die Einnahme der Halbinsel Krim ist von allergrösster Bedeutung für unsere gesicherte Oelversorgung aus Rumänien.

Ein rascher Uebergang über den Dnjepr in Richtung auf die Krim, bevor der Feind neue Kräfte heranführt, muss daher mit allen Mitteln - auch unter Einsatz schneller Verbände - angestrebt werden.

5.) Erst die enge Abschliessung von Leningrad, die Vereinigung mit den Finnen und die Vernichtung der russischen 5. Armee schafft die Voraussetzungen und macht Kräfte frei, um im Sinne des Ergänzungsbefehls zur Weisung Nr.34 vom 12. August die feindliche Heeresgruppe Timoschenko mit Aussicht auf Erfolg angreifen und schlagen zu können.

Nachrichtlich:

An den Oberbefehlshaber der Luftwaffe.

eher die Ausnahme als die Regel war, wird durch Sauckels Aussage (müßte eigentlich heißen: Angabe oder Feststellung) vom 1. März 1944 bewiesen, daß von den fünf Millionen ausländischen Arbeitern, die nach Deutschland gekommen sind, nicht einmal 200.000 freiwillig gekommen sind. Obgleich er nun behauptet, daß diese Angabe nicht richtig sei, so lassen doch die Umstände, unter denen sie gemacht wurde, genauso wie das dem Gerichtshof vorgelegte Beweismaterial keinen Zweifel darüber, daß sie im wesentlichen richtig war.«[92]

Der wegen seiner Herkunft von den meisten Angeklagten »von oben herab« behandelte alte Parteifunktionär benahm sich in Nürnberg wie der Titelheld des Cervantes-Romans *Der Ritter von der traurigen Gestalt*. Wie ein Don Quichotte verstieg er sich in der wirklichkeitsfremden Version, trotz all der vor ihm aufgeschichteten Schuldbeweise falsch verstanden und unschuldig verurteilt worden zu sein.

Das Gericht befand: »Am 21. März 1942 ernannte Hitler Sauckel zum Generalbevollmächtigten für den Arbeitseinsatz mit der Vollmacht, ›den Einsatz aller verfügbaren Arbeitskräfte, einschließlich der im Ausland angeworbenen Arbeiter und von Kriegsgefangenen‹, unter einheitliche Kontrolle zu bringen. Sauckel wurde angewiesen, innerhalb des Rahmens des Vierjahresplanes zu operieren, und am 27. März 1942 erließ Göring als Beauftragter für den Vierjahresplan eine Verordnung, die seine Abteilungen für Arbeitseinsatz auf Sauckel übertrug. Am 30. September 1942 erteilte Hitler Sauckel Vollmacht, Kommissare in den verschiedenen besetzten Gebieten zu ernennen und ›alle notwendigen Maßnahmen zur Durchführung‹ der Verordnung vom 21. März 1942 zu treffen. Auf Grund der Vollmacht ... stellte Sauckel ein Programm zur Mobilisierung aller für das Reich verfügbaren Arbeitskräfte auf. Ein wichtiger Teil ... war die systematische, gewaltsame Ausbeutung der Arbeiterquellen der besetzten Gebiete. Kurz nachdem Sauckel sein Amt angetreten hatte, veranlaßte er die Regierungsbehörden in den verschiedenen besetzten Gebieten, Verordnungen zu erlassen, die die Arbeitsdienstverpflichtung nach Deutschland einführten. Auf Grund dieser Verordnungen beschafften sich Sauckels Kommissare, unterstützt von den Polizeibehörden der besetzten Gebiete, die Arbeiter, die zur Auffüllung der ihnen von Sauckel aufgegebenen Quoten nötig waren, und sandten sie nach Deutschland. Die Art und Weise, in welcher die ... Sklavenarbeiter zusammengetrieben und nach Deutschland transportiert wurden und was mit ihnen nach ihrer Ankunft geschah, ist ... beschrieben worden. Sauckel macht geltend, daß er für diese Übergriffe bei der Durchführung des Programms nicht verantwortlich ist. Er sagt, daß die Gesamtzahl der zu beschaffenden Arbeiter durch die Anforderungen der Landwirtschaft und der Industrie bestimmt wurde; daß die Beschaffung der Arbeiter Aufgabe der (deutschen) Besatzungsbehörden war, der

Transport nach Deutschland diejenige der deutschen Eisenbahn und ihre Betreuung in Deutschland dem Arbeits- und dem Landwirtschaftsministerium, der Deutschen Arbeitsfront und den verschiedenen interessierten Industrien zufiel ... Es steht jedoch außer allem Zweifel, daß Sauckel die Gesamtverantwortlichkeit für das Sklavenarbeitsprogramm hatte. Zur Zeit der in Frage stehenden Ereignisse hat er nicht verfehlt, über die Gebiete, welche er nun zur Alleinverantwortlichkeit anderer rechnet, die Kontrolle auszuüben. Seine Verordnungen waren es, die seinen Kommissaren Vollmacht zur Beschaffung von Arbeitern erteilten,* und er war dauernd unterwegs, um die getroffenen Maßnahmen zu überwachen. Er war sich bewußt, daß rücksichtslose Methoden zur Beschaffung von Arbeitern angewendet wurden, und hat sie tatkräftig mit der Begründung unterstützt, daß sie zur Auffüllung der Quoten notwendig waren. Sauckels Verordnungen sahen auch vor, daß er die Verantwortung für die Transporte der Arbeiter nach Deutschland, für ihre Zuweisung an Arbeitgeber und für ihre Betreuung hatte ... Er war über die bestehenden schlechten Bedingungen unterrichtet.«**

Arthur Seyß-Inquart, der 1892 in Mähren geborene Rechtsanwalt, dem die amerikanischen Gefängnispsychologen in Nürnberg eine außergewöhnliche Intelligenz attestierten, hatte eine relativ kurze politische Karriere als offizieller Nationalsozialist hinter sich,*** als das IMT das Todesurteil über ihn fällte.[93] Obwohl er, »der Vorkämpfer der österreichischen Fünften Kolonne«, wie Jackson**** ihn

* Sir Hartley Shawcross zitierte in seinem Plädoyer vom 27. Juli 1946 noch einmal unter anderem die Dokumente 016-PS, 017-PS und R-124, die Sauckels persönliches Engagement als größten Sklavenhalter seit den Pharaonen, wie er ihn bezeichnete, erscheinen ließen. Danach hatte Sauckel unter anderem gesagt: »Gelingt es nicht, die benötigten Arbeitskräfte auf freiwilliger Grundlage zu gewinnen, so muß unverzüglich ... (›... mit allem Nachdruck und unter Einsatz aller Kräfte ...‹) zur Zwangsverpflichtung geschritten werden ... eine gewaltige Anzahl fremder Arbeitskräfte ... Männer und Frauen ... eine unbedingte Notwendigkeit.« IMT, Bd. XIX, S. 549.

** Das Gericht räumte in seinem Urteil dennoch ein: »Es hat nicht den Anschein, als ob er (Sauckel) Brutalität als Selbstzweck befürwortete oder für ein Programm, wie z. B. Himmlers Plan zur Ausrottung durch Arbeit, eintrat. Seine Einstellung wurde folgendermaßen in einer Verordnung ausgedrückt: ›Alle diese Menschen müssen so ernährt, untergebracht und behandelt werden, daß sie bei denkbar sparsamstem Einsatz die größtmögliche Leistung hervorbringen.‹« IMT, Bd. I, S. 363.

*** Kontakte pflegte Seyß-Inquart zur NSDAP jedoch seit 1931. Im Februar 1938 wurde er vom österreichischen Bundeskanzler Kurt von Schuschnigg infolge des Druckes, den Hitler am 12. 2. 1938 während der Berchtesgadener Besprechung auf Schuschnigg ausgeübt hatte, zum österreichischen Innenminister ernannt. Nach der Verhaftung Schuschniggs (Gefängnis und KZ bis 1945) fungierte Seyß-Inquart als österreichischer Bundeskanzler und regelte den Anschluß Österreichs an das Reich. Einen Tag nach seiner Aufnahme in die NSDAP löste Seyß-Inquart den zurückgetretenen österreichischen Präsidenten Wilhelm Niklas ab, der sich weigerte, den von Seyß-Inquart unterstützten Anschluß Österreichs zu billigen. Vgl. IMT, Bd. I, S. 370ff.

**** Jackson warf Seyß-Inquart vor, 1938 die Regierung Österreichs nur übernommen zu haben, um Österreich Hitler »zum Geschenk zu machen«. IMT, Bd. XIX, S. 461.

in seinem Plädoyer vom 26. Juli 1946 charakterisierte, erst nach dem Anschluß Österreichs an das Reich Mitglied der NSDAP geworden war, hatte Hitler ihn bereits 1939 zum Reichsstatthalter der Ostmark, zum Reichsminister ohne Geschäftsbereich und zum Stellvertreter Franks im Generalgouvernement und 1940 zum Reichskommissar für die besetzten Ostgebiete und zum Reichsstatthalter für die besetzten Niederlande gemacht.

Von Hitler seit Beginn des Krieges mit der Verwaltung besetzter Gebiete betraut, waren ihm, seit März 1938 nebenbei auch General der SS, Ämter und Funktionen übertragen worden, deren Hinterlassenschaften und Folgen in Nürnberg besonders schwer wiegen mußten. »Als Reichsstatthalter in Österreich«, stellte das Urteil fest, »führte Seyß-Inquart die Beschlagnahme jüdischen Eigentums durch. Unter seinem Regime wurden die Juden gezwungen, auszuwandern, sie wurden in Konzentrationslager geworfen ... in der Endphase seines Regimes arbeitete er mit der Sicherheitspolizei und dem SD zusammen, um die Deportation der Juden von Österreich nach dem Osten durchzuführen. Während er Reichsstatthalter von Österreich war, wurden politische Gegner ... (durch) die Gestapo in Konzentrationslager geschafft, mißhandelt und oft getötet ... Im Verlauf einer Inspektionsreise durch das Generalgouvernement stellte er im November 1939 fest, daß Polen so zu verwalten sei, daß seine Wirtschaftsvorräte zugunsten Deutschlands ausgebeutet würden. Seyß-Inquart ... war (auch) über den Beginn der AB-Aktion unterrichtet, die die Ermordung vieler polnischer Intellektueller zum Gegenstand hatte. Als Reichsstatthalter für die besetzten Niederlande übte ... (er) unbarmherzigen Terror zur Unterdrückung allen Widerstandes gegen die deutsche Besetzung aus, ein Programm, das er selbst als ›Vernichtung‹ der Gegner bezeichnete. In Zusammenarbeit mit den örtlichen höheren SS- und Polizeiführern hatte er mit der Erschießung der Geiseln zu tun, die wegen Angriffen gegen die Besatzungsbehörden festgenommen waren, und ferner mit der Einweisung in Konzentrationslager all derer ... die einer feindlichen Haltung gegen die Besatzungsmethoden verdächtig waren. Viele holländische Polizisten wurden durch Androhung von Vergeltungsmaßnahmen gegen ihre Familien zur Beteiligung an diesen Aktionen gezwungen; auch holländische Gerichtshöfe wurden zur Teilnahme an diesen Programmen genötigt. Als sie ... zögerten, Freiheitsstrafen zu verhängen, weil ... so viele Gefangene getötet wurden, wurde in erheblichem Maße von Polizei-Schnellgerichten Gebrauch gemacht.«[94] Ferner warf das IMT Seyß-Inquart vor, holländische Finanzinstitute gezwungen zu haben, die von ihm angeordneten Maßnahmen bei der Plünderung öffentlichen und privaten Besitzes zu unterstützen und ihnen dadurch den Anschein von Legalität zu verleihen.[95]

Der Jurist Seyß-Inquart, der sich gern martialisch in Leder kleidete und Uhren sammelte,[96] hatte die Niederlande unter vorsätzlicher Mißachtung der Haager Konvention, die er für nicht mehr zeitgemäß hielt, ausbeuterisch verwaltet und zahlreiche Holländer zur Zwangsarbeit nach Deutschland deportieren lassen. »Im Jahre 1942 ordnete er«, hieß es im Urteil, »formell den Zwangsarbeiterdienst an und machte von den Diensten der Sicherheitspolizei und des SD Gebrauch, um eine Umgehung dieses Befehls zu verhindern. Während der Besetzung wurden 500.000 Menschen von den Niederlanden nach dem Reich als Arbeiter gesandt, und nur ein ganz geringer Bruchteil davon waren ... Freiwillige. Eine der ersten Maßnahmen, die Seyß-Inquart als Reichsstatthalter der Niederlande ergriff, war der Erlaß ... von Gesetzen, die die wirtschaftliche Schlechterstellung der Juden erzwangen ... Verordnungen ... sich registrieren zu lassen ... in Gettos zu wohnen und den Davidstern zu tragen, sporadische Verhaftungen und Einsperrungen in Konzentrationslager und schließlich, auf Vorschlag Heydrichs, die Massenverschleppung von fast 120.000 der 140.000 Juden Hollands nach Auschwitz und zur Endlösung.«

Seiner Behauptung, nicht gewußt zu haben, was in Auschwitz mit den KZ-Insassen geschehen sei, schenkte das IMT, das ihn nur im Punkt Eins freisprach, keinen Glauben. »Auf Grund des Beweismaterials und in Ansehung seiner Amtsstellung ist es unmöglich, diesen Behauptungen Glauben zu schenken«, stellten die Richter fest, die ihm im Zusammenhang mit seinen Verteidigungsargumenten jedoch konzedierten: »Seyß-Inquart behauptet ferner, daß er nicht verantwortlich sei für viele der Verbrechen, die während der Besetzung der Niederlande begangen wurden, da sie entweder vom Reich angeordnet waren und von der Armee, die nicht seiner Kontrolle unterstand, ausgeführt wurden oder von dem deutschen Höheren SS- und Polizeiführer, welcher, wie er behauptete, unmittelbar an Himmler berichtete. Es trifft zu, daß für einige der Ausschreitungen die Armee verantwortlich war, und daß der Höhere SS- und Polizeiführer, obschon er Seyß-Inquart zur Verfügung stand, stets direkt an Himmler berichten konnte. Es ist ebenfalls wahr, daß in gewissen Fällen Seyß-Inquart gegen besonders scharfe Maßnahmen, die von anderen Dienststellen getroffen wurden, protestierte, wie zum Beispiel, als er die Armee erfolgreich daran hinderte, die Politik der ›verbrannten Erde‹ zur Anwendung zu bringen, und ferner, daß er beim Höheren SS- und Polizeiführer darauf drang, die Zahl der zu erschießenden Geiseln herabzusetzen.« Zur Rettung seines Lebens genügte dies nicht. »Dennoch«, bestätigten die Richter ihre Feststellungen, »bleibt die Tatsache bestehen, daß Seyß-Inquart ein wissender und freiwilliger Teilnehmer an Kriegsverbrechen und Verbrechen gegen die Menschlichkeit war, die während der Besetzung der Niederlande begangen wurden.«[97]

Das Urteil über Hans Frank,* Hitlers Generalgouverneur von Polen, führte die schon in Nürnberg viel kolportierte Version *ad absurdum*, daß reuige Schuldbekenntnisse vor dem IMT prinzipiell milde Urteile zur Folge haben würden. Dieser phantasiereiche alte Nationalsozialist, der einerseits immer schon ein gebrochener, Hitler gegenüber besonders devoter, unsicherer und labiler und andererseits ein von pathetischem Geltungshunger und prahlerischer Darstellungsucht (vor allem durch seine – seit 1942 nicht gerade guten – Beziehungen zu Hitler) geprägter Mann war und in Nürnberg gar als ostentativ betont gläubiger Katholik starb, hatte vor dem IMT mit theatralischer Reue, demütig wirkenden Bekenntnissen und sprachlich gewandten, juristisch unterlegten Formulierungen nicht gespart. Nachdem er bereits zu Beginn des Prozesses zerknirscht von seiner »schrecklichen Stunde« gesprochen hatte, war er auch in seinem Schlußwort vom 31. August 1946 – bis auf einen Punkt** – von den so artikulierten Aussagen im Zeugenstand nicht abgewichen. »Ich bitte unser Volk«, beschwor er am Ende des Prozesses, »daß es nicht verharrt in dieser Entwicklung und nicht weiterschreitet in dieser Richtung, auch nicht einen Schritt, denn Hitlers Weg war der vermessene Weg ohne Gott, der Weg der Abwendung von Christus ... der Weg ... des Verderbens und des Todes. Sein Gang wurde mehr und mehr der eines entsetzlichen Abenteurers ohne Gewissen und Ehrlichkeit, wie ich heute, am Schluß dieses Prozesses, weiß ... über den Gräbern der Millionen Toten ... stieg dieser monatelange Staatsprozeß als das zentrale juristische Nachspiel auf, und ihre Geister zogen anklagend durch diesen Raum. Ich danke, daß man mir die Möglichkeit einer Verteidigung und damit einer Rechtfertigung gegeben hat zu den Belastungen, die gegen mich vorgebracht wurden. Ich denke

* Hans Frank (1900–1946), Rechtsanwalt, Dr. jur., seit 1927 Mitglied der NSDAP, 1930 Mitglied des Reichstages, 1933 bayerischer Justizminister, Reichsleiter der NSDAP für Rechtsangelegenheiten und Vorsitzender der Akademie für Deutsches Recht (bis 1942), 1934 Minister ohne Geschäftsbereich, 1939 Chef der Zivilverwaltung für die besetzten polnischen Gebiete und Generalgouverneur von Polen. 1942 Auseinandersetzungen mit Himmler, die Hitler (nicht zuletzt auch als Folge einer Frank-Rede, die Hitler nicht paßte) zugunsten Himmlers entschied, was Frank zwangsläufig auch innerlich von Hitler entfernte. Vgl. dazu auch Franks Nürnberger Aufzeichnungen: Frank, Hans, *Im Angesicht des Galgens*, München-Gräfelfing 1953, S. 403ff.

** Zu Franks Eingeständnis, »schreckliche Schuld« zu empfinden, vgl. IMT, Bd. I, S. 344ff. In seinem Schlußwort (IMT, Bd. XXII, S. 436ff.) distanzierte Frank sich in dem Punkt wie folgt: »Im Zeugenstand habe ich die Verantwortung für das übernommen, für was ich einzustehen habe. Ich habe auch jenes Maß von Schuld anerkannt, das auf mich als nationalsozialistischen Vorkämpfer Adolf Hitlers, seiner Bewegung und seines Reiches trifft ... Ich muß ... noch ein Wort von mir berichtigen. Ich sprach im Zeugenstand von tausend Jahren, die die Schuld von unserem Volke wegen des Verhaltens Hitlers in diesem Kriege nicht nehmen könnten. Nicht nur das sorgsam aus diesem Verfahren ferngehaltene Verhalten unserer Kriegsfeinde unserem Volke und seinen Soldaten gegenüber, sondern die riesigen Massenverbrechen entsetzlichster Art, die, wie ich erst jetzt erfahren habe, vor allem in Ostpreußen, Schlesien, Pommern und im Sudetenland von Russen, Polen und Tschechen an Deutschen verübt wurden und noch verübt werden, haben jede nur mögliche Schuld unseres Volkes schon heute restlos getilgt.«

an all diese Opfer von Gewalt und Grauen der furchtbaren Kriegsereignisse, mußten doch Millionen vergehen, unbefragt und ungehört.«[98]

Franks Verteidigung war im wesentlichen darauf angelegt, den Nachweis zu führen, daß er für die ihm zugeschriebenen Verbrechen nicht wirklich verantwortlich gewesen sei, sondern in Polen lediglich die notwendigen Befriedungsmaßnahmen angeordnet habe. Die vom IMT in diesem Falle großzügig als »Ausschreitungen« klassifizierten Verbrechen schob er der Tätigkeit der nicht unter seiner Kontrolle stehenden Polizei zu und behauptete, daß er über die Vorgänge in den Konzentrationslagern nicht informiert gewesen sei. Auf das von ihm engagiert unterstützte Zwangsarbeiterprogramm Sauckels wollte er in Nürnberg keinen maßgeblichen Einfluß gehabt haben, und auch die Ausrottung der Juden im Rahmen seines Machtbereiches schob er ausschließlich seinem – von Hitler ihm gegenüber vorgezogenen – Rivalen Himmler und der von ihm geführten SS und Polizei zu. Bis zuletzt von der Richtigkeit seiner in sich widersprüchlichen Auffassungen und Verhaltensweisen überzeugt, notierte er in Nürnberg auch für seine letzten Aufzeichnungen:
»Die Militärverwaltung in dem ... von den deutschen Truppen besetzten Gebiet Polens wurde ... Ende September 1939 nach Abschluß der Kampfhandlungen eingerichtet ... [ihr] war leider nur kurze Dauer beschieden. Mit Wirkung vom 26. Oktober 1939 wurde das an Deutschland gefallene Gebiet Polens in zwei große Teile geteilt. Der ... größere Teil kam als Reichsgebiet zum Deutschen Reich, der ... kleinere Teil wurde als Generalgouvernement mit der Hauptstadt Krakau autonom und mir als Generalgouverneur unterstellt. Die Militärverwaltung konnte sich ... nicht ... aufbauen und sich vor allem keine funktionierende Unterbauorganisation der Verwaltung einrichten ... diese wenigen Wochen (der Militärverwaltung) zeigten die ungeheuren Schwierigkeiten der sich gegenseitig überschneidenden und widersprechenden Vollmachten, die Hitler den verschiedenen Reichsstellen bezüglich der besetzten Gebiete gegeben hatte. Es hatte sich dabei vor allem schon das typische Treiben Himmlers und seiner Organe geltend gemacht, die unter direkter Abhängigkeit Hitlers eine von allen anderen Dienststellen völlig unabhängig eigene Macht und Gewalttätigkeit entfalteten ... gleichzeitig mit der Gründung des Generalgouvernements und meiner Ernennung zum Generalgouverneur hatte Hitler einen mir bis zum Schluß ... verschwiegenen, von mir erst jetzt im Laufe der Nürnberger Verhandlungen entdeckten Geheimerlaß gezeichnet, der den SS- und Polizeiführer für das Generalgouvernement, Krüger, mit allen SS- und Polizeikräften dieses Gebiets unter die direkte und ausschließliche Befehlsgewalt Himmlers stellte ... ein glatter Betrug, den Hitler mir gegenüber beging, der mich zwar nach außen hin als seinen Repräsentanten bestellte, insgeheim aber der wahnwitzigen Tyrannis Himmlers und seiner Kreaturen auslieferte. Auf alle meine Be-

schwerden an Hitler über dieses Treiben, demgegenüber ich praktisch ohnmächtig war, und dem ich oft mit den verzweifeltsten Mitteln ... beizukommen suchte, schwieg Hitler ... Man sagte, ich hätte das Warschauer Getto zerstört. Es wurde erwiesen, daß dieser entsetzliche Vorgang auf persönliche, unmittelbare Weisung Himmlers vor sich ging, ohne meine Kenntnis und vor- oder nachherige Berichterstattung ... Man verwies*... nicht darauf, daß ich von meinen persönlichen Todfeinden sprach, wenn ich von SS und Polizei sprach. Und man vergaß völlig den unvorstellbaren Druck, unter dem jeder, der sachlich und gerecht arbeiten wollte, in diesem Stadium des Hitlerregimes zu leiden hatte, wenn er überhaupt noch wirken wollte. Man ließ ... unter den Tisch fallen, ... daß ich als Generalgouverneur von Hitler in grausamster Weise, meinen vierzehn Rücktrittsgesuchen zum Trotz ... auszuharren gezwungen wurde ... Hitler wußte... warum er mir das antat. Das Amt in Krakau war seine ... Rache gegen mich. Er wußte ..., was in Treblinka und an anderen Orten vor sich ging. Und (er) wußte, was er mir und meinem Namen damit allein insgeheim aufbürdete.«[99]

Zu seiner Entschuldigung führte Frank an, daß der SS-Obergruppenführer Krüger mit allen SS- und Polizeikräften infolge einer geheimen Hitler-Weisung nicht ihm, sondern Himmler unterstellt gewesen sei,[100] was seine Machtbefugnisse zu Scheinvollmachten degradiert habe. Wider besseres Wissen verschwieg er dabei jedoch, daß er selbst es war, der Krüger im Sommer 1941 – ohne die Erlaubnis Himmlers zu benötigen – mit besonderen Aufgaben betraut hatte. »Wie Sie mir mitteilen«, schrieb Himmler am 19. Juni 1941 in einem als »Geheime Reichssache« bezeichneten Brief an Krüger, »hat der Herr Generalgouverneur Sie mit der Durchführung der Ernteaufbringung sowie des Arbeitseinsatzes der nichtdeutschen Arbeitskräfte im Generalgouvernement und außerdem mit der Gewinnung nichtdeutscher Arbeitskräfte aus dem Generalgouvernement für das Reich beauftragt.«[101]

Himmler, gegen Kompetenzeinschränkungen stets mit offenem Visier kämpfend, was Frank zweifellos wußte, befahl Krüger in diesem Schreiben, aus dem weder Auszüge noch Stichwörter notiert werden durften, sofort differenziert, mit welchen Kräften und Mitteln die Ernte einzubringen und Arbeitskräfte für das Reich zu gewinnen seien. Daß diese »Richtlinien« und »Anweisungen«, wie Himmler sie nannte, trotz ihrer Radikalität immer noch milder als die Drohungen waren, die Frank schon 1940 formuliert hatte, beweisen die Dokumente eindeutig. Während Himmler anfänglich noch »Politik« zu machen versuchte, gab es für Frank seit Anbeginn nur brutale Gewalt.

* Mit der Formulierung (»Man verwies ...«) meinte Frank die vom IMT ausgewählten Auszüge aus seinen Kriegstagebüchern. Vgl. dazu S. 47f.

Hans Frank, der einstige Generalgouverneur von Polen, versuchte in Nürnberg an der Wirklichkeit vorbeizureden. Bis zum Schluß redete er sich ein, stets ein »isolierter, machtloser Mann« ohne »Einfluß auf die Geschehnisse« gewesen zu sein und immer zu den »furchtbarsten, raffiniertesten und verzweifeltsten Mitteln« habe greifen müssen, »um die SS zu täuschen« und »zu hemmen«. Und nicht nur dies. Tausende Menschenleben seien durch ihn, wie er die Tatsachen auf den Kopf stellend, schließlich behauptete, gerettet worden.[102] So war denn auch typisch für ihn, daß er in Nürnberg schrieb: »Aber abgesehen von alledem habe ich über meine ›Schuld‹ mit einem Gremium von Siegern nicht zu feilschen und zu handeln. Außerdem fühle ich mich insgesamt schuldig als Teilnehmer an dem Gesamtunternehmen Hitlers, und halte es daher vor meinem, deshalb vor Gott, den Menschen und mir selbst schwer belasteten Gewissen für meine Pflicht, jene Schuld auch für alles dort in Polen Geschehene zu übernehmen, weil ich, überhaupt verstrickt in Hitlers Totalwerk, vielfach in Wort und Werk gefehlt habe.«[103]

Die von Shawcross in seinem Plädoyer aus einigen Feststellungen Franks von Januar, Mai und Dezember 1940 bereits zitierten (und hier wiederholten) Stellen sprechen eine deutliche Sprache. Im Januar hatte er zum Beispiel geschrieben: »Billige Arbeitskräfte müssen zu Hunderttausenden aus dem Generalgouvernement weggeschafft werden. Das wird die biologische Fortpflanzung der Einwohner hemmen.« Von Mai 1940 stammte Franks Äußerung: » ... indem wir uns die Konzentrierung des Welt-Interesses auf die Westfront zunutze machen und Tausende von Polen liquidieren, und zwar zuerst die Führer der polnischen Intelligenz ...« Und im Dezember hatte er erklärt: »Die Polen müssen merken, daß sie nur eine Pflicht haben: zu arbeiten und zu gehorchen. Alle Maßnahmen müssen wir erbarmungslos durchführen. Verlassen Sie sich auf mich.«[104]

Das Urteil des IMT ignorierte die von Frank sowohl vor dem Prozeß als auch während seiner Vernehmungen im Zeugenstand des IMT geäußerten Argumente nicht, sondern hob sie ausdrücklich hervor, indem es feststellte: »Es mag ... wahr sein, daß einige der im Generalgouvernement begangenen Verbrechen ohne Franks Kenntnis, und gelegentlich sogar gegen seinen Willen, begangen worden sind. Es mag ebenso zutreffend sein, daß einige der verbrecherischen Unternehmungen, die im Generalgouvernement ausgeführt wurden, nicht von Frank ausgingen, sondern auf aus Deutschland stammende Befehle zurückzuführen waren. Aber es ist ebenso wahr, daß Frank ein williger und wissender Mitwirkender sowohl bei der Anwendung von Terror in Polen war wie bei der wirtschaftlichen Ausbeutung Polens auf eine Art und Weise, die zum Hungertod einer großen Anzahl Menschen führte; ferner bei der Deportation von mehr als einer Million Polen als Sklavenarbeiter nach Deutschland ...«[105]

»Das Beweismaterial hat ergeben«, heißt es im Urteil außerdem, daß die »Besatzungspolitik auf die vollständige Zerstörung Polens als nationale Einheit und eine rücksichtslose Ausbeutung seiner menschlichen und wirtschaftlichen Hilfsquellen für den deutschen Kriegseinsatz gerichtet war. Jeder Widerspruch wurde mit äußerster Härte niedergeschlagen. Ein Terror-Regime wurde eingeführt, das von Polizei-Schnellgerichten unterstützt war, welche Maßnahmen wie öffentliche Erschießungen von Gruppen von 20 bis 200 Polen und weitgehende Geiselerschießungen anordneten. Das Konzentrationslagersystem wurde im Generalgouvernement durch die Errichtung der berüchtigten Lager von Treblinka und Maidanek eingeführt. Frank gab einen Hinweis auf das Ausmaß seines Terror-Regimes schon am 6. Februar 1940, als er einem Zeitungsberichterstatter mit Bezug auf von Neuraths Anschlag, der die Hinrichtung tschechischer Studenten bekanntgab, zynisch erklärte: ›Wenn ich befehlen würde, daß jedesmal wegen sieben erschossenen Polen Anschläge angebracht werden, dann gäbe es in ganz Polen nicht genug Wälder, um das Papier für diese Anschläge herzustellen.‹«

Alfred Rosenberg,* der eifernde, eigenbrötlerische und fanatisch besessene Antisemit und Antibolschewist, der sich schon 1919 für Hitler entschieden hatte und sehr lange sogar der Philosoph der NS-»Bewegung« zu sein glaubte, war für Hitler schon tot, bevor die Alliierten die Grenzen des Reiches überschritten. Er, der in Estland geborene, 1919 besser russisch[106] als deutsch sprechende Balte, der am Beginn seiner politischen Karriere beschuldigt wurde, französischer Spion gewesen[107] – und später, was für einen Nationalsozialisten als gänzlich unmöglich galt, jüdischer Abstammung zu sein,[108] war für die meisten ein verlorener Mann, bereits als er nach Nürnberg kam.

* Alfred Rosenberg (1893–1946) hatte in Riga und Moskau Architektur studiert und 1918 in Moskau das Examen abgelegt. Ende 1918 war er über Berlin nach München gegangen, wo er als »Kenner des Bolschewismus« mit Hitlers Mentor und Freund Dietrich Eckart – und über ihn mit Hitler – bekannt wurde. Ende 1919, rund drei Monate nach Hitler, schloß er sich der DAP (mit der Mitgliedsnummer 625) an, die sich seit Anfang 1920 NSDAP nannte. 1921 wurde er Schriftleiter der Zeitung *Völkischer Beobachter*, die zu der Zeit, nach Hitlers Angaben, bereits Hitler gehörte (vgl. Maser, *Der Sturm auf die Republik*, S. 258ff.), der ihm auch die Leitung der *Nationalsozialistischen Monatshefte* übertrug. 1923 nahm er an Hitlers Putsch in München (8./9. November) teil und bemühte sich danach, während Hitler seine Festungshaft in Landsberg am Lech absaß, wo zwei Jahrzehnte später 255 der in Nürnberg verurteilten Kriegsverbrecher gehenkt wurden, die verbotene NSDAP zusammenzuhalten. 1930 wurde er Reichstagsabgeordneter der NSDAP, 1933 Leiter des Außenpolitischen Amtes der NSDAP und Reichsleiter und 1934 von Hitler mit der Überwachung der »weltanschaulichen Erziehung der NSDAP, der Deutschen Arbeitsfront und aller gleichgeschalteten Verbände« und 1940 mit der Errichtung der »Hohen Schule«, des zentralen Forschungsinstituts für nationalsozialistische Weltanschauung und Erziehung, betraut. 1941 wurde er Reichsminister für die besetzten Ostgebiete. Für Rosenbergs ganze Karriere war seine politische Frühzeit zwischen 1918 und 1925 entscheidend. Vgl. Maser, *Der Sturm auf die Republik*, S. 24f., 89, 177ff., 181–184, 185, 209, 214, 237, 252, 268, 330ff., 336f., 339, 342, 357, 376, 380, 382, 401f., 405, 432 und 472.

Rosenbergs »Sündenregister«, das im Zusammenhang mit dem Anklagepunkt »Verbrechen gegen den Frieden« vor allem sein Engagement für Hitlers Norwegen-Plan und dessen Realisierung, die von Rosenberg entworfenen »Richtlinien zur Errichtung einer Verwaltung in den besetzten Ostgebieten« und seine Tätigkeit als Minister für die besetzten Ostgebiete betraf, erschien dem IMT infolge der Dokumentenlage und Zeugenaussagen so überzeugend, daß es in seinem Urteil nur insgesamt siebzehn Wörter zu Rosenbergs Verteidigung anführen zu können meinte. Entscheidend für das Todesurteil waren jedoch die von Rosenberg begangenen »Kriegsverbrechen und Verbrechen gegen die Humanität«, was das – durch knappe Hinweise ergänzte – Urteil wie folgt feststellte: »Rosenberg ist für ein System organisierter Plünderung öffentlichen und privaten Eigentums in allen überfallenen Ländern Europas verantwortlich. Auf Grund der Befehle Hitlers zur Errichtung der ›Hohen Schule‹ (1940) ... organisierte und leitete er den Einsatzstab Rosenberg, der zahlreiche Museen und Bibliotheken plünderte, Kunstschätze und Sammlungen beschlagnahmte und Privathäuser ausraubte. Seine eigenen Berichte geben ein Bild von dem Umfang der Beschlagnahme. Bei der ›Aktion‹ (Möbel), die im Dezember 1941 auf Rosenbergs Vorschlag eingeleitet wurde, wurden 69.619 jüdische Wohnungen im Westen, 38.000 allein in Paris, geplündert. Man benötigte 26.984 Eisenbahnwagen, um die beschlagnahmten Möbel nach Deutschland zu schaffen. Bis zum 14. Juli 1944 hatte der Einsatzstab im Westen mehr als 21.903 Kunstgegenstände, darunter berühmte Gemälde und Museumsstücke, weggeschafft.«[109] Rosenberg selbst hatte am 17. Oktober 1944 in einem Brief an den Chef der Reichskanzlei, Heinrich Lammers, berichtet, daß 1.418.000 Eisenbahnwagen und 427.000 Tonnen Schiffsraum für den Transport der »erfaßten Güter« benötigt worden seien.[110] Sir Hartley Shawcross zitierte am 27. Juli 1946 in seinem Plädoyer aus einem Bericht des Generalkommissars Wilhelm Kube, der (eine weitere Rosenberg-Bilanz) geschrieben hatte: » ... haben wir in Weißruthenien in den letzten zehn Wochen rund 55.000 Juden liquidiert. Im Gebiet Minsk-Land ist das Judentum völlig ausgemerzt ... In dem überwiegend polnischen Gebiet Lida sind 16.000 Juden, in Slonim 8.000 Juden usw. liquidiert worden.«[111]

Daß selbst Kube, nach Shawcross ein ausführendes Organ Rosenbergs, nicht immer mit den Rosenberg-Maßnahmen einverstanden gewesen ist, beweist eine Aktennotiz Himmlers vom 15. November 1941 überzeugend, in der es unter anderem heißt: »Ich hatte heute von rund 15 Uhr bis 19 Uhr eine Aussprache mit Reichsleiter Rosenberg. Wir besprachen zunächst einmal die Frage der Beschlagnahmungen und die Sicherstellung des notwendigen Bedarfs für SS und Polizei. Ich beschwerte mich über die Kleinlichkeit des Reichskommissars (Hinrich) Lohse in bezug auf die Sicherstellung des notwendigen Bedarfs für die Truppe an

Werkstätten, an Bewirtschaftung von Gütern sowie über die lächerlichen Beschwerden des Generalkommissars Kube über den angeblichen Raub und die Entführung von Bildern und Kunstgegenständen. Ich erklärte, daß ich auf derartige Briefe und Beschwerden nicht antworten würde. Rosenberg war hier sehr verständnisvoll und meinte, diese Dinge würden sich einrenken. Er stimmte zu, daß die SS ebenso wie andere treuhänderisch solche landwirtschaftlichen und sonstigen Betriebe, die sie zur Versorgung braucht, zur Bewirtschaftung bekäme.«[112]

Im Urteil des IMT heißt es weiter: »Durch seine Ernennung zum Reichsminister für die besetzten Ostgebiete am 17. Juli 1941 bekam Rosenberg die Oberherrschaft über diese (Ost-) Gebiete. Er hat bei der Formulierung der Germanisierungs-, Ausbeutungs- und Sklavenarbeitspolitik mitgeholfen sowie der auf Ausrottung der Juden wie der Gegner der Nazi-Herrschaft ... Er schuf die Verwaltung, die sie durchführte. Er nahm an der Besprechung vom 16. Juli 1941 teil, bei der Hitler erklärte, daß sie der Aufgabe gegenüberstünden, ›den riesigen Kuchen unseren Bedürfnissen entsprechend aufzuteilen, um in der Lage zu sein, erstens, ihn zu beherrschen, zweitens, ihn zu verwalten und drittens, ihn auszubeuten‹. Bei dieser Besprechung deutete er Hitler an, daß ein rücksichtsloses Vorgehen in Aussicht genommen sei. Am nächsten Tage erklärte Rosenberg, daß er das Amt annehme. Rosenberg wußte über die brutale Behandlung und den Terror, denen die Völker des Ostens ausgesetzt waren, Bescheid. Er gab Anweisung, daß die Haager Regeln für die Landkriegsführung in den besetzten Ostgebieten nicht anwendbar seien. Er wußte Bescheid über die Entblößung der Ostgebiete von Rohmaterialien und Nahrungsmitteln, die nach Deutschland gesandt wurden, und (er) beteiligte sich aktiv daran ... Seine Anweisungen sahen die Absonderung der Juden, und zwar als Endziel im Getto, vor. Seine Untergebenen begingen Massenmorde an Juden, und seine Zivilverwaltung im Osten war der Ansicht, daß es notwendig sei, den Osten von Juden zu reinigen. Im Dezember 1941 machte er Hitler den Vorschlag, bei einem Fall von Erschießungen von hundert Geiseln ausschließlich Juden dafür zu nehmen.

Er gab den Beamten seiner Zivilverwaltung die Zahlen der Arbeiter an, die ins Reich geschickt werden mußten und die, einerlei auf welche Weise, zu beschaffen wären. Der Befehl vom 14. Juni 1944 für die Heu-Aktion, die Erfassung von 40.000 bis 50.000 Jugendlichen im Alter von zehn bis vierzehn Jahren zum Abtransport ins Reich, trägt seine Genehmigungsunterschrift ...«[113]

Plädoyers und Schlußworte

Am Vormittag des 26. Juli 1946 eröffnete Justice Robert H. Jackson das Plädoyer der Anklage mit Ausführungen, die noch einmal die Sicht des Tribunals und den Rahmen zeigen sollten, in dem sich die Entscheidung über das Schicksal der Angeklagten offiziell anbahnte.

Es mag sein, daß einige der 21 Angeklagten enttäuscht waren; denn Jackson forderte als Ankläger statutsgemäß kein konkretes Strafmaß, und er sagte auch nichts zu ihrer Entlastung. Im Gegenteil: er hob Verbrechen von Dönitz, Keitel, Jodl, Speer, Raeder, von Papen, von Neurath, Sauckel, Kaltenbrunner, Rosenberg und Frick hervor und ließ sie noch einmal seine Verachtung spüren.

»Ein Anwalt kann«, begann er, »nur wenigen Arbeiten gegenübergestellt werden, die schwieriger sind als die Aufgabe, seine abschließenden Argumente auszuwählen, wenn ein so großer Unterschied besteht zwischen der ihm zur Verfügung stehenden Zeit und dem vorliegenden Material. In acht Monaten – eine kurze Zeit für einen Staatsprozeß – haben wir Beweismaterial vorgelegt, das einen so großen und verschieden gearteten Rundblick über die Ereignisse darstellt, wie er nur jemals im Rahmen eines Prozesses zusammenfassend gegeben worden ist. Es ist in der Zusammenfassung unmöglich, mehr zu tun, als mit kühnen Strichen die wichtigsten Punkte des düsteren und traurigen Materials dieses Prozesses zu skizzieren, das als der historische Text der Schande und Verderbtheit des 20. Jahrhunderts weiterleben wird ... Die verflossenen 40 Jahre ... werden in den Büchern der Geschichte zu den blutigsten aller Zeiten gerechnet werden. Zwei Weltkriege haben ein Vermächtnis von Toten hinterlassen, das an Zahl größer ist als alle Armeen, die an irgendeinem Krieg des Altertums oder des Mittelalters beteiligt waren. Kein halbes Jahrhundert hat je ein Hinschlachten in solchem Ausmaß, solche Grausamkeiten und Unmenschlichkeiten, solche Massendeportationen von Völkern in die Sklaverei, solche Ausrottungen von Minderheiten gesehen. Der Schrecken des Torquemada verblaßt gegenüber der Nazi-Inquisition. Diese Taten sind düstere historische Tatsachen, welche zukünftige Generationen an dieses Jahrzehnt erinnern werden.«[1]

Dies hatten die Angeklagten im Laufe der Monate, wenn zuweilen auch mit anderen Worten, oft genug gehört. Aufzuhorchen und Beziehungen zu sich selbst herzustellen, begannen sie erst, als Jackson erklärte: »Wenn wir nicht in der Lage sind, die Ursachen dieser barbarischen Geschehnisse auszuschalten und ihre Wiederholung zu verhindern, dann ist es wohl keine verantwortungslose Prophezeiung, wenn man sagt, daß es diesem 20. Jahrhundert vielleicht noch gelingen wird, das Verhängnis für die Zivilisation herbeizuführen. Durch diese Tatsachen angeregt, sind wir daran gegangen, den Gifthauch aus dem Protokoll unserer Zeit wieder zu beseitigen. Die Angeklagten beschweren sich, daß unsere Schritte zu rasch sind. Als wir das Statut dieses Gerichtshofs aufzeichneten, dachten wir, einen vollendeten Fortschritt im Völkerrecht zu vollziehen. Aber sie sagen jetzt, daß wir unserer Zeit vorgegriffen hätten, daß wir einen Fortschritt vorweggenommen hätten, der zwar erreicht werden sollte, aber bisher noch nicht erreicht worden ist. Das Abkommen von London, ob es jetzt neue Grundsätze aufstellt oder bloß alte niederlegt, bedeutet jedenfalls eine Änderung im Völkerrecht, die ungefähr der Entwicklung des örtlichen Rechtes entspricht, als die Menschen aufhörten, Verbrechen mit ›Zetergeschrei‹ zu bestrafen und begannen, Vernunft und Untersuchung bei der Bestrafung herrschen zu lassen. Die Gesellschaft der Völker hat sich über das primitive ›Zetergeschrei‹, über das Gesetz des ›Fangens und Tötens‹ herausgehoben. Sie versucht, Sanktionen anzuwenden, um die Befolgung des Völkerrechts zu erzwingen und ihre Anwendung mit Hilfe von Beweis, Gesetz und Vernunft und nicht mit Entrüstungsgeschrei zu leiten. Die Angeklagten verurteilen das Gesetz, mit dessen Hilfe von ihnen Rechenschaft verlangt wird. Ihre Abneigung gegen das Gesetz, welches sie verurteilt, ist nichts Neues. Es ist schon früher bemerkt worden, daß ›kein Dieb, der den Strick um den Hals fühlt, dabei eine gute Meinung vom Gesetz hat.‹«[2]

Doch erst, als Jackson rhetorisch fragte, »wo sollen wir diejenigen suchen, die die Wirtschaft für den totalen Krieg mobilisierten, wenn wir Schacht und Speer und Funk übersehen wollen? Wer war der Meister des großen Sklavenunternehmens, wenn nicht Sauckel? Wo sollen wir die Hand finden, die die Konzentrationslager leitete, wenn es nicht die Hand Kaltenbrunners war?«, war der Kreis wieder geschlossen. Jackson sparte in seinem »letzten Auftritt« an dieser Stelle weder mit Spott noch Hohn.

»Um der aus ihren Stellungen erwachsenden Verantwortlichkeit und der aus ihren Tätigkeiten entstehenden Schuldvermutung zu entgehen«, sagte er, »sind die Angeklagten einer Meinung in einem Verteidigungspunkt. Der Refrain ist immer wieder zu hören: Diese Männer waren ohne Autorität, ohne Kenntnis, ohne Einfluß, ohne Bedeutung. Funk hat die allgemeine Selbsterniedrigung der Anklagebank in seiner Wehklage zusammengefaßt: ›Ich bin oft an der Tür gestanden, aber nie hineingelassen worden.‹ Aus der Aussage jedes Angeklagten kam man zu irgendeinem Zeitpunkt zu der bekannten weißen Mauer: Niemand wußte irgend etwas von dem, was vor sich ging. Immer und immer wieder haben wir aus der Anklagebank den Chor gehört: Ich erfahre von diesen Dingen hier zum ersten Male. Diese Männer sahen nichts Böses, sprachen nichts Böses und in ihrer Gegenwart wurde nichts Böses geäußert. Diese Behauptung würde vielleicht plausibel erscheinen, wenn sie von einem einzigen Angeklagten aufgestellt würde. Aber wenn wir alle ihre Geschichten zusammensetzen, so ist der Gesamteindruck, den man vom Dritten Reich gewinnt, ... geradezu lächerlich. Wenn wir nur die Erzählungen der vorderen Reihe der Angeklagten zusammenstellen, so bekommen wir folgendes lächerliche Gesamtbild von Hitlers Regierung: Sie setzte sich zusammen aus:

Einem Mann Nummer 2, der nichts von den Ausschreitungen der von ihm selbst eingerichteten Gestapo wußte und nie etwas vermutete von dem Ausrottungsprogramm gegen die Juden, obwohl er der Unterzeichner von über 20 Erlassen war, die die Verfolgung dieser Rasse ins Werk setzten.

Einem Mann Nummer 3, der nur ein unschuldiger Mittelsmann war, der Hitlers Befehle weitergab, ohne sie überhaupt zu lesen, wie ein Briefträger oder ein Botenjunge.

Einem Außenminister, der von auswärtigen Angelegenheiten wenig und von der auswärtigen Politik gar nichts wußte.

Einem Feldmarschall, der der Wehrmacht Befehle erteilte, jedoch keine Ahnung hatte, zu welchen praktischen Ergebnissen diese führen würden.

Einem Chef des Sicherheitswesens, der unter dem Eindruck war, daß die polizeiliche Tätigkeit seiner Gestapo und seines SD im wesentlichen derjenigen der Verkehrspolizei gleichkam.

Einem Parteiphilosophen, der an historischen Forschungen interessiert war und keinerlei Vorstellung von den Gewalttaten hatte, zu denen im 20. Jahrhundert seine Philosophie anspornte.

Einem Generalgouverneur von Polen, der regierte, aber nicht herrschte.

Einem Gauleiter von Franken, der sich damit beschäftigte, unflätige Schriften über die Juden herauszugeben, der jedoch keine Ahnung hatte, daß sie irgend jemand jemals lesen würde.

Einem Innenminister, der nicht wußte, was im Innern seines eigenen Amtes vor sich ging, noch viel weniger etwas wußte von seinem eigenen Ressort und nichts von den Zuständen im Innern Deutschlands.

Einem Reichsbankpräsidenten, der nicht wußte, was in den Stahlkammern seiner Bank hinterlegt und was aus ihnen herausgeschafft wurde.

Und einem Bevollmächtigten für die Kriegswirtschaft, der geheim die ganze Wirtschaft für Rüstungszwecke leitete, jedoch keine Ahnung hatte, daß dies irgend etwas mit Krieg zu tun hätte.

Das mag wie eine phantastische Übertreibung klingen, aber zu diesen Schlußfolgerungen müßte man tatsächlich gelangen, wenn man diese Angeklagten freisprechen wollte. Sie protestieren zuviel. Sie leugnen es, Pläne und Programme gekannt zu haben, die ebenso allgemein bekannt waren wie *Mein Kampf* und das Parteiprogramm. Sie leugnen sogar die Kenntnis des Inhalts von Dokumenten, die sie erhalten haben und auf Grund welcher sie gehandelt haben.«[3]

Wie wenig die Angeklagten aus dem Plädoyer zuletzt für sich selbst herauslesen konnten, zeigen beispielsweise die im folgenden auszugsweise zitierten Ausführungen Jacksons über Schacht, den das IMT freisprach: »Wir wollen die Unvereinbarkeit ihrer Stellungnahmen mit Hilfe der Laufbahn eines dieser Angeklagten erläutern, eines Mannes, der, wenn man ihn dringend bäte, sich selbst das Zeugnis ausstellen würde, daß er der intelligenteste, ehrenwerteste und unschuldigste Mann auf der Anklagebank sei. Das ist Schacht. Und das ist das Ergebnis seiner eigenen Zeugenaussagen ... aber wir wollen nicht vergessen, daß ich dies nicht gegen ihn allein vorbringe, sondern weil die meisten seiner Widersprüche in sich auch in den Aussagen mehrerer anderer Angeklagter zu finden sind ... Wenn wir ihn ... fragen, warum er Mitglied einer verbrecherischen Regierung blieb ... erzählt er uns, daß er das Programm dadurch zu mäßigen hoffte, daß er dabeiblieb. Wie ein Brahmane unter den Unberührbaren konnte er es nicht ertragen, mit den Nazis gesellschaftlich zu verkehren, aber er konnte es sich nie leisten, sich von ihnen politisch zu trennen ... Nachdem er Hitler die Waffen in die Hand gegeben hatte, um gegen einen ganzen Kontinent Erpressung zu üben, erklärt er jetzt, daß England und Frankreich zu tadeln seien, weil sie nachgegeben hätten. Schacht kämpfte stets um seine Stellung in einem Regime, das zu verachten er jetzt vorgibt. Manchmal stimmte er mit seinen Nazi-Genossen nicht überein, wie man am wirksamsten ihr Ziel erreichen könnte, niemals jedoch wich er von dem Ziel selbst ab. Als er mit den Nazis bei dem Niedergang des Regimes brach, tat er dies aus taktischen und keineswegs grundsätzlichen Erwägungen.«[4]

Nachdem Jackson mehr als dreieinhalb Stunden geredet hatte, schloß er seinen Vortrag mit der Feststellung ab: »Angesichts dieses Hintergrundes verlangen diese Angeklagten heute von diesem Gerichtshof, sie für nicht schuldig zu erklären an der Planung, Ausführung oder Verschwörung zur Begehung dieser langen Liste von Verbrechen und Unrecht. Sie stehen vor dem Material dieses Prozesses wie der blutbefleckte Gloucester an der Bahre seines erschlagenen Königs. Er bat die Witwe, wie die Angeklagten Sie bitten: Sage, daß ich sie nicht erschlagen habe, und die Königin antwortet: Dann sage, sie seien nicht erschlagen worden! Aber sie sind tot! Wenn Sie von diesen Männern sagen sollten, daß sie nicht schuldig seien, so wäre es ebenso wahr zu sagen, daß es keinen Krieg gegeben habe, daß niemand erschlagen und kein Verbrechen begangen worden sei.«[5]

Der britische Hauptankläger, Sir Hartley Shawcross, der, wie Jackson bereits angedeutet hatte, den Prozeß der Sieger gegen die Verlierer, »das Recht dieses Prozesses«, im Rahmen seines Plädoyers darstellen wollte, hob bereits in den ersten Minuten seines Vortrages hervor: »Es besteht kein Zweifel daran, daß diese Angeklagten teilgenommen haben und moralisch schuldig sind an Verbrechen von solcher Schrecklichkeit, daß die Phantasie sich sträubt und vor der bloßen Betrachtung zurückschreckt.« Es erübrigt sich, hier Einzelheiten aus diesem hervorragenden Plädoyer zu zitieren, das auf der bündigen Überzeugung beruhte, daß »die Schuld dieser Angeklagten« infolge der »außergewöhnlichen und bemerkenswerten Tatsachen des Beweismaterials« als erwiesen angesehen werden müßte. Beklommenheit löste – später – lediglich der letzte Satz des Plädoyers aus, in dem Shawcross einen keineswegs deutschfreundlichen Passus zitierte, den er fälschlicherweise Goethe zuschrieb.

»Der Staat und das Gesetz«, so hatte er den Schluß seiner Ausführungen eingeleitet, »sind für Menschen gemacht, damit diese durch sie ein Leben stärkerer Erfüllung erreichen können, ein höheres Endziel und größere Würde. Staaten mögen groß und mächtig sein. Im allerletzten Sinn bilden die Menschenrechte, geschaffen wie der Mensch selbst nach dem Bilde Gottes, das Fundament ... Und nunmehr, nach dieser Prüfung, die die Menschheit sich selbst auferlegt hat – in ihrem Kampf, in allen Ländern der Welt die gemeinsamen schlichten Begriffe Freiheit, Liebe, Verstehen wiederherzustellen –, tritt sie vor diesen Gerichtshof und ruft aus: ›Dieses sind unsere Gesetze – verschafft ihnen Geltung.‹«

Und dann war ihm der *Lapsus memoriae* unterlaufen: »Dann sollen jene anderen Worte von Goethe zur Tat werden«, hatte er feierlich deklamiert, »nicht allein, wie wir hoffen, für das deutsche Volk, sondern für die gesamte Menschheit: ›So sollten es die Deutschen halten ... weltempfangend und weltbeschenkend, die Herzen offen jeder fruchtbaren Bewunderung, groß durch Verstand und Liebe, durch Mittlertum und Geist – so sollten sie sein, das ist ihre Bestimmung.‹ Wenn die Zeit kommt, da Sie Ihre Entscheidung zu fällen haben, so werden Sie sich an die Geschichte von Gräbe* erinnern, aber nicht mit Rachegefühlen, sondern in dem festen Entschluß, daß diese Dinge nie wieder vorkommen dürfen. ›Der Vater‹ – erinnern Sie sich? – ›zeigte mit dem Finger gen Himmel und schien dem Jungen etwas zu sagen.‹«[6]

Immer wieder tauchten die von Jackson zu Beginn der Plädoyers formulierten Stichwörter für die Bilder des Grauens auf: das Hinschlachten von Menschen, die Ausrottung von Minderheiten und die gigantische Sklaverei. Und immer erneut

* Hermann G. Gräbe, ein deutscher Bauingenieur, hatte als Zeuge über die Ermordung von Juden am 5. 10. 1942 in Dubno in der Ukraine berichtet. Vgl. IMT, Bd. XIX, S. 568ff.

kamen dazu konkrete Einzelheiten zur Sprache, bis Rudenko am 30. Juli 1946 als letzter Ankläger forderte: » ... der Gerichtshof möge über alle Angeklagten ohne Ausnahme die ... Todesstrafe« verhängen.[7]

Doch die Anklage kam damit noch nicht zur Ruhe. Die Zeugen für die Gruppen und Organisationen wurden gehört. Auch sie versuchten auszuweichen, ihre tatsächlichen Kenntnisse von Verbrechen zu verschleiern oder abzustreiten. Zwei Auszüge aus Verhören genügen an dieser Stelle als Beispiel. Am 1. August 1946 stand der Jurist Karl Hein Hoffmann, der seit 1937 der Gestapo (Geheime Staatspolizei) angehörte, im Zeugenstand:

»*Dr. Merkel*: War Ihnen oder Ihren Dienststellen etwas über die wahren Zustände in den Konzentrationslagern bekannt?[8]

Hoffmann: Nein ...

Dr. Merkel: Unterstanden die Konzentrationslager der Gestapo?

Hoffmann: Nein, die Konzentrationslager unterstanden dem Inspekteur der Konzentrationslager in Oranienburg und, soviel mir bekannt, diese Inspektion dem SS-Verwaltungs- und Wirtschaftshauptamt ...

Dr. Merkel: War Ihnen die Vernichtung der Juden in Auschwitz bekannt?

Hoffmann: Nein. Ich habe erst nach der Kapitulation von diesen Dingen gehört.

Dr. Merkel: War Ihnen bekannt, daß die Tätigkeit Eichmanns mit dieser biologischen Ausrottung der Juden in Auschwitz unmittelbar zusammenhing?

Hoffmann: Ich habe, solange ich im Amt war und vor der Kapitulation, von derartigen Problemen nichts gehört.

Dr. Merkel: Wann haben Sie erstmals zuverlässige Kenntnis über diese Tatsachen erhalten?

Hoffmann: Nach der Kapitulation.«[9]

Dann nahm der US-Ankläger Francis Biddle Hoffmann ins Kreuzverhör:

»*Mr. Biddle*: Sie haben von einem Erlaß gesprochen, auf Grund dessen der Gestapo gestattet war, in Dänemark die Vernehmungsmethoden des ›dritten Grades‹ durchzuführen ...

Hoffmann: Jawohl!

Mr. Biddle: War das ein schriftlicher Erlaß?

Hoffmann: Das war ein schriftlicher Erlaß des Chefs der Sicherheitspolizei und des SD ...

Mr. Biddle: Wer hat ihn unterschrieben ...

Hoffmann: Soviel ich mich entsinnen kann, den ersten Erlaß Heydrich und den zweiten Erlaß in Vertretung Müller. Das letztere kann ich aber nicht genau sagen.

Mr. Biddle: Was war das Datum des ersten Erlasses?

Hoffmann: Ich glaube, es war 1937.

Mr. Biddle: Welcher Monat?

Hoffmann: Das kann ich nicht mehr sagen.

Mr. Biddle: Was war das Datum des zweiten Erlasses?

Hoffmann: 1942.

Mr. Biddle: Haben Sie beide Anordnungen persönlich gesehen?

Hoffmann: Ja.

Mr. Biddle: Was war der Inhalt der ersten Anordnung?

Hoffmann: Der Inhalt der ersten Anordnung war ... daß zur Aufrollung von reichsfeindlichen Organisationen, wenn kein anderes Mittel mehr zur Verfügung stand, der Betreffende eine gewisse Anzahl von Stockschlägen bekommen durfte. Bei einer bestimmten Anzahl mußte der Arzt zugezogen werden. Diese Anweisung durfte nur zur Erpressung eines Geständnisses zur Überführung einer Einzelperson angewandt werden. Die Genehmigung hierzu mußte in jedem Falle beim Chef der Sicherheitspolizei und des SD eingeholt werden.

Mr. Biddle: Einen Augenblick. Bezog sich die Anordnung auf ein bestimmtes Gebiet, oder galt sie für alle besetzten Gebiete?

Hoffmann: Die von 1937 war ja für das Reichsgebiet bestimmt, wurde aber dann, glaube ich, automatisch auch auf die Tätigkeit der Sipo angewandt in den Gebieten, wo sie eingesetzt war ...

Mr. Biddle: Waren noch andere Methoden des ›dritten Grades‹ außer Stockschlägen zulässig?

Hoffmann: Nein. Nach dem zweiten Erlaß waren nur noch Maßnahmen genehmigt, die milder waren als die Stockschläge: Stehen im Verhör oder Ermüdungsübungen ...

Mr. Biddle: Sie erinnern sich an eine Methode, zum Beispiel an das Stehen. Welche Anordnung enthielt der Erlaß in bezug auf das Stehen während des Verhörs?

Hoffmann: Ich ... habe nie so einem Verhör beigewohnt.

Mr. Biddle: Das habe ich Sie nicht gefragt. Was ich sagte, war, wie die Vorschrift hinsichtlich des Stehens gelautet hat?

Hoffmann: Es stand darin, daß angeordnet werden kann, daß der Betreffende sich während des Verhörs nicht setzt, sondern stehen muß.

Mr. Biddle: Wie lange waren diese Verhöre? Wie lange dauerten sie?

Hoffmann: Das stand nicht in dem Erlaß, aber ...

Mr. Biddle: Das habe ich Sie nicht gefragt. Wie lange dauerten die Verhöre?

Hoffmann: Ja, sie dauerten natürlich unter Umständen sehr lange. Und nur so war ja das Stehenbleiben eine scharfe Maßnahme.

Mr. Biddle: War die Anzahl der Schläge, die verabfolgt werden durften, in dem Erlaß bestimmt? War angegeben, wie oft jemand mit dem Stock geschlagen werden durfte?

Hoffmann: Soweit ich mich entsinne, durfte diese Maßnahme nur einmal bei dem Betreffenden durchgeführt werden, also nicht wiederholt werden. Und die Zahl der Stockschläge war meines Erachtens in dem Erlaß bestimmt.
Mr. Biddle: Und dann wurde der Arzt gerufen?
Hoffmann: Nein, ich glaube, es war so, wenn eine größere Anzahl der Schläge von vornherein vorgesehen war, mußte der Arzt sofort dabei sein.
Mr. Biddle: Und was war die Höchstzahl der Schläge, die gegeben werden durfte? Erinnern Sie sich noch?
Hoffmann: Soweit ich mich entsinne, 20...
Mr. Biddle: Und beide Anordnungen bezogen sich auf das ganze Reich, einschließlich der besetzten Gebiete, nicht wahr?
Hoffmann: Jawohl.
Mr. Biddle: Und die Anordnungen galten für Frankreich ebenso wie für Dänemark. War das so?
Hoffmann: Ja, später. In dem zweiten Erlaß war die Genehmigung vom Chef der Sicherheitspolizei auf die Befehlshaber delegiert worden, 1942.
Mr. Biddle: So konnte also später ein Kommandant Stockschläge anordnen, ohne mit dem Chef der Sicherheitspolizei in Verbindung zu treten?
Hoffmann: Ja, seit 1942.«[10]

Ähnlich erging es Rolf Heinz Hoeppner, dem einstigen SS-Gruppenführer im Reichssicherheitshauptamt, der kurz danach zunächst dem Verteidiger Dr. Gawlik Rede und Antwort zu stehen hatte. Im Protokoll heißt es:
»*Dr. Gawlik*: Ich komme ... zur kurzen Erörterung der einzelnen Kriegsverbrechen, die dem Sicherheitsdienst (SD) zur Last gelegt werden. Zunächst zu den Einsatzgruppen... Waren die Einsatzgruppen und Einsatzkommandos, die im Osten eingesetzt waren, ein Teil des SD?
Hoeppner: Nein, diese Einsatzgruppen und Einsatzkommandos waren Einrichtungen ganz eigener Art.
Dr. Gawlik: Ist die Organisation des SD-Inland für die Tätigkeit der Einsatzgruppen und Einsatzkommandos verwendet worden ...
Hoeppner: Die Frage muß in der Weise, wie sie gestellt worden ist, verneint werden. Es ist nicht so, daß etwa Teile der Organisation zu diesen Einsatzgruppen abgeordnet worden sind. Wenn einzelne Angehörige des Sicherheitsdienstes zu den Einsatzgruppen oder Einsatzkommandos kamen, dann ist das vergleichbar einer militärischen Einberufung ...
Dr. Gawlik: Haben die Angehörigen des SD und der nachgeordneten Dienststellen durch die Berichte aus dem Osten oder von Einsatzgruppenberichten Kenntnis über Massenerschießungen, sonstige Verbrechen, also Kriegsverbrechen oder Verbrechen gegen die Menschlichkeit, erhalten?

Hoeppner: Derartige Einsatzgruppenberichte wurden an die nachgeordneten Dienststellen im Reich überhaupt nicht weitergegeben, so daß also auch die Angehörigen dieser Dienststellen keine Kenntnis von diesen Dingen haben konnten.
Dr. Gawlik: Hatte der SD die Verantwortung für die Errichtung, Einteilung, Bewachung und Verwaltung von Konzentrationslagern?
Hoeppner: Nein.
Dr. Gawlik: Können Sie die Antwort begründen?
Hoeppner: Es gibt da keine Begründung. Der Sicherheitsdienst hatte mit diesen Dingen zuständigkeitsmäßig nie etwas zu tun.
Dr. Gawlik: Hat der SD irgendwelche Konzentrationslager errichtet?
Hoeppner: Nein.
Dr. Gawlik: Hat der SD irgendwelche Konzentrationslager eingeteilt?
Hoeppner: Nein.
Dr. Gawlik: Ist die Organisation des SD zur Bewachung der Konzentrationslager verwendet worden?
Hoeppner: Nein.
Dr. Gawlik: War der SD für die Einweisung und Behandlung von Konzentrationslagerhäftlingen zuständig?
Hoeppner: Nein.«[11]

Zutreffend erklärte Dr. Gawlik dem Gerichtshof am 27. August 1946 auf eine Frage des Vorsitzenden, was der SD mit den Konzentrationslagern zu tun gehabt habe: »Der SD (als Partei-Organ) hatte mit den Konzentrationslagern nichts zu tun ... Man muß zweierlei unterscheiden: Die Einweisung in das Konzentrationslager durch den Schutzhaftbefehl – der Schutzhaftbefehl wurde erlassen von der (staatlichen Institution) Geheime Staatspolizei; dafür war der SD nicht zuständig – und zweitens die Verwaltung der (staatlichen) Konzentrationslager. Die Konzentrationslager unterstanden dem Wirtschafts-Verwaltungshauptamt (der SS), Obergruppenführer Pohl. Das war eine selbständige Organisation neben dem Reichssicherheitshauptamt ... wenn der Schutzhaftbefehl durch die Geheime Staatspolizei erlassen wurde, dann kam der Häftling in den Machtbereich des Wirtschafts-Verwaltungshauptamtes. Das Wirtschafts-Verwaltungshauptamt unterstand unmittelbar Himmler, genau wie das Reichssicherheitshauptamt.«[12]

Im Kreuzverhör durch den Hilfsankläger der USA, Hartley Murray, mußte Hoeppner, obwohl immer wieder geschickt ausweichend, Farbe bekennen:
»*Major Murray*: Ich möchte Ihnen ... eine Reihe von 55 Wochenberichten über die Tätigkeit der Einsatzgruppen zeigen ... zufällig sind die Einsatzgruppen als Einsatzgruppen der Sicherheitspolizei und des SD bekannt.

Hoeppner: Nein, nein, es gab keine Einsatzgruppen der Sicherheitspolizei und des Sicherheitsdienstes, sondern es gab im Osten nur die Einsatzgruppen A, B, C und D ...
Major Murray: Bevor ich Ihnen dieses Dokument vorlege ... möchte ich ... Ihre Aufmerksamkeit auf das Titelblatt des Dokuments (3876-PS) lenken, das von Heydrich unterzeichnet ist und wie folgt beginnt:
›Als Anlage übermittle ich den neunten zusammenfassenden Lagebericht über die Tätigkeit der Einsatzgruppen der Sicherheitspolizei und des SD in der UdSSR. Die Lageberichte werden in Zukunft laufend übersandt. Gezeichnet Heydrich.‹
Irren Sie sich nicht, wenn Sie sagen, daß diese nicht als Einsatzgruppen der Sicherheitspolizei und des SD bekannt waren?
Hoeppner: Nein. Diese Einsatzgruppen haben als Einsatzgruppen A, B, C und D figuriert. Sie wurden angeführt von einem Beauftragten des Chefs der Sicherheitspolizei und des SD bei den betreffenden Heeresgruppen beziehungsweise bei einer Armee. Die Bezeichnung: Einsatzgruppen der Sicherheitspolizei und des SD ist ... falsch.
Major Murray: ... hat Heydrich wieder unrecht, nicht wahr, und alle Dokumente sind falsch?
Hoeppner: Nein, daß das Dokument falsch ist, will ich nicht behaupten, sondern ... nur, daß die Bezeichnung nicht richtig ist ...
Major Murray: Dies ist ... ein Bericht Ihres Chefs Heydrich, und ich will nicht weiter darauf eingehen. Gehen Sie jetzt (weiter) ... auf Seite 32 finden Sie folgende Erklärung ... ich werde sie Ihnen vorlesen: ›In Weißruthenien ist die Säuberung der Juden im Gange. Die Zahl der Juden im bisher der Zivilverwaltung übergebenen Teil beläuft sich auf 139.000 Juden.‹
Hoeppner: Ja.
Major Murray: Im letzten Satz: ›33210 Juden wurden inzwischen von der Einsatzgruppe der Sicherheitspolizei und des SD erschossen.‹ Da steht nichts von Gruppe A, B, C und D.
Hoeppner: Nein, es steht hier Sicherheitspolizei und SD.«[13]

Einundzwanzig Jahre später wies Heinz Höhne in seinem Standardwerk *Der Orden unter dem Totenkopf* nach, wie die Einsatzgruppen sich zusammengesetzt hatten: Aus 9 Prozent Angehörigen der Gestapo, 3,5 Prozent Mitgliedern des SD, 4,5 Prozent Beamten der Kriminalpolizei und 13,4 Prozent Beamten der Ordnungspolizei. 8,8 Prozent gehörten der ausländischen Hilfspolizei und 34 Prozent der Waffen-SS an. »Den Rest füllte technisches und Schreibstubenpersonal aus. Die Stärke einer Einsatzgruppe schwankte zwischen 990 Mann (Gruppe A) und 500 Mann (Gruppe D). Jede Einsatzgruppe gliederte sich in zwei Abteilungen: in die Einsatz- und Sonderkommandos, jeweils etwa 70 bis 120

Mann stark und einer Armee zugeteilt, und in die Teilkommandos, jeweils etwa 20 bis 30 Mann.«*

Quälend zogen sich diese Verhöre – trotz aller furchtbaren Einzelheiten und klärenden Zusammenhänge – bis zum 30. August 1946 hin, bis zu dem Tag vor den Schlußworten der Hauptangeklagten, den Rudenko wiederum mit der beziehungsvollen Forderung abschloß: »So möge denn nun das Gericht der Völker über alle faschistischen Henker sein Urteil fällen, ein gerechtes und strenges Urteil.«[14] Was er darunter verstand, hatte er bereits am 30. Juli formuliert: Die Todesstrafe für alle Angeklagten.

Zu den Schlußplädoyers waren so zahlreiche Journalisten, Korrespondenten und ausländische Prozeßbeobachter nach Nürnberg gereist, wie es bis dahin noch nicht der Fall gewesen war. Sie hatten nicht nur rechtzeitig heraushören wollen, mit welchen Urteilen zu rechnen wäre, sondern auch feststellen wollen, wie die Angeklagten in dieser Prozeßphase reagieren würden, und was der Prozeß in ihnen bewirkt hatte.

Treffpunkt für die Korrespondenten und Berichterstatter und für alle die anderen, die nicht als Inhaftierte mit dem Prozeß zu tun hatten, war eine ehemalige Schule in der Nähe des Justizpalastes. Hier konnten sie mit Sonderausweisen essen, was 1946 nicht ohne Reiz war, Informationen austauschen und die Nürnberger »Neuigkeiten« in unmittelbarer Nähe des Geschehens diskutieren. Viele kannten sich so gut, daß sie wie eine große Familie wirkten – und sich auch so fühlten.

Über das IMT durfte indes nur berichtet werden, was die Alliierten wünschten. Wer nicht bereit war, sich ihren Weisungen zu fügen, fand keinen Platz, nicht nur nicht in der alten Nürnberger Schule neben dem Justizpalast. So berichtete eine seinerzeitige Mitarbeiterin des britischen Presseoffiziers für Rheinland-Westfalen: »Als der Nürnberger Prozeß vorbereitet wurde, suchte der britische Presseoffizier von Rheinland-Westfalen einen deutschen Berichterstatter. Das deutsche Sekretariat dieser Dienststelle schlug Margret Boveri vor, die auch zu einer Rücksprache aus Berlin kam. Doch lehnte sie den Auftrag ab mit etwa folgender Begründung: ›Sie wünschen, daß ich in einem ganz bestimmten Sinn

* Höhne, Heinz, *Der Orden unter dem Totenkopf. Die Geschichte der SS*. Hamburg und Gütersloh 1967, S. 328. Dort heißt es u. a. auch: »Immerhin hatte Heydrich im Mai 1941 (nach anfänglichen Schwierigkeiten bei der Rekrutierung der Einsatzgruppen) etwa 3000 Mann zusammen, mit denen er vier Einsatzgruppen aufstellen konnte: Stahlecker übernahm die Einsatzgruppe A, die der Heeresgruppe Nord in die Baltischen Staaten bis nach Leningrad folgen sollte; Nebe leitete die Einsatzgruppe B im Gefolge der Heeresgruppe Mitte, deren Operationsraum zwischen den Baltischen Staaten und der Ukraine lag; Rasch führte die Einsatzgruppe C, die in den westlichen, nördlichen und östlichen Gebieten der Heeresgruppe Süd operierte, während Ohlendorfs Einsatzgruppe D in den Südbezirken der Heeresgruppe Süd zwischen Bessarabien und Krimgebiet agieren sollte.«

berichte, und das will ich nicht. Natürlich werden Sie sagen, daß ich auch im Dritten Reich in Zeitungen publiziert habe (unter anderem im *Reich*). Aber damals wußte jeder vernünftige Mensch, daß man nicht frei schreiben konnte, und die Leser waren es gewohnt, zwischen den Zeilen zu lesen. Heute glaubt man hier an die Freiheit der Presse nach englischem Vorbild. Meine Berichterstattung müßte deshalb frei von Einschränkungen sein, und das können Sie mir nicht zusichern. Somit muß ich leider verzichten.‹ Mein Chef war beeindruckt, und Margret Boveri wurde im Dienstwagen wieder zurückgebracht nach Berlin.«[15] Neben dem Schwarm von Journalisten aus aller Herren Länder hatten sich auch Angehörige der Angeklagten eingefunden, die sich zwangsläufig – anders als die Reporter – nicht nur aus Neugier und aus reinem Informationsbedürfnis für die Plädoyers interessierten. Emmy und Edda Göring, Frau Sauckel mit vier Kindern, Henriette von Schirach, Frau Funk, Frau Frick, Frau von Ribbentrop, Frau Speer, Frau Fritzsche, Frau Schacht, Frau Jodl, Frau Frank mit einem Sohn und zwei Töchtern und Frau Raeder mit ihrem Sohn harrten der Dinge, die da kommen sollten.

Frau von Schirach zeigte sich temperamentvoll, lebhaft und engagiert. Frau Funk, Frau Frick und Frau von Ribbentrop waren leise und betont zurückhaltend. Frau Sauckel, die Ehefrau des einstigen Arbeiters und Seemannes Fritz Sauckel, saß mit ihren Kindern bescheiden und bedrückt in einer Ecke und wurde von den übrigen Anwesenden kaum beachtet.

Die Schlußworte der Angeklagten, rund einen Monat nach dem Beginn der Plädoyers der Anklage, bildeten noch einmal so etwas wie einen Höhepunkt.

Am 31. August 1946, dem 216. Verhandlungstag, sprach jeder Angeklagte sein letztes »Wort«.[16] Alle waren sie darauf vorbereitet, alle schlossen sie ihr Verfahren – zunächst jedenfalls – selbst auf diese Weise ab.

Hermann Göring (wie beim Verhör), zuerst aufgerufen, begann seine Erklärung mit einer Feststellung, die das IMT während des ganzen Prozesses sowohl von den meisten Angeklagten als auch von deren Verteidigern gehört hatte. »Die Anklagebehörde«, faßte er als »Angeklagter Nummer Eins« noch einmal zusammen, »hat in ihren Schlußplädoyers die Verteidigung und ihre Beweisführung als völlig wertlos behandelt. Die unter Eid gemachten Ausführungen der Angeklagten wurden von ihr dort als absolut wahr angenommen, wo diese zur Stützung der Anklage dienen konnten, aber im gleichen Augenblick als Meineid bezeichnet, wo diese Aussagen die Anklage widerlegten. Das ist sehr primitiv ... keine überzeugende Grundlage für die Beweisführung.«[17]

Nach diesem Prolog, den hier jedermann längst kannte, fuhr er nicht ohne Eitelkeit fort: »Die Anklage führt die Tatsache, daß ich der zweite Mann im Staate war, als Beweis an, daß ich alles, was geschehen sei, gewußt haben müsse. Sie bringt keinerlei dokumentarisches oder sonstiges stichhaltiges Beweismaterial dort vor, wo ich dieses Wissen oder gar Wollen unter Eid bestritten habe«, was nicht stimmte. »Es ist also«, verteidigte er sich noch einmal, »nur eine Behauptung und Vermutung, wenn die Anklage sagt: Wer sollte dies nicht gewußt haben, wenn nicht Göring als Nachfolger des Führers. Wiederholt aber haben wir hier gehört, wie gerade die schwersten Verbrechen am geheimnisvollsten verschleiert wurden.« Doch nach diesem noch durchsichtigen Eingeständnis gab er offen zu, daß er diese »furchtbaren Massenmorde auf das schärfste verurteile« und kein Verständnis dafür habe. »Ich möchte es einmal vor dem Hohen Gericht klar aussprechen: Ich habe niemals einen Mord befohlen und ebensowenig ... Grausamkeiten angeordnet oder geduldet, wo ich die Macht und das Wissen hatte, solche zu verhindern. Für die ... Behauptung, ich hätte Heydrich befohlen, die Juden zu töten, fehlt es an jedem Beweis ...«[18]

Juden zu »töten«, hat Göring in der Tat mit Sicherheit niemals direkt befohlen. Er hat »nur«, wie er zum Beispiel am 28. Dezember 1938 hervorhob, den Führer bewogen, grundsätzliche Entscheidungen gegen die Juden zu treffen,* die zunächst »legal« aus der deutschen Wirtschaft ausgeschaltet[19] werden sollten. Die im Laufe der Zeit zwangsläufig folgenden Konsequenzen schrieb er sich nicht zu, obwohl er auch bei der »Endlösung der Judenfrage« eine maßgebliche Rolle spielte. So berief Reinhard Heydrich sich am 25. Januar 1942, als er darauf hinwies, daß die Vorarbeiten zur Realisierung der »Endlösung der Judenfrage« eingeleitet worden seien, ausdrücklich auf eine Anordnung Görings vom 31. Juli 1941.[20] Was darunter zu verstehen war, brachte das IMT an den Tag. Der Einsatzgruppen-Chef Otto Ohlendorf[21] beispielsweise antwortete in Nürnberg auf die Frage Oberst Amens, welche Weisungen die Einsatzgruppen für die Behandlung der Juden und kommunistischen Funktionäre hatten: »Es war die Weisung erteilt ... die Juden zu liquidieren ... ebenso wie die politischen Kommissare der Sowjets.«[22] Als Amen, um eventuelle Zweifel auszuschalten, Ohlendorf fragte, »Wenn Sie das Wort ›liquidieren‹ verwenden, meinen Sie ›töten‹?«, lautete Ohlendorfs eindeutige Antwort: »Damit meine ich ›töten.‹«[23]

Daß Göring vor dem IMT nicht glaubwürdig behaupten konnte, zum Beispiel vom SD, von der Ermordung der Juden, von den Konzentrationslagern und den in ihnen verübten Verbrechen nichts gewußt zu haben, wie beispielsweise

* In einer Sitzung vom 12. 11. 1938, an der u.a. auch Reinhard Heydrich teilnahm, erklärte Göring: »Meine Herren, die heutige Sitzung ist von entscheidender Bedeutung. Ich habe einen Brief bekommen, den mir der Stabsleiter des Stellvertreters des Führers Bormann im Auftrag des Führers geschrieben hat, wonach die Judenfrage jetzt einheitlich zusammengefaßt werden soll und so oder so zur Erledigung zu bringen ist. Durch telefonischen Anruf bin ich gestern vom Führer noch einmal darauf hingewiesen worden, jetzt die entscheidenden Schritte zentral zusammenzufassen.« IMT, Bd. XXVIII, Dok. 1816-PS.

Kesselring es tat,[24] der ihn ebenso zu entlasten versuchte wie Karl Bodenschatz und Erhard Milch,[25] war nicht zuletzt eine Folge der Jackson-Bemühungen, in diesem Prozeß Dokumente sprechen zu lassen. So endete Görings Schlußwort denn auch geradezu zwangsläufig mit dem Bekenntnis, nach wie vor zu dem zu stehen, was er getan habe – und mit der Forderung an das IMT, das deutsche Volk nicht schuldig zu sprechen.

»Wenn man ... jetzt Einzelpersonen, in erster Linie die Führer«, sagte er, »zur Rechenschaft zieht und verurteilt, gut; dann aber darf man nicht gleichzeitig das deutsche Volk bestrafen. Das deutsche Volk vertraute dem Führer, und es hatte bei seiner autoritären Staatsführung keinen Einfluß auf das Geschehen. Ohne Kenntnis über die schweren Verbrechen, die heute bekanntgeworden sind, hat das Volk treu, opferwillig und tapfer den ohne seinen Willen entbrannten Existenzkampf auf Leben und Tod durchgekämpft und durchgelitten. Das deutsche Volk ist frei von Schuld.

Ich habe keinen Krieg gewollt oder herbeigeführt, ich habe alles getan, ihn durch Verhandlungen zu vermeiden. Als er ausgebrochen war, tat ich alles, den Sieg zu sichern ... Ich stehe zu dem, was ich getan habe. Ich weise aber auf das entschiedenste zurück, daß meine Handlungen diktiert waren von dem Willen, fremde Völker durch Kriege zu unterjochen, zu morden, zu rauben oder zu versklaven, Grausamkeiten oder Verbrechen zu begehen.

Das einzige Motiv, das mich leitete, war heiße Liebe zu meinem Volk, sein Glück, seine Freiheit und sein Leben. Dafür rufe ich den Allmächtigen und mein deutsches Volk zum Zeugen an.«[26]

Rudolf Heß, auch jetzt unmittelbar nach Göring aufgerufen, erklärte zunächst komisch-wichtigtuend, daß die vier Voraussagen eingetroffen seien, die er bereits in England mündlich und schriftlich formuliert habe: 1. Unwahre Aussagen unter Eid vor Gericht, 2. Abgabe eidesstattlicher Versicherungen mit unwahren Angaben, 3. Überraschungen der Angeklagten durch deutsche Zeugen, 4. »Schamlose Äußerungen (einiger Angeklagter) über den Führer«, belastende Angaben über »ihr eigenes Volk« und gegenseitige Beschuldigungen.[27] So banal diese Prophezeiungen auch sein mochten: Heß kannte einige seiner »Kameraden«, wie er die Mitangeklagten gewöhnlich nannte, aus der Zeit vor Mai 1941 doch besser, als sie meinten. Sie hatten während des Prozesses teilweise einander so kraß beschuldigt, daß die intellektuell bevorzugt ausgerüsteten und geistig besonders wendigen Angeklagten – nicht nur bis zum Urteil – im Vorteil blieben. Göring zum Beispiel warf Albert Speer noch nach dem Urteil vor, dem geistig recht bescheiden ausgestatteten Fritz Sauckel auch Schuld aufgebürdet zu haben, die er selbst, Speer, auf sich hätte nehmen müssen.[28]

Daß nicht nur das am 11. März 1946 im Rahmen des Milch-Verhörs durch

Jackson zur Sprache gebrachte und im folgenden zitierte Protokoll einer Speer-Äußerung ... einen besonders artikulierten Aspekt der Aktivitäten Speers bestätigte, wußte nicht nur Göring. Der Protokoll-Text spricht für sich: »Die Bummelantenfrage ist auch ein Punkt, den wir behandeln müssen. Ley hat festgestellt, daß dort, wo Betriebsärzte sind und die Leute von den Betriebsärzten untersucht werden, sofort der Krankenstand auf ein Viertel bis ein Fünftel sinkt. SS und Polizei könnten hier ruhig hart zufassen und die Leute, die als Bummelanten bekannt sind, in KZ-Betriebe stecken. Anders geht es nicht. Das braucht nur ein paarmal zu passieren, das spricht sich herum.«[29] Von Speer stammte auch der Vorschlag, die Franzosen durch Täuschungsmanöver dazu zu bewegen, ihre in den Gefangenenlagern festgehaltenen Facharbeiter namhaft zu machen, um sie dann in der deutschen Rüstungsindustrie als Arbeitskräfte einsetzen zu können. So empfahl er am 3. November 1942 beispielsweise: »Dann könnten wir den Franzosen über die Industrie so etwas vorspiegeln, als ob wir ihnen die Walzer und Schmelzer, die sie haben, als Kriegsgefangene freigeben würden, wenn sie uns die Namen aufgäben ...[30] Die französischen Firmen wissen genau, wer von den Kriegsgefangenen Schmelzer ist. Da sollen Sie (Feldmarschall Milch) unter der Hand so tun, als ob sie freigegeben würden. Die melden uns die Namen, und dann holen wir sie raus. Machen Sie das mal!«*

Heß, der am längsten redete, wurde auch in jenen Tagen von den meisten Angeklagten und Verteidigern nicht ganz ernst genommen. Dies mag auch der Grund dafür gewesen sein, daß seine geheimnistuerischen Andeutungen niemanden interessierten, die er auch in seinem Schlußwort noch einmal komisch-theatralisch vortrug.

»Es wäre selbstverständlich von höchster Bedeutung gewesen«, sagte er, nachdem er bereits eine Viertelstunde geredet hatte, »daß ich das, was ich zu sagen habe über die Vorgänge während meiner eigenen Gefangenschaft in England, unter Eid ausgesagt hätte. Es war mir aber unmöglich, meinen Verteidiger dazu

* Im Rahmen dieses Verhörs verlas Justice Jackson das Protokoll einer Äußerung von Feldmarschall Milch vom 16. 2. 1944 in der 53. Sitzung des Zentralen Planungsrates. Der Text: »Die Rüstungsindustrie arbeitet ... sehr weitgehend mit Ausländern, und zwar nach den letzten effektiven Zahlen mit 40 Prozent. Die neueren Zuweisungen ... sind hauptsächlich Ausländer, und wir haben viel deutsches Personal für die Einziehungsaktion abgeben müssen. Besonders die Luftrüstung, die eine junge Industrie ist, beschäftigt sehr viele junge Leute, die auch Soldat sein müßten; wie schwer das ist, wird klar, wenn man das abzieht, was für die Erprobungsstellen arbeitet. In der eigentlichen Massenfabrikation ist die Zahl der Ausländer weit überwiegend und liegt zum Teil bei 95 Prozent und mehr. Unser hochwertigster neuer Motor wird zu 88 Prozent von russischen Kriegsgefangenen gemacht, und die übrigen 12 Prozent sind deutsche Mädchen und Frauen. An den JU-52, die jetzt nur noch als Transportmaschinen bei uns gelten, arbeiten bei einer monatlichen Produktion von 50 bis 60 Maschinen nur 6 bis 8 deutsche Männer, im übrigen nur ukrainische Frauen, die alle Arbeitsrekorde der Facharbeiter gedrückt haben.« IMT, Bd. IX, S. 128.

zu bringen, sich bereit zu erklären, die entsprechenden Fragen an mich zu stellen. Ebenso ist es mir unmöglich gewesen, einen anderen Verteidiger dazu zu bestimmen, die entsprechenden Fragen an mich zu stellen. Es ist aber von höchster Bedeutung, daß ich das, was ich sage, unter Eid gesagt habe. Daher erkläre ich nunmehr:
(Der Angeklagte Heß erhebt sich)
›Ich schwöre bei Gott, dem Allmächtigen und Allwissenden, daß ich die reine Wahrheit sage, nichts verschweigen und nichts hinzufügen werde.‹
Ich bitte das Hohe Gericht, alles, was ich weiter sage, daher als unter meinem Eid stehend anzusehen.
(Der Angeklagte Heß setzt sich wieder)
Zwischenfügen möchte ich noch hinsichtlich meines Eides: Ich bin kein kirchlicher Mensch; ich habe kein inneres Verhältnis zu den Kirchen, aber ich bin ein tief religiöser Mensch. Ich bin überzeugt, daß mein Gottglaube stärker ist als der der meisten anderen Menschen. Um so höher bitte ich das Gericht zu werten, was ich unter Eid, unter ausdrücklicher Berufung auf Gott, aussage:
(*zu Göring gewandt*)
Bitte unterbrich mich nicht.
Im Frühjahr 1942 trat bei mir ...«
Vorsitzender: »Ich muß die Aufmerksamkeit des Angeklagten Heß darauf lenken, daß er bereits 20 Minuten gesprochen hat. Der Gerichtshof hat den Angeklagten gesagt, daß er ihnen in diesem Stadium des Prozesses nicht gestatten kann, Erklärungen von großer Länge abzugeben. Wir müssen alle Angeklagten hören. Der Gerichtshof hofft deshalb, daß der Angeklagte Heß seine Rede zum Abschluß bringen wird.«[31]

Bis dahin hatte Heß selbst die Angeklagten belustigt. Doch plötzlich überraschte er sie mit der im folgenden zitierten Erklärung, die als sein Schlußwort ausgereicht hätte. »Feststellungen, die mein Verteidiger in meinem Namen vor Gericht traf«, sagte er, »ließ ich um des dereinstigen Urteils meines Volkes und um der Geschichte willen treffen. Nur dieses ist mir wesentlich.

Ich verteidige mich nicht gegen Ankläger, denen ich das Recht abspreche, gegen mich und meine Volksgenossen Anklage zu erheben. Ich setze mich nicht mit Vorwürfen auseinander, die sich mit Dingen befassen, die innerdeutsche Angelegenheiten sind und daher Ausländer nichts angehen.* Ich erhebe keinen Einspruch gegen Äußerungen, die darauf abzielen, mich oder das ganze deutsche Volk in der Ehre zu treffen. Ich betrachte solche Anwürfe von Gegnern als

* Dieser Vorwurf ging ins Leere; denn innerdeutsche Angelegenheiten wurden weitgehend ausgeklammert.

Ehrenerweisung. Es war mir vergönnt, viele Jahre meines Lebens unter dem größten Sohne zu wirken, den mein Volk in seiner tausendjährigen Geschichte hervorgebracht hat. Selbst wenn ich es könnte, wollte ich diese Zeit nicht auslöschen aus meinem Dasein.
Ich bin glücklich zu wissen, daß ich meine Pflicht getan habe meinem Volk gegenüber, meine Pflicht als Deutscher, als Nationalsozialist, als treuer Gefolgsmann meines Führers. Ich bereue nichts.
Stünde ich wieder am Anfang, würde ich wieder handeln, wie ich handelte, auch wenn ich wüßte, daß am Ende ein Scheiterhaufen für meinen Flammentod brennt. Gleichgültig was Menschen tun, dereinst stehe ich vor dem Richterstuhl des Ewigen. Ihm werde ich mich verantworten, und ich weiß, er spricht mich frei.«[32]

Bis auf Speers Schlußwort, die Abschweifungen von Heß und die Feststellungen Papens, Schachts und Fritzsches, die für sich stets mit Freisprüchen oder doch milden Urteilen gerechnet hatten, stimmten die letzten Ausführungen der Angeklagten überein. Sie erhoben Vorwürfe gegenüber dem Gericht, beriefen sich auf Befehle, klagten Tote an und gaben an, erst hier, vom Gericht, erfahren zu haben, welche grausamen Verbrechen bis zum Ende des Krieges in den von den Deutschen besetzten Ländern und im Reich geschehen seien. Zwar gestanden einige von ihnen, sich schuldig gemacht zu haben; aber diese Bekenntnisse widersprachen ihren ersten Feststellungen nicht, daß sie sich »im Sinne der Anklage« als »nicht schuldig« fühlten.

Wilhelm Keitels »Bekenntnis« traf den Kern, den fast alle Angeklagten auf ihre Weise zu beschreiben versuchten, am deutlichsten. »So will ich auch am Schluß dieses Prozesses«, schloß er seine Ausführungen ab, »offen meine heutige Erkenntnis und mein Bekenntnis darlegen: Mein Verteidiger hat mir im Laufe des Verfahrens zwei grundsätzliche Fragen vorgelegt; die erste schon vor Monaten. Sie lautete: ›Würden Sie im Falle eines Sieges abgelehnt haben, an dem Erfolg zu einem Teil beteiligt gewesen zu sein?‹ Ich habe geantwortet: ›Nein, ich würde sicher stolz darauf gewesen sein.‹ Die zweite Frage war: ›Wie würden Sie sich verhalten, wenn Sie noch einmal in die gleiche Lage kämen?‹ Meine Antwort: ›Dann würde ich lieber den Tod wählen, als mich in die Netze so verderblicher Methoden ziehen zu lassen.‹ Aus diesen beiden Antworten möge das Hohe Gericht meine Beurteilung erkennen. Ich habe geglaubt, ich habe geirrt und war nicht imstande zu verhindern, was hätte verhindert werden müssen. Das ist meine Schuld. Es ist tragisch, einsehen zu müssen, daß das Beste, was ich als Soldat zu geben hatte, Gehorsam und Treue, für nicht erkennbare Absichten ausgenutzt wurde und daß ich nicht sah, daß auch der soldatischen Pflichterfüllung eine Grenze gesetzt ist. Das ist mein Schicksal. Möge aus der klaren Erkenntnis der Ursachen, der unheilvollen Methoden und der schrecklichen Folgen dieses Kriegsgeschehens für das deutsche Volk die Hoffnung erwachsen auf eine neue Zukunft in der Gemeinschaft der Völker.«[33]

Nun beherrschte alle Angeklagten nur noch die bange Frage, was das Urteil des IMT ihnen jeweils bringen werde, obwohl sie sicherlich längst wußten, daß die Richter nicht erst an diesem Tage damit beginnen würden, die Urteile zu formulieren. Der US-Richter Francis Biddle gab sechzehn Jahre später zu: »Zu dieser Zeit (beim Schlußwort-Vortrag vom 31. August 1946) war schon fast alles Beweismaterial vorgetragen, und meine Assistenten hatten es – während wir weiterverhandelten – nicht nur nach den Namen der Angeklagten zusammengefaßt und geordnet, sondern auch nach bestimmten Beweisthemen wie ›Die gemeinsame Verschwörung‹, ›Wirtschaftsplanung und Mobilmachung für den Angriffskrieg‹, ›Sklavenarbeitsprogramm‹ und ›Kriegsverbrechen‹. Es gab auch Zusammenfassungen des Beweismaterials gegen die sechs Organisationen, von denen behauptet wurde, sie seien verbrecherisch ... Zum erstenmal trafen wir uns am 27. Juni (bereits fünf Tage vor dem Beginn der zwanzig Prozeßtage währenden Plädoyers der Verteidiger und Hauptankläger für die Angeklagten als Einzelpersonen) zur Urteilsberatung und berieten bis zum 26. September in insgesamt 21 Sitzungen. Schon beim ersten Treffen im Juni fingen wir an, die Schuldbeweise zu diskutieren.«[34] Bereits am 23. Mai 1946 hatte die Behauptung im Gerichtssaal die Runde gemacht, daß das Gericht spätestens mit der Urteilsfindung beginnen werde, sobald die Anklage und die Verteidigung ihre Plädoyers vortrügen. Die ungeduldigen Ankläger, die weisungsgemäß mehr als alle anderen Beteiligten Zeit sparen mußten, waren sogar schon am 5. April 1946 zusammengetroffen, um nach einem Weg zur Beschleunigung des Verfahrens zu suchen, das das Gericht trotz ihres Drängens ordnungsgemäß beenden wollte. Shawcross, Jackson, Rudenko und de Ribes waren sich schon zu der Zeit darüber einig, daß die Richter noch mehr Schuldbeweise für die Urteilsfindung nicht abzuwarten brauchten. Obwohl die Richter sich öffentlich niemals dazu bereit erklärten, die Urteile vorzeitig zu formulieren, waren sie doch längst dabei. So trug zum Beispiel Viktor Freiherr von der Lippe, der in Nürnberg als Assistent der Verteidigung fungierte und über besonders gute Kontakte zur Gegenseite verfügte, am 12. Juli 1946 in sein Tagebuch ein: »Aus einer gerichtlichen Quelle ... kam heute das Gerücht, daß das Tribunal ohne Rücksicht auf die Plädoyers mit der Ausarbeitung der Urteilsbegründungen bereits so weit gediehen sei, daß nach diesem Stand der Dinge außer für Schacht, Papen und Fritzsche mit Todesurteilen zu rechnen sei.«[35] Selbst der Henker war schon bestimmt, bevor die Angeklagten noch ihr Schlußwort gesprochen hatten. Ihm, John C. Woods, der in den USA in fünfzehn Jahren 347 Delinquenten durch den Strang hingerichtet hatte, war im August als Geheimauftrag mitgeteilt worden, daß er sich bald nach Nürnberg zu begeben habe, wo er die deutschen Kriegsverbrecher hinrichten müsse.[36]

Dr. Pflücker, der sich der Angeklagten nun ganz besonders intensiv annahm, notierte: »Gestern haben die Angeklagten Abschied von ihren Angehörigen genommen. Nur Heß wollte niemanden sehen und lehnte auch ein angebotenes Zusammentreffen mit Speer ab. Er ist im übrigen aufgelockerter als sonst. Göring sah auch eine frühere Hausangestellte, deren Erregtheit er als einen Beweis für die Stimmung im Volk ansah. Er ist der festen Überzeugung, daß das Volk ihn noch genauso verehrt wie in den Tagen des Glanzes und des Glückes ... Da in der letzten Nacht an einem Bretterzaun gearbeitet worden war, fragte er mit grimmigem Lächeln, ob der Galgen schon gebaut würde. Es sei wenig rücksichtsvoll, den Delinquenten schon so früh an den Vorbereitungen zu seiner Exekution teilnehmen zu lassen. Er spricht auch von der Möglichkeit, daß seine Hinrichtung vielleicht verschoben werden müsse, da er in späteren Prozessen noch als Zeuge gebraucht werde. Er wiederholt seine alte These, daß ihnen noch viele folgen würden, die jetzt als Zeugen aufgetreten seien. ›Diese Suppenhühner dürfen noch einmal gackern, den Amerikanern ein Ei legen, und dann kommen sie auch in den großen Topf‹ ...«[37]

In einem Gespräch, das Gilbert nun noch mit Göring führte, erfuhr Göring, was der amerikanische Psychologe von ihm hielt. Er erinnerte ihn an einen Bild-Test und fragte: »Erinnern Sie sich an die Karte mit dem roten Fleck?«, und ohne Görings Antwort abzuwarten, fuhr er fort: »Nun, krankhafte Neurotiker zögern häufig bei dieser Karte und sagen, es sei Blut darauf. Sie zögerten, nannten es jedoch nicht Blut. Sie versuchten, es mit den Fingern wegzuschnippen ... Dasselbe haben Sie während des ganzen Prozesses gemacht. Sie haben den Kopfhörer im Gerichtssaal abgenommen, wenn die Beweise für Ihre Schuld unerträglich wurden. Und ebenso machten Sie es auch im Krieg, indem Sie die Greueltaten mit Drogen aus Ihrem Bewußtsein zu verbannen versuchten ... Sie sind ein moralischer Feigling!«[38]

Wilhelm Keitel irritierte »das Rot«, Hans Frank stieß es ab. »Scheußlich«, sagte er, »widerlich ... wie Stalin.«[39]

Wie wenig die Urteile von Beobachtern und deren Ausweitung allerdings gelegentlich wiegen und wie kraß sie voneinander abweichen können, beweist ein Vergleich zwischen den Tagebuchnotizen des Gefängnisarztes und den Aufzeichnungen des Gefängnispsychologen. Während Dr. Pflücker Albert Speer beispielsweise als einen intelligenten, humorvollen, kameradschaftlichen und hilfsbereiten Mann zeichnete, gelangten Miale und Selzer bei der Auswertung der Unterlagen Gilberts zu dem Ergebnis, daß Speer phantasielos, ohne Spontaneität und von einer beklemmend kraftlosen Vorstellungswelt gewesen sei.[40] Sie attestierten ihm »ein Maß von Beharrlichkeit, das oft bei kleinen Kindern, bei Menschen mit Schäden des Zentralnervensystems und katatonen Schizophrenen zu finden ist«[41] und folgerten, daß auch sein Schuldbekenntnis vor dem IMT »teilweise phrasenhaft« gewesen sei.[42]

Zu Ribbentrop, den die Amerikaner Miale und Selzer nach ihren dilettantischen »Forschungs«-Methoden kurzerhand zum »Stinktier« machten, weil er die Kleckse auf einer Testkarte während eines Rorschach-Tests durch Gilbert als Stinktiere bezeichnet hatte, bemerkte Pflücker, daß er zwar »sehr herunter (sei), aber doch ruhiger als während der Verhandlung. Der Besuch seiner Frau hat ihn aufgerichtet.«[43]

»Raeder«, heißt es in Pflückers Bericht weiter, »ist ruhig. Er sorgt sich nur um das Schicksal seiner in der russischen Zone lebenden Frau, deren Besuch ihm von den Russen wiederholt zugesagt worden ist. Seine Tochter und sein Sohn haben ihn aber aus der englischen Zone besuchen können. Er hatte wenigstens die Freude zu hören, daß die Lebensbedingungen seiner Frau sich gebessert hätten.

Von Neurath ist wie immer gleichmäßig ruhig. Er bleibt der Diplomat der alten Schule, der ohne Anstrengung Haltung bewahrt. Auch von Papen zeigt trotz seiner Lebhaftigkeit eine große äußere Ruhe, ist freundlich und heiter wie stets.

Seyß-Inquart hat sich mit seinem Schicksal seit langem abgefunden und erwartet in Ruhe den Spruch des Gerichts. ›Wenn man im Glück in der ersten Reihe saß, kann man im Unglück sich nicht zu drücken versuchen.‹ Ich weiß nicht, wie er sich vor Gericht verhalten hat, aber ich bin gewiß, daß er sich innerlich völlig gewandelt hat. Seine Rückkehr zur Kirche war ihm Herzensbedürfnis und geschah sicher nicht aus äußeren Gründen. Deshalb hat er wohl vor Gericht auch darauf verzichtet, sich mit der Belastung anderer zu entlasten, sondern ist für das, was er getan hat, eingetreten.

Auch Frank ist heiter. Er zeigt mir ein Bildchen, das sein Töchterchen gezeichnet hat und das in kindlicher Weise die Kinder auf dem Wege zum Essen im Justizgebäude darstellt.

Rosenberg ist ruhig und gefaßt. Er hat für seine Tochter Federzeichnungen mit Motiven aus seiner baltischen Heimat fertiggemacht. Er ist davon überzeugt, daß er als Märtyrer einer Weltanschauung stirbt, die sich durchsetzen muß. Heute hat er den Wunsch, daß Pfarrer Gerecke seinen Frauen mit Verpflegung für die Fahrt aushelfen möge. Frau und Tochter waren zu stolz, um die von den Amerikanern angebotene gute Verpflegung im Justizpalast anzunehmen und haben in Nürnberg auf ihre Karten gelebt. Nun wird es für den guten Pfarrer schwer sein, etwas heranzuschaffen. Ich bin aber überzeugt, daß er alles getan hat, was nur möglich ist.

Speer scherzt wie immer.

Schacht gibt seiner Freude Ausdruck, daß es endlich soweit ist. Er erzählt mir, daß sich sein kleines Töchterchen einer Operation unterziehen müsse.

Streicher ist lebhaft, macht sich lustig über schnelle Christen und weiche Männer, die sich früher doch so stark gebärdeten. Er fragt, ob ich mit zur Exekution ginge.

Kaltenbrunner spricht mit Wehmut von seiner Frau und den Kindern.

Funk ist körperlich sehr herunter, da er am Vortage eine örtliche Behandlung durchmachen mußte. Er klagt, daß er in entscheidenden Lagen immer Pech gehabt habe. Ich denke dabei daran, wie sehr gebunden er war, nachdem er nun einmal das Amt übernommen hatte, das ihn auf die Anklagebank führte. Göring sagte in Mondorf einmal: ›Was wollen Sie nur mit Funk, der war doch eine Null, wenn er nicht tat, was wir wollten, dann runter mit dem Kohlrabi.‹

Frick ist munter, freut sich, daß nun endlich die Entscheidung kommt.

Auch Schirach ist guter Dinge.«[44]

Alfred Jodl, der zwar mager und abgehärmt aussieht, aber weiterhin überlegene Würde und besondere Heiterkeit ausstrahlt, hat seiner Frau am 28. August, drei Tage vor seinem Schlußwort, einen Brief geschrieben, der mehr als der Bericht des Arztes sagt, der nur Ruhe und Heiterkeit bei seinem »Patienten« beobachten zu können meinte.

»Wenn ich nun sagen soll, mit welchem Urteil ich eigentlich rechne«, fragte er (wie die meisten – auch ausländischen – Militärs nach wie vor auf ein günstiges Urteil hoffend), »so muß ich offen bekennen, mit allem und jedem. Mein Denken sträubt sich einfach dagegen, sich irgendwie festzulegen. Vielleicht wird es schlimmer, als wir in hellen Stunden hoffen, vielleicht wird es günstiger, als wir in trüben Stunden fürchten. Mein Päckchen liegt für alle Fälle bereit. Ich brauche nur zuzugreifen. Und sollte der Tod vor meiner Zelle stehen, so wird er mich nicht überraschen. Er wird kein gebrochenes und kein reuevolles Opfer finden, sondern nur ein stolzes, das ihm eiskalt in die Augenhöhlen sieht. Er wird keine willige Ergebenheit und erst recht keine reuevolle Zerknirschung finden, denn das Bewußtsein wird mich nicht verlassen, daß ich dieses Schicksal nicht verdient habe. – Aber ich will Dir jetzt keinen Abschiedsbrief schreiben, denn einmal ist dazu immer noch Zeit, und dann – und das ist eine Wandlung der letzten Wochen – glaube ich im tiefsten Innern nicht an dieses Urteil und will nicht daran glauben um Deinetwillen ... Da man aber nie wissen kann, wie grausam das Schicksal mit uns spielt, auch bei einer längeren oder auch nur kürzeren Trennung – und plötzlich einer von uns abberufen werden kann, so möchte ich Dir die einfachen Verse von Kayssler aus ›Dein Weg,‹ das ich so lieb gewonnen habe, schicken: So geht eine Tür zu Gott hinein/ die Tür ist klein/ hat sie Raum für Dich und mich?/

Kaum./ Jedes geh getrost für sich/ drüben dann, wie hier an Land/ gehen wir wieder Hand in Hand./

Aber wir wollen, mein Liebstes, inbrünstig hoffen, daß wir es noch hier zu Lande tun werden ...«[45]

Das Urteil

Lange bevor die Richter ihre Urteile fällten, hatten 32 amerikanische Journalisten es bereits getan. Am schwarzen Brett im Raum der ausländischen Presse hatten eifrige Meinungsmacher die jeweils durch Kreuze hinter den Spalten »schuldig«, »nicht schuldig«, »Todesstrafe« und »Gefängnis« gekennzeichneten Vermutungen der Korrespondenten angeschlagen. Einstimmige Todesstrafe erwarteten die Presseleute[1] nur für Göring, Ribbentrop und Kaltenbrunner. 29 stimmten für Keitels und Sauckels Tod, 27 für die Hinrichtung von Hans Frank, 26 für den Tod von Seyß-Inquart, 24 für den Tod von Rosenberg und 17 für die Todesstrafe für Heß. 15 hielten Raeder, 14 Dönitz und Streicher für todeswürdig. Jodl wollten 13, Frick 12, Speer 11, von Schirach 9, von Papen 6, Schacht 4, von Neurath 3 und Fritzsche einer hingerichtet sehen.

Doch auch Jackson, der auf die Verurteilung der SA und des Reichskabinetts hoffte und den deutschen Generalstab und das Oberkommando der Wehrmacht unbedingt als verbrecherische Organisationen verurteilt sehen wollte, hatte seine »Rechnung« bereits aufgemacht. In einer geheimen Sitzung war er, was seine intime Kenntnis bestätigte, sogar davon ausgegangen, daß die sich im Laufe der Haftzeit gegenseitig immer mehr belastenden Angeklagten selbst abstimmen sollten, wer von ihnen schuldig und wer unschuldig sei. Daß in einem solchen Falle wahrscheinlich kaum einer der Angeklagten am Galgen vorbeigekommen wäre, darf als relativ sicher gelten.

Die Richter[2] gingen indes von anderen Voraussetzungen aus. Als es soweit war, sahen die meisten Angeklagten dem Urteil ruhig, gefaßt – und teilweise sogar in heiterer Stimmung entgegen. Obwohl der Prozeß Details und Zusammenhänge zutage gefördert hatte, gegen die gegenteilige Argumente mehr als nur machtlos sein mußten, war vermutlich keinem der Angeklagten klar, was er im Saal 600 des Justizgebäudes am Schluß des Prozesses als Entscheidung des IMT jeweils vor der Tür zum Fahrstuhl über sein Schicksal hören würde.

Der deutsche Gefängnisarzt Pflücker notierte nach der – besonders von den zahlreichen Presseleuten ungeduldig erwarteten – Verlesung des Urteils, nachdem die Verurteilten, jeweils mit Handschellen an US-Soldaten gekettet, wieder in ihre Zellen geführt worden waren:

»Heß hat seine üblichen Koliken gehabt, will aber natürlich doch zur Verhand-

lung gehen. Als ich scherzend sage, heute dürfe er doch nicht fehlen, um alles zu hören, sagt er lächelnd: ›Da höre ich doch nicht hin.‹
Bei Neurath, der an Blutdruckerhöhung leidet, ergibt eine kurze Herzkontrolle einen guten Befund. Er zeigt keine Spur von Erregung. Wir sprechen darüber, daß sich sein Herz während der Haft so gut gehalten hat und sind beide der Meinung, daß im Gefängnis doch so manche Erregungen der Außenwelt wegfallen.
Frank fragt, ob ich bis zum Schluß bleibe, und meint scherzend, ich würde ihm sicher am letzten Tag noch den Puls fühlen.
Keitel ist ruhig, gefaßt. Man weiß ja, was kommen wird. ›Nachdem ich einmal in diese Stellung gekommen war, gab es für mich nur den Tod als Erlösung.‹
Mit Seyß-Inquart spreche ich darüber, daß auch das zu erwartende Urteil ohne Haß getragen werden müsse. ›Nur kein Haß, es gibt schon genug Hindernisse für den Wiederaufbau‹, sind seine Worte.
Papen ist sehr gesammelt und freut sich, daß die Entscheidung nahe sei.
Speer scherzt.
Schacht,* dessen lebhaftem Geist der Verlauf des Prozesses immer schon zu langsam war, sagt bei der Frage nach seinem Befinden: ›Mir geht es ausgezeichnet, wie immer, aber ich habe es dicke.‹
Göring muß mich am Abend noch wegen eines Anfalles von Tachykardie holen lassen. Der erste Teil des Urteils hat ihn doch sehr erregt.«[3]

Nach dem Urteil, das die lange Ungewißheit mit einem Schlage beseitigt und einige – immer noch – heimliche Hoffnungen zerschlagen hatte, versuchte jeder Verurteilte auf seine Weise mit seinem Schicksal fertig zu werden. Sichtbar für jedermann war nach außen hin, daß die Todeskandidaten ihre Zellen nur noch mit Handschellen verlassen durften – und nachts auf ihren Pritschen mit den Armen über den Decken und mit den Gesichtern zur Lampe schlafen mußten. Was sich hinter den nach außen hin teilweise mit großer Sorgfalt gepflegten Fassaden verbarg, konnten jetzt nur noch die Geistlichen, die Angehörigen der Verurteilten, die amerikanischen Gefängnispsychiater und der deutsche Gefängnisarzt beurteilen, auf dessen Bericht sich die folgenden Darstellungen stützen: Göring sah sich weiterhin als Vertreter des Führers, für den er seinen Kopf opferte. Hitler, der Führer, so betonte Göring auch jetzt noch einmal ausdrücklich, habe sich niemals einem fremden Gericht stellen dürfen. Heß, der sein Essen nun nur noch am Boden liegend einnahm, prophezeite eine baldige Befreiung und tat

* Die russischen Richter waren der Ansicht, daß das IMT von Papen, Schacht und Fritzsche nicht hätte freisprechen dürfen; auch Heß war ihrer Ansicht nach nicht angemessen bestraft worden. Für ihn hatten sie die Todesstrafe gefordert. Und auch ihre abweichende Entscheidung über die Beurteilung des Reichskabinetts, des Generalstabs und des Oberkommandos der Wehrmacht, die nach ihrer Auffassung sämtlich verbrecherische Organisationen waren, wünschten sie in das Gerichtsprotokoll aufgenommen zu sehen.

sonst, als ginge ihn das alles gar nichts an. Keitel, der sich am Vorabend erstmals ein Schlafmittel hatte geben lassen, wiederholte sinngemäß, was er schon in seinem Schlußwort gesagt hatte. Hitler, die Symbolfigur des Bösen, den jetzt nahezu alle ohne Einschränkungen anklagten, hatte ihn »innerlich zerbrochen«, wie er sich ausdrückte. Jetzt wollte er, Keitel, nur noch »den Ehrenschild der Wehrmacht reinhalten« und hoffte, daß er, wie zum Tode verurteilte Soldaten aller Armeen, doch noch durch eine Kugel fallen werde. Frank hatte seinen Frieden mit dem Himmel gemacht, und so gab er sich gelassen und ruhig, auch wenn seine Augen verdächtig glänzten.

Seyß-Inquart war nicht nur beherrscht,[4] sondern tröstete auch noch seinen Leidensgenossen Sauckel, den er auch jetzt noch mit »lieber Parteigenosse Sauckel« anredete und ihm am 13. Oktober 1946 folgenden Brief schrieb: »Sie üben an dem Urteil herbe Kritik. Das ist richtig, wenn wir den Spruch vom Standpunkt der ausgleichenden Gerechtigkeit prüfen. Sie meinen, das Urteil ist deshalb gegen Sie ausgefallen, weil eines Ihrer Worte falsch übersetzt und ausgelegt wurde. Diesen Eindruck habe ich nicht. Man hat – dies muß Sie mit Genugtuung erfüllen – festgestellt, daß Sie nicht das Prinzip Vernichtung durch Arbeit verfolgten, obwohl die Anklage sich die größte Mühe gab, Sie mit diesem Vorwurf zu belasten. Man nahm aber an, daß Sie die äußerste Ausnützung der Zwangs-, in unserem Sinne Pflicht-Arbeiter zugunsten der deutschen Kriegswirtschaft betrieben haben. Ob das physische oder wirtschaftlich rationellste Ausnützung ist, hat das Gericht nicht mit Nachdruck geprüft. Vom Standpunkt der Charité ist jede solche Ausnützung, d. h. Verwertung verbrecherisch. Der Hinweis auf die behaupteten Mißstände wird nicht Ihrem Wollen zur Last gelegt, sondern man behauptet nur, Sie hätten dies feststellen müssen, also in sekundärer Bedeutung. Grundsätzlich verurteilt wird jede wie immer geartete Ausnützung von Pflichtarbeit für Kriegszwecke.

Daß ein Führerbefehl vorlag, kann uns, die wir den Mut und die Kraft hatten, in diesem Existenzkampf unseres Volkes in erster Reihe zu stehen, die Verantwortung nicht abnehmen. Wir bekennen uns dazu. Unsere Gegner haben Deutschland besiegt und vernichten nun die führenden Männer. Ob das gerecht und klug ist, ist eine andere Frage, aber wir werden uns selbst in unserer Leistung für das deutsche Volk nicht kleiner machen.

Gerade Ihr Opfer hat für das deutsche Volk eine besondere Bedeutung. Ob Ihnen zu Recht oder zu Unrecht vorgeworfen, diese Art der Arbeitsverwendung gilt als Verbrechen. Daraus wird das deutsche Volk sein Recht in Zukunft ableiten, und diesem moralischen Grundsatz werden sich nach Ihrem Opfer auf die Dauer die anderen nicht entziehen können. Damit wird Ihre Bedeutung in das wahre Licht kommen. Auch Ihrer Familie wird Gerechtigkeit widerfahren, die gewiß jetzt schon zunehmend stille Hilfe findet.

Für uns gilt: Der größte Vorwurf wäre, nicht alles im Existenzkampf des Volkes getan zu haben.
Sind wir in den Tagen des Triumphes in den ersten Reihen gestanden, so haben wir den Anspruch, im Unglück in vorderster Reihe zu stehen. Mit unserer Haltung helfen wir, die Zukunft unseres Volkes wieder aufzubauen.
Ich drücke Ihnen, l. Pg. (lieber Parteigenosse) Sauckel, den ich schätzen und lieben gelernt habe, die Hand. Es lebe Deutschland! Ihr Seyß-Inquart.«[5]

Sauckel indes wurde bis zu seinem letzten Tag nicht mit dem Urteil fertig, was Göring bewog, ihm den Vorwurf zu machen, sich zu sehr verteidigt und den reuigen Sünder gespielt zu haben. Dr. Pflücker erinnerte sich 1952:
»Bei Sauckel muß ich länger bleiben und Einsicht in die von ihm gegebenen Verordnungen über die Behandlung fremdländischer Arbeiter nehmen. Da er selbst Arbeiter gewesen sei, wisse er, daß man nur bei guter Behandlung und Freiwilligkeit eine gute Arbeitsleistung erwarten könne, und er habe deshalb auch immer wieder ermahnt, danach zu handeln. Druck bei der Werbung sei wohl angewandt worden. Dafür sei aber nicht er verantwortlich, sondern die Dienststellen der Wehrmacht und der Zivilverwaltung in den besetzten Gebieten. Er sei der festen Überzeugung, daß sein Urteil falsch sei und noch geändert werden müsse. Dafür wolle er bis zur letzten Minute kämpfen.

Ich habe den Eindruck, daß er tatsächlich die Verhältnisse nicht übersieht und ehrlich glaubt, das Beste gewollt und getan zu haben. Er verschloß seine Augen vor allem, was nicht in seine Vorstellung paßte. Ein paar Bilder aus einem Erholungsheim für ausländische Arbeiter, einige Verordnungen und Ermahnungen ließen ihn die Härte vergessen, die jeder erzwungene Arbeitseinsatz mit Entfernung aus der Familie, der Heimat, doch an und für sich schon bedeutet. Er vergaß all die Grausamkeiten der Transporte, die immer unzureichendere Verpflegung und Unterbringung in dem materialarmen Deutschland, die hohe Sterblichkeit der Verschleppten. Das alles hatte er sicher nicht gewollt, aber diese entsetzlichen Leiden waren doch Folge des Zwangsarbeitersystems gewesen, wie sie es immer sein werden.«[6]

Am 5. und 6. Oktober schrieb Dr. Pflücker in sein Tagebuch: »Am 5. Oktober treffe ich bei meinem Rundgang alle Verurteilten in ruhiger Stimmung. Kaltenbrunner hatte am Vortage Geburtstag. Es sei doch ein eigenes Gefühl, mit dem Todesurteil in der Tasche seinen Geburtstag zu begehen. Ribbentrop ist interessiert an der Frage, wo sie hinkommen. Ich freue mich, daß ich wirklich nichts darüber weiß. Sauckel klagt wieder darüber, daß man seine Verfügungen über die Behandlung der Fremdarbeiter zu wenig beachtet habe. Das Gericht habe daraus erkennen müssen, daß er nur das Beste gewollt habe. Ein Übersetzungsfehler habe aus dem von ihm gewollten Ausdruck der Ausnützung eine Ausbeutung gemacht.

Seyß-Inquart empfängt die heilige Kommunion. Wir sprechen davon, daß zu Beginn der Nürnberger Zeit, als die ersten Wünsche nach einem Geistlichen geäußert wurden ..., Oberst Andrus mich beauftragte, im Gespräch festzustellen, ob Seyß-Inquart und von Papen wohl überzeugte Katholiken seien* oder aus anderen Gründen den Besuch eines Priesters wünschten. Der Auftrag war für mich leicht zu erfüllen, da ich schon lange die feste Überzeugung gewonnen hatte, daß beide wirklich überzeugte Christen seien. Wenngleich sich Seyß-Inquart vorübergehend von der Kirche getrennt hatte, war er doch nie ausgetreten.

Frank ist fröhlich. Wir sprechen noch über Franz Werfels Buch *Von der Heiligen von Lourdes*, das er so sehr liebt.

Streicher** spricht mit großer Herzlichkeit von seiner Frau, die lange bei uns untergebracht war und auch während der letzten Besuche bei uns wohnte. Sie ist ein sehr natürlicher, fröhlicher Mensch.

Der 6. Oktober ist ein besonders trüber Regentag, an dem fast alle Verurteilten die Frage des Termins der Exekution diskutieren. Ich bin froh, daß ich nichts weiß.

Keitel bittet mich, dem Organisten, der abends oft ein paar Lieder spielt ... zu sagen, er möge das Liedchen: ›Schlafe mein Kindchen, schlaf ein‹ nicht zu oft spielen, da es bei ihm besonders wehmütige Erinnerungen wachrufe. Er spricht über seine erste Offizierszeit und daß er früh schon Regimentsadjutant geworden sei.

Funk hat heute eine leichte fieberhafte Reaktion auf die gestrige örtliche Behandlung seines Blasenleidens. Er wurde übrigens zur Behandlung gefesselt und in Begleitung eines Offiziers vorgeführt. Er hätte gewiß auch ohne Fesselung keinen Ausbruchsversuch unternommen. Bei der Behandlung sagte er, daß die Überlebenden wohl noch oft an das ›Hotel‹ *Justice Prison* zurückdenken würden. Besser würde ihr zukünftiger Aufenthaltsort gewiß nicht werden. Er freut sich immer, wenn er im Anschluß an die Behandlung seine Schlafpille und einen Becher Limonade bekommt und einige Minuten mit mir und dem Zahnarzt, der sich dann gewöhnlich zu uns gesellt, sprechen kann.

* Seyß-Inquart und Papen hatten zusammen mit Frank und Kaltenbrunner, die im Schoß der katholischen Kirche in Nürnberg ihren Frieden zu finden suchten, mit dem amerikanischen Armee-Pater Sixtus O'Connor während der Verhandlungspause des Gerichts (20. 12. 1945 bis 2. 1. 1946) die Weihnacht 1945 kirchlich-katholisch im Gefängnis gefeiert, während der in St. Louis in Missouri ansässige und nicht besonders gut deutsch sprechende evangelische Pfarrer Henry F. Gerecke den protestantischen Angeklagten in zwei zu einer Kapelle umgestalteten Zellen eine kurze Weihnachtspredigt hielt und ihnen die biblische Weihnachtsgeschichte vorlas, wofür Sauckel ihm im Namen seiner Leidensgenossen bewegten Herzens dankte.

** Der ebenfalls katholisch getaufte Streicher, der sich anfänglich über »schnelle Christen« wie Hans Frank lustig gemacht hatte und der Weihnachtsandacht 1945 ferngeblieben war, beteuerte dem Priester unter dem Galgen: »Herr Pater, ich bin bei Gott.«

Kaltenbrunner bittet mich, doch abends für einen Augenblick in seine Zelle zu kommen. Jedes Wort, das er mit einem Deutschen sprechen könne, sei ihm ein Trost. Er freut sich, daß auch der katholische Geistliche sich seiner so fürsorglich annimmt.* Göring hat den Antrag gestellt, seine Frau noch einmal sehen zu dürfen. Er weiß wohl, daß das für seine Frau und ihn sehr schwer ist, aber er will doch alles ertragen, wenn er seine Frau noch einmal sehen kann.

Am 6. Oktober verlassen uns die ersten Arbeitskameraden, um in die Heimat zurückzukehren. Wir anderen bekommen Ausgeherlaubnis. (Wir) können ... uns zum ersten Male frei bewegen. Es ist ein eigenes Gefühl, durch die Straßen zu gehen und den lebhaften Verkehr auf den Straßen zu beobachten. Man findet sich nur schwer zurecht. Die Menge noch gut angezogener Menschen fällt einem auf. Die Zerstörung Nürnbergs berührt unsagbar traurig.«[7]

Ein Teil der Angeklagten, die sämtlich (wenigstens theoretisch) die Möglichkeit hatten, ihre Angehörigen noch einmal zu sehen, bereiteten sich auf den Abschied für immer vor. Schon vor der Verkündigung des Urteils waren die Ehefrauen einiger von ihnen in Zeitungen als »Witwen von Nürnberg« bezeichnet worden, was natürlich auch durch die Mauern des Gefängnisses gedrungen war. Jetzt saßen sie, die »Witwen«, ihren Männern in den Sprechzellen der Verteidiger noch einmal gegenüber: durch Drahtgitter und Glasfenster von ihnen getrennt und von amerikanischen Soldaten beobachtet. Frau Dönitz, Frau von Neurath, Frau Kaltenbrunner, Frau Seyß-Inquart, Frau Streicher und Frau von Ribbentrop nahmen die Gelegenheit wahr. Ribbentrops ältester Sohn, Ritterkreuzträger der SS, war aus einem Gefangenenlager nach Nürnberg verlegt worden, so daß er seinen Vater auch noch einmal sehen konnte.

Als Frau Göring mit ihrer achtjährigen Tochter wieder gegangen war, die freudestrahlend geplappert hatte, daß sie den »Papa ... noch zehn Male sehen«[8] dürfte, sagte Göring zum Gefängnisarzt: »Ich sah meine Frau eben zum letzten Male, lieber Doktor. Nun bin ich gestorben. Es war eine sehr schwere Stunde, aber meine Frau wünschte es. Sie hat sich wunderbar gezeigt. Sie ist eine ganz große Frau ... nur zum Schluß wollte sie durchsinken, aber dann raffte sie sich wieder auf und war beim Abschied ganz gefaßt. Sie wollte von mir zu Frau Jodl, um sie zu trösten.«[9]

Auch Luise Jodl sah ihren Mann noch einmal. Keitel, der immer noch hoffte, doch noch durch eine Kugel zu fallen, und gegenüber Dr. Pflücker bestritt, jemals

* Im Gegensatz zum katholischen Geistlichen Sixtus O'Connor, der bis zum Ende des Prozesses in Nürnberg bleiben wollte, soll der evangelische Pfarrer Gerecke Ende 1945 den Wunsch geäußert haben, zu seiner Familie und Gemeinde nach St. Louis zurückzukehren, was die Angeklagten bedrückte. Sie schrieben gemeinsam an Frau Gerecke und baten sie flehentlich, im Moment noch auf ihren Mann zu verzichten. Vgl. dazu Gerecke, Henry F., »I walked to the Gallows with the Nazi Chiefs«, *Saturday Evening Post*, 1. 9. 1951, S. 17–19 und S. 57f.

an Selbstmord gedacht zu haben,[10] las einen von der Zensur gekürzten Brief seiner Frau, Sauckel schrieb an den Kontrollrat. Streicher trieb auch jetzt noch Rassenkunde. Funk klagte über sein Urteil und warf den Russen vor, es bewirkt zu haben. Frank schrieb und betete; er hatte, wie er selbst es nannte, in Nürnberg seinen Frieden mit dem Himmel gemacht.[11] Jodl, den auch ausländische Militärs gern vor dem Strang gerettet hätten, was die Russen unterbanden,* las in einem Buch von Wilhelm Raabe. Mit seiner Hinrichtung rechnete er »etwa am 14. Oktober«.[12] Am 14. Oktober schrieb er seiner Frau: »Wenn am Abend nach meinem Tod die Freunde um Dich sind, dann soll das sein wie die Trauerparade ... und alle deutschen Soldaten marschieren mit, voran die Toten und dahinter die Lebenden«, und am 15. Oktober, dem Tage seiner Hinrichtung, formulierte er: »Ich will genauso sterben, wie ich gelebt habe. Daß ich Fehler hatte, weiß ich, aber wenn ein Gott im Himmel lebt, so wie ich ihn auffasse und wie er nur sein kann, dann wird er mir verzeihen ... und ich kann offenen Auges vor ihn treten ...«[13]

So warteten sie auf das Ende, ohne jedoch genau zu wissen, wann ihnen die letzte Stunde schlagen würde.

Albert Speer, mit dem Leben davongekommen, schrieb am 4. Oktober 1946 in sein Tagebuch: »Seit dem Urteilsspruch sind unsere Zellen wieder verschlossen, wir haben keine Möglichkeit mehr, miteinander zu sprechen oder uns im Gefängnishof zu erholen. Die Einsamkeit wird unerträglich. Keiner von uns ist bisher auf das Angebot eingegangen, täglich eine Stunde in der Gefängnishalle auf und ab zu gehen ... die zum Tode Verurteilten ... werden nicht mehr zu Spaziergängen geführt. Gelegentlich wird eine ihrer Zellentüren geöffnet. Vielleicht für den Besuch des Pfarrers oder des Arztes.«[14] Und am 13. Oktober 1946 schrieb er moralisierend, peinlich selbstgerecht und überheblich anklagend: »Ein *Guard* geht von Zelle zu Zelle. Er fragt, ob wir von unserem Recht auf den täglichen Rundgang im Erdgeschoß Gebrauch machen wollten. Denn noch immer ist der Hof gesperrt ... Ich bitte ihn, mich mitzunehmen. Aber mir graut davor, die Todeskandidaten zu sehen. Der *Guard* hält mir die verchromten Handschellen entgegen, aneinander gefesselt haben wir einige Schwierigkeiten, die Wendeltreppe hinunterzukommen. Jeder Fußtritt auf diesen eisernen Stufen wirkt in der Stille wie ein Donnerschlag. In der Halle sehe ich elf Soldaten, die aufmerksam in elf Zellen starren. Darin waren elf der Männer, die von der Führung des Reiches übriggeblieben sind. Der Chef des Oberkommandos der Wehrmacht, Wilhelm Keitel, einst unbeliebt und verachtet, während des Nürnberger Prozesses ... ein-

* Nach den Gnadengesuchen der Anwälte und Luise Jodls erwogen Exponenten der westlichen Alliierten, Generaloberst Jodl (trotz des Urteilsspruchs) nicht hinzurichten. Diese Absicht scheiterte jedoch am entschiedenen Veto der Sowjets, die Jodls Tod forderten. So wurde der zunächst auf den 10. Oktober festgelegte Hinrichtungstermin auf die Nacht vom 15. zum 16. Oktober 1946 verschoben.

sichtig und würdig; Generaloberst Alfred Jodl, der engste Mitarbeiter Keitels, ehemals der Typ des intelligenten deutschen Generalstabsoffiziers, der, fasziniert von Hitler, die moralischen Traditionen seines Standes weitgehend verleugnete. Hermann Göring, die Hauptfigur des Prozesses, mit großer Allüre alle Verantwortung auf sich nehmend, um dann mit Schläue und Energie alle Schuld von sich zu weisen; ein Prasser und Parasit, der in der Haft seine Persönlichkeit wiederfand und so wach, intelligent und schlagfertig auftrat wie seit dem Anfang des Dritten Reiches nicht mehr; Joachim von Ribbentrop, Hitlers Außenminister, dessen Arroganz einer Gläubigkeit an Christus gewichen sein soll, die zuweilen groteske Züge annimmt; Julius Streicher ... einer der ältesten Gefährten Hitlers, der wegen seines sexuell gefärbten Antisemitismus und seiner schreienden Korruption innerhalb der Partei ein Außenseiter gewesen war und während des Prozesses von allen Angeklagten gemieden wurde. Dann Wilhelm Frick, ein einsilbiger Mann, der als Reichsinnenminister aus Hitlers Ressentiments Gesetze machte; Alfred Rosenberg, der verzwickt denkende und von allen, Hitler eingeschlossen, belächelte Parteiphilosoph, dessen Verteidigung während des Prozesses zu unser aller Erstaunen den Nachweis führen konnte, daß er die haßerfüllte Vernichtungspolitik im Osten für verhängnisvoll gehalten hatte, auch wenn er Hitler ergeben blieb; dann Fritz Sauckel, der als Seemann begonnen hatte, aber zum Gauleiter Hitlers aufgestiegen war und im Kriege mit dem Auftrag, Zwangsarbeiter aus den besetzten Gebieten nach Deutschland zu schaffen, geistig und moralisch überfordert war; und Arthur Seyß-Inquart, Hitlers Reichskommissar für das besetzte Holland, neun Monate lang auf der Anklagebank mein rechter Nachbar: ein freundlicher Österreicher, der den höchsten Intelligenzquotienten von uns allen bekommen hatte und während der Prozeßmonate meine Sympathie gewann, nicht zuletzt, weil er keine Ausflüchte suchte; Hans Frank schließlich, der Generalgouverneur von Polen, dessen eigenes Tagebuch sein rücksichtsloses, fast bestialisches Vorgehen enthüllte, der aber in Nürnberg allen seinen frei bekannten Verbrechen abschwor und ein gläubiger Katholik wurde; seine Gabe, inbrünstig und fanatisch zu glauben, hat ihn verlassen. Wie mir Gilbert neulich erzählte, arbeitet er an seinen Memoiren; und als letzter Mann Ernst Kaltenbrunner, der Gestapo-Chef, der im Prozeß allen Ernstes die Echtheit der von ihm unterschriebenen Dokumente ableugnete, ein großgewachsener Österreicher mit scharfen Gesichtszügen, aber einem merkwürdig milden Licht in den Augen. Wie es die Hausordnung verlangt, liegen die meisten auf dem Rücken, den Kopf zur Innenseite der Zelle, die Hände auf der Decke.[15] Ein gespenstischer Anblick, sie alle in ihrer Reglosigkeit: Es sieht aus, als ob sie bereits aufgebahrt seien. Nur Frank sitzt an seinem Tisch und schreibt eifrig. Er hat sich ein feuchtes Handtuch um den Kopf gewickelt, um, wie er Pflücker sagte, seinen

Geist frisch zu halten. Seyß-Inquart sieht aus der Türöffnung, er lächelt mir bei jedem Vorbeigehen zu; und jedesmal fährt es mir in die Glieder. Ich halte es nicht lange aus. In meiner Zelle zurück, beschließe ich, nie mehr hinunterzugehen.«[16]

Die Verteidiger arbeiteten nun fieberhaft an den Gnadengesuchen für ihre Mandanten. Göring, Ribbentrop, Frick und Streicher wünschten für sich diese Bemühungen zwar nicht; aber ihre Anwälte wollten die letzte Chance, an die sie selbst nicht ernsthaft glauben konnten, nicht ungenutzt vergeben. Görings Verteidiger versuchte noch einmal, die ernsthaften Friedensabsichten des einstigen Reichsmarschalls zu beschwören. Ribbentrops Anwalt sprach vom schwachen Charakter seines Mandanten, der gegenüber Hitler ohne Gewicht habe sein müssen. Dr. Servatius bat für Sauckel, der nach seiner Meinung – im Vergleich zu Speer – zu schwer bestraft worden sei, wogegen Dr. Flächsner Speers Auffassung wiederholte, daß er die gegen ihn verhängte Strafe für gerecht hielte.

Keitel schrieb am 1. Oktober 1946 an seinen Verteidiger Dr. Nelte: »Das Todesurteil hat mich nicht überrascht, die Art der Vollstreckung aber schwer getroffen. Ich bitte Sie, mir Ihre so aufopfernde Hilfe in dieser Lage noch einmal zur Verfügung zu stellen und mit bei einem Gnadengesuch zu helfen, das die Umwandlung der Vollstreckung in einen Soldatentod durch Erschießen zum Ziel hat. Um mehr zu bitten, erachte ich als zwecklos.« Er, der sein Gnadengesuch am 5. Oktober selbst unterschrieb, ließ dem Kontrollrat für Deutschland, an den die Gnadengesuche gerichtet wurden, folgendes Gesuch zuleiten: »Ich will mein Leben, das das Urteil als Sühne fordert, in der Hoffnung freudig hingeben, daß dieses Opfer dem deutschen Volk zum Segen und der deutschen Wehrmacht zur Entlastung dient. Ich habe nur eine Bitte, mir den Tod durch die Kugel zu gewähren ... Ich hoffe, daß die Mitglieder des Kontrollrates für Deutschland, die alte Soldaten sind, Verständnis haben werden für eine Schuld, die aus einem Gefühl erwachsen ist, das als notwendig, anständig und in allen Heeren der Welt als Grundlage eines guten Soldaten gilt. Wenn ich die Grenze nicht erkannte, die auch dieser soldatischen Tugend gesetzt sein muß, so glaube ich doch, dadurch nicht die Möglichkeit verwirkt zu haben, diesen Irrtum durch einen Tod sühnen zu können, wie er einem Soldaten in allen Heeren der Welt zugestanden wird, wenn ihn die Todesstrafe als Soldaten trifft.«*

* Zit. nach Görlitz, *Keitel* ... S. 385. Frau Lisa Keitel hatte Dr. Nelte am 1. 10. 1946 (unverständlicherweise) geschrieben: »Soeben schrieb ich m.(einem) Mann den letzten Brief (nach Nürnberg) ... Daß (er) ... die soldatische (Exekutions-)Form fordert, wird ihm u.(nd) Jodl hoffentlich gewährt. Sonst bitte kein Gnadengesuch. – ...« Zit. nach Görlitz, *Keitel* ... S. 384. Ob Stolz oder Einsicht ihr Verhalten diktierten, ist schwer zu beurteilen. Bei seinem ältesten Sohn beklagte Keitel sich am 13. 10. 1946 schriftlich, daß ihm nur die Frauen der Familie geschrieben hätten. Sein Vorwurf: »Was sind Männer doch feige« (zit. nach Görlitz, *Keitel* ... S. 384).

Für Jodl, dessen Urteil selbst einige Leidensgenossen als ungerecht ansahen, kämpften Exner und Jahrreiss, die den Kontrollrat davor warnten, aus diesem Delinquenten einen Märtyrer zu machen. Umsonst! Auch ihre Bitte, ihm für den Fall der Hinrichtung den Tod durch die Kugel zu gewähren, blieb ohne Erfolg. Der Generaloberst, der seiner Frau am Tage der Urteilsverkündung geschrieben hatte: »... Fülle mein dummes Herz nicht mehr mit Hoffnungen, laß es ruhig auspendeln«,[17] ließ sie, die alles versuchte, gewähren. Sie, die Tochter einer Engländerin, die als Sekretärin der Verteidigung in der Nähe ihres Mannes hatte arbeiten dürfen, ohne ihn jedoch vor Anfang September 1946 sehen zu können,[18] schrieb nun an den britischen Feldmarschall Bernard Law Montgomery und sandte – mit Unterstützung von alliierten Offizieren und Presseleuten – an Winston Churchill ein Telegramm folgenden Inhalts: »*Sir: You have always been proud of being a soldier – you were the mast when in deadly peril England kept the flag flying. May I as the daughter of a British born mother appeal to you as a soldier to give your voice of support for the life of my husband, General Colonel Jodl who – like yourself – did nothing but fight for his country to the last.*«*

Churchills Antwort vom 13. Oktober 1946 war knapp – und ohne persönliche Stellungnahme. »Ich habe«, lautete sein Kabel, »Ihr Schreiben erhalten und dem Premierminister Attlee vorgelegt«.[19] Ähnlich reagierte Montgomery.[20]

Ehe die Verurteilen offiziell erfuhren, daß der Kontrollrat ihre Gnadengesuche abgelehnt hatte, war ihnen dies heimlich bereits von Dr. Gilbert mitgeteilt worden, den die unmittelbaren Reaktionen der Delinquenten interessierten.

Sie diskutierten nun offen mit dem deutschen Gefängnisarzt Pflücker die Frage, wo die Hinrichtung stattfinden würde, nachdem auch die Presse relativ früh schon den 16. Oktober als Tag der Exekution genannt hatte, was auch zu den Verurteilten gedrungen war. Einige vermuteten Landsberg am Lech als Exekutionsort, andere, denen vor allem die vielen neuen Gesichter auf den Gängen des Gefängnisses aufgefallen waren, irgendeinen Platz im Nürnberger Gefängnisbereich, zumal Elektriker die Beleuchtung auf dem Gefängnishof verstärkten. Daß die Balken und Bretter, die die Armeelastwagen in den Abendstunden des 15. Oktober anfuhren, in der Turnhalle verschwanden, konnten sie nicht beobachten. Erst als »Zimmerleute« in der Turnhalle hämmerten,[21] bestanden für sie keinerlei Zweifel mehr, daß ihre letzte Stunde in Nürnberg – und in der Turnhalle des Gefängnisses – schlagen würde.

* Schriftliche Mitteilung von Luise Jodl vom 6. 10. 1975. Übersetzung: »Sir, Sie sind immer stolz darauf gewesen, daß sie ein Soldat sind – Sie waren der Mast, als England in tödlicher Gefahr ... war. Darf ich, als Tochter einer britisch geborenen Mutter, an Sie als Soldat appellieren, Ihre Stimme zur Unterstützung des Lebens meines Mannes, General-Oberst Jodl, zu geben, der – wie Sie – nichts anderes tat, als für sein Land bis zum Ende zu kämpfen.«

Um 15.30 Uhr erfuhren der deutsche Gefängnisarzt und der Vorarbeiter der deutschen Gefangenen offiziell, daß die zum Tode verurteilten Männer um 23.45 Uhr zu wecken seien, daß ihnen dann die unmittelbar bevorstehende Exekution und die Tatsache mitgeteilt werde, daß sie noch eine Henkersmahlzeit wählen könnten: entweder Würstchen und Kartoffelsalat oder Pfannkuchen mit Kompott. Dr. Pflücker sollte bei seinem abendlichen Rundgang den Delinquenten gegenüber jedoch tun, als wäre diese Nacht nicht anders als alle bisherigen im Gefängnis. So durfte er denn sogar die üblichen Schlafmittel ausgeben, obwohl feststand, daß die Hinrichtungen, wie in den USA üblich, bald nach 24 Uhr beginnen sollten. Pflücker, der nicht nur seine Patienten im Laufe der Zeit sehr gut kennengelernt hatte und wußte, womit er bei jedem von ihnen rechnen konnte oder mußte, sondern auch das Vertrauen der Amerikaner nicht zu verlieren trachtete, manipulierte Görings Schlafmittel.

Alle Verurteilten sahen ihrem letzten Gang mit Fassung entgegen. Keitel und Seyß-Inquart baten Dr. Pflücker, den Weggenossen, die gern rauchten, ihren Tabak zu geben. Sauckel, der nach wie vor aus dem Rahmen fiel, schrieb nun sogar noch an den englischen König, als ob er ihm hätte helfen können. Streicher lobte seine zweite Frau, der er, wie er besonders hervorhob, viel bedeutet habe. Frick gab zu, schon lange ein solches Ende befürchtet zu haben; Kaltenbrunner klagte Himmler an und warf ihm vor, von anderen Ehre und Treue gefordert, sich selbst zuletzt aber davongestohlen zu haben. Frank hoffte auf einen gnädigen Gott.[22]

Gegen 22 Uhr besuchte Dr. Pflücker Hermann Göring, um ihm die von ihm gewünschten, von dem Arzt vorsichtshalber jedoch gefälschten Schlafmittel auszuhändigen. Da es Göring trotz der nach der Urteilsverkündung kraß verschärften Bewachung gelang, unmittelbar nach Pflückers Visite Selbstmord zu begehen, ist die Notiz des Gefängnisarztes, der sich nach dem Selbstmord des eigentlichen Hauptangeklagten zunächst in einer sehr prekären Lage befand, von besonderer Bedeutung. »Göring bekam«, schrieb er, »abends regelmäßig eine Kapsel mit Amycal und eine mit Seconal, zwei amerikanische Mittel, deren eines in einer blauen, das andere in einer roten Kapsel verabfolgt wurde. Das in roter Kapsel enthaltene Seconal wirkte schneller, aber nicht sehr lange. Das Amycal in blauer Kapsel wirkte langsamer, hielt aber länger an. Um Göring nicht in zu tiefen Schlaf zu versetzen, hatte ich am Nachmittag die blaue Kapsel entleert und mit Natrium bicarbonicum gefüllt. Der Zahnarzt, Dr. Hoch, hatte mir bei dieser Umfüllung geholfen, nachdem ich ihm meinen Plan und meine Gründe auseinandergesetzt hatte. Damals ahnte ich noch nicht, wie wichtig das für mich werden würde. Göring nahm seine Mittel und fragte dann, ob es einen Zweck habe, sich auszuziehen. Ich erwidere, daß eine Nacht manchmal sehr kurz sei, daß ich ihm aber etwas Bestimmtes nicht sagen könne. ›Es ist aber sicher etwas in Vorbereitung‹, sagt Göring, ›man sieht allerhand fremde Menschen im Gang, und es brennen auch mehr Lampen als sonst.‹ Mit herzlichen Worten dankt er mir dann für meine Fürsorge, die ihm in Mondorf und Nürnberg so wertvoll gewesen sei. Mit einem Lächeln auf den Lippen und (mit) einem Händedruck verabschiedet er sich von mir.«[23]

Fünfzig Minuten später, rund zweieinviertel Stunden vor der angesetzten Exekution, wurde Pflücker alarmiert und zu Göring gerufen, der nach Ansicht des bereits bei ihm weilenden evangelischen Gefängnispfarrers Gerecke einen Herzanfall erlitten zu haben schien. Als der Arzt die Zelle betrat, vor der – neben dem üblichen Posten – bereits ein amerikanischer Offizier stand, lag Göring, auf die Ellenbogen gestützt, auf seinem Lager; neben ihm der eindringlich Bibeltexte flüsternde, knieende Pfarrer.

»Ich«, erinnerte Pflücker sich später, »rufe ihn (Göring) an: ›Haben Sie einen Herzanfall?‹ Sein Gesicht wird blau ... Er sinkt zurück. Noch ein kurzes Röcheln, es ist aus. Ich schlage schnell die Decke zurück, um am Herzen zu horchen, da noch ein fadenförmiger Puls zu tasten ist.«[24] Doch es war bereits zu spät. Der Kornealreflex war erloschen, das Herz nicht mehr hörbar; die Pupillen reagierten nicht. Göring war tot.

Augenblicklich versammelten sich bei Oberst Andrus, der den Geistlichen inzwischen befohlen hatte, die übrigen Todeskandidaten aufzusuchen und sie über Görings Selbstmord zu informieren, die zur Exekution nach Nürnberg gekommenen Vertreter des Kontrollrates, die Geistlichen, die Ärzte und Wilhelm Hoegner und der Nürnberger Generalstaatsanwalt, die deutschen Exekutionszeugen. Dr. Pflücker, der an einen Selbstmord durch Zyankali dachte und selbst nicht in Verdacht geraten wollte, Göring womöglich bei der Beschaffung des Giftes behilflich gewesen zu sein, veranlaßte den amerikanischen Arzt, Dr. Martin, noch einmal in Görings Zelle zu gehen und im Mund des Toten nach Glassplittern zu suchen.

Dr. Martin fand Splitter einer Zyankali-Ampulle, was zwangsläufig sofort die Frage aufwarf, woher und von wem Göring das Gift bekommen und wo er es bis dahin verborgen haben mochte. Vier Stunden später, nach der Hinrichtung der Delinquenten, beschuldigten die Russen die Amerikaner offen, Göring das Gift zugesteckt zu haben.

Robert M. W. Kempner, der ... in Nürnberg mehrfach mit Göring und dessen Familie zu tun hatte und mit Frau Göring auch noch kurz vor deren Tod im Jahre 1974 sprach, berichtete am 28. November 1975: »Noch in der Nacht des Selbstmordes trat eine amtliche amerikanische Untersuchungskommission zusammen, die aus einem Obersten, einem Oberstleutnant und einem Major zusammengesetzt war. Sie sollten die näheren Umstände des Selbstmordes feststellen und besonders die Frage prüfen, ob Gefängnispersonal daran beteiligt gewesen war. Sämtliche Personen, die mit Göring im Gefängnis zu tun hatten, wurden unter Eid genommen. Der ›*Board of Proceedings*‹ kam in seinem Untersuchungsbericht zu der Überzeugung, daß kein Angehöriger des Gefängnispersonals Göring die Giftampulle zugesteckt hätte.«[25]

Dr. Pflücker, der unter Görings linker Hand einen handschriftlichen Brief von Göring und eine aufgeschraubte leere Metallkapsel fand,[26] war der Ansicht, daß Göring das Zyankali in dieser Kapsel nach Nürnberg mitgenommen und bis zu diesem Tage unter dem Rand des Spülklosetts verborgen gehalten habe. Die Tatsache, daß die Angeklagten niemals die Zellen wechseln mußten, könnte diese These stützen, zumal Göring in dem von Pflücker gefundenen Brief erklärte,[27] daß er die Giftkapsel seit seiner »Einlieferung in die Gefangenschaft immer« bei sich hatte. »Bei der Einlieferung in Mondorf«, schrieb er dem Kommandanten, »hatte ich drei Kapseln. Die erste ließ ich in meinen Kleidern, damit sie bei der Revision gefunden würde. Die zweite legte ich beim Auskleiden unter den Kleiderständer und nahm sie beim Anziehen wieder an mich. Ich versteckte diese in Mondorf und hier in der Zelle so gut, daß sie trotz der häufigen und sehr gründlichen Revisionen nicht gefunden werden konnte. Während der Gerichtssitzungen hatte ich sie in meinen hohen Stiefeln bei mir. Die dritte Kapsel befindet sich noch in meinem kleinen Toilettekoffer in der runden Schachtel mit der Hautcreme in der Creme versteckt ... Keinen mit den Revisionen Beauftragten trifft eine Schuld, da es fast unmöglich war, die Kapsel zu finden.«[28]

Emmy Göring behauptete in Gesprächen mit Dr. Kempner jedoch im Gegensatz zu Hermann Göring, daß ein Freund, dessen Namen sie nicht preisgeben wollte, ihrem Mann das Gift in Nürnberg zugesteckt habe. Um sich bei ihren Besuchen im Gefängnis zu vergewissern, ob Göring das Zyankali noch besitze, gebrauchte sie – wie sie Kempner erzählte – das Codewort: »Hast du noch den Kamm?« Benutzen wollte Göring das Gift nach Angaben seiner Frau[29] jedoch nur, wenn sein Antrag abgelehnt würde, als Soldat erschossen zu werden, was sehr wahrscheinlich stimmt; denn auch der Schlußsatz seines an den Kommandanten gerichteten und von Dr. Pflücker entdeckten Briefes vom 11. Oktober 1946, in dem er vor seinem Freitod erklärt, woher er das Gift habe, lautet: »Dr. Gilbert teilte mir mit, daß der Kontrollrat die Umwandlung der Todesart durch Erschießen abgelehnt hat.«[30]

Die Antwort auf die Frage, ob Hermann Göring oder seine Frau die Wahrheit sagten, ist nach Emmy Görings Tod sicherlich nicht mehr zu klären.[31]

Am 7. Oktober 1946 hatte Göring den Arzt noch gefragt, ob er denn nicht auch zu seiner Hinrichtung kommen wolle, um sich zu überzeugen, wie er sterben werde.[32] Nun hatte Pflücker es gesehen, gewiß jedoch anders, als er Görings Bemerkung verstanden hatte.

Unmittelbar nach dem Wecken wurde den dann nur noch zehn Verurteilten in Anwesenheit zweier deutscher Exekutions-Zeugen, des bayerischen Ministerpräsidenten Hoegner und des Generalstaatsanwaltes Leistner, wie der Kontrollrat es angeordnet hatte, noch einmal das Todesurteil vorgelesen. Die beiden Deutschen, Oberst Andrus, ein Dolmetscher und ein amerikanischer Offizier, gingen in die Zellen, wo die meisten Verurteilten schweigend zuhörten. Generaloberst Jodl stand stolz, mit seitwärts gespreizten Beinen an der Zellenwand, Streicher stieß nach der Verlesung barsch und mürrisch hervor, daß er das Urteil kenne. Sauckel war verzweifelt, schimpfte und erklärte, daß er zwar große Achtung vor den amerikanischen Soldaten und Offizieren, jedoch nicht vor der amerikanischen Justiz habe.

Nachdem die Verurteilten das Todesurteil noch einmal gehört hatten, wurden ihnen die Henkersmahlzeiten gereicht. Doch kaum einer rührte sie an. Amerikanische Soldaten fesselten die Delinquenten. Niemand sollte – wie Hermann Göring – womöglich Selbstmord begehen können. Dann geleitete Oberst Andrus die Hinrichtungszeugen zur Turnhalle, wo auf Holzgerüsten nebeneinander drei von schwarzen Tüchern umhüllte Galgen standen. Dreizehn Stufen hatte jeder Verurteilte hinaufzusteigen, ehe er auf der viereckigen Plattform ankam, in der sich – unter dem an einem eisernen Haken hängenden, jeweils neu aussehenden Strick – eine Falltür befand.

Nachdem die zur Hinrichtung erschienenen Zeugen gegen ein Uhr früh in die Räume der Journalisten zurückgeführt worden waren, erschienen Andrus, der evangelische Pfarrer Gerecke und der katholische Pater O'Connor im Zellenflur. Zum letzten Male ging Dr. Pflücker zu den Patienten, die er seit Monaten behandelt und betreut hatte. Noch einmal wurden die Hinrichtungszeugen in die Halle geholt, wo ausländische Journalisten, amerikanische Offiziere und Soldaten und je ein amerikanischer, russischer, englischer und französischer General vom Kontrollrat und die beiden deutschen Zeugen warteten. Der Wunsch des aus den USA eigens zu diesen Hinrichtungen angereisten persönlichen Vertreters Jacksons, Whitney Harris, den Exekutionen beiwohnen zu dürfen, wurde von US-Militärs ignoriert. Als Harris dennoch am Eingang der Turnhalle erschien, schlugen Soldaten ihm die Tür vor der Nase zu. Jacksons Haltung gegenüber den Militärs, die er bei der Urteilsverkündung nicht hatte neben dem Anklägerteam sitzen lassen, trug ihre Früchte.

Dann begann der letzte Akt. Ein amerikanischer Soldat verschloß die Tür zur Turnhalle, die kurz nach 1 Uhr früh wieder geöffnet wurde, als sich Oberst Andrus, der katholische und der evangelische Pfarrer und der an zwei Soldaten gefesselte bleiche und körperlich sichtlich verfallene Joachim von Ribbentrop auf dem Wege zum Galgen befanden. Am Fuße des Galgengerüstes wurden Ribbentrop mit einem schwarzen Schnürsenkel die Hände gefesselt. Noch einmal mußte er seinen vollen Namen nennen. Dann wurde er die dreizehn Stufen hinaufgeführt, wobei der Dolmetscher und der Amerikaner, der ihn nach seinem Eintritt in die Turnhalle nach seinem Namen gefragt hatte, ihn begleiteten.

Am Ende seines Lebens angekommen, durfte Ribbentrop noch einmal sagen, was er jetzt für wichtig hielt. Auf die vom Dolmetscher übersetzte Frage: »Haben Sie noch etwas zu bemerken?« reagierte Hitlers letzter Außenminister: »Gott schütze Deutschland! Gott sei meiner Seele gnädig! Mein letzter Wunsch ist, daß Deutschland seine Einheit wiederfindet, daß eine Verständigung zwischen Ost und West kommt für den Frieden der Welt.« Dann versicherte der evangelische Gefängnispfarrer ihm, daß sie sich dereinst »wiedersehen« würden, und trat zur Seite, um zwei Männern Platz zu machen: dem Henkergehilfen, der ihm die Beine zusammenband – und dem Manne, der in Nürnberg besonders gern als Henker fungierte.

Er, der bullig-untersetzte US-Master-Sergeant John C. Woods, dessen rotes, grobes Gesicht nicht nur sensible Menschen abstieß, zog Ribbentrop eine schwarze Sackmaske über den Kopf, band sie unter dem Kinn zusammen und legte dem Delinquenten, der »unendlich« lange auf seinen Tod warten mußte, den gedrehten Strick um den Hals. Doch erst nachdem der evangelische Pfarrer noch einmal für Ribbentrop gebetet hatte, vollzog Woods das Urteil. Er trat zurück und betätigte den Mechanismus, der die Falltür öffnen und den Delinquenten hinabstürzen ließ. Joachim von Ribbentrop fiel wie ein Stein hinunter. Tot war er jedoch erst nach zehn Minuten, wie die bei der Exekution amtierenden Ärzte, zwei Amerikaner und ein Russe, es nach ihrer Untersuchung feststellten.

Als nächster Todeskandidat betrat Wilhelm Keitel, der seine Uniformhose mit den breiten, roten Generalsstreifen angelegt hatte, die Turnhalle. Auch er, der mehrfach erfolglos um »die Kugel« gebeten hatte, starb stolz und mit Würde. »Ich rufe den Allmächtigen an«, sagte er unmittelbar vorher und fuhr fort: »er möge sich des deutschen Volkes erbarmen. Über zwei Millionen deutsche Soldaten sind vor mir für ihr Vaterland in den Tod gegangen. Ich folge meinen Söhnen nach. Alles für Deutschland.« Daß nur einer seiner Söhne gefallen war, wußte er nicht. Der andere, Major Ernst Wilhelm Keitel, war schwer verwundet in russische Gefangenschaft geraten – und wurde erst 1955 aus der Gefangenschaft entlassen.[33]

Dann folgten – wechselweise an zwei Galgen – Ernst Kaltenbrunner, Alfred Rosenberg, Hans Frank, Wilhelm Frick und Julius Streicher, der sich geweigert hatte, sich anzukleiden, in Unterhosen erschien und sich – laut »Heil Hitler« schreiend – von den Soldaten geradezu in die Turnhalle schleifen ließ. Als letzte kamen Fritz

Sauckel, Alfred Jodl und Arthur Seyß-Inquart. Zwischen den Hinrichtungen durften die Zeugen rauchen und sich unterhalten. Wilhelm Hoegner, der einmal noch eine Zigarette in der Hand hielt, als der nächste Todeskandidat in der Tür erschien, wurde von einem Amerikaner angeraunzt: »Zigarette weg, Deutscher!« Gegen 2.45 Uhr war alles vorbei. Genau 103 Minuten hatten die Exekutionen gedauert.

Unter dem Galgen sagten:

Ernst Kaltenbrunner: »Ich habe meinem Volk und meinem Vaterland mit heißem Herzen gedient. Ich habe meine Pflicht nach den Gesetzen meines Vaterlandes getan. Ich bedaure, daß mein Volk in einer schweren Zeit nicht ausschließlich von soldatischen Menschen geführt worden ist. Ich bedaure, daß Verbrechen begangen worden sind, ich hatte keinen Anteil an ihnen. Deutschland Glück auf.«

Hans Frank (*flüsternd*): »Ich danke für die gütige Behandlung, die mir während der Gefangenschaft zuteil geworden ist. Ich bitte den Herrgott, daß er mich gnädig aufnehmen möge.«

Wilhelm Frick (*laut*): »Es lebe das ewige Deutschland!«

Julius Streicher: »Purimfest 1946 – und jetzt zu Gott – (*nach einer kurzen Pause*): Die Bolschewisten werden euch einmal hängen. (*Nach einer weiteren Pause*): Ich bin bei Gott, Herr Pater! (*Als er bereits die Maske über dem Gesicht hatte*): Adele, meine liebe Adele!«

Fritz Sauckel (*sehr erregt*): »Ich sterbe unschuldig. Das Urteil ist falsch. Gott schütze Deutschland und mache Deutschland wieder groß! Es lebe Deutschland! Gott schütze meine Familie!«

Alfred Jodl (*stolz und ruhig*): »Ich grüße dich, mein Deutschland!«

Arthur Seyß-Inquart (*ruhig und beschwörend*): »Ich hoffe, daß diese Vollstreckung der letzte Akt der Tragödie des Zweiten Weltkrieges ist und daß die Lehre aus diesem Weltkrieg daraus gezogen wird, daß Friede und Verständigung zwischen den Völkern erfolgt. Ich glaube an Deutschland!«

Woods, der Henker aus San Antonio, der 1950 beim Ausprobieren eines elektrischen Stuhles auf merkwürdige Weise ums Leben kam,[34] war zufrieden. Vier Tage nach der Exekution veröffentlichte die amerikanische Soldatenzeitung *Stars and Stripes* ein Woods-Interview, in dem es hieß: »Ich habe diese zehn Nazis in Nürnberg gehängt und ich bin stolz darauf, und ich habe die Sache gut gemacht. Alles klappte prima. Ich habe ... niemals eine Hinrichtung erlebt, die besser ablief. Mir tut nur leid, daß mir der Göring entwischt ist, auf den hatte ich mich ganz besonders gespitzt. Nein, ich war nicht nervös. Ich habe keine Nerven. In meinem Geschäft kann man sich Nerven nicht leisten. Aber dieser Nürnberger Job war genau das, was ich mir gewünscht habe. Ich habe mir diesen Auftrag so schrecklich gewünscht, daß ich noch länger hierblieb, obwohl ich schon hätte wieder nach Hause fahren können ... Dennoch will ich eines über diese Nazis sagen. Sie starben wie tapfere Männer. Nur einer zeigte Anzeichen von Schwäche. Als Frick die dreizehn Stufen zum Galgen hinaufstieg, schien ihm ein Bein zu versagen, und die Wachen mußten ihn stützen. Hochmütig waren sie alle. Man konnte sehen, wie sie uns haßten. Der alte Judenhetzer Streicher sah ausgerechnet mich an, als er sagte: ›Eines Tages werden euch die Bolschewisten hängen‹ ... ich blickte zurück, ihm genau ins Auge. Die konnten mich nicht aus der Ruhe bringen. Über die Hinrichtungen selbst gibt's nicht viel zu erzählen. Sie liefen ab ... wie alle anderen Routine-Hinrichtungen. Zehn Leute in 103 Minuten. Das ist schnelle Arbeit. Nur einer von ihnen rührte sich noch nach dem Fall. Er stöhnte noch eine Weile, aber nicht lange. Ein anderer, ich glaube, es war Sauckel, fing auch an, ›Heil Hitler‹ zu schreien, nachdem ich ihm die Kapuze über den Kopf gezogen hatte. Aber ich schnitt ihm das Wort ab – mit dem Strick. Ich benutzte für jeden Mann einen neuen Strick und eine neue Kapuze. Ich legte selber jedem die Schlinge um und hing jeden Strick selber auf, damit auch ja nichts schiefging. Stricke und Kapuzen wurden zusammen mit den Leichen verbrannt, damit nichts für die Andenkenjäger übrigblieb[35] ... Wie ich über den Galgen-Job denke? Irgend jemand muß es ja machen ... Ich freue mich, daß die Nürnberger Sache vorbei ist, doch. Das war 'ne Anstrengung ... Ich habe keinen der verurteilten Männer gesehen, bevor sie durch die Tür in den Hinrichtungsraum kamen ... sie gaben ihren Namen an, als sie zum Schafott kamen ... Es ist schwierig, sich genau daran zu erinnern, was jeder tat oder sagte. Zehn Leute hängen, einen nach dem anderen, das geht so schnell, wissen Sie. Und was ich in der Hand hatte, war ein Strick – und kein Notizbuch.«[36]

»Prima«, wie der Henker behauptete, hatte er seine »Sache« ganz gewiß nicht gemacht.* Streicher stöhnte noch lange nach der Exekution. Jodl war erst nach

* Die amerikanischen Henker, die in den folgenden 5 Jahren in Landsberg Delinquenten exekutierten, »arbeiteten« noch schlechter als Woods. Einige der Deutschen, die sie henkten, mußten nach der offi-

18 Minuten und Keitel sogar erst nach 24 Minuten tot. Einige Delinquenten hatten blutige, abgeschürfte Gesichter. Frick war im Gesicht und am Nacken schwer verletzt. Möglicherweise waren die Falltüren zu klein, die Henkerstricke nicht sachgemäß plaziert. Daß die Gesichter einiger Delinquenten nur deshalb mit Blut beschmiert waren, weil »sie sich im Moment des Falles auf die Zunge gebissen«[37] hatten, ist eine Version des Henkers. Jedenfalls erhoben die Alliierten diese Ereignisse zu einem Geheimnis, das nicht preisgegeben werden sollte. Nachdem es dem deutschen Journalisten Helmut Kamphausen gelungen war, eine amerikanisch lizenzierte Berliner Zeitung zu bewegen, Fotos von den blutverschmierten Gesichtern und verletzten Köpfen zu veröffentlichen, wurde er verhaftet.[38] Freigegeben hatten die Sieger »gereinigte« Bilder von den in der Turnhalle in einer Reihe am Boden liegenden elf Toten – mit Göring an der Spitze.

Auf einfachen Holzkisten liegend, waren die Toten in Nürnberg noch in der Nacht von einem Fotografen der US-Armee – nackt und bekleidet – fotografiert worden. Alle – außer Göring, dessen rechtes Auge offenstand und glasig ins Leere »blickte« – mit einem Strick um den Hals, und alle mit einem langen, schmalen Schild auf der Brust versehen, auf dem jeweils der Anfangsbuchstabe des Vornamens und der voll ausgeschriebene Familienname standen.

Auf zwei Armee-Lastwagen brachten US-Soldaten die Kisten mit den elf Toten nach München, wo sie in der Heilmannstraße sofort eingeäschert und die Asche in den Conwentzbach geschüttet wurde. Journalisten, die den Lastwagen mit den Leichen zu folgen versuchten, wurden unterwegs gestoppt und gewaltsam daran gehindert, ihre »Verfolgung« fortzusetzen. Inzwischen hatten die Überlebenden, Dönitz, Raeder, Speer, Funk, von Schirach, Heß und von Neurath, die Turnhalle gereinigt. Neun Monate nach der Hinrichtung ihrer einstigen Parteigenossen, am 18. Juli 1947, wurden sie zur Verbüßung ihrer Strafen in das 600-Zellen-Gefängnis nach Spandau geschafft. Die für jedermann erkennbare Konsequenz dieses Prozesses, der 4.435.719 US-Dollars gekostet hatte, im zerstörten Deutschland 1946 offiziell 88.704.380 Reichsmark, auf dem Schwarzmarkt bis zu 434 Millionen Reichsmark,** war abgeschlossen.

ziellen Hinrichtung von US-Soldaten, die unter den Galgen standen, mit Watte erstickt werden, die sie den Gehenkten mit Stäbchen in Mund und Nase stopften.

** Durchschnittlich 7000 Reichsmark zahlten Deutsche 1946 auf dem schwarzen Markt in Berlin, wenn ihnen jemand bescheinigte, daß sie eine jüdische Großmutter hätten. Vgl. die Zeitung *Die Tat* vom 17. 4. 1946.

Nürnberg 11. Oktober 1946.

An den Kommandanten

Die Kapsel mit dem Gift habe ich seit meiner Einlieferung in die Gefangenschaft immer bei mir gehabt. Bei der Einlieferung in Mondorf hatte ich drei Kapseln. Die erste ließ ich in meinen Kleidern, damit sie bei der Revision gefunden wurde. Die zweite legte ich beim Auskleiden unter den Kleiderständer und nahm sie beim Anziehen wieder an mich. Ich versteckte diese in Mondorf und hier in der Zelle so gut, dass sie trotz der häufigen und sehr gründlichen Revisionen nicht gefunden werden konnte. Während der Gerichtssitzungen

hätte ich sie in meinen
hohen Reitstiefeln bei mir.
Die dritte Kapsel befindet
sich noch in meinem kleinen
Toilettkoffer in der runden Schachtel
mit dem Hautcreme (im Crême
versteckt). Ich hätte diese in
Mondorf zweimal an mich
nehmen können, wenn ich sie
gebraucht hätte. Keinen von den
Revisionen Beauftragten trifft
eine Schuld, da es fast unmöglich
war, die Kapsel zu finden.
Es wäre reiner Zufall gewesen.

Hermann Göring

Dr. Gilbert teilte mir mit, dass der
Kontrollrat die Umwandlung der Todesart
durch Erschiessen abgelehnt hat! Göring

Übertragung des Textes des Göring-Briefes vom 11. Oktober 1946:

Nürnberg, 11. Oktober 1946.

An den Kommandanten

Die Kapsel mit dem Gift habe ich / seit meiner Einlieferung in die / Gefangenschaft immer bei mir / gehabt. Bei der Einlieferung in Mondorf hatte ich *drei* Kapseln. Die *erste* ließ / ich in meinen Kleidern, damit sie / bei der Revision gefunden wurde. / Die *zweite* legte ich beim Auskleiden / unter den Kleiderständer und nahm / sie beim Anziehen wieder an mich. / Ich versteckte diese in Mondorf und / hier in der Zelle so gut, daß sie / trotz der *häufigen* und *sehr gründlichen / Revisionen* nicht gefunden werden / konnte. Während der Gerichtssitzungen / hatte ich sie in meinen / hohen Reitstiefeln bei mir. / Die *dritte* Kapsel befindet / sich *noch* in meinem kleinen / Toilettkoffer in der runden Schachtel / mit dem Hautcrême / im Crême / versteckt. Ich hätte diese in / Mondorf zweimal an mich / nehmen können, wenn ich sie / gebraucht hätte. Keinen mit den / Revisionen Beauftragten trifft / eine Schuld, da es fast *unmöglich* / war, die Kapsel zu finden. / Es wäre *reiner Zufall* gewesen.

Hermann Göring

Dr. Gilbert teilte mir mit, daß der / Kontrollrat die Umwandlung der Todesart / durch Erschießen abgelehnt hat!

Göring

Das Dokument wurde dem Autor freundlicherweise von Dr. Robert M. W. Kempner zur Verfügung gestellt.

ADOLF HITLER

Hauptquartier, BERLIN, DEN 25/Juni 1940

Berlin muß in kürzester Zeit durch seine bauliche Neugestaltung den ihm durch die Größe unseres Sieges zukommenden Ausdruck als Hauptstadt eines starken neuen Reiches erhalten.

In der Verwirklichung dieser nunmehr w i c h t i g s t e n B a u a u f g a b e d e s R e i c h e s sehe ich den bedeutendsten Beitrag zur endgültigen Sicherstellung unseres Sieges.

Ihre Vollendung erwarte ich bis zum Jahre 1950.

Das Gleiche gilt auch für die Neugestaltung der Städte München, Linz, Hamburg und die Parteitagbauten in Nürnberg.

Alle Dienststellen des Reiches, der Länder und der Städte sowie der Partei haben dem Generalbauinspektor für die Reichshauptstadt bei der Durchführung seiner Aufgaben jede geforderte Unterstützung zu gewähren.

A. Hitler

Am 25. Juni 1940, drei Tage nach dem Waffenstillstand mit Frankreich, erhielt Albert Speer von Hitler geradezu eine Generalvollmacht, als Architekt zu tun, was er für nötig hielt. Dok.: Privatbesitz.

An die Gefängnisverwaltung

Ich bitte mein gesamtes unter verzeichnetes Eigentum meinem Verteidiger Dr. Georg Fröschmann, Nürnberg, Wielandstrasse 36. für meine Frau Annelies von Ribbentrop zu übermitteln:

Geld 26.000 Mark weniger den Betrag, der meiner Frau Annelies von Ribbentrop durch Ernst Andreas ausgehändigt wurde. Dieser Betrag war, glaube ich, 3.600 Mark.

1 goldene Armbanduhr [illegible]

Die Gefängnisquittung für dieses Geld etc. hat Dr. Fröschmann oder Herr [illegible]

Verschiedene Bilder, Briefe, die in meiner Gefängniszelle in dem ~~Karton~~ Wäschesack sich befinden

2 Aktenmappen der Verteidigung (Akten) ebenfalls in dem ~~Karton~~ Wäschesack.

1 [illegible]

Einige Manuskripte

Meine Erinnerungen Seite 108–126

1 Notiz über Judenpolitik

2 goldene Zahnbrücken

J. v. Ribbentrop

An die Gefängnisverwaltung

Ich bitte mein gesamtes unten verzeich- / netes Eigentum meinem Verteidiger Dr. / Georg Fröschmann, Nürnberg, Wieland- / straße 36, für meine Frau Annelies von / Ribbentrop zu übermitteln: / Geld 26.000 Mark weniger dem Betrag, / der meiner Frau / durch Oberst Andrus ausgehändigt wurde. /
Dieser Betrag war, glaube ich, 3.600 Mark. / 1 goldene Armbanduhr von Longines. / Die Gefängnisquittung für dieses Geld / hat Dr. Fröschmann oder Herr Rintner. / Verschiedene Bilder und Briefe, die in meiner / Gefängniszelle in dem (Karton; das Wort ist durchgestrichen) Wäschesack sich befinden, / 2 Aktenstücke der Verteidigung (blau) / ebenfalls in dem (Karton; das Wort ist durchgestrichen) Wäschesack / 1 Anzug, 1 graue Hose (Fortsetzung nicht entzifferbar) / einige Wäsche / meine Erinnerungen Seite 108–126* / 1 Notiz über Judenpolitik. / 2 goldene Zahnbrücken.

J. v. Ribbentrop

* Ribbentrops letzter Nachlaß. Dok.: Privatbesitz in den USA. Das von Ribbentrop erwähnte Manuskript veröffentlichte Anneliese von Ribbentrop einige Jahre später im Rahmen der Erinnerung ihres Mannes: »Zwischen London und Moskau. Joachim von Ribbentrop. Erinnerungen und letzte Aufzeichnungen« (Leoni 1953 und 1961). Zur »Judenfrage« schrieb Ribbentrop (Seite 271 bis 276): Er habe anfänglich gehofft, daß der Antisemitismus in Deutschland zurückgehen würde, zumal er dies nach der Verkündung der Nürnberger Gesetze im September 1935 in Gesprächen mit Hitler bestätigt zu finden glaubte. Überrascht sei er daher gewesen, als er 1938 aus London nach Berlin zurückgerufen worden sei, wo er als Reichsaußenminister festgestellt habe, welche Formen der Antisemitismus inzwischen angenommen hatte. Mehrfache Versuche Ribbentrops, Hitler umzustimmen, seien gescheitert. Obwohl Ribbentrop erklärte, daß Hitler sich »Schließlich … in einen starrsinnigen Fanatismus verrannt« (S. 276) hatte, meinte er: »Ich kann … heute noch nicht glauben, daß der Führer die Judentötungen angeordnet hat, sondern ich nehme an, daß er von Himmler vor vollendete Tatsachen gestellt wurde.«

Teil III
Nürnberg als historisches Ereignis

Die Rechtmäßigkeit und juristische Basis des Nürnberger Internationalen Militärtribunals, seine völkerrechtliche Zuständigkeit und die von ihm praktizierten Verfahrensregeln sind nicht nur infolge der seit 1945 in West und Ost registrierten nationalen und internationalen politischen Ereignisse umstritten. Die erfolglos vorgetragenen Einwände der durch die anglo-amerikanische Verfahrensweise vor eine ihr ungewohnte Situation gestellten deutschen Verteidigung vom 19. November 1945 gegen die »rechtlichen Grundlagen dieses auf dem Statut des Gerichtshofes beruhenden Prozesses«[1] basierten auf Vorstellungen und Erwartungen des ersten Augenblicks. Ihre Hoffnung, den Gerichtshof trotz der eindeutigen Bestimmungen des Statuts, das Einsprüche weder seitens der Anklagevertretung noch der Angeklagten und ihrer Verteidiger zuließ,[2] als nicht zuständig ablehnen zu können, mußte sich zwangsläufig als eine Illusion erweisen.

Bereits am 21. November erfuhr die Verteidigung, daß der Gerichtshof ablehne, sich mit dieser Eingabe überhaupt zu beschäftigen.[3]

Auch die von der deutschen Verteidigung gegen die »internationale« Zuständigkeit der amerikanischen Tribunale in den 12 Nürnberger Nachfolgeverfahren erhobenen Einsprüche wurden sowohl von den Gerichten selbst als auch vom *Supreme Court* der USA als unrechtmäßig zurückgewiesen.*

»Zwei furchtbare Weltkriege«, begann die von Dr. Stahmer unterschriebene »Eingabe der Gesamtverteidigung«, »haben in den gepeinigten Völkern diese Erkenntnis reifen lassen: Eine wirkliche Ordnung zwischen den Staaten ist nicht möglich, solange jeder Staat kraft seiner Souveränität das Recht hat, zu jeder Zeit und zu jedem Zweck Krieg zu führen. Die öffentliche Meinung der Welt ... unterscheidet zwischen gerechten und ungerechten Kriegen und verlangt, daß die Staatengemeinschaft den Staat, der einen ungerechten Krieg führt, zur Rechen-

* Nur im »Fall II« (2518) erklärte das Tribunal, daß es als »ein amerikanischer Gerichtshof Recht ... nach den uralten und grundlegenden Begriffen angelsächsischer Rechtsprechung« verkünde, »die im englischen *Common Law* verankert sind und in den Vereinigten Staaten seit deren Entstehung nachdrücklich verteidigt« wurden.

schaft zieht und ihm, wenn er siegen sollte, die Früchte seiner Gewalttat versagt. Ja, es wird gefordert, daß nicht nur der schuldige Staat verurteilt und haftbar gemacht wird, sondern darüber hinaus, daß die Männer, die an der Entfesselung des ungerechten Krieges schuldig sind, von einem internationalen Gericht zur Strafe verurteilt werden... Dieser Gedanke liegt der ersten der drei Anklagen zugrunde, die in diesem Prozeß erhoben worden ist, nämlich der Anklage wegen Verbrechen wider den Frieden. Die Menschheit will, daß dieser Gedanke in Zukunft ... geltendes Völkerrecht ist. Aber heute ist er noch nicht geltendes Völkerrecht. Weder die Satzung des Völkerbundes ... noch der Kellogg-Briand-Pakt, noch irgendein anderer Vertrag, der nach 1918 ... geschlossen worden ist, hat diesen Gedanken verwirklicht. Vor allem aber ist die Praxis des Völkerbundes ... in diesem Punkt ganz eindeutig. Er hatte mehrfach über Rechtmäßigkeit oder Unrechtmäßigkeit des gewaltsamen Vorgehens eines Bundesmitgliedes gegen ein anderes zu entscheiden ... er hat stets das gewaltsame Vorgehen nur als Verstoß des Staates gegen das Völkerrecht verurteilt und nie auch nur daran gedacht, Staatsmänner, Generale und Wirtschaftsführer des gewaltübenden Staates zu beschuldigen, geschweige denn vor ein internationales Strafgericht zu stellen. Und als in diesem Sommer in San Francisco die neue Weltfriedensorganisation errichtet wurde, hat man keinen Rechtssatz geschaffen, nach dem in Zukunft ein internationales Gericht die Männer, die einen ungerechten Krieg auslösen, zu Strafen verurteilen werde.[4] Der jetzige Prozeß kann sich deshalb, soweit er Verbrechen wider den Frieden ahnden soll, nicht auf geltendes Völkerrecht stützen, sondern ist ein Verfahren auf Grund eines neuen Strafgesetzes ... das erst nach der Tat geschaffen wurde. Dies widerstrebt einem in der Welt geheiligten Grundsatz der Rechtspflege, dessen teilweise Verletzung im Hitler-Deutschland außerhalb und innerhalb des Reiches erregt mißbilligt worden ist. Es ist der Satz: Bestraft werden darf nur, wer gegen ein zur Zeit seiner Tat bereits bestehendes Gesetz verstoßen hat, das ihm Strafe androht. Dieser Satz gehört zu den großen Grundsätzen der Staatsordnung gerade der Signatarstaaten des Statuts für diesen Gerichtshof, nämlich Englands seit dem Mittelalter, der Vereinigten Staaten von Amerika seit ihrer Geburt, Frankreichs seit seiner großen Revolution, und der Sowjetunion. Und als jüngst der Kontrollrat für Deutschland ein Gesetz erließ, das die Rückkehr zu einer gerechten deutschen Strafrechtspflege sichern soll, verfügte er in erster Linie die Wiederherstellung des Satzes: Keine Strafe ohne ein Strafgesetz, das zur Zeit der Tat schon galt. Dieser Satz ... entspricht der Einsicht, daß sich jeder Angeklagte ungerecht behandelt fühlen muß, wenn er nach einem nachträglich geschaffenen Gesetz bestraft wird. Die Verteidiger aller anwesenden Angeklagten würden ihre Pflicht verletzen, wenn sie das Verlassen des geltenden Völkerrechts und die Zurücksetzung eines allgemein anerkannten Grundsatzes der modernen Strafrechtspflege schweigend hinnähmen und Bedenken unterdrückten, die heute auch außerhalb Deutschlands offen ausgesprochen werden ... Er müßte sich eben dort, wo wegen Taten angeklagt wird, die zu ihrer Zeit nicht unter Strafandrohung standen, darauf beschränken, umfassend zu untersuchen und dann festzustellen, was geschehen ist ... Die Staaten der Völkerrechtsgemeinschaft müßten dann ... in rechtschöpferischer Vereinbarung die Männer, die in Zukunft schuldhaft einen ungerechten Krieg beginnen, mit der Bestrafung durch ein internationales Gericht bedrohen. Die Verteidigung ist weiter der Anschauung, daß auch andere Normen strafrechtlichen Inhalts in dem Statut den Rechtsgrundsatz: Nulla poena sine lege gegen sich haben. Die Verteidigung ist schließlich verpflichtet, schon jetzt auf eine andere Eigenart dieses Prozesses hinzuweisen, mit der er von allgemein anerkannten Grundsätzen der modernen Strafrechtspflege abweicht: die Richter sind nur von Staaten bestellt, die in diesem Krieg die eine Partei gewesen sind. Diese eine Streitpartei ist alles in einem: Schöpfer der Gerichtsverfassung und der Strafrechtsnormen, Ankläger und Richter. Daß dies nicht so sein dürfte, war bisher gemeine Rechtsüberzeugung, wie denn auch die Vereinigten Staaten von Amerika als Vorkämpfer für die Einrichtung einer internationalen Schiedsgerichtsbarkeit und Gerichtsbarkeit stets verlangt haben, daß die Richterbank mit Neutralen unter Zuziehung von Vertretern aller Streitparteien besetzt werde. Im Ständigen Internationalen Gerichtshof im Haag ist dieser Gedanke in beispielgebender Weise verwirklicht worden.«*

Die dem kontinentalen Rechtsdenken verpflichtete Kritik der Verteidigung, die den grundsätzlich rechtsschöpferischen Charakter der angloamerikanischen Gerichte infolge der Voraussetzungen als fremd empfand, ging im wesentlichen davon aus, daß das IMT sich »nicht auf geltendes Völkerrecht stützen« könnte, da die von ihm in Anspruch genommenen Strafgesetze nach der Tat geschaffen worden seien. Daß in Nürnberg für die Angeklagten damit nichts zu gewinnen war, lag infolge der Bestimmungen des Londoner Statuts auf der Hand. Erst im November 1950, rund zwei Jahre nach der Allgemeinen Erklärung der Menschenrechte durch die Generalversammlung der Vereinten Nationen und vier Jahre nach der Verurteilung der als Hauptkriegsverbrecher angeklagten Deutschen, erklärten die Vereinten Nationen, daß die rückwirkende Anwendung von Strafgesetzen eine Verletzung der Menschenrechte darstelle. Bis zur Konvention zum Schutze der Menschenrechte und Grundfreiheiten von 1950,** die erstmals den

* IMT, Bd. 1, S. 186ff. Als Schlußsatz folgte (S. 188) der Antrag seitens des Gerichtshofes, von international anerkannten Völkerrechtsgelehrten »Gutachten über die rechtlichen Grundlagen« des Prozesses einzuholen.

** In der Konvention zum Schutze der Menschenrechte und Grundfreiheiten vom 4. 11. 1950, die sich

rechtlichen Schutz bestimmter Menschenrechte garantierten, gab es nur Erklärungen von moralischem Wert – ohne bindendes Recht. Die einstigen Nürnberger Ankläger blieben bei der IMT-Version. 1966 erklärte beispielsweise Robert M. W. Kempner: »Neu war (1945) der Begriff des Angriffskrieges als strafbare Handlung, wenn auch der Angriffskrieg bereits im Kellogg-Briand-Pakt geächtet war.«***

Und eben dieses Neue, der Angriffskrieg, bildete einen der wesentlichsten Anklagepunkte im Prozeß gegen »Hermann Wilhelm Göring und andere«, wie es in der Sprache des Gerichtes hieß. Daß eine der Signatarmächte, die in Nürnberg über die geschlagenen Deutschen zu Gericht saß, die Sowjetunion, nicht nur – wie die Angeklagten auch – einen Angriffskrieg (gegen Polen) vorbereitet und seit Mitte September 1939 geführt hatte, sondern darüber hinaus am 14. Dezember 1939 auf Betreiben Großbritanniens und Frankreichs bereits wegen ihres Angriffes auf Finnland aus dem Völkerbund ausgeschlossen worden war und am 8. August 1945, am Tage der Unterzeichnung des Londoner Statuts, trotz seines Nichtangriffspaktes vom 13. April 1941 mit Japan, Japan den Krieg erklärt hatte, wurde in Nürnberg ignoriert.

Die Tatsache, daß die Russen sowohl gegen Polen als auch gegen Finnland und Japan eindeutige Angriffskriege geführt hatten, worüber es in Nürnberg keine Zweifel geben konnte, blieb ungesühnt. Mehr noch: Die Mittäter saßen sogar zu Gericht über ihre einstigen Mitverschwörer, was in allen neuzeitlichen Rechtssystemen als unvorstellbar gilt, wenn die nationalsozialistischen und die sowjetrussischen Rechtspraktiken ausgeklammert werden. Das Stillschweigen des Gerichts über das deutsch-sowjetische Abkommen vom 23. August 1939 »zeigt leider«, kritisierte die englische Zeitung *The Economist* denn auch bereits am 5. Oktober 1946, knapp eine Woche nach dem IMT-Urteil, »daß der Nürnberger

ausdrücklich auf die Universelle Erklärung der Menschenrechte durch die Vereinten Nationen vom 10. 12. 1948 bezieht, heißt es im Artikel 7 u. a.: *Nullum crimen, nulla poena sine lege.* »Niemand kann wegen einer Handlung oder Unterlassung verurteilt werden, die zur Zeit ihrer Begehung nach inländischem oder internationalem Recht nicht strafbar war. Ebenso darf keine höhere Strafe als die im Zeitpunkt der Begehung der strafbaren Handlung angedrohten Strafen verhängt werden.« Zit. nach EuG. Europagesetze. Augsburg 1961, S. 36. Weitere unter Schutz gestellten Rechte sind: das Recht auf Leben (Artikel 2), das Verbot der Folterung (Artikel 3), das Verbot von Sklaverei und Knechtschaft (Artikel 4), das Recht auf Freiheit und Sicherheit der Person (Artikel 5), das Recht auf ordentliches Gehör (Artikel 6), das Recht auf Privatleben (Artikel 8), Gedanken-, Gewissens- und Religionsfreiheit (Artikel 9), das Recht auf freie Meinungsäußerung (Artikel 10), Versammlungs- und Vereinigungsfreiheit (Artikel 11), das Recht auf Eheschließung (Artikel 12) und das Recht auf Hilfe (Artikel 13) für Personen, deren Rechte und Freiheiten, die die Konvention verbürgt, verletzt worden sind.

*** Kempner, Robert M. W. in: *Mann in der Zeit*, Okt./Nov. 1966. Dort heißt es weiter: »Die Anklage und das Gericht vertraten dazu den Standpunkt, Angriffskriege, so wie sie Hitler systematisch geplant hatte, seien die schwersten Kriegsverbrechen, die es überhaupt gäbe, und noch weit strafwürdiger als die schon immer strafbare Mißachtung einer einzelnen Gruppe von Kriegsgefangenen. Nürnberg sollte auch insoweit als Präzedenzfall dienen – wie es nach angelsächsischem Recht durchaus üblich ist.«

Gerichtshof nur innerhalb gewisser Grenzen ein unabhängiger Gerichtshof war. In einem ordentlichen Strafgerichtsverfahren würde es sicherlich ein bemerkenswerter Fall sein, wenn ein Richter in einer Verhandlung gegen einen Mörder eine Aussage über den Anteil, den ein Mithelfer an dem Morde hat, unberücksichtigt lassen würde, weil die Aussage offenbarte, daß der Richter selbst der Mithelfer gewesen war. Daß niemand in dem Nürnberger Prozeß ein solches Verschweigen für außergewöhnlich hält, zeigt, wie weit wir von etwas entfernt sind, was ›eine Herrschaft des Rechts‹ in internationalen Angelegenheiten genannt werden kann. Großbritannien und Frankreich haben beide den Ausschluß der Sowjetunion aus dem Völkerbund wegen ihres unprovozierten Angriffs auf Finnland 1939 betrieben. Dieses Urteil besteht noch und ist durch keine späteren Ereignisse geändert worden.«

Wie schwach die Argumente der Richter des IMT in ihren Urteilen im Zusammenhang mit dem »Angriffskrieg« zuweilen begründet wurden, zeigt das Heß-Urteil besonders drastisch. »Als Stellvertreter des Führers«, heißt es dort unter anderem, »war Heß ... verantwortlich für die Erledigung aller Parteiangelegenheiten (er hatte) das Recht ... im Namen Hitlers Entscheidungen über alle Fragen der Parteiführung zu treffen. In allen Fragen der Gesetzgebung hing der Erlaß eines Gesetzes, das von den verschiedenen Reichsministern vorgeschlagen wurde, von seiner Zustimmung als Reichsminister ohne Geschäftsbereich ab. In diesen Stellungen gewährte Heß den Kriegsvorbereitungen aktive Unterstützung. Das Gesetz zur Einführung der allgemeinen Wehrpflicht vom 16. März 1935 trägt seine Unterschrift. In vielen Fällen unterstützte er jahrelang Hitlers Politik der energischen Wiederaufrüstung. Dem Volk sagte er, daß es für die Rüstung Opfer bringen müsse, und er wiederholte das Schlagwort ›Kanonen statt Butter‹. Richtig ist, daß Heß in den Jahren 1933 bis 1937 Reden hielt, in denen er den Willen zum Frieden und zu einer internationalen wirtschaftlichen Zusammenarbeit zum Ausdruck brachte. Jedoch kann der Inhalt dieser Reden nichts an der Tatsache ändern, daß keiner der Angeklagten besser als Heß wußte, wie fest entschlossen Hitler zur Verwirklichung seiner ehrgeizigen Pläne war; keiner kannte so gut wie er den Fanatismus und die Gewalttätigkeit dieses Mannes. Er wußte auch, wie unwahrscheinlich es war, daß dieser von Gewaltanwendung absehen werde, falls sie der einzige Weg war, seine Ziele zu erreichen. Heß war ein wohlinformierter und williger Teilnehmer an Deutschlands Angriffen auf Österreich, die Tschechoslowakei und Polen. Er stand mit der illegalen Nazi-Partei in Österreich während der ganzen Zeit von Dollfuß' Ermordung bis zum Anschluß in Verbindung und gab ihr während dieser Zeitspanne Anweisungen. Am 12. März 1938, als die deutschen Truppen einmarschierten, war Heß in Wien und am 13. März 1938 unterzeichnete er das Gesetz für die Wiedervereinigung

Österreichs mit dem Deutschen Reich. Ein Gesetz vom 10. Juni 1939 sah seine Mitarbeit bei der Verwaltung Österreichs vor. Am 24. Juli 1938 hielt er eine Rede zur Erinnerung an den fehlgeschlagenen Putsch, den österreichische Nationalsozialisten vier Jahre vorher unternommen hatten; er pries die Schritte, die zum Abschluß geführt hatten, verteidigte die Besetzung Österreichs und Deutschlands ... Diese besonders von diesem Angeklagten zur Unterstützung von Hitlers Angriffsplänen unternommenen Schritte zeigen ... das Gesamtausmaß seiner Verantwortung nicht. Bis zu seinem Englandflug (am 10. Mai 1941) war Heß Hitlers ... persönlicher Vertrauter. Das Verhältnis zwischen den beiden war derartig, daß Heß von den Angriffsplänen schon bei ihrer Entstehung Kenntnis gehabt haben muß. Und er handelte auch wirklich, wenn immer die Durchführung dieser Pläne es nötig machte. Bei seinem Flug nach England nahm Heß gewisse Friedensvorschläge mit, von denen er behauptete, Hitler sei zu ihrer Annahme bereit gewesen. Es ist kennzeichnend, daß dieser Flug nur 10 Tage nach dem Tage stattfand, an dem Hitler den 22. Juni 1941 als Zeitpunkt für den Angriff auf die Sowjetunion festgelegt hatte. In Besprechungen nach seiner Ankunft in England unterstützte Heß ... alle von Deutschland bis dahin begangenen Angriffshandlungen und versuchte Deutschlands Vorgehen in Verbindung mit Österreich, der Tschechoslowakei, Polen, Norwegen, Dänemark, Belgien und Holland zu rechtfertigen. Er machte England und Frankreich für den Krieg verantwortlich.«[5]

Tatsache ist indes, daß Rudolf Heß, der als einziger »Nürnberger« trotz aller Bemühungen selbst einiger einstiger IMT-Ankläger* seine Strafe gnadenlos abbüßen mußte, Hitler nicht einmal so wichtig erschien, daß er ihn an den geheimen Sitzungen vom 23. Mai, vom 22. August und 5. und 23. November 1937 teilnehmen ließ, in denen er seinen Oberbefehlshabern der jeweiligen Wehrmachtsteile und Joachim von Ribbentrop seine politischen und militärischen Ziele und Pläne darlegte, denen das IMT eine in diesem Punkt maßgebliche Bedeutung zuordnete.

Telford Taylor, der 1945 die amerikanische Liste mit den Namen der anzuklagenden Deutschen zusammengestellt und während des Hauptprozesses als Ankläger gegen den deutschen Generalstab fungiert hatte, bevor er Hauptankläger

* So schrieb z. B. Lord Shawcross, der in Nürnberg als britischer Hauptankläger fungiert hatte, am 2. 1. 1970 (Leserbrief) in der Londoner *Times*: Heß, »Verurteilung zu lebenslänglicher Haft durch das IMT war im Vergleich zu den Strafzumessungen für andere Angeklagte alles andere als milde. Ich vermute, daß alle von uns aus dem westlichen Lager es seinerzeit als selbstverständlich angesehen haben, daß diese Strafe später in der Form abgemildert wird, wie es in zivilisierten Staaten normalerweise üblich ist, und daß sie nicht im eigentlichen Sinne des Wortes als ›lebenslänglich‹ zu verstehen ist. Seine weitere Gefangenschaft erscheint mir als eine Beleidigung jeglichen Gerechtigkeitsbegriffes (zu sein) ...«

für Kriegsverbrechen in den Nürnberger Nachfolgeverfahren geworden war,* schrieb 24 Jahre nach dem Urteil von Nürnberg:

»Die Bestimmungen des Statuts waren nach dem Urteil des Tribunals ›für den Gerichtshof bindend‹. Daraus wurde abgeleitet, daß es nicht unbedingt erforderlich sei, Überlegungen darüber anzustellen, ob und wieweit der Angriffskrieg schon vor dem Londoner Abkommen als Verbrechen betrachtet wurde. Dennoch gab sich der Gerichtshof nicht damit zufrieden, lediglich das Statut zu zitieren, sondern führte in seinem Urteil auch Bestimmungen aus dem Kellogg-Pakt und anderen jüngeren Verträgen und Resolutionen an. Diese Bestimmungen beinhalteten nach Meinung des Gerichtshofs die Aussage, daß der Aggressionskrieg nicht nur illegal, sondern auch verbrecherisch sei. Der Gerichtshof in Tokio und später in Nürnberg tagende Tribunale kamen zu dem gleichen Schluß. Nachdem auf diese Weise die juristische Stichhaltigkeit der Anklage auf ›Verbrechen gegen den Frieden‹ vertreten und bestätigt worden war, kamen die Nürnberger Gerichtshöfe ohne langwierige Auseinandersetzungen zu dem Schluß, daß Deutschlands Kriege gegen Polen, Dänemark, Norwegen, Belgien, die Niederlande, Luxemburg, Jugoslawien, Griechenland, die Sowjetunion und die Vereinigten Staaten Angriffskriege gewesen seien. Der Gerichtshof von Tokio kam für die Kriege Japans gegen China, das englische Commonwealth, Frankreich, die Niederlande, die Sowjetunion und die Vereinigten Staaten zu dem gleichen Ergebnis. Die Arbeit der Gerichtshöfe in Nürnberg wurde zum Teil durch die Angeklagten selbst sehr erleichtert: Am Ende des Krieges war den Alliierten eine überwältigende Menge von Beweismaterial in Form militärischer oder diplomatischer Dokumente in die Hände gefallen. Die Pläne und Methoden der Deutschen – einschließlich der unverhüllten Überlegungen und Abmachungen Hitlers und einiger seiner Untergebenen zu Angriffen und Überfällen – waren darin genau festgelegt. Es blieb aber noch die Frage zu beantworten, welche – wenn überhaupt eine – der angeklagten Einzelpersonen eines ›Verbrechens gegen den Frieden‹ für schuldig befunden werden konnte.** Nach

* Durch eine Verfügung des US-Präsidenten Truman wurde Taylor Nachfolger des IMT-Hauptanklägers Jackson (Executive Order 9547, 2. 5. 1945). Sein offizieller Rang seitdem: »Hauptankläger für Kriegsverbrechen« (Anordnung Trumans 9679 vom 16. 1. 1946). Vgl. Taylor, Kriegsverbrechen und Völkerrecht, S. 44f. Taylor und Robert M. W. Kempner flogen am 2. Oktober 1946, einen Tag nach der Urteilsverkündung des IMT, in die USA zurück, wo sie bis Februar 1947 die Nürnberger Nachfolgeverfahren vorbereiteten. Im März 1947 waren sie wieder in Nürnberg (Persönliche Auskunft von Dr. Kempner vom 8. 3. 1974. Vgl. auch Taylor, Telford, Nürnberg Trials, in: International Conciliation, Carnegie Endowment for International Peace, 1949, H. 450.

** Im Hauptverfahren vor dem IMT wurden Göring, Heß, von Ribbentrop, Keitel, Rosenberg, Frick, Funk, Dönitz, Raeder, Jodl, Seyß-Inquart und von Neurath wegen Verbrechen gegen den Frieden (vgl. Sir David Maxwell-Fyfes Anklage-Formulierung in: IMT, Bd. II, S. 56) verurteilt, in den von 1947 bis 1949 von den Amerikanern nach den Bestimmungen des Kontrollratsgesetzes Nr. 10 vom 20. 12. 1945 (vgl. Amtsblatt des Kontrollrats in Deutschland, Nr. 3 vom 31. 1. 1946, S. 50f.) durchgeführten Nachfolgeprozessen 49 von 52 Angeklagten (in diesem Punkt) freigesprochen.

welchen Maßstäben sollte die strafrechtliche Haftbarkeit für diese Kategorie bemessen werden? Zur Planung eines Krieges werden eine Reihe von Leuten gebraucht und zu seiner Ausführung ganze Massen – aber die Kenntnis vom aggressiven oder defensiven Charakter des Krieges kann sich auf eine kleine Gruppe beschränken, und auch innerhalb der militärischen und politischen Führungsspitze kann es über diese Frage Uneinigkeiten geben. Im Falle Nazideutschlands war es sicherlich vertretbar und angemessen, daß Personen, die Hitler nahestanden und an Treffen teilnahmen, bei denen er seine Pläne entwickelte, auch seine Schuld teilen mußten. Dieser Gruppe von Kriegsverbrechern gehörten die meisten der 12 Personen an, die beim ersten der Nürnberger Prozesse ... wegen aggressiver Kriegspolitik verurteilt wurden.«[6]

Das IMT hat es sich, wie Taylor zugibt, in Nürnberg in dem Punkt nicht gerade schwergemacht. Es sah das Londoner Statut und seine Bestimmungen als bindend an, bei deren Formulierung in London allerdings zwangsläufig Schwierigkeiten aufgetreten waren, soweit es um die Definition »Angriffskrieg« ging. Bezeichnend ist die Äußerung eines Vertreters der russischen Delegation, der während der Diskussion feststellte:
»Wenn man über aggressive Kriegspolitik spricht, so weiß man zwar, was man meint – wenn der Begriff jedoch definiert werden soll, stößt man auf Schwierigkeiten, die bis heute noch nicht überwunden werden konnten.«[7] Daß Nürnberg diese Unsicherheit keineswegs beseitigte, bestätigte vier Jahre nach dem IMT ein Wort des Referenten der Völkerrechtskommission der Vereinten Nationen auf ganz besondere Weise. »Jeder Versuch«, sagte er 1950, »diesen Begriff zu definieren, wäre pure Zeitvergeudung.«[8]

Eine für alle Nationen verbindliche Interpretation des Aggressionsbegriffes, die (außer der in den USA zustande gekommenen Definition) immer noch fehlt, würde die einstigen Sieger auch nachträglich noch in Schwierigkeiten bringen. Hielten sie sich an die Nürnberger Urteile, müßten sie sich für Geschehnisse unter ihren Fahnen nach 1945/46 selbst schuldig sprechen. Die sowjetischen Interventionen von 1956 in Ungarn und 1968 in der Tschechoslowakei, die britische Teilnahme am Angriffskrieg gegen Ägypten im Oktober 1956, ihre Intervention in Kuwait und die der Amerikaner im Libanon, die von den USA unter anderem in Vietnam und Kambodscha geführten Kriege und die von ihnen und den Russen unterstützten israelisch-ägyptischen militärischen Auseinandersetzungen, um hier nur einige Aggressionen und deren Unterstützung anzuführen –, sind Tatbestände, die sich unter dem Gesichtspunkt der Nürnberger Rechtsgrundsätze den Angriffskriegen Hitlers beispielsweise gegen Polen, Belgien, Griechenland und gegen die Sowjetunion zuordnen lassen und in Nürnberg in einigen Fällen mit einiger Sicherheit Todesurteile nach sich gezogen hätten.

Telford Taylor, der 1970 ein internationales Gericht zur Verurteilung von Kriegsverbrechern aus der Argumentation ausklammerte und die Legalität oder Illegalität beispielsweise des Engagements der USA in Vietnam von einem rein amerikanischen Gerichtshof feststellen lassen wollte, akzeptierte die Urteile von Nürnberg und Tokio nur begrenzt als Richtschnur für eine Feststellung der Rechtmäßigkeit der amerikanischen Aktionen in Vietnam. »Heute gibt es«, schrieb Taylor, »keinen internationalen Gerichtshof mehr, der befugt wäre, ein Urteil abzugeben.«[9] »Ein amerikanischer Gerichtshof, der die Rechtmäßigkeit der US-Aktionen in Vietnam beurteilen wollte«, erklärte Taylor, »müßte die Probleme ... untersuchen, wobei die in Tokio und Nürnberg gefällten Urteile nur begrenzt als Richtschnur dienen könnten.« Seine Begründung, daß hier der Aggressor nicht so eindeutig wie im Zweiten Weltkrieg festgestellt werden könnte und daß die Absichten und Motive für den Angriffskrieg anders gelagert gewesen seien, ist schwach; seine Version, daß »in Nürnberg und Tokio ... gegen Einzelpersonen prozessiert« worden sei und daß »es auf Grund des vorliegenden Beweismaterials über Absichten und Pläne dieser Personen möglich (gewesen wäre), die von ihnen organisierten oder mitorganisierten Kriege als ›Angriffskriege‹ zu interpretieren«,[10] rechtfertigt sie nur teilweise. Im Zusammenhang mit dem Krieg in Vietnam, so argumentierte er, ging es nicht um Einzelpersonen, die eines Verbrechens gegen den Frieden beschuldigt wurden, sondern um amerikanische Bürger, die sich unter Berufung auf Nürnberg weigerten, als Soldaten in Vietnam Dienst zu tun oder ihre Steuern zu zahlen, weil sie nicht bereit waren, die Absichten der US-Regierung zu unterstützen,* die ihrerseits nicht als Einzelperson angesprochen werden konnte. Vollends ignorierte er Nürnberg mit seiner Folgerung: »Bei der Feststellung von individueller Schuld an Verbrechen gegen den Frieden kann die Frage nach der Absicht den Ausschlag geben. Wenn aber die ›Regierung‹ im Mittelpunkt der Nachforschungen steht, kann es völlig unmöglich sein, die Absicht, in der eine bestimmte Entscheidung getroffen wurde, klar zu bestimmen.«[11]

Im Urteil des IMT über die deutsche Reichsregierung hatte es unter anderem geheißen: es ist »klar, daß jene Mitglieder der Reichsregierung, die sich eines Verbrechens schuldig gemacht haben, zur Verantwortung gezogen werden sollten«,[12] was auch geschah. Mitglieder der Reichsregierung, die das IMT von der Anklage freisprach, eine verbrecherische Organisation gewesen zu sein, waren

* Ein Teil dieser Amerikaner war der Ansicht, daß die Intervention der USA in Vietnam nicht dem Zweck diente, gemäß der Satzung der Vereinten Nationen und des SEATO-Vertrages, Südvietnam vor einer Aggression zu schützen, sondern lediglich ein Alibi für die Absicht war, Südvietnam zum militärischen Stützpunkt gegen den Kommunismus in Südostasien zu machen und darüber hinaus über die bedeutenden Bodenschätze des Landes zu verfügen.

nicht nur die zum Tode verurteilten Hauptangeklagten Göring, Ribbentrop, Rosenberg, Frank und Frick gewesen. Wer immer auch in den USA die Entscheidungen traf oder deckte, die in Nürnberg und Tokio bestraft worden wären, hat vor ein Gericht gehört, das sich an das Londoner Statut von 1945 gehalten hätte.

Einige der Präsidenten der Vereinigten Staaten von Amerika haben nach Nürnberg ohne die Zustimmung des Kongresses militärische Aktionen im Ausland unternommen: Truman in Korea, Eisenhower im Libanon, Kennedy in Kuba, Johnson in Vietnam und in der Dominikanischen Republik und Nixon in Kambodscha. Doch selbst Adolf Hitler stand auf keiner Kriegsverbrecherliste, solange er lebte, und auch seine Führerhauptquartiere wurden von den Alliierten nicht bombardiert, obwohl sie genau wußten, wo sie sich befanden.[13]

Gemäß der Formulierung des US-Hauptanklägers Jackson in Nürnberg, daß das erstmals gegen deutsche Minister, Militärs und hohe Funktionäre angewandte Recht fortan »auch gegen die Aggressionspolitik jeder anderen Nation«[14] Geltung haben müsse, hätten zumindest die Kriegsverbrechen gerichtlich geahndet werden müssen, die nach dem Nürnberger Prozeß in Form von Angriffskriegen in aller Welt begangen worden sind.

Neu war dem Gesetz vor dem IMT auch die Formulierung »Verbrechen gegen die Menschlichkeit«. Die vielfach ernsthaft kolportierte Version, daß sie Ähnlichkeit mit Hitlers Doktrinen über Handlungen gehabt habe, die im Gegensatz zum gesunden Volksempfinden standen, ist vor allem angesichts der unter diesem Anklagepunkt begangenen Verbrechen unseriös. Die Kritik, die Vergleiche anstellt und sie mit Verbrechen gegen die Menschlichkeit konfrontiert, die unter den Flaggen der einstigen Alliierten vor und nach Nürnberg begangen worden sind, trägt zur Klärung nichts bei, zumal sie gewöhnlich auch noch von unzureichender Sachkenntnis getragen wird.

In der *Londoner Times* vom 28. Mai 1951 fragte ein Leser beispielsweise: »Was die Verbrechen gegen die Menschlichkeit angeht, so war das einzige, was der Gerichtshof gegen Raeder vorbringen konnte, daß er die indirekte Ursache des Todes zweier britischer Kommandos gewesen sei, indem er den von seinem politischen Vorgesetzten erlassenen Kommando-Befehl weiterleitete. Indem er das tat, folgte er jenem Prinzip der Unterordnung militärischer Gewalt unter die politische, das in unserem eigenen Land praktisch sakrosankt ist. Selbstverständlich will ich die Tötung dieser beiden Kommandos nicht rechtfertigen. Jedoch wäre es nützlich, wenn uns Sir Hartley Shawcross sagen könnte, warum Raeders offensichtlich nur instrumentale Mittäterschaft an jener Exekution für lebenslängliche Haft für wert gehalten wurde,* während die Vernichtung von Zehntausenden

* Erich Raeder wurde 1955 aus der Haft entlassen.

japanischer Männer, Frauen und Kinder durch Atombomben als sehr verdienstvoll angesehen wird. Wenn er das nicht sagen kann, muß der aktive britische Offizier im Ungewissen bleiben, warum Raeder sein furchtbares Urteil erhielt und wie er selbst in einem der künftigen Kriege einem ähnlichen entsetzlichen Schicksal entgehen kann.«

Die Erschießung der britischen Kommandos, die Uniformen trugen, fiel nicht unter den Anklagepunkt »Verbrechen gegen die Menschlichkeit«, sondern unter »Kriegsverbrechen«. Der im Januar 1943 auf eigenen Wunsch aus dem aktiven Dienst ausgeschiedene Großadmiral Raeder galt überdies nicht nur als überführt, am 10. Dezember 1942 in Bordeaux die »indirekte Ursache des Todes zweier britischer Kommandos« gewesen zu sein, sondern beispielsweise auch der Führung des uneingeschränkten Unterseebootkrieges, der Versenkung unbewaffneter Handelsschiffe und neutraler Schiffe und der »Beschießung von Schiffbrüchigen mit Maschinengewehren«.[15]

Die Bemühungen des IMT, den Ergebnissen der Londoner Konferenz zu folgen und in ihrem Sinne die Bestimmungen des im August 1928 auch von Deutschland unterzeichneten Briand-Kellogg-Paktes* so gewaltsam zu interpretieren, daß sie »ausreichen«, in ihnen Strafandrohungen gegen Einzelpersonen zu erblicken und auf sie die Beschuldigung der Verbrechen gegen den Frieden zurückzuführen, waren durchsichtig.** Sie verrieten nicht nur, daß das IMT völkerrechtliche Bestimmungen »schöpferisch« zu Ungunsten der Angeklagten auslegte und Strafgesetze planmäßig rückwirkend anwandte, sondern ebenso deutlich auch

* In dem am 27. August 1928 zwischen den Vertretern Deutschlands (Stresemann), der Vereinigten Staaten (Kellogg), Frankreichs (Briand), Belgiens (Hymans), der Tschechoslowakei (Beneš), Großbritanniens einschließlich Irlands und der britischen Dominions in Übersee (Mackenzie King, McLashlan, Parr, Smith, Cosgrave, Cushendun), Italiens (Manzoni), Japans (Uchida) und Polens (Zaleski) in Paris abgeschlossenen Pakt zur Ächtung des Krieges (Briand-Kellogg-Pakt) hieß es (Artikel 1 und 2) u. a.: »Die Hohen Vertragschließenden Parteien erklären feierlich im Namen ihrer Völker, daß sie den Krieg als Mittel für die Lösung internationaler Streitfälle verurteilen und auf ihn als Werkzeug nationaler Politik in ihren gegenseitigen Beziehungen verzichten ... (sie) vereinbaren, daß die Regelung und Entscheidung aller Streitfragen und Konflikte, die zwischen ihnen entstehen könnten, welcher Art oder welchen Ursprungs sie auch sein mögen, niemals anders als durch friedliche Mittel angestrebt werden soll.« Vorbehalte hatten Großbritannien, Frankreich und Polen geltend gemacht, die (Großbritannien) die Selbstverteidigung als unveräußerliches Recht und die Handlungsfreiheit für bestimmte Gebiete (z.B. Suez-Kanal) und (so Frankreich und Polen) für sich eine alleinige Entscheidung in der Frage der Selbstverteidigung forderten. Jede Signatarmacht, die künftig danach strebte, »ihre nationalen Interessen dadurch zu fördern, daß sie zum Kriege« schritte, sollte die Vorteile einbüßen, die der Vertrag den Signataren böte. Vgl. Schwendmann, K., *Abrüstung und Sicherheit*. 2. Aufl., Bd. I, 1933; Anlage 7, S. 590ff. Vgl. Reichsgesetzblatt 1929, Teil II, S. 97ff. Die zum Begriff des Strafgesetzes gehörende Strafandrohung gegen Einzelpersonen fehlte in den Artikeln des Paktes, so daß von einem Strafgesetz im Rechtssinne nicht gesprochen werden kann.

** Im Weizsäcker-Prozeß (Fall 11) erklärte das Gericht im Urteil bezeichnenderweise: »Nach unserer Überzeugung sind Angriffskriege seit unvordenklicher Zeit völkerrechtswidrig gewesen« (Deutsches Protokoll, S. 27.618).

eine Unsicherheit, die ganz offensichtlich aus der Einsicht resultierte, im Zusammenhang mit den Kriegsverbrechen über das klassische Völkerrecht hinauszugehen und neues Recht anzuwenden,* wie es einige Bestimmungen des Londoner Statuts** und des Kontrollratsgesetzes Nr. 10 darstellten. Gravierend wirkte sich aus dieser Perspektive vor allem aus, daß eine Berufung auf höheren Befehl und der Einwand, es habe sich hier um Staatsakte und nicht um Handlungen einzelner Personen gehandelt, nicht zur Verteidigung der Angeklagten zugelassen wurden. Daß auch zahlreiche alliierte Militärs gegen diese Entscheidung des IMT eingestellt sein mußten, liegt auf der Hand. So erklärte beispielsweise Erwin Rommels großer Gegner, der britische Feldmarschall Lord Montgomery, am 26. Juli 1946: »Pflicht des Soldaten ist es, ohne zu fragen allen Befehlen zu gehorchen, die die Armee, d. h. die Nation, ihm gibt.«[16]

Den Angeklagten wurde angekreidet, Hitler und seinem Regime nicht den Widerstand geleistet zu haben, der in staatsphilosophischen Betrachtungen über Widerstandsrecht und Widerstandspflicht seit alters her diskutiert und nicht selten, so zum Beispiel zur Zeit der Französischen Revolution, als legitim gefordert worden ist. Daß diese Auffassung durchaus nicht überall – und schon gar nicht in dem von Hitler von 1933 bis 1945 regierten Deutschen Reich – als Maxime und als unbestritten rechtmäßig galt, war den Amerikanern in Nürnberg selbstverständlich klar; aber sie setzten sich darüber hinweg. So mußten sie sich denn seit Nürnberg auch nicht gerade selten den Vorwurf gefallen lassen, in dieser Hinsicht einer gefährlichen Tendenz Vorschub geleistet zu haben. Der deutsche Kardinal Joseph Frings bat den US-Hochkommissar General Clay im Oktober 1948 im Auftrage der Fuldaer Bischofskonferenz, die entgegen den Bestimmungen des Londoner Statuts eine Berufungsinstanz für Nürnberg forderte, eine Entscheidung herbeizuführen, die die in dieser Hinsicht in Nürnberg praktizierte Auffassung wenigstens für die Zukunft außer Kraft setzen sollte. »Es kann eine verwickelte Gewissensfrage sein«, betonte Frings, »wenn man gegen den Befehl seiner rechtmäßigen Obrigkeit dem eigenen Urteil oder überstaatlichen Normen zu folgen hat. Kein Staat hat es bisher gewagt, diese Frage für seine eigenen Bürger zu regeln oder gar eine Regelung mit Strafandrohung zu sanktionieren.«[17]

* Auf ein neues Strafgesetz, wie die Verteidigung sich ausdrückte, stützte sich die Rechtsprechung in Nürnberg besonders im Zusammenhang mit den als Verbrechen gegen den Frieden und als Verbrechen gegen die Menschlichkeit bezeichneten Straftaten. Nach der bis zum Nürnberger Prozeß als maßgeblich geltenden Auffassung Oppenheims galten als Kriegsverbrechen nur solche Verletzungen von Regeln der Kriegführung, »wenn sie ohne einen Befehl der betreffenden kriegführenden Regierung begangen sind«. Werden sie von Mitgliedern der Streitkräfte auf Befehl der jeweiligen Regierung begangen, erklärte Oppenheim weiter, »sind sie keine Kriegsverbrecher und können von dem Gegner nicht bestraft werden«. Zit. nach Brennecke, Gerhard: Die Nürnberger Geschichtsentstellung. Tübingen 1970, S. 48.

** Nach Ansicht des IMT (Bd. XXII, S. 523) war das Londoner Statut »der Ausdruck des zur Zeit der Schaffung des Statuts bestehenden Völkerrechts«. Die Verteidigung bemängelte an diesem Statut

In der Diskrepanz zwischen der in allen Staaten als selbstverständlich vom Bürger geforderten Ausführung von Befehlen und dem Grundsatz des IMT, das den einzelnen Bürger zum Subjekt des Völkerrechts und damit völkerrechtlich unmittelbar verantwortlich machte*** und so die Mißachtung der staatlichen Souveränität voraussetzte, mußten verhängnisvolle Konsequenzen liegen. Dies aber akzeptierten 1945/46 weder die Ankläger noch die Richter des IMT.

Daß die Ergebnisse der Londoner Konferenz trotz des anderslautenden Anspruchs des IMT, »selbst einen Beitrag zum Völkerrecht«[18] darzustellen, nicht den Charakter völkerrechtlicher Erörterungen trugen – wie etwa die Haager Abkommen –, sondern eindeutig die Absicht der Signatare zeigten, bestimmte Deutsche möglichst zuverlässig zu verurteilen, trug ein übriges zu den Mängeln und Schwächen bei, die das IMT in formaler Hinsicht belasten mußten. Die Anklage und das Gericht sahen diese Fragen anders. »Eine der Mythen«, erklärte Robert M. W. Kempner beispielsweise 1966, »geht dahin, in Nürnberg seien die Angeklagten für Taten verurteilt worden, die zur Zeit ihrer Begehung nicht strafbar gewesen seien. Die überwiegende Mehrzahl der Angeklagten ist für Verbrechen verurteilt worden, die nach dem Gesetz eines jeden Kulturstaates strafbar sind. Die Massenermordung von Juden, katholischen Priestern, Zigeunern, Kriegsgefangenen, sogenannten nutzlosen Essern, abgesprungenen feindlichen Fliegern, ›rassisch Unerwünschten‹ usw. sind von jeher als Morde Verbrechen gegen das Leben gewesen und gegen das ewige und eherne Gebot: ›Du sollst nicht töten.‹ Daran ändert nicht, daß diese Verbrechen in Nürnberg unter einer neuen Terminologie, wie Verbrechen gegen die Menschlichkeit, Völkermord etc. bezeichnet wurden.«[19]

Die am 30. September 1946 von Nikitschenko im Rahmen der Urteilsverlesung aus der 2. Anlage zum IV. Haager Abkommen vom 18. Oktober 1907 (Haager Landkriegsordnung) zitierten Artikel 49, 52, 53, 55 und 56, die sich mit der militärischen Gewalt in besetzten feindlichen Gebieten befaßten, nahm das IMT als Rechtsgrundlage in Anspruch, obwohl die Verteidigung sie infolge der seit 1907 auf weiten Gebieten des Kriegsrechts und Kriegsbrauches entfalteten Unsicherheit nicht ohne Grund als unzeitgemäß ablehnte.**** Die Artikel 23 h und 43 indes, die sich mit den Rechten der Besiegten befaßten, ignorierte es.

besonders die Tatsache, daß es sich nicht darauf beschränkte, Verfahrensregeln aufzustellen, sondern bereits Bestimmungen enthielt, die das vom Gericht anzuwendende Strafgesetz mit all seinen Tatbestandsmerkmalen fixierten.

*** Im IMT-Urteil heißt es u. a.: »Daß das Völkerrecht Einzelpersonen so gut wie Staaten Pflichten und Verbindlichkeiten auferlegt, ist längst anerkannt worden. Es ist ja gerade der Wesenskern des Statuts, daß Einzelpersonen internationale Pflichten haben, die über die nationalen Verpflichtungen hinausgehen.« IMT, Bd. XXII, S. 528.

**** So forderte der Artikel 51 des Haager Abkommens beispielsweise: »Über jede (der Bevölkerung des besetzten Gebietes von der Besatzungsmacht) auferlegte Leistung wird dem Leistungspflichtigen eine Empfangsbestätigung erteilt.« Und im Artikel 52 hieß es: »Die Naturalleistungen sind soviel wie möglich

Während das Haager Abkommen bestimmte, daß die Besatzungsmacht die gesetzmäßige Gewalt, »soweit kein zwingendes Hindernis besteht, unter Beachtung der Landesgesetze zu handhaben habe«[20] und »die Rechte und Forderungen von Angehörigen der Gegenpartei« weder aufgehoben noch zeitweilig außer Kraft gesetzt werden dürfen,[21] handelte das IMT nach dem Londoner Statut, in dem es hieß: »Die Ausarbeitung des Statuts geschah in Ausübung der souveränen Macht der Gesetzgebung jener Staaten, denen sich das Deutsche Reich bedingungslos ergeben hatte; und das nicht angezweifelte Recht jener Länder, für die besetzten Gebiete Gesetze zu erlassen, ist von der zivilisierten Welt anerkannt worden.«[22] Kempner ergänzte später: »Es entsprach auch der Tradition unserer Rechtsgeschichte, daß nun einmal die ›Sieger‹ nach dem Kriege die Besatzungsjustiz ausüben. Es würde niemandem einfallen zu verlangen, daß während der deutschen Besetzung Hollands oder Belgiens die Aburteilung von gleichartigen Verbrechen etwa den holländischen oder belgischen Gerichten überlassen worden wäre, anstatt der deutschen Kriegsgerichtsbarkeit. Niemand würde auf die Idee kommen, im Falle einer Invasion Deutschlands durch eine Macht X, die von deren Funktionären verübten Verbrechen nach erfolgter Zurücktreibung den Gerichten der Invasionsmacht zu überlassen.«[23]

Die von den Anklägern und Richtern des IMT später verfochtene Version, daß im geschlagenen Deutschland 1945 gar nicht die Möglichkeit bestanden habe, die als Hauptkriegsverbrecher namhaft gemachten Personen vor deutsche Gerichte zu stellen, ist nicht von der Hand zu weisen, auch wenn es sich dabei um Erklärungen handelt, die mit den alliierten Vereinbarungen, die seit Ende 1941 eine Bestrafung der Kriegsverbrecher durch die Siegermächte forderten, nichts zu tun haben. Zwanzig Jahre nach dem IMT-Urteil erläuterte Kempner: »Es ist oft ... die Frage gestellt worden, warum man nicht die Aburteilung der ... NS-Verbrecher der deutschen Justiz überlassen hat. Tatsächlich hat es in den ersten Zeiten nach dem Kriegsende noch keine gut funktionierende deutsche Justiz gegeben. Es gab nicht einmal die für eine wirksame Strafverfolgung notwendigen Telefonleitungen und Verkehrsmittel. In mehreren Fällen ist damaligen deutschen Justizbehörden nahegelegt worden, doch wenigstens eine Reihe der Angeklagten vor deutsche Gerichte zu stellen, z. B. den berüchtigten Antisemiten Julius Streicher. Aber weder juristische noch politische Kreise des neuen Deutschland wollten sich mit der Hypothek dieser Aburteilungen belasten.«[24]

Eine unabhängige Autorität, die in der Lage gewesen wäre, 1945 ein tatsächlich internationales, mit alliierten, deutschen und neutralen Richtern besetztes Ge-

bar zu bezahlen ... Die Zahlung der (andernfalls) geschuldeten Summe soll möglichst bald bewirkt werden.« Es erübrigt sich zu beweisen, daß derartige Bestimmungen schon 1914–1918 von keiner kriegführenden Macht als auch nur irgendwie verbindlich angesehen worden sind.

richt einzusetzen, gab es nicht, was nicht nur die hoffnungslose Lage der Angeklagten, sondern auch die Schwäche des Völkerrechtssystems offenbart, das den Kanonikern als seinen eigentlichen Schöpfern vorgeschwebt hatte. Zwar gaukelten die gelegentlichen Querelen unter den Siegermächten einigen Angeklagten, die auf entscheidende internationale Verwicklungen zu ihren Gunsten hofften, zuweilen Hilfe vor; aber die Konsequenzen wandten sich nahezu ausnahmslos gegen sie. Immer gingen für sie die Differenzen wie das Hornberger Schießen aus, und immer wehte ihnen der Wind ins Gesicht. So nützte es ihnen beispielsweise auch nichts, daß eines Tages französische Panzer den Justizpalast umstellten, nachdem der französischen Vertretung mitgeteilt worden war, daß die Amerikaner die Absicht hätten, ein Mitglied des Hauses Hohenzollern, das von einem Mitarbeiter Jacksons verhört wurde, festzunehmen und in die USA zu »entführen«. Die Angeklagten und ihre Verteidiger mußten rasch erkennen, daß die Aktion der Franzosen nichts mit ihnen zu tun hatte, sondern nur einen Versuch darstellte, den drei großen Partnern, von denen sie sich für nicht ganz »voll genommen« sahen, demonstrativ klarzumachen, daß sie gegenwärtig seien und ihre Rechte notfalls gewaltsam durchzusetzen vermöchten.

Die bis zur bolschewistischen Revolution in Rußland relativ ungefährdete Autorität des Völkerrechts, das unter Hitlers Herrschaft nach den Feststellungen des IMT auch von den meisten Hauptangeklagten mißachtet worden war, konnten die Besiegten nach dem Ende des Zweiten Weltkrieges nicht als schützende Instanz anrufen. Und auch die Konfrontation mit der seit Ende des 19. Jahrhunderts sowohl in Großbritannien als auch in den Vereinigten Staaten richtungweisenden, aus der moralischen Theologie des Christentums resultierenden Vorstellung, nach der sich nicht nur der Untertan, sondern auch die höchste politische Gewalt der »Macht des Gesetzes« zu unterwerfen und das Recht dem Machtgebrauch Grenzen zu setzen habe, erwies sich als gegen sie gerichtet. Die für eines der wesentlichsten Rechtsprobleme des Nürnberger Prozesses bezeichnende Frage, ob das Prinzip der unabhängigen Autorität des Völkerrechts anerkannt oder aber den Siegern das Recht zugestanden werden sollte, das Gesetz nach ihrem Willen gewaltsam zu modifizieren, um die Exponenten des geschlagenen Feindes nach ihren Vorstellungen bestrafen zu können, beantworteten die Alliierten auf die von ihnen seit 1941 vorbereitete Weise. Sie wollten weder ein internationales noch ein deutsches Gericht, wie es nach dem Ersten Weltkrieg der Fall gewesen war.* Daher schufen sie sich die Rechtsgrundlagen, die sie zur Durchführung ihrer Ziele brauchten. Daß auch namhafte nichtdeutsche Völkerrechtler offen dagegen argumentierten, beweisen zahlreiche profilierte Stellung-

* Vgl. S. 16f. im 1. Kapitel dieses Buches.

nahmen. In der UNO-Charta und »in vielen anderen feierlichen Dokumenten«, so schrieb beispielsweise der britische Völkerrechtler H. A. Smith, der vermutete, daß das IMT die Nachfolgeinstanz des ständigen Internationalen Gerichtshofes im Haag sein werde, noch vor dem Urteilsspruch des IMT, »hat unsere Regierung gemeinsam mit denen aller anderen zivilisierten Länder wiederholt ihre Treue gegenüber der höchsten Autorität des Völkerrechts bekundet. Als anerkannte Darlegung der Prinzipien dieses Rechts kann das Statut des Internationalen Gerichtshofes angesehen werden, das sich im Anhang der UNO-Charta befindet. Hier wird niedergelegt, daß der Gerichtshof seine Entscheidungen auf Grund internationaler Konventionen, internationaler Gewohnheiten und ›den allgemeinen von zivilisierten Nationen anerkannten Rechtsprinzipien‹ ... fällen soll.*

Die hier gebrauchte Formulierung entspricht derjenigen im Statut des Ständigen Internationalen Gerichtshofes, dessen Nachfolger das neue Tribunal ist, und sie müssen die gleiche Bedeutung in sich tragen, die man ihnen erstmalig im Jahre 1920 gab.** Die Frage, die wir uns stellen müssen, ist, ob die Nürnberger Gerichte mit dieser anerkannten Regel in Übereinstimmung stehen.«[25] Daß dies nicht der Fall war, braucht an dieser Stelle nicht mehr bewiesen zu werden.

Daß die Angeklagten die unabhängige Autorität des Gesetzes und des Völkerrechts im angloamerikanischen Sinne nicht hatten akzeptieren können, solange sie Hitler dienten, brauchte nicht erst das IMT an den Tag zu bringen. Jedermann wußte, daß Gesetze durch Hitlers »Führer-Befehle« jederzeit aufgehoben werden konnten,*** die sie zum Instrument der politischen Macht wer-

* Smith meinte hier den Artikel 38, der von den namhaften Völkerrechtlern allerdings keineswegs übereinstimmend ausgelegt wird. Nach Artikel 38 des Internationalen Gerichtshofes hat der Gerichtshof die Aufgabe, die ihm unterbreiteten Streitfälle nach Völkerrecht (»unter Vorbehalt der Bestimmungen des Artikels 59 die gerichtlichen Entscheidungen und die Lehren der höchstqualifizierten Autoren der verschiedenen Nationen als Hilfsmittel zur Feststellung von Rechtsregeln«) zu entscheiden. Der sowjetische Völkerrechtler G. I. Tunkin z. B. erhob dagegen den Einwand: »Daraus folgert überhaupt nicht, daß die Entscheidungen des Gerichtshofes ... Rechtsnorm sind. Diese Konzeption ... ist auf das Völkerrecht nicht anwendbar. Dem Internationalen Gerichtshof eine solche Rolle zuschreiben heißt, über die Bestimmungen seines Statuts hinausgehen« (zit. nach: Modernes Völkerrecht. Form oder Mittel der Außenpolitik. Berlin 1965, S. 296). Für Sir Hersch Lauterpracht dagegen, der die Entscheidungen des Gerichtshofes internationalen Verträgen und dem Völkergewohnheitsrecht gleichstellt, sind sie Völkerrecht (vgl. Lauterpracht, H., *The Development of International Law at the International Court*, London 1958, 2. Aufl., S. 22).

** Niemand sollte danach (was in allen europäischen Strafgesetzbüchern ihren Niederschlag fand) für eine Handlung bestraft werden, die zur Zeit ihrer Ausübung keinen Rechtsbruch darstellte.

*** So hieß es z. B. in einem Beschluß des Reichstags vom 26. 4. 1942 (Reichsgesetzblatt I, S. 247): »Es kann keinem Zweifel unterliegen, daß der Führer in der gegenwärtigen Zeit des Krieges ... das von ihm in Anspruch genommene Recht besitzen muß, alles zu tun, was zur Erringung des Sieges dient oder dazu beiträgt. Der Führer muß daher – ohne an bestehende Rechtsvorschriften gebunden zu sein ... – jederzeit in der Lage sein, nötigenfalls jeden Deutschen ... mit allen ihm geeignet erscheinenden Mitteln zur Erfüllung seiner Pflichten anzuhalten und bei Verletzung dieser Pflichten ... ohne Rücksicht auf sogenannte wohlerworbene Rechte mit der ihm gebührenden Sühne zu belegen ...«

den ließen. So hatten in Nürnberg schon infolge dieser Tatsache buchstäblich Welten zwischen den Angeklagten und dem Gericht gestanden, soweit es sich bei den Exponenten des IMT nicht um Vertreter der Sowjetunion handelte, die im Grunde ebenso dachten, wie die Nationalsozialisten es getan hatten. Da die nationalsozialistischen Gerichtshöfe ihre Beschlüsse als untergeordnete Stellen der Führungshierarchie Hitlers faßten und so als Werkzeuge der politischen Autorität fungierten, deren Willen sie durchzusetzen hatten, mußten Rechtsvorstellungen aufkommen, die nicht nur in Nürnberg als strafwürdig galten. So konnte das IMT, das Schuldaufrechnungen und Vergleiche grundsätzlich nicht duldete,* denn auch trotz aller berechtigten Einwände der Verfechter des kontinentalen Völkerrechts seine Anklage- und Urteilsgrundlagen als legitim ansehen.

Der von der Verteidigung anfänglich energisch ins Feld geführte Grundsatz, daß niemand für eine Handlung bestraft werden dürfte, die zur Zeit der Tat keinen Rechtsbruch darstellte, war infolge dieser Voraussetzungen nicht anders aufzufassen, als das IMT es tat. Die traditionellen Rechtsauffassungen hatten ihren Sinn und ihre Gültigkeit bereits verloren, als Stalin und Hitler damit begannen, bestimmte Taten zu Vergehen erklären und »gesetzmäßig« bestrafen zu lassen, nur weil sie ihnen nicht in ihre Konzepte paßten. »Justiz«, sagte beispielsweise Hitler am 20. August 1942, »ist kein Selbstzweck. Sie dient der Erhaltung der ... Gesellschaftsordnung ... Richtig ist jedes Mittel, das diesem Zweck nützt. Falsch alles, was ihm nicht mehr gerecht wird ... Es ist ... ihre Aufgabe, diesem Zweck zu genügen. Der Gesetzgeber kann nicht die letzte Möglichkeit zum Verbrechen erfassen und jeden Fall vorweg vorgedacht haben. Da muß der Richter den Gesetzgeber ersetzen ... Das Richterkorps muß eine Auslese der Nation darstellen; mit Fingerspitzengefühl und Instinkt muß der Richter den Gesetzgeber begreifen und ergänzen. Notwendig ist, daß der Richter von der obersten Stelle aus Einblick erhält in die Absichten und Ziele der Gesetzgebung und in die ganze Art der gewünschten Tendenz, in der die Urteilsfällung sich zu vollziehen hat ... Das zu steuern, ist kein Einbruch in richterliche Befugnisse, sondern die Herstellung einer Übereinstimmung zwischen dem Wunsch des Gesetzgebers und der richterlichen Aufgabe, die die gleichen Ziele zu verfolgen hat. Ausrotten muß man den Gedanken, der Richter sei dazu da ... Recht zu sprechen, selbst auf die Gefahr

* Die Ablehnung des *Tu-quoque*-Grundsatzes (gleiches Maß für gleiche Tatbestände) durch das IMT wurde nur in der gegen Dönitz erhobenen Anklage wegen des Verstoßes gegen internationale Bestimmungen für den U-Boot-Krieg aufgehoben. Das IMT akzeptierte, daß die Amerikaner im Pazifischen Ozean auch den uneingeschränkten U-Boot-Krieg praktiziert hatten (vgl. S. 183ff.). Indirekt anerkannt wurde der Grundsatz, soweit es sich um den deutschen Luftkrieg handelte. So ging die Anklage (wohl) angesichts der durch alliierte Bomber zerstörten deutschen Städte, von denen einige (z. B. Dresden) bombardiert wurden, als der nahe und totale Sieg der Alliierten längst feststand, z. B. nicht auf die deutschen Bombardierungen von Rotterdam, Coventry und London ein.

hin, daß darüber die Welt zugrunde geht. Das ist ein heller Wahnsinn. Umgekehrt müßte es sein: die menschliche Gesellschaftsordnung zu sichern, ist die primäre Aufgabe! Der Richterstand müßte der bestbezahlte sein im Staat, ein Elitestand, der in seiner ganzen Erziehung nicht auf Deckung eingestellt ist durch den Gesetzgeber, sondern zum Mut, die Verantwortung zu tragen ... Ein Richterkorps von hohem Verantwortungsbewußtsein und von Verantwortungsfreudigkeit wird nicht Schandtaten decken. Passiert das, so kann die Justiz das nicht verhindern ... Wenn ein Staat keine innere Organisation hat, die auf eine Auslese ... hinzielt, die Justiz kann den Gesetzgeber nicht bessern; aber: Wenn ein anständiger Gesetzgeber da ist, kann ihn die Justiz ungemein unterstützen und dadurch mitwirken, die Volksgemeinschaft zu festigen und damit die Grundlage der Ideale, aus denen eine anständige Staatsverfassung hervorgeht. Der Richter hat da eine gewaltige Aufgabe. Er muß so verantwortungsfreudig sein, wie der Träger der Legislative selber; aufs engste mit dem Träger der Gesetzgebung zusammenarbeiten, damit sie gemeinsam die Gesellschaftsordnung vor destruktiven Elementen beschützen und bewahren mit den Mitteln, die durch die Zeit bedingt sind. Dann braucht auch der Gesetzgeber nicht immer wieder neue Gesetze zu machen ... Die Staatsräson ist nun einmal etwas Bedeutendes ... Für ausgeschlossen halte ich, daß es einen Richter gibt, der nicht auch in der Bewegung Staatserhaltungs-Dienst getan hat. Der Richter muß sich auskennen in der Sphäre, über die er befinden soll.«[26]

Die völlige rechtliche Ungebundenheit Hitlers, der erklärte, daß die Justiz nicht in der Lage sei, Verbrechen der politischen Machthaber zu verhindern, was er jahrelang drastisch bewies, mußten nach seinem Tode mehr als 10.000 seiner Vollzugspersonen* durch Gerichtsurteile büßen. Über 250 bezahlten es mit ihrem Leben.** Niemand von ihnen hätte seine Rechte direkt aus dem Völkerrecht ableiten und womöglich die innerstaatlichen Rechte und Führer-Befehle schadlos ignorieren können. Nicht nur die Militärs Keitel und Jodl wären vor ein Peleton gestellt worden, wenn sie ernsthaft versucht hätten, das Völkerrecht zur Maxime für ihr Handeln zu machen. Keitels Erklärung, daß er, wenn er sein Leben unter Hitler noch einmal leben müßte, lieber den Tod wählen würde, als

* Genaue Zahlen sind nicht zu ermitteln. Telford Taylor gibt an (*Nürnberg und Vietnam*, S. 27f.), daß bis Anfang 1948 bereits 3.500 Kriegsverbrecherprozesse in Europa und 2.800 im Fernen Osten abgeschlossen gewesen seien. Zu diesen 6.300 Prozessen kamen zahlreiche Verfahren mit Todesurteilen in der Sowjetunion und in China.

** Neben den 11 Todesurteilen des IMT fällten amerikanische Richter in 12 Nachfolgeprozessen 36 Todesurteile. Hinzu kamen zahlreiche Todesurteile in sogenannten KZ-Prozessen vor Army Military Commissions und militärischen Verwaltungsgerichten. 255 der zum Tode verurteilten Personen wurden in Landsberg am Lech, wo Hitler 1925 den ersten Band seines Buches *Mein Kampf* formuliert hatte, gehenkt.

bestimmten Weisungen Hitlers zu gehorchen, resultierte aus den Einsichten, die das IMT ihm vermittelt hatte.

Der nach den Regeln des angloamerikanischen Strafverfahrens als Parteienprozeß geführte Nürnberger Prozeß, in dem die Parteien nur jeweils das ihnen günstig erscheinende Material vorzulegen brauchen und eine gerichtliche Pflicht zur selbständigen Erforschung der Wahrheit nicht – erst recht nicht für die Staatsanwaltschaft – besteht, folgte Richtlinien, die dem kontinentalen Strafverfahren fremd waren. So hatte der »an Beweisregeln nicht gebundene«[27] Gerichtshof beispielsweise »nicht Beweis für allgemein bekannte Tatsachen (zu) fordern, sondern ... sie von Amts wegen (nur) zur Kenntnis (zu) nehmen«,[28] was zwangsläufig zur Einschränkung der Rechte der Angeklagten führen mußte, die ebensowenig wie ihre Verteidiger über »Zwang und Ungerechtigkeit von Versailles«[29] sprechen durften, so daß die Beweggründe für die Handlungs- und Denkweisen der Angeklagten nicht tatsachengerecht erklärt werden konnten. Darüber hinaus konnte der Gerichtshof die Plädoyers der Verteidiger zuvor einsehen und sie, wie es in einigen Fällen auch geschah, in seinem Sinne kürzen und vor der Beweisführung der Verteidigung Auskünfte über die Natur der Beweismittel erlangen, um über deren »Erheblichkeit« entscheiden zu können,[30] wodurch so etwas wie eine Vorzensur durch die Staatsanwaltschaft gewährleistet war. Diese Problematik offenbarte sich in der Bestürzung des Gerichtshofes, als Dönitz' Verteidiger Otto Kranzbühler selbstbewußt erklärte: »Ich bitte das Gericht, sich einmal vorzustellen, wie es gewesen wäre, wenn vor Beginn des Vortrags der Anklage ich vorgetreten wäre und gesagt hätte, ich möchte erst mal von mir aus über die Erheblichkeit der Urkunden der Anklage sprechen.«[31]

Die Beweisaufnahme und die Vernehmung der Angeklagten lag ausschließlich in den Händen der Anklage und der Verteidigung, während die Richter sich auf die rein formale Prozeßleitung beschränkten. Der im deutschen Prozeßrecht geltende »Untersuchungsgrundsatz« war durch den angloamerikanischen »Verhandlungsgrundsatz« ersetzt worden, was dem Gericht die Entscheidung einräumte, ohne es zu verpflichten, selbst einen wesentlichen Beitrag zur Aufklärung der Sachverhalte im Rahmen der Beweisaufnahme leisten zu müssen. Daß ein solches Verfahren 1945/46 nicht das geeignetste Mittel zur Feststellung der Wahrheit und der gerechten Urteilsfindung sein konnte, war selbstverständlich, zumal die Staatsanwälte unter Mißachtung des kontinentalen Prozeßrechts darauf verzichteten, Entlastungsbeweise aus den von den Alliierten beschlagnahmten Unterlagen vorzulegen.

Die Dokumente, ihre Auswertung und Präsenz, bargen in diesem Dokumentenprozeß ein erhebliches Problem in sich, da sie sich im Gewahrsam der Alliierten befanden, die sie im wesentlichen auswählten und nach eigenem

Ermessen bei ihrer Herausgabe (durch die Amerikaner) tendenziös veränderten.[32] Wichtiges Beweismaterial war plötzlich »verschwunden«, wenn die Verteidigung es benötigte. Insgesamt umfaßten die Dokumente des IMT neben den 17.000 Seiten stenographische Sitzungsprotokollen* aus 403 öffentlichen Sitzungen Tausende Seiten Anklagedokumentenbücher,** *Rebuttal-books**** und Verteidigungsdokumentenbücher,**** Schriftsätze,***** Anträge****** und zuletzt Urteile und abweichende und zustimmende Urteilsbegründungen einzelner Richter. Abertausende Affidavits kamen hinzu, allein 38.000 mit 155.000 Unterschriften für die Politischen Leiter, 136.213 für die SS, 10.000 für die SA, 7.000 für den SD, 3.000 für den Generalstab und für das OKW und 2.000 für die Gestapo.[33] Mehr als 35.000 Entlastungszeugen, von denen rund 25.000 einstige SS-Angehörige waren, hatten sich bereits bis Anfang Januar 1946 beim Sekretariat des IMT gemeldet,******* das mit Bergen von Papier fertig werden mußte. So war es denn auch geradezu selbstverständlich, daß es zu Mißverständnissen, Pannen und gelegentlichen Ungereimtheiten und Unkorrektheiten kommen mußte, obwohl die alliierten Behörden – trotz des großen Zeitdruckes – hervorragend arbeiteten.

Der Nürnberger Gerichtshof, der sich »Internationales Militär-Tribunal« nannte, obwohl er nur mit Richtern der vier Siegermächte besetzt war, von denen zudem niemand als Vertreter des aktiven Militärs gelten konnte, erschien 1945/46 zunächst zwangsläufig nicht nur den Deutschen und den Völkern der einstigen europäischen Achsenmächte und den Japanern als interalliiertes Tribunal der Sieger, von dem Justiz nicht zu erwarten war. Der Ausweg der Russen, die diesen nicht nur optischen »Schönheitsfehler« für ihren »Auftritt« in Nürnberg zu kaschieren versuchten, indem sie ihre Richter mit hohen militäri-

* In allen 13 Nürnberger Prozessen zusammen waren es 150.000 beschriebene Seiten.

** In allen Prozessen zusammen 185.000 Seiten in jeder der vier Sprachen (Englisch, Russisch, Französisch und Deutsch).

*** Die *Rebuttal-books* wurden von der Anklage zur Widerlegung der Beweisführung der Verteidigung zusammengetragen und verwendet.

**** Die Verteidigungsdokumentenbücher stellten die einzelnen Verteidiger für jeden Angeklagten, für die angeklagten Organisationen und für bestimmte Einzelkomplexe zusammen.

***** Hauptsächlich: Anklageschriften, Eröffnungsreden, Plädoyers und Argumente der Anklage und Verteidigung, Gnadengesuche und allgemeine Rechtsausführungen und spezielle Belastungs- und Entlastungsdarlegungen.

****** Die sogenannten *Motions* der Anklage und Verteidigung, die sich mit besonderen Angelegenheiten der Geschäftsführung befaßten.

******* Vgl. *Exchange Telegraph* vom 11. 1. 1946. Von den vom IMT in Anspruch genommenen Zeugen sagten 33 gegen die Angeklagten und 80 für die Angeklagten mündlich aus. 143 Zeugen taten dies schriftlich (für die Verteidigung). 22 Zeugen wurden im Zeugenstand für die angeklagten Organisationen gehört. 101 von der Verteidigung benannte Zeugen machten ihre Aussagen vor besonders bedürftigen Richtern, 1809 Zeugen stellten dem Gericht eidesstattliche Erklärungen zur Verfügung. Vgl. dazu IMT, Bd. I, S. 190f.

schen Rängen versahen, erwies sich als komisch: ihr IMT-Richter Nikitschenko erschien in Nürnberg als Generalmajor der Justiz, sein Stellvertreter Wolchkow als Oberstleutnant. Die selbstbewußten Amerikaner focht alles dies indes nicht an. Selbst unter den Richtern der zwölf Nürnberger Nachfolge-Prozesse, die nach dem Verfahren des IMT ausschließlich unter ihrer Regie in verschiedener Zusammensetzung stattfanden, gab es keine echten aktiven Militärs. Sie wurden vom Kriegsministerium der Vereinigten Staaten ausgewählt, vom amerikanischen Militärgouverneur ernannt und für die Dauer dieser Tätigkeit zum Wehrdienst eingezogen.

Beim IMT waren Soldaten: die Generalsekretäre Mitchell (Brigade-General) und Ray (Oberst), der sowjetische Sekretär Poltorak (Major), der Gerichtsmarschall Mays (Oberst) und der Gerichtsmarschall Gifford (Oberstleutnant), die Chefs der Dolmetscher, Dostert (Oberst) und Steer (Fregattenkapitän), der Verwaltungs-»Beamte« Baley (Major), der mit der »Verständigung und Beschaffung der Zeugen« beauftragte Sullivan (Hauptmann) und Neave (Oberstleutnant), der Leiter der »Abteilung für Gesuche und Anträge«, Schrader (Korvettenkapitän), der Chef der »Auskunftsstelle für die Angeklagten«, Egbert (Oberstleutnant), der Herausgeber des Prozeßmaterials und Roth (Hauptmann), der »Direktor der Drucklegung«.[34] Von den Mitgliedern der Anklagebehörde hatten bei den Amerikanern einer von zwei Anklägern, zwei von vier Beigeordneten Anklägern und vierzehn von sechzehn Hilfsanklägern militärische Ränge vom Leutnant bis zum General. Bei den Briten waren nur die vier Hilfsankläger Offiziere (zwei Majore, ein Oberstleutnant, ein Oberst), bei den Russen der Hauptankläger (General), der Stellvertretende Hauptankläger (Oberst) und drei von sieben Hilfsanklägern (ein Kapitän, ein Oberstleutnant, ein Oberst). Von den französischen Anklägern war niemand Soldat.[35]

Keiner der Richter des Militärtribunals war aktiver Soldat. Die als Hauptkriegsverbrecher angeklagten deutschen Militärs und deren Verteidiger, die darin zunächst einen Vorzug erblickt hatten, wurden enttäuscht, nicht nur, weil das IMT die Berufung auf höheren Befehl nicht akzeptierte. »Die Nürnberger Gerichte waren bei der Behandlung des militärischen Befehls«, so urteilte Otto Kranzbühler, der Verteidiger des Großadmirals Karl Dönitz, »etwas die Gefangenen ihrer eigenen Thesen.«

Kranzbühler, der in seine Stellungnahme auch die US-Nachfolgeverfahren einschloß, stellte fest: »Sie (die Gerichte) erklärten in einigen Fällen, der militärische Befehl sei nur dann bindend, wenn er rechtsgültig sei, und er sei nicht rechtsgültig, wenn er etwas Verbotenes befehle. Der entscheidende Gesichtspunkt fehlt dabei, nämlich, daß gerade die typischen Kriegshandlungen, z. B. Tötung von Menschen und Zerstörung von Gütern, nach den Maßstäben des

Friedens immer verboten sind. Das Problem ist also, inwieweit der Kriegszweck solche Handlungen erlaubt und inwieweit sich der Untergebene dabei auf die Auffassung des Vorgesetzten verlassen darf. Die amerikanischen Gerichte nährten sich ... sehr stark von der Vorstellung, daß der gesamte Krieg ein Verbrechen ist und daher der Kriegszweck nichts erlaubt. Diese grundsätzliche Einstellung scheint mir die Erklärung dafür zu sein, daß die in Nürnberg aufgestellten Maßstäbe über die Verbindlichkeit des Befehls von keiner Armee der Welt akzeptiert werden können.«[36] Daher war es auch kein Zufall, daß die meisten Kritiker des IMT in dieser Frage Militärs vor allem aus den USA, aus Großbritannien und aus Frankreich waren, die sich nicht zuletzt auch um die Zukunft ihres Berufsstandes sorgten.*

Die Tatsache, daß nach dem Völkerrecht, wie es in der Haager Konvention von 1907 formuliert worden ist, der Staat für die allgemeine Korrektheit des Verhaltens seiner bewaffneten Streitkräfte verantwortlich war und Einzelpersonen von der Gewahrsamsmacht nur bestraft werden konnten, wenn sie gegen die zumindest bis zum Zweiten Weltkrieg als relativ unmißverständlich akzeptierten Regelungen** verstoßen hatten, ließ nicht nur die deutschen Militärs und ihre Verteidiger fragen, ob ein Soldat für die Befolgung eines verbrecherischen Befehls bestraft werden dürfte, dem er keinen Widerstand hatte leisten können. Nur unter massivem Druck seitens der USA waren die Engländer bereit, einen hohen deutschen militärischen Führer (Erich von Manstein) vor Gericht zu stellen. Die Franzosen taten dies trotz allem nicht. Auch der Versuch Jacksons, die Bestrafung der deutschen Militärs nicht als »gegen den Stand des Soldaten selbst gerichtet«[37] erscheinen zu lassen, wurde weder während des Prozesses noch danach übereinstimmend beurteilt.***

Wie kurzsichtig und wie wenig realistisch die Urteile des IMT in dieser Hinsicht waren, beweisen Vergleiche mit den nicht nur instrumentalen Mittäterschaften der Militärs der von den Richtern und Anklägern 1945 und 1946 in Nürnberg vertretenen Nationen, um hier nur einige Beispiele anzuführen, in Hiroshima, Nagasaki, Korea und Indochina, in Ungarn, in der Tschechoslowakei und in Vietnam. Während die deutschen Militärs 1946 mit den schwersten

* Zu den Kritikern gehörte in diesem Punkt auch der namhafte englische Militärhistoriker Liddell Hart, der als Berater der britischen Anklage fungierte und besonders die Verurteilung Alfred Jodls als nicht gerechtfertigt bezeichnete. Vgl. dazu auch Evenhuis, J. R., Pflicht und Dilemma der deutschen Militärs, in: *Elseviers Weekblad* vom 24. 7. 1948.

** I.: Verletzungen der anerkannten Regeln der Kriegführung durch Angehörige der bewaffneten Streitkräfte, II.: illegitime, mit Waffen ausgetragene Feindseligkeiten von Personen, die nicht Angehörige der bewaffneten Streitkräfte sind, III.: Spionage und Hochverrat und IV.: Plündern. In Nürnberg waren die Punkte III. und IV. bedeutungslos.

*** Vgl. dazu auch S. 381f.

Strafen belegt wurden, mit dem für Soldaten in aller Welt unehrenhaften »Tod durch den Strang« oder mit jahrelangen Gefängnisstrafen, sahen sich ihre Nachfolger, soweit sie den einstigen Siegerstaaten angehörten, mit grundsätzlich anderen Voraussetzungen konfrontiert.* Den US-Präsidenten Harry S. Truman, der die Entscheidung allein gefällt hatte, im August 1945, als das Hitler-Reich seit Monaten nicht mehr existierte und der Kriegsverbrecherprozeß kurz vor seiner Eröffnung stand, Atom-Bomben auf Hiroshima und Nagasaki abzuwerfen, haben Skrupel niemals geplagt, und niemals hat er sich wegen seiner Entscheidung vor einem Gericht rechtfertigen müssen.[38] Seine Version, daß die Atombombe den Krieg beendet und eine Invasion gegen Japan überflüssig gemacht und so je einer halben Million Soldaten ihr Leben und einer weiteren Million heile Glieder erhalten hätte,** wäre auf der Anklagebank in Nürnberg gewiß nicht einheitlich zu seinen Gunsten ausgelegt worden, zumal die Russen diese Bombe noch nicht besaßen und zumindest ahnten, daß Hiroshima und Nagasaki sie warnen sollten.

Die Offiziere, Unteroffiziere und Soldaten,*** die die Atombombe am 6. August 1945 über Hiroshima abwarfen, durften sich als besondere Helden fühlen, die rasch jedermann kannte. Der Kommandant**** des Bombenflugzeuges, Oberst Paul Warfield Tibbets, konnte 1975 im Rahmen eines Interviews erklären: »Ich habe nie bereut und mich nie geschämt; denn ich glaubte damals, daß ich meine patriotische Pflicht tat, als ich den Befehlen folgte, die man mir gab.«[39] Daß infolge dieser Befehle allein in Hiroshima rund 85.000 Menschen augenblicklich getötet und weitere 120.000 vermißt wurden, spielte für Tibbets dabei keine Rolle, und auch die Tatsache, daß er heimtückisch und hinterlistig gehandelt hatte, blieb ungesühnt. Tibbets Antworten auf Fragen von Journalisten, 30 Jahre

* In Nürnberg hatte Biddle aus dem IMT-Urteil vorgetragen: »Ein Plan, an dessen Durchführung eine Anzahl von Personen teilnimmt, bleibt ein Plan, auch wenn er im Gehirn nur einer dieser Personen entstanden ist ... diejenigen, die den Plan ausführen, können ihrer Verantwortlichkeit nicht dadurch entgehen, daß sie nachweisen, sie hätten unter der Leitung des Mannes gehandelt, der den Plan entwarf ... Wenn sie wußten, was sie taten ... können sie nicht ... als unschuldig betrachtet werden ...« IMT, Bd. XXII, S. 532.

** Als sein Biograph ihn fragte, ob er bereit sei, nach Hiroshima zu fahren und dort mit einigen Leuten vor der Fernsehkamera für einen Film über die Atombombe zu sprechen, antwortete er: »Wenn es das ist, was Sie wollen, werde ich nach Japan gehen ..., aber ich werde denen nicht in den Hintern kriechen.« Vgl. Miller, *Truman*, S. 206.

*** Oberst Paul Tibbets (Kommandant), Oberst John Porter (Wartungsoffizier), Major Thomas Ferebea (Bombenschütze), Captain Theodore von Kirk (Navigator), Captain Robert Lewis (Copilot), Leutnant Jacob Beeser (Radar-Abwehr-Offizier), Sergeant George Caron (Heckschütze), Sergeant Robert Shumard (Flugingenieur), Sergeant Hyatt (Flugingenieur), Sergeant Joe Stiborik (Flugingenieur) und Gefreiter Richard Nelson (Funker).

**** Der Kommandant P. W. Tibbets, 1945 Oberst, schied 1969 als Brigade-General aus der US-Army aus. 30 Jahre nach dem Abwurf der Atombombe war er Vizepräsident der in Columbus in Ohio ansässigen Lufttaxigesellschaft »Executive Jet Aviation«.

nach dem Abwurf der Bombe auf Hiroshima formuliert, sind in jeder Hinsicht unmißverständlich.

»*Frage*: General, in Hiroshima wird behauptet, Sie hätten mit Ihrem Bomber Hiroshima überflogen und wären erst umgedreht, als Sie sicher sein konnten, daß in der Stadt das ›Entwarnungssignal‹ gegeben war und die Menschen nicht mehr in ihren Schutzräumen, sondern auf den Straßen waren. Ist das richtig?

Antwort: Nun, wir mußten damit rechnen, daß die Japaner versuchen würden, uns in einen Luftkampf zu verwickeln und abzuschießen. Also mußten wir ihnen ein paar Tricks vorspielen. Eine meiner Taktiken bestand darin, drei Tage vor dem X-Tag jeweils einzelne Flugzeuge in das Zielgebiet zu schicken. Die Idee dabei war: Die Japaner sollten annehmen, daß es sich nur um Aufklärungsflugzeuge handelte, und sie sollten das auch glauben, als wir mit der Bombe kamen.

Frage: Sie spielten sozusagen Hiroshima etwas vor?

Antwort: Wir wollten die Japaner täuschen. Wir wollten, daß sie, als wir mit der Bombe kamen, denken: ›Ach, das ist wieder nur ein Aufklärungsflugzeug.‹

Frage: Auch am frühen Morgen des Tages, an dem Sie die Bombe warfen, haben Sie dieses Täuschungsmanöver noch einmal fliegen lassen?

Antwort: Wir haben ein Flugzeug geschickt, um das Wetter beobachten zu lassen. In Hiroshima gab es Alarm, als diese Maschine kam. Dann drehte sie ab, und dann gab es in der Stadt das Entwarnungssignal. Und dann kamen wir.«[40]

Der französische Sergeant Roger Leonard, um hier auch eine Unteroffizierscharge anzuführen, wurde zu einer Haftstrafe von nur drei Monaten verurteilt, nachdem er im französischen Indochina-Krieg 150 Gefangene hatte erschießen und als »Füllmaterial« für Bombenkrater in der Straße verwenden lassen.*

Der für das von amerikanischen Soldaten an Zivilisten, an Greisen, Männern, Frauen und Kindern verübte Massaker in My Lai in Vietnam als unterste Charge unmittelbar verantwortliche amerikanische Oberleutnant William L. Calley war nach seiner Verurteilung zunächst zu lebenslänglichem Zuchthaus und zur unehrenhaften Ausstoßung aus der Armee durch ein US-Militärgericht und der baldigen Umwandlung des Urteils zu 20 und schließlich zu 10 Jahren Haft bereits im Oktober 1974 wieder frei. Der in Columbus in Georgia amtierende Distriktsrichter Robert Elliott hob das Calley-Urteil auf und verfügte die sofortige Entlassung Calleys aus der Armee, nachdem Präsident Richard Nixon ihm bereits für

* Leonard verteidigte sich, als geborener Elsässer die französische Sprache (obwohl Sergeant der Fremdenlegion) nicht ausreichend beherrscht und den ihm aufgetragenen Befehl, 150 Mann zu nehmen und mit ihnen die Löcher in der Straße zu füllen, wörtlich genommen zu haben. Die Tatsache, daß ein so unglaubliches »Mißverständnis« überhaupt möglich war, beweist eindrucksvoll, welcher »Geist« unter und über den Tätern geherrscht haben muß. Ein Interview mit Leonard wurde am 13. 8. 1972 vom Zweiten Deutschen Fernsehen (ZDF) unter dem Titel »Zwei Meilen von Saigon« gesendet.

die Zeit der Verhandlungen in allen Instanzen den Vorzug des Hausarrestes gewährt hatte. Die Tatsache, daß die US-Armee Berufung gegen die Freilassung einlegte, war nichts weiter als der Versuch, sich einen Sündenbock für die zahlreichen Massaker in Vietnam zu erhalten. Mit sühnender Gerechtigkeit hatte diese Maßnahme nichts zu tun. Calley war bald wieder nicht nur ein freier Mann, sondern auch ein von Volksgunst gehätschelter »Held«, der aus seinen Mordtaten beträchtliches Kapital schlagen durfte.*

Weder General Westmoreland, der US-Stabschef und Oberkommandierende in Vietnam, noch der Verteidigungsminister Melvin Laird oder gar US-Präsident Lyndon B. Johnson wurden jemals wegen dieses Verbrechens noch wegen der von ihnen befohlenen Bombenabwürfe auf die Zivilbevölkerung in Vietnam angeklagt.

Die Geschichte seit 1945 beweist, daß es nur mangels eindeutiger Siege nicht wieder zu Prozessen gekommen ist, die dem IMT an die Seite gestellt werden könnten. Schon am 8. August 1953 schrieb der *Time Harald* treffend: »Die amerikanische Armee hatte mindestens 60 Prozesse wegen Kriegsverbrechen gegen den Feind vorbereitet ... Aber kein Wort wird mehr davon gesagt ... Die Gründe sind klar. Wir haben in Korea keinen militärischen Sieg erfochten, der uns das Recht gibt, mit unseren Siegern so umzugehen, wie wir es für richtig halten, ohne Bedenken, wie wir das ›Recht‹ hätten darauf zuschneidern müssen.«

Ein Mitte November 1975 veröffentlichter Bericht eines Sonderausschusses des US-Senats über Machenschaften und Mordpläne des US-Geheimdienstes CIA, der sich mit der »Beseitigung« von Fidel Castro, Patrice Lumumba, Rafael Trujillo, General René Schneider und Ngo Dinh Diem befaßte,** übertrifft den Kaltenbrunner-Bericht vom 30. Dezember 1944 an Himmler über den Plan zur Ermordung des französischen Generals Mesny*** in mehrfacher Hinsicht. Fünfzehn Jahre nach Nürnberg haben Behörden der Vereinigten Staaten Waffen,

* »Krieg ist Krieg, und es ist keineswegs ungewöhnlich, daß unschuldige Zivilisten wie die Opfer von My Lai getötet werden«, hatte Calley in einer persönlichen Begründung, die der Richter Elliott seiner Entscheidung beifügte, erklären dürfen. »In der gesamten überlieferten Geschichte war es so«, heißt es in der Erklärung weiter, die ausgerechnet die Bibel für sich in Anspruch nahm und wie folgt fortfuhr: »Es war so, als Josua Jericho einnahm. Josua wurde allerdings nicht wegen Mordes an der Zivilbevölkerung Jerichos angeklagt. Aber schließlich, so sagt man uns, stand ja Gott auf seiten Josuas.« »Der Krieg ist die Hölle«, erklärte Elliott vielsagend, »wenn wir einen jungen Mann in die Armee aufnehmen und ihn zum Töten ausbilden, ihm beibringen, Befehlen zu gehorchen und ihn in ein fremdes Land schicken, und wenn er dann in der Verwirrung des Kampfes etwas tut, was lange nach dem Geschehnis zu einer Anklage wegen Kapitalverbrechens führt, dann verlangt ... die Gerechtigkeit, daß er von der Presse, von seiner Regierung und von der Waffengattung, bei der er diente, fair behandelt wird.« Zit. nach *FAZ* vom 27. 9. 1974.

** Castro: Kuba, Lumumba: Kongo (Zaire), Trujillo: Dominikanische Republik, Schneider: Chile, Diem: Südvietnam.

*** Vgl. S. 283ff.

Geld, Gift und andere Mittel zur Ermordung unbequemer ausländischer Staatsmänner und Militärs zur Verfügung gestellt und der US-Präsident Eisenhower den Befehl zur Ermordung Lumumbas persönlich erteilt.[41]

»Im Sommer 1960«, heißt es im US-Bericht, »bat der stellvertretende CIA-Planungsdirektor Richard Bissell den Chef der Afrika-Abteilung, Bronson Tweedy, Möglichkeiten zur Beseitigung Patrice Lumumbas zu erkunden. Gleichzeitig beauftragte Bissell einen CIA-Wissenschaftler, Joseph Schneider, Vorbereitungen für die Ermordung eines nicht näher bezeichneten afrikanischen Führers zu treffen. Schneider beschaffte giftige biologische Substanzen ... und flog damit auf Tweedys Befehl zum CIA-Residenten in Leopoldville ... Die Gifte – die Lumumbas Essen oder seiner Zahnpasta beigemischt werden sollten – wurden (allerdings) nie angewendet. Aber es gibt auch keinen Beweis, der Mordplan sei noch vor Lumumbas Tod aufgegeben worden ... Die Aktionen gegen Castro begannen zunächst – nicht mit Mordplänen. 1960, im letzten Jahr der Eisenhower-Regierung ... imprägnierte der Technische Dienst der CIA ... Zigarren mit einer Chemikalie, die zu vorübergehenden Bewußtseinsstörungen führt. Man hoffte, Castro würde eine der Zigarren vor einer seiner Reden rauchen ... Eine Aktennotiz der medizinischen CIA-Operationsabteilung beweist, daß am 16. August 1960 ein Beamter eine Kiste mit den Lieblingszigarren Castros ausgehändigt bekam, um sie mit einem tödlichen Gift zu imprägnieren. Die Zigarren wurden mit ... Botulin-Toxin versetzt, (so) daß ein Mensch sterben würde, wenn er auch nur eine davon in den Mund steckt ... Zwei Pläne, Castro zu ermorden, wurden Anfang 1963 von ›Task Force W‹ ... ersonnen. Ihr ehemaliger Chef Desmond Fitzgerald bat seinen Assistenten um Auskunft, ob man nicht eine explosive Meeresmuschel an einer Stelle plazieren könnte, wo Castro zu tauchen pflegte ... Ein zweiter Plan bezog James Donovan mit ein, der ... mit Castro um die Freilassung von Gefangenen der mißglückten Schweinebucht-Invasion verhandelte. Er sollte Castro einen vergifteten Taucheranzug schenken. Die CIA kaufte einen, präparierte die Innenseite mit einem Pilz, der eine chronische Hautkrankheit auslösen würde, und infizierte das Atemgerät mit Tuberkelbazillen .«[42]

Während das IMT in Nürnberg tagte, war »die Welt« allerdings noch weit davon entfernt. Doch schon zur Zeit der Vorbereitung des Prozesses begingen Siegermächte Verbrechen, die konsequenterweise vor ein »Nürnberger Tribunal« gehört hätten, auch wenn von Jackson erst im Laufe des Verfahrens »proklamiert« wurde, daß die in Nürnberg praktizierten Rechtsvorstellungen künftig auch für Angehörige der Siegermächte gelten sollten. So halfen die Briten den Sowjets beispielsweise nach der deutschen Kapitulation bei einem Völkermord, der Tausende von Kosaken allein bei Lienz in Österreich das Leben kostete. Daß weder die Nürnberger Angeklagten noch ihre Verteidiger darüber informiert waren, ist unerheblich, da vor dem IMT Schuld grundsätzlich nicht aufgerechnet werden durfte. Inwieweit den britischen, russischen und französischen IMT-Delegationen bekannt war, daß von den Ende Mai 1945 im Drautal zwischen Lienz und Oberdrauburg in Zelt- und Barackenlagern einer positiven Wendung ihres Schicksals harrenden deutschfreundlichen Kosaken Tausende ums Leben gekommen waren, ist nicht feststellbar. Die amerikanische Anklage wußte nichts von jenen Ereignissen.[43] Was Ende Mai 1945 bei Lienz geschehen ist, unterscheidet sich von außen her durchaus nicht von den Grausamkeiten und anderen Ungeheuerlichkeiten, die das Gericht in seinen Urteilen gegen die angeklagten Deutschen festgehalten hat. Neun Kosaken-Regimentern, einer Offiziersschule und den gesamten Kosaken-Offizieren, die auf deutscher Seite unter General Helmut von Pannwitz gegen die Rote Armee und gegen Partisanen gekämpft und sich im Mai 1945 den Briten ergeben hatten, war zugesichert worden, daß sie nicht an die Sowjetunion ausgeliefert, sondern in den Dienst der englischen Krone übernommen und fortan in britischen Kolonien eingesetzt werden würden, mehreren zehntausend Frauen, Kindern und Greisen eine neue Heimat auf britischem Territorium versprochen worden. Was unmittelbar danach wirklich geschah, sah jedoch anders aus.

Die Vollzugspersonen der in Nürnberg angeklagten Deutschen hatten ihre Opfer in den Vernichtungslagern damit zu beruhigen versucht, daß sie ihnen vor ihrer Vergasung erzählten, in den Gaskammern lediglich geduscht und danach neu eingekleidet zu werden. Die Briten verhielten sich ähnlich. Sie versorgten die Kosaken mit reichlicher Verpflegung, ließen Ziegelsteine anfahren, um ihnen die Möglichkeit zu geben, sich Öfen zu bauen, wie sie sie aus ihrer Heimat kannten und versprachen ihnen die Einrichtung eines Kosaken-Theaters und die Herausgabe einer Kosaken-Zeitschrift. Als die Kosaken überzeugt waren, unter dem Schutz der britischen Krone tatsächlich dem Zugriff der sowjetischen Führung entzogen zu sein, erhielten sie neue Uniformen und wurden am 20. Mai schließlich »gebeten«, die deutschen Waffen abzugeben. Später, so wurde ihnen versichert, würden sie für ihren künftigen Einsatz im Commonwealth Waffen der britischen Armee in Empfang nehmen. Am 28. Mai war ihnen dann vorgetäuscht worden, daß es »soweit« sei. Mehr als 30 Generale, über 160 Oberste und mindestens 2000 Offiziere anderer Dienstgrade, von denen 35 Prozent sowjetische Staatsbürger und 65 Prozent frühere Emigranten waren, wurden aufgefordert, ihre Paradeuniformen anzuziehen, alle Orden anzulegen und geschlossen nach Spittal zum britischen Kommandierenden General Alexander zu fahren, der sie über ihre künftige Aufgabe informieren würde. Auf der Fahrt nach dort, rund 500 Kosaken-Offiziere waren mißtrauisch geworden und in die Wälder geflüchtet, wurde die Kolonne von britischen Panzern gestoppt. 140 schottische Soldaten mit Maschinengewehren und 210 Soldaten mit Motorrädern kreisten sie ein. 70 mit Maschinenpistolen ausgerüstete Infanteristen enterten die Dächer der Autos.* Vor und hinter dem »Treck« plazierten sich Lastwagen mit Maschinengewehren und 2 Lastwagen mit Tränengasausrüstung. Vertreter der Alliierten, Offiziere und Dolmetscher, standen bereit, und als die Kosaken nach diesem Überfall in Spittal eintrafen, erwartete sie nicht der General Alexander, sondern ein von Stacheldrahtzäunen und Wachtürmen umgebenes Gefangenenlager. Von den rund 40 Offizieren, die ihr Heil in der Flucht suchten, entkamen nur 17. Ein Dutzend wurde erschossen; einige nahmen sich das Leben. Britische Soldaten trieben die Gefangenen am nächsten Tage mit Schlagstöcken und Gewehrkolben auf Lastwagen, transportierten sie nach Judenburg und übergaben sie den Russen, die 350 sofort aussonderten und »verschwinden« ließen.[44] Die Überlebenden, die den Erschießungskommandos der Roten Armee auf dem Wege von Judenburg über Graz nach Wien entgangen waren,[45] gelangten über Budapest, Kiew und Moskau nach Sibirien. Der deutsche Kommandeur, General von Pannwitz, und einige seiner russischen Generale wurden in Moskau gehenkt. Einer von ihnen, General Schkuro, trug den Hosenbandorden, der ihm 1919 von den Engländern verliehen worden war.

Doch auch die in Lienz zurückgebliebenen Soldaten, Fähnriche, Mütter, Kinder und Greise entgingen einem ähnlichen Schicksal nicht. Am 31. Mai erhielten sie von Major Davis** den Befehl, sich zur »freiwilligen« Repatriierung in die Sowjetunion bereitzuhalten, was sie bestürzt ablehnten und durch einen demonstrativen Gottesdienst zu bekräftigen trachteten. Doch während sie mit 26 ihrer Priester beteten, trafen britische Panzer und Lastwagen mit englischer Infanterie ein, die augenblicklich in die Betenden hineinfuhren und niederwalzten, niederschlugen und niederschossen, was sich nicht in Sicherheit zu bringen vermochte. Väter töteten zuerst ihre Frauen und Kinder und dann sich selbst. Mütter sprangen mit ihren Kindern in die Drau und ertränkten sich. Rund 500 ertrunkene Frauen und Kinder und ungefähr 300 Männer, die sich im nahegelegenen Wald erhängt hatten, registrierte der Lienzer Bürgermeister Emil Winkler.[46] Wer am Leben blieb und nicht zu flüchten vermochte, wurde an die Russen ausgeliefert,

* Die Angaben über die Anzahl der britischen Soldaten und deren Bewaffnung differieren in den einzelnen Berichten. Gewöhnlich werden die Bewachungsmannschaften mit 500 bis 600 Mann, die Anzahl der Maschinengewehre mit 120 bis 150, die der Maschinenpistolen mit »um 300«, die der Panzer mit um 20 und die der Geschütze mit 15 bis 20 angegeben. Vgl. dazu u. a. *Eckartbote* Nr. 12/74, S. 5, *Kärntner Tageszeitung* vom 8. 6. 1974, *Die Presse* vom 8./9. 11. 1974, Winkler, Emil: *Die Kosaken. Herkunft, Leben, Untergang*. Lienz 1971 und Bethel: *Das letzte Geheimnis*. London 1974.

** Davis fungierte als Verbindungsoffizier zwischen den Briten und den Kosaken. Ihm oblag es, den Kosaken beizubringen, die Waffen abzulegen, ruhig zu bleiben und sich infolge der britisch-russischen Vereinbarungen schließlich wieder in russischen Gewahrsam zu begeben.

die diese Angehörigen der »Spezialtruppen der ... SS und ... der deutschen Partisanen, (der) Deserteure der Roten Armee und (der) Vaterlandsverräter«[47] nach Sibirien verfrachteten.

Die Verantwortlichen, auf britischer Seite unter anderem Thomas Brimelow vom *Foreign Office* und die Generale und Generalstabsoffiziere R. M. Arbutnot, Geoffrey Mason, A. D. Macolm, McCreery und W. R. Davis von der 78. britischen Division, ihrer 46. Brigade und deren 8. schottisches Argyll-Sutherland-Bataillon, sind jeweils weder vor ein nationales noch vor ein internationales Gericht gestellt worden. Im Gegenteil: die Militärs wurden geehrt, Brimelow in den Adelsstand erhoben.

Wie wenig die Russen (und ihr teilweise später Anhang) sich nach dem Nürnberger Prozeß um die Autorität des Völkerrechts kümmerten, das sie in Nürnberg als Rechtsgrundlage zu akzeptieren beschworen hatten und zusammen mit den Westalliierten immer wieder strapazierten, beweisen nicht zuletzt auch ihre eklatanten Verletzungen des Völkerrechts im Zusammenhang mit ihrer territorialen Expansion nach Westen. Nicht die von ihnen bald nach Nürnberg wieder offen angefeindeten »Imperialisten«, die Amerikaner, Briten und Franzosen waren es, die deutsche Gebiete okkupierten, sondern sie und einige ihrer »Satelliten«. Sie verleibten sich 1945 als endgültig nicht nur Ostpreußen, Schlesien und andere deutsche Ostgebiete ein, Territorien, die sie nach Auffassung des geltenden Völkerrechts nur hätten verwalten dürfen – und raubten der dort ansässigen deutschen Bevölkerung ihr Eigentum, was ebenfalls gegen die allgemein anerkannten völkerrechtlichen Bestimmungen verstößt. Nach Artikel 55 der Haager Landkriegsordnung, die das IMT in Nürnberg als eine ihrer Rechtsgrundlagen bezeichnete, hat der »besetzende Staat« zwar das Recht, als »Verwalter und Nutznießer der öffentlichen Liegenschaften, Wälder und landwirtschaftlichen Betriebe« aufzutreten; aber er ist (nach Artikel 46 des HLO) nicht berechtigt, das Privateigentum der Bevölkerung zu konfiszieren. Nicht nur nach der in einigen Punkten veralteten Haager Landkriegsordnung und nach den Bestimmungen des Kellogg-Paktes* brachen sie das Völkerrecht. Sie verstießen nach Nürnberg gegen das Nürnberger Statut, gegen den Geist und den Buchstaben der völkerrechtlichen, kriegsvölkerrechtlichen und selbstbestimmungsrechtlichen Verträge der Atlantik-Charta, der Genfer Konvention von 1949 und zahlreicher UNO-Deklarationen und des Wiener Vertragsrechts von 1969. Die

* In Übereinstimmung mit diesen völkerrechtlichen Bestimmungen heißt es im Potsdamer Abkommen vom 2. August 1945 noch ausdrücklich, daß die deutschen Ostgebiete vorläufig (»... vorbehaltlich der endgültigen Bestimmungen der territorialen Fragen bei der Friedensregelung ...«) unter russische (»Stadt Königsberg und das anliegende Gebiet«) und polnische Verwaltung gestellt und die endgültigen Grenzen erst in einem Friedensvertrag mit Deutschland festgelegt werden würden.

deutsche Zivilbevölkerung (über 2 Millionen verloren ihr Leben) wurde unter grausamen Begleiterscheinungen aus ihrer Heimat vertrieben, und es wurde und wird ihr nicht gestattet, wieder in ihre Heimatgebiete zurückzukehren. Russische, polnische und tschechoslowakische Staatsangehörige sind in den okkupierten deutschen Staatsgebieten angesiedelt worden, was alles nicht erst infolge der Bestimmungen der Artikel 8 und 22 der Genfer Konvention von 1949 als völkerrechtswidrig gilt.*

* Nach Artikel 8 der Genfer Konvention von 1949 können die »geschützten Personen« (der Zivilbevölkerung) in besetzten Gebieten gar nicht auf ihre diesbezüglichen Rechte verzichten, was allerdings auch die Ostverträge der Bundesrepublik Deutschland mit der Sowjetunion, mit Polen und der Tschechoslowakei in einem besonderen Licht erscheinen läßt. Der Artikel 12 der HLO setzt fest, daß von den Bestimmungen der Haager Landkriegsordnung nicht »durch Sondervereinbarungen zwischen Mächten abgewichen werden« darf, »von denen die eine, wenn auch nur vorübergehend, gegenüber der anderen oder deren Verbündeten infolge militärischer Ereignisse und besonders infolge einer Besetzung ihres gesamten Gebietes oder eines wichtigen Teiles davon in ihrer Verhandlungsfreiheit beschränkt ist.«

»Vor den Erdhügeln standen (am 5. Oktober 1942 in Dubno) ... Lastwagen, von denen Menschen durch ... ukrainische Miliz ... getrieben wurden. Die Milizleute bildeten die Wache auf den Lastwagen ... Jetzt hörte ich ... Gewehrschüsse ... Die ... Männer, Frauen und Kinder ... mußten sich auf Aufforderung eines SS-Mannes ... ausziehen ... Ich sah einen Schuhhaufen ... große Stapel mit Wäsche und Kleidern ... Ich beobachtete eine Familie ... mit deren Kindern ... ungefähr 1-, 8- und 10jährig sowie 2 erwachsene Töchter von 20 bis 24 Jahren. Eine alte Frau ... hielt das einjährige Kind auf dem Arm ... kitzelte es ... Das Ehepaar schaute mit Tränen in den Augen zu. Der Vater hielt an der Hand einen Jungen von etwa 10 Jahren, sprach leise auf ihn ein ... (er) zeigte mit dem Finger zum Himmel ... und schien ihm etwas zu erklären ... (in) dem riesigen Grab ... lagen die Menschen so aufeinander, daß nur die Köpfe zu sehen waren ... Ein Teil der Erschossenen bewegte sich noch ... Ich sah mich nach dem Schützen um. Dieser, ein SS-Mann, saß am Rand der Schmalseite der Grube ... und rauchte eine Zigarette. Die ... nackten Menschen gingen an einer Treppe ... hinab, rutschten über die Köpfe der Liegenden hinweg ... legten sich vor die toten oder angeschossenen Menschen, einige streichelten die noch Lebenden und sprachen leise auf sie ein. Dann hörte ich ... Schüsse. Ich schaute in die Grube und sah, wie die Körper zuckten ... Schon kam die nächste Gruppe heran ... Am Morgen des nächsten Tages ... sah ich etwa 30 nackte Menschen in der Nähe der Grube ... liegen. Einige lebten noch ...«

Eidesstattliche Erklärung des deutschen Bauingenieurs Hermann G. Gräbe. Dok.: 2922–PS. Vgl. IMT, Bd. XIX, S. 568ff.

»Dort ›sah ich eine große Menge von Menschen, die in Gruppen zusammenstanden. Die Menschen weinten und schrien; besonders das Geschrei von kleinen Kindern und Babys war zu hören. Aber auf beiden Seiten des Kanals standen GI, und niemand – niemand kann weg ... Inzwischen durchsucht eine weitere Gruppe von GI die nächste Siedlung, den Weiler Binh Dong, der ungefähr 500 Meter von meinem Weiler entfernt liegt. Aus Binh Dong brachten die GI wieder Menschen mit an den Kanal. Es müssen mehr als hundert gewesen sein, aber natürlich war ich viel zu erregt, um die Menschen zu zählen ... Ich sage meiner Frau und den Kindern, sie sollen schnell in den Kanal kriechen, wenn die GI nicht hersehen. Wir passen genau auf, und es gelingt uns wirklich. Dann fangen die GI an, auf die Leute zu schießen, die an den Ufern des Kanals sitzen oder stehen. Die Körper der Erschossenen fallen in den Kanal und decken uns zu. Meine Frau, meine zwei Söhne und ich wurden nicht verletzt, aber meine kleine siebenjährige Tochter wurde am Arm getroffen, als die GI in den Kanal schossen, weil sie das Stöhnen und Schreien der Leute hörten ... Sie hatten die Leute am Rande des Grabens zu einer Gruppe zusammengetrieben. Es sah so ähnlich aus wie ein Massengrab bei den Nazis ... Ein Offizier befahl einem unserer Jungs, alle Leute mit dem MG niederzuschießen. Aber der Kerl brachte es nicht fertig. Er warf das MG nieder, und der Offizier hob es auf. Ich erinnere mich nicht, in dem Graben Männer gesehen zu haben. Hauptsächlich Frauen und Kinder!‹«

Zeugenbericht über das Massaker von Son My nach Angaben von Richard Hammer in *One Morning in the War*, 1970, S. 135–136.

Seit die Römer 321 v. Chr. von den Samnitern im Engpaß bei Caudium gezwungen wurden, gebeugten Hauptes durch ein aus drei Speeren gebildetes Joch zu gehen und sich demonstrativ demütigen zu lassen, nachdem ihre Legionen von den Samnitern eingeschlossen und entwaffnet worden waren, ist der Gedanke, den unterlegenen Gegner zu bestrafen, bei den Siegern immer wieder aufgetaucht. Daß dies 1648, nach dreißig Jahren Kampf, nach beispielloser Verwüstung, Mord und Plünderung, nicht geschah, sondern nur den künftigen Friedensbrechern Konsequenzen angedroht wurden, stützt nicht die Auffassung jener Kritiker, die erklären, daß vor Nürnberg niemals erwogen worden sei, Kriegsverbrecher zu bestrafen. Nicht nur die nach dem Ersten Weltkrieg vor dem Leipziger Reichsgericht geführten Prozesse beweisen das Gegenteil.

Schon der Fall Napoleon Bonaparte, der manches mit Hitler gemeinsam hatte, deutete mehr als nur an, was eines Tages zwangsläufig kommen mußte: die Bestrafung desjenigen, der den Frieden gebrochen und den Krieg verloren hat. Bereits Napoleon sollte vor ein Gericht gestellt und zur Verantwortung gezogen werden, was vor allem der Generalstabschef Blüchers, der preußische General August Neidhardt von Gneisenau, energisch forderte. Die Engländer, für damalige Verhältnisse weit ab vom Schuß, waren dagegen. Dennoch unterschrieben Wellington, Clancarty, Catheart und Stewart für England die von Österreich, Portugal, Spanien, Preußen, Frankreich, Rußland und Schweden am 13. März 1815 gegen Napoleon gerichtete unmißverständliche Drohung, in der unter anderem erklärt wurde, daß der einstige Kaiser sich als ein unverbesserlicher Feind der öffentlichen Ruhe erwiesen und daher fortan keinen Schutz irgendeines Vertrages oder Gesetzes mehr in Anspruch nehmen könne, das ihn schone. »Napoleon Bonaparte hat sich«, hieß es dort, »außerhalb der bürgerlichen und sozialen Beziehungen gestellt ... und ... als Feind und Störer des Weltfriedens« erwiesen; er hat »sich der öffentlichen Ächtung ausgesetzt.«[48]

Napoleons Verbannung war eine Strafe, wie Hermann Göring sie auch in Nürnberg anfänglich noch für sich und seine Mitangeklagten als Ergebnis des Prozesses »befürchtete«.[49] Daß Göring und die anderen Hauptangeklagten als individuelle Verbrecher behandelt werden würden, wie es in Nürnberg schließlich geschehen ist, hätte noch 1941 kein Rechtsgelehrter vorauszusagen gewagt, zumal das Recht, wie es vom IMT dann als teilweise selbstverständlich ausgelegt wurde, auch auf der Gegenseite bis zu der Zeit, in der die Alliierten die Bestrafung der Deutschen vorzubereiten begannen, nicht gerade als oberste Maxime angesehen wurde.

Das IMT, das kein internationaler Gerichtshof, sondern ein Tribunal der Sieger war, folgte der amerikanischen Tradition, die den Kriegsgegner unter Anklage stellt und ihm Sanktionen als Strafe dafür auferlegt, daß er den Krieg geführt hat.

Während beispielsweise der amerikanische General Winfield Scott im mexikanischen Krieg (1845–1848) Verletzungen des Kriegsrechts sowohl durch amerikanische Truppen gegenüber der mexikanischen Bevölkerung als auch durch mexikanische Zivilisten gegenüber amerikanischen Soldaten durch Militärkommissionen bestrafen ließ und der amerikanische Captain Nathan Hale und der englische Major John André während des Unabhängigkeitskrieges (1776–1783) von einem englischen Militärgericht (Hale) und durch ein von George Washington einberufenes »*Board of General Officers*« (André) wegen Spionage zum Tode verurteilt und hingerichtet worden waren,[50] traf in Nürnberg die Strafe als Kriegsverbrecher nur die Deutschen.

Der missionarische Glaube an die Wirkung erzieherischer Maßnahmen, der in Nürnberg noch nahezu alle beseelte, kam aus Amerika, wo seit dem Unabhängigkeitskrieg (1776–1783) jeder Krieg gegen die USA als ein Verbrechen schlechthin begriffen und eine moralische Rechtfertigung politischer Maßnahmen durch Strafprozesse und andere Sanktionen als berechtigt angesehen wird. So zielte die Kritik an Nürnberg denn auch vornehmlich auf die USA, die bereits 1940 beispielsweise Kriegsschiffe an Großbritannien lieferten,[51] obwohl Hitler den Vereinigten Staaten erst nach Pearl Harbor, im Dezember 1941, den Krieg erklärte.

Der Hauptankläger der USA in Nürnberg, Robert H. Jackson, der sich durch seine persönliche und letztlich maßgebliche aktive Mitwirkung am Londoner Statut* als wesentlichster Nürnberger Rechtsgrundlage einer besonders prononcierten Kritik ausgesetzt sah und auf die zahlreichen Angriffe und kritischen Einwände während des Prozesses offensichtlich nicht selbst antworten wollte, ließ 1947, als die zum Tode verurteilten Hauptkriegsverbrecher längst hingerichtet worden waren, seinen Sohn W. E. Jackson, der zur Nürnberger US-Delegation gehört hatte, in seinem Sinne öffentlich Stellung nehmen. Dies konnte infolge des Ergebnisses nicht gerade als eine glückliche Lösung bezeichnet werden. »Seitdem die Nürnberger Prozesse gegen die Haupt-Nazi-Verbrecher ... endeten«, schrieb W. E. Jackson, »hat es ein Crescendo an Debatten über die Legalität der

* Schon während des IG-Farben-Prozesses wurden Stimmen laut, die den Einfluß des russischen Rechtsgelehrten Trainin, der (neben Nikitschenko) zu den Unterzeichnern des Londoner Viermächte-Abkommens vom 8. 8. 1945 gehört hatte (vgl. IMT, Bd. I, S. 7ff.), auf Jackson und auf den Inhalt des Londoner Statuts als außerordentlich negativ bezeichneten und ihn für eine Politisierung der Prozeßvoraussetzungen im sowjetischen Sinne verantwortlich machten. Gleichzeitig wurde er von seinen Kritikern als derjenige namhaft gemacht, der für die Aufnahme des Anklagepunktes »Verbrechen gegen den Frieden« verantwortlich gewesen sei. Tatsache ist, daß Jacksons Auffassungen sich in einigen wesentlichen Punkten mit den Vorstellungen deckten, die der von »traditionellen Legalismen« nicht gezügelte Russe ständig offen verfocht. Beide waren sie (von unerheblichen Differenzen abgesehen) der Ansicht, daß die im Zeitalter des Imperialismus entwickelten »Legalismen« die Rechtslage verdunkeln und die Möglichkeiten zur Bestrafung der Angklagten einschränken würden, so daß es besser wäre, sie zu ignorieren.

Verfahren gegeben. Heftige Angriffe sind von einem fanatischen Kreis ausgegangen. Einige begnügten sich damit, Richter Jackson einen ›äußerst korrupten Politiker‹ und einen ›Marktschreier im Richtergewand‹ zu nennen, der ›gern alle Prinzipien eines rechtmäßigen Vorgehens für einen Preis feilbietet‹. Andere, denen die Sündenbock-Theorie Evangelium ist, behaupten, der Prozeß sei eine gigantische jüdische Verschwörung gewesen, in der die Stimme zwar Jacksons Stimme gewesen sei, Rosenman und Baruch jedoch die wirklichen Träger waren* ... Der schärfste Angriff ist wohl von seiten der Berufssoldaten gekommen, die argumentieren, daß es ungerecht sei, Generale und Admirale für die Verteidigung ihres Landes zu verurteilen.«[52]

Robert H. Jackson selbst hatte bereits zu Beginn des Prozesses prophezeit, daß das IMT »vielleicht nicht das Musterbeispiel beruflicher Arbeit sein«[53] werde und diese Skepsis auf folgende Weise begründet: »In meinem Lande eröffnen die Gerichte, die dort vertrauten Regeln folgen, sich auf wohlbekannte Entscheidungen stützen und die rechtlichen Folgen örtlich übersehbarer und begrenzter Ereignisse untersuchen, einen Prozeß selten vor Ablauf eines Jahres. Der Gerichtssaal nun, in dem Sie sich jetzt befinden, war vor noch nicht acht Monaten eine feindliche Festung in der Hand deutscher SS-Truppen. Vor noch nicht acht Monaten waren fast alle unsere Zeugen und Akten in Feindeshand. Es gab noch keine gesetzliche Grundlage für dieses Verfahren, eine Prozeßordnung war noch nicht vorhanden, ein Gerichtshof noch nicht errichtet. Das Gebäude hier war noch nicht benutzbar, kein einziges der amtlichen deutschen Schriftstücke, Hunderte von Tonnen, gesichtet. Die Vertreter der Anklage waren noch nicht versammelt, fast alle der jetzigen Angeklagten in Freiheit, und die vier anklagenden Mächte hatten sich noch nicht zusammengefunden, über sie zu Gericht zu sitzen. Ich bin daher gewiß der letzte, der leugnen wollte, daß dieser Prozeß an einer unvollständigen Durchforschung des Materials leiden und vielleicht nicht das Musterbeispiel beruflicher Arbeit sein mag, das jede der anklagenden Nationen nach ihrem Brauch gern vorlegen würde. Die Last des Ergründeten reicht jedoch völlig aus, das Urteil zu fällen, das wir beantragen werden; alles übrige müssen wir der Geschichtsschreibung überlassen.«[54]

Die von Jackson 1945 hoffnungsfroh-pathetisch als eine Art Weltrichter für spätere Zeiten angesprochene Geschichtsschreibung, die nicht nur die Argumente der Ankläger und Richter, der Verteidiger und Angeklagten mit den ihr zur Verfügung stehenden Mitteln gegeneinander abzuwägen und sie mit den Fakten zu konfrontieren hat, sondern den Prozeß auch proportionsgerecht in die

* Im Anschluß daran warf Jackson (jun.) dem seinerzeitigen Präsidenten des Hunter College, George Schuster, eine sachlich nicht zu haltende Parteinahme für Göring vor.

Geschichte einordnen muß, kann sich nicht fugenlos für eine Version entscheiden.

Geht sie beispielsweise davon aus, daß Nürnberg ein Instrument der alliierten Außenpolitik war – was leicht beweisbar ist –, müssen der rein rechtliche Aspekt und Anspruch in ihrer Darstellung verzerrt erscheinen. Akzeptiert sie das IMT als ein in völkerrechtlicher Hinsicht revolutionäres Ereignis – was es auch war –, muß sie den aus traditioneller Sicht begründeten Einwand der *Ex-post-facto*-Anwendung der Nürnberger Grundsätze als überholt zurückweisen und darauf verzichten, dieses historische Ereignis aus der Perspektive des konventionellen Rechts zu beurteilen. Nimmt sie die Ansprüche des IMT und seiner Rechtsgrundlagen so, wie das IMT sie 1945/46 als völkerrechtlich verbindlich postulierte, kann sie nicht umhin, die Urteile beispielsweise gegen Dönitz* und Jodl als gerechtfertigt anzuerkennen. Mißt sie diese Urteile jedoch an den von den seinerzeitigen Alliierten in völkerrechtlicher und strafrechtlicher Hinsicht zwischen 1939 und 1945 und vor allem in der Zeit danach (zum Beispiel in Korea und Vietnam) begangenen Verbrechen, kann sie sie kaum anders als einen ungesetzlichen (Rache-)Akt bezeichnen. Die Geschichtsschreibung müßte, und dies nicht zuletzt, das Internationale Militärtribunal des Mißbrauchs der gerichtlichen Form zur Durchsetzung politischer Macht zeihen, wenn sie bewiese, was Ankläger und Richter gelegentlich geäußert haben. So hatte Douglas, einer der neun obersten Richter der USA, über das Internationale Militärtribunal von Tokio gesagt: »Es tagte nicht als richterliches Tribunal. Es war allein ein Instrument der politischen Macht.«[55] Und auch Robert H. Jacksons Feststellung vom 24. November 1945, daß Deutschland und der Welt durch das Nürnberger IMT bewiesen werden müsse, daß die Hitler-Regierung so schlecht und so verbrecherisch gewesen sei, wie die Amerikaner sie bis dahin dargestellt hätten,[56] läßt schwerlich eine andere Deutung zu.

Die Tatsache, daß für die vornehmlich als Internationale Gerichte gegen 175 Angeklagte fungierenden 12 Nürnberger US-Nachfolgeverfahren weder die USA noch einer der drei anderen Staaten verantwortlich sein wollte, unter deren Regie das IMT 1945 und 1946 stattgefunden hatte, läßt auch das IMT und seine Einordnung nicht unberührt. Ein Telegramm, das einige deutsche Verteidiger

* Im Zusammenhang mit dem Dönitz-Urteil erklärte Telford Taylor 1970: »Indirekt wurde das Urteil über Dönitz von einem der späteren Nürnberger Gerichtshöfe zurückgewiesen: Dieses Tribunal sprach Personen frei, die unter der gleichen Anklage wie Dönitz gestanden und wesentlich höhere Ränge bekleidet hatten. Als Begründung für den Freispruch der Angeklagten wurde angegeben, daß ihnen auf Grund ihrer Stellung nicht genügend Einblick in die Hintergründe der deutschen Kriegführung angelastet werden könne. Obwohl diese Aussage das Urteil über Dönitz *ad absurdum* führte, ist es nicht ausdrücklich widerrufen worden.« Taylor, *Nürnberg und Vietnam*, S. 97.

1948 an den amerikanischen Präsidenten mit der Bitte richteten, hinderliche Vorschriften des amerikanischen Militärgouverneurs in der amerikanischen Besatzungszone aufzuheben, um ein faires Verfahren für die US-Nachfolgeprozesse garantieren zu können, beantwortete das US-Kriegsministerium mit der Feststellung, daß die Vereinigten Staaten für diese Frage infolge des internationalen Charakters der Nürnberger Verfahren nicht zuständig seien.[57] Die Amerikaner lehnten die Verantwortung ab, obwohl ausschließlich sie diese Prozesse führten.

Die britische Regierung, im Sommer 1949 vom Bischof von Chichester um eine Klarstellung gebeten, ließ den Unterstaatssekretär Henderson erklären: »Die Regierung Seiner Majestät hat keine Verantwortung für die seit dem Abschluß des Internationalen Prozesses in Nürnberg durchgeführten Verfahren.«[58] Unbehagen, Schuldbewußtsein und Anklage gegen sich selbst artikulieren zahlreiche Äußerungen und Feststellungen namhafter und nicht nur für die Nürnberger Ereignisse unmittelbar mitverantwortlicher Persönlichkeiten der Siegerseite. So stellte der US-Senator Robert A. Taft beispielsweise fest: »In diesen Prozessen haben wir die sowjetrussische Idee vom Zweck eines Prozesses angenommen, nämlich Regierungspolitik und nicht Gerechtigkeit zu (be-)treiben. Indem wir Politik in die Form einer legalen Prozedur gekleidet haben, ist die Idee der Gerechtigkeit in Europa durch unser Verschulden für viele Jahre in Mißkredit geraten. Über der ganzen Nürnberger Urteilsfällung steht der Geist der Rache.«[59] Der Rechtsausschuß der UN-Generalversammlung sah sich im November 1950 im Rahmen einer Debatte über die Nürnberger Rechtsprinzipien veranlaßt, zu erklären, daß »Deutsche auf der Grundlage von Prinzipien verurteilt und hingerichtet worden sind, deren Rechtsgültigkeit jetzt umstritten ist.«[60]

Der US-Richter Charles F. Wennerstrum vom Obersten Gericht des Staates Iowa, der im »Fall VII« der Nürnberger Nachfolge-Prozesse als Präsident fungiert hatte, bekannte unter dem unmittelbaren Eindruck der Ereignisse deprimiert: »Wenn ich vor 7 Monaten gewußt hätte, was ich heute weiß, wäre ich niemals hierher (nach Nürnberg) gekommen. Die hohen Ideale, die bei der Schaffung dieser Gerichtshöfe als Leitgedanke verkündet worden sind, haben sich nicht erfüllt. Die Anklagebehörde hat es versäumt, die Objektivität unbeeinflußt von Rachsucht und ehrgeizigem persönlichem Streben nach Verurteilungen zu halten. Die ganze Atmosphäre hier ist ungesund. Es wurden Juristen, Schriftführer, Vernehmer und Ermittler beschäftigt, die erst in den letzten Jahren Amerikaner wurden. Ihre persönliche Vergangenheit war in den Haßgefühlen und Vorurteilen Europas befangen.«[61]

Und Lord Shawcross, der britische Hauptankläger vor dem IMT, schrieb 1967: »Worum es jetzt geht, das ist die Wirkung dieses Prozesses auf den künftigen

Lauf der Geschichte. Und insofern muß ich von einer großen Enttäuschung sprechen. Während des Prozesses hatten wir enge und freundschaftliche Beziehungen zu unseren russischen Kollegen; und das, obwohl wir schärfsten Einspruch dagegen erhoben, daß die Russen das Massaker von Katyn in die Anklageschrift aufnehmen wollten. Wir glaubten, mit den Russen auf vertrautem Fuße zu stehen und sie für Freunde halten zu dürfen. Aber als der Prozeß vorüber war und sie nach Rußland zurückgingen, verloren wir jeden Kontakt mit ihnen. Alle Versuche, wieder Verbindung aufzunehmen, schlugen fehl. Dieses Veto der Kommunisten gegen normale menschliche Beziehungen ist eine traurige Sache. Noch trauriger stimmen die zynischen Verletzungen des in Nürnberg geschaffenen Völkerrechts, die wir inzwischen erleben mußten: Korea, Ungarn, Kaschmir, Algerien, Kongo, Vietnam. Unsere Hoffnung von Nürnberg, wir hätten beim Übergang in eine friedliche Welt unter der Herrschaft des Rechts mitgeholfen, hat sich nicht erfüllt.«[62]

Ähnlich wie Robert A. Taft hatte sich der britische Richter Sir Norman Birkett, der als stellvertretendes britisches Mitglied des IMT fungierte, bereits während des Hauptverfahrens geäußert. Im April 1946 beklagte er in einem Privatbrief, daß der Prozeß eine politische Aufgabe zu erfüllen habe und nur der Form nach ein Gerichtsverfahren sei.[63]

Der amerikanische IMT-Richter Francis Biddle gab sechzehn Jahre später offen zu: »Wir waren ein internationales Gremium und sahen unsere rechtlichen und politischen Pflichten aus unterschiedlichen Blickwinkeln. Der Geist diplomatischen Aushandelns verband sich mit der Aufgabe des Richtens. Für einige Entscheidungen spielte das notwendigerweise eine Rolle, weil sonst ein gemeinsames Urteil nicht möglich gewesen wäre ... bei unseren gemeinsamen Überlegungen konnten wir die Wirkung unserer Entscheidung auf die Volksmeinung nicht außer acht lassen.«[64]

Die 1947 diplomatisch formulierte Version des französischen IMT-Richters und Mitglieds des Gerichtshofes, Donnedieu de Vabres, nach der die Urteile gegen die vom IMT als Hauptkriegsverbrecher überführten Deutschen »Ausdruck einer menschlichen, folglich relativen und fehlbaren Justiz«[65] seien, die jedoch nicht als Rachejustiz bezeichnet werden könnten und sich »wahrscheinlich weder mit dem Urteil der Geschichte noch mit dem Urteil Gottes«[66] deckten, bedarf an dieser Stelle keines weiteren Kommentars.

Die Genesis des Urteilswandels über das IMT und die Nürnberger Nachfolgeverfahren spiegeln in ganz besonderem Maße auch die Feststellungen Telford Taylors wider, der den Gedanken an eine Rachejustiz weit von sich weist und die absolut unzutreffende Auffassung verficht, daß das IMT nicht die Absicht gehabt habe, eine historische Analyse von dem zu liefern, was im Hitler-

Reich geschehen sei. Im April 1949 erklärte er: »Nürnberg besitzt einen Einfluß allererster Ordnung auf die Weltpolitik, und zwar sowohl augenblicklich wie auf lange Sicht.«[67]

Am 11. Oktober 1950 berichtete die *Chicago Daily News*: »Telford Taylor schlug ... gestern vor, daß die UNO ein Tribunal errichten sollte, um alle koreanischen Kriegsverbrechen zu ahnden – Koreaner, UN-Alliierte und sogar Russen. Der Ankläger ... erklärte in einem Interview, daß Prozesse nicht nach dem Muster der Nürnberger Prozesse gehandhabt werden sollten, wo nur besiegte Deutsche vor Gericht standen. ›Wenn internationales Recht etwas bedeuten soll‹, erklärte er, ›so müssen wir beide Seiten vor Gericht stellen, oder zugeben, daß mildernde Umstände für beide Seiten gelten und alle laufenlassen.‹«

1951 schrieb Taylor: »Allmählich wächst die jetzt noch schwache Erkenntnis, daß wir uns selbst durch das Richten und Bestrafen von Menschen nach den Nürnberger Gesetzen eine große Verpflichtung auferlegt haben. Dies erklärt auch die heute so oft gehörte Bemerkung von dem ›in Nürnberg geschaffenen gefährlichen Präzedenzfall‹.«[68]

Und 1970 resignierte er: »Irgendwie haben wir es versäumt, die Lektionen, die wir in Nürnberg gelehrt haben, selbst zu lernen. Das ist heute Amerikas Tragödie.«[69]

Allerdings: Es gab und gibt auch Stimmen, die es aus grundsätzlichen Erwägungen für nicht angebracht halten, das IMT zu kritisieren. In den USA reagiert zumindest die Weltkriegsgeneration, die Nürnberg weithin geradezu als unantastbare Rechtsnatur ansieht, immer noch empfindlich, sobald vom IMT beispielsweise als von einem Gericht der Sieger gesprochen wird, das zwar eine neue globale oder historische Moral[70] geschaffen, sonst aber nicht viel mehr als nur Unbehagen aufgewühlt und berechtigte Kritik ausgelöst habe. Die dort weit verbreitete – aus der Sicht des Historikers jedoch nicht haltbare – Auffassung, daß das Herrschaftssystem des angeblich seit Anbeginn auf eine »Verschwörung« angelegten Nationalsozialismus von der Anklage authentisch dargestellt worden sei, läßt vor allem bei den *»old Nuremberg hands«*, d. h. bei denjenigen, die in Nürnberg dabei waren, nur schwerlich Urteile ohne Emotionen zu.

Die Argumente derjenigen, die Nürnberg gegen jede Kritik abschirmen zu müssen meinten, sind jedoch nicht nur im Laufe der Zeit durchweg überholt worden, sondern waren immer schon dürftig. Als geradezu exemplarisch erscheint dafür eine Äußerung des stellvertretenden britischen Hauptanklägers Sir David Maxwell-Fyfe, nach der die »Vergangenheit ... keine geschickteren Apologeten als deutsche Professoren und Historiker« kenne.[71] Daß der deutsche Journalist Gerhard Gründler, der bis 1976 Chefredakteur der deutschen sozialdemokratischen Zeitung *Vorwärts* und 1967 Mitautor des Buches *Das Gericht der Sieger* war, seinen deutschen Lesern empfahl, ihre »Maßstäbe eichen« zu lassen, wenn sie der Auffassung seien, daß in Nürnberg Rachejustiz geübt worden wäre,[72] paßt in dieses Bild. Sowenig eine sachlich begründete Kritik am IMT mit einer apologetischen Verteidigung der Vergangenheit gemeinsam hat, sowenig ist sie mit der Vorstellung identisch, daß in Nürnberg ausschließlich Rachejustiz praktiziert worden ist.

Daß die Alliierten aller Welt durch das IMT das den Deutschen offenbar am wenigsten bekannte Grauen vor Augen führten – dem unter maßlosen Opfern eben erst ein gewaltsames Ende gesetzt worden war –, hat zu Mißverständnissen in der Beurteilung des Nürnberger Prozesses vor allem in der deutschen Bevölkerung geführt.

Sehr vielen Deutschen erschienen die Prozeßergebnisse als maßlose Übertreibungen und Beschönigungen einer Rachejustiz. Eine der Voraussetzungen für diese negative Vorstellung schufen ganz offensichtlich auch die für deutsche Hörer gewöhnlich geradezu unerträglichen Rundfunkkommentare während des Prozesses durch den bald danach als Hochstapler verurteilten Rundfunkjournalisten Gaston Oulman. Daß die kritischen Einwände derjenigen auf offene Ohren trafen, die besorgt nach der Zukunft des Rechts fragten, das durch den Erfolg gerechtfertigt werde, kam auch daher nicht von ungefähr. Die Nürnberger Ankläger- und Richter-Funktionen der Russen, die nicht nur eine Zeitlang mit den Angeklagten gemeinsame Sache gemacht, sondern (neben den von ihnen außerdem geführten Angriffskriegen auf Finnland und Japan) 1944/45 in Ostpreußen, in Schlesien, Pommern und Mecklenburg grausame Verbrechen begangen hatten, erwiesen sich schon während des Prozesses als eine Belastung, die auch durch die spätere Politik der Sieger nicht abgetragen worden ist.

Da Nürnberg nicht hinterließ, was von den Siegern ganz offensichtlich beabsichtigt worden war, nämlich eine modellhafte Definition strafwürdiger Schuld für Verbrechen, die aus der Weltanschauung des Nationalsozialismus und aus eben seinem Herrschaftssystem resultierten, mußten kontroverse Analysen zwangsläufig die Folge sein.* Und auch die Tatsache, daß das IMT Verhaltensweisen menetekelhaft fixierte, die sich die Menschheit künftig grundsätzlich nicht (mehr) leisten darf, trug erheblich dazu bei.

* Diese Tatsache hat im Laufe der Zeit teilweise geradezu absurde Theorien inspiriert. So behauptet z. B. Hayo Uthoff (*Rollenkonforme Verbrechen unter einem totalitären System*, Berlin 1975), daß viele Verbrechen zur Hitlerzeit rechtlich und moralisch normen- und rollenkonform begangen worden seien, was die Bestrafung der als Verbrecher verurteilten Personen ungerechtfertigt erscheinen ließe. Daß ein Großteil der NS-Verbrechen auch nach dem deutschen Gesetz bis 1945 bestraft worden wäre, braucht an dieser Stelle nicht noch belegt zu werden.

Definition der Rechtsnatur des IMT und der Nürnberger US-Nachfolgeverfahren durch die Gerichtshöfe:

»Die Signatarmächte errichteten diesen Gerichtshof, setzten das Recht fest, das er anzuwenden hat, und erließen Bestimmungen für die ordentliche Führung des Prozesses. Damit haben sie gemeinsam das getan, was jeder einzelne von ihnen allein hätte tun können; denn es kann nicht bezweifelt werden, daß jede Nation das Recht hat, besondere Gerichtshöfe zur Anwendung des Gesetzes zu errichten.« (IMT XXII, 524)

»Noch ehe das ... IMT-Urteil gefällt worden war, hatte Lordoberrichter Wright das Londoner Statut in einem Artikel der *Law Quarterly Review* vom Januar 1946, Jahrgang 62, Seite 41, so ausgelegt ...:
›... Der dergestalt errichtete Gerichtshof wird in der Vereinbarung als ein internationaler Militärgerichtshof bezeichnet. Ein derartiger internationaler Gerichtshof soll unter dem Völkerrecht handeln. Er soll offenbar ein unparteiischer Gerichtshof sein, errichtet, um die entsprechenden Regeln des Völkerrechts anzuwenden und durchzusetzen ...‹« (III, Abw.U, Blair, -19)

»Es kann nicht bezweifelt werden, daß die Besatzungsmächte das Recht haben, zur Aburteilung der der Begehung von Kriegsverbrechen nach der Definition des Völkerrechts Beschuldigten Sondergerichte einzusetzen (Ex Parte Quirin, 317 U.S. 1, In Re Yamashita, 327 U.S. 1.).« (VII, 10 311)

»Dies ist ein *Ad-hoc*-Gerichtshof. Er wurde als Instrument zur Anwendung der Vorschriften des Kontrollratsgesetzes Nr. 10 und zu keinem anderen Zweck errichtet.« (X, Zust.U, Anderson, -26)

»Es ist richtig, daß noch kein Gerichtshof zur Aburteilung von Völkerrechtsverletzungen besteht. Ein Staat, der ein Strafgesetz erlassen hat, kann ein oder mehrere Gerichte bilden und ihnen die Zuständigkeit verleihen, über Personen zu Gericht zu sitzen, die seine nationalen Gesetze verletzt haben. Uns ist kein Rechtsgrundsatz bekannt, der sagt, daß ein Angeklagter nach Erhebung der Anklage einen Anspruch darauf hat, von einem Gericht abgeurteilt zu werden, das schon zur Zeit der Begehung der angeblichen Straftat bestand. Jeder Staat ist befugt, in Ausübung seiner Souveränität zu jeder ihm geeignet erscheinenden Zeit einen Gerichtshof zu bilden und ihm die Zuständigkeit zu verleihen, Personen abzuurteilen, die das Strafgesetz verletzt haben.« (XII, 9834)

»Die durch Verordnung Nr. 7 eingesetzten Gerichtshöfe sind den materiellrechtlichen Zuständigkeitsbestimmungen des Kontrollratsgesetzes Nr. 10 unterworfen, leiten sich daher von einer völkerrechtlichen Autorität ab und behalten völkerrechtliche Kennzeichen bei.« (III, 10 366)

»Das Militärgericht VI der Vereinigten Staaten ist auf Grund der am 18. Oktober 1946 verkündeten Verordnung Nr. 7 von dem Militärgouverneur der amerikanischen Besatzungszone in Deutschland gebildet worden. Die Mitglieder des Gerichts sind von dem Präsidenten der Vereinigten Staaten durch Ausführungserlaß Nr. 9868 vom 24. Juni 1947 und Nr. 9882 vom 7. August 1947 ernannt worden ...« (VI, 16010)

»Die Tatsache, daß das Kontrollratsgesetz Nr. 10 augenscheinlich auf die Bestrafung deutscher Verbrecher sich beschränkt, macht dieses Gericht nicht zu einem deutschen Gericht. Die Tatsache, daß die vier Mächte in der Regierung Deutschlands und der Bestrafung der deutschen Kriegsverbrecher die oberste gesetzgeberische Gewalt ausüben, bedeutet nicht, daß die Rechtsprechung dieses Gerichts in irgendeiner Weise auf einem deutschen Gesetz, einem deutschen Recht oder deutscher Oberhoheit beruht. Wir sprechen hier Recht als ein Gericht, das seine Befugnisse und Zuständigkeit allein aus dem Willen und der Befehlsgewalt der vier Besatzungsmächte herleitet.« (III, 10 374f.)

»Die Nürnberger Gerichte sind keine deutschen Gerichte. Sie setzen nicht deutsches Recht durch. Die Beschuldigungen gründen sich nicht auf eine Verletzung des deutschen Rechts durch die Angeklagten. Im Gegenteil, die Jurisdiktion dieses Gerichtshofes gründet sich auf internationale Autorität. Er setzt das Recht durch, das im Statut und im Kontrollratsgesetz Nr. 10 niedergelegt ist. Im Rahmen der Grenzen der ihm übertragenen Macht setzt er das Völkerrecht als jedem deutschen Gesetz oder Erlaß überlegenes Recht durch.« (III, 10 400)

»Wir haben hier das oberste materielle Recht und dazu einen Gerichtshof, der ermächtigt und verplichtet ist, es ungeachtet der damit vereinbarten Bestimmungen innerstaatlicher deutscher Gesetze anzuwenden.« (III, 10 400)

»Die gesetzgeberischen Erlasse des Kontrollrates, die Form der Anklageschrift und des Rechtsverfahrens, das diesem Gerichtshof vorgeschrieben wurde, werden nicht von den üblichen Bestimmungen des amerikanischen Strafgesetzes und Strafverfahrens beherrscht. Obwohl sich dieser Gerichtshof aus amerikanischen Richtern zusammensetzt, die im System und in den Regeln des Common Law geschult sind, tagt er doch auf Grund internationaler Autorität und kann sich nur von den breiten Grundsätzen von Gerechtigkeit und Billigkeit leiten lassen, die jeder zivilisierten Auffassung von Gesetz und gesetzlichem Verfahren zugrunde liegen.« (III, 10 401)

»... diese und andere ähnliche Militärgerichte sind nach Wesen und Zuständigkeit international.« (III, Abw.U, Blair, -18)

Abw.U.: Abweichende Urteilsbegründung,
Zust.U.: Zustimmende Urteilsbegründung.
Die römischen Zahlen bezeichnen jeweils die entsprechenden Nürnberger US-Nachfolgeverfahren.

Einen Sonderfall bildete in Nürnberg das Verfahren gegen den Industriellen Gustav Krupp von Bohlen und Halbach, der zunächst neben Göring, Keitel, Jodl und Ribbentrop usw. als Hauptangeklagter auf der Anklagebank hatte sitzen sollen: sein Verfahren wurde vom IMT abgetrennt und später vor einem rein amerikanischen Militärgericht verhandelt, wobei nicht er selbst, sondern sein Sohn Alfried in »strafrechtlicher Erbfolge«,* wie diese Art von Sippenhaft nicht nur die Verteidiger nannten, verurteilt und bestraft wurde. Gustav Krupp von Bohlen und Halbach war vorgeworfen worden, Verbrechen gegen den Frieden, gegen das Kriegsrecht und gegen die Humanität begangen und sich der Teilnahme an einem gemeinsamen Plan und »einer Verschwörung zur Begehung dieser Verbrechen«[73] schuldig gemacht zu haben. Da er, ein kranker und hilfloser Greis, nach dem Gutachten einer am 5. November 1945 vom IMT eingesetzten alliierten Ärztekommission an »seniler Gehirnerweichung« litt und infolge seines körperlichen und geistigen Zustandes nicht in der Lage war, den Gerichtsverhandlungen und Zeugenverhören zu folgen,[74] hatte der Gerichtshof im Sinne Jacksons** entschieden, daß Gustav Krupps Sohn auf der Anklagebank zu erscheinen habe.***

Daß die Ausklammerung Krupps aus dem in aller Welt sorgfältig beobachteten IMT-Verfahren von den Westalliierten grundsätzlich und von vornherein geplant gewesen sei, wie vor allem von kommunistischen Kritikern nicht selten behauptet wird, trifft nicht zu. Ausdrücklich hatte beispielsweise Jackson, der nach seinen Nachlaß-Aufzeichnungen nicht nur die Anklage, sondern auch die Verurteilung des Industriellen Alfried Krupp von Bohlen und Halbach wünschte, dem US-Präsidenten Truman versichert, daß er einige deutsche Industrielle (unter ihnen Krupp von Bohlen und Halbach als Exponenten der deutschen Rüstungsindustrie) persönlich anklagen werde. »Wir«, so hatte er denn auch in der vorbereitenden Verhandlung vom 14. November 1945 richtungweisend erklärt, »ver-

* Alfried Krupp von Bohlen und Halbach schrieb nach dem Urteil im Krupp-Prozeß in einem Brief an den US-General Clay, den er lediglich mit »Herr General« anredete: Die Anklagevertretung der USA »klagte meinen Vater als einen der Hauptschuldigen des Zweiten Weltkrieges an. Sein Gesundheitszustand entrückte ihn dem Verfahren. Darauf erhob man die Anklage gegen seine Mitarbeiter und mich ... wenn ich auch nie verstanden habe, wie ich plötzlich in einem Strafverfahren an Stelle meines Vaters auf die Anklagebank gesetzt werden konnte.« Zit. des Briefes bei Wilmowsky, Tilo v.: *Warum wurde Krupp verurteilt?* Düsseldorf 1962, S. 223ff.

** In seinen privaten Aufzeichnungen hob Jackson (nach David Irving, Nürnberg – Die letzte Schlacht, in: *Die Welt*, Hamburg, 10.10.1971) hervor, daß er seit Anbeginn die Absicht gehabt habe, nicht Gustav, sondern Alfried Krupp von Bohlen und Halbach vor Gericht zu stellen und ihn selbst anzuklagen.

*** Am 14. 11. 1945 erklärte der französische Ankläger Charles M. Dubost in einem Memorandum: »Das Verfahren gegen Krupp senior ist unseres Erachtens nach unter den obwaltenden Umständen unmöglich; es kann nicht stattfinden gegen einen alten, sterbenden Mann, der die Anklagebank nicht betreten kann. Wir wünschen, daß sein Sohn verfolgt wird. Es bestehen ernste Anschuldigungen gegen ihn.« IMT, Bd. I, S. 155. Am 15. 11. 1945 entschied der Gerichtshof, das Verfahren gegen Krupp zu vertagen. IMT, Bd. I, S. 156.

treten drei Nationen dieser Erde; eine von ihnen wurde dreimal mit Kruppschen Waffen überfallen, eine andere hat im Verlauf des Krieges im Osten unter der Wucht des Krieges gelitten wie nie ein Volk zuvor, und eine von ihnen hat zweimal den Atlantik überquert, um, soweit es in ihren Kräften stand, Streitigkeiten zu beenden, die durch den deutschen Militarismus entfacht waren.«[75]

Entsprechend hatten sich die Franzosen,[76] die Russen[77] und die Engländer engagiert, deren Hauptankläger Sir Hartley Shawcross die Ausführungen Jacksons durch die Feststellung unterstrich: »Der Gerichtshof kann versichert sein, daß ich als Vertreter der gegenwärtigen Britischen Regierung gewiß nicht weniger als die Vertreter anderer Staaten bestrebt bin, vor dem Gerichtshof und vor der Welt die Rolle aufzudecken, die die Großindustriellen bei der Vorbereitung und Führung des Krieges gespielt haben. Das wird im Verlaufe dieses Prozesses geschehen, gleichgültig, ob Gustav Krupp von Bohlen oder Alfried Krupp als Angeklagte in dem Prozeß erscheinen oder nicht. Die Angeklagten vor diesem Gerichtshof sind beschuldigt, an einer Verschwörung teilgenommen zu haben, und zwar nicht nur miteinander, sondern auch mit verschiedenen anderen Personen. Sollte der Gerichtshof beschließen, Gustav Krupp von Bohlen von dem gegenwärtigen Prozeß auszuschließen, so würde das Beweismaterial über die Rolle, die er, seine Firma und ihre Mitinhaber und andere Großindustrielle bei der Vorbereitung und Führung des Krieges gespielt haben, trotzdem dem Gerichtshof vorgelegt werden, da dies zu der allgemeinen Verschwörung gehört, in die diese Angeklagten zusammen mit verschiedenen anderen nicht vor Gericht stehenden Personen verwickelt waren.«[78]

Die weltweit verbreitete Vorstellung von der Firma Krupp als »Waffenschmiede der deutschen Nation«, die Kriege anzettelte und andere Völker überfiel und ausraubte, beherrschte das Gericht der Sieger, das in Krupp – vor Beginn des Kalten Krieges zwischen den Westmächten und der Sowjetunion – immer noch seinen gefährlichsten Rivalen erblickte. So wies der von einem amerikanischen Militärgericht als »Fall 10« verhandelte Krupp-Prozeß im Rahmen der sogenannten Industrieprozesse, in denen zusammen mit Alfried Krupp von Bohlen und Halbach schließlich 42 Angehörige der Firma Krupp,* des Flick-Konzerns und der IG-Farben AG angeklagt wurden,** in diesen Nürnberger Nachfolgeverfahren noch eine besondere Färbung auf, auch wenn die offizielle Anklage-

* Von den insgesamt 12 Angeklagten des Krupp-Prozesses wurden 10 beschuldigt, Kriegsverbrechen und Verbrechen gegen die Menschlichkeit begangen zu haben, indem sie als Haupttäter oder Teilnehmer eines gemeinsamen freiwilligen Planes die von der deutschen Wehrmacht besetzten Gebiete in rücksichtsloser Weise (und über die Bedürfnisse des Besatzungsheeres hinaus und unter Mißachtung der örtlichen Wirtschaft) rechtswidrig, willentlich und wissentlich ausbeuteten.

** Von den 42 Angeklagten wurden 27 verurteilt.

schrift die Tendenz der Voreingenommenheit nicht so deutlich hervorhob, wie es im Hauptverfahren vor dem IMT geschehen war. Daß die Anklage im Krupp-Verfahren beispielsweise darauf verzichtete, die Angeklagten (anders als in den Fällen 5 und 6) der Zugehörigkeit zu verbrecherischen Organisationen zu beschuldigen, wog nicht viel. Die von den amerikanischen Gerichten inkonsequent gehandhabten* Voraussetzungen konnten diese Angeklagten nicht gerade hoffen lassen, womöglich besonders nachsichtig beurteilt zu werden.[79]

Die Auswertung der Ergebnisse der Verfahren beweist darüber hinaus, daß Alfried Krupp und die angeklagten leitenden Mitarbeiter seines Vaters im Rahmen der von den Amerikanern ausgewählten und vor Gericht gestellten Exponenten der deutschen Industrie, die sich in Nürnberg wegen Beteiligung an der Vorbereitung und Führung eines Angriffskrieges, wegen Verschwörung gegen den Frieden und wegen des Engagements im Rahmen des staatlichen Zwangsarbeiterprogramms, wegen Plünderung** privaten und öffentlichen Eigentums in besetzten Gebieten, wegen Teilnahme an der sogenannten »Arisierung« wirtschaftlicher Unternehmungen*** und wegen Zugehörigkeit zu verbrecherischen Organisationen verantworten mußten,**** am schlechtesten wegkamen.

Die schwerwiegendsten Anklagepunkte gegen Krupp – die Vorwürfe wegen Beteiligung an der Vorbereitung und Führung eines Angriffskrieges und der Verschwörung – wurden beispielsweise im Flick-Prozeß gar nicht erhoben.***** Daß diese Anklagen dennoch mit eindeutigen Freisprüchen endeten, überrasch-

* So war z. B. das Flick-Tribunal (»Fall 5«) davon ausgegangen, daß das Verhalten der Angeklagten infolge des totalen Krieges nicht nach theoretischen und abstrakten Gesichtspunkten gewertet werden dürfte (Flick-Urteil, deutsche Sonderausgabe, S. 31), was das Krupp-Tribunal nicht akzeptierte.

** 26 der insgesamt 42 Angeklagten wurden wegen Nutzung von »Sklavenarbeit« und wegen »Plünderung« verurteilt: 8 in beiden Anklagepunkten, 8 wegen »Plünderung« und 10 wegen Beteiligung am staatlichen Zwangsarbeiterprogramm.

*** Das Tribunal entschied schließlich, daß es für die Beurteilung dieser Handlungen nicht zuständig sei, da sie vor Beginn des Krieges vorgenommen worden seien. Darüber hinaus stellte es ausdrücklich fest, daß diese Handlungen weder ein Kriegs- noch ein Humanitätsverbrechen darstellen.

**** Diese (im Flick-Prozeß und im IG-Farben-Prozeß) erhobene Anklage gegen insgesamt 5 Personen endete im IG-Farben-Prozeß (3 Angeklagte) ausschließlich mit Freisprüchen. Im Flick-Prozeß (2 Angeklagte) wurden die Angeklagten verurteilt. Hauptanklagepunkte im Fall Krupp (Urteil, Deutsches Protokoll, S. 13634 und Anklageschrift vom 16. 8. 1947) waren: Verbrechen gegen den Frieden, Plünderung und Raub, Verschleppung, Ausbeutung und Mißbrauch zur Sklavenarbeit, Gemeinsamer Plan (gemeint war: »Teilnahme an einem gemeinsamen Plan oder einer Verschwörung zur Begehung besagter Verbrechen«; Taylor in seiner Eröffnungsrede vom 8. 12. 1947. Engl. Prot. S. 18, deutsches Prot. S. 17) und Verschwörung.

***** Im IG-Farben-Prozeß war es dagegen ebenso prononciert der Fall wie im Krupp-Prozeß. Die Anklage lautete auf Beteiligung der Angeklagten an der Vorbereitung und Führung eines Angriffskrieges, auf Beteiligung an einer Verschwörung gegen den Frieden, auf Kriegs- und Humanitätsverbrechen, auf Plünderung öffentlichen und privaten Eigentums in den besetzten Gebieten und auf Beteiligung am Zwangsarbeiterprogramm und auf Zugehörigkeit zu verbrecherischen Organisationen.

te nicht nur die Anklage, sondern entlastete darüber hinaus auch die deutsche Industrie von dem Vorwurf, den Krieg gewollt und seine Vorbereitung systematisch unterstützt zu haben.

Alfried Krupp und zehn Mitarbeiter seines väterlichen Unternehmens wurden dennoch bestraft.[80] Ihn verurteilte das Gericht wegen Ausplünderung[81] und Raubes bestimmter Objekte aus verschiedenen Ländern und wegen rechtswidriger Beschäftigung von Zivilpersonen,* Konzentrationslagerinsassen und »Kriegsgefangenen als Sklavenarbeiter in verschiedenen Kruppschen Betrieben«[82] zu 12 Jahren Haft und zur Herausgabe des Gesamtvermögens. Der ihm zur Last gelegten Verbrechen war Alfried Krupp sich auch nach dem Prozeß und dem Urteilsspruch so wenig bewußt, daß er in einem persönlichen Brief an General Clay als US-Militärgouverneur schrieb: »Ich kann mir das nur aus einer Voreingenommenheit des Gerichts mir gegenüber erklären. Diese Voreingenommenheit habe ich bereits zu Beginn des Verfahrens ... empfunden.«[83] Seine Verteidiger teilten seine Meinung, wie ihre gemeinsame Stellungnahme an General Clay beweist, dem sie (hier in lexikographischer Form zitiert) unter anderem schriftlich erklärten:

1. Das Gericht hat die Verteidigung seit Beginn der Verhandlungen einseitig beschränkt,
2. die Fragen der Richter an die Zeugen zielten ausschließlich auf die Belastung der Angeklagten, niemals auf ihre Entlastung,
3. kein Zeuge der Anklage wurde durch die Richter auf seine Glaubwürdigkeit hin geprüft, wohl aber die Zeugen der Verteidigung,
4. aus den von der (Krupp-)Verteidigung vorgelegten 2829 Dokumenten und 141 Zeugen-Aussagen der Verteidigung zitierte das Gericht nicht einen Satz, der die Angeklagten entlastete,
5. soweit das Urteil sich überhaupt auf ein Beweismittel der Verteidigung bezog, geschah es nur, um daraus Folgerungen zu ziehen, die die Angeklagten belasteten,
6. in ständiger Verletzung des (auch vom US-Gericht verkündeten) Grundsatzes, daß die Unschuld der Angeklagten bis zum zweifelsfreien Beweis des

* Die deutsche Industrie war verpflichtet, sich nicht nur ausländischer Arbeiter zu bedienen, sondern auch KZ-Häftlinge in die Arbeit einzuspannen. So heißt es z. B. in einer Weisung des Rüstungsministeriums: »Die Rüstungsstellen haben, wo betriebliche Hemmungen für den Einsatz besonderer Personengruppen (... KZ-Häftlinge) vorhanden sind, Schwierigkeiten mit allen zu Gebote stehenden Mitteln auszuräumen.« Zit. nach Wilmowsky, S. 191. Bereits vor dem Krieg, am 13. 2. 1939, war durch die Verordnung zur Sicherstellung des Kräftebedarfs für Aufgaben von besonderer staatspolitischer Bedeutung (Reichsgesetzbl. I, S. 206) bestimmt worden, daß alle öffentlichen und privaten Betriebe und Verwaltungen verpflichtet seien, den »Ersuchen der Arbeitsämter« zu entsprechen und die vom Reichsarbeitsminister künftig erlassenen Vorschriften zu befolgen, die »auf dem Gebiete des Arbeitsrechts, des Arbeitsschutzes und der Reichsversicherung notwendig« seien (Reichsgesetzbl. I, S. 652).

Gegenteils anzunehmen sei, setzte das Urteil Vermutungen an die Stelle von Beweisen, sobald die Vermutungen geeignet erschienen, die Angeklagten zu belasten,

7. ließ eine Urkunde zwei entgegengesetzte Auslegungen zu, wählte das Tribunal grundsätzlich die Version, die die Angeklagten belastete,
8. lagen sowohl belastende als auch entlastende Aussagen vor, folgte das Gericht prinzipiell den belastenden Angaben. Die Argumente, die die Angeklagten entlasteten, wurden entweder für unglaubwürdig erklärt oder einfach totgeschwiegen,
9. Urkunden wurden gewöhnlich so gezielt verstümmelt zitiert, daß sich aus ihren Texten für die Angeklagten stets nur Belastungen ergaben,
10. das Urteil erwähnte keine mildernden Umstände.[84]

Doch nicht nur die deutschen Verteidiger warfen dem Gericht vor, im Krupp-Prozeß nicht nur die traditionellen Rechtsauffassungen und Rechtsnormen verletzt zu haben. Die Argumente des amerikanischen Rechtsanwalts Carl J. Carrol aus San Francisco, der sich auf Krupps Bitte schon vor der Erhebung der Anklage bereit erklärt hatte, ihn in Nürnberg zu verteidigen, sprechen für sich. Carrol, dem von General Clay noch im Dezember 1947 zugesichert worden war, daß er Krupp »auf derselben Basis ... wie jeder andere amerikanische Anwalt«[85] verteidigen dürfe, was ihm dann jedoch nicht gestattet wurde,* beschuldigte die amerikanische Justiz in einem Offenen Brief an den Militärgouverneur, sich militärischen Vorschriften unterworfen, dem Kommunismus als Werkzeug[86] gedient, Krupps Rechte eingeschränkt, viele – nach Hitlers Machtübernahme – emigrierte Deutsche mit wichtigen Funktionen beauftragt, eine Rachejustiz gefördert, entlastende Dokumente entfernt und mit all dem der Glaubwürdigkeit der amerikanischen Demokratie und ihrer Justiz und Politik geschadet zu haben.

»Jeder Angeklagte«, so schrieb er, »hat das Recht auf ein gerechtes Verfahren. Zumindest würde es sehr schwierig sein, die Welt und die Nachwelt davon zu überzeugen, daß ein Prozeß gegen die Besiegten vor einem Gerichtshof der Sieger gerecht und unparteiisch war[87] ... den Angeklagten (wurde) jeder Schein eines gerechten Verfahrens verweigert ... Mehrere Jahre lang waren sie hilflos, während Legionen von Staatsanwälten mit dem Eifer von Fanatikern daran arbeiteten, einen Rechtsfall gegen sie aufzubauen. Diese Eiferer hatten jedes vorhandene Dokument an sich genommen. Sie gruben jedes Körnchen von Beweismaterial gegen die Angeklagten aus. Eine große Anzahl dieser Dokumente, die dazu geeignet waren, die scheinbar belastende Wirkung von Urkunden abzu-

* Die Amerikaner lösten die Angelegenheit »diplomatisch«. Sie verweigerten Carrol schließlich kurzerhand die Einreisegenehmigung.

schwächen, oder tatsächlich Beweismaterial zugunsten der Angeklagten darstellten, sind in der Zeit, in der sie in ihrem Gewahrsam waren oder ihrer Kontrolle unterstanden, verschwunden.«[88]

Selbst H. C. Anderson, der einstige Staatsanwalt (*District Attorney*) und von seinem Amt als Richter am *Court of Appeals* in Tennessee durch einen Erlaß des US-Präsidenten vom 31. Dezember 1947 als Richter nach Nürnberg verpflichtet, wo er Vorsitzender im Krupp-Prozeß wurde, lehnte ab, die von den Beisitzern Edward J. Daly und J. Wilkins beschlossenen Strafen zu verkünden, denen er nicht zugestimmt hatte.

Da sich die sachliche Zuständigkeit des unter der US-Flagge tagenden amerikanischen Gerichts nicht aus dem amerikanischen Recht, sondern aus den Bestimmungen des Kontrollratsgesetzes Nr. 10 ableitete, lehnte das Urteil im »Fall 10« auch die Zuständigkeit der amerikanischen Gesetze ab. »Die durch die Verfügung Nr. 7« des amerikanischen Militärgouverneurs »ermächtigten Gerichtshöfe«, hieß es im Krupp-Urteil, »sind von den Bestimmungen des Kontrollratsgesetzes Nr. 10 über die sachliche Zuständigkeit abhängig und halten sich an das Völkerrecht, wie es in einem Gesetz und dem Londoner Statut, welches einen wesentlichen Bestandteil desselben bildet, ausgedrückt ist. Sie sind weder an die allgemeinen Gesetze der Vereinigten Staaten gebunden, noch an diejenigen Teile ihrer Verfassung, die sich auf die Gerichtshöfe der Vereinigten Staaten beziehen.«[89]

Die vom amerikanischen Gerichtshof verkündete Maxime, daß in Nürnberg ausdrücklich davon ausgegangen werden sollte, »daß Schuld persönlich sein«[90] müßte und die bloße Mitgliedschaft zur Firma Krupp nicht genügte,* schuldig

* Dabei berief sich das Gericht – wie ausdrücklich hervorgehoben wurde – auf »einen maßgeblichen amerikanischen Text« (gemeint war: *Corpus Juris Secundum*, Bd. 19, 1940, S. 363f.; vgl. auch das englische Protokoll im Fall X, 13.401), in dem es u. a. heißt: »Beamte, Direktoren oder Vertreter einer Gesellschaft, die im Verlaufe der Führung der Gesellschaftsgeschäfte an einer Gesetzesverletzung teilnehmen, können dafür einzeln strafrechtlich verantwortlich gemacht werden. Obgleich sie im allgemeinen für Gesellschaftshandlungen, die von anderen Beamten oder Vertretern vorgenommen wurden, nicht strafrechtlich verantwortlich sind, ist es, mindestens wo das zur Last gelegte Verbrechen schuldhafte Kenntnis oder verbrecherische Absicht zum Gegenstand hat, für seine strafrechtliche Verantwortlichkeit wesentlich, daß er die Handlung, die das Verbrechen darstellt, tatsächlich und persönlich vollbringe oder daß sie unter seiner Leitung oder mit seiner Erlaubnis geschehe. Er ist verantwortlich, wo sein Wissen oder seine Ermächtigung festgestellt ist oder wo er der tatsächliche, anwesende und in Wirksamkeit tretende Handelnde war. Wenn es der Gesellschaft selbst verboten ist, eine Handlung vorzunehmen, dann erstreckt sich das Verbot auf das Direktorium und auf jeden Direktor getrennt und einzeln.« Zit. nach Heinze/Schilling, Die Rechtsprechung des Nürnberger Militärtribunals, S. 83. Vgl. dazu auch die zustimmende Urteilsbegründung (*concurring opinion*) im Fall X (Anderson), in der es u.a. heißt: »... ihre (Angeklagten im Krupp-Prozeß) Arbeit im Zusammenhang mit dem Kriege bestand in der Hauptsache in der Erfüllung ihrer Pflichten als Angestellte eines Privatunternehmens, das sich mit der Herstellung und dem Verkauf von Rüstungsgegenständen gegen Profit befaßte, und bei einigen in der Mitgliedschaft in einigen wirtschaftlichen und industriellen Verbänden, die zur Unterstützung des Kriegseinsatzes begründet worden waren. Anzunehmen, daß eine solche Betätigung Kriegführung darstellt, würde ... eine Verletzung des Prinzips sein, das *Ex-post-facto*-Gesetze verbietet.«

gesprochen zu werden, wurde durch die zielgerichtete Beeinträchtigung der Verteidigung und Wahrheitsfindung aufgehoben. Persönliche Schuld und strafrechtliche Verantwortlichkeit erblickte das Gericht bei den im Krupp-Prozeß Angeklagten in der Feststellung, daß sie sich als Privatpersonen an den rechtswidrigen und angeblich rechtswidrigen Handlungen der deutschen Besatzungstruppen beteiligt hatten. Die Tatsache, daß die Angeklagten als Privatleute vor Gericht standen und ihre Verantwortlichkeit hier in eine Position gerückt sahen, die bis zum Beginn des Zweiten Weltkrieges der Staat als traditionelles Völkerrechtssubjekt innehatte, beraubte sie einer wesentlichen Verteidigungsmöglichkeit. Das Gericht ignorierte die (im Flick-Prozeß zumindest teilweise akzeptierte) Zwangslage der Exponenten der deutschen Industrie, die im totalitären NS-Regime nicht in der Lage waren, den durch das Statut gesetzten neuen Völkerrechtsnormen den Vorrang vor ihren »nationalen Pflichten« einzuräumen.

In Anlehnung an die Auffassung des IMT, daß die Verletzung von Bestimmungen der Haager Landkriegsordnung* als Verbrechen angesehen werden müsse und »die schuldigen Einzelpersonen« zu bestrafen seien, verfocht auch das Krupp-Tribunal die These, daß die entsprechenden Bestimmungen der Haager Landkriegsordnung auch von Privatpersonen übertreten werden könnten. Dies geschah, obwohl die Haager Landkriegsordnung in diesem Zusammenhang nicht von einzelnen Individuen, sondern von der »Besatzungsmacht« spricht, das Gericht im Flick-Prozeß (»Fall 5«) ausdrücklich davon ausgegangen war, daß die Bestimmungen der Haager Landkriegsordnung in einer Zeit geschrieben wurden, »als sich die Armeen zu Fuß, in Pferdefuhrwerken und Eisenbahnzügen fortbewegten, Autos noch in den Kinderschuhen steckten, die Verwendung von Flugzeugen als Kriegsmittel noch ein Traum war und die Atombombe jenseits jedes Vorstellungsvermögens lag«** und auch das IMT die für die Politik des Hitler-Reiches Verantwortlichen für Handlungen aburteilte, die sie als Organe des Staates begangen hatten. Die alte strafrechtliche Grundthese, daß jede Bestrafung den Verstoß gegen genau definierte Verbrechen voraussetze, erfuhr im »Fall 10« eine Modifizierung, die die Nürnberger Prozesse nicht nur aus strafrechtlicher Sicht mit Makel belastet.

Trotz der relativ hohen Freiheitsstrafen für Krupp und seine wichtigsten Mitarbeiter,*** der im Rahmen aller Nürnberger Verfahren nur gegen ihn allein

* Gemeint sind hier die Artikel 46, 50, 52 und 56, die sich mit dem Privateigentum, der Plünderung und Beschlagnahmung befassen. Vgl. dazu auch die Artikel 47, 53 und 55 der Haager Landkriegsordnung.

** Urteil im Flick-Prozeß, deutsche Sonderausgabe, S. 31. Auch die Tatsache, daß die Haager Landkriegsordnung den Schutz des privaten Eigentums in besetzten Gebieten nicht schlechthin garantiert und Eingriffe zuläßt, wenn die Notwendigkeit des Krieges sie fordert, wurde vom Krupp-Tribunal nicht berücksichtigt.

*** General Clay bestätigte als zuständiger Militärgouverneur die im Prozeß verhängten Freiheits-

verhängten Vermögenseinziehung**** und der schließlichen Begnadigung Ende Januar 1951 durch den US-Hochkommissar, war Alfried Krupp nach seiner vorzeitigen Entlassung aus dem Gefängnis nicht bereit, Unterlagen zu veröffentlichen, die die Haltlosigkeit ganz bestimmter Details der Anklage bewiesen. Er befürchtete, daß Veröffentlichungen solcher Art einem neuen Antisemitismus Vorschub leisten könnten, verbot seinen Mitarbeitern jederlei Verlautbarungen und ließ die einschlägigen Dokumente einschließen.[91]

Einen Vorwurf der Anklage, die Krupp beschuldigt hatte, ein »Kinder-KZ« unterhalten und damit letztlich den Tod ausländischer Kinder in der Nähe von Oberhausen im Ruhrgebiet verschuldet zu haben, wohin die Kinder dieses Lagers***** 1945 angesichts der anrückenden Engländer transportiert worden seien, griff die deutsche Kriminalpolizei nach Krupps Entlassung noch einmal auf, nachdem ihr Totenscheine mit Namen von Kindern einstiger nichtdeutscher Krupp-Arbeiterinnen vorgelegt worden waren. Beweise für die als erwiesen angesehenen Behauptungen fand die Kriminalpolizei nicht. Auch Gräber, in denen die Kinder beerdigt worden sein könnten, konnte sie nicht entdecken,****** was allerdings nicht auch zwangsläufig heißen muß, daß es diese Toten gar nicht

strafen (die Angeklagten wurden zu ihrer Verbüßung nach Landsberg gebracht), nicht jedoch (wohl nicht zuletzt auch infolge des zunehmenden Kalten Krieges und der Einstellung der Funktion des Kontrollrates) die Konfiskation des Krupp-Vermögens zugunsten des Kontrollrats. Er ermächtigte aus eigenem Entschluß die Militärgouverneure der anderen Mächte, das in ihren jeweiligen Zonen vorhandene Krupp-Vermögen durch eigene Entscheidungen zu konfiszieren.

**** Die durchschnittlich verhängte Haftzeit betrug im Krupp-Prozeß 8,7 Jahre; im Flick-Prozeß waren es 4,8 Jahre und im IG-Farben-Urteil sogar nur 4,1 Jahre gewesen. Im Flick-Prozeß wurden von 6 Angeklagten 3 freigesprochen, im IG-Farben-Prozeß waren es 10 von 22. Im Krupp-Prozeß sprach das Gericht von insgesamt 11 Angeklagten nur einen frei.

***** Bei dem angeblichen Kruppschen »Kinder-KZ« hatte es sich, wie die deutsche Polizei ermittelte, um ein von Bertha Krupp in Förde eingerichtetes Barackenlager für Kinder gehandelt, in dem die in den Kruppschen Krankenanstalten zur Welt gekommenen und nach Ablauf der offiziellen Fürsorgepflicht untergebrachten Kinder von – vornehmlich in Essen arbeitenden – Ausländerinnen lebten, die während ihrer Freizeit ihre Kinder jederzeit besuchen konnten. Der Standort der Dokumente wird vom Autor nur auf differenziert begründete Anfragen (über den Verlag) mitgeteilt.

****** Zu den Vorwürfen der Anklage gegen Krupp und die Mitarbeiter der Firma hatte in Nürnberg nicht zuletzt auch die Behauptung gehört, daß Krupp die in seinen Betrieben beschäftigten und in Baracken untergebrachten Fremdarbeiter nicht ausreichend vor feindlichen Luftangriffen geschützt habe. Daß dieser Vorwurf nicht nur weltfremd war, bezeugen die dokumentarisch nachweisbaren Tatsachen eindeutig. Im Rahmen der 262 Luftangriffe auf Essen (mit 11.694 Flugzeugen, die 120.000 Brandbomben und über 20.000 t Sprengstoffe abwarfen; vgl. Wilmowsky, S. 198f.) waren die Krupp-Werke 35mal angegriffen worden, was entsprechende Verluste zur Folge hatte. So heißt es z. B. in einem Bericht des britischen Luftfahrtministeriums über einen Bombenangriff vom 12. März 1943 auf die Krupp-Werke: »Man glaubt, daß durch die Zerstörung von 120 Baracken etwa 6.000 Mann getroffen worden sind«; zit. nach Wilmowsky, S. 198. 97 % der Angriffe waren jedoch gegen die Wohnviertel der Stadt gerichtet, so daß 1945 von ursprünglich 655.000 Wohnräumen nur noch 3,5 % unbeschädigt existierten. Nach dem Abwurf von 3.000 Tonnen Bomben durch 1.250 Maschinen der Royal Air Force Ende Mai 1942 über Köln berichtete ein britischer Pilot: »Der Himmel über Köln war belebt wie *Piccadilly Circus*« (*Daily Herald* vom 1. 6. 1942). Und am 8. 6. 1942 kommentierte der *Daily Herald* ein Foto: »Nur noch der Dom steht dort, wo einmal Kölns Stadtzentrum war ...«

gegeben hat; denn Grabstätten ließen die Deutschen für ihre Mordopfer ebensowenig errichten wie die Sowjets beispielsweise in Katyn und anderswo, die Briten in Lienz, die Franzosen in Indochina und die Amerikaner in Korea und Vietnam.

Die diplomatische Formulierung des US-Hochkommissars McCloy* vom 31. Januar 1951, daß er »auf Grund der vorliegenden Anklagepunkte bei ... Krupp keine persönliche Schuld ... finden« könne, »die ausreichen würde, ihn über alle anderen durch die Nürnberger Gerichte Verurteilten herauszuheben«, so daß er sich veranlaßt sehe, das in Nürnberg verkündete Urteil durch einen Gnadenakt umzuwandeln,** spricht so für sich.

* Der im besetzten Deutschland um Gerechtigkeit und seit 1949 um die möglichst baldige Aufhebung des Besatzungsregimes bemühte New Yorker Rechtsanwalt John McCloy (während des Zweiten Weltkrieges Unterstaatssekretär im US-Kriegsministerium, 1945 Leiter der »*Civil Affairs Division*« der US-Besatzungstruppen und Behörden und 1949–1952 Hoher Kommissar und Militärgouverneur der US-Besatzungszone in Deutschland) verfügte bereits über genügend Distanz zu den Urteilen.

** Vgl. *Landsberg. Ein dokumentarischer Bericht*, wo es auf S. 16 u. a. heißt: »statt 12 Jahren und Einziehung des Gesamtvermögens die (bis Januar 1951) verbüßte Strafzeit und keine Vermögenseinziehung.«

Intelligenzquotienten der Hauptangeklagten und ihre Urteile über Hitler

Nach den von dem amerikanischen Gefängnispsychologen Dr. Gustav M. Gilbert durchgeführten Tests, denen sich die als Hauptkriegsverbrecher angeklagten Deutschen im Nürnberger Gefängnis unterzogen, waren Hjalmar Schacht, Seyß-Inquart, Hermann Göring und Karl Dönitz Genies. Schacht und Seyß-Inquart wiesen einen Intelligenzquotienten auf, wie ihn nur ein Prozent der Erdbevölkerung für sich in Anspruch nehmen kann. Daß Adolf Hitler in einem solchen Test zumindest ebenso abgeschnitten hätte, muß infolge der inzwischen wissenschaftlich belegten Fakten* als sicher gelten. Wie die Hauptangeklagten ihn im Angesicht des Galgens beurteilten, ist überliefert. So erklärte in Nürnberg Hjalmar Schacht (von Gilbert mit 143 Punkten beurteilt und als Genie klassifiziert): Hitler hat »unendlich viel gelesen, hat sich ein großes Wissen angeeignet und jonglierte mit diesen Kenntnissen in einer virtuosen Weise in allen Debatten und Vorträgen. Er war zweifellos ein genialer Mensch in gewisser Beziehung. Er hatte Einfälle, auf die ein anderer nicht kam und die geeignet waren, zuweilen aus großen Schwierigkeiten durch verblüffende Einfachheit, manchmal auch durch verblüffende Brutalität, aber doch sicher herauszufinden. Er war ein Massenpsychologe von geradezu diabolischer Genialität.« »Ich glaube, daß er ursprünglich nicht von nur schlechten Trieben erfüllt war. Er hat ursprünglich zweifellos geglaubt, etwas Gutes zu wollen; aber er ist nach und nach diesem Zauber, den er auf die Massen ausübte, selber erlegen ... Er war ein Mann von einer unbeugsamen Energie, von einem Willen, der alle Widerstände über den Haufen rannte. Nur diesen beiden Eigenschaften der Massenpsychologie und seiner Willensenergie verdankte Hitler ... daß er bis zu 40 Prozent und nachher beinahe 50 Prozent des ganzen deutschen Volkes hinter sich scharen konnte« (IMT, Bd. XII, S. 492).

Hermann Göring (138 Punkte): »Ich habe nach einer gewissen Zeit, als ich mehr Einblick in die Persönlichkeit des Führers bekam, ihm meine Hand gegeben und gesagt: ›Ich verbinde mein Schicksal auf Gedeih und Verderb mit dem Ihren ... in guten und schlechten Zeiten, und (ich) ... nehme ... auch meinen Kopf nicht aus.‹« (IMT, Bd. IX, S. 489) »Bei der dynamischen Persönlichkeit des Führers war unerwünschter Rat gar nicht angebracht, und man mußte schon sehr gut mit

* Vgl. dazu Maser, *Adolf Hitler* ..., u. a. S. 470ff.

ihm stehen, beziehungsweise einen sehr großen Einfluß haben, wie ich ... ihn ... für ... viele Jahre gehabt habe ...« Er tat »dort die Vorschläge und die Beratungen kurz ab, wo er selbst schon seine Entschlüsse ... gefaßt« hatte oder ... »den Beratenden nicht zu jenem Einfluß oder zu jener einflußreichen Position ... kommen lassen wollte« (IMT, Bd. IX, S. 413). »Vor allem die Außenpolitik war das ureigenste Gebiet des Führers ... die Außenpolitik einerseits und die Führung der Wehrmacht andererseits nahmen das größte Interesse und die Hauptarbeit des Führers in Anspruch« (IMT, Bd. IX, S. 446). »Er hat sich hier außerordentlich um Einzelheiten angenommen« (IMT, Bd. IX, S. 446). »In einzelnen Fällen ließ er sich ... Unterlagen geben, ohne daß die Experten genau erkennen konnten, aus welchem Grunde; in anderen Fällen hat er seinen Fachberatern gegenüber ausgesprochen, was er beabsichtigte, und von ihnen diesbezügliche Unterlagen und Beurteilungen eingeholt. Entschieden hat er ... selbst« (IMT, Bd. IX, S. 684). »... meine Meinung ist, daß der Führer über Einzelheiten in den Konzentrationslagern, über die ... Grausamkeiten, nicht unterrichtet gewesen ist; so wie ich ihn kenne, glaube ich das jedenfalls nicht ...« (IMT, Bd. IX, S. 678).

Karl Dönitz (138 Punkte): Eine »gewaltige Persönlichkeit ... mit einer außerordentlichen Intelligenz und Tatkraft, mit einer geradezu universalen Bildung und einem kraftausströmenden Wesen und mit einer ungeheuer suggestiven Kraft. Ich habe ... bewußt nur selten meinen Weg ins Hauptquartier genommen, weil ich das Gefühl hatte, daß ich so am besten meine Stoßkraft behalte und ... weil ich nach mehreren Tagen ... Aufenthalt im Hauptquartier das Gefühl hatte, mich von seiner suggestiven Kraft wieder absetzen zu müssen« (IMT, Bd. XIII, S. 334). »Von einer allgemeinen Beratung ist beim Führer ... grundsätzlich keine Rede gewesen« (IMT, Bd. XIII, S. 333).

Hans Frank (130 Punkte): Hitler »stand innerlich gegen die Juristen, das war eine der schwersten Schattenseiten dieses so gewaltig großen Mannes. Er wollte keine formelle Verantwortung anerkennen. Das gilt leider auch für seine Politik ... Für ihn war jeder Jurist ein Störungsfaktor« (IMT, Bd. XII, S. 20).

Wilhelm Keitel (129 Punkte): »Hitler studierte in nahezu unvorstellbarer Form Generalstabswerke, Militärliteratur, taktische und operative und strategische Studien. Sein Wissen auf militärischem Gebiet war staunenswert. Er war über ›Organisation, Bewaffnung, Führung und Ausrüstung sämtlicher Armeen und aller Flotten der Erde so unterrichtet, daß es unmöglich war, ihm auch nur einen Irrtum nachzuweisen. Er studierte auch während des Krieges in Nächten in all den großen Generalstabswerken von Moltke, Schlieffen und Clausewitz ... Daher für uns die Vorstellung: Das kann nur ein Genie‹« (IMT, Bd. X, S. 671f.). Selbst »in einfacheren alltäglichen Organisations- und sonstigen Rüstungsfragen der Wehrmacht und den betreffenden Dingen war ich der Belehrte ... und nicht der Belehrende« (IMT, Bd. X, S. 672). »Bei Entscheidungen akzeptierte er keine Einwände und Einflüsse von anderen, sobald seine Entscheidung feststand. Seit 1938 ist keine der maßgebenden Entschließungen in Gemeinsamkeit und Beratung zustande gekommen. Es war Hitlers Eigenart, jeden Ressortchef in der Regel allein und unter vier Augen zu sprechen. Zusammenkünfte, in denen Entscheidungen getroffen wurden, waren letzten Endes Befehlsausgaben und nicht Beratungen« (IMT, Bd. X, S. 545).

Joachim von Ribbentrop (129 Punkte): Seine »Gedankenäußerungen hatten etwas immer Abschließendes und Definitives, und sie schienen aus seinem innersten Wesen zu kommen. Ich hatte den Eindruck, hier einem Mann gegenüber zu sein, der wußte, was er wollte und der einen unerschütterlichen Willen besaß und eine sehr starke Persönlichkeit war« (IMT, Bd. X, S. 257).

Albert Speer (128 Punkte): »Die Diktatur Hitlers war die erste Diktatur, die sich zur Beherrschung des eigenen Volkes der technischen Mittel in vollkommener Weise bediente und sich dadurch Millionen Menschen dem Willen eines einzigen hörig machte« (Speers Schlußwort vor dem IMT).

Alfred Jodl (127 Punkte): »Hitler war eine Führerpersönlichkeit von ungewöhnlichem Ausmaß. Sein Wissen und sein Intellekt, seine Rhetorik und sein Wille triumphierten letzten Endes bei jeder geistigen Auseinandersetzung gegenüber jedermann. In einer seltenen Weise mischte sich bei ihm Logik und Nüchternheit im Denken, Skepsis mit einer ausschweifenden Phantasie, die sehr oft das Kommende erahnte, aber auch sehr oft irre ging. Geradezu bewundert habe ich ihn, als er im Winter 1941/42 mit seinem Glauben und seiner Energie die wankende Ostfront zum Stehen brachte ...« (IMT, Bd. XV, S. 333) ... »Die Bescheidenheit in seiner Lebensführung war ›imponierend‹« (IMT, Bd. XV, S. 333). Hitler war (in den Jahren 1933–1938) »kein Scharlatan, sondern eine gigantische Persönlichkeit, die letzten Endes allerdings zu einer infernalischen

Größe geworden ist, aber eine Größe war er damals unbedingt ... eine gigantische Persönlichkeit ... wenn auch mit gewissen Vorbehalten« (IMT, Bd. XV, S. 603). »... mein Einfluß auf den Führer war leider nicht im geringsten so groß, wie er nach meiner Stellung eigentlich hätte sein können oder vielleicht auch hätte sein müssen. Der Grund liegt in der gewaltigen Persönlichkeit dieses Machtmenschen, der Berater überhaupt sehr schlecht vertrug« (IMT, Bd. XV, S. 411).

Konstantin von Neurath (125 Punkte): »Ich (habe) ... schon (zu Beginn) die Erfahrung gemacht, daß Hitler keinerlei Widersprüche vertragen konnte oder irgendwelchen Vorstellungen zugänglich war, wenn dies in einem größeren Kreise geschah, weil er dann immer den Komplex hatte, er stünde irgendwie einer Opposition gegenüber ... Anders war es, wenn man ihm allein gegenüberstand. Er war dann, jedenfalls in den ersten Jahren, vernünftigen Argumenten gegenüber durchaus zugänglich, und es ließ sich vieles im Sinne einer Mäßigung, einer Abschwächung radikaler Maßnahmen erreichen« (IMT, Bd. XVII, S. 107).

Walter Funk (124 Punkte): »Er machte (bei der ersten Begegnung, *der Verf.*) auf mich sofort den Eindruck einer außergewöhnlichen Persönlichkeit. Er faßte blitzschnell alle Probleme auf und verstand es, sie außerordentlich eindrucksvoll mit großer Beredsamkeit und auch mit ausdrucksvollen Gesten vorzutragen« (IMT, Bd. XIII, S. 94).

Julius Streicher (106 Punkte: »... gerade noch Durchschnitts-Intelligenz«): »Adolf Hitler war nun einmal etwas Absonderliches in jeder Beziehung« (IMT, Bd. XII, S. 340). »... Der Führer war unbeeinflußbar« (IMT, Bd. XII, S. 352).

Daß das Londoner Statut und teilweise auch das Urteil des IMT ihren Niederschlag nicht nur in der UNO-Charta und in der Konvention zum Schutze der Menschenrechte und Grundfreiheiten, sondern auch in zahlreichen Gesetzen und Verfassungen gefunden haben, erscheint in den meisten Darstellungen, die sich mit Nürnberg befassen, als ein die wesentlichsten politischen Ereignisse bestimmendes Ergebnis des Nürnberger Prozesses. Daß dies infolge der Tatsachen nicht gerade immer als zutreffend bezeichnet werden kann, beweisen diverse Beispiele. Es genügt an dieser Stelle, die Konstitutionen der beiden Teile der Nation, über deren politische und militärische Führer das IMT zu richten hatte, mit solchen Behauptungen zu konfrontieren. So hieß es im Artikel 5 der Verfassung der Deutschen Demokratischen Republik vom 7. Oktober 1949 beispielsweise: »Die allgemein anerkannten Regeln des Völkerrechts binden die Staatsgewalt und jeden Bürger. Die Aufrechterhaltung und Wahrung freundschaftlicher Beziehungen zu allen Völkern ist die Pflicht der Staatsgewalt. Kein Bürger darf an kriegerischen Handlungen teilnehmen, die der Unterdrückung eines Volkes dienen.«[92] Daß »Unterdrückung« nur seitens kapitalistischer Staaten geschehen konnte, bedarf in diesem Zusammenhang keiner Diskussion. Aus der Perspektive ließen sich die sowjetrussischen Aktionen in Korea, in Mitteldeutschland (nach dem Volksaufstand vom 17. Juni 1953 und beim Mauerbau am 13. August 1961), in Vietnam, in Ungarn und in der Tschechoslowakei, in Ägypten und schließlich in Rhodesien rechtfertigen, wohin die Sowjets 1976 Waffen lieferten. Und aus der Sicht verloren »die allgemein anerkannten Regeln des Völkerrechts«, von denen die Verfassung spricht, die ihr in Nürnberg zugeschriebene Autorität, zumal der Schluß des 5. Artikels den »Dienst zum Schutze des Vaterlandes und der Errungenschaften der Werktätigen« als »nationale Pflicht der Bürger« der DDR bezeichnet. Der Vertrag zwischen der Sowjetunion und der Deutschen Demokratischen Republik vom 7. Oktober 1975, der die totale Ostorientierung der Außenpolitik der DDR reflektierte, ließ sie vollends zur Phrase werden.*

Im Grundgesetz der Bundesrepublik Deutschland, in der Humanitätsverbrechen seit 1954, seit dem Beitritt der Bundesrepublik zum Genocid-Abkommen, nach Paragraph 220a des Strafgesetzbuches bestraft werden, sind nach Artikel 26 die Vorbereitungen von Angriffskriegen und von Handlungen, »die geeignet sind und in der Absicht vorgenommen werden, das friedliche Zusammenleben der Völker zu stören« verboten und nach Artikel 25 der einzel-

* Wann immer die UdSSR »angegriffen« worden wäre, hätten danach die DDR, Bulgarien, Rumänien und Ungarn den Russen militärische Hilfe zu leisten. Bereits in der revidierten Verfassung der DDR vom 7. 10. 1974 wurde festgestellt, daß die DDR »für immer und unwiderruflich mit der UdSSR verbündet« sei, was ihr infolge der Machrverhältnisse unvorhersehbare Konsequenzen auferlegen mußte.

ne Bürger verpflichtet, die für das innerdeutsche Recht verbindlichen Regeln des Völkerrechts zu befolgen. Hier bleibt offen, ob die in Nürnberg codifizierte Strafbarkeit des Angriffskrieges überhaupt als geltendes Völkerrecht betrachtet wird. Die Tatsache, daß die allgemeinen Regeln des Völkerrechts nach Artikel 25 Bestandteil des deutschen Bundesrechts sind und der Artikel 26 die Vorbereitung von Angriffskriegen ausdrücklich unter Strafe stellt, basiert ganz offenbar auf der Vorstellung (oder Befürchtung?), daß das geltende Völkerrecht den Angriffskrieg – trotz Nürnberg – nicht für strafbar hält.

Das im Schatten des Nürnberger Prozesses geschaffene Grundgesetz bezog mit dem Artikel 26 neben den nach seiner Ansicht geltenden (und kurz nach Nürnberg als durchsetzbar angesehenen) Regeln des Völkerrechts zusätzlich das Urteil des IMT in die Richtlinien für den deutschen Bürger ein. Da die Vorbereitung von Angriffskriegen (im Gegensatz zu den von Staatsführungen angeordneten Kriegs- und Humanitätsverbrechen) durch nationale Gerichte strafrechtlich nicht justiziabel ist, werden Texte solcher Art zwangsläufig zu bloßen Formeln und Floskeln. Diese in Nürnberg als Verbrechen bestrafte Politik vermögen nationale Gerichte normalerweise weder zu verhindern noch zu bestrafen. Daß sich Regierungsmitglieder, die als solche das Landesrecht selbst schaffen, das sie in Konflikt zum Völkerrecht bringt, auch künftig nicht auf das von ihnen zu verantwortende Recht berufen dürfen sollten, entschied das IMT.* Und in den Nürnberger Nachfolgeverfahren, die sich mit denjenigen beschäftigten, die der Regierung nicht angehörten, wurde festgestellt, daß auch sie zuerst dem geltenden Völkerrecht hätten gehorchen müssen,** obwohl bis dahin nicht nur die kontinental-europäischen, sondern auch die angloamerikanischen Völkerrechtler der gegenteiligen Auffassung waren.

Die bis zum IMT als richtungweisend angesehene Formulierung Oppenheims, der jahrelang erster Berater der britischen Admiralität gewesen war und allgemein als eine der bedeutendsten Autoritäten auf dem Gebiete des Völkerrechts galt, »sollte eine Vorschrift des Landesrechts im unzweifelhaften Widerspruch stehen zu einer Vorschrift des Völkerrechts, so haben Landesgerichte die erstere anzuwenden«,[93] erschien den Völkerrechtlern auch 25 Jahre nach ihrer Publikation noch als eine nicht anfechtbare Maxime. Der im folgenden zitierte Passus aus dem OKW-Urteil zeigt nicht nur, daß sich das US-Militärgericht – dem IMT folgend – darüber hinwegsetzte, sondern auch, wie problematisch diese Forde-

* »Hitlers Erlasse«, so heißt es beispielsweise im Juristen-Urteil (englisches Protokoll, S. 10687), »waren weder ein Schutz für den Führer selbst noch für seine Untergebenen.«

** Im Nürnberger Juristen-Urteil (deutsches Protokoll, S. 13648) stellte das US-Gericht im Zusammenhang mit dem Angeklagten Oberreichsanwalt Lautz fest: »Wenn deutsches Recht eine Verteidigung wäre, was nicht der Fall ist, dann wären viele seiner Handlungen entschuldbar.«

rung für die Gesetzgeber und Staatsbürger der Zukunft sein mußte. »Das Völkerrecht«, so heißt es im OKW-Urteil, »kann die Pflichten des einzelnen seinem Staat gegenüber beschränken und ihm internationale Verpflichtungen auferlegen, an die er so fest gebunden ist, daß er sie auch dann erfüllen muß, wenn er dadurch ein ausdrückliches Gesetz oder Gebot des Staates verletzt«.[94] Die Artikel 25 und 26 des Grundgesetzes der Bundesrepublik Deutschland spiegeln einiges auch davon wider.

Das Problem der Gegenwart und Zukunft ist nicht, was nach dem Ende des Zweiten Weltkrieges in Nürnberg geschah, sondern was danach kam – und was weiterhin kommt.

Die bloße Demütigung der geschlagenen Feinde, die bei Caudium gebeugten Hauptes durch ein Joch gehen mußten, die von christlicher Frömmigkeit getragenen Bestimmungen des Friedens von Osnabrück und Münster, die Heilige Allianz der Monarchen von Rußland, Österreich und Preußen, deren Abmachungen eher einer Sonntagspredigt[95] als politischen Vereinbarungen glichen, und der Versailler Vertrag, der bis dahin als beispiellos hart aufgefaßt worden war, haben die Verbrechen gegen den Frieden, die Aggressionen und Verletzungen des Kriegsrechts und die Humanitätsverbrechen nicht aus der Welt geschafft. Die Scham erwies sich nicht als Hinderungsgrund. Die geforderte christliche Nächstenliebe und das Gottesgnadentum wurden nicht praktiziert, und die harten Sanktionen von Versailles nach dem Ersten Weltkrieg bewirkten das Gegenteil von dem, was die Sieger erwartet hatten. Hitler und der Zweite Weltkrieg mit Nürnberg waren so deutliche Folgen, daß das Gericht den Angeklagten und ihren Verteidigern in Nürnberg untersagte, Versailles in ihre Rechtfertigungen und Motivationsschilderungen einzubeziehen.

Nürnberg, das von den Siegern über die Besiegten statuierte Exempel, das fortan zugleich Fanal und Symbol sein sollte, hat auch nicht vermocht, der Menschheit den Frieden zu sichern. Daß seit Nürnberg richterliche Bestätigungen für die persönliche Verantwortung sowohl für Verbrechen gegen den Frieden als auch für strafrechtliche Verletzungen des Kriegsrechts und für Verbrechen gegen die Humanität vorliegen, ist ohne wirklichen Nutzen geblieben. Mit der Möglichkeit, Kriegsverbrecher auch als »Kriegsverbrecher« titulieren zu können, ist nahezu nichts gewonnen, zumal dies unter ihresgleichen nicht immer etwas wiegt und die Kategorien »gerechter Krieg« und »ungerechter Krieg« meist nicht fugenlos nur auf die Maßnahmen einer Partei passen. Daß das IMT mit seinen Urteilen zeitweilig aus politischen, religiösen, moralischen und humanitären Beweggründen mit den Verbrechen konfrontiert wird, die in Nürnberg und Tokio durch lange Haft- und Todesstrafen geahndet wurden, erweist sich letztlich ebenfalls als nur theoretische Manipulation ohne spürbare praktische Folgen.

Diejenigen, die die Verbrechen zu verantworten haben, fragen vor allem infolge der Machtverhältnisse kaum danach.[96] Die Androhung, die Nürnberger Strafen auf sie anzuwenden, kann sie nicht schrecken, solange keine Institution existiert, die als unverändertes Nachfolgeinstrument des IMT bezeichnet werden kann – und dessen Urteile auch rigoros durchsetzt.

Vor dem Nürnberger Prozeß, der trotz aller Einwände 1945 nicht nur im Hinblick auf die Zukunft der Menschheit notwendig war, personifizierten Hitler, Mussolini,[97] Stalin, Roosevelt und Churchill die weltpolitischen Entscheidungen, die in den Zweiten Weltkrieg einmündeten und in Nürnberg Gegenstand des Verfahrens der Sieger waren. Daß nach 1939 keiner von ihnen ernsthaft einen Verhandlungsfrieden wünschte, solange für jeden von ihnen die Chance bestand, Beute zu machen und seine machtpolitischen Zielvorstellungen realisieren zu können, bedarf heute keines weiteren Beweises mehr. Daß sie auf eine grundsätzlich verschiedene Weise endeten, hing mit Nürnberg und seiner Vorbereitung seit 1941 zusammen.

Hitler nahm sich 1945 das Leben. Mussolini füsilierten kurz zuvor schon seine politischen Gegner ohne Gerichtsverhandlung. Die übrigen Gipfelfiguren der Zeitgeschichte, teilweise nicht weniger belastet als Hitler und Mussolini, starben als geehrte Staatsmänner in ihren Betten. Mit Gelassenheit könnte der Historiker das zweierlei Maß registrieren, mit dem diese historischen Persönlichkeiten gemessen worden sind, wenn es nur um sie als Individuen und um die 1946 in Nürnberg als Subjekte des Völkerrechts verurteilten Hauptkriegsverbrecher ginge. Doch nicht sie sind es, die jene Gelassenheit nicht aufkommen lassen, sondern die nach wie vor von Staatsmännern, Politikern und Militärs mißachtete Autorität des Völkerrechts, zu dessen Verteidigung sich seit Nürnberg und Tokio infolge des Verhaltens der Politiker, die am wenigsten aus der Geschichte zu lernen bereit sind,[98] vor allem die Geschichtsschreibung aufgerufen fühlen muß.

Nach dem revolutionären Schritt der Sieger von 1945, den der Historiker akzeptieren muß, haben nicht nur jene Sieger selbst, sondern vor allem auch ihre Erben und alle anderen Nationen nach Nürnberg durch ihr jeweiliges Verhältnis zum Völkerrecht den historischen Stellenwert des Tribunals der Sieger zu verantworten.

Anhang

Von den 255 zwischen 1945 und 1951 in Landsberg am Lech als Kriegsverbrecher gehenkten Personen waren im Zivilleben

102 Handwerker, 37 Beamte (einige mit akademischer Ausbildung), 25 Kaufleute, 23 Akademiker in akademischen Berufen, 22 Arbeiter und Hilfsarbeiter, 15 Angestellte, 11 Landwirte und Bauern, 11 Soldaten (Berufssoldaten und Soldaten, die noch nicht im zivilen Berufsleben gestanden hatten), 4 Angehörige freier Berufe, 3 hauptberufliche NS-Funktionäre (1 Gauleiter, 2 Kreisleiter) und 2 Schüler.

Der älteste Delinquent, der am 28. 5. 1946 gehenkte Arzt Dr. Klaus Karl Schilling, war 74 Jahre alt.

In der Haft starben in Landsberg 20 Verurteilte eines natürlichen Todes:
davon waren 5 Handwerker, 5 Beamte, 3 Kaufleute, 1 Parteifunktionär, 1 Angestellter, 1 Landwirt, 2 Soldaten (einer von ihnen war General Karl von Roques). Bei 2 Verstorbenen ist nicht feststellbar, welche Berufe sie im bürgerlichen Leben ausgeübt hatten.

Fall I (Ärzte-Prozeß)

Anklagepunkte:
Das gemeinsame Vorhaben oder die Verschwörung zur Begehung von Kriegsverbrechen und Verbrechen gegen die Menschlichkeit,
Kriegsverbrechen (insbesondere medizinische Versuche – an und – mit Menschen),
Verbrechen gegen die Menschlichkeit, Mitgliedschaft in verbrecherischen Organisationen.
Anklageschrift vom 25. 10. 1946.
Präsident: Walter B. Beals (Oberster Richter des Supreme Court des Staates Washington).
Urteil vom 20. 8. 1947:

Karl Brandt (Begleitarzt Hitlers)	Todesstrafe, hingerichtet
Siegfried Handloser	Lebenslänglich, 1951 in 20 Jahre Haft umgewandelt*
Paul Rostock	Freispruch
Oskar Schröder	Lebenslänglich, 1951 in 15 Jahre Haft umgewandelt
Karl Grenzklün	Lebenslänglich, 1951 in 20 Jahre Haft umgewande
Karl Gebhardt (Arzt Heinrich Himmlers)	Todesstrafe, hingerichtet
Kurt Blome	Freispruch
Joachim Mrugowsky	Todesstrafe, hingerichtet
Rudolf Brandt	Todesstrafe, hingerichtet
Helmut Poppendick	10 Jahre, 1951 entlassen
Wolfram Sievers	Todesstrafe, hingerichtet
Gerhard Rose	Lebenslänglich, 1951 in 15 Jahre Haft umgewandelt
Siegfried Ruff	Freispruch
Viktor Brack	Todesstrafe, hingerichtet
Hans-Wolfgang Romberg	Freispruch
Hermann Becker-Freysing	20 Jahre, 1951 in 10 Jahre Haft umgewandelt
August Weltz	Freispruch
Konrad Schäfer	Freispruch

* Sämtliche Umwandlungen der Urteile kamen infolge des Gnadenerlasses des US-Hochkommissars John McCloy vom 31. 1. 1951 zustande.

Waldemar Hoven	Todesstrafe, hingerichtet
Wilhelm Beigelböck	15 Jahre, 1951 zu 10 Jahren Haft umgewandelt
Adolf Pokorny	Freispruch
Herta Oberhauser	20 Jahre, 1951 zu 10 Jahren Haft umgewandelt
Fritz Fischer	Lebenslänglich, 1951 zu 15 Jahren Haft umgewandelt

Fall II (Milch-Prozeß)

Anklagepunkte:
Kriegsverbrechen (Zwangsarbeit und Deportation zur Sklavenarbeit),
Kriegsverbrechen (medizinische Versuche an Menschen),
Verbrechen gegen die Menschlichkeit.
Anklageschrift vom 13. 11. 1946.
Präsident: Robert M. Toms (Richter des Berufungsgerichts in Michigan).
Urteil vom 17. 4. 1947:

Erhard Milch	Lebenslänglich, 1951 zu 15 Jahren Haft umgewandelt

Fall III (Juristen-Prozeß)

Anklagepunkte:
Das gemeinsame Vorhaben und die Verschwörung zur Begehung von Kriegsverbrechen und Verbrechen gegen die Menschlichkeit,
Kriegsverbrechen, Verbrechen gegen die Menschlichkeit, Mitgliedschaft in verbrecherischen Organisationen.
Anklageschrift vom 4. 1. 1947.
Präsident: James T. Brand (Richter am Obersten Gericht des Staates Oregon).
Urteil vom 4. 12. 1947:

Josef Altstötter	5 Jahre (verbüßt)
Wilhelm von Ammon	10 Jahre, 1951 entlassen
Paul Barnickel	Freispruch
Hermann Cuhorst	Freispruch
Günther Joel	10 Jahre, 1951 entlassen
Herbert Klemm	Lebenslänglich, 1951 zu 20 Jahren Haft umgewandelt

Ernst Lautz	10 Jahre, 1951 entlassen
Wolfgang Mettgenberg	10 Jahre
Günther Nebelung	Freispruch
Rudolf Öschey	Lebenslänglich, 1951 zu 20 Jahren Haft umgewandelt
Hans Petersen	Freispruch
Oswald Rothaug	Lebenslänglich, 1951 zu 20 Jahren Haft umgewandelt
Curt Rothenberger	7 Jahre
Franz Schlegelberger	Lebenslänglich, infolge von Krankheit entlassen

Fall IV (Wirtschafts- und Verwaltungshauptamt der SS)

Anklagepunkte:
Das gemeinsame Vorhaben oder die Verschwörung zur Begehung von Kriegsverbrechen und Verbrechen gegen die Menschlichkeit,
Kriegsverbrechen, Verbrechen gegen die Menschlichkeit, Mitgliedschaft in verbrecherischen Organisationen.
Anklageschrift vom 13. 1. 1947.
Präsident: Robert M. Toms (Richter des Berufungsgerichts in Michigan).
Urteil vom 3. 11. 1947.

Hans Baier	10 Jahre, 1951 entlassen
Hans Bobermin	15 Jahre, 1951 entlassen
Franz Eirenschmalo	Todesstrafe, 1951 zu 9 Jahren Haft umgewandelt
Heinz Fanslau	20 Jahre, 1951 zu 15 Jahren Haft umgewandelt
August Frank	Lebenslänglich, 1951 zu 15 Jahren Haft umgewandelt
Hans Hohberg	10 Jahre, 1951 entlassen
Max Kiefer	15 Jahre, 1951 entlassen
Horst Klein	Freispruch
Georg Lörner	Lebenslänglich, 1951 zu 15 Jahren Haft umgewandelt
Hans Lörner	10 Jahre, 1951 entlassen
Karl Memmenthey	Lebenslänglich, 1951 zu 20 Jahren Haft umgewandelt

Oswald Pohl	Todesstrafe, hingerichtet
Hermann Pook	10 Jahre, 1951 entlassen
Rudolf Scheide	Freispruch
Karl Sommer	Todesstrafe, 1951 zu 20 Jahren Haft umgewandelt
Erwin Tschentscher	10 Jahre, 1951 entlassen
Joseph Vogt	Freispruch
Leo Volk	10 Jahre, 1951 in 8 Jahre Haft umgewandelt

Fall V (Flick-Prozeß)

Anklagepunkte:
Kriegsverbrechen und Verbrechen gegen die Menschlichkeit (Zwangsarbeit und Deportation zur Sklavenarbeit),
Kriegsverbrechen und Verbrechen gegen die Menschlichkeit (Plünderung in besetzten Gebieten),
Kriegsverbrechen und Verbrechen gegen die Menschlichkeit,
Mitgliedschaft in »Himmlers Freundeskreis«,
Mitgliedschaft in verbrecherischen Organisationen.
Ergänzte Anklageschrift vom 18. 3. 1947.
Präsident: Charles B. Sears (ehemaliger Richter des Berufungsgerichts des Staates New York).
Urteil vom 22. 12. 1947:

Friedrich Flick	7 Jahre
Otto Steinbrink	5 Jahre
Konrad Kaletsch	Freispruch
Bernhard Weiß	2 1/2 Jahre
Hermann Terberger	Freispruch
Odilio Burkhard	Freispruch

Fall VI (IG-Farben-Prozeß)

Anklagepunkte:
Planung, Vorbereitung, Beginn und Führung von Angriffskriegen und Einfällen in andere Länder,
Plünderung und Raub, Versklavung und Massenmord,

Mitgliedschaft der SS,
Gemeinsamer Plan oder Verschwörung.
Anklageschrift vom 3. 5. 1947.
Präsident: Curtis G. Shaker (Ehemaliger Richter am Obersten Gericht des Staates Indiana).
Urteil vom 30. 7. 1948:*

Carl Krauch	6 Jahre
Hermann Schmitz	4 Jahre
Georg von Schnitzler	5 Jahre
Fritz Gajewski	Freispruch
Heinrich Hörlein	Freispruch
August von Knieriem	Freispruch
Fritz ter Meer	7 Jahre
Christian Schneider	Freispruch
Otto Ambros	8 Jahre
Ernst Bürgin	2 Jahre
Heinrich Bütefisch	6 Jahre
Paul Hätliger	2 Jahre
Max Ilgner	3 Jahre
Friedrich Jähne	1 1/2 Jahre
Hans Kühne	Freispruch
Karl Lautenschläger	Freispruch
Wilhelm Mann	Freispruch
Heinrich Oster	2 Jahre
Karl Wurster	Freispruch
Walter Dürrfeld	8 Jahre
Heinrich Gauineau	Freispruch
Erich von der Heyde	Freispruch
Hans Kugler	1 1/2 Jahre

Fall VII (Südost-Generale)

Anklagepunkte:
Kriegsverbrechen und Verbrechen gegen die Menschlichkeit (Massenmord),
Kriegsverbrechen und Verbrechen gegen die Menschlichkeit (Plünderung und Raub),

* Einige dieser Verurteilten wurden vorzeitig »wegen guter Führung« entlassen.

Kriegsverbrechen und Verbrechen gegen die Menschlichkeit (völkerrechtswidrige Hinrichtungen),
Kriegsverbrechen und Verbrechen gegen die Menschlichkeit (Zwangsarbeit und Deportation zur Sklavenarbeit).
Anklageschrift vom 13. 5. 1947.
Präsident: Charles F. Wennerstrum (Richter am Obersten Gericht des Staates Iowa).
Urteil vom 19. 2. 1948:

Ernst Dehner	7 Jahre, 1951 entlassen
Helmuth Felmy	15 Jahre, 1951 zu 10 Jahren Haft umgewandelt
Hermann Förtsch	Freispruch
Kurt von Geitner	Freispruch
Walter Kuntze	Lebenslänglich
Hubert Lanz	12 Jahre, 1951 entlassen
Ernst von Leyser	10 Jahre, 1951 entlassen
Wilhelm List	Lebenslänglich
Lothar Rendulic	20 Jahre, 1951 zu 10 Jahren Haft umgewandelt
Wilhelm Speidel	20 Jahre, 1951 entlassen

Fall VIII (Rasse- und Siedlungshauptamt der SS)

Anklagepunkte:
Verbrechen gegen die Menschlichkeit,
Kriegsverbrechen,
Mitgliedschaft in verbrecherischen Organisationen.
Anklageschrift vom 1. 7. 1947.
Präsident: Lee B. Wyatt (Richter des Obersten Gerichts in Georgia).
Urteil vom 10. 3. 1948:

Ulrich Greifelt	Lebenslänglich
Rudolf Creutz	15 Jahre, 1951 zu 10 Jahren Haft umgewandelt
Konrad Meyer-Hetling	2 Jahre, 10 Monate
Otto Schwarzenberger	2 Jahre, 10 Monate
Herbert Hübner	15 Jahre, 1951 entlassen
Werner Lorenz	20 Jahre, 1951 zu 15 Jahren Haft umgewandelt
Heinz Brückner	15 Jahre, 1951 entlassen

Otto Hoffmann	25 Jahre, 1951 zu 15 Jahren Haft umgewandelt
Richard Hildebrandt	25 Jahre (an Polen ausgeliefert)
Fritz Schwalm	10 Jahre, 1951 entlassen
Max Sollmann	2 Jahre, 8 Monate
Gregor Ebner	2 Jahre, 8 Monate
Günther Tesch	2 Jahre, 10 Monate
Inge Viermetz	Freispruch

Fall IX (Einsatzgruppen-Prozeß)

Anklagepunkte:
Verbrechen gegen die Menschlichkeit,
Kriegsverbrechen,
Mitgliedschaft in verbrecherischen Organisationen.
Ergänzte Anklageschrift vom 25. 7. 1947.
Präsident: Michael A. Musmanno (Richter in Pittsburgh, Pennsylvania).
Urteil vom 10. 4. 1948:

Otto Ohlendorf	Todesstrafe, hingerichtet
Erich Naumann	Todesstrafe, hingerichtet
Erwin Schulz	20 Jahre, 1951 zu 15 Jahren Haft umgewandelt
Franz Six	20 Jahre, 1951 zu 10 Jahren Haft umgewandelt
Paul Blobel	Todesstrafe, hingerichtet
Walter Blume	Todesstrafe, 1951 zu 25 Jahren Haft umgewandelt
Martin Sandberger	Todesstrafe, 1951 in lebenslängliche Haft umgewandelt
Willy Seibert	Todesstrafe, 1951 zu 15 Jahren Haft umgewandelt
Eugen Steimle	Todesstrafe, 1951 zu 20 Jahren Haft umgewandelt
Ernst Biberstein	Todesstrafe, 1951 in lebenslängliche Haft umgewandelt
Werner Braune	Todesstrafe, hingerichtet

Walter Hänsch	Todesstrafe, 1951 zu 15 Jahren Haft umgewandelt
Gustav Noske	Lebenslänglich, 1951 zu 10 Jahren Haft umgewandelt
Adolf Ott	Todesstrafe, 1951 in lebenslängliche Haft umgewandelt
Edward Strauch	Todesstrafe (an Belgien ausgeliefert, hingerichtet)
Waldemar Klingelhöfer	Todesstrafe, 1951 in lebenslängliche Haft umgewandelt
Lothar Fendler	10 Jahre, 1951 zu 8 Jahren Haft umgewandelt
Waldemar von Radetzky	20 Jahre, 1951 entlassen
Felix Rühl	10 Jahre, 1951 entlassen
Heinz Schubert	Todesstrafe, 1951 zu 10 Jahren Haft umgewandelt
Mathias Graf	3 Jahre (verbüßt)
Heinz Jost	Lebenslänglich, 1951 zu 10 Jahren Haft umgewandelt

Fall X (Krupp-Prozeß)

Anklagepunkte:
Verbrechen gegen den Frieden,
Plünderung und Raub,
Verschleppung, Ausbeutung und Mißbrauch zur Sklavenarbeit,
Der gemeinsame Plan und die Verschwörung.
Anklageschrift vom 1. 7. 1947.
Präsident: H. C. Anderson (Präsident des Berufungsgerichts des Staates Tennessee).
Urteil vom 31. 7. 1948:

Alfried Krupp von Bohlen und Halbach	12 Jahre und Einziehung des Gesamtvermögens*

* Die Einziehung des Vermögens wurde durch den Gnadenerlaß McCloys vom 31. 1. 1951 aufgehoben; alle Verurteilten, die ihre Strafe im Januar 1951 noch nicht verbüßt hatten, wurden begnadigt.

Ewald Löser	7 Jahre
Eduard Houdremont	10 Jahre
Erich Müller	12 Jahre
Friedrich Janssen	10 Jahre
Karl Pfirsch	Freispruch
Max Ihn	9 Jahre
Karl Eberhardt	9 Jahre
Heinrich Korschan	6 Jahre
Friedrich von Bülow	12 Jahre
Heinrich Lehmann	6 Jahre
Hans Kupke	2 Jahre, 10 Monate

Fall XI (Wilhelmstraßen-Prozeß)

Anklagepunkte:
Planung, Vorbereitung, Einleitung und Führung von Angriffskriegen und Invasionen,
Der gemeinsame Plan und die Verschwörung,
Kriegsverbrechen: Ermordung und Mißhandlung von Kriegsteilnehmern und von Kriegsgefangenen,
Verbrechen gegen die Menschlichkeit: Greueltaten und strafbare Handlungen gegen deutsche Staatsangehörige aus politischen, rassischen und religiösen Gründen zwischen 1933 und 1939,
Kriegsverbrechen und Verbrechen gegen die Menschlichkeit: Gegen die Zivilbevölkerung begangene Greueltaten und strafbare Handlungen,
Kriegsverbrechen und Verbrechen gegen die Menschlichkeit: Raub und Plünderung,
Kriegsverbrechen und Verbrechen gegen die Menschlichkeit: Zwangsarbeit,
Mitgliedschaft in verbrecherischen Organisationen.
Anklageschrift vom 15. 11. 1947.
Präsident: William C. Christianson (ehemaliger Richter am Obersten Gericht des Staates Minnesota).
Urteil vom 11. 4. 1949:

Ernst von Weizsäcker	7 Jahre, durch Berichtigungsbeschluß vom 12. 12. 1949 auf 5 Jahre herabgesetzt
Adolf Steengracht von Moyland	7 Jahre, durch Berichtigungsbeschluß vom 12. 12. 1949 auf 5 Jahre herabgesetzt

Wilhelm Keppler	10 Jahre, 1951 entlassen
Ernst Wilhelm Bohle	5 Jahre
Ernst Wörmann	7 Jahre, durch Berichtigungsbeschluß vom 12. 12. 1949 auf 5 Jahre herabgesetzt
Karl Ritter	4 Jahre (verbüßt)
Otto von Erdmannsdorff	Freispruch
Edmund Veesenmayer	20 Jahre, 1951 zu 10 Jahren Haft umgewandelt
Hans Heinrich Lammers	20 Jahre, 1951 zu 10 Jahren Haft umgewandelt
Wilhelm Stuckart	3 Jahre, 10 Monate (teilw. verbüßt)
Richard Walther Darré	7 Jahre
Otto Meißner	Freispruch
Otto Dietrich	7 Jahre (teilw. verbüßt)
Gottlob Berger	25 Jahre, 1951 zu 10 Jahren Haft umgewandelt
Walter Schellenberg	6 Jahre (teilw. verbüßt)
Lutz Schwerin von Krosigk	10 Jahre, 1951 entlassen
Emil Puhl	5 Jahre (teilw. verbüßt)
Paul Körner	15 Jahre, 1951 zu 10 Jahren Haft umgewandelt
Paul Pleiger	15 Jahre, 1951 zu 9 Jahren Haft umgewandelt
Hans Kehrl	15 Jahre, 1951 entlassen
Karl Raschke	7 Jahre (teilw. verbüßt)

Fall XII (Oberkommando der Wehrmacht)

Anklagepunkte:
Verbrechen gegen den Frieden,
Kriegsverbrechen und Verbrechen gegen die Menschlichkeit:
Verbrechen gegen feindliche Kriegführende und Kriegsgefangene,
Kriegsverbrechen und Verbrechen gegen die Menschlichkeit:
Verbrechen gegen Zivilpersonen,
Der gemeinsame Plan und die Verschwörung.
Anklageschrift vom 28. 11. 1947.

Präsident: John C. Young (ehemaliger Präsident am Obersten Gericht des Staates Colorado).

Urteil vom 27. Oktober 1948:

Wilhelm von Leeb	3 Jahre (verbüßt)
Hugo Sperrle	Freispruch
Georg von Küchler	20 Jahre, 1951 zu 12 Jahren Haft umgewandelt
Hermann Hoth	15 Jahre
Hans Georg Reinhardt	15 Jahre
Hans von Salmuth	20 Jahre, 1951 zu 12 Jahren Haft umgewandelt
Karl Hollidt	5 Jahre (teilw. verbüßt)
Otto Schniewind	Freispruch
Karl von Roques	20 Jahre (T)
Hermann Reinecke	Lebenslänglich
Walter Warlimont	Lebenslänglich, 1951 zu 18 Jahren Haft umgewandelt
Otto Wöhler	8 Jahre (teilw. verbüßt)
Rudolf Lehmann	7 Jahre (teilw. verbüßt

Anmerkungen

Teil I

Die Vorbereitungen der Sieger

1 Zit. nach Joe J. Heydecker und Johannes Leeb: *Der Nürnberger Prozeß. Bilanz der Tausend Jahre*, Köln und Berlin 1958ff., S. 525. Zit. nach der 5. Auflage von 1962. Fortan zit. als Heydecker/Leeb, *Der Nürnberger Prozeß* ...
2 *Waldeckische Landeszeitung*, 8. 10. 1952
3 Heydecker/Leeb, *Der Nürnberger Prozeß*, S. 525.
4 »... einen Schrein?« fragten Heydecker und Leeb (S. 525) 1958 ungläubig und ergänzten: »Über ein Jahrzehnt ist vergangen, und die Dinge sind in unbegreiflicher Ferne versunken.« Daß sie sich täuschten, braucht heute nicht mehr belegt zu werden.
5 Vgl. dazu u. a. David Bergamini: *Japan's Imperial Conspiracy. How Emperor Hirohito led Japan into War against the West*, New York 1971.
6 Zit. nach Heydecker/Leeb, *Der Nürnberger Prozeß*, S. 525.
7 Vgl. z. B.: *Der Prozeß gegen die Hauptkriegsverbrecher vor dem Internationalen Militärgerichtshof. Nürnberg*, 14. November 1945/1. Oktober 1946, Nürnberg 1947, Bd. I, S. 107. Fortan zit. als IMT, Bd. ...
8 Wilhelm Keitel beispielsweise schrieb kurz vor seiner Hinrichtung über die Zeit unmittelbar nach seiner Gefangennahme: »Ich hätte meinem Leben – völlig unbewacht – ein Ende machen können. Ich dachte nicht daran, weil ich einen solchen Leidensweg bis zum tragischen Ende in Nürnberg nicht für möglich gehalten habe.« Vgl. Walter Görlitz: *Keitel. Verbrecher oder Offizier? Erinnerungen, Briefe, Dokumente des Chefs des OKH*, Göttingen 1961, S. 376ff.
9 Vgl. Einleitung zu *Instrumentum Pacis Caesaro-Gallicum Monasteriense*. Quellen zur Neueren Geschichte, Heft 12/13, Bern 1949, S. 81f.
10 Art. IV, Paragraph 51 des Osnabrücker Vertrages.
11 Art. XVI, Paragraph 7 des Osnabrücker Vertrages.
12 Art. IV, Paragraph 51, S. 1 a. E. des Osnabrücker Vertrages.
13 Art. I, Art. XVII, Paragraph 2 und 4 und Paragraphen 4–6. Vgl. dazu K. Zeumer: *Quellensammlung zur Geschichte der deutschen Reichsverfassung*, 2. Aufl., Tübingen 1913, Dok. 197, S. 395f., F. W Ghillany: *Diplomatisches Handbuch 1648–1867*, 3 Bde., Nördlingen 1855, Bd. I, S. 9ff. und ders.: *Europäische Chronik von 1492 bis Ende April 1577*, 5 Bde., Leipzig 1865/78, Bd. I, S. 148ff.
14 Vgl. die Anm. 8 in diesem Kapitel.
15 Vgl. Werner Maser: *Adolf Hitler. Legende – Mythos – Wirklichkeit*, München und Eßlingen 1971ff., zit. nach der 6. Auflage von 1974, S. 16ff. Fortan zit. als Maser, *Adolf Hitler* ...
16 Vgl. dazu auch Hans-Adolf Jacobsen: *Nationalsozialistische Außenpolitik 1933–1945*, Frankfurt a. M. 1968, S. 339.
17 Vgl. dazu Europa-Archiv 1947, S. 343 und *Kriegsdokumente über Bündnisgrundlagen, Kriegsziele und Friedenspolitik der Vereinten Nationen*. Veröffentlichungen des Instituts für Internationales Recht an der Universität Kiel (Hrsg. H. von Mangoldt), Hamburg 1946. Dok. 1, S. 94. Fortan zit. als *Kriegsdokumente* ...
18 *Punishment for War Crimes. The Inter-Allied Declaration signed at the St. James Palace, London 13. January 1942 and relative documents*, hrsg. von Inter-Allied Information Committee, London 1942 pp 3/4. Zit. nach Telford Taylor: *Die Nürnberger Prozesse. Kriegsverbrechen und Völkerrecht*, ergänzte Sonderausgabe, Zürich 1951, S. 12.

19 Ebenda.
20 Vgl. dazu *Europa-Archiv* 1947, S. 1044f. und *Kriegsdokumente*, Dok. 11, S. 51ff.
21 Zit. nach *Teheran, Jalta, Potsdam. Dok. zur Außenpolitik*, Bd. I, 2. Aufl., Köln 1973, S. 89f.
22 Vgl. *Kriegsdokumente*, Dok. 6, S. 29ff., *Europa-Archiv* 1947, S. 344 und die *Times* vom 7. 12. 1943.
23 Vgl. J. L. Chase: »The Development of the Morgenthau-Plan through the Quebec Conference«, in: *Journal of Politics* (Mai 1954), vol. 16, Nr. 2, S. 324f.
24 DNB-Text vom 1. 1. 1945.
25 Ziffer 2 der Erklärung von Jalta. Vgl. Amtsblatt des Kontrollrates für Deutschland, Berlin 1945-1949. Vgl. auch *Europa-Archiv* 1947, S. 404.
26 IMT, Bd. XVI, S. 541.
27 Vgl. *Europa-Archiv*, hrsg. von Wilhelm Corniedes, Oberwesel 1946ff., S. 343. Fortan zitiert als: *Europa-Archiv* ... Vgl. auch *Kriegsdokumente*, Heft 1, S. 47f.
28 DNB-Text vom 30. 1. 1942.
29 Vgl. B. H. Liddell Hart: *Geschichte des Zweiten Weltkrieges*, 2 Bde, Düsseldorf und Wien 1972, Bd. II, S. 610. Zu Stalins Bemühungen, sich mit Hitler wieder zu arrangieren, vgl. u. a. auch Sven Allard: *Stalin und Hitler. Die sowjetrussische Außenpolitik 1930 bis 1941*, Bern und München 1974. Vgl. dazu auch die Rezension »Welche Rolle spielte Stalin in Hitlers Kalkül?« von Andreas Hillgruber in der *FAZ* vom 20. 2. 1975 und Alexander Fischer: *Sowjetische Deutschland-Politik im Zweiten Weltkrieg 1941–1945*, Stuttgart 1975.
30 Vgl. dazu Maser, *Adolf Hitler ...*, S. 507.
31 Vgl. Robert M. W. Kempner: *Eichmann und Komplizen*, Zürich/Stuttgart/Wien 1961, S. 97ff. Fortan zitiert als Kempner, *Eichmann und Komplizen*.
32 Vgl. dazu u. a. S. 365 B und 369 im 2. Kapitel und Kempner, *Eichmann und Komplizen*.
33 Zit. nach Max Domarus: *Hitler. Reden und Proklamationen 1932–1945*, 4 Bde., München 1965ff., Bd. II/4, S. 2054ff.
34 Vgl. Winston S. Churchill: *Der Zweite Weltkrieg*, 6 Bde., Hamburg und Stuttgart 1950–1954, Bd. V/2, S. 62ff.
35 Vgl. Elliott Roosevelt: *Wie er es sah*, Zürich 1947, S. 235ff. Vgl. auch *Foreign Relations of the United States. Diplomatic Papers. The Conferences at Cairo and Teheran 1943*, Washington 1961, S. 552ff. und Günter Holtmann: *Amerikas Deutschlandpolitik im Zweiten Weltkrieg. Kriegs- und Friedensziele 1941–1945*, Heidelberg 1958, S. 83f. und S. 115f.
36 Vgl. Max M. Laserson: *Russia and the Western World*, New York 1945, S. 204 und Gerhard Gründler und Arnim von Manikowsky: *Das Gericht der Sieger*, Oldenburg und Hamburg 1967, S. 55. Fortan zit. als Gründler/Manikowsky, *Gericht der Sieger* ...
37 Vgl. Maser, *Adolf Hitler ...*, S. 370ff.
38 Vgl. Maser, *Adolf Hitler ...*, S. 370ff.
39 Vgl. Albert Speers Aussagen vor dem IMT in Nürnberg. IMT, Bd. XVI, S. 541.
40 Schriftliche Mitteilung von Dr. Robert M. W. Kempner vom 31. 10. 1975.
41 Louise W. Holborn: *War and Peace. Aims of the United Nations*, Boston: World Peace Foundation 1943, 1948, Bd. II, S. 449f.
42 Jackson: *Jackson-Report. United States Representative to the International Conference on Military Trials*, London 1945, Department of State, Publication 3080 (1949). Fortan zit. als *Jackson-Report* ...
43 Vgl. Executive Order 9547, wo es mit Datum vom 2. Mai 1945 heißt: »betreffend die Vertretung der Vereinigten Staaten bei der Vorbereitung und Durchführung der Anklage gegen die Führer der europäischen Achsenmächte und ihre wichtigsten Vertreter und Mitschuldigen wegen Grausamkeiten und Kriegsverbrechen.« 10 Federal Register 4961.
44 Vgl. *Jackson-Report*, S. 42–54.
45 Ebenda, S. 47ff.
46 Ebenda.
47 In den amerikanischen Protokollen (PP II, S. 89 und 96) steht zusätzlich: »... Wenn wir das Vorkriegs-Deutschland (pre-war Germany) meinen, stimme ich dem zu.«
48 In den amerikanischen Protokollen (PP II, S. 90 und 96) steht zusätzlich: »... Österreich ist kein Teil Deutschlands.«
49 Die amerikanischen Protokolle (PP II, S. 90 und 96) weichen von diesem Text ab: Stalin schlug nach den US-Protokollen den Zusatz vor: »abzüglich dessen, was Deutschland 1945 verloren hat.«

50 Zit. nach: *Teheran, Jalta, Potsdam. Die sowjetischen Protokolle von den Kriegskonferenzen der »Großen Drei«*, hrsg. von Alexander Fischer, Köln 1973, S. 214f. Fortan zit. als *Teheran, Jalta, Potsdam ...*
51 *Teheran, Jalta, Potsdam ...*, S. 383.
52 Vgl. dazu auch Josef Ackermann: »Die Konferenz von Potsdam«, in: *Frankfurter Allgemeine Zeitung* (*FAZ*) vom 9. 8. 1975. Fortan zit. als Ackermann, »Die Konferenz von Potsdam«.
53 In den amerikanischen Protokollen wird diese Äußerung Attlee zugeschrieben, in den britischen ebenfalls Ernest Bevin. Vgl. auch Ackermann, »Die Konferenz von Potsdam.«
54 Zit. nach *Teheran, Jalta, Potsdam ...*, S. 369f.
55 Ackermann, »Die Konferenz von Potsdam«.
56 Vgl. dazu besonders Bernd Martin: *Friedensinitiativen und Machtpolitik im Zweiten Weltkrieg 1939–1942*. Geschichtliche Studien zu Politik und Gesellschaft, Bd. 6, Düsseldorf 1974.
57 Grundlage bildeten die Grenzen, »wie sie am 31. Dezember 1937 bestanden« hatten. Amtsblatt des Kontrollrats in Deutschland, Heft 1, S. 7ff. Vgl. auch: *Europa-Archiv* 1946, S. 213.
58 Vgl. Amtsblatt des Kontrollrats in Deutschland, Heft 1, S. 7ff., *Europa-Archiv* 1946, S. 213 und 1948, S. 1437.
59 IMT, Bd. I, S. 8.
60 Das an dieser Stelle im englischen und im französischen Text enthaltene Semikolon ist durch ein Komma ersetzt worden. Vgl. Protokoll über die Berichtigung einiger Unstimmigkeiten im Wortlaut des Statuts (IMT I, 19).
61 Vgl. Art. 7, IMT, Bd. I, S. 12.
62 Ebenda.
63 Ebenda, S. 105f.
64 Nach Artikel 18 des Statuts sollte sich der Gerichtshof (IMT) »auf eine beschleunigte Verhandlung ... beschränken« und »strenge Maßnahmen ergreifen, um jede Handlung zu vermeiden, die eine unnötige Verzögerung verursachen könnte, und unerhebliche Fragen und Erklärungen jedweder Art ablehnen«. IMT, Bd. I, S. 16.
65 Ebenda, S. 13.
66 Ebenda, S. 18.
67 So wurde beispielsweise die den Angeklagten laut Statut (IV, Artikel 16, Punkt d) ausdrücklich zugestandene Erlaubnis, sich selbst zu verteidigen (vgl. IMT, Bd. I, S. 15), grundsätzlich nicht akzeptiert.

Teil II

Auf dem Weg nach Nürnberg

1 IMT, Bd. IX, S. 164f.
2 Zit. nach Leonard Mosley: *Göring. Eine Biographie*, München 1975, S. 301.
3 Zit. nach Mosley, ebenda, S. 304.
4 Persönliche Mitteilung von Karl Dönitz (Mai 1969).
5 Vgl. dazu auch Mosley, *Göring*, S. 310.
6 Vgl. Dr. Pflücker, *Waldeckische Landeszeitung*, Oktober 1952, 19. Fortsetzung.
7 Persönliche Auskunft von Karl Dönitz (Mai 1969).
8 Maschinentext; Vermerk: Geheim. Zeichen: Nr. 1202/44g-R/H. US-Document-Center Berlin.
9 Maschinentext; 2 Ausfertigungen. Zeichen: 1750 G.KS ... 1229/44. US-Document-Center Berlin.
10 Vgl. IMT, Bd. II, S. 115ff.
11 Vgl. IMT, Bd. XV, S. 323.
12 IMT, Bd. XII, S. 337. Vgl. auch ebenda, S. 423.
13 Ebenda, S. 423f.
14 Ebenda. S. 339.
15 Vgl. dazu auch Baldur von Schirach: *Ich glaubte an Hitler*, Hamburg 1967, S. 314. Baldur von Schirachs Angaben in *Ich glaubte an Hitler* über die Ereignisse vom 2. 4. bis 5. 6. 1945 wurden von seinem Sohn, Klaus von Schirach, im Rahmen eines Gerichtsverfahrens gegen eine deutsche Illustrierte bewiesen, die durch einen Gerichtsbeschluß veranlaßt wurde, mindestens eine ihrer Behauptungen

nicht zu wiederholen. Schriftliche Auskunft von Klaus von Schirach vom 23. 7. 1974.
16 Vgl. ebenda, S. 315.
17 Ebenda, S. 315f.
18 Vgl. ebenda, S. 316.
19 Vgl. ebenda, S. 317.
20 Ebenda, S. 318.
21 Ebenda. Die Behauptung von Heydecker und Leeb (dort S. 63f.), daß Schirach bis zu seiner Verhaftung Dolmetscher der Amerikaner gewesen sei, ist eine Legende.
22 Persönliche Mitteilung von Karl Dönitz (Mai 1969).
23 Vgl. IMT, Bd. XII, S. 426.
24 Aussage Julius Streicher, IMT, Bd. XII, S. 337; Aussage Adele Streicher, ebenda, S. 426.
25 Aussage Adele Streicher, IMT, Bd. XII, S. 426.
26 Mitteilung von Frau Streicher (1. 8. 1974). Die von Heydecker und Leeb (S. 46f.) phantasiereich geschilderte Entdeckung Streichers deckt sich nicht mit den Tatsachen.
27 Kopie des handschriftlichen Berichts von Julius Streicher im Besitz des Autors.
28 Zit. nach Görlitz, *Keitel ...*, S. 341ff. Vgl. auch *Nazi-Conspiracy and Aggression*. Office of United States Chief of Counsel for Prosecution of Axis Criminality, Suppl. B, Washington 1948 und Karl Koller: *Der letzte Monat. Die Tagebuchaufzeichnungen des Chefs des Generalstabes der deutschen Luftwaffe v. 14. April bis 27. Mai 1945*, Mannheim 1949; Joachim Schultz: *Die letzten 30 Tage. Aus dem Kriegstagebuch des OKW*, Stuttgart 1951; Walter Lüdde-Neurath: *Regierung Dönitz. Die letzten Tage des Dritten Reiches*, 2. Aufl., Göttingen 1953 und die Untersuchung von Walter Baum: »Der Zusammenbruch der obersten deutschen militärischen Führung 1945« in der *Wehrwissenschaftlichen Rundschau* 5/60, Frankfurt a. M. 1960, S. 237ff.
29 Görlitz, *Keitel ...*, S. 376ff.
30 Vgl. Albert Speer: *Erinnerungen*, Frankfurt a. M. und Berlin 1969, S. 505ff.
31 Vgl. ebenda, S. 505.
32 Werner Bross: *Gespräche mit Hermann Göring während des Nürnberger Prozesses*, Flensburg und Hamburg 1950. Bross fungierte als Assistent des Göring-Verteidigers Dr. Stahmer.
33 Vgl. Speer, *Erinnerungen*, S. 509.
34 Vgl. z. B. Speer, *Erinnerungen*, S. 507.

Das Gefängnis

1 Am 7. 6. 1951 in Landsberg a. Lech gehenkt.
2 Am 28. 5. 1947 in Landsberg gehenkt.
3 Schriftlicher Bericht einer Zeugin der Verteidigung vom 10. Mai 1974.
4 Persönliche Mitteilung von Dr. Robert M. W. Kempner (8. 3. 1974). Nach dem Abschluß der Nürnberger Nachfolgeverfahren machte Kordt sich einen Namen als Autor zeitgeschichtlicher Publikationen. Vgl. dazu auch Ribbentrops letzte Aufzeichnungen in: Joachim von Ribbentrop: *Zwischen London und Moskau. Erinnerungen und letzte Aufzeichnungen*, Leoni 1961, S. 278ff.
5 Persönliche Auskunft von Dr. Kempner (8. 3. 1974).
6 Dönitz, Funk, Heß, Raeder, v. Schirach, Speer und v. Neurath.
7 Pflücker in der *Waldeckischen Landeszeitung* vom 11. 10. 1952.
8 Speer, *Erinnerungen*, S. 509.
9 Maschinenschriftlicher Bericht. Nicht datiert (1946). Dok. im Besitz des Autors. Der Text wurde an einigen Stellen stilistisch leicht korrigiert.
10 Pflücker in der *Waldeckischen Landeszeitung* vom 10. 10. 1952. Vgl. dazu auch Albert Speer: *Spandauer Tagebücher*, Berlin 1975, S. 19ff.
11 Diese Darstellung stützt sich auf einen Bericht von General von Vormann, der als Zeuge der Verteidigung inhaftiert worden war. Handschriftlich unterschriebener Maschinentext, 6 Seiten, datiert: 1946. Dok. im Besitz des Autors. Zu Vormann vgl. IMT, Bd. XV, S. 605.
12 Pflücker, *Waldeckische Landeszeitung* vom 13.10.1952.

13 Unveröffentlichter Bericht eines englischen Prozeßberichterstatters von 1946. Dok. im Besitz des Autors.
14 Vgl. dazu auch Schellenbergs eidesstattliche Erklärung vom 12. 7. 1946; zit. in IMT, Bd. XLII, S. 456ff.
15 Schriftliche Mitteilung von Lina Heydrich vom 4. 10. 1974.
16 Pflücker, *Waldeckische Landeszeitung* vom 10. 10. 1952.
17 So schrieb Fritz Sauckel, der einstige Arbeiter, in fehlerhaftem Deutsch: »... Ich bitte, mir gütigst heute abend ein Schlafmittel zu geben ...«
18 Pflücker, *Waldeckische Landeszeitung* vom 29. 10. 1952.
19 Pflücker, *Waldeckische Landeszeitung* vom 10. 10. 1952.
20 Schriftliche Mitteilung von Dr. Hans-Otto Meissner vom 19. 9. 1975.
21 Schriftlicher Bericht eines Zeugen der Verteidigung. Maschinenschrift, nicht datiert. Dok. (mit Sicherheit von 1946) im Besitz des Autors.
22 Abkommen über die Behandlung der Kriegsgefangenen vom 27. 7. 1929.
23 Bericht von General von Vormann.
24 Diese Angaben basieren auf dem bereits genannten Bericht des Generals von Vormann (vgl. die Anm. 11 in diesem Kapitel), der sich inhaltlich mit zahlreichen Darstellungen einstiger Zeugen deckt.

Der Prozeß beginnt

1 IMT, Bd. I, S. 26.
2 IMT, Bd. I, S. 26.
3 IMT, Bd. I, S. 28.
4 Vgl. IMT, Bd. I, S. 26ff.
5 Gustav M. Gilbert: *Nürnberger Tagebuch*, Frankfurt a. M. 1962, S. 13.
6 Persönliche Mitteilung von Karl Dönitz (Mai 1967).
7 Zit. nach Gründler/Manikowsky, *Gericht der Sieger*, S. 87.
8 Zit. nach Gründler/Manikowsky, *Gericht der Sieger*, S. 88.
9 Ebenda, S. 90.
10 Vgl. IMT, Bd. VII, S. 279ff.
11 IMT, Bd. VII, S. 281.
12Zu Görings Bemerkung vgl. Gilbert, *Nürnberger Tagebuch*, S. 147.
13 Art. 16d, I. 15 des Statuts.
14 Schriftliche Mitteilung von Luise Jodel vom 6. 10. 1975.
15 Vgl. Speer, *Erinnerungen*, S. 513.
16 Von den Hauptverteidigern sollen 6 (also rund 16 %) ehemalige Mitglieder der NSDAP gewesen sein. Vgl. Suzanne Czapski: *Rechtsanwälte in Nürnberg*, DANA-Bericht vom 8. 6. 1946.
17 Vgl. Gründler/Manikowsky, *Gericht der Sieger*, S. 99.
18 IMT, Bd. I, S. 105.
19 IMT, Bd. I, S. 15.
20 Ebenda, S. 17.
21 IMT, Bd. I, S. 21.
22 Speer, *Erinnerungen*, S. 512.
23 Vgl. Francis Biddle: *In Brief Authority*, New York 1962, S. 373f.
24 Vgl. *Welt am Sonntag*, Hamburg, 26. 9. 1971.
25 IMT, Bd. II, S. 39f.
26 IMT, Bd. I, S. 40–99 und Bd. II, S. 29ff. Den Anklagepunkt eins (Gemeinsamer Plan oder Verschwörung) trug Alderman vor (IMT, Bd. II, S. 40–56). Den Anklagepunkt zwei (Verbrechen gegen den Frieden) verlas Sir David Maxwell-Fyfe (IMT, Bd. II, S. 56–57). Der französische Ankläger M. Monier (IMT, Bd. II, S. 57–64 und 71–73) und der französische Hilfsankläger M. Charles Gerthoffer (ebenda, S. 65–70) verlasen einen Teil des Anklagepunktes drei (Kriegsverbrechen), den die sowjetischen Hilfsankläger J. A. Ozol (ebenda, S. 73–80) und V. V. Kuchin (ebenda, S. 80–84) abschlossen. Kuchin (ebenda, S. 84–87) verlas auch den Punkt vier (Verbrechen gegen die Menschlichkeit). Danach folgten die Verlesungen des sogenannten Anhanges A (Feststellung der Verantwortlichkeit von Einzelpersonen für Verbrechen in den

Punkten eins, zwei, drei und vier), des Anhanges B (Feststellung der Kriminalität von Gruppen und Organisationen) und des Anhanges C (Anklagepunkte und Einzelheiten der Verletzung der internationalen Verträge, Abkommen und Zusicherungen, die von den Angeklagten im Verlaufe der Planung, Vorbereitung und Entfesselung der Kriege begangen wurden), ebenda, S. 88–110.

27 Vgl. IMT, Bd. I, S. 171f.

28 Ebenda, S. 172.

29 Ebenda.

30 Ebenda.

31 Ebenda, S. 173.

32 Ebenda, S. 181f.

33 Ebenda.

34 Eugene C. Gerhard: *America's Advocate: Robert H. Jackson*, Indianapolis/New York 1958, S. 359.

35 Vgl. Florence R. Miale und Michael Selzer: *The Nuremberg Mind. The Psychology of the Nazi Leaders*, Quadrangle The New York Times Book Co. New York 1975. Fortan zit. als Miale/Selzer, *The Nuremberg Mind*.

36 Feststellung Birds in der Fernsehsendung »Augenzeugen berichten«: ZDF, 22. 8. 1976.

37 Vgl. Gustav M. Gilbert: *Nürnberger Tagebuch*, Frankfurt a. M. 1962; amerikanische Ausgabe: *Nuremberg Diary*, New York 1947. Vgl. auch ders.: *The Psychology of Dictatorship*, New York 1950.

38 Vgl. dazu die späteren Ausführungen in diesem Buch.

39 Douglas M. Kelley: *22 Männer um Hitler. Erinnerungen des amerikanischen Armeearztes und Psychiaters am Nürnberger Gefängnis*, Bern 1947; amerikanische Ausgabe: *22 Cells in Nuremberg*, New York 1947.

40 Dok. im Besitz des Autors. Kelley, der in einem Geheimfach seines Arbeitszimmers allerlei »Nazi memorabilia« (Uniformstücke, Peitschen, Folterinstrumente u. a.) aufbewahrte, ging am Silvesterabend in das Obergeschoß seines Hauses, während sich seine Familie im Parterre aufhielt. Plötzlich erschien er oben auf dem Treppenabsatz und erklärte, eben die Zyankali-Kapsel geschluckt zu haben, die bei Hermann Göring gefunden worden sei. Dann brach er tot zusammen. Wenn Görings Angaben in seinem Brief vom 11. 10. 1946 an den Kommandanten zutreffen, hätte Kelley zweimal die Möglichkeit gehabt, aus Görings Besitz Zyankali zu bekommen: 1. die Ampulle, die er in seinen Kleidern so verborgen hatte, daß sie gleich entdeckt werden sollte – und wurde, und 2. die Ampulle, von der Göring sagte, daß er sie in seiner Creme-Schachtel versteckt gehabt habe.

41 IMT, Bd. II, S. 111f.

42 Ebenda, S. 113.

43 IMT, Bd. II, S. 113.

44 IMT, Bd. II, S. 113.

45 Ebenda, S. 113ff.

Rache oder Gerechtigkeit?

1 Vgl. Maser, *Adolf Hitler ...*, S. 227.

2 Persönliche Mitteilung von Heinrich Heim (18. 8. 1971), der neben Hitler stand, als Heinz Lorenz, der Vertreter des Reichspressechefs im Führerhauptquartier, Hitler die Meldung übergab, daß japanische Flugzeuge die in Pearl Harbor stationierte US-Flotte angegriffen hätten.

3 In einer englischen Kino-Wochenschau von November 1945 zitiert, die das deutsche Fernsehen (3. Programm, »Südwest«) am 24. 11. 1975 als »Zeitdokument« wiederholte.

4 Persönliche Mitteilung von Dr. Robert M. W. Kempner (Mai 1974).

5 IMT, Bd. II, S. 115ff.

6 Vgl. Pflücker, *Waldeckische Landeszeitung*, 11. 10. 1952.

7 Vgl. Pflücker, *Waldeckische Landeszeitung*. Datum nicht entzifferbar. Pflücker berichtet u. a.: »So hatte Göring ... Kaltenbrunner gegenüber geäußert, er brauche sich doch keine Sorge um seine Zukunft zu machen, er werde doch sicher gehenkt.«

8 Vgl. auch Pflücker, *Waldeckische Landeszeitung*, 16. 10. 1952.

9 Vgl. Pflücker, *Waldeckische Landeszeitung*, 14. 10. 1952.

10 Vgl. ebenda, 11.10.1952.
11 Pflücker, *Waldeckische Landeszeitung*, 20. Fortsetzung, 1952, Tagesdatum nicht feststellbar.
12 Pflücker, *Waldeckische Landeszeitung*, 6. Fortsetzung, 1952, Tagesdatum nicht feststellbar.
13 Pflücker, *Waldeckische Landeszeitung* (Oktober 1952), Tagesdatum nicht feststellbar.
14 Vgl. ebenda.
15 Vgl. ebenda, 14. 10. 1952.
16 Ebenda.
17 Vgl. ebenda, 13. 10. 1952.

Das Beweismaterial

1 Affidavit vom 19. 11. 1945 (001 A-PJ, US 1).
2 Hier folgt die Unterschrift: William H. Coogan, Major QMC, 0-455814.
3 Die Zahl 2.500 ist nicht korrekt. Ausgewählt wurden von der Anklage insgesamt 2.736 Dokumente. Vgl. Hans-Günther Seraphim: »Die Dokumentenedition der amtlichen deutschen Ausgabe des Verfahrens gegen die Hauptkriegsverbrecher«, in: *Europa-Archiv*, 5/17 vom 5. 9. 1950, S. 3307–3310. Fortan zit. als Seraphim, *Dokumentenedition* ... Vgl. hierzu auch die nächste Anmerkung.
4 Beweisstück US-4, 2836-PS.
5 IMT, Bd. II, S. 185ff.
6 Gemeint ist das Dok. 1809-PS.
7 Seite 61 des Dokumentenbuches GB-88, 1809-PS.
8 Dok. 1780-PS.
9 Dok. 1809-PS.
10 Dok. 1809-PS.
11 IMT., Bd. XV, S. 420f.
12 Persönliche Mitteilung von Otto Kranzbühler (6. 3. 1972).
13 Persönliche Mitteilung von Otto Kranzbühler (6. 3. 1972).
14 IMT, Bd. IX, S. 7.
15 Ebenda, Bd. X, S. 190. Vgl. dazu auch Speer, *Erinnerungen*, S. 520.
16 Vgl. Speer, ebenda.
17 So hatte z. B. Ribbentrops Verteidiger keine Ahnung von der Außenpolitik.
18 Persönliche Mitteilung von Karl Dönitz.
19 Schriftliche Mitteilung von Karl Dönitz vom 6. 4. 1974.
20 Schriftliche Mitteilung von Karl Dönitz vom 6. 4. 1974 und schriftliche Mitteilungen eines Zeugen aus Tahiti, dessen Name hier verständlicherweise nicht genannt werden kann. Seine Mitteilungen an den Autor stammen u. a. vom 26. 3. 1974, 27. 5. 1974, 25. 6. 1974, 1. 7. 1974, 11. 7. 1974 und vom 31. 7. 1974. Burton Andrus wurde von mir schriftlich gebeten, sich über die gegen ihn erhobenen Vorwürfe zu äußern, die Beseitigung von Dokumenten während des Nürnberger Prozesses erlaubt – oder sogar selbst vorgenommen – zu haben. Ich schrieb ihm u. a.: »Bei meinen Untersuchungen habe ich festgestellt, daß vor dem Prozeß und während des Prozesses Dokumente verschwunden sind, so daß sie weder von der deutschen Verteidigung noch von der Anklage dem Gericht vorgelegt werden konnten. Die Dokumente befanden sich nach den amtlichen Angaben des Oberst Storey in Safes und wurden von US-Offizieren bewacht, die ... Ihrer Befehlsgewalt unterstanden. Es wird nun behauptet, daß ein Teil dieser Dokumente auf Ihre Weisung entfernt worden sei. Wenn dies zutrifft, wüßte ich gern, wie viele Dokumente es waren und wer sie auswählte. Ferner interessiert mich, wohin die Dokumente gebracht worden sind und wer sie fortschaffte.« Burton Andrus hielt es für geboten, sich nicht zu äußern.
21 Otto Meissner (1890 in Bischweiler im Elsaß geboren) war 1920 vom Reichspräsidenten Friedrich Ebert zum Chef der Präsidialkanzlei (Staatssekretär) ernannt worden, was er auch unter Paul von Hindenburg – und auf Wunsch Hitlers auch nach dem Tode Hindenburgs am 2. 8. 1934 – blieb. 1938 war er, obwohl nicht Mitglied der NSDAP, von Hitler zum Staatsminister ernannt worden, ohne dadurch jedoch Mitglied der Reichsregierung zu werden. Vgl. die eidesstattliche Erklärung von Otto Meissner vom 8. 7. 1946. Zit. in IMT, Bd. 42, S. 404ff.
22 Nach einer schriftlichen Mitteilung vom 19. 9. 1975 von Dr. Hans-Otto Meissner, dem Sohn des

Ministers, der bis Ende des Krieges Deutscher Konsul in Mailand war, handelte es sich dabei gelegentlich um Offiziere im Range eines Obersts.
23 Schriftliche Mitteilung von Dr. Hans-Otto Meissner vom 19. 9. 1975. Als der zwar in keiner Hinsicht angeklagte, jedoch nach Kriegsende dennoch in automatischen Arrest genommene und trotz seiner Entlastung durch das US-Automatic-Internment-Camp 74 in Ossweil bei Ludwigsburg als »hold case« weiterhin festgehaltene Hans-Otto Meissner nach seiner Freilassung im Oktober 1947 beim US-Hauptquartier in Heidelberg vorsprach, wo er die 1945 beschlagnahmten Unterlagen seines Vaters zur eventuellen Vorlage im Wilhelmstraßen-Prozeß zurückverlangte, wurde er ironisch nach den »Quittungen« der seinerzeitigen amerikanischen Suchkommandos gefragt, die er nicht vorweisen konnte. Die Dokumente seines Vaters wurden Hans-Otto Meissner auch später nicht wieder ausgehändigt. Schriftliche Mitteilung von Dr. Meissner vom 19. 9. 1975.
24 IMT, Bd. II, S. 287f.
25 IMT, Bd. II, S. 288.
26 Ebenda, S. 387f.
27 Ebenda.
28 IMT, Bd. II, S. 388.
29 Ebenda, S. 388f.
30 Ebenda.
31 Ebenda, S. 389f.
32 Abschnitt IV, S. 3, Unterabschnitt E, S. 6.
33 IMT, Bd. II, S. 206f.
34 IMT, Bd. II, S. 213.
35 Ebenda.
36 Ebenda, S. 220.
37 IMT, Bd. II, S. 224.
38 IMT, Bd. II, S. 244f.
39 IMT, Bd. II, S. 480.
40 Ebenda, S. 481.
41 Ebenda.
42 Ebenda.
43 Ebenda.
44 Dies galt im wesentlichen nur für die Zeugen der Anklage.
45 IMT, Bd. II, S. 481.
46 Ebenda.
47 IMT, Bd. II, S. 484f.
48 Der Brief wurde mir freundlicherweise am 1. 12. 1975 von Frau Jodl zur Verfügung gestellt.
49 Speer, *Erinnerungen*, S. 514.
50 Ebenda, S. 515.
51 Hildegard Springer: *Es sprach Hans Fritzsche. Nach Gesprächen, Briefen, Dokumenten*, Stuttgart 1940, S. 63.
52 Vgl. Rebecca West: *A Train of Powders*, London 1955, S. 9. Die diesbezüglichen Tagebuch-Notizen des britischen Richters Sir Norman Birkett vom 28. 1. 1946 bis zum 13. 2. 1946 sprechen für sich. Immer wieder ist nur von »Wiederholungen«, von »Zeitverschwendung«, von Primitivität der sowjetischen Verfahrensvorstellungen die Rede. Vgl. Gründler/Manikowsky: *Gericht der Sieger*, S. 143ff.
53 Vgl. IMT, Bd. VII, S. 568ff. Der Antrag wurde am 18. 2. 1946 vorgetragen. Vgl. dazu auch die Entscheidung des Gerichts vom 19. 2. 1946. Ebenda, S. 618.
54 Vgl. Viktor Frh. von der Lippe: *Nürnberger Tagebuchnotizen. November 1945 bis Oktober 1946*, Frankfurt a. M. 1951, S. 126.
55 IMT, Bd. VII, S. 166ff.
56 Vgl. die folgenden Seiten.
57 IMT, Bd. XV, S. 410.
58 Ebenda, S. 410f.
59 US-Repräsentantenhaus. Sonderausschuß für das Massaker im Wald von Katyn. The Katyn Forest Massacre. Hearings before the Select Committee to Conduct an Investigation of the Facts, Evidence and Circumstances of the Katyn Forest Massacre. 82nd Cong., 1st and 2nd Sess., 1951–1952. Washington:

U.S. Government Printing Office 1952; 7 Teile, 2362 Seiten. Das Schreiben der polnischen Politiker befindet sich im Teil 7, S. 1976ff. Am 26. 2. 1946 erhielt Jackson vom US-Geheimdienst als »geheim« bezeichnete Dokumente, die einander widersprachen. Nach Jacksons Worten: »Die deutsche Darstellung, die die Sowjets beschuldigt, zwei sowjetische Dokumente, die die Nazis beschuldigen, und einen Akt mit der Aufschrift ›Auszüge aus Gesprächen zwischen Sikorski, Anders, Stalin und Molotow‹.« Hearings, Teil 7, S. 1948.

60 Vgl. IMT, Bd. VII, S. 425-428.

61 IMT, Bd. XV. S. 289-293.

62 Vgl. ebenda, Bd. XVII, u. a. S. 302.

63 Vgl. dazu auch J. K. Zawodny: *Zum Beispiel Katyn. Klärung eines Kriegsverbrechens*, München 1971, S. 62f.

64 Vgl. Zawodny, ebenda, S. 62.

65 IMT, Bd. XVII, S. 372.

66 IMT, Bd. XVII, S. 375f.

67 IMT, Bd. XVII, S. 380.

68 IMT, Bd. XVII, S. 313.

69 US-Repräsentantenhaus. Sonderausschuß für das Massaker im Wald von Katyn. The Katyn Forest Massacre. Hearings before the Select Committee to Conduct an Investigation of the Facts, Evidence and Circumstances of the Katyn Forest Massacre. 82nd Cong., 1st and 2nd Sess., 1951–1952. Washington: U.S. Government Printing Office 1952; 7 Teile, 2362 S. Der hier zitierte Roosevelt-Brief befindet sich im Teil 7, S. 1946.

70 Vgl. Hearings, Teil 7, S. 2302f.

71 82. Kongreß, Bericht A 1599 (1952).

72 Vgl. *New York Post* vom 20.3.1946.

73 Vgl. Bross, *Gespräche mit Hermann Göring* ..., S. 138.

74 Vgl. Lippe, *Nürnberger Tagebuchnotizen*, S. 178.

75 Vgl. u. a. IMT, Bd. IX, S. 468.

76 Vgl. ebenda, u. a. S. 470.

77 Vgl. H. Montgomery Hyde: *The Life of Lord Birkett of Ulverston*, London 1964, S. 510.

78 IMT, Bd. IX, S. 555f.

79 Vgl. dazu auch die Aussagen des Generals Karl Bodenschatz. IMT, Bd. IX, S. 17. Bodenschatz gab als Zeuge der Verteidigung an, daß Göring vor Beginn der »Kristallnacht« nichts von der Aktion gewußt habe, was zutreffen dürfte.

80 Vgl. dazu u. a. auch IMT, Bd. I, S. 83 und Bd. II, S. 232f.

81 IMT, Bd. IX, S. 568. Zu Görings Vernehmung vgl. IMT, Bd. IX, S. 268ff. Die im Text zitierten Passagen befinden sich auf den Seiten 555–568.

82 Vgl. das Göring-Verhör in Mondorf, S. 99ff.

83 Persönliche Mitteilung von Dr. Robert M. W. Kempner vom 27. 11. 1975. Als Jackson dann plötzlich doch eine Frage stellte, die diese Thematik betraf, wies Göring auf die Vereinbarung mit Kempner hin, der sie Jackson gegenüber bestätigte, wodurch Göring die für ihn peinliche Situation erspart blieb.

84 Vgl. Görings Schlußwort.

85 IMT, Bd. IX, S. 641.

86 Ebenda.

87 IMT, Bd. IX, S. 641ff.

88 IMT, Bd. IX, S. 714.

89 IMT, Bd. IX, S. 715.

90 Ebenda.

91 Ebenda.

92 Ebenda.

93 Ebenda.

94 Ebenda.

95 IMT, Bd. I, S. 318.

96 Vgl. dazu IMT, Bd. X, S. 353ff.

97 IMT, Bd. X, S. 355ff.

98 IMT, Bd. X, S. 353f.

99 IMT, Bd. IX, S. 36.
100 IMT, Bd. IX, S. 37.
101 Ebenda.
102 IMT, Bd. IX, S. 72f.
103 Ebenda, S. 73.
104 Ebenda.
105 Ebenda.

Militärs im Kreuzverhör

1 Vgl. IMT, Bd. XV, S. 379–386.
2 Vgl. IMT, ebenda, u. a. S. 324, 330 und 392. Vgl. dazu auch IMT, Bd. IX, S. 219–221.
3 Vgl. dazu IMT, u.a. Bd. XV, S. 343ff.
4 Vgl. IMT, Bd. XV, S. 376.
5 Prot. Fall X, S. 13800, zit. nach Kurt Heinze und Karl Schilling: *Die Rechtsprechung der Nürnberger Militärtribunale*. Sammlung der Rechtsthesen der Urteile und gesonderten Urteilsbegründungen der dreizehn Nürnberger Prozesse, Bonn 1951, S. 83.
6 Vgl. H. Donnedieu de Vabres: »Le Procès de Nuremberg«, in: *Revue de Science Criminelle et de Droit Pénal Comparé*, Nr. 2, Paris 1947, S. 172.
7 Vgl. dazu IMT, Bd. II, S. 296–308, IMT, Bd. XXV, S. 404–413, PS-386 und Friedrich Hoßbach: *Zwischen Wehrmacht und Hitler*, Göttingen 1965, S. 189f.
8 Vgl. Werner Maser: *Adolf Hitler. Mein Kampf. Fahrplan eines Welteroberers. Eine Analyse*, München 1974, S. 15ff.
9 IMT, Bd. XXII, S. 531f.
10 Ebenda.
11 IMT, Bd. II, S. 41f.
12 IMT, Bd. XV, S. 380.
13 Ebenda, S. 331.
14 Ebenda, S. 332.
15 Vgl. dazu IMT, Bd. XV, 379-386.
16 IMT, Bd. XV, S. 379-386.
17 IMT, Bd. I, S. 364.
18 Ebenda.
19 Zur Frage der deutschen Aufrüstung vgl. u. a.: Alan S. Milward: *The German Economy at War*, London 1965, Burton H. Klein: *Germany's Economic Preparations for War*, Cambridge, Mass. 1959 und Heinrich Stübel: »Die Finanzierung der Aufrüstung im Dritten Reich«, in: *Europa-Archiv*, Jg. 6/1951, S. 4128ff.
20 Vgl. Allan Bullock: *Hitler and the Origins of the Second World War*, Raleigh Lecture on History, Reed 22 November 1967, London, Oxford University Press, published for the British Academy, 1968, S. 259–287. Fortan zit. als Bullock: *Second World War*.
21 Hitlers Auftrag an Göring. Die Unterlagen fanden sich nach dem Krieg unter Speers Papieren. Vgl. Documents on German Foreign Policy, Ser. C. vol. 5, Nr. 490, Gerhard Meinck: *Hitler und die deutsche Aufrüstung*, Wiesbaden 1959, S. 164 und Georg Tessin: *Formationsgeschichte der Wehrmacht 1933–39. Stäbe u. Truppenteile d. Heeres u. d. Luftwaffe*, Schriften des Bundesarchivs, Bd. 7, Boppard am Rhein 1959.
22 Vgl. Bullock, *Second World War*, S. 268.
23 Vgl. Hans Kehrl: »Kriegswirtschaft und Rüstungsindustrie«, in: *Bilanz des Zweiten Weltkrieges*, Oldenburg 1953, S. 272.
24 Speer, *Erinnerungen*, S. 560.
25 Hitler während seiner Reichstagsrede. Zit. bei Domarus: *Hitler. Reden und Proklamationen 1932–1945*, II/3, S. 1112ff.
26 Vgl. Andreas Hillgruber: *Hitlers Strategie, Politik und Kriegführung 1940/41*, Frankfurt a. M. 1965, S. 31.
27 Zum Hitler-Stalin-Pakt vgl. in diesem Zusammenhang F. Friedensburg: »Die sowjetischen Kriegs-

lieferungen an das Hitlerreich«, in: *Vierteljahreshefte für Wirtschaftsforschung*, 1962, S. 331ff. und Ph. Faby: *Der Hitler-Stalin-Pakt 1939–1941*, Darmstadt 1962, S. 168ff.

28 Vgl. W. Treue: *Gummi in Deutschland*, München 1955 und »Gummi in Deutschland zwischen 1933 und 1945«, in: *Wehrwissenschaftliche Rundschau*, 1955, S. 169ff.

29 Vgl. W. Birkenfeld: *Der synthetische Treibstoff 1933 bis 1945*, Göttingen 1964.

30 Vgl. auch Hillgruber, *Hitlers Strategie* ..., S. 34.

31 Vgl. Alfred Weidemann: »Der rechte Mann am rechten Platz«, in: *Bilanz des Zweiten Weltkrieges*, S. 215ff.

32 Vgl. Erich von Manstein: *Verlorene Siege*, Bonn 1958, S. 69.

33 Vgl. Hitlers Rede vom 8.11.1938. Zit. bei Domarus, *Hitler. Reden und Proklamationen 1932–1945*, Bd. I/2, S. 968.

34 Vgl. z. B. Walter Warlimont: *Im Hauptquartier der Wehrmacht 1939 bis 1945. Grundlagen, Formen, Gestalten*, Frankfurt a. M. und Bonn 1964, S. 86ff.

35 Vgl. hierzu Maser, *Adolf Hitler* ..., 6. Auflage, S. 489ff.

36 Zit. nach Görlitz, *Keitel* ..., S. 381.

37 Ebenda, S. 383.

38 Vgl. IMT, Bd. XIV, S. 243. Vgl. dazu auch Görlitz, *Keitel* ..., S. 382

39 Vgl. IMT, Bd. XL, S. 420.

40 Zit. nach Görlitz, *Keitel* ..., S. 395.

41 Vgl. IMT, Bd. I, S. 324ff. Das IMT-Urteil beschuldigte Keitel u. a. zusammen mit 2 anderen Generalen, an der Besprechung Hitlers im Februar 1938 mit dem österreichischen Bundeskanzler Kurt Edler von Schuschnigg in Berchtesgaden teilgenommen und – als Chef des Oberkommandos der Wehrmacht – damit eine »militärische Demonstration« (mit der Absicht, Druck auf Österreich auszuüben) dargestellt zu haben. Ferner warf es ihm vor, »viele Anordnungen und Gedenkschriften« im Zusammenhang mit der Besetzung der Tschechoslowakei (Fall »Grün«) unterzeichnet zu haben. Auch die Tatsache, daß Keitel 1939 bei der Unterredung zwischen Hitler und dem tschechoslowakischen Staatspräsidenten Emil Hacha (auf Hitlers Befehl) zugegen war, die damit endete, daß die restliche Tschechoslowakei unter Hitlers Druck zum Protektorat Böhmen und Mähren erklärt wurde, wertete das IMT als ein von Keitel begangenes »Verbrechen gegen den Frieden«, wozu es auch Keitels Unterschriften unter Hitlers Weisungen zum Angriff auf Polen, auf Norwegen, Dänemark und unter die Anweisungen, die Neutralität Belgiens und der Niederlande zu mißachten, zählte. »Die greifbare Planung für einen Angriff auf Griechenland und Jugoslawien«, heißt es im Urteil ferner, »war im November 1940 begonnen worden. Am 18. März 1941 war Keitel anwesend, als Hitler zu Raeder sagte, die vollständige Besetzung Griechenlands sei Vorbedingung für eine militärische Endlösung, und ebenso hörte er am 27. März, wie Hitler die Vernichtung Jugoslawiens ›mit unbarmherziger Härte‹ befahl« (IMT, Bd. I, S. 325f.). Seine Signaturen unter Hitler-Weisungen für den Fall »Barbarossa« und sein Befehl vom 16. 6. 1941 an die Einheiten des Heeres, die in Görings »Grüner Mappe« vorgezeichneten wirtschaftlichen Richtlinien für die Ausbeutung der russischen Gebiete (Nahrungsmittel und Rohproduktion), bildeten den Schluß der Schuldbeweise im Punkt eins. Zu den Vorwürfen im Zusammenhang mit »Kriegsverbrechen und Verbrechen gegen die Menschlichkeit« gehörten u. a.: Keitels Befehl, feindliche Fallschirmspringer dem SD zu übergeben, seine »Beteiligung« am Kommandobefehl (vgl. dazu Auss. Jodls) und am Kommissarbefehl, die Tatsache, daß er Hitler nicht widersprach, wenn er völkerrechtswidrige und strafrechtlich relevante Befehle erließ, seine Maßnahmen zur Bekämpfung von Partisanen, sein Geisel-Befehl vom 1. 10. 1941 an die Kommandeure (stets Geiseln in Bereitschaft zu halten, um sie bei Überfällen auf deutsche Soldaten hinrichten zu können) und der von ihm unterzeichnete »Nacht-und-Nebel-Erlaß« vom 7. 12. 1941 (Verhandlungen gegen Zivilpersonen, die des Widerstandes gegen die Besatzungsmacht beschuldigt werden, nur dann, wenn Todesurteile zu erwarten seien; andernfalls: Übergabe an die Gestapo). Der Schluß des Keitel-Urteils: »Als Hitler am 4. Januar 1944 Sauckel befahl, aus den besetzten Gebieten 4 Millionen neue Arbeitskräfte herauszupressen, war Keitel anwesend. Angesichts dieser Urkunden leugnet Keitel seine Beziehungen zu diesen Handlungen nicht. Seine Verteidigung stützt sich vielmehr auf die Tatsache, er sei Soldat, und auf den Grundsatz des ›Befehls von oben‹, welcher aber auf Grund von Artikel 8 des Statuts nicht als Entschuldigung zugelassen ist. Mildernde Umstände liegen nicht vor. Befehle von oben, auch wenn einer Militärperson erteilt, können nicht als mildernder Umstand betrachtet werden, wenn derart empörende und weitverbreitete Verbrechen bewußt, rücksichtslos und ohne militärische Notwendigkeit oder Rechtfertigung begangen worden sind.« (IMT, Bd. I, S. 328).

42 Vgl. Görlitz, *Keitel ...*, S. 312ff.
43 Vgl. Maser, *Adolf Hitler ...*, S. 462ff.
44 Vgl. Görlitz, *Keitel ...*, S. 27ff.
45 Vgl. *Völkischer Beobachter* vom 10. März 1941.
46 IMT, Bd. X, S. 671f.
47 IMT, Bd. X, S. 671. Unwahrscheinlich klingt, daß Hitler, der immer wieder (und nicht nur in *Mein Kampf*) sendungsbewußt hervorhob, während des Ersten Weltkrieges nur einfacher Soldat gewesen zu sein, Keitel erzählt habe, daß er nach dem Ende des Krieges Leutnant gewesen sei. Hitler verließ die Armee am 31. 3. 1920 als Gefreiter. Nach der Revolution nahm er – auf Befehl seiner militärischen Vorgesetzten – an Bildungskursen an der Münchener Universität teil und fungierte danach bei der militärischen Führung in München als »Vertrauensmann« (V-Mann), woraus er gelegentlich »Bildungsoffizier« machte. Vgl. dazu Maser, *Adolf Hitler ...*, S. 160ff. Offensichtlich setzte Keitel in Nürnberg die »Dienststellung« Bildungsoffizier mit dem militärischen Dienstgrad Leutnant gleich.
48 Vgl. dazu auch die diesbezüglichen Aussagen Jodls.
49 IMT, Bd. X, S. 672f.
50 Vgl. IMT-Urteil, IMT, Bd. I, S. 354.
51 Vgl. ebenda, S. 356.
52 Ebenda, S. 366.
53 IMT, Bd. X, S. 673ff.
54 Vgl. Dok.: Dok. US-Document-Center, Berlin.
55 IMT, Bd. X, S. 683.
56 IMT, Bd. X, S. 690.
57 Dok. US-Document-Center, Berlin. Nach einer Aktennotiz Himmlers vom 10. 5. 1943 (Geheime Reichssache, Dok.: US-Document-Center, Berlin) waren in der Bandenbekämpfung in »Rußland-Süd« 12.900 Mann der Ordnungspolizei und 2.000 Mann der Sicherheitspolizei eingesetzt, so daß jeweils rund 3.224 Tötungen (durchschnittlich 27 pro Tag) auf jeden der Deutschen kamen, die in dem von Himmler genannten Gebiet ihre »Pflicht« erfüllten. Zu erwähnen ist in diesem Zusammenhang allerdings, daß Himmler hervorhebt, daß zu der Zeit »in ganz Rußland« rund 300.000 »fremde Kräfte« Dienst taten: Letten, Litauer, Weißruthenen, Ukrainer, Tataren und Kosaken.
58 IMT, Bd. X, S. 687.
59 16 Seiten DIN A 4, Maschinentext. Text des Briefkopfes der 1. Seite: Der Inspekteur für Statistik beim Reichsführer SS. Unter dem Stempel »Geheime Reichssache« befindet sich Himmlers Paraphe. Dok. Bundesarchiv Koblenz, NS 19 neu/1570.
60 Ebenda, S. 10. Ausgeklammert waren aus dieser Zahl die Insassen der Gettos und Konzentrationslager.
61 Ebenda, S. 9.
62 Ebenda.
63 Ebenda.
64 Geheime Reichssache. Dok.: US-Document-Center, Berlin. In diesem Schreiben stellte Himmler darüber hinaus fest: »Das Wichtigste ist mir nach wie vor, daß jetzt an Juden nach dem Osten abgefahren wird, was überhaupt nur menschenmöglich ist. In den kurzen Monatsmeldungen der Sicherheitspolizei will ich lediglich mitgeteilt bekommen, was monatlich abgefahren worden ist und was zu diesem Zeitpunkt noch an Juden übrig blieb.«
65 Dok.: US-Document-Center, Berlin.
66 9 Seiten DIN A 4 Maschinentext. Geheime Kommandosache (Chefsache), F. H. Qu., März 1941, 5 Ausfertigungen. Dok. Bundesarchiv Koblenz.
67 Ebenda, S. 2.
68 Vgl. Werner Maser: *Hitlers Briefe und Notizen. Sein Weltbild in handschriftlichen Dokumenten*, Düsseldorf und Wien 1973, S. 223ff.
69 Vgl. auch Andreas Hillgruber: »Die ›Endlösung‹ und das deutsche Ostproblem als Kernstück des rassenideologischen Programms des Nationalsozialismus«, in: *Vierteljahreshefte für Zeitgeschichte*, H. 2/72, S. 133ff.
70 Maser, *Adolf Hitler ...*, S. 772.
71 Zit. nach Domarus, *Hitler. Reden und Proklamationen 1932–1945*, II/3, S. 1058. Vgl. auch Hitlers Reden vom 30. 1. 1942; ebenda, S. 1663 und S. 1829.

72 Vgl. Maser, *Adolf Hitler ...*, S. 433ff.
73 Vgl. auch Heinz Höhne: *Der Orden unter dem Totenkopf. Die Geschichte der SS*, Hamburg 1966 und Gütersloh 1967, S. 290ff.
74 IMT, Bd. X, S. 691ff.
75 Original des Dokuments (2 Seiten DIN A 4, geschrieben mit Hitlers Schreibmaschine) in Privatbesitz (USA), Kopie im Besitz des Autors.
76 IMT, Bd. X, S. 695.

Karl Dönitz

1 Vgl. IMT, Bd. XIII, S. 445. Vgl. dazu auch ebenda, S. 437ff.
2 Persönliche Mitteilung von Otto Kranzbühler (6. 3. 1972).
3 Persönliche Mitteilung von Otto Kranzbühler (6. 3. 1972). Vgl. auch Otto Kranzbühler: »Der letzte Auftrag meines Admirals«, in der deutschen Illustrierten *Stern*, Nr. 2, Hamburg 1966, S. 94f.
4 Persönliche Mitteilung von Otto Kranzbühler (6. 3. 1972).
5 Gründler/Manikowsky, *Gericht der Sieger*, S. 181. Vgl. dazu u. a. auch IMT, Bd. XIII, S. 467ff.
6 Vgl. Dönitz-Urteil, IMT, Bd. I, S. 354.
7 IMT, Bd. XIII, S. 454.
8 Ebenda, S. 463.
9 Ebenda, S. 463f.
10 Ebenda, S. 455.
11 Ebenda.
12 Ebenda, S. 282ff.
13 Ebenda, S. 456.
14 Ebenda.
15 Ebenda, S. 466.
16 Ebenda, S. 609f.
17 IMT, Bd. VIII, S. 604ff.
18 Vgl. z. B. Biddle, *In Brief Authority*, S. 452.
19 IMT, Bd. I, S. 353.
20 IMT, Bd. I, S. 353f.
21 Mehrfache persönliche und schriftliche Mitteilungen von Karl Dönitz (1969–1975) an den Autor.
22 Zit. aus dem Keitel-Urteil, IMT, Bd. I, S. 328.
23 Vgl. dazu S. 291ff.
24 IMT, Bd. XIII, S. 282.
25 Ebenda, S. 281.
26 Ebenda, Bd. I, S. 350.
27 Ebenda.
28 Ebenda, Bd. I, S. 354f.
29 Ebenda, Bd. XIII, S. 379ff.
30 Ebenda, Bd. XVI, S. 488.
31 Ebenda, S. 644.
32 IMT, Bd. XVI, S. 487. Vgl. dazu auch Dönitz, Aussage vom 10. 5. 1946; IMT, Bd. XIII, S. 382.
33 Zit. nach IMT, Bd. I, S. 355. Bezeugt wurde diese Dönitz-Äußerung von einem Offizier, auf den das IMT-Urteil sich berief. Vgl. IMT, Bd. I, S. 355.
34 IMT, Bd. I, S. 355. Dönitz wiederholte seine Feststellung von 1946 auch im Mai 1969 in einem persönlichen Gespräch mit dem Autor.
35 Vgl. dazu auch die Aussage von Albert Speer vom 20. 6. 1946. IMT, Bd. XVI, S. 541f.

1 IMT, Bd. XV, S. 343f.
2 Vgl. Luise Jodl: *Jenseits des Endes. Leben und Sterben des Generaloberst Alfred Jodl*, Wien/München/Zürich 1976, S. 281.
3 IMT, Bd. I, S. 366.
4 Vgl. die Dokumente S. 290–292.
5 Vgl. das Kriegstagebuch des Oberkommandos der Wehrmacht (Wehrmachtführungsstab), Bd. I, bearbeitet von Hans-Adolf Jacobsen, Frankfurt a. M., S. 341. Nach der Eintragung vom 3. März 1941 hatte Hitler im Rahmen von »Richtlinien für die endgültige Fassung« der »Richtlinien auf Sondergebieten zur Weisung 21« (Fall: Barbarossa) formuliert, daß deutsche Militärgerichte mit der Beseitigung von »Bolschewistenhäuptlingen/Kommissaren« durch die Geheime Feldpolizei nichts zu tun haben dürften. Ihre Sache seien Gerichtsangelegenheiten innerhalb der Truppe. Über den Einsatz von Organen der SS sei noch mit Hitler zu sprechen.
6 Hitler am 30. 3. 1941. Vgl. dazu Hellmuth Greiner: *Die Oberste Wehrmachtsführung 1939–1943*, Wiesbaden 1951, S. 371. Greiner war von 1939 bis 1943 Verfasser des OKW-Kriegstagebuches. Am 17. 3. 1941 hatte Hitler den Militärs bereits erklärt, daß brutalste Gewalt nötig sein werde.
7 Vgl. auch Franz Halder: *Kriegstagebuch. Tägliche Aufzeichnungen des Chefs des Generalstabes des Heeres 1939–1942*, Hrsg. Arbeitskreis für Wehrforschung Stuttgart, 3 Bde., Stuttgart 1962, 1963 und 1964, Bd. II, S. 336f.
8 IMT, Bd. XV, S. 339. Zu Jodls »Randbemerkung« vgl. S. 299, Dokument.
9 IMT, Bd. XV, S. 340.
10 Ebenda, S. 341. Das oben im folgenden zitierte Verhör fand am 4. 6. 1946 statt.
11 IMT, Bd. XV, S. 345.
12 Das Dok. trägt Eugen Müllers eigenhändige Unterschrift.
13 Wahrscheinlich vom 21. 5. 1951.
14 Vgl. Maser, *Adolf Hitler. Mein Kampf ...*, S. 231ff.
15 Vgl. das Dok. S. 298.
16 Ihr Chef war General Warlimont.
17 Entwurf. Geheime Kommandosache vom 16. 8. 1941.
18 Ebenda.
19 Maschinentext vom 21. 8. 1951. Handschriftlich unterzeichnet: Adolf Heusinger. Kopie im Besitz des Autors.
20 Vgl. Kriegstagebuch des Oberkommandos der Wehrmacht (Wehrmachtführungsstab), zusammengestellt und erläutert von Andreas Hillgruber, Frankfurt a. M., Bd. II, 1, S. 341.
21 Ebenda.
22 IMT, Bd. XV, S. 345.
23 Ebenda, S. 346.
24 Ebenda.
25 Ebenda, S. 346ff.
26 Ebenda, S. 349.
27 Dem französischen Generalstab bescheinigten die Amerikaner 20 Prozent Glaubwürdigkeit, der Agentur Reuter sogar nur 0 Prozent Wahrhaftigkeit. Vgl. Erich Murawsko: *Der deutsche Wehrmachtsbericht 1939–1945*. Ein Beitrag zur Untersuchung der geistigen Kriegführung. Mit einer Dokumentation der Wehrmachtsberichte vom 1. 7. 1944 bis 9. 5. 1945, Boppard am Rhein 1962, S. 122.
28 IMT, Bd. XV, S. 348ff.
29 Wehrmacht-Rechtsabteilung.
30 IMT, Bd. XV, S. 351f.
31 Zit. nach Heinze/Schilling, *Die Rechtsprechung der Nürnberger Tribunale*, S. 304ff.
32 Im Laufe des Verhörs vom 4. 6. 1946 erklärte Jodl (IMT, Bd. XV, S. 361), daß er Hitler zwar über die Fesselung gefangener deutscher Soldaten informiert, ihm jedoch verschwiegen habe, daß auch Angehörige der nichtmilitärischen »Organisation Todt« so behandelt worden seien, daß sie sich infolge dieser völkerrechtswidrigen Behandlung selbst erdrosselt hätten.
33 IMT, Bd. XV, S. 352ff.
34 Schriftliche Mitteilung von Frau Jodl vom 1. 12. 1975.

35 IMT, Bd. XV, S. 354.
36 *Deutsche Allgemeine Zeitung* vom 28. 5. 1944.
37 Anklageschrift vom 13.1.1947, Urteil vom 3. 11. 1947.
38 *Landsberg. Ein dokumentarischer Bericht,* Hrsg.: Information Services Division Office of the U.S. High Commissioner for Germany, München 1951, S. 21.
39 Handschriftlicher Brief. 2 Seiten. Kopie im Besitz des Autors. Zit. mit freundlicher Genehmigung des Pohl-Adressaten.
40 Schriftliche Unterlagen von 1946 im Besitz des Autors.
41 IMT, Bd. XV, S. 354.
42 Ebenda, S. 355.
43 Zit. nach Heinze/Schilling, *Die Rechtsprechung der Nürnberger Militärtribunale*, S. 296ff.
44 IMT, Bd. XV, S. 355f.
45 Ebenda.
46 IMT, Bd. XV, S. 356.
47 Vgl. Maser, *Adolf Hitler ...*, S. 370ff.
48 Vgl. dazu Hitlers Tischgespräche vom 20. 8. 1942. Original im Bundesjustizministerium. Zeichen: R 22 Fr. 5/112. Vgl. *Vierteljahreshefte für Zeitgeschichte* Nr. 12/1964, H. 1, S. 86ff.
49 IMT-Urteil, S. 88.
50 Vgl. H. Lauterpracht: *Annual Digest and Reports of Public International Law Cases 1941/42*, Case No. 168, S. 564ff.
51 Ex Parte Quirin 1942, 317 US 1. Zit. nach IMT, Bd. XXII, S. 528f.
52 IMT, Bd. XXII, S. 528f.
53 Reichsgesetzblatt I, S. 535. Zit. nach Gesetze des NS-Staates, Hrsg. Ingo v. Münch, Bad Homburg/Berlin/Zürich 1968, S. 115.
54 Vgl. Maser, *Adolf Hitler ...*, u. a. S. 370ff.
55 Dok.: Bundesarchiv Koblenz, LXIV B 26, fol. 1–160.
56 Bundesarchiv Koblenz, LXIV B 22, fol. 1–72, S. 11.
57 Dabei handelte es sich z. B. um »Stuka«-Flieger (Flieger von Sturzkampfflugzeugen) und um Soldaten, die z. B. beide Arme und Beine verloren hatten.
58 Eidesstattliche Erklärung von Viktor Brack vom 12. 10. 1946. Dok.: Bundesarchiv Koblenz, LXIV B 22, fol. 1–72, S. 18.
59 Viktor Bracks Aussage vom 12. 10. 1946 im 1. Nürnberger Nachfolgeverfahren. Dok.: Bundesarchiv Koblenz, LXIV B 22, fol. 1–72, S. 19.

Grenzen der Verantwortung
Speer, Ribbentrop, Streicher, Frick, Kaltenbrunner, Sauckel, Frank, Rosenberg, Seyß-Inquart

1 IMT, Bd. XVI, S. 475.
2 Ebenda, S. 617.
3 Ebenda, S. 475f.
4 Ebenda, S. 617.
5 Ebenda, S. 618.
6 Ebenda, S. 476f.
7 Ebenda, S. 477.
8 IMT, Bd. XVI, S. 477.
9 Ebenda, S. 618.
10 Der im Protokoll durchgehend angeführte Titel »Staatsjustizrat« wird hier im folgenden weggelassen.
11 IMT, Bd. XVI, S. 619f.
12 Ebenda, S. 624.
13 Ebenda.
14 Ebenda, S. 627f.

15 Ebenda, S. 631.
16 Ebenda, S. 637.
17 Ebenda.
18 Ebenda.
19 Vgl. Maser, *Adolf Hitler* ..., u. a. S. 113 und ders., *Hitlers Briefe und Notizen* ..., S. 133ff. Vgl. auch das Speer-Interview im *Spiegel* 38/69, S. 68.
20 Vgl. *Der Spiegel* 38/69, S. 78.
21 Vgl. ebenda, Nr. 16/75, S. 79. Vgl. zu den Anmerkungen Nr. 19 u. 20 Maser, *Adolf Hitler* ..., S. 113 und 545.
22 Vgl. Gründler/Manikowsky, *Gericht der Sieger*, S. 188.
23 Vgl. Speer in der *Welt am Sonntag* vom 13. 10. 1976 und Maser in der *Welt am Sonntag* vom 14. 11. 1976.
24 Vgl. David Irving: »Nürnberg – Die letzte Schlacht«, in: *Welt am Sonntag* vom 7. 11. 1971 und die Anmerkung 23 in diesem Kapitel.
25 IMT, Bd. XVI, S. 597f.
26 Ebenda.
27 Ebenda, S. 582.
28 Ebenda, S. 583.
29 Ebenda, S. 615.
30 Ebenda, S. 617.
31 Ebenda. Dann begann Raginsky mit seinem Kreuzverhör.
32 IMT, Bd. XVI, S. 594.
33 Vgl. Maser, *Adolf Hitler* ..., S. 326ff., besonders S. 349ff.
34 IMT, Bd. XV, S. 639.
35 IMT, Bd. XVI, S. 638f.
36 Ebenda. Vgl. dazu: W. A. Boelke: »Hitlers Befehle zur Zerstörung oder Lähmung des deutschen Industriepotentials 1944/45«, in: *Tradition*, 13/68, S. 301ff.
37 Vgl. Speer, *Erinnerungen*, S. 517
38 Vgl. Speer, *Erinnerungen*, S. 519.
39 IMT, Bd. XVI, S. 541ff.
40 Vgl. IMT, Bd. I, S. 374.
41 Vgl. hierzu das in diesem Buch abgedruckte Dokument.
42 Speer-Urteil. IMT, Bd. I, S. 374ff.
43 Ribbentrop-Urteil. IMT, Bd. I, S. 321.
44 Vgl. hierzu IMT, Bd. X, S. 266f., 270, 273ff.
45 Ribbentrop, *Zwischen London und Moskau* ..., S. 303.
46 IMT, Bd. X, S. 254f.
47 Ebenda.
48 Ebenda, S. 256f.
49 Ebenda, S. 257f.
50 Gilbert, *Nürnberger Tagebuch*, S. 72.
51 IMT, Bd. X, S. 258.
52 Ebenda, S. 258f.
53 Ebenda, S. 260.
54 In seinen *Nürnberger Erinnerungen* schrieb er: »Es gab Männer auf der Anklagebank, die mich belastet haben. Ich hätte vieles dazu sagen können, wollte es aber nicht tun, denn für mich stand und steht die deutsche Sache über allem; gegenseitige Anfeindungen konnten in dieser Lage unserem Volke nur schaden. Das vergangene Jahr war schwer für mich – nicht zuletzt durch die Auseinandersetzungen mit den Anwälten, denen ich bei jeder Besprechung immer erst klarmachen mußte, daß ich vor einem Feindgericht nicht gegen Hitler sprechen könnte.« Ribbentrop, *Zwischen London und Moskau* ..., S. 298.
55 Ebenda, S. 366.
56 Ebenda, S. 482ff.
57 IMT, Bd. X, S. 468.
58 In einem Schreiben vom 24. 6. 1940 an Ribbentrop benutzte Heydrich die Anschrift: »... Reichsaußenminister SS-Gruppenführer Joachim von Ribbentrop«. Dok. Police D'Israel, Nr. 464.
59 IMT, Bd. X, S. 436f. Über Rippentrops Beziehungen zu Himmler und zur SS vgl. besonders: Höhne,

Der Orden unter dem Totenkopf, u. a. S. 257f.
60 Ribbentrop, *Zwischen London und Moskau* ..., S. 278ff.
61 Ebenda, S. 280ff.
62 Ebenda, S. 283ff.
63 Ebenda, S. 288ff.
64 IMT, Bd. X, S. 500.
65 Ebenda.
66 Ebenda.
67 Ribbentrop, *Zwischen London und Moskau* ..., S. 394f.
68 Ribbentrop-Urteil, IMT, Bd. I, S. 321.
69 Ebenda, S. 321ff.
70 Ebenda, S. 323.
71 Ebenda, S. 323f.
72 Ribbentrop, *Zwischen London und Moskau* ..., S. 295. Vergleiche auch ebenda, S. 276ff.
73 Ebenda, S. 297.
74 Dok. Police D'Israel, Nr. 464. Kopie im Besitz des Autors. Zur Frage der »Auswanderung«, der »territorialen Endlösung« und der Mord-Endlösung vgl. besonders: Höhne, *Der Orden unter dem Totenkopf*, S. 298ff. Zur territorialen Endlösung: S. 298ff., zur Mord-Endlösung: S. 326ff. Vgl. dazu besonders auch Kempner, *Eichmann und Komplizen*. Vgl. auch Uwe Dietrich Adam: *Judenpolitik im Dritten Reich*, Düsseldorf 1972.
75 Ribbentrop, *Zwischen London und Moskau* ..., S. 296.
76 IMT-Dok. 4051-PS.
77 IMT, Bd. XX, S. 170ff. Um die Person des zu ermordenden französischen Generals wurde eine Zeitlang diskutiert. Ursprünglich war z. B. geplant, den General de Boisse (gelegentlich auch »Deboisse« geschrieben) umzubringen. Vgl. IMT, Bd. XX, S. 615.
78 IMT, Bd. XII, S. 409. Vgl. dazu auch ebenda, S. 332ff.
79 Ebenda, S. 409.
80 Ebenda.
81 Ebenda, S. 410f.
82 IMT, Bd. I, S. 340.
83 Ebenda, S. 341.
84 Ebenda, S. 343.
85 Bemerkenswerter ist die Tatsache, daß das IMT Frick als »nicht schuldig ... nach Punkt 1« (Gemeinsamer Plan oder gemeinsame Verschwörung zur Führung eines Angriffskrieges) befand. Die nicht durch besondere Hinweise ausgewiesenen Zitate stammen jeweils aus dem Frick-Urteil (IMT, Bd. I, S. 337–340).
86 Kaltenbrunner (1903–1946), nach den Punkten 3 und 4 schuldig gesprochen, hatte sich 1932 der österreichischen SS angeschlossen, deren Führer er 1937 wurde. 1938 wurde er (nach dem Anschluß Österreichs) Staatssekretär für die öffentliche Sicherheit, 1941 höherer SS- und Polizeiführer, 1943 (zuletzt Obergruppenführer der SS) Chef der Sicherheitspolizei, des SD und des Reichssicherheitshauptamtes (RSHA), was Reinhard Heydrich bis zu seiner Ermordung im Juni 1942 gewesen war. Kaltenbrunner-Urteil: IMT, Bd. I, S. 328ff. Zu Kaltenbrunner vgl. auch Robert M. W. Kempner: *SS im Kreuzverhör*, München 1964, S. 129, 138, 193f., 198, 248 und 270.
87 Vgl. dazu IMT, Bd. III, S. 412, und Gilbert, *Nürnberger Tagebuch*, S. 69.
88 IMT, Bd. XIX, S. 480.
89 Ebenda, S. 671.
90 Ebenda, S. 672.
91 Sauckel-Urteil: IMT, Bd. I, S. 362–364.
92 IMT, Bd. I, S. 362f.
93 Seyß-Inquart-Urteil: IMT, Bd. I, S. 370ff.
94 IMT, Bd. I, S. 372ff.
95 Ebenda.
96 In Nürnberg hinterließ er seiner Frau (Gertrud Seyß-Inquart) u. a. vier Uhren, einen Ledermantel, eine Lederweste, lederne Stiefel, Koffer, Taschen, 1210 Mark und ein Exemplar von Goethes *Faust*. Handschriftlicher Nachlaß (eine Seite) von Seyß-Inquart vom 13. 10. 1946. Privatbesitz in den USA.

Kopie im Besitz des Autors.
97 Vgl. Seyß-Inquart-Urteil. IMT, Bd. I, S. 370ff.
98 IMT, Bd. XXII, S. 437.
99 Hans Frank: *Im Angesicht des Galgens*, München-Gräfelfing 1953, S. 402ff. Auch diese Aufzeichnungen lassen zumindest den wahren Charakter Franks ahnen, der stets nach Hitlers Anerkennung lechzte und nicht erst seit 1942 geradezu physisch darunter litt, von Hitler nicht in den engsten Kreis seiner Umgebung einbezogen zu werden.
100 In einer Aktennotiz vom 15. November 1941 berichtete Himmler über eine entsprechende Diskussion mit Alfred Rosenberg, der Himmlers diesbezügliche Berechtigung eingeschränkt sehen wollte. »Dem widersprach ich«, notierte Himmler. Dok.: US-Document-Center, Berlin. Ausdrücklich stellte Himmler jedoch fest, daß er Rosenbergs Zustimmung brauchte.
101 Dok.: US-Document-Center, Berlin. Himmlers diesbezügliche Politik stand 1941 unter dem Gesichtspunkt: »In den Dienst dieser Sache sind die kirchliche Hörigkeit der Polen und Ukrainer und die Gewinnsucht ihrer Pfaffen zu stellen. Zugleich ist die Liebe dieser Pfaffen sowie sonstiger besser situierter Polen und Ukrainer, die für die Aufbringung der Ernte und der Arbeitskräfte mit ihrem Leben haftbar gemacht werden, die andere ebenso gute Garantie ... Mir kommt es sehr darauf an, daß ... in diesem Jahr die Geistlichkeit, der eine oder andere Großbauer oder einflußreiche Gutsbesitzer in jedem Dorf, Kaufmann oder Lehrer oder sonstige Würdenperson für diese Aufgabe gewonnen wird. Ich untersage es in der schärfsten Form, daß mir irgendeine Stelle die Gewinnung eines solchen Bummlers in einem Dorfe durch finanzielle oder sonstige Schikane oder kleinliche Behandlung verdirbt. Wer in dem ersten Jahr gewonnen ist, den habe ich für immer, da er die Rache seiner Nachbarn und Miteinwohner zu fürchten hat und außerdem den schönen Gewinn nicht aus den Fingern lassen wird.« Himmler wies Krüger an, besonders »die Pfaffen« einzuspannen und ihre Dienste für das Reich mit Geld und Naturalien zu belohnen. »Der Pfarrer«, schrieb er, »ist unsere Sammelstelle. Er wird am Aufkommen beteiligt. Von allem, was über 100 % aufkommt, erhält er 20 % oder Naturalien ... Ich verbitte mir hierbei jede Kleinlichkeit dummer deutscher Bürokratie, die mit den normalen Mitteln nicht einmal die Hälfte des verlangten Aufkommens zusammenbringen würde ... Zur gleichen Zeit ist der Pfarrer und sonstige Honoratioren des Dorfes als in Freiheit lebende Geiseln dafür haftbar, daß ... nichts abhanden kommt ... Als Lagerräume sind die Schulen zu benutzen, nicht die Kirchen, denn ich lege Wert darauf, daß unsere Aufkäufer in ihrem Versammlungslokal zu ihren Schäflein im Namen Gottes sprechen und diesen bei Androhung der Höllenstrafen Ernteaufbringung und Arbeit in Deutschland als Gebot des Himmels nahelegen.«
102 Frank, *Im Angesicht des Galgens*, S. 404.
103 Ebenda.
104 IMT, Bd. XIX, S. 560. Die Frank-Äußerungen zitierte Shawcross aus dem Dok. 2233-PS.
105 IMT, Bd. I, S. 335.
106 Vgl. *Völkischer Beobachter* vom 4. 11. 1924. Dort bestritt Rosenberg, 1919 besser Russisch als Deutsch gesprochen zu haben.
107 Vgl. u. a. *8 Uhr Abendblatt* vom 28. 10. 1930. Rosenberg strengte eine Klage gegen die Zeitung vor dem Münchener Amtsgericht an und gewann den Prozeß. Vgl. dazu *Vorwärts* vom 14. 11. 1931; vgl. auch *Berliner Volkszeitung* vom 4. 3. 1932.
108 Vgl. *Völkischer Beobachter* vom 4. 11. 1924. Rosenberg widersprach den gegen ihn und seine Frau erhobenen »Vorwürfen«, Jude zu sein. Der in Reval lebende Journalist Franz Seel verschickte Tausende an »Alfred Rosenberg, Chefredakteur des *Völkischen Beobachters*« gerichtete Offene Briefe, in denen er angab, daß Rosenbergs Großvater (Martin Rosenberg) Lette, seine Mutter (Luise Karoline, geborene Sire) Französin, die Großmutter des Großvaters (Martin Rosenberg) Jüdin (Saly Rosenberg) und der Großvater der Großmutter väterlicherseits (H. Sram) Mongole und Leibeigener gewesen seien. Im Punkt 4 dieses Schreibens stellte Seel, der sich erbot, vor dem Reichsgericht in Leipzig zu erscheinen und seine Angaben zu beweisen, unter dem Hinweis auf seine Quellen fest: »... demnach (haben Sie) keinen Tropfen deutschen Blutes in den Adern.« Dok.: US-Document-Center, Berlin. Das Dok. ist nicht datiert. Seels Vorschlag wurde nicht akzeptiert.
109 Zit. aus dem Rosenberg-Urteil. IMT, Bd. I, S. 332f. Bei weiteren Zitaten aus dem Rosenberg-Urteil des IMT wird darauf verzichtet, die jeweilige Seite auszuweisen.
110 Zit. aus dem Rudenko-Plädoyer vom 29. 7. 1946. IMT, Bd. XIX, S. 678. Shawross erklärte in seinem Plädoyer, daß der ostpreußische Gauleiter, Erich Koch, von Rosenberg als Kommissar in Moskau vorgesehen worden sei (IMT, Bd. XIX, S. 560). Nach der in der folgenden Anmerkung näher bezeichneten

Aktennotiz Himmlers vom 15. 11. 1941 war nicht Koch, sondern der SA-Obergruppenführer Siegfried Kasche für »die Besetzung des Reichskommissariats Moskau vorgesehen«, was Himmler monierte, da er »darin die Quelle unendlichen Ärgers« erblickte, weil Kasche seiner Ansicht nach »ein Mann des Schreibtischs«, »keineswegs energisch und stark« und »ein ausgesprochener Feind der SS« wäre.
111 IMT, Bd. XIX, S. 560. Kube hatte sich jedoch wegen der Plünderungen beschwert, was Himmler in einer Aktennotiz vom 15. 11. 1941 als »lächerlich« abtat. Vgl. dazu den S. 449 aus der Aktennotiz zitierten Text. Dok.: US-Document-Center, Berlin.
112 Dok.: US-Document-Center, Berlin.
113 Rosenberg-Urteil: IMT, Bd. XXII, S. 47.

Plädoyers und Schlußworte

1 IMT, Bd. XIX, S. 438. Jackson erklärte vier Jahre später, daß er persönlich nichts von der Todesstrafe hielte, daß aber die von ihm vertretene Gesellschaft Mord mit dem Tode bestrafe. Vgl. auch Gründler/Manikowsky, *Gericht der Sieger*, S. 189.
2 IMT, Bd. XIX, S. 439. Jackson hob dann hervor, daß er nicht näher »auf das Recht dieses Prozesses« eingehen wolle, da der britische Hauptankläger dies im Namen aller Hauptankläger tun werde. Seine Absicht sei, führte er weiter aus, »bei dem Recht für diese Verbrechen (zu) bleiben«, wie es im Statut verankert sei.
3 IMT, Bd. XIX, S. 473ff.
4 Ebenda.
5 Ebenda, S. 480. Jacksons Plädoyer endete nach mehr als dreieinhalb Stunden um 13.45 Uhr. Ihm folgte am Nachmittag Sir Hartley Shawcross mit seinem Plädoyer.
6 IMT, Bd. XIX, S. 593f. Das von Sir Shawcross Johann Wolfgang Goethe zugeschriebene Zitat stammte, wie Literaturkenner bald herausfanden, aus Thomas Manns 1939 erschienenem Buch *Lotte in Weimar*.
7 IMT, Bd. XX, S. 22.
8 IMT, Bd. XX, S. 200.
9 Ebenda.
10 IMT, Bd. XX, S. 201ff. Damit endete das Hoffmann-Verhör.
11 IMT, Bd. XX, S. 220f.
12 IMT, Bd. XXII, S. 47.
13 IMT, Bd. XX, S. 228f. Kurz vorher hatte der Vorsitzende in das Kreuzverhör eingegriffen und Hoeppner gefragt, ob er nicht gewußt habe, daß sich die Einsatzgruppen aus Mitgliedern des SD, der Gestapo und der Kriminalpolizei zusammensetzten, was Hoeppner umschreibend zugeben mußte. IMT, Bd. XX, S. 225.
14 IMT, Bd. XXII, S. 417. Am 29. 7. 1946 hatte Rudenko das IMT in seinem Plädoyer als internationales Kriminalgericht bezeichnet (ebenda, Bd. XIX, S. 639).
15 Leserbrief in der *Frankfurter Allgemeinen Zeitung* vom 18. 7. 1975.
16 Vgl. IMT, Bd. XXII, S. 418.
17 Ebenda.
18 Ebenda.
19 Vertrauliche Anweisungen an die außerpreußischen Landesregierungen (einschließlich Österreichs) vom 10. 1. 1939. Dok.: US-Document-Center, Berlin.
20 Heydrich-Nachlaß, 19. 11. 1959. Dok. IF-0250, S. 21.
21 Am 7. 6. 1951 in Landsberg am Lech gehenkt.
22 Vgl. IMT, Bd. IV, S. 348ff. und Bd. XXXI, Dok. 2620-PS.
23 Ebenda.
24 Vgl. u. a. IMT, Bd. IX, S. 211.
25 Vgl. ebenda, S. 17ff.
26 IMT, Bd. XXII, S. 420.
27 Ebenda.
28 Dr. Pflücker in der *Waldeckischen Landeszeitung*, Oktober 1952. Das Tagesdatum ist nicht zu entziffern. Pflücker schreibt: »Er (Göring) kritisiert mit scharfen Worten Speer, der alle Verantwortung für die

Zwangsarbeit ausländischer Arbeiter auf Sauckel abgeladen habe.«
29 IMT, Bd. IX, S. 116. Was mit »Bummelanten« gemeint war, erklärte Milch auf Jacksons Befragen am 11. 3. 1946 wie folgt: »... eine Gruppe von Leuten, die nur im Krieg zur Arbeit verpflichtet wurden.« IMT, Bd. IX, S. 129.
30 Ebenda, S. 127.
31 IMT, Bd. XXII, S. 424.
32 Ebenda, S. 425.
33 Ebenda, S. 430ff.
34 Biddle, *In Brief Authority*, S. 465f.
35 Lippe, *Nürnberger Tagebuchnotizen*, S. 290. Vgl. auch ebenda, S. 373.
36 Woods in der amerikanischen Soldatenzeitung *The Stars and Stripes* vom 20. 10. 1946.
37 Dr. Pflücker in der *Waldeckischen Landeszeitung* vom 16. 10. 1952.
38 Zitat nach *Der Spiegel* Nr. 50/75 vom 8. 12. 1975, S. 166.
39 Ebenda, S. 167.
40 Ebenda, S. 167f.
41 Ebenda, S. 168.
42 Dr. Pflücker in der *Waldeckischen Landeszeitung* vom 16. 10. 1952.
43 Vgl. *Der Spiegel* Nr. 50/75 vom 8. 12. 1975, S. 169.
44 Dr. Pflücker in der *Waldeckischen Landeszeitung* vom 16. 10. 1952.
45 Zit. mit freundlicher Genehmigung von Luise Jodl.

Das Urteil

1 Diese Statistik unterscheidet sich in einigen Fällen von den 1976 veröffentlichten Angaben Luise Jodls (Jodl, *Jenseits des Endes ...* , S. 286). Nach Frau Jodls »Liste« hielten 28 Journalisten Seyß-Inquart für schuldig, jedoch 3 glaubten, daß er zum Tode verurteilt werden würde. Auf der Journalisten-Voraussage, die Luise Jodl publizierte, erwarteten 13 (von 32) den Tod für Raeder und 13 (von 30) für Streicher und 3 (von 28) für Speer. Ein Todesurteil für Funk erwarteten danach 5 von 30 Zeitungskorrespondenten.
2 Vgl. S. 136.
3 Dr. Pflücker in der *Waldeckischen Landeszeitung*, Oktober 1952. Das Tagesdatum ist nicht zu entziffern.
4 Überraschend positiv beurteilt Albert Speer Seyß-Inquart. Vgl. dazu u. a. Speer, *Erinnerungen*, S. 462, 490, 498, 512f., 588.
5 Dr. Pflücker in der *Waldeckischen Landeszeitung*, Oktober 1952.
6 Ebenda.
7 *Waldeckische Landeszeitung*, Oktober 1952.
8 Lippe, *Nürnberger Tagebuchnotizen*, S. 492.
9 Dr. Pflücker in der *Waldeckischen Landeszeitung* vom 21. 10. 1952.
10 Ebenda, Oktober 1952, Datum nicht zu entziffern.
11 Ebenda.
12 Ebenda.
13 Zitat aus Jodls Briefen, mit freundlicher Genehmigung von Frau Luise Jodl.
14 Speer, *Spandauer Tagebücher*, S. 18.
15 Diese und die unmittelbar folgenden Schilderungen sind für Speers meist phantasievoll ausgemalte Darstellungen geradezu typisch. Da er mit Handschellen an den *Guard* gekettet war, konnte er nicht sehen, was in den jeweiligen Zellen vorging. Die Urteile über seine Mit-Verbrecher sprechen für sich.
16 Ebenda, S. 21ff.
17 Zit. mit freundlicher Genehmigung von Luise Jodl.
18 Schriftliche Mitteilung von Luise Jodl vom 6. 10. 1975.
19 Schriftliche Mitteilung von Luise Jodl vom 6. 10. 1975.
20 Den Brief an Montgomery übermittelte Maxwell-Fyfe. Persönliche Mitteilung von Luise Jodl (1973).
21 Vgl. B. C. Andrus, *The Infamous of Nuremberg*, London 1969.
22 Dr. Pflücker in der *Waldeckischen Landeszeitung*, Oktober 1952, 16. Fortsetzung.

23 Ebenda, 17. Fortsetzung.
24 Ebenda.
25 Schriftliche Mitteilung von Dr. Kempner vom 28. 11. 1975.
26 Dr. Pflücker in der *Waldeckischen Landeszeitung*, Oktober 1952, 17. Fortsetzung.
27 Görings Brief vom 11. 10. 1946. Der hier veröffentlichte Göring-Brief wurde mir freundlicherweise von Dr. Kempner zur Auswertung und Publikation zur Verfügung gestellt.
28 Vgl. ebenda.
29 Information von Frau Göring an Dr. Kempner. Schriftliche Mitteilung von Dr. Kempner vom 28. 11. 1975.
30 Vgl. den hier abgebildeten Göring-Brief.
31 Die von dem einstigen SS-Offizier von dem Bach-Zelewsky verbreitete Behauptung, daß er es gewesen sei, der Göring das Gift zugesteckt habe, ist nicht beweisbar.
32 *Waldeckische Landeszeitung*, Oktober 1952, 14. Fortsetzung.
33 Persönliche Mitteilung von Ernst Wilhelm Keitel vom 21. 7. 1975.
34 *Stars and Stripes* vom 28. 7. 1950.
35 Ein »Sammler« aus Havanna hatte Woods telegrafisch 2.500 Dollar für einen Strick geboten.
36 *Stars and Stripes* vom 20. 10. 1946.
37 Zit. nach Charles Duff, *A Handbook of Hanging*, London 1961, S. 132.
38 Persönliche Mitteilung von Helmut Kamphausen (Mai 1973).

Teil III
Nürnberg als historisches Ereignis

1 IMT, Bd. I, S. 188.
2 Laut Artikel 3 des Statuts durften weder »der Gerichtshof noch seine Mitglieder oder Stellvertreter ... von ... dem Angeklagten oder seinem Verteidiger abgelehnt werden.« IMT, Bd. I, S. 10.
3 IMT, Bd. I, S. 186.
4 Bereits in der Erklärung von St. James vom 13. 1. 1942 wurde die Bestrafung der Kriegsverbrecher als eines der wichtigsten Kriegsziele der Alliierten bezeichnet.
5 Heß-Urteil: IMT, Bd. I, S. 318ff.
6 Telford Taylor: *Nürnberg und Vietnam. Eine amerikanische Tragödie*, München/Wien/Zürich 1971, S. 96f.
7 Vgl. International Conference on Military Trials (U.S. Government Printing Office 1947), S. 294, 328 und 375.
8 UNO-Dok. A/CN 425 vom 26.4.1950.
9 Taylor, *Nürnberg und Vietnam*, S. 113.
10 Vgl. Taylor, *Nürnberg und Vietnam*, S. 117.
11 Ebenda, S. 118.
12 IMT, Bd. I, S. 311. Vgl. auch ebenda, S. 402ff.
13 Zu den Sicherheitsmaßnahmen um Hitler vgl. u. a. Peter Hoffmann, *Die Sicherheit des Diktators. Hitlers Leibwache, Schutzmaßnahmen, Residenzen, Hauptquartiere*, München 1975.
14 Zit. nach Taylor, *Nürnberg und Vietnam*, S. 11.
15 Vgl. IMT, Bd. I, S. 358.
16 IMT, Bd. XXII, S. 100.
17 Zit. nach Otto Kranzbühler: *Rückblick auf Nürnberg*, Hamburg 1949, S. 16.
18 IMT, Bd. XXII, S. 523.
19 Robert M. W. Kempner in: *Mann in der Zeit*, Okt./Nov. 1966. Fortan zit. als Kempner, *Mann in der Zeit*.
20 Art. 43 des Abkommens. Zit. nach Heinze/Schilling, *Die Rechtsprechung der Nürnberger Militärtribunale*, S. 298.
21 Ebenda. Art. 23 h des Abkommens.
22 IMT, Bd. XXII, S. 523.

23 Kempner, *Mann in der Zeit.*
24 Kempner, *Mann in der Zeit.*
25 *Freies Europa,* Bd. 13, Nr. 162, Juli 1946.
26 Vgl. Hitlers Äußerung vom 20. 8. 1942 im Führer-Hauptquartier. Veröffentlicht in *Vierteljahreshefte für Zeitgeschichte,* Nr. 12/ 1964, Heft 1, S. 98f.
27 Artikel 19 des Londoner Statuts vom 8. 8. 1945.
28 Artikel 21 des Londoner Statuts vom 8. 8. 1945.
29 IMT, Bd. X, S. 11 und Bd. XIX, S. 127. Zur Beeinträchtigung der Verteidigung vgl. auch IMT, Bd. XIX, S. 226.
30 Artikel 20 des Londoner Statuts vom 8.8.1945.
31 IMT, Bd. XIII, S. 248.
32 Vgl. Hans-Günther Seraphim: »Erschließung der Nürnberger Prozeßakten«, in: *Der Archivar,* Nr. 28/75, S. 418ff.
33 Vgl. IMT, Bd. I, S. 191.
34 Vgl. IMT, Bd. I, S. 1.
35 Vgl. ebenda, S. 2ff.
36 Kranzbühler, *Rückblick auf Nürnberg,* S. 13.
37 So sagte der Rundfunkkommentator Gaston Oulman am 22. 7. 1946: »Es haben sich Stimmen bemerkbar gemacht, die eine Zurverantwortungziehung der Soldaten ablehnen, nicht nur in deutschen Kreisen. Wir zitieren dazu die Äußerung Jacksons, daß sich diese Anklage auf bestimmte Sektoren bezieht und nicht gegen den Stand des Soldaten selbst gerichtet ist. Die Anklage ist nicht bereit, von ihrem Standpunkt abzugehen, vor allem nicht da, wo es sich um Verletzung der völkerrechtlichen Verpflichtungen handelt.« Zit. nach einem Stenogramm einer Sekretärin der US-Anklage. Dok. im Besitz des Autors.
38 Vgl. Merle Miller: *Offen gesagt. Harry S. Truman erzählt sein Leben,* Stuttgart 1975, S. 203. Fortan zitiert als Miller, *Truman ...*
39 Tibbets in einem Interview in der deutschen Illustrierten *Stern,* Nr. 32/75, S. 41.
40 Zit. nach der deutschen Illustrierten *Stern,* Nr. 32/75, S. 41.
41 Vgl. *Der Spiegel,* Nr. 48/75, S. 114. Einige Anweisungen trugen die Unterschrift von Allen Dulles, dem Chef der CIA. Vgl. ebenda. Lumumba wurde Anfang 1961 von kongolesischen Rivalen ermordet. Diem kam 1963 während eines Generalputsches um, den die Regierung der USA unterstützte.
42 Zit. nach *Der Spiegel* vom 24. 11. 1975, S. 114.
43 Schriftliche Mitteilung von Dr. Robert M. W. Kempner vom 8. 10. 1975 und mündliche Mitteilung von Dr. Kempner vom 13. 10. 1975.
44 Vgl. Emil Winkler *Die Kosaken. Herkunft, Leben, Untergang,* Lienz 1971; ohne Seitenangabe.
45 Vgl. *Eckartbote* Nr. 12/74, S. 5.
46 Winkler, a.a.O.
47 Ebenda.
48 Zit. nach: Konferenzen und Verträge. Vertragsploetz, Teil II, S. 257.
49 Persönliche Mitteilungen von Frau Emmy Göring (1953).
50 Vgl. W. J. Bosch: *Judgement on Nuremberg. American Attitudes toward the Major German War-Crime Trials,* U. of N. Car Press 1970.
51 Karl Dönitz am 12. 3. 1973 in einem Interview im 1. Programm des Deutschen Fernsehens.
52 W. E. Jackson: »War Nürnberg gerechtfertigt?« Abgedruckt in: *Gollier* vom 19. 5. 1947. Fortan zit. als: Jackson, »War Nürnberg gerechtfertigt?«
53 IMT, Bd. II, S. 117.
54 Ebenda.
55 Zit. nach Kranzbühler, *Rückblick auf Nürnberg,* S. 25.
56 Ebenda, S. 24. Kranzbühler war persönlicher Zeuge dieser Jackson-Äußerung.
57 Ebenda, S. 25.
58 Ebenda.
59 Zit. nach: Arbeitskreis für Wahrheit und Gerechtigkeit, Wuppertal-Elberfeld vom 23. 1. 1951, S. 4.
60 *New York Times* vom 6. 11. 1950. Anklageschrift: 10. 5. 1947, Urteil: 9. 2. 1948.
61 Zit. nach: Arbeitskreis für Wahrheit und Gerechtigkeit, Wuppertal-Elberfeld vom 23. 1. 1951, S. 5.
62 Lord Shawcross im Geleitwort zu Gründler/Manikowsky, *Gericht der Sieger,* S. 19f.

63 Vgl. Hyde, *The Life of Lord Birkett of Ulverston*, S. 515.
64 Biddle, *In Brief Authority*, S. 452f. und S. 473.
65 Vgl. Donnedieu de Vabres, Henri, »Le Procès de Nuremberg«, in: *Revue de Science Criminelle et de Droit Pénal Comparé*, Nr. 2, Paris 1947, S. 179.
66 Ebenda.
67 Taylor, *Die Nürnberger Prozesse*, S. 137.
68 Zit. auf der Titelseite der deutschen Ausgabe des Taylor-Buches *Nürnberg und Vietnam. Eine amerikanische Tragödie*, München/Wien/Zürich 1971. Fortan wieder zit. als Taylor, *Nürnberg und Vietnam*.
69 Taylor, *Nürnberg und Vietnam*.
70 Formulierungen der Historiker John Fried und Martin Broszat während der Diskussionen 1975 in Washington über die Nürnberger Prozesse.
71 Sir David Maxwell-Fyfe: Vorwort zu *Trial of Heinz Eck ... (The Peleus Trial)*, London 1958, S. XV.
72 Gründler/Manikowsky, *Gericht der Sieger*, S. 245.
73 IMT, Bd. I, S. 29 und Bd. II, S. 40f. Vgl. dazu auch die Aufzählung der Anklagepunkte gegen Gustav Krupp von Bohlen und Halbach, ebenda, S. 94f.
74 Vgl. IMT, Bd. II, S. 30.
75 Ebenda, S. 11f. Vgl. auch ebenda, S. 15ff.
76 Dubost, der zunächst vorgeschlagen hatte, Krupp und andere Großindustrielle gesondert anzuklagen (IMT, Bd. II, S. 21 und 23f.), was schließlich auch geschah, beschuldigte, was er bereits am 14. 11. 1945 vorbereitet hatte: »Vater und Sohn Krupp« (ebenda, S. 25).
77 Der sowjetische Hauptanklagevertreter hatte Jackson ermächtigt, in seinem Namen zu sprechen. IMT, Bd. II, S. 21.
78 Ebenda, S. 17.
79 Vgl. auch Kranzbühler, *Rückblick auf Nürnberg*, u. a. S. 15.
80 Vgl. die entsprechenden Angaben im Anhang.
81 Vgl. dazu u. a. Tilo Frhr. v. Wilmowsky: *Warum wurde Krupp verurteilt? Legende und Justizirrtum*, Stuttgart 1950, S. 233 und Hermann M. Maschke: *Das Krupp-Urteil und das Problem der »Plünderung«*, Göttingen 1951.
82 John J. McCloy in seiner Begnadigungsentscheidung nach der Überprüfung der Urteile. Zit. in: *Landsberg. Ein dokumentarischer Bericht*, S. 15.
83 Zit. nach Wilmowsky, *Warum wurde Krupp verurteilt?*, S. 223ff.
84 Zit. der (hier aus stilistischen Erwägungen umformulierten) Zusammenfassung der Argumente der Krupp-Verteidiger nach Wilmowsky, ebenda, S. 221f.
85 Veröffentlicht in *Der Bundesbote* vom 4. 2. 1951.
86 *Der Bundesbote* vom 11. 2. 1951.
87 *Der Bundesbote* vom 4. 2. 1951.
88 Ebenda, Ausgabe vom 11. 2. 1951.
89 Krupp-Urteil, deutscher Text, S. 5f.
90 Prot. Fall X, S. 13800, zit. nach Heinze/Schilling, *Die Rechtsprechung der Nürnberger Militärtribunale*, S. 83.
91 Persönliche Mitteilung eines einstigen engen Mitarbeiters von Alfried Krupp, der nicht namentlich genannt zu werden wünscht (September 1975).
92 Zur Verfassung der DDR vgl. u. a. Siegfried Mampel, *Die Entwicklung der Verfassungsordnung in der sowjetisch besetzten Zone Deutschlands von 1945 bis 1963*, Tübingen 1964.
93 Zit. nach Otto Kranzbühler: »Nürnberg als Rechtsproblem«, S. 232.
94 OKW-Urteil, deutsches Protokoll, S. 9850.
95 So heißt es beispielsweise in der Präambel des Vertrages vom 26. 9. 1815, »daß es notwendig ist, die von den Mächten in ihren gegenseitigen Beziehungen einzunehmende Haltung auf die erhabenen Wahrheiten zu gründen, die uns die ewige Religion Gottes des Heilandes lehrt«. Feierlich wird (ebenda) erklärt, »daß der gegenwärtige Akt keinen anderen Zweck hat, als vor aller Welt ihre unerschütterliche Entschlossenheit zu bekunden, zur Regel ihres Verhaltens sowohl in der Verwaltung ihrer eigenen Staaten als auch in ihren politischen Beziehungen zu jeder anderen Regierung allein die Gebote dieser heiligen Religion zu nehmen, die Gebote der Gerechtigkeit, der Menschenfreundlichkeit und des Friedens, die, weit davon entfernt, nur für das Privatleben zu gelten, im Gegenteil unmittelbar auf die Entschlüsse der Fürsten Einfluß üben und alle ihre Schritte lenken sollen, da sie das einzige Mittel sind,

die menschlichen Einrichtungen zu befestigen und ihren Unvollkommenheiten abzuhelfen«.
Im 1. Artikel wird gesagt: »Gemäß den Worten der Heiligen Schrift, die allen Menschen gebietet, sich als Brüder anzusehen, werden die drei vertragschließenden Monarchen durch die Bande einer wahrhaften und unlöslichen Brüderlichkeit verbunden bleiben und werden sich, da sie ein gemeinsames Vaterland zu haben meinen, bei jeder Gelegenheit und an jedem Orte Beistand, Hilfe und Unterstützung gewähren; da sie sich ihren Untertanen und ihren Heeren gegenüber als Familienväter ansehen, werden sie diese in gleichem Geiste der Brüderlichkeit lenken, von dem sie zum Schutze der Religion, des Friedens und der Gerechtigkeit beseelt sind.«
Im 2. Artikel versichern die Partner und Unterzeichner der Allianz: »Infolgedessen wird für die Beziehungen sowohl zwischen den genannten Regierungen wie ihren Untertanen einzig der Grundsatz gelten, sich wechselseitig zu dienen, sich in unwandelbarem Wohlwollen die gegenseitige Zuneigung zu bezeigen, von der sie beseelt sein müssen, und sich alle nur als Glieder einer und derselben christlichen Nation zu betrachten, wobei die drei verbündeten Fürsten sich selber nur als von der Vorsehung damit beauftragt ansehen, drei Zweige der einen und selben Familie zu regieren, nämlich Österreich, Preußen und Rußland, und dergestalt sich dazu bekennen, daß die christliche Nation, von der sie und ihre Völker einen Teil bilden, in Wahrheit keinen anderen Souverän hat als denjenigen, dem allein die Macht gehört und gebührt, weil in ihm allein sich aller Schatz der Liebe, der Erkenntnis und der unendlichen Weisheit findet, nämlich Gott, unseren himmlischen Erlöser Jesus Christus, das Wort des Allerhöchsten, das Wort des Lebens.« Vgl. dazu Ghillany, *Diplomatisches Handbuch 1648–1867*, Bd. I, S. 386f. und F. W. v. Rohrscheidt: *Preußens Staatsverträge*, Berlin 1852, S. 485.
96 Vgl. zu dieser Problematik ganz allgemein: Yehezkel Dror, *Verrückte Welt. Politischer Wahnsinn und seine Bekämpfung*, Stuttgart 1975.
97 Zur Geschichte des (»Achsen«-)Bündnisses zwischen Hitler und Mussolini vgl. u. a. Jens Petersen, *Hitler-Mussolini. Die Entstehung der Achse Berlin-Rom 1933–1936*, Tübingen 1974.
98 Daß gerade sie die Wandlung einiger Angeklagter in Nürnberg sorgfältig studieren sollten, die sich zu Beginn des Prozesses allesamt als »nicht schuldig« bezeichnet hatten, ist eine Empfehlung, die nicht nur in einer der letzten Fußnoten dieses Buches stehen sollte. Hans Frank beispielsweise hielt das IMT bald für ein gottgewolltes Weltgericht. Albert Speer und Baldur von Schirach sprachen von Mitverantwortung auch in einer totalen Diktatur. Wilhelm Keitel erklärte, daß er, wenn er noch einmal an der Schwelle der für ihn verhängnisvollen Karriere stünde, lieber den Tod wählen als noch einmal denselben Weg gehen würde. Walter Funks Äußerung, daß seine Mittäterschaft eine »menschliche Tragödie«, nicht aber ein Verbrechen darstelle, bedarf in diesem Zusammenhang keines weiteren Kommentars.

Bibliographie

Diese Bibliographie enthält lediglich Hinweise auf die wichtigsten Dokumente und Dokumentensammlungen und auf die wesentlichsten Publikationen, die sich mit dem Internationalen Militär-Tribunal (IMT), mit den zwölf amerikanischen Nürnberger Nachfolgeprozessen und mit den damit zusammenhängenden Fragen befassen. Allein die Tatsache, daß die in dreieinhalb Jahren (vom 14. 11. 1945 bis 14. 4. 1949) Prozeßdauer von sieben Militärtribunalen verkündeten dreizehn Hauptturteile, zwei Ergänzungsentscheidungen, acht abweichende und sechs zustimmende Urteilsbegründungen und zwei zusätzliche Entscheidungen im »Fall Krupp« insgesamt 4.055 Seiten Text – und der Gesamtkomplex mehr als 500.000 Seiten – umfassen, zwang mich, die Bibliographie in der hier gewählten Weise anzulegen. Die detaillierten Quellen- und Literaturbelege befinden sich jeweils im Fußnotenverzeichnis oder in den Anmerkungen unter den Textseiten. An beiden Stellen sind auch die Nachweise für die persönlichen Auskünfte unter anderem von Nürnberger Anklägern, US-Offizieren, von Verteidigern und Angeklagten, von Zeugen, Verurteilten und deren Hinterbliebenen registriert.

Zu besonderem Dank verbunden fühle ich mich Herrn Dr. Robert M. W. Kempner, Herrn Otto Kranzbühler, Herrn Ralph Varadÿ, Herrn Karl Dönitz, Frau Luise Jodl und ehemaligen US-Offizieren, die 1945/46 in Mondorf und Nürnberg tätig waren. Dank zu sagen habe ich ferner Frau Elisabet Kinder vom Bundesarchiv Koblenz, Herrn Richard Bauer vom US-Document-Center in Berlin, Herrn Dr. Anton Hoch vom Institut für Zeitgeschichte in München, Herrn Dr. Robert Wolfe vom National Archiv in Washington und Herrn Dr. Alfred Wagner von der UNESCO. Die Umstände zwingen mich leider, die Namen einiger wichtiger Informanten und Besitzer von Original-Dokumenten zu verschweigen. Zu ihnen gehört nicht zuletzt auch der Mann von Tahiti, der die während des Hauptprozesses aus Nürnberg nach Amerika geschafften Dokumente wieder ausfindig machte.

Einen Dank eigener Art habe ich Gerhard Beckmann abzustatten. Er war es nämlich, der mich 1971 in London davon überzeugte, daß es »notwendig« sei, die Ergebnisse meiner Untersuchungen über den Nürnberger Prozeß als Buch zu veröffentlichen.

Werner Maser
Düsseldorf, 20. November 1976

Adam, Uwe Dietrich: Judenpolitik im Dritten Reich. Düsseldorf 1972.
Alderman, S. S.: Background and High Lights of the Nuremberg Trial. I.C.C. Practitioner's Journal 1946/47.
Alexander, Ch. W., und *Keeshan, A.:* Justice at Nuremberg. Chicago 1945.
Allard, Sven: Stalin und Hitler. Die sowjetrussische Außenpolitik 1930 bis 1941. Bern und München 1974.
Amaudruz, G. A.: UBU justicier au premier procès de Nuremberg. Paris 1949.
Amtliche Protokolle der Prozesse vor den US-Militärtribunalen in den Fällen I bis XII in deutscher und englischer Sprache (hektographiert).
Andrus, B. C.: The Infamous of Nuremberg. London 1969.
April, N.: An Inquiry into the Juridical Basis for the Nuremberg War Crimes Trial, in: Minnesota Law Review, 1946.
Aroneanu, Eugène: Das Verbrechen gegen die Menschlichkeit. Baden-Baden 1947.
Aschenauer, Rudolf: Zur Frage einer Revision der Kriegsverbrecherprozesse. Nürnberg 1949.
Aschenauer, Rudolf: Landsberg. München 1951.
Atkin, Lord: The Trial of the Nazis, in: Law Journal, 1945.

Bader, Karl: Der Nürnberger Ärzteprozeß, in: Deutsche Rechtszeitschrift, 1947.
Bader, Karl: Zum Nürnberger Urteil, in: Deutsche Rechtszeitschrift, 1946.
Baer, Marcel de: The Treatment of War Crimes Incident al to the War, in: The Bulletin of International News, Febr./März 1945.
Balazs, André: Die rechtliche Begründung des Nürnberger Urteils, in: Friedenswarte, 1946.
Balmer-Basilius, H. R.: Nürnberg und das Weltgewissen, in: Friedenswarte, 1946.
Barcikowski, Waclaw: Les Nations Unies et l'organisation de la répression des crimes de guerre, in: Revue Internationale de Droit Pénal, 1946.
Bardeche, Maurice: Nuremberg ou la terre promise. Paris 1948. Deutsche Ausgabe: Nürnberg oder das Gelobte Land. Zürich 1949.
Bauer, Fritz: Die Kriegsverbrecher vor Gericht. Zürich 1945.
Baum, Walter: Der Zusammenbruch der obersten deutschen militärischen Führung 1945, in: Wehrwissenschaftliche Rundschau 5/60, Frankfurt 1960.
Becker, Hellmuth: Gericht der Politik, in: Merkur, 1950.
Becker, H.: Quantität und Qualität – Grundfragen der Bildungspolitik. Freiburg 1962.
Behling, Kurt: Die Schuldaussprüche im Nürnberger Juristenurteil vom 4./5. Dezember 1947, in: Archiv des Völkerrechts, 1949.
Behling, Kurt: Nürnberger Lehren, in: Juristische Rundschau, 1949.
Belgion, Montgomery: Epitaph on Nuremberg. London 1946.
Belgion, Montgomery: Victor's Justice. Chicago 1949.
Belloni, G. A.: Criminalità di guerra, in: Giustizia Penale, 1946.
Bergamini, David: Japan's Imperial Conspiracy. How Emperor Hirohito led Japan into war against the West. New York 1971.
Berger, Jakob: The Legal Nature of War Crimes and the Problem of Superior Command, in: American Political Science Review, 1944.
Bernays, M. C.: The Legal Basis of the Nuremberg Trials, in: Survey Graphic, 1946.
Bernstein, O. H.: Final Judgment: The Story of Nuremberg. New York 1947.
Besymenski, Lew: Der Tod des Adolf Hitler. Hamburg 1968.
Bethell: Das letzte Geheimnis. London 1974.
Bial, L. C.: The Nuremberg Judgment and International Law, in: Brooklyn Law Review, 1947.
Biddle, Francis: In Brief Authority. New York 1962.
Biddle, Francis: Report to President Truman, in: Department of State Bulletin, 1946.
Biddle, Francis: The Nuremberg Trial, in: Proceedings of the American Philosophical Society, 1947, sowie in: Virginia Law Review, 1947; französische Übersetzung in: Revue Internationale de Droit Pénal, 1948.
Birkenfeld, W.: Der synthetische Treibstoff 1933 bis 1945. Göttingen 1964.
Birkett, Justice: International Legal Theories Evolved at Nuremberg, in: International Affairs, 1947.
Blakeney, B. B.: International Military Tribunal, in: American Bar Association Journal, 1946.
Boelke, W. A.: Hitlers Befehle zur Zerstörung oder Lähmung des deutschen Industriepotentials 1944/45, in: Tradition, 13/68.

Boissarie, A.: La definition du crime contre l'humanité, in: Revue Internationale de Droit Pénal, Nr. 3/4, 1947.
Boissarie, A.: La répression des crimes nazis contre l'humanité et la protection des libertés démocratiques, in: Revue Internationale de Droit Pénal, 1947.
Bosch, W. J.: Judgment on Nuremberg. American Attitudes toward the Major German War-Crime Trials, U. of N. Car Press 1970.
Boveri, Margret: Der Diplomat vor Gericht. Berlin/Hannover 1948.
Brand, G.: The War Crimes Trials and the Law of War, in: The British Yearbook of International Law, 1949.
Brand, J. T.: Crimes against Humanity and the Nürnberg Trials, in: Oregon Law Review, 1949.
Brennecke, Gerhard: Die Nürnberger Geschichtsentstellung. Tübingen 1970.
Bross, Werner: Gespräche mit Hermann Göring während des Nürnberger Prozesses. Flensburg/Hamburg 1950.
Broszat, Martin: Nationalsozialistische Polenpolitik 1939-1945. Stuttgart 1961.
Buchheim, Hans, Broszat, Martin, Jacobsen, Hans-Adolf, Krausnick, Helmut: Anatomie des SS-Staates. 2 Bde. Band l: Die SS – Das Herrschaftsinstrument, Befehl und Gehorsam; Band 2: Konzentrationslager, Kommissarbefehl, Judenverfolgung. Ölten und Freiburg/Br. 1965.
Bullock, Allan: Hitler and the Origins of the Second World War, Raleigh Lecture on History. Reed 22. 11. 1967, London, Oxford University Press, published for the British Academy, 1968.

Caloyanni, M.: Le procès de Nuremberg et l'avenir de la justice pénale internationale, in: Revue Internationale de Droit Pénal, 1946.
Calvocoressi, Peter: Nuremberg. The Facts, the Law and the Consequences. London 1947.
Carter, E. F.: The Nuremberg Trials: A Turning Point in the Enforcement of International Law, in: Nebraska Law Review, 1949.
The Charter and Judgment of the Nürnberg Tribunal. History and Analysis. Memorandum by the Secretary-General. New York 1949.
Chase, J. L.: The Development of the Morgenthau-Plan through the Quebec Conference. Journal of Politics (Mai 1954), vol. 16, Nr. 2.
Churchill, Winston S.: Der Zweite Weltkrieg. 6 Bde. Hamburg und Stuttgart 1950–1954.
»Common Cause«. Chicago University Press, Sondernummer, Januar 1950.
Comtesse, M. A.: Betrachtungen zum Nürnberger Prozeß, in: Schweizer Monatshefte, 1946.
Cooper, Robert, W.: The Nuremberg Trial. Deutsche Ausgabe Krefeld 1947.
Corpus Juris Secundum, Bd. 19, 1940.
Cowles, W. B.: High Government Officials as War Criminals, in: Proceedings of the American Society of International Law, 1945.
Cowles, W. B.: Universality of Jurisdiction over War Crimes, in: California Law Review, 1945.
Creel, G.: War Criminals and Punishment. London 1945.
Czapski, Suzanne: Rechtsanwälte in Nürnberg. DANA-Bericht vom 8. 6. 1946.

Daniel, J.: Le problème du châtiment des crimes de guerre d'après les enseignements de la deuxième guerre mondiale. Kairo 1946.
Das Deutsche Führerlexikon 1934 ff. Berlin 1935.
Das Urteil von Nürnberg 1946. Mit einer Vorbemerkung von Herbert Kraus. München 1961.
Der Nürnberger Prozeß. Aus den Protokollen, Dokumenten und Materialien des Prozesses gegen die Hauptkriegsverbrecher vor dem Internationalen Militärgerichtshof, ausgewählt und eingeleitet v. P. A. Steiniger. 2 Bde. 5. Aufl. Berlin (Ost) 1962.
*Der Prozeß gegen die Hauptkriegsverbreche*r vor dem Internationalen Militärgerichtshof. Amtliche Ausgabe in deutscher, englischer und französischer Sprache. 42 Bde. (»Blaue Serie«). Nürnberg 1947–1949.
Descheemaeker, J.: Le tribunal militaire international des grands criminels de guerre. Paris 1947.
»*Die andere Seite*«. Monatlicher Informationsdienst der Arbeitsgemeinschaft für Recht und Wirtschaft, ab Mai 1950.
Die Beziehungen zwischen Deutschland und der Sowjetunion 1939–1941. Dokumente des Auswärtigen Amtes. Hrsg. Alfred Seidl. Tübingen 1949.
Dix, Hellmuth: Die Urteile in den Nürnberger Wirtschaftsprozessen, in: Neue Juristische Wochenschrift, 1949.

Dodd, T. J.: The Nuremberg Trials, in: The Journal of Criminal Law and Criminology, 1946/47.
Domarus, Max: Hitler. Reden und Proklamationen 1932–1945. 4 Bde. München 1965.
Donnedieu de Vabres, H.: Le jugement de Nuremberg et le principe de la légalite des délits et des peines, in: Revue de Droit Pénal et de Criminologie, 1946/47.
Donnedieu de Vabres, H.: Le Procès de Nuremberg, in: Revue de Science Criminelle et de Droit Pénal Comparé, Nr. 2. Paris 1947.
Donnedieu de Vabres, H.: Le procès de Nuremberg devant les principes modernes du droit pénal international, in: Recueil des Cours de l'Académie de Droit International, Bd. 70.
Dror, Yehezkel: Verrückte Welt. Politischer Wahnsinn und seine Bekämpfung. Stuttgart 1975.
Dubost, Charles: Les crimes des Etats et la coutume pénale internationale, in: Politique Etrangère, Dezember 1946.
Duff, Charles: A Handbook of Hanging. London 1961.
Dulles, J. F.: International Criminal Law and Individuals, in: American Bar Association, Proceedings of the Section of International and Comparative Law, 1949.

Eccard, F.: La signification suprême du procès de Nuremberg, in: Revue de Droit International, de Sciences Diplomatiques, Politiques et Sociales, 1946.
Ehard, Hans: Der Nürnberger Prozeß gegen die Hauptkriegsverbrecher und das Völkerrecht, in: Süddeutsche Juristenzeitung, 1948; englische Übersetzung in: American Journal of International Law, 1949.
Einsele, Helga, Feige, Johannes, Müller-Dietz, Heinz: Die Reform der lebenslangen Freiheitsstrafe, in: Beiträge zur Strafvollzugswissenschaft, Heft 10, Stuttgart 1972.

Faby, Ph.: Der Hitler-Stalin-Pakt 1939-1941. Darmstadt 1962.
Feldmann, Horst: Das Verbrechen gegen die Menschlichkeit. Essen 1948.
Ferencz, B. B.: Nürnberg Trial Procedure and the Rights of the Accused, in: The Journal of Criminal Law and Criminology, 1948.
Finch, G. A.: The Nuremberg Trial and International Law, in: American Journal of International Law, 1947.
Fischer, Alexander (Hrsg.): Teheran, Jalta, Potsdam. Die sowjetischen Protokolle von den Kriegskonferenzen der »Großen Drei«. Köln 1973.
Foreign Relations of the United States. Diplomatie Papers. The Conferences at Cairo and Tehran 1943. Washington 1961.
Frank, Hans: Im Angesicht des Galgens. München Gräfelfing 1953.
Freeman, Alwyn V.: War Crimes by Enemy Nationals Administering Justice in Occupied Territory, in: American Journal of International Law, 1947.
Freies Europa. Bd. 13, Nr. 162, Juli 1946.
Friedensburg, F.: Die sowjetischen Kriegslieferungen an das Hitlerreich, in: Vierteljahreshefte für Wirtschaftsforschung, 1962.

Gerhard, Eugene C.: Americas Advocate: Robert H. Jackson. Indianapolis/New York 1958.
Ghillany, F. W.: Diplomatisches Handbuch 1648-1867, 3 Bde. Nördlingen 1855-1868.
Ghillany, F. W.: Europäische Chronik von 1492 bis Ende April 1877, 5 Bde. Leipzig 1865-1878.
Gilbert, G. M.: Nuremberg Diary. London und New York 1948; deutsche Ausgabe: Nürnberger Tagebuch. Frankfurt 1962.
Gilbert, Gustav M.: The Psychology of Dictatorship. New York 1950.
Glaser, Stéphane: La Charte du Tribunal de Nuremberg et les nouveaux principes du droit international, in: Schweizerische Zeitschrift für Strafrecht, Jg. 63.
Glaser, Stephane: Les principes de la légalité des délits et des peines et les procès des criminels de guerre, in: Revue de Droit Pénal et de Criminologie, 1947.
Glueck, Sheldon: Ist der Nürnberger Prozeß illegal?, in: Amerikanische Rundschau, 1946, Heft 9.
Glueck, Sheldon: The Nuremberg Trial and Aggressive War. New York 1946.
Glueck, Sheldon: War Criminals, their Prosecution and Punishment. New York 1944.
Görlitz, Walter: Keitel. Verbrecher oder Offizier? Erinnerungen, Briefe, Dokumente des Chefs des OKW. Göttingen 1961.

Goodhart, A. L.: Questions and Answers Concerning the Nuremberg Trials, in: International Law Quarterly, 1947.
Goodhart, A. L.: The Legality of the Nuremberg Trials, in: The Juridical Review, 1946, April.
Graven, Jean: De la justice internationale ä la paix: Les enseignements de Nuremberg, in: Revue de Droit International, de Sciences Diplomatiques, Politiques et Sociales, 1946 und 1947.
Graven, Jean: Les châtiments des crimes de guerre, in: Alma mater, 1947, Heft 31.
Graveson, R. H.: Der Grundsatz »nulla poena sine lege« und Kontrollratsgesetz Nr. 10, in: Monatsschrift für Deutsches Recht, Dezember 1947.
Green, L. C.: International Law through the Cases. London 1951.
Greiner, Hellmuth: Die Oberste Wehrmachtsführung 1939-1943. Wiesbaden 1951.
Grewe, Wilhelm, und *Küster, Otto:* Nürnberg als Rechtsfrage. Stuttgart 1947.
Gross, Leo: The Criminality of Aggressive War, in: The American Political Science Review, 1947.
Gründler, Gerhard E., und *Manikowsky, Arnim von:* Das Gericht der Sieger. Oldenburg und Hamburg 1967.
Güde: Zur Deutung des Organisationsverbrechens, in: Deutsche Rechtszeitschrift, 1948.
Guggenheim, Paul: Der völkerrechtliche Schutz der Menschenrechte, in: Friedenswarte, 1949.
Gutachten und Denkschriften über das IMT und die Nürnberger Nachfolgeprozesse u. a. von Henri Donnedieu de Vabres (25. 6. 1949), Franz Exner (4. 1. 1946), Gilbert Gidel (18. 8. 1949), Carl Haensel (5. 8. 1947), Erhard Heinke (28. 1. 1947), Erich Kaufmann (27. 10. 1948 und 15./20. 7. 1949), Theodor Klefisch (5. 6. 1946 und August 1947), Herbert Kraus (24. 5. 1946,15. 6. 1946, 10. 5. 1947, 8. 6. 1947, 10. 1. 1948, 10. 4. 1948 und 18. 6. 1949), Günther Lummert (Juli 1947), Hermann Mosler (15. 2. 1946, 2. 3. 1946 und 7. 5. 1947), Ch. Rousseau (27. 7. 1949), Eberhard Schmidt (1. 11. 1946), Robert Servatius (15. 2. 1946) und Eduard Wahl (21. 5. 1948): Institut für Völkerrecht an der Universität Göttingen.

Habeas-Corpus in Kriegsverbrecherprozessen, in: Archiv des öffentlichen Rechts, 1949.
Haensel, Carl: Das Gericht vertagt sich. Aus dem Tagebuch eines Nürnberger Verteidigers. Hamburg 1950.
Haensel, Carl: Das Organisationsverbrechen. Nürnberger Betrachtungen zum Kontrollratsgesetz Nr. 10. München 1947.
Haensel, Carl: Das Urteil im Nürnberger Juristenprozeß, in: Deutsche Rechtszeitschrift, 1948.
Haensel, Carl: Der Ausklang von Nürnberg, in: Neue Juristische Wochenschrift, 1949.
Haensel, Carl: Nürnberger Probleme, in: Deutsche Rechtszeitschrift, 1946.
Haensel, Carl: Schuldprinzip und Gruppenkriminalität, in: Süddeutsche Juristenzeitung, 1947.
Halder, Franz: Kriegstagebuch. Tägliche Aufzeichnungen des Chefs des Generalstabes des Heeres 1939–1942. Hrsg. Arbeitskreis für Wehrforschung Stuttgart. 3 Bde. Stuttgart 1962/63/64.
Hankey, Lord: Politics, Trials and Errors. Oxford 1950.
Hartlmayr, F.: Nürnberger Kriegsverbrecherprozeß und Völkerrecht, in: österreichische Monatshefte, 1946.
Hazan, E.: Etude critique du jugement de Nuremberg, in: Revue de Droit International pour le Moyen-Orient, 1951, No. 1.
Heinze, Kurt, und *Schilling, Karl:* Die Rechtsprechung der Nürnberger Militärtribunale. Sammlung der Rechtsthesen der Urteile und gesonderten Urteilsbegründungen der dreizehn Nürnberger Prozesse. Bonn 1951.
Herzog, J. B.: Les organisations national-socialistes devant le Tribunal de Nuremberg, in: Revue International de Droit Pénal, 1946.
Herzog, J. B.: Les principes juridiques de la répression des crimes de guerre, in: Schweizerische Zeitschrift für Strafrecht, 1946.
Heyde, H. Montgomery: The life of Lord Birkett of Ulverston. London 1964.
Heydecker, Joe J., und *Leeb, Johannes:* Der Nürnberger Prozeß. Bilanz der Tausend Jahre. Köln und Berlin [5]1958.
Hillgruber, Andreas: Die »Endlösung« und das deutsche Ostproblem als Kernstück des rassenideologischen Programms des Nationalsozialismus, in: Vierteljahrshefte für Zeitgeschichte, Heft 2/72.
Hillgruber, Andreas: Hitlers Strategie, Politik und Kriegsführung 1940/41. Frankfurt/Main 1965.
History of the United Nations War Crimes Commission and the Development of the Laws of War. London 1948.

Hodenberg, Hodo Frhr. von: Zur Anwendung des Kontrollratsgesetzes Nr. 10 durch die deutschen Gerichte, in: Süddeutsche Juristenzeitung, Sondernummer 1947.
Höhne, Heinz: Der Orden unter dem Totenkopf. Die Geschichte der SS. Hamburg 1966 und Gütersloh 1967.
Höhne, Heinz: Canaris. Patriot im Zwielicht. München 1976.
Hoffmann, Peter: Die Sicherheit des Diktators. Hitlers Leibwache, Schutzmaßnahmen, Residenzen, Hauptquartiere. München 1975.
Hofmannsthal, E. von: War Crimes not Tried under Retroactive Law, in: New York University Law Quarterly Review, 1947.
Holborn, Louise W.: War and Peace. Aims of the United Nations, Boston; World Peace Foundation, 1943 und 1948. Bd. II.
Holtmann, Günter: Amerikas Deutschlandpolitik im Zweiten Weltkrieg. Kriegs- und Friedensziele 1941-1945. Heidelberg 1958.
Homze, E. L.: Foreign Labor in Nazi Germany. Princeton, N. J. 1967.
Honig, F.: Nuremberg – Justice or Vengeance, in: World Affairs, London, 1947.
Hoßbach, Friedrich: Zwischen Wehrmacht und Hitler. Göttingen 1965.
Hubatsch, Walter: Die deutsche Besetzung von Dänemark und Norwegen 1940. Göttingen 1952.
Hubatsch, Walter (Hrsg.): Hitlers Weisungen für die Kriegführung 1939-1945. Dokumente des Oberkommandos der Wehrmacht. München 1962.
Huguenev, L.: Le procès de Nuremberg devant les principes modernes du droit pénal international, in: Revue Internationale de Droit Pénal, 1948.

Indices zu den zwölf Nürnberger US-Militärgerichtsprozessen, im Institut für Völkerrecht an der Universität Göttingen bearbeitet von Hans-Günther Seraphim. I. Sachindex zu den Urteilen, Göttingen 1950 (hektographiert). II. Sachindex zum »Wilhelmstraßen«-Prozeß. Göttingen 1952.
Instrumentum Pacis Caesaro-Gallicum Monasteriense, Quellen zur neueren Geschichte. Einleitung. Bern 1949, H. 12/13.
International Conference on Military Trials. Conference of London 1945/Washington 1949.

Jackson, Robert H.: Angriffskrieg und Kriegsrecht, in: Amerikanische Rundschau, 1945.
Jackson, Robert H.: Grundlegende Rede, vorgetragen beim IMT zu Nürnberg. Frankfurt a. M. 1946.
Jackson, Robert H.: Nürnberg in Retrospect, in: Canadian Bar Review, 1949.
Jackson, Robert H.: Rede in Buffalo über das Nürnberger Urteil, in: New York Herald Tribüne, Oct. 6, 1946.
Jackson, Robert H.: Report to the International Conference on Military Trials, London 1945/Washington 1949.
Jackson, Robert H.: The Law under which Nazi Organizations are Accused of being Criminal, in: Temple Law Quarterly, 1946.
Jackson, Robert H.: The Nürnberg Case. New York 1947.
Jackson, Robert H.: Trial of the Trials: Nürnberg, in: Common Cause, 1950.
Jackson, W. E.: Putting the Nuremberg Law to Work, in: Foreign Affairs, 1947.
Jacobsen, Hans-Adolf: Fall »Gelb«. Der Kampf um den deutschen Operationsplan zur Westoffensive. Wiesbaden 1957.
Jacobsen, Hans-Adolf: 1939–1945. Der Zweite Weltkrieg in Chronik und Dokumenten. Darmstadt 1959 ff.
Jacobsen, Hans-Adolf: Deutsche Kriegführung 1939–1945. Hannover 1961.
Jacobsen, Hans-Adolf: The Diplomacy of the Winter War. An Account of the Russo-Finnish War 1939/40. Cambridge (Mass.) 1961.
Jacobsen, Hans-Adolf, und *Dollinger, H.:* Der Zweite Weltkrieg in Bildern und Dokumenten. 3 Bde. München, Wien, Basel 1962/63.
Jacobsen, Hans-Adolf: Der Zweite Weltkrieg. Grundzüge der Politik und Strategie in Dokumenten. Frankfurt a. M. 1964.
Jacobsen, Hans-Adolf: Der Zweite Weltkrieg in Dokumenten. Frankfurt a. M. 1965.
Jacobsen, Hans Adolf: Nationalsozialistische Außenpolitik 1933–1938. Frankfurt a. M. 1968.
Jahrreiss, Hermann: Die Fortentwicklung des Völkerrechts, in: Jahrbuch für internationales und ausländisches öffentliches Recht, 1949.
Janeczek, Edward John: Nuremberg Judgment in the Light of International Law. Genf 1949.

Jaspers, K.: The Significance of the Nürnberg Trials for Germany and the World, in: Notre Dame Lawyer, 1946/47.
Jessup, Philip C.: The Crime of Aggression and the Future of International Law, in: Political Science Quarterly, 1947.
Jodl, Luise: Jenseits des Endes. Leben und Sterben des Generaloberst Alfred Jodl. Wien, München, Zürich 1976.

Katzenberger, K.: Das Korps der Politischen Leiter im Urteil von Nürnberg, in: Neue Juristische Wochenschrift, 1947/48.
Kehrig, Manfred: Stalingrad. Stuttgart 1973.
Kehrl, Hans: Krisenmanager im Dritten Reich. 6 Jahre Frieden, 6 Jahre Krieg. Düsseldorf 1973.
Kelley, Douglas M.: 22 Männer um Hitler. Erinnerungen des amerikanischen Armeearztes und Psychiaters am Nürnberger Gefängnis. Bern 1947. Amerikanische Ausgabe: 22 Cells in Nuremberg. New York 1947.
Kelsen, Hans: Collective and Individual Responsibility for Acts of State in International Law, in: The Jewish Yearbook of International Law, 1948.
Kelsen, Hans: Peace through Law. Chapel Hill 1944.
Kelsen, Hans: The Rule against ex post facto Laws and the Prosecution of the Axis War Criminals, in: The Judge Advocate Journal, Vol. 2.
Kelsen, Hans: Will the Judgment in the Nuremberg Trials constitute a Precedent in International Law? in: The International Law Quarterly, 1947.
Kempner, Robert M. W.: The Nuremberg Trials as Sources of Recent German Political and Historical Material, in: The American Political Science Review, 1950.
Kempner, Robert M. W.: Eichmann und Komplizen. Zürich, Stuttgart, Wien 1961.
Kempner, Robert M. W.: SS im Kreuzverhör. München 1964.
Kempner, Robert M. W.: Das Dritte Reich im Kreuzverhör. München und Eßlingen 1969.
Kempski, Jürgen von: Krieg als Straftat, in: Merkur, 1947, Heft 1.
Kenny, John P.: Moral Aspects of Nuremberg. Washington 1950.
Kiesselbach, Wilhelm: Zwei Probleme aus dem Gesetz Nr. 10 des Alliierten Kontrollrats, in: Monatsschrift für Deutsches Recht, 1947.
Klefisch, Theodor: Gedanken über Inhalt und Wirkung des Nürnberger Urteils, in: Juristische Rundschau, 1947.
Klein, Burton H.: Germany's Economic Preparation for War. Cambridge, Mass., 1959.
Koller, Karl: Der letzte Monat. Die Tagebuchaufzeichnungen des Chefs des Generalstabes der deutschen Luftwaffe vom 14. April bis 27. Mai 1945. Mannheim 1949.
Kotze, Hildegard (Hrsg.): Heeresadjutant bei Hitler 1938–1943. Aufzeichnungen des Majors Engel. Stuttgart 1974.
Kranzbühler, Otto: Rückblick auf Nürnberg. Hamburg 1949.
Kraus, Herbert: Gerichtstag in Nürnberg. Hamburg 1948.
Kraus, Herbert: Kontrollratsgesetz Nr. 10. Hamburg 1948.
Kühn, Arthur K.: International Criminal Jurisdiction, in: American Journal of International Law, 1947.

Lachs, Manfred: Le jugement de Nuremberg, in: Revue International de Droit Pénal, 1946.
Lachs, Manfred: War Crimes. An Attempt to Define the Issues. London 1945.
La Folette, Charles M.: Der Nürnberger Prozeß gegen führende Juristen des Dritten Reiches. Stuttgart 1948.
Lande, A.: The Legal Basis of Nuremberg Trials. New York 1945.
Landsberg. Ein dokumentarischer Bericht. Herausgegeben vom Information Services Divisions Office of the U.S. High Commissioner for Germany, 1951.
Laserson, Max M.: Russia and the Western World. New York 1945.
Laternser, Hans: Verteidigung deutscher Soldaten. Bonn 1950.
Lauterpracht, H.: Annual Digest and Reports of Public International Law Cases 1941/42, Case No. 168.
Lauterpracht, H.: The Development of International Law the International Court. London [2]1958.
Lauterpracht, H.: The Law of Nations and Punishment of War Crimes, in: British Yearbook of International Law, 1944.

Law Reports of Trials and War Criminals. Selected and prepared by the United Nations War Crimes Commission. 15 Bde. London 1947–49.
Lazard, Didier: Le procès de Nuremberg. Récit d'un témoin. Paris 1947.
Lemkin, Raphaël: Axis Rule in Occupied Europe. Washington 1944.
Lemkin, Raphaël: Responsibility of Persons Acting on Behalf of States in the Crime of Genocide, in: The American Scholar, 1946.
Lener, S.: Diritto e politica nel processo di Norimberga, in: Civiltà Cattolica, 1946.
Leonhardt, Hans: The Nuremberg Trial: A Legal Analysis, in: Review of Politics, 1949.
Le procès de Nuremberg. Paris o. J.
Le procès de Nuremberg: La responsabilité individuelle dans la perpétration des crimes contre la paix: Aperçu des opinions juridiques actuelles. Broschüre Nr. 3 (1946) der Société Egyptienne de Droit International.
Levental, Harald, Sam Harris u. a.: The Nuremberg Verdict, in: Harvard Law Review, 1947.
Levy, A. G. D.: Criminal Responsibility of Individuals in International Law, in: The University of Chicago Law Review, 1944/45.
Leyrat, P. de: Crime de la guerre et crimes de guerre, in: Cahiers du Monde Nouveau, 1945.
Liddell Hart: Geschichte des Zweiten Weltkrieges, 2 Bde. Düsseldorf und Wien 1972.
Lippe, Victor Frhr. von der: Nürnberger Tagebuch-Notizen, November 1945 bis Oktober 1946. Frankfurt 1951.
Lüdde-Neurath, Walter: Regierung Dönitz. Die letzten Tage des Dritten Reiches. Göttingen 1953.
Lüders, Karl-Heinz: Strafgerichtsbarkeit über Angehörige des Feindstaates, in: Süddeutsche Juristenzeitung, 1946.
Lummert, Günther: Die Strafverfahren gegen Deutsche im Ausland wegen »Kriegsverbrechens«. Hamburg 1949.
Lunau, Heinz: The Germans on Trial. New York 1948.

Mangoldt, Hermann von: Das Kriegsverbrechen und seine Verfolgung in Vergangenheit und Gegenwart, in: Jahrbuch für internationales und ausländisches öffentliches Recht, 1948.
Manstein, Erich von: Verlorene Siege. Bonn 1958.
Mapel, Siegfried: Die Entwicklung der Verfassungsordnung in der sowjetisch besetzten Zone Deutschlands von 1945 bis 1963. Tübingen 1964.
Martin, Bernd: Friedensinitiativen und Machtpolitik im Zweiten Weltkrieg 1939–1942. Geschichtliche Studien zu Politik und Gesellschaft, Bd. 6. Düsseldorf 1974.
Martius, Georg: Das Nürnberger Urteil in völkerrechtlicher Beziehung, in: Neue Justiz, 1947, Nr. 4/5.
Maschke, Hermann M.: Das Krupp-Urteil und das Problem der »Plünderung«. Göttingen 1951.
Maser, Werner: Adolf Hitler. Legende – Mythos – Wirklichkeit. München und Eßlingen, 1971 ff.
Maser, Werner: Der Sturm auf die Republik. Frühgeschichte der NSDAP. Stuttgart 1973.
Maser, Werner: Hitlers Briefe und Notizen. Sein Weltbild in handschriftlichen Dokumenten. Düsseldorf und Wien 1973.
Maser, Werner: Adolf Hitler. Mein Kampf. Fahrplan eines Welteroberers. Eine Analyse. München 1974.
Maxwell-Fyfe, Sir David: Vorwort zu Trial of Heinz Eck ... (The Peleus Trial). London 1958.
Maynard, J. A.: Crimes et criminels de guerre, problème édudié par un groupe de juristes aux Etats-Unis, in: Revue Internationale de Droit Pénal, 1946, S. 333.
Meinck, Gerhard: Hitler und die deutsche Aufrüstung. Wiesbaden 1959.
Menthon, François de: Frankreich verlangt Gerechtigkeit im Namen der Menschheit. Rede vor dem IMT. Neustadt 1946.
Merle, Marcel: Le procès de Nuremberg et le châtiment des criminels de guerre. Paris 1949.
Militärstrafgesetzbuch (in der Fassung der Verordnung vom 10. Oktober 1940). Berlin 1943.
Miller, Merle: Offen gesagt. Harry S. Truman erzählt sein Leben. Stuttgart 1975.
Milward, Alan S.: The German Economy at War. London 1965.
Mitscherlich, Alexander, und *Mielke, Fred:* Das Diktat der Menschenverachtung. Eine Dokumentation. Heidelberg 1947.
Mommsen, Wolfgang: Die Akten der Nürnberger Kriegsverbrecherprozesse und die Möglichkeit ihrer historischen Auswertung. Der Archivar. Mitteilungsblatt für deutsches Archivwesen. Düsseldorf, III. Jg., H. 1.
Montero, Mario: El Tribunal de Nuremberg, in: Revista Peruana de derecho internacional, 1948.

Morgan, J. H.: Nuremberg and after, in: The Quarterly Review, 1947.
Morgan J. H.: The Great Assize on Examination of the Law of the Nuremberg Trials, 1948.
Mosler, Hermann: Der Einfluß der Rechtsstellung Deutschlands auf die Kriegsverbrecherprozesse, in: Süddeutsche Juristenzeitung, 1947.
Mosler, Hermann: Die Kriegshandlung im rechtswidrigen Kriege, in: Jahrbuch für internationales und ausländisches öffentliches Recht, 1948.
Murawsko, Erich: Der deutsche Wehrmachtsbericht 1939–1945. Ein Beitrag zur Untersuchung der geistigen Kriegführung. Mit einer Dokumentation der Wehrmachtsberichte vom 1. 7. 1944–9. 5. 1945. Boppard/Rh. 1966.
Myerson, M. G.: Germany's War Crimes and Punishment. New York 1945.

Nazi Conspiracy and Aggression. 8 Bde. (sog. »Rote Serie«). Washington 1947 ff.
Neave, A. M. S.: The Trial of the SS at Nuremberg, in: Revue Internationale de Droit Pénal, 1946.
Neave, A. M. S.: Final Report on the Evidence of Witnesses for the Defence of Organisations Alleged to be Criminal. (Abgedruckt in: Amtliche Ausgabe des IMT Bd. XLII.)
Nelte, Otto: Die Generale. Das Nürnberger Urteil und die Schuld der Generale. Hannover 1947.
Neumann, Franz: The War Crimes Trials, in: World Politics, 1949.
Neurenberg en de Geschiedenis, in: Nederland in Oorlogstijd, Jg. 4, Nr. 4, 1949.
The Nuernberg Confusion, in: Fortune, No. 6, Dezember 1946.
Das Nürnberger Juristenurteil. Vollständige Ausgabe. Hamburg 1948.

Oaksey, Lord (früher Lawrence): The Nuremberg Trial, in: International Affairs, 1947, S. 151.
Oaksey, Lord (früher Lawrence): The Nuremberg Trials and the Progress of International Law. Birmingham 1947.

Paston, D. G.: Superior Orders, as Affecting Responsibility for War Crimes. New York 1946.
Pella, V. V.: Fonctions pacificatrices du droit pénal supranational et fin du système traditionnel des traités de paix. Paris 1947.
Pella, V. V.: La guerre-crime et les criminels de guerre. Paris und Genf 1946. Deutsche Ausgabe Paris 1946.
Petersen, Jens: Hitler-Mussolini. Die Entstehung der Achse Berlin-Rom 1933–1936. Tübingen 1974.
Pfahlmann, H.: Fremdarbeiter und Kriegsgefangene in der deutschen Kriegswirtschaft 1939-1945. Darmstadt 1968.
Potsdam 1945. Quellen zur Konferenz der Großen Drei. Hrsg. Von Ernst Deuerlein. München 1963.
Punishment for War Crimes; The Inter-Allied Declaration signed at the St. James Palace. London, 13. January 1942.

Radbruch, Gustav: Des Reichsjustizministeriums Ruhm und Ende. Zum Nürnberger Juristenprozeß, in: Süddeutsche Juristenzeitung, 1948, Sp. 57.
Radbruch, Gustav: Zur Diskussion über die Verbrechen gegen die Menschlichkeit, in: Süddeutsche Juristenzeitung, Sondernummer 1947, Sp. 131.
Radin, M.: International Crimes, in: Iowa Law Review, 1946/47, S. 33.
Radin, M.: Justice at Nuremberg, in: Foreign Affairs, 1946, Nr. 3.
Rawls, John: Eine Theorie der Gerechtigkeit. Frankfurt 1975.
Recht im Dienst des Friedens. Festschrift für Eberhard Menzel zum 65. Geburtstag. Hrsg.: Delbrück, Jost, Ipsen, Knut und Rauschning, Dieter. Berlin 1975.
Relative documents (Hrsg.: Inter-Allied Information Committee). London 1942.
Report of Robert H. Jackson, United States Representative to the International Conference on Military Trials. London 1945, Dept. of State Publication Nr. 3080. Washington 1949.
Report on the International Juridical Status of Individuals as »War Criminals«. Washington 1945.
Ribbentrop, Joachim von: Zwischen London und Moskau. Erinnerungen und letzte Aufzeichnungen. Leoni 1961.
Rittler: Kampf gegen das politische Verbrechen seit dem Zweiten Weltkrieg, in: Schweizerische Zeitschrift für Strafrecht, 1949.
Rohrscheidt, F. W. v.: Preußens Staatsverträge. Berlin 1852, S. 485.
Roosevelt, Elliott: Wie er es sah. Zürich 1947.

Rudenko, R. A.: Die Gerechtigkeit nehme ihren Lauf! Die Reden des sowjetischen Hauptanklägers im Nürnberger Prozeß der deutschen Hauptkriegsverbrecher. Berlin 1946.

Sack, A. N.: War Criminals and the Defense of Superior Order in International Law, in: Lawyers Guild Review, 1945.
Sauer, Wilhelm: Zum Begriff der Kollektivschuld, in: Deutsche Rechtszeitschrift, 1947.
Scelle, G.: Manuel de droit international public. Paris 1948.
Scheuner, Ulrich: Die Annexion im modernen Völkerrecht, in: Friedenswarte, 1949.
Schick, Franz B.: Crimes against Peace, in: Journal of Criminal Law, 1948.
Schick, Franz B.: The Nuremberg Trial and the Development on an International Criminal Law, in: Juridical Review, Vol. 59, 1947.
Schick, Franz B.: The Nuremberg Trial and the International Law of the Future, in: American Journal of International Law, 1947.
Schick, Franz B.: War Criminals and the Law of the United Nations, in: University of Toronto Law Journal, 1947/48.
Schirach, Baldur von: Ich glaubte an Hitler. Hamburg 1967.
Schmidt, K. L. (Bearbeiter): Satzung der Vereinten Nationen, Schriftenreihe: Welt- und Friedensprobleme. Offenbach 1947.
Schneeberger, E.: The Responsibility of the Individual under International Law, in: The Georgetown Law Journal, 1946/47.
Schriften des Bundesarchivs, Bd. 7. Boppard/Rhein 1959.
Schultz, Joachim: Die letzten 30 Tage. Aus dem Kriegstagebuch des OKW. Stuttgart 1951.
Schwarzenberger, G.: The Judgment of Nuremberg, in: Tulane Law Review, 1947, S. 329; sowie in: Yearbook of World Affairs, 1948.
Schwelb, Egon: The Work of the War Crimes Commission, in: British Yearbook of International Law, 1946.
Seraphim, Hans-Günther: Erschließung der Nürnberger Prozeßakten, in: Der Archivar, Nr. 28/75.
Seraphim, Hans-Günther: Quellen zur Erforschung der Geschichte des Dritten Reiches. 1. Der Index der amtlichen deutschen Ausgabe des Prozesses gegen die Hauptkriegsverbrecher. 2. Die Dokumentenedition der amtlichen deutschen Ausgabe des Verfahrens gegen die Hauptkriegsverbrecher. In: Europa-Archiv, 1950.
Shawcross, Sir Hartley: Nürnberg. Die Rede des englischen Hauptanklagevertreters. Hamburg 1946.
Smith, H.: The Nuremberg Trials, in: Free Europe, 1946.
Sottile, Antoine: Les criminels de guerre et le nouveau droit international, seul moyen efficace pour assurer la paix du monde, in: Revue de Droit International, de Sciences Diplomatiques, Politiques et Sociales, 1945, Nr. 4.
Speer, Albert: Erinnerungen. Frankfurt und Berlin 1969.
Speer, Albert: Spandauer Tagebücher. Berlin 1975.
Spiropoulos, L.: Draft Code of Offences against the Peace and Security of Mankind. Report of the International Law Commission, in: Revue Hellénique de Droit International, 1950.
Springer, Hildegard: Es sprach Hans Fritzsche. Nach Gesprächen, Briefen, Dokumenten. Stuttgart 1940.
Steinbauer, Gustav: Ich war Verteidiger in Nürnberg. Klagenfurt 1950.
St.-George und *Lawrence Dennis:* A Trial on Trial. Chicago 1946.
Stillschweig, Kurt: Das Abkommen zur Bekämpfung von Genocide, in: Friedenswarte, 1949.
Stöcker, Jakob: Vor dem Tribunal des Weltgerichts. Hannover 1946.
Stübel, Heinrich: Die Finanzierung der Aufrüstung im Dritten Reich, in: Europa-Archiv, Jg. 6/1951.

Taylor, Telford: Final Report to the Secretary of the Army on the Nürnberg War Crimes Trials under Control Council Law No. 10. Washington 1949.
Taylor, Telford: Die Nürnberger Prozesse. Kriegsverbrechen und Völkerrecht. Zürich 1950.
Taylor, Telford: Nürnberg Trials, in: International Conciliation, Carnegie Endowment for International Peace, 1949, H. 450.
Taylor, Telford: Die Nürnberger Prozesse, Kriegsverbrechen und Völkerrecht. Ergänzte Sonderausgabe. Zürich 1951. Englische Ausgabe in: International Conciliation. April 1949.
Taylor, Telford: Nürnberg und Vietnam. Eine amerikanische Tragödie. München, Wien, Zürich 1971.
Taylor, Telford: Report on the Conduct and Current Status of the Nuremberg War Crime Trials (12. 5. 1948).

Taylor, Telford: The Use of Captured German and Related Records in the Nürnberg War Crimes Trial, in Captured German and Related Records, A National Archiv Conference, edited by Robert Wolfe. Athens Ohio 1974.
Teitgen, M.: Le jugement de Nuremberg, in: Revue de droit International, de Sciences Diplomatiques, Politiques et Sociales, 1946.
Tessin, Georg: Formationsgeschichte der Wehrmacht 1933–39, Stäbe u. Truppenteile d. Heeres u. d. Luftwaffe. Boppard/Rhein 1959.
The Conferences at Cairo and Tehran 1943 (Foreign Relations of the United States, Diplomatic Papers, World War II Conferences, Bd. 3). Washington 1961.
The Conferences at Malta and Yalta 1945 (Foreign Relations of the United States, Diplomatic Papers, World War II Conferences, Bd. 1). Washington 1955.
The Conference of Berlin 1945 (Foreign Relations of the United States, Diplomatic Papers, World War II Conferences, Bd. l u. 2). Washington 1960.
The Katyn Forest Massacre. Hearings before the Select Committee to Conduct an Investigation of the Facts, Evidence and Circumstances of the Katyn Forest Massacre, 82. Kongreß, I. u. 2. Sitzungsperiode 1951/52, 7 Bde. Washington 1952.
The Public Papers and Addresses of Franklin Delano Roosevelt (ed. Samuel Rosenman), Bd. 1944–45. New York 1950.
The Trial of the German Major War Criminals. Proceedings of the International Military Tribunal Sitting at Nuremberg, Germany. 22 Bde. London 1946 ff.
Thiele-Fredersdorf, Herbert: Das Urteil des Militärgerichtshofes Nr. III im Nürnberger Juristenprozeß, in: Neue Juristische Wochenschrift, 1947/48.
Times vom 27. 1. 1943, 2. 12. 1943 und 7. 12. 1943.
Torgersen, R. N.: Nürnberg processen, in: Tidsskrift for Rettvitenskap, 1946.
Traïnine, A. N.: Le tribunal militaire international et le procès de Nuremberg, in: Revue Internationale de Droit Pénal, 1946
Traïnine, A. N.: The Criminal Responsibility of the Hitlerites. Moskau 1944. Französische Ausgabe Paris 1945
Treue, W.: Gummi in Deutschland, München 1955
Trials of War Criminals before the Nuernberg Military Tribunals under Control Council Law No. 10, Nuernberg October 1946-April 1949, 15 Bde. Washington 1949–1953.

United States Court of Appeals Nr. 9883. Brief for Appellees.
United States Court of Appeals Nr. 9883. Petition for Writ of Habeas Corpus (1. 4. 1948).
Flick-Urteil. Privatdruck o. J.
Das Urteil im IG-Farben-Prozeß. Vollständiger Wortlaut mit Dokumentenanhang. Offenbach 1948.
Das Urteil im IG-Farben-Prozeß. Krefeld 1948.
Das Urteil im Prozeß gegen die Wilhelmstraße. Herausgegeben von H. E. Lichten. Offenbach 1949.
Das Urteil im Wilhelmstraßen-Prozeß. Mit einer Einführung von Robert M. W. Kempner und Carl Haensel. Schwäbisch Gmünd 1950.
Uthoff, Hayo: Rollenkonforme Verbrechen unter einem totalitären System. Berlin 1975.
Utley, Freda, Nuremberg Judgments, in: Utley: The High Cost of Vengeance. (S. 162 ff.) Chicago 1949. Deutsche Ausgabe Hamburg 1950.

Valters, Nikolaus: Neue Bahnen des Völkerrechts. Die völkerrechtliche Haftung. In: Friedenswarte, 1949.Vereinte Nationen: Plans for the Formulation of the Principles of the Nuremberg Charter and Judgment, in: Yearbook of the United Nations 1947–48, S. 214, und 1948–49. Lake Success 1949 und 1950.
Vereinte Nationen: International Law Commission, Draft Code of Offences against the Peace and Security on Mankind, Report by Spiropoulos, A/CN.4/25 vom 26. 4. 1950.
Vereinte Nationen: Reports of the International Law Commission, General Assembly, Official Records, Suppl. No. 10 (A/925), No. 12 (A/1316), Lake Success 1949 und 1950.
Vereinte Nationen: Report of the International Law Commission covering its third Session 16 May–27 July 1951, with Draft Code of Offences against the Peace and Security of Mankind, A/CN. 4/48 vom 30. 7. 1951.

Vereinte Nationen: Committee of International Criminal Jurisdiction, Draft Statue for an International Criminal Court, in: Report to the General Assembly on the Session held 1 August-31 August 1951 with Annex I, A/AC. 48/4 vom 5. 9. 1951.
Vereinte Nationen: International Law Commission, Bibliography on International Criminal Law and International Criminal Courts, A/CN. 4/28 vom 6. 6. 1950.
Voigt, F. A.: Nuremberg, in: Nineteenth Century and After, 1946.

Wall, E.: Il processo di Norimberga. Mailand 1946.
War Crimes Trials Series. Ed. by Sir David Maxwell-Fyfe. London 1948 ff.
Warlimont, Walter: Im Hauptquartier der deutschen Wehrmacht 1939 bis 1945. Grundlagen, Formen, Gestalten. Frankfurt/M. und Bonn 1964.
Weber, Helmuth von: Die strafrechtliche Verantwortlichkeit für Handeln auf Befehl, in: Monatsschrift für Deutsches Recht, 1948.
Weber, Helmuth von: Das Verbrechen gegen die Menschlichkeit in der Rechtsprechung 1949, in: Monatsschrift für Deutsches Recht, 1949.
Weber, Werner/Jahn, Werner: Synopse zur Deutschlandpolitik1941–1973. Göttingen 1975.
Wechsler, Herbert: The Issues of Nuremberg Trial, in: Political Science Quarterly, 1947.
Weidemann, Alfred: »Der rechte Mann am rechten Platz«, in: Bilanz des Zweiten Weltkrieges. Oldenburg 1953.
West, Rebecca: A Train of Powders. London 1955.
Wildning-White, A. M.: Punishing War Criminals, in: Law Journal, 1945.
Wille, Siegfried: Grundsätze des Nürnberger Ärzteprozesses, in: Neue Juristische Wochenschrift, 1949.
Wilmowsky, Tilo Frhr. v.: Warum wurde Krupp verurteilt? Legende und Justizirrtum. Stuttgart 1950.
Wimmer, August: Die Bestrafung von Humanitätsverbrechen und der Grundsatz nullum crimen sine lege, in: Süddeutsche Juristenzeitung, Sondernummer 1947.
Winkler, Emil: Die Kosaken. Herkunft, Leben, Untergang. Lienz 1971.
Wittenberg, J. C.: De Grotius à Nuremberg. Quelques réflexions, in: Revue Générale de Droit International Public, 1947.
Wright, Quincy: Der Herrschaft des Rechts entgegen. Der Internationale Gerichtshof. In: Free World. Übersetzung in: Neue Auslese, April 1947.
Wright, Quincy: The Crime of »War-Mongering«, in: American Journal of International Law, 1948.
Wright, Quincy: The Law of the Nuremberg Trial, in: American Journal of International Law, 1947.
Wyzanski, Charles E.: Nuremberg – a fair Trial? in: The Atlantic Monthly, April 1946.
Wyzanski, Charles E.: Nuremberg in Retrospect, in: The Atlantic Monthly, Dezember 1946.

Zawodny, J. K.: Zum Beispiel Katyn. Klärung eines Kriegsverbrechens. München 1971.
Zeumer, K.: Quellensammlung zur Geschichte der deutschen Reichsverfassung. Tübingen 1913.

Bildquellenverzeichnis
(in der Reihenfolge des Bildablaufs)

Zeitgeschichtliches Bildarchiv Heinrich Hoffmann
Bildarchiv Preußischer Kulturbesitz
Zeitgeschichtliches Bildarchiv Heinrich Hoffmann
Zeitgeschichtliches Bildarchiv Heinrich Hoffmann
Bildarchiv Preußischer Kulturbesitz
Bildarchiv Preußischer Kulturbesitz
Archiv Dr. Kempner
Zeitgeschichtliches Bildarchiv Heinrich Hoffmann
Keystone Pressedienst GmbH.
Bildarchiv Preußischer Kulturbesitz
Bildarchiv Preußischer Kulturbesitz
Bildarchiv Preußischer Kulturbesitz
Bildarchiv Preußischer Kulturbesitz
Bildarchiv Preußischer Kulturbesitz
Bildarchiv Preußischer Kulturbesitz
Bildarchiv Preußischer Kulturbesitz
Bildarchiv Preußischer Kulturbesitz
Bildarchiv Preußischer Kulturbesitz
Bildarchiv Preußischer Kulturbesitz
Zeitgeschichtliches Bildarchiv Heinrich Hoffmann
Bildarchiv Preußischer Kulturbesitz
Bildarchiv Preußischer Kulturbesitz
Keystone Pressedienst GmbH.

Bei den abgebildeten Dokumenten handelt es sich um Reproduktionen, deren Archiv-Standort jeweils differenziert ausgewiesen ist. Bei den Dokumenten, die sich seit Kriegsende im amerikanischen Privatbesitz befinden, geschieht dies verständlicherweise nicht.

Register

erstellt von Isolde Friedrich

Ackermann, Josef 31, 433
Adam, Uwe Dietrich 447
Ahrens, Friedrich 134
Albrecht 285
Alderman, Sidney S. 91, 121 ff., 435
Alexander 385 f.
Allard, Sven 432
Altstötter, Josef 433
Amann, Max 67
Ambros, Otto 424
Amen, John Harlan 95, 279, 325
Ammon, Wilhelm von 421
Anders 427
Anderson, H. C. 399, 407, 427
Andre, John 392
Andrus, Burton C. 59, 70, 74, 79, 83, 87 f., 119, 339, 346, 348, 358, 437, 450
Antonescu, Ion 16
Arbutnot, R. M. 387
Attlee, Clement R. 29, 31, 344, 433

Babel, Ludwig 86
Bach-Zelewsky, Erich von 67, 451
Baier, Hans 422
Ballas, Walter 86
Baruch 393
Basilevsky 134
Baum, Walter 434
Beals, Walter B. 420
Becker, Hellmut 281
Becker-Freysing, Hermann 420
Beeser, Jacob 381
Beigelböck, Wilhelm 421
Berber, Fritz 120
Bergamini, David 431
Berger, Gottlob 49, 429
Bergold, Friedrich 86
Benesch, Edvard 369
Besymenski, Lew 31
Bethell 386
Bevin, Ernest 30, 433
Biddle, Francis 33, 93, 135, 189, 195, 318 ff., 330, 381, 396, 435, 442, 450
Biberstein, Ernst 426
Bird, Eugene K. 96, 436
Birkenfeld, W. 441
Birkett, Norman 137, 93, 396, 438 f., 452
Bissel, Richard 384
Blair 399, 401
Blank, Margarete 120
Blitt, Henry 52
Blobel, Paul 426
Blomberg, Werner von 67, 158, 160, 163, 170
Blome, Kurt 432
Blume, Walter 426
Bodenschatz, Karl 153 f., 326
Böhm-Tettelbach 57 f.
Boelke, W. A. 431, 436
Bohle, Ernst Wilhelm 53 f., 429
Boisse, de 431, 437
Bormann, Martin 35, 37, 40, 44 ff., 86, 91, 196, 254, 270 ff., 325
Bosch, W. J. 452
Bouhler, Philipp 324
Boveri, Margret 323 f.
Brack, Victor 234, 420, 431, 435
Brand, James T. 421
Brandt, Karl 60, 234, 420
Brandt, Rudolf 420
Brauchitsch, Bernd von 43 f., 46 f.
Brauchitsch, Walter von 69, 204
Braun, Wernher von 60
Braune, Werner 426
Bredow, Kurt von 45
Briand, Aristide 360, 362, 369
Brimelow, Thomas 387
Brook, Sir Allew 15
Bross, Werner 434, 439
Brückner, Heinz 425
Bülow, Friedrich von 428
Bürgin, Ernst 424
Bürkner 55, 57 f.

Bütefisch, Heinrich 424
Bullock, Allan 440
Burgdorf 271
Burkhard, Odilio 423
Byrnes, James Francis 29

Canaris, Frau 171
Calley, William L. 382 f.
Caron, George 381
Carroll, Carl J. 406
Castro, Fidel 383 f.
Cervantes 302
Chamberlain, Arthur Neville 21, 94, 282
Chase, J. L. 432
Christian 221
Christianson, William C. 428
Christus 306, 342, 454
Churchill, Sir Winston 12, 14 ff., 17–21, 23, 25–29, 137, 167, 344, 418, 432
Clausewitz, Karl von 169, 413
Clay 370, 402, 405 f., 408
Coogan, William H. 114, 118, 437
Corniedes, Wilhelm 432
Cosgrave 369
Creutz, Rudolf 425
Cuhorst, Hermann 421
Cushendun 369
Czapski, Suzanne 435
Daly, Edward J. 407
Darré, Richard Walther 429
Dasch 232
Davis, W. R. 386 f.
Dehner, Ernst 425
Diem, Ngo Dinh 383
Dietrich, Otto 429
Dietrich (»Sepp«) Joseph 51
Dix, Rudolf 86, 96 f., 126, 128, 137, 139 f.
Dönitz, Frau 340
Dönitz, Karl 24, 35, 37, 43, 46, 49, 51 f., 54 f., 58 ff., 84, 86, 89, 91, 100, 119, 151, 171, 183–196, 313, 335, 352, 365, 375, 379, 394, 411 f., 433 ff., 437, 443, 452
Domarus, Max 432, 440 ff.
Donnedius de Vabres, Henri 93, 158, 396, 440, 453
Donovan, James 384
Dostert 379
Douglas (M. Kelley ?) 96, 394, 436
Dror, Yezekhel 432, 434
Dubost, Charles M. 90, 402, 432, 433
Dürrfeld, Walter 424
Duff, Charles 432, 451
Dulles, Allen 452

Earle, Georg Howard 136
Eberhardt, Karl 428
Ebert, Friedrich 64, 437
Ebner, Gregor 426
Eck, Heinz 432, 453
Eckart, Dietrich 310
Eden, Anthony 15, 21
Egbert 379
Ehrenburg, Ilja 19
Eichmann, Karl Adolf 432, 447
Eigruber, August 67, 69
Eirenschmalz, Franz 422
Eisenhower, Dwight D. 14, 17, 32, 46, 55, 58 f., 101, 368, 384
Elliott, Robert 382 f.
Engel, Gerhard 222
Engel 21
Epp (Franz Xaver Ritter von) 53
Erdmannsdorf, Otto von 429
Evenhuis, J. R. 380
Exner, Franz 85 f., 117 f., 131, 159–164, 197, 202 ff., 215, 218 f., 223–226, 228 ff., 344

Faber-Castell, Familie 69
Falco, Robert 33, 93, 158
Fanslau, Heinz 422
Fegelein, Hermann 271
Felmy, Helmuth 425
Fendler, Lothar 427
Ferebea, Thomas 381
Fischer, Alexander 432 f.
Fischer, Fritz 421
Fitzgerald, Desmond 384
Flächsner, Hans 195, 261 f., 271 f., 343
Flick, Friedrich 403 f., 408 f., 423
Förtsch, Hermann 425
Fox, Elmer W. 74
Frank, August 422
Frank, Hans 7, 11, 35, 37, 43, 47 f., 54, 84, 86, 91, 99, 127, 306–310, 331 f., 335 ff., 339, 341 ff., 345, 349 f., 412, 431, 435, 448, 454
Frank, Frau 324
Frank, Michael 45
Freisler, Roland 83, 276
Freyend, John von 58
Frick, Wilhelm 7, 35, 37, 86, 91, 94, 99, 151, 261, 289, 290 ff., 313, 333, 335, 342 f., 345, 349–352, 365, 368, 431, 435, 447
Frick, Frau 324
Friedeburg, Hans-Georg von 55
Frings, Joseph 370
Fritsch, Werner Frhr. von 158, 163
Fritz, Heinz 86
Fritzsche, Hans 35, 37, 84, 86, 91, 100, 130, 232, 329 f., 335 f., 438
Fritzsche, Frau 324

Funk, Walter 35, 37, 84 ff., 91, 99 f., 121, 270, 314, 333, 339, 341, 352, 365, 414, 434, 450, 454
Funk, Frau 324

Gajewski, Fritz 424
Gauineau, Heinrich 424
Gaul 53
Gaulle, Charles de 18
Gaus (Friedrich Wilhelm) 120, 152, 281
Gawlik, Hans 86, 320 f.
Gebhardt, Karl 420
Geitner, Kurt von 425
Gerecke, Henry F. 332, 339 f., 346, 348 f.
Gerhard, Eugene C. 436
Gerthoffer, M. Charles 435
Ghillany, F. W. 431, 444
Gifford 379
Gilbert, Gustav M. 84, 88, 95 f., 276, 331 f., 342, 344, 347, 355, 411, 435 f., 446 f.
Globocnik, Odilo 233
Goebbels, Joseph 50, 196, 228, 271 f.
Göring, Albert 64
Göring, Edda 324, 340
Göring, Emmy 324, 340, 346 f.
Göring, Heinrich 64
Göring, Hermann 7 ff., 10, 16, 21, 27, 35, 37, 43–47, 49, 59 ff., 64, 70, 84 f., 88 f., 91, 94 ff., 99 ff., 109 f., 113, 128, 132, 134, 137 ff., 139–151, 153 f., 156 ff., 162, 173 f., 233, 268, 273 f., 277, 283, 291, 293, 302, 324–328, 331, 333, 335 f., 338, 340, 342 f., 345–348, 351–355, 362, 365, 368, 391, 393, 402, 411, 433, 436, 439 ff., 440 f., 449, 451 f.
Göring, Karl 64
Göring, Olga 64
Göring, Paula 64
Göring, Wilhelm 64
Görlitz, Walter 55, 167, 343, 431, 434, 441 f.
Goethe, Johann Wolfgang 17, 19, 317
Gollier 452
Gräbe, Hermann G. 317, 389
Graf, Mathias 427
Greifelt, Ulrich 425
Greiner, Hellmuth 444
Grenzken, Karl 420
Griffith-Jones 286 ff.
Gründler, Gerhard 33, 397, 432, 435, 438, 443, 446, 449, 452 f.
Guderian, Heinz 67

Hacha, Emil 172, 441
Häfliger, Paul 424
Hänsch, Walter 427
Haensel, Carl 86
Halder, Franz 67, 431, 434
Hale, Nathan 392
Hammer, Richard 390
Handloser, Siegfried 420
Harris, Whitney 348
Hart, Liddell 380, 432
Haw Haw (Joyce, William B.) 26
Heim, Heinrich 436
Heinze, Kurt 81, 407, 431, 440, 444 f., 451, 453
Henderson, Sir Neville 281, 395
Henke 120
Heß, Rudolf 30 f., 35, 37, 77, 85, 89, 91, 94 ff., 99, 106, 109, 111, 129, 132, 151, 157, 263, 289, 326-329, 331, 335 f., 352, 363 ff., 434, 451
Heusinger, Adolf 214, 431, 434
Heyde, Erich von der 424
Heydecker, Joe J. 431, 434
Heydrich, Lina 76, 435
Heydrich, Reinhard 21, 76, 153, 284 f., 293, 305, 318, 322 f., 325, 431, 436 f., 449
Hildebrandt, Richard 426
Hillgruber, Andreas 432, 440 ff., 444
Himmler, Gudrun 68
Himmler, Heinrich 20, 49, 106, 171, 174, 178, 192, 194 f., 221, 233, 247, 255, 259, 280, 285, 292 ff., 303, 305–308, 311, 321, 345, 358, 383, 432, 436, 438 f., 450, 453
Himmler, Frau 68
Hindenburg, Paul von 10, 64, 94, 106, 437
Hirohito 8, 431
Hitler, Adolf 10 ff., 16, 18-24, 31, 43–46, 48–52, 54 f., 60, 62, 64, 67, 76, 84 f., 88 f., 94 f., 101, 106, 166–173, 175–184, 188, 190, 192, 196 ff., 204, 214 f., 217, 219–223, 225, 228–234, 243, 247, 256, 261 ff., 266, 268, 270–285, 288 f., 293, 295, 302 ff., 306–312, 315 f., 336 f., 342 f., 349, 351, 356, 358, 360, 362–368, 370, 373–377, 381, 391 f., 394, 396, 398, 406, 408, 411–414, 416 ff., 420, 431 ff., 436 f., 440–446, 448, 451 f., 454
Hoch 345
Hoegner, Wilhelm 346, 348, 350
Höhne, Heinz 322 f., 443, 446 f.
Hoeppner, Rolf Heinz 320 ff., 449
Hörlein, Heinrich 436
Hoffmann, Otto 426
Hoffmann, Peter 451
Hohberg, Hans 422
Holborn, Louise W. 432
Hollidt, Karl 430
Holtmann, Günter 432
Horn, Martin 85, 276, 282, 343
Hoßbach, Friedrich 158, 441
Hoth, Hermann 430
Houdremont, Eduard 428
Hoven, Waldemar 421

Hubatsch, Walter 217
Hübner, Herbert 425
Hull, Cordell 15
Hyatt 381
Hyde, H. Montgomery 439, 452
Hymans 369

Ihn, Max 428
Ilgner, Max 424
Irving, David 402, 446

Jackson, W. E. 392, 452
Jackson, Robert H. 24 ff., 30, 33, 35, 43 f., 64, 84, 89 ff., 95, 101, 106, 114, 128 f., 132, 137–147, 153, f. 158 f., 162, 261, 263, 266–270, 293, 303, 313 f., 316 f., 326 f., 330, 335, 348, 365, 368, 375, 380, 384, 392 ff., 402 f., 432, 436, 439, 449 f., 452 f.
Jacobsen, Hans-Adolf 431, 444
Jähne, Friedrich 424
Jahreiss, Hermann 86, 344
Janssen, Friedrich 428
Jeschonnek, Hans 160
Jodl, Alfred 7 f., 35, 37, 50, 55 f., 58, 70, 84 ff., 100, 111, 117 f. 121, 129, 133, 151, 156 f., 159–165, 167 f., 171, 173, 184, 196 ff., 202 ff., 209 f., 214 f., 218–226, 228–231, 246, 271, 313, 333, 335, 341 f., 344, 348, 350 f., 365, 376, 380, 394, 402, 413, 438, 441 f., 444, 450
Jodl, Friedrich 85
Jodl, Luise 226, 324, 340 f., 344, 438, 444, 450
Joel, Günther 421
Johnson, Lyndon B. 368, 383
Jost, Heinz 427
Josua 383

Kaletsch, Konrad 423
Kaltenbrunner, Ernst 7, 16, 35, 37, 86, 91, 99, 121, 281, 285, 289, 293 ff., 313 f., 333, 335, 338 ff., 342, 345, 349 f., 359, 436, 445, 447
Kaltenbrunner, Frau 340
Kamphausen, Helmut 352, 451
Kasche, Siegfried 18 f.
Kauffmann, Kurt 86, 293
Kehrig, Manfred 24
Kehrl, Hans 429, 440
Keitel, Ernst Wilhelm 349, 451
Keitel, Lisa 341, 343
Keitel, Wilhelm 8, 10, 35, 54 f., 59, 70, 85, 91, 94, 99, 111, 127 f., 151, 157, 160 f., 167–182, 184, 202, 210, 219, 221 f., 228, 232, 246, 313, 329, 331, 335 ff., 339–343, 345, 349, 352, 365, 376, 402, 412, 431, 434, 441 ff., 451, 454
Kelley, Douglas M. 96, 436
Kellogg, Frank Billings 360, 362, 365, 369, 387
Kempner, Robert M. W. 24, 64, 69, 119, 147, 232, 346 f., 355, 362, 365, 371 f., 432, 434, 436, 439, 447, 451 f.
Kennedy, John F. 368
Keppler, Wilhelm 429
Kesselring, Albert 59, 67, 326
Kiefer, Max 422
Kirk, Theodore von 381
Klaas 43, 44, 47
Klefisch, Theodor 86
Klein, Burton, H. 440
Klein, Horst 422
Klemm, Herbert 421
Klingelhöfer, Waldemar 427
Knieriem, August von 424
Koch, Erich 448
Körner, Paul 429
Koller, Karl 434
Kordt, Erich 69, 281, 434
Korschan, Heinrich 428
Kotze, Hildegard 21
Kranzbühler, Otto 86, 131, 183–189, 191, 288, 353, 379, 437, 443, 451 ff.
Kraus, Herbert 86
Krauch, Carl 424
Krüger 4318, 307 f.
Krupp von Bohlen und Halbach, Alfried 402–410, 427, 453
Krupp von Bohlen und Halbach, Gustav 30, 35, 37, 50, 86, 91 f., 157, 402–410, 453
Kube, Wilhelm 311, 449
Kubuschok, Egon 86, 121 ff., 131
Kuchin, V. V. 435
Küchler, Georg von 430
Kühne, Hans 424
Kugler, Hans 424
Kuntze, Walter 425
Kupke, Hans 428
Lahousen, Erwin 68, 127 f.

Lammers, Hans Heinrich 49, 311, 429
Lanz, Hubert 425
Laserson, Max M. 432
Laternser, Hans 86, 154 ff.
Lattre de Tassigny, J. 32
Lautenschläger, Karl 424
Lautz, Ernst 422
Lauterpracht, Sir Hersch 374, 445
Laval, Pierre 26
Lawrence 83, 85, 93, 95 f., 144 ff., 150,
Leahy, William Daniel 15
Leeb, Johannes 431, 434
Leeb, Wilhelm von 430
Lehmann, Heinrich 428
Lehmann 168, 211, 246

Lehmann, Rudolf 430
Leistner 348
Leonard, Roger 382
Lewis, Robert 381
Ley, Robert 35, 37, 43, 48 ff., 84, 91, 196, 263, 271 f., 327
Leyser, Ernst von 425
Lippe, Viktor Freiherr von der 131, 330, 438 f., 450
List, Wilhelm 425
Lloyd, George 17
Lörner, Georg 422
Lörner, Hans 422
Löser, Ewald 428
Lohse, Hinrich 311
Lorenz, Heinz 436
Lorenz, Werner 425
Losberg, von 214
Ludendorff, Erich 17
Lüdde-Neurath, Walter 434
Lüdinghausen, Otto Freiherr von 86
Lumumba, Patrice 383 f., 452
Lunghi 15

Mackenzie, King 369
Macolm, A. D. 387
Mampel, Siegfried 453
Mangold, von 431
Manikowsky, Arnim 432, 435, 438, 443, 446, 449, 452 f.
Mann, Thomas 449
Mann, Wilhelm 424
Manstein, Erich von 67, 380, 441
Manzoni 369
Martin, Bernd 433
Martin 346
Markov, Marko Antonow 134 f.
Marshall, George 15, 164
Marx, Hans 50, 53, 86
Maschke, Hermann 453
Mason, Geoffrey 387
Maxwell-Fyfe, Sir David 33, 148 ff., 192 ff., 277–280, 397, 435, 450, 453
Mays 379
McCloy, John 410, 420, 427, 453
McCreery 387
McFarland 15
McLashlan 369
Meckel 183
Meer, Fritz ter 424
Meinck, Gerhard 440
Meissner, Hans-Otto 119, 435, 438
Meissner, Otto 64, 79, 119, 437
Memmenthey, Karl 422
Menthon, Francois de 91
Merkel, Rudolf 86, 318
Mesny, de 283, 285, 383
Messersmith 121 ff.
Mettgenberg, Wolfgang 422
Meyer-Hetling, Konrad 425
Miale, Florence R. 95 f., 331 f., 436
Michael I. 16
Miklas 293
Milch, Erhard 67, 143, 154 ff., 326 f., 421, 450
Miller, Merle 452
Milward, Alan S. 440
Mitchell 379
Mönch 58
Molotow, Wjatscheslaw Skrjabin 15, 20, 152, 439
Moltke 169, 413
Mommsen, Wolfgang 114
Monier, M. 434
Montgomery, Lord Bernard Law 32, 58, 344, 370, 450
Morgan, Rex S. 7
Morgenthau, Henry 17 ff.
Mosley, Leonard 433
Mrugowsky, Joachim 420
Müller, Erich 428
Müller, Eugen 203 ff., 318, 444
Münch, Ingo von 445
Murawsko, Erich 444
Murray, Hartley 321 f.
Musmanno, Michael A. 426
Mussolini, Benito 21, 418, 454

Napoleon I. 391
Naujoks 153
Naumann, Erich 426
Neave, Airey 83 f., 379
Nebe 323
Nebelung, Günther 422
Nelson, Richard 381
Nelte, Otto 85, 127 f., 156, 167, 343
Neurath, Constantin Freiherr von 35–37, 86, 91, 100, 111, 151, 157 f., 283, 310, 313, 332, 335 f., 352, 434
Neurath, Frau von 340
Nikitschenko, J. T. 33, 83, 93, 347, 355, 368, 371, 379, 392
Niklas, Wilhelm 303
Nixon, Richard 368, 382
Noske, Gustav 427

Oberhauser, Herta 421
O'Conor, Sixtus 68, 339 f., 348
Öschey, Rudolf 422
Ohlendorf, Otto 67, 69, 323, 325, 426
Oppenheim 370, 416,
Oster, Heinrich 424

Ott, Adolf 427
Oulman, Gaston 398, 452
Ozol, J. A. 435

Pannenbecker, Otto 86
Pannwitz, Helmut von 385 f.
Papen, Franz von 35, 37, 59, 86, 91, 94, 100, 106, 121, 132, 313, 329 f., 332, 335 f., 339
Parker, John J. 89, 93
Parr 369
Patch 46
Paulus, Friedrich 85, 131, 161
Pawlow 15
Pelckmann, Horst 86
Petersen, Hans 422
Petersen, Jens 454
Pfirsch, Karl 428
Pflücker, Ludwig 7, 60, 68 f., 75, 77, 109, 110 f., 331 f., 335–338, 340, 342, 344–348, 433 ff., 449 ff.
Pleiger, Paul 429
Pohl, Oswald 121, 228, 321, 423, 445
Pokorny, Adolf 421
Poltorak 379
Pook, Hermann 423
Poppendick, Helmut 420
Portal 15
Porter, John 381
Prosorowsky 134
Puhl, Emil 429

Quisling 26

Raabe, Wilhelm 341
Radetzky, Waldemar von 427
Raeder, Erich 35, 37, 69, 84, 86, 91, 100, 151, 157, 167, 171, 313, 332, 335, 352, 365, 368 f., 434, 441, 450
Raeder, Frau 324
Raginsky 261–266, 270
Rasch 323
Raschke, Karl 429
Ray 379
Redman 15
Reinecke, Hermann 430
Reinhardt, Hans Georg 430
Rendulic, Lothar 425
Ribbentrop, Anneliese von 274, 281, 283, 324, 340, 358
Ribbentrop, Joachim von 7, 16, 20, 35, 37, 43 f., 49, 52, 59, 69, 85, 89, 91, 94, 99, 120 f., 151 f., 192, 232, 274–286, 289, 335, 338, 340, 342 f., 349, 358, 434, 437, 445 ff.
Ribes, de 330
Ritter, Karl 429
Roberts, G. D. 203
Robertson, Hugh 52
Rohrscheidt, F. W. v. 454
Rohrscheidt, Günther von 85, 94 f.
Romberg, Hans-Wolfgang 420
Rommel, Erwin 370
Rooks 58
Roosevelt, Anne 136
Roosevelt, Elliott 432
Roosevelt, Franklin Delano 12–15, 17–21, 23, 25 ff., 31, 136 f., 190, 418, 432, 439
Roques, Karl von 419, 430
Rose, Gerhard 420
Rosenberg, Alfred 7, 11, 35, 37, 43, 49 f., 59, 84, 86, 91, 96 f., 99, 113, 129, 151, 157, 204, 283, 289, 310 ff., 313, 332, 335, 342, 349, 365, 368, 448
Rosenberg, Luise Karoline geb. Sire 448
Rosenberg, Martin 448
Rosenberg, Saly 448
Rosenman 393
Rostock, Paul 420
Roth 379
Rothaug, Oswald 422
Rothenberger, Curt 422
Rudenko, R. A. 89 ff., 132, 134, 150–153, 168–176, 178–182, 448 f.
Rühl, Felix 427
Ruff 420

Salmuth, Hans von 430
Sandberger, Martin 426
Sauckel, Fritz 7, 16, 35, 37, 50, 77, 86, 91, 100, 111, 195, 270, 273, 281, 289, 295, 302 f., 307, 313 f., 324, 326, 335, 337 ff., 341 ff., 345, 348, 350 f., 435, 441, 447, 449
Sauckel, Frau 324, 341
Sauter, Fritz 85 f., 98, 120 f.
Scott, Winfield 392
Sears, Charles B. 423
Seeckt, von 274
Seel, Franz 448
Seibert, Willy 426
Seidl, Alfred 85 f., 127, 152
Selzer, Michael 95 f., 331 f., 436
Seraphim, Hans-Günther 437, 452
Servatius, Robert 86, 343
Severing, Carl 69
Seyß-Inquart, Arthur 7, 35, 37, 58, 86, 89, 100, 151, 289, 293, 303 ff., 332, 335–339, 342 f., 345, 350, 411, 445, 447 f., 450
Seyß-Inquart, Gertrud 340, 447
Shaker, Curtis G. 424
Shapiro, Jerome N. 46
Shakespeare, William 47

Shawcross, Sir Hartley Wiliam 33, 90 f., 282, 292, 303, 309, 311, 317, 330, 364, 368, 395, 403, 448 f., 452
Shumard, Robert 381
Siemers, Walter 86, 131, 137–141
Sievers, Wolfram 420
Sikorski 439
Simon, Viscount 13, 25
Six, Franz 426
Skorzeny, Otto 69
Smirnow, Andrej Andrejewitsch 135 f.
Smith, H. A. 374
Sollmann, Max 426
Sommer, Karl 423
Sonnleitner, von 120
Speer, Albert 19, 24, 35, 37, 50, 58 ff., 64, 74, 85 f., 88 f., 91, 100, 111, 129 f., 165, 195 f., 254, 261–274, 313 f., 326 f., 329, 331, 333, 335 f., 341 ff., 352, 356, 391, 413, 432, 434 f., 437 f., 440, 443, 445 f., 449 f., 454
Speer, Frau 324
Speidel, Wilhelm 425
Sperrle, Hugo 430
Springer, Hildegard 438
Sram, H. 448
Sullivan 379
Szchimonsky 58
Schacht, Hjalmar 35, 37, 60 f., 86, 91, 96, 100, 126, 128, 314, 316, 329 f., 333, 335 f., 411
Schacht, Frau 324
Schäfer, Konrad 420
Scheide, Rudolf 423
Schellenberg, Walter 76, 429, 435
Scherff 118
Schilf, Alfred 86
Schilling, Klaus Karl 81, 407, 419, 431, 440, 444 f., 451, 453
Schirach, Baldur von 24, 35, 37, 50 f., 86, 91, 100, 111, 132, 333, 335, 352, 433 f., 454
Schirach, Henriette von 324
Schirach, Klaus von 433 f.
Schkuro 386
Schlegelberger, Franz 422
Schleicher, Kurt von 106
Schlieffen, Alfred Graf von 169, 413
Schmelzer 265, 327
Schmidt, K. L. 27
Schmidt, Paul Otto 281
Schmitz, Hermann 424
Schmundt 160, 219 f.
Schneider Christian 424
Schneider, Joseph 384
Schneider René 383
Schniewind, Otto 430
Schnitzler, Georg von 424
Schrader 379
Schramm, Percy E. 118, 197
Schröder, Oskar 420
Schroeder, von 106
Schubert, Heinz 427
Schukow, Georgi Konstantinowitsch 32, 55 ff.
Schultz, Joachim 434
Schulz, Erwin 426
Schuschnigg, Kurt Edler von 293, 303, 441
Schuster, George 393
Schwalm, Fritz 426
Schwarz, Franz 48
Schwarz, Xaver 48
Schwarzenberger, Otto 425
Schwendmann, K. 369
Schwerin von Krosigk, Graf Lutz 429
Stalin, Iossif Wissarionowitsch 14 f., 19–31, 89, 137, 152, 232, 331, 375, 418, 432, 439 ff.
Stack, Robert J. 46
Stahl 271 f.
Stahmer, Otto 85, 128, 131, 139 f., 147, 151, 343, 359, 434
Steengracht von Moyland, Adolf 428
Steer 379
Steimle, Eugen 426
Steinbauer, Gustav 86
Steinbrink, Otto 423
Stiborik, Joe 381
Stone 232
Storev, Robert G. 113–116, 118, 126, 129, 437
Strauch. Edward 427
Streicher, Adele 52 f., 339 f., 345, 350, 434
Streicher, Julius 7, 35, 37, 43, 50, 52 ff., 59, 84 ff., 91, 99, 111, 129, 286 ff., 333, 335, 339, 341 ff., 345, 348–351, 372, 414, 434, 445, 450
Stresemann, Gustav 369
Stuckart, Wilhelm 429
Stübel, Heinrich 440
Stumpf, Hans-Jürgen 55

Taft, Robert A. 395
Taylor, Telford 364 f., 366 f., 376, 396 ff., 404
Terberger, Hermann 423
Tesch, Günther 426
Tibbets, Paul Warfield 381
Tippelskirch, von 210, 214
Thoma, Alfred 86, 96 ff.
Thyssen 60
Toms, Robert M. 421 f.
Todt, Fritz 225, 262, 274, 431, 434
Trainin 392
Treue, W. 441
Trujillo, Rafael 383
Truman, Harry S. 24 f., 27–31, 137, 365, 368, 381, 402, 452

Tschentscher, Erwin 423
Tunkin, G. I. 374
Tweedy, Bronson 384

Uchida 369
Uthoff, Hayo 398

Veesenmayer, Edmund 429
Vichy 283
Viermetz, Inge 426
Vogt, Joseph 423
Volk, Leo 423
Vormann, von 81, 434 f.

Wagner, Alfred 286
Warlimont, Walter 199, 203 ff., 210, 221, 430, 441, 444
Wallis, Frank 124 ff.
Ware 15
Washington, George 392
Weidemann, Alfred 441
Weiß, Bernhard 423
Weizsäcker, Ernst von 281, 369, 428
Welles, Sumner 31
Weltz, August 420
Wennerstrum, Charles F. 395, 425
Werfel, Franz 339
West, Rebecca 438
Wiedemann, Fritz 67
Wieshofer 51
Willey, Harold B. 40, 83
Wilhelm (Kronprinz) 69
Wilhelm II. 17
Wilkins, J. 407
Wilmowsky, Tilo von 194, 402, 405, 409, 453
Winkler, Emil 386, 452
Wirth, Joseph 17
Witzleben, Erwin von 166
Wöhler, Otto 430
Wörmann, Ernst 429
Wolchkow, A. F. 93, 379
Wolff, Karl 111, 121
Woroschilow, Kliment Jefremowitsch 15
Woods, John C. 9, 330, 349, 351 f.
Wurm 292
Wurster, Karl 424
Wyatt, Lee B. 425

Young, John C. 430

Zaleski 369
Zawodny, J. K. 439
Zorja, N. D. 266